Erwin Hintze

Die Breslauer Goldschmiede

Ein archivalische Studie

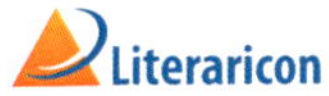

Erwin Hintze

Die Breslauer Goldschmiede

Ein archivalische Studie

ISBN/EAN: 9783965062498

Auflage: 1

Erscheinungsjahr: 2018

Erscheinungsort: Treuchtlingen, Deutschland

Literaricon Verlag UG (haftungsbeschränkt), Uhlbergstr. 18, 91757 Treuchtlingen. Geschäftsführer: Günther Reiter-Werdin, www.literaricon.de. Dieser Titel ist ein Nachdruck eines historischen Buches. Es musste auf alte Vorlagen zurückgegriffen werden; hieraus zwangsläufig resultierende Qualitätsverluste bitten wir zu entschuldigen.

Printed in Germany

Cover: Anonym (Breslau), Gotischer Kelch mit Heiligen, 2. Viertel 15. Jh., Abb. gemeinfrei

DIE BRESLAUER GOLDSCHMIEDE

EINE ARCHIVALISCHE STUDIE

VON

ERWIN HINTZE

HERAUSGEGEBEN VOM VEREIN FÜR DAS MUSEUM SCHLESISCHER ALTERTÜMER

MIT 6 LICHTDRUCKTAFELN UND 40 TEXTABBILDUNGEN

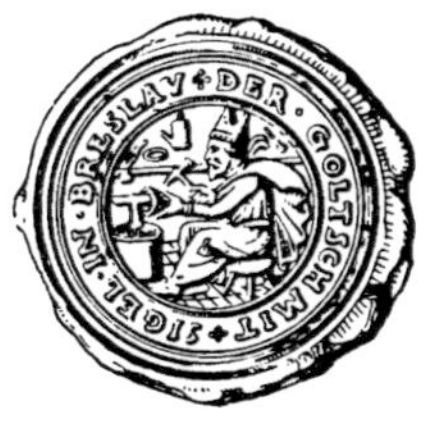

BRESLAU 1906

KOMMISSIONSVERLAG VON KARL W. HIERSEMANN IN LEIPZIG

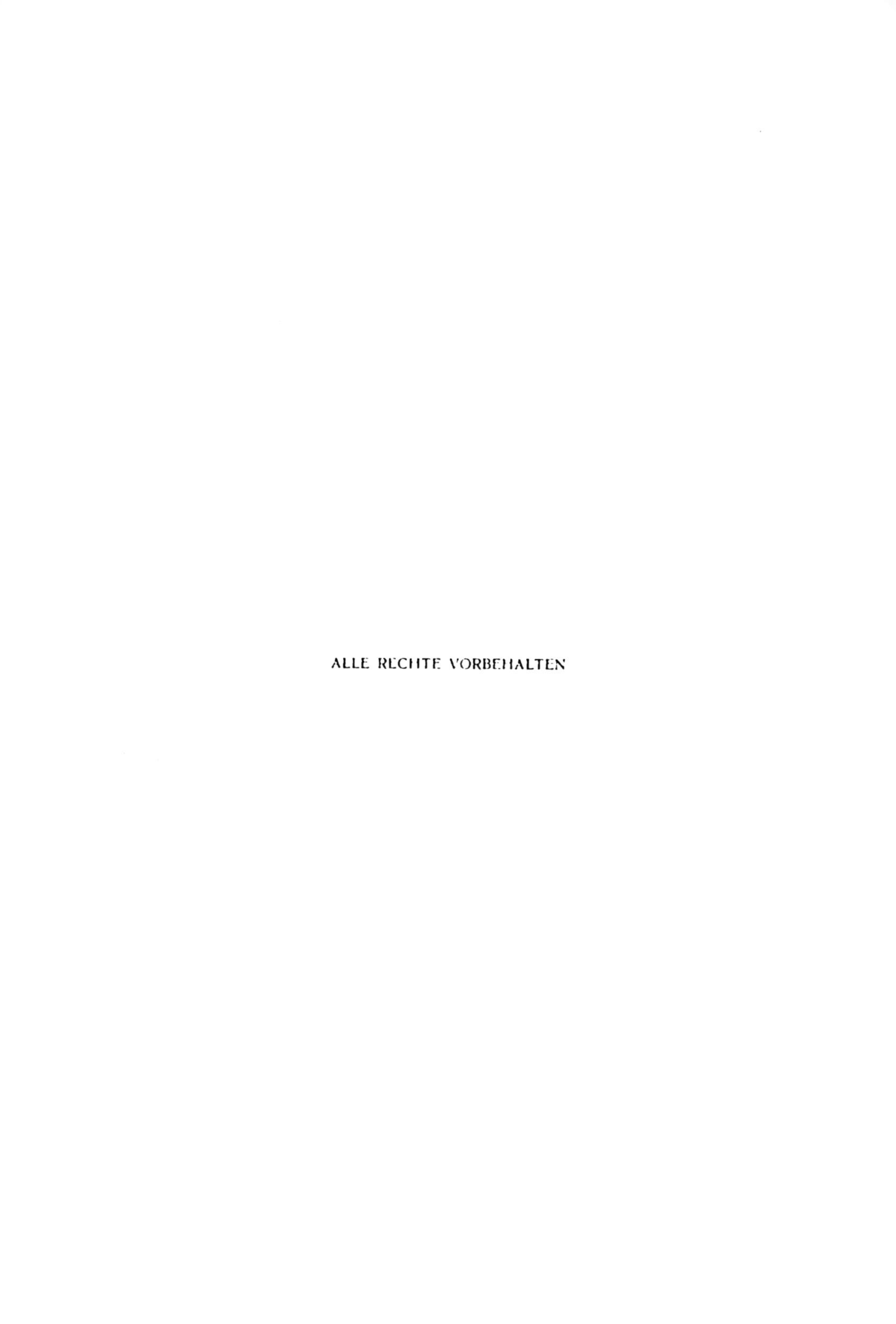

WILHELM GREMPLER

ZUM 80. GEBURTSTAGE AM 26. JANUAR 1906

DARGEBRACHT VOM

VEREIN FÜR DAS MUSEUM SCHLESISCHER ALTERTÜMER

VORWORT

Die archivalische Studie über die Breslauer Goldschmiede, die ich hiermit der Öffentlichkeit übergebe, ist als eine notwendige Vorarbeit für die im Herbste 1905 von dem Schlesischen Museum für Kunstgewerbe und Altertümer veranstaltete Goldschmiedekunst-Ausstellung entstanden. Sie behandelt ein Thema, dessen Bearbeitung schon öfters in Angriff genommen wurde, aber niemals über ein bescheidenes Anfangsstadium hinaus gediehen ist. Zum ersten Male stellte Hermann Luchs 1863 im V. Bande der Zeitschrift des Vereins für Geschichte Schlesiens einige Namen von Breslauer Goldschmieden zusammen. In demselben Bande folgte Alwin Schultz mit einem archivalischen Beitrage zur Geschichte der Breslauer Goldschmiede-Innung, der sich jedoch nur auf die Zeit von 1345—1517 erstreckt und, wie der Autor selbst sagt, von Anfang an auf den Anspruch einer nur annähernden Vollständigkeit verzichtet. 1890 erschien das verdienstvolle Buch von Marc Rosenberg über „Der Goldschmiede Merkzeichen“, das für Breslau nur sehr lückenhaftes Material bringt, da der Autor nicht Gelegenheit hatte, sich in Breslau selbst umzusehen. Als Hauptquelle für die Bestimmung von Breslauer Goldschmiedearbeiten haben in den letzten Jahren die 1897 im VII. Bande von „Schlesiens Vorzeit in Bild und Schrift“ durch Joseph Epstein herausgegebenen Listen von hiesigen Goldschmiedenamen gedient. So willkommen diese Listen damals sein mussten, so bieten doch auch sie weder Vollständigkeit noch genügenden Anhalt für die Tätigkeitsdauer der einzelnen Meister. Einige Ergänzungen zu den von Epstein veröffentlichten Namen sollten dann die im Jahre 1899 von Ewald Wernicke gelieferten archivalischen Nachrichten von schlesischen Goldschmieden geben, die aber infolge ihrer Zusammenhanglosigkeit kaum einen praktischen Nutzen gewähren können. Hieran schliessen sich noch einige biographische Abhandlungen von Jungnitz und Moriz-Eichborn über die Goldschmiede Paul und Fabian Nitsch und von Friedensburg über den Goldschmied und Medailleur Daniel Vogt.

Auch die vorliegende Publikation spricht natürlich nicht in allen Punkten das letzte Wort, aber der Verfasser hofft, wenigstens ein für die allgemeinen Bedürfnisse ausreichendes Nachschlagebuch geschaffen zu haben. Bei dem Umfange des mehr oder weniger brauchbaren Quellenmaterials, das die Breslauer Archive und Kirchen in zahlreichen Handschriftenfolgen bergen, musste von einer erschöpfenden Benutzung und Verwertung Abstand genommen werden. Neben der Berücksichtigung aller aus dem Besitze der Goldschmiede-Innung stammenden Urkunden und Schriftstücke war für die Durchsicht der übrigen Quellen, insbesondere der Kirchenbücher, der Wunsch massgebend, eine möglichst vollständige Liste sämtlicher zünftigen Goldschmiede Breslaus vom Mittelalter bis zum Ende des 19. Jahrhunderts aufzustellen, ferner die Tätigkeitsdauer dieser Meister durch feste oder annähernd genaue Daten zu begrenzen und für die Zeit vom 16.—18. Jahrhundert die Herkunft und Verwandtschaftsverhältnisse der bedeutenderen Goldschmiede einigermassen zu ermitteln.

In Kapitel VII wurden neben den zünftigen Meistern auch zahlreiche Namen von Gesellen und Pfuschern aufgenommen, die zwar für die Bestimmung der erhaltenen Goldschmiedearbeiten bedeutungslos sind, deren Aufnahme aber dem Verfasser notwendig erschien, um die betreffenden Namen als die von Gesellen oder Pfuschern festzulegen und um zu zeigen, dass Goldschmiede aus den verschiedensten Gegenden Deutschlands und Europas in Breslau tätig gewesen sind. Um Raum zu sparen, wurde vielfach von der Wiederholung und Häufung der Quellenangaben abgesehen, doch lässt sich leicht an der Hand des in Kapitel IX zusammengestellten Quellenverzeichnisses die Herkunft der Daten ermitteln.

Bei der Edition der Urkunden wurde eine möglichst buchstäbliche Wiedergabe erstrebt, nur statt der beliebig wechselnden grossen und kleinen Anfangsbuchstaben wurden bis ins 18. Jahrhundert ausser bei Eigennamen und neuen Absätzen kleine Buchstaben gesetzt.

Vielleicht wird mancher eine Übersicht über die künstlerische Entwicklung der Breslauer Goldschmiedekunst vermissen. Sie unterblieb, um nicht der grossen, von dem Breslauer Kunstgewerbemuseum geplanten Publikation über die Geschichte der schlesischen Goldschmiedekunst vorzugreifen, in der an der Hand eines reichen Anschauungsmaterials auch die kunstgeschichtliche Seite der Breslauer Goldschmiedekunst erörtert werden soll.

Zum Schluss ist es dem Verfasser eine angenehme Pflicht den Herren Dr. Heyer, Stadtbibliothekar Dr. Hippe, Archivdirektor Geistl. Rat Dr. Jungnitz, Goldarbeiter Kühne, Archiv- und Bibliotheksdirektor Prof. Dr. Markgraf (†), Direktor Prof. Dr. Masner, Archivdirektor Archivrat Dr. Meinardus, Gerichts-Assessor Schlawe, Geheimrat Prof. Dr. Schulte, Direktor Dr. Seger, Stadtbibliothekar Dr. Wendt, Archivrat Dr. Wutke herzlichst zu danken für ihre Ratschläge und Hinweise auf entlegenes Urkundenmaterial, durch die das Gelingen der Arbeit vielfach gefördert worden ist.

Endlich hat der Verfasser auch dem Vorstande des Vereins für das Museum Schlesischer Altertümer herzlichsten Dank zu sagen für die Bewilligung der zu den Vorarbeiten und der Herausgabe des Werkes erforderlichen Mittel.

Breslau, im Januar 1906.

Erwin Hintze

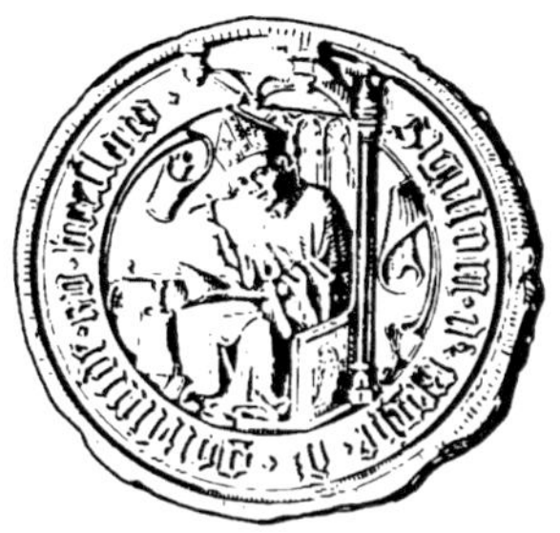

Fig. 1
Grosses Siegel der Breslauer Goldschmiede-Innung

INHALTSVERZEICHNIS

LICHTDRUCKTAFELN

TEXTABBILDUNGEN

I. EINLEITUNG

Der Betrieb des Goldschmiedehandwerks reicht in Breslau in die frühesten Zeiten der Stadt zurück. Die zahlreichen Kirchen- und Klostergründungen vom 12. bis zum 14. Jahrhundert boten mancherlei Gelegenheit zu künstlerischer Betätigung. Auch werden die Herzöge oder deren Stellvertreter hin und wieder Aufträge erteilt haben. Allerdings bei der Suche nach erhaltenen Breslauer Goldschmiedearbeiten des Mittelalters werden wir hinsichtlich der Stückzahl etwas enttäuscht, denn die Einziehung der Kirchenkleinodien während der Türkengefahr in den Jahren 1526—1529, die Schwedenplünderung von 1632 und endlich die grosse Schmelze von 1809 haben gründlich unter den alten und ältesten Beständen aufgeräumt. Was hierbei der Vernichtung entgangen ist, musste vielfach des Materialwertes wegen zur Anfertigung neuer Geräte dienen. Ausser wenigen erhaltenen Arbeiten der mittelalterlichen Zeit können nur die alten Schatzverzeichnisse der Elisabeth- und Bernhardinkirche, des Jakobsklosters, der Corpus Christi-, Vincenz-, Nikolai-, Sand- und Mauritiuskirche in Breslau ein Bild von dem ehemaligen Bestande an frühen Goldschmiedearbeiten geben.[1]) Erst mit dem Ausgange der Gotik beginnt die stattliche Folge von erhaltenen Erzeugnissen der heimischen Edelmetallkunst. Nicht nur allgemeine Stilentwicklungen ziehen an uns vorüber, sondern eine ansehnliche Zahl bestimmt umgrenzter Künstler-Individualitäten tritt nach und nach in unseren Gesichtskreis.[2])

Die Frage, wie weit Ordensbrüder und wie weit städtische Bürger und Meister in der ältesten Zeit die Kirchen und Klöster mit Goldschmiedearbeiten versorgten, muss unbeantwortet bleiben, da hierüber keine Nachrichten erhalten sind. Der erste mit Namen bekannte Breslauer Goldschmied ist Herman Goltsmed, der 1288 ein Vorwerk bei Breslau besass, das noch heutigen Tages nach seinem Handwerke Goldschmieden heisst. Gleich jenem erstgenannten finden wir auch in den kommenden Jahrhunderten viele Goldschmiede in wohlhabenden Verhältnissen. Viele waren Hauseigentümer, und mancher konnte sich mehrerer Grundstücke rühmen. Wie die anderen Handwerker Alt-Breslaus bevorzugten die Goldschmiede von jeher bestimmte Strassen und Stadtgegenden. Beliebt waren in ältester Zeit der Vogel- oder Hühnermarkt (heute Hintermarkt) an der Ostseite des Ringes und die Albrechtsstrasse zwischen Ring und Altbüssergasse, die in diesem Teile am Ende des 14. und im 15. Jahrhundert urkundlich häufiger „unter den Goltsmeden" bezeichnet wird.[3]) In der zweiten Hälfte des 15. Jahrhunderts finden wir einen grossen Teil der Häuser an der Ost- und Nordseite des Ringes zwischen Vogelmarkt und Albrechtsstrasse, Schmiedebrücke und Stockgasse im Besitze von Goldschmieden. Als dann in den ersten Dezennien des 16. Jahrhunderts am Ringe eine grosse Bautätigkeit einsetzte und die Grundstücke allmählich

---

[1]) Alwin Schultz: Einige Schatzverzeichnisse der Breslauer Kirchen. Abhandlungen der Schlesischen Gesellschaft für vaterländische Cultur, Philosophisch-historische Abteilung, Breslau 1867, S. 1—26. — Otto Frenzel: Schatzverzeichnisse der Reichkramer-Kapelle in der Elisabet-Kirche zu Breslau. Schlesiens Vorzeit in Bild und Schrift, Bd. V S. 255—262. — Silberne Johannesstatuen 1468 und 1487 erwähnt bei Nikolaus Pol: Jahrbücher der Stadt Breslau, herausgegeben von Büsching und Kunisch, Breslau 1813—1824, Bd. II S. 65, 139.

[2]) Katalog der Ausstellung von Goldschmiedearbeiten schlesischen Ursprunges oder aus schlesischem Besitze im Schlesischen Museum für Kunstgewerbe und Altertümer, Breslau 1905.

[3]) Alwin Schultz: Topographie Breslau's im 14. und 15. Jahrhundert. Zeitschrift des Vereins für Geschichte und Alterthum Schlesiens, Bd. X S. 239—293.

in die Hände von wohlhabenden Grosskaufleuten übergingen, machten sich die Goldschmiede an der Nordseite des grossen inneren Häuserviertels auf dem Ringe, an der sogenannten Riemerzeile (heute „Am Rathaus“ No. 8—24) ansässig. Ausserdem waren neben der Albrechtsstrasse der St. Maria Magdalenenkirchhof mit der Brust- und Pfnorrgasse (Teile der heutigen Schuhbrücke und Altbüsserstrasse) und der St. Elisabethkirchhof mit den nächstliegenden Strassen bevorzugt, während die übrigen Stadtgegenden im allgemeinen nur vereinzelt unter den Wohnungen und Besitzungen der Goldschmiede genannt werden. Infolge der Lage ihrer Grundstücke gehörten die Goldschmiede meistenteils zu den alten Pfarreien von St. Maria Magdalena und St. Elisabeth, sodass wir heute bei Nachforschungen über Tauf-, Trau- und Todesdaten von Goldschmieden vielfach mit den Kirchenbüchern dieser beiden Parochieen auskommen. Erst das 19. Jahrhundert hat mit den alten Traditionen gebrochen. Am längsten ist die Riemerzeile am Ringe für die Gold- und Silberarbeiter ein Geschäftsplatz geblieben.

Die relativ hohe Zahl der in Breslau zünftig gewesenen Meister beweist, dass es hier von jeher für Goldschmiede lohnende Beschäftigung gab. Mag es Zufall sein oder mögen die Innungsmitglieder darüber gewacht haben, während der zweiten Hälfte des 14. und während des 15. Jahrhunderts hat sich die Zahl der Meister mit geringen Abweichungen etwa auf 18—22 gehalten. Im 16. Jahrhundert stieg die Zahl auf 25, im 17. auf 30—35. Auffallend stark wuchs die Meisterzahl im 18. Jahrhundert, die bald 50, schliesslich 68 erreichte und am Anfange des 19. Jahrhunderts vorübergehend mehr denn 80 betrug. Breslau selbst konnte die von den zünftigen Meistern gefertigten Arbeiten nicht verbrauchen. Für die spätere Zeit ist mehrfach bezeugt, dass ein beträchtlicher Teil der Erzeugnisse für die Provinz und den auswärtigen Handel und zwar in erster Reihe für Polen und Russland bestimmt war, aber auch schon im 15. Jahrhundert lassen sich einige Handelsverbindungen nachweisen, zum Beispiel wurde 1407 vor den Breslauer Schöppen ein Streit zwischen Herman Bars in Thorn und dem hiesigen Goldschmiede Heinrich Schorgast wegen Lieferung von schlechtem Silber geschlichtet. Auch zwei Arbeiten des Breslauer Goldschmieds Oswald Rothe, eine Monstranz in Glogau und ein Kelch in Guhrau aus dem ersten Viertel des 16. Jahrhunderts dürften als Beweis für die frühen Handelsbeziehungen mit den Nachbargebieten anzuführen sein. Welchen Wert die Breslauer Gold- und Silberarbeiter auf den Export nach Polen und Russland legten, geht aus den Bedenken hervor, die am Anfange des 18. Jahrhunderts mehrfach gegen neue, den Handel gefährdende Edelmetall-Gesetze laut wurden. Als 1703, um dem Gold- und Silbermangel in den kaiserlichen Erblanden entgegenzuarbeiten, der Vorschlag gemacht wurde, die Goldschmiede sollten ihr Metall nur bei der Münze einkaufen dürfen, wurde dagegen vorgebracht, dass sich dann „die Goldschmiedearbeit nach Polen und Moskau, welche fast allein die hiesigen Goldschmiede ernähret“, ganz verlieren würde (Urk. 41). Im Jahre 1716 rechtfertigten die Ratmannen gegenüber dem Königlichen Oberamte die Zulassung von 12-lötigem Silber unter anderem durch die Handelsbeziehungen mit Polen, wo grösstenteils geringhaltige Silberwaren verbraucht wurden (Urk. 47). Ferner ist 1727 davon die Rede, dass die vornehmen polnischen Herren die meiste Quantität von Silberwerk in Breslau einschmelzen und umarbeiten lassen, und der Magistrat bezeichnete im Interesse der Goldschmiede die von der Regierung geplante Verschärfung der Silberprobe als ein „imminens periculum cessationis commercii cum Polonis“ (Urk. 52). Am 1. Juli 1752 schrieb die Breslauer Stadtverwaltung an die Königliche Kriegs- und Domänenkammer, „es gestehen zuförderst allhiesige Silberarbeiter selbst zu, dass sie nach Polen, Moskau und an die Armenier ihre grössten Verkehrungen mit angefertigtem Silbergeschirre hätten, wie denn besonders angemercket wird, dass nach Polen die grössten silbernen Kirchenleuchter, ja gantze silberne Altäre auch zuweilen goldne Crucifixe gefertigt und versendet werden“ (Urk. 66). Zimmermann berichtet am Ende des 18. Jahrhunderts in seiner Beschreibung der Stadt Breslau (S. 341 f.), dass von Breslau nach Polen Silberwerk stark ausgeführt werde, und dass der Handel mit Juwelen, den meist jüdische Kaufleute vermittelten, leicht jährlich über 200 000 Reichstaler betragen könne. Gleich dem Tuchhandel ist im 19. Jahrhundert die Ausfuhr von Gold- und Silberwaren auf ein bescheidenes Mass zurückgegangen. Damit hängt wohl auch — abgesehen von den einer künstlerischen Entwicklung im allgemeinen ungünstigen Verhältnissen — der auffallend schnelle Niedergang in der Leistungsfähigkeit der Breslauer Gold- und Silberarbeiter während des letzten Jahrhunderts zusammen.

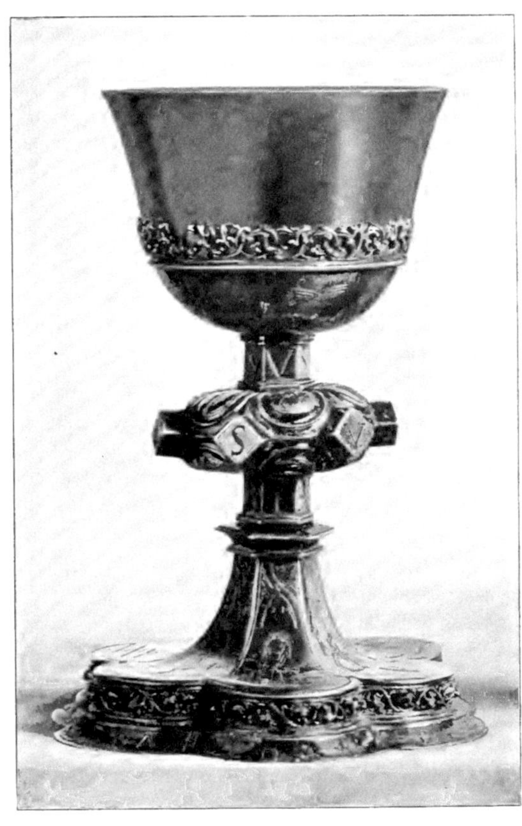

Fig. 2. Oswald Rothe: Kelch von 1518

Unter den alten Breslauer Innungen gab es bei allen offiziellen Gelegenheiten eine genau vorgeschriebene Rangordnung, und die Goldschmiede wachten streng darüber, dass ihnen stets einer der ersten Plätze eingeräumt wurde. Sie dünkten sich mehr denn einfache Handwerker, beanspruchten das Ansehen von Künstlern und forderten deshalb auch für ihre Gesellen das Vorrecht des Degentragens (Urk. 58). Im Jahre 1727 baten sie den Rat, da sie vor anderen Innungen bereits den Vorzug hätten, bei Begräbnissen „das Leydehauß mit Tuche bekleiden“, auch bei Hochzeiten sich einer ordentlichen Brautmesse bedienen zu dürfen, dass ihnen als Künstlern, da sich ihre Profession „wegen der dabei versirenden Kunst von andern Mitteln gar sehr distinguiret“, das Geläute bei den Beerdigungen ihrer Ältesten gestattet werden möge (Urk. 53). In der alten Handwerksordnung Kaiser Sigismunds vom Jahre 1420 rangieren sie direkt hinter den Kaufleuten. Doch schon in dem 1470 angelegten Catalogus civium, in den allosterlich nach Aschermittwoch die zünftigen Meister in strenger Rangordnung eingetragen wurden, mussten die Goldschmiede den ersten Platz unter den Handwerkern den Kürschnern überlassen. Gar böses Blut machte es, als in der ersten Hälfte des 18. Jahrhunderts das 1703 aufgerichtete Mittel der Perückenmacher bei den jährlichen Huldigungen den Vorrang vor den Goldschmieden forderte und schliesslich nach langen Verhandlungen im Jahre 1737 erhielt (Urk. 61). Unter den Ratmannen und Schöppen finden

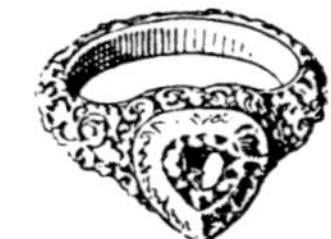

Fig. 3. Emaillierter Ring, Breslauer Meisterarbeit, 17. Jahrhundert

wir nur in der ältesten Zeit einige Goldschmiede; so bekleideten die Aurifabri Heynczil, Waltherus Ebirhart und Henricus Schorgast zwischen 1353—1417 häufiger das Amt der Consules und Scabini.[1]) Erst im 19. Jahrhundert begegnen wir wieder mehreren Gold- und Silberarbeitern unter den Mitgliedern der Breslauer Stadtverordnetenversammlung und einem im Magistratskollegium als Stadtrat.[2]) Gleich den übrigen Gewerken gehörten die Goldschmiede der Brüderschaft der Zwingerschützen und seit 1566 der der Schiesswerderschützen an. Für die öffentlichen Umzüge, die das Königsschiessen verherrlichten und jährlich bei Gelegenheit der Einholung des Schützenkönigs stattfanden, hatten die Goldschmiede von ihren Jüngsten für den achten Trupp unter einem Korporal der Kürschnerzunft einen Gefreiten und sechs Musketiere zu stellen. Einige Goldschmiede haben es selbst bis zum Schützenkönige gebracht, so tat Hans Strich 1594, Caspar Pfister 1609, Christian Beyl 1729, Tobias Meyer 1802 und Carl Reiss 1832 den besten Schuss.[3]) Die Vergangenheit der beiden Breslauer Schützenbrüderschaften ist noch dadurch besonders eng mit der Geschichte der heimischen Goldschmiedekunst verknüpft, dass jeder Schützenkönig ein Kleinod und in späterer Zeit von 1790—1818 bei den Zwingerschützen einen silbernen Leuchter stiften musste. Ausserdem gaben zahlreiche Gönner des Schiessplatzes, obenan Kaiser Rudolf II., Pokale und Schaustücke für den Schatz der genannten Brüderschaften bei Breslauer Goldschmieden in Auftrag oder kauften in Nürnberg und Augsburg Prachtgeräte, die den Breslauer Meistern manche künstlerische Anregung bieten konnten.[4])

Befasst man sich eingehender mit den Familienverhältnissen der hiesigen Goldschmiede, so fällt bald die enge verwandtschaftliche Verbindung auf, in der die einzelnen Meister zu einander gestanden haben. Von der frühesten Zeit bis zur Neige des 19. Jahrhunderts finden wir zahlreiche Goldschmiedsfamilien, in denen sich durch mehrere Generationen hindurch das Gewerbe des Vaters auf den Sohn, den Enkel, ja den Urenkel vererbt hat. Bisweilen können wir beobachten, wie ein Glied der Reihe sich einen anderen Beruf gewählt oder die Tochter eines Goldschmiedes einen in einem anderen Berufe stehenden Mann geheiratet hat und der Enkel wieder zu dem Handwerke des Grossvaters zurückgekehrt ist. Eine weitere verwandtschaftliche Annäherung der einzelnen Meister hat die häufige Heirat der Goldschmiedstöchter oder -Witwen mit den von auswärts gebürtigen Gesellen bewirkt, die kurz vor oder bald nach der Eheschliessung in Breslau das Meisterrecht erlangt haben. Für die künstlerische Entwicklung wäre diese ständige Inzucht gewiss nicht immer von Vorteil gewesen, wenn nicht die durch die Zunftprivilegien vorgeschriebenen Wanderjahre die jüngeren Generationen wieder mit den Errungenschaften der auswärtigen Goldschmiedekunst, speziell Süddeutschlands und Österreichs, ferner Italiens, Frankreichs, Hollands und Englands bekannt gemacht hätten. Dass sich Breslau aber auch bei den nichtschlesischen Zunftgenossen eines gewissen Rufes erfreut haben muss, beweist die häufige Anwesenheit von Goldschmiedegesellen aus Nürnberg, Augsburg, Österreich, Ungarn, Sachsen, Dänemark, Schweden, Holland und England, von denen mancher in Breslau einheiratete und sich zum Meister setzte.

---

[1]) Markgraf und Frenzel: Breslauer Stadtbuch, enthaltend die Rathslinie von 1287 ab und Urkunden zur Verfassungsgeschichte der Stadt. Codex diplomaticus Silesiae, Bd. XI (Breslau 1882), S. 103, 121, 127.

[2]) Die Stadtverordneten von Breslau in chronologischer Reihenfolge von 1809 bis zur Jetztzeit. Handschrift im Breslauer Stadtarchiv unter Hs. H. 4.

[3]) Gustav Roland: Das Schiesswerder-Buch (Breslau 1846), S. 21 f. u. 38 f.

[4]) H. Wendt und H. Seger: Die Breslauer Schützenkleinodien. Schlesiens Vorzeit in Bild und Schrift, Bd. V S. 231—254, Bd. VII S. 145—184.

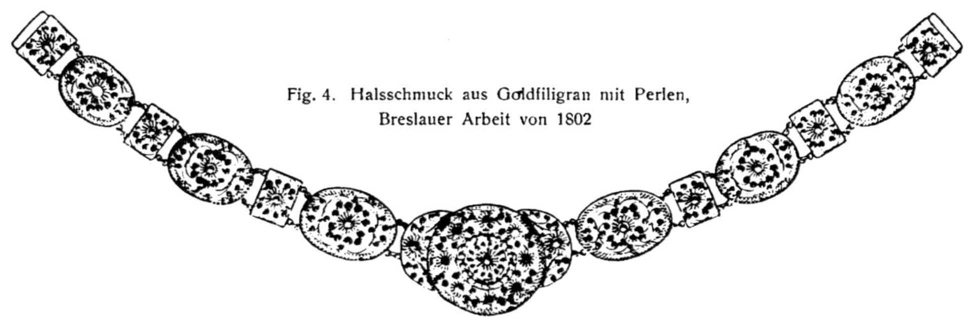

Fig. 4. Halsschmuck aus Goldfiligran mit Perlen, Breslauer Arbeit von 1802

II. DIE INNUNG UND IHRE PRIVILEGIEN

Trotz des Mangels urkundlicher Belege kann es als sicher gelten, dass die Anfänge der Breslauer Goldschmiede-Innung bis in das 13. Jahrhundert zurückreichen. Wenigstens wurden um das Jahr 1305 bei Verleihung der ersten hiesigen Handwerkerstatuten die Aurifabri angewiesen, jährlich zwei Fideiussores zu wählen, die für die von auswärts nach Breslau verzogenen Berufsgenossen zu bürgen hatten (Urk. 2). Eine solche Vorschrift ist aber ohne eine schon erfolgte Zunftgründung undenkbar. Ja die Zeche der Goldschmiede kann damals nicht mehr ganz unbedeutend gewesen sein, da sie zwei Geschworene zu ernennen hatte, während sich alle kleineren Innungen mit einem Vorsteher begnügten. Die Amtsbefugnisse der Fideiussores, Jurati, Seniores, Geschworenen, Ältesten oder Obermeister haben sich im Laufe der Jahre sehr erweitert, und später traten den beiden amtshabenden Ältesten noch zwei Nebenälteste, Stellvertreter oder Deputierte zur Seite. Sache der Ältesten war es, die Versammlungen der Meister einzuberufen und zu leiten, die Kassen- und Geldangelegenheiten der Innung in Ordnung zu halten, die Stückarbeiter sowie das Gesellen- und Lehrlingswesen zu beaufsichtigen, die Beschau und Stempelung der von den zünftigen Meistern gefertigten Goldschmiedearbeiten zu besorgen. Ferner lag es den Ältesten ob, die Innung nach aussen zu vertreten. Als Mittelsperson zwischen der Zunft und dem städtischen Rate stand ihnen der Beisitzer zur Seite, den der Magistrat als Aufsichtsrat aus der Zahl der städtischen Beamten der Innung zuteilte. Die Ältesten wurden von sämtlichen zünftigen Meistern alljährlich zu Ostern in der Quartalsversammlung Reminiscere, in der auch die grosse Jahresabrechnung stattfand, neu ernannt. In der Regel fiel auf die künstlerisch bedeutendsten, jedenfalls aber immer auf die angesehensten Meister die Wahl. Wenn gegen die Amtsführung der Senioren des vergangenen Jahres nichts einzuwenden war, erfolgte ihre Wiederwahl.

Die grosse Handwerksordnung Kaiser Sigismunds vom Jahre 1420 enthält die ersten bekannten Statuten der Breslauer Goldschmiedezeche. Ob der Innung schon früher, etwa 1390 von Kaiser Wentzel, zugleich mit den Malern Privilegien verliehen wurden, ist nicht zu ermitteln gewesen. Die Statuten Sigismunds geben ziemlich kurze Bestimmungen über die Meistersetzung und etwas eingehendere Vorschriften über den Feingehalt, die Verarbeitung und den Verkauf von Silberwaren (Urk. 6). Den kommenden Jahrhunderten blieb es vorbehalten, den jeweiligen Bedürfnissen entsprechende Ergänzungen und Abänderungen vorzunehmen. In diesem Ausbau der Satzungen, Ordnungen und Privilegien liegt die einzige historische Entwicklung und Vergangenheit der Breslauer Goldschmiede-Innung, da sie niemals als politischer Faktor oder in irgend einer anderen Form in dem öffentlichen Leben der Stadt oder des Landes eine Rolle gespielt hat. Hier seien die Hauptentwicklungsphasen der inneren Geschichte der Innung nur kurz angedeutet, da die in Kapitel VIII zusammengestellte Urkundensammlung beredter und ursprünglicher als jede andere Darstellung darüber Aufschluss zu geben vermag. Ferner seien an dieser Stelle die Bestimmungen über den Feingehalt und die Stempelung der Goldschmiedearbeiten, die Geschichte der Innungskapelle und die die „unbezechten" Goldschmiede betreffenden Verträge und Dokumente ausser acht gelassen, da ihnen eigene Abschnitte gewidmet werden sollen.

Am 21. Mai 1451 bestätigten die Ratmannen der Innung eingehende Statuten über die Meisterstücke. Jeder Stückarbeiter hatte danach behufs Erlangung des Meisterrechtes drei Arbeiten zu liefern und zwar 1. einen Kelch, 2. einen Siegelstempel mit eingeschnittenem Wappen und 3. einen steinbesetzten Ring. Vor der Einwerbung hatte der Geselle drei Jahre bei einem oder zwei Meistern gesellenweise zu arbeiten (Urk. 10). Da die Vorbedingungen für die Meisterrechtserlangung häufig unbeachtet blieben, legte die Zunft am 5. Dezember 1565 dem Rate eine Ordnung vor, die die alten Satzungen erneuerte und ausdrücklich vorschrieb, dass niemand einen eigenen Laden eröffnen dürfte, er habe denn zuvor das Meisterstück richtig verfertigt und sich verehelicht. Wie streng die Innung seitdem bis in die Mitte des 18. Jahrhunderts auf die rechtzeitige Verheiratung der Meister hielt, beweist beispielsweise die Verhandlung, die 1666 wegen des Daniel Vogt vor dem Rate stattfand (Urk. 26). Um den jungen Meistern den Verkauf ihrer Probearbeiten zu erleichtern, wurde 1565 statt des Kelches auch die Anfertigung eines anderen Trinkgeschirres als zulässig anerkannt. Um den Unregelmässigkeiten und Willkürlichkeiten des Werkstattwechsels durch die Gesellen und Lehrlinge vorzubeugen, durfte fortan ein Geselle, der seinen Meister verliess, nur mit dessen Vorwissen an anderer Stelle angenommen werden. Ebenso sollte ein Lehrjunge, der mutwillig seinem Meister entlief, nicht wieder bei der Innung Aufnahme finden. Die beiden letzten Punkte der Ordnung von 1565 untersagten die Verarbeitung von unedlem Metall, wenn es in betrügerischer Absicht vergoldet oder versilbert wurde, und richteten sich gegen den heimlichen Verkauf von minderwertigen Silberwaren (Urk. 16). Im Jahre 1580 erfuhr nochmals die Frage der Meistereinwerbung eine Neuregelung, wobei man zwischen einheimischen und auswärtigen Gesellen unterschied, indem den letzteren nicht eine drei- sondern eine vierjährige Probezeit auferlegt wurde. Ferner sollten fortan nie zwei Gesellen zu gleicher Zeit in die Stückarbeit treten. Da die Altesten, in deren Werkstatt und unter deren Aufsicht die Meisterstücke gefertigt werden mussten, oftmals viel Belästigung und Unkosten auf sich zu nehmen hatten, so sollte jeder Stückmeister seine Arbeiten in vier Monaten vollenden, er wäre denn durch triftige Gründe, zum Beispiel durch Krankheit, daran verhindert. Ausserdem hatte er den Ältesten jegliche Auslagen zurückzuerstatten (Urk. 17).

Im allgemeinen war es bei den Zünften Brauch, dass die Witwe eines Meisters mit Hilfe von Gesellen das Gewerbe ihres verstorbenen Mannes fortsetzen durfte. Als 1636 zwei hiesige Goldschmiedswitwen hierbei von seiten der Innung auf Schwierigkeiten stiessen, sahen sich die Ratmannen veranlasst, durch zwei Dekrete vom 6. Juni 1636 und 14. Juli 1637 die Frage der Werkstattfortführung durch Goldschmiedswitwen endgültig zu ordnen. Es wurde den hinterlassenen Frauen der fernere Betrieb des Handwerks mit der Einschränkung gewährt, mit Hilfe von höchstens zwei Gesellen zu arbeiten, die Annahme von Lehrjungen dagegen ganz zu unterlassen. Die Gesellen, die ihre Jahre vor der Meistereinwerbung arbeiteten, durften diese nicht bei einer Witwe zubringen. Die Frauen hatten die Pflicht, gleich den Meistern auf das vorschriftsmässige

Verhalten der Gesellen sowie auf den gehörigen Feingehalt ihrer Arbeiten, die von den Altesten beschaut und gestempelt werden mussten, zu achten (Urk. 21, 22).

Im Jahre 1642 erschienen der Innung acht Ergänzungen zu den bisherigen Statuten notwendig. Um der übermässigen Ausdehnung einiger Werkstattbetriebe zu Ungunsten der übrigen Zunftgenossen etwas vorzubeugen, durfte kein Meister mehr als zwei Gesellen und zwei Lehrlinge annehmen, nur den Ältesten stand es frei, noch einen dritten Gesellen oder Lehrjungen zu fördern. Ferner gaben die Artikel von 1642 nähere Bestimmungen über die Vorrechte der Meistersöhne,

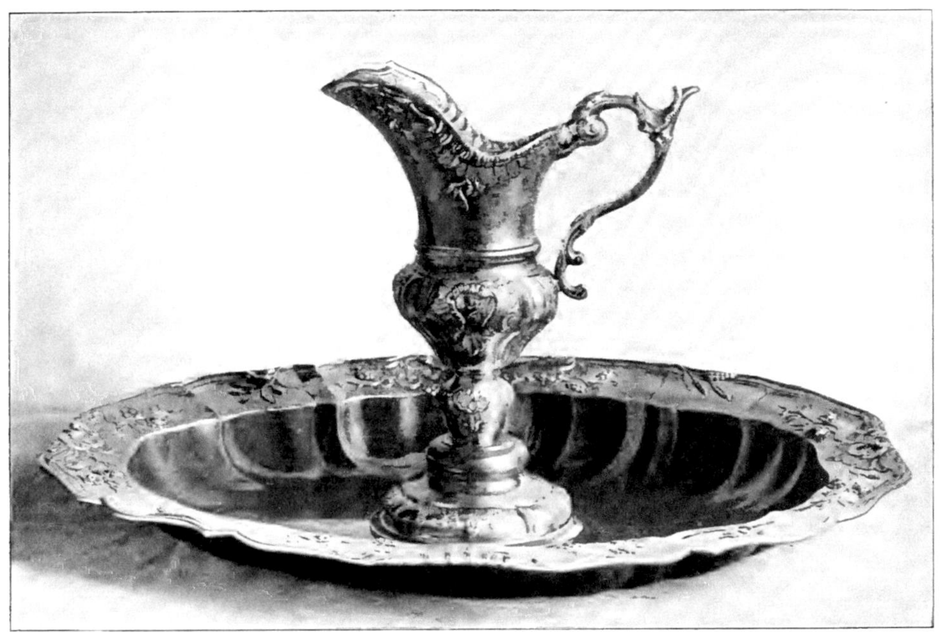

Fig. 5. Wahrscheinlich die Meisterarbeit des Ferdinand Christian Krebs von 1769

die ein Vierteljahr dauernde Probezeit der Lehrlinge, über die Gesellen, die in Breslau das Meisterrecht erwerben wollten und über die viermonatliche Frist für die Anfertigung der Meisterstücke. Endlich wurde vor dem Ankauf von heimlich angebotenem Gold, Silber und Edelgestein gewarnt (Urk. 23). Eine Generalbestätigung sämtlicher bisherigen Privilegien und Statuten erhielt die Innung von Kaiser Leopold am 3. Juli 1670 (Urk. 27). Nebenbei erwähnt sei, dass die noch im Original vorhandene Pergamenturkunde den Goldschmieden einen Kostenaufwand von nicht weniger als 590 Reichstalern verursachte (Innungsurkundensammlung Heft II Nr. II). 1703 erfuhren die alten Statuten über die Stückarbeiter, Meistersöhne, Witwen und Lehrlinge in neun Punkten eine Erneuerung oder Ergänzung (Urk. 42). Am Quartal Trinitatis 1709 einigten sich die Meister, falls sie viel Aufträge hätten, aushilfsweise unter gewissen Bedingungen einen dritten Gesellen anzunehmen (Urk. 45). Eine völlige Umarbeitung der Innungsartikel mit eingehenden Bestimmungen über die Lehrlinge, Gesellen, die Schuldigkeiten der Meister und die Gerechtsame des Mittels der

Goldschmiede fand im Jahre 1735 statt (Urk. 59). Für die Kunstgeschichte bieten das meiste Interesse die Artikel über die Meisterarbeiten, indem hier eine völlige Arbeitsteilung unter den Goldschmieden beginnt. Es ist jetzt nicht mehr allgemein von Goldschmieden die Rede, sondern es wird zwischen Gold-, Galanteriewaren- und Silberarbeitern unterschieden. Auch die Innung nannte sich in der Regel nicht mehr Goldschmiede-Innung, sondern „Mittel der Gold- und Silberarbeiter". In der Praxis hat diese Teilung zweifellos schon längere Zeit bestanden (vgl. Urk. 58), aber statutenmässig wurde die einseitige Tätigkeit der Goldschmiede erst durch die Artikel von 1735 festgelegt. Damit begann auch eine Spezialisierung in der Ausbildung der Lehrlinge und Gesellen, die sich im 19. Jahrhundert bis zu einer derartigen Einseitigkeit gesteigert hat, dass heute mancher sogenannte Löffelarbeiter nicht imstande ist, eine silberne Gabel oder einen Messergriff anzufertigen. Die Artikel von 1735 machten zwar genaue Angaben über die Meisterstücke, die stets „nach der neuesten Façon" gearbeitet werden mussten, doch haben sie gegenständlich je nach dem Geschmacke der Zeit öfter gewechselt (Urk. 59 Caput III Artikel 3). Die Goldarbeiter, die anfänglich einen Ring und einen Uhrhaken zu liefern hatten, arbeiteten später mit Vorliebe Halsschmuckstücke (Fig. 4), sogenannte Placks, Patzels oder Machen, dann Ohrgehänge, Kopfdiademe, Haarkämme und Haarrosen (Fig. 7). Die Galanteriewarenarbeiter, die in Breslau nur sehr vereinzelt als Mitglieder der Goldschmiede-Innung vorkommen, sind immer bei der vorschriftsmässigen Dose und dem Etui geblieben. Der in den Artikeln von 1735 gemachte Unterschied zwischen „Silberarbeiter auf dem Hammer" und „Silberarbeiter von getriebener Arbeit" ist praktisch nie beachtet worden, sondern alle Silberarbeiter haben lange Zeit hindurch fast ausnahmslos ein silbernes Giessbecken nebst Kanne (Fig. 5), erst seit der Zopfzeit Kaffee- und Milchkännchen (Fig. 6), Terrinen, Schalen, Leuchter und Zuckerdosen als Meisterstücke gefertigt. Beachtenswert ist auch die in den Artikeln von 1735 enthaltene Bestimmung, dass jeder Stückmeister, bevor er zu den Meisterstücken zugelassen werden sollte, einen selbst erfundenen und mit eigener Hand gezeichneten Entwurf („Riss") zu seiner Meisterarbeit der Innung vorzulegen hatte (Urk. 59 Caput III Artikel 4). Da seit 1735 der Silberarbeiter nicht mehr wie früher in der Kunst des Gravierens bewandert sein musste, tauchte auf einmal in Breslau eine Anzahl ausserhalb des Innungszwanges stehender Gold- und Silberstecher auf, die fortan die Goldschmiedearbeiten mit der gewünschten Gravierung versahen. Ebenso ging die Kunst des Stempelschneidens nun fast vollständig in die Hand der Medailleure, Siegel-, Stein- und Wappenschneider über.

An den Statuten von 1735 ist zur Zeit des Zunftzwanges keine wesentliche Änderung vorgenommen worden. Nur ein für die künstlerische Ausbildung der Gesellen gewiss nicht vorteilhafter Erlass vom Jahre 1756 möge hier erwähnt werden, der die Wanderschaft allein innerhalb der Königlichen Lande gestattete und so den Gesellen die Möglichkeit nahm, an namhaften fremden Stätten der Goldschmiedekunst durch direkte Anregung den Gesichtskreis zu erweitern.[1] Wie für die übrigen Innungen, so brachte auch für das Mittel der Gold- und Silberarbeiter das Jahr 1811 durch die Aufhebung des Zunftzwanges und die Einführung der allgemeinen Gewerbefreiheit eine völlige Vernichtung aller Gerechtsame, indem von nun an niemand mehr zum Beitritt in die Innung oder zur Befolgung und Erfüllung der durch die alten Privilegien gegebenen Vorschriften gezwungen werden konnte.

Bis 1811 hatte jede Innung auf Grund der Zunftartikel ein genau umgrenztes Gebiet für ihren Gewerbebetrieb, und sie wachte streng darüber, dass ihr nicht unliebsame Beeinträchtigungen

[1]) Innungsprotokollbuch I. Versammlung vom 15. September 1756.

und Übergriffe widerfahren möchten. So hatte denn der Breslauer Rat und das Königliche Oberamt häufig Streitigkeiten zwischen den Goldschmieden einerseits und den Gürtlern, Schwertfegern und Kaufleuten andererseits zu schlichten. Im Jahre 1677 setzten die Goldschmiede durch, dass an Messinggürteln keine silbernen, mit Beschauzeichen versehenen Schlösser angebracht werden dürften, und die Artikel von 1735 verboten den Gürtlern die Anfertigung von silbernen Knöpfen (Urk. 32, 59, 60). Langjährige Meinungsverschiedenheiten bestanden zwischen den Goldschmieden und Schwertfegern wegen der Herstellung silberner Degengefässe, Haken und Ortbänder. Anfänglich verlangten die Goldschmiede, dass ihnen allein derartige Arbeiten zukommen sollten. Als sie aber damit vor dem Rate kein Glück hatten, wussten sie wenigstens zu erreichen, dass die Schwertfeger gezwungen wären, ihre silbernen Schwertzierarten nach dem Gehalte der Breslauer Silberprobe zu arbeiten und sie der Goldschmiedezeche zur Beschau vorzulegen (Urk. 28, 29, 60, 63). Endlich wollten die Goldschmiede nicht dulden, dass die Kaufleute fremde Goldschmiedearbeiten in Breslau öffentlich feil hielten, da ihnen dadurch Eintrag geschehe. Doch die Obrigkeit willigte nicht in diese Wünsche, sondern ordnete vielmehr zum Nachteil der Goldschmiede an, dass die Kaufleute wohl von auswärts eingeführte Gold- und Silberwaren verhandeln dürften, die Goldschmiede dagegen nicht einmal befugt sein sollten, die in Nachbarorten bei ihren Zunftgenossen aushilfsweise in Auftrag gegebenen Arbeiten in Breslau zu verkaufen (Urk. 24, 40, 46, 48—50). Nur den Venditern oder Trödlern wurde, um Betrügereien vorzubeugen, der Verkauf jeglicher Gold- und Silberwaren untersagt (Urk. 43). Das Verbot, auswärts arbeiten zu lassen, scheint nicht immer streng beobachtet worden zu sein, da Breslauer Goldschmiede angeblich in Ohlau, Bernstadt, Juliusburg, Trebnitz und Pitschen Silberarbeiten in Auftrag gaben, die sie in Breslau mit ihrem Zeichen versahen. Allerdings bestritten die Innungsmeister 1752 die Richtigkeit dieser Angaben.[1])

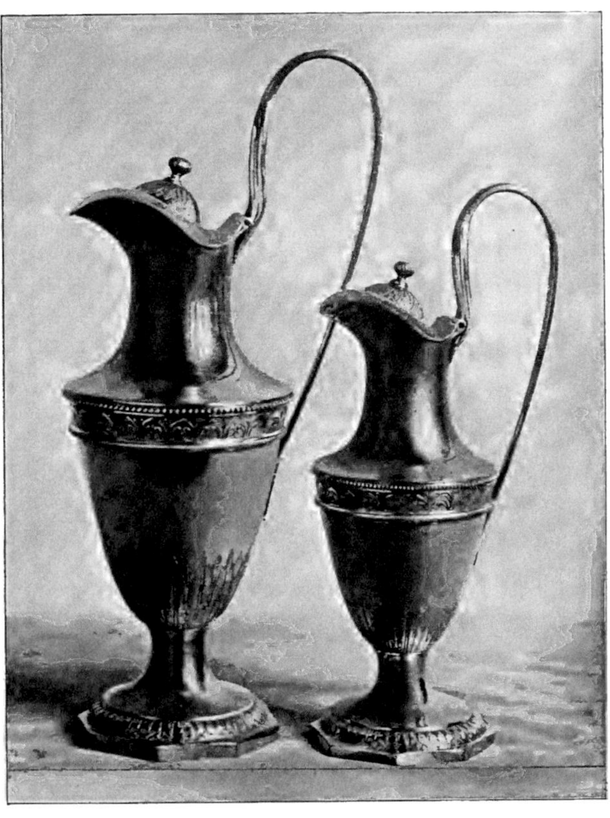

Fig. 6. Carl Gottlieb Freytag: Kaffeekännchen nebst Milchgiesser

[1]) Bresl. Kgl. Staatsarchiv, Rep. 13. AA. VIII 10 k, fol. 6a und Rep. 14. PA. VIII 245e, fol. 46a, 68b, 82b, 89.

Nach der Aufhebung des Zunftzwanges hat die Breslauer Goldschmiede-Innung noch 82 Jahre bestanden. Doch aller bisherigen Rechte und Machtmittel beraubt, trug sie seitdem lediglich den Charakter eines Vereines, der sich die Förderung einer guten Sache angelegen sein liess. So ist die Innung bis zu ihrer Auflösung bemüht gewesen, den Mitgliedern gegenseitige Unterstützung und Anregung zu gewähren sowie das Lehrlings-, Gehilfen- und Stempelwesen zu beaufsichtigen, so hat sie 1841 durch die Gründung eines Begräbniskassenvereins Nutzen und Vorteile zu stiften versucht. Obwohl sie nur kleine Geldbeiträge beanspruchte, geringe Anforderungen an die Meisterprüfung stellte und jedes neue Mitglied „herzlich willkommen" geheissen wurde, während vor 1811 der Stückmeister nur bei genauester Erfüllung aller durch die Privilegien gegebenen Vorschriften und gegen die hohe Rezeptionsgebühr von 100 Gulden Aufnahme fand, sind doch viele Goldarbeiter und Juweliere dem Verbande fern geblieben. Allein die Silberarbeiter hatten insofern ein besonderes Interesse an der Innung, als diese nur den Mitgliedern die amtliche Beschau von Silberarbeiten durch ihren Stempelmeister besorgte. Als aber am 1. Januar 1888 nach dem Inkrafttreten des Reichsgesetzes über den Feingehalt der Gold- und Silberwaren vom 16. Juli 1884 dieser Vorteil wegfiel, stand die Mehrzahl der Goldschmiede den Vereinsbestrebungen so gleichgültig gegenüber, dass man in der Quartalssitzung vom 31. Januar 1893 „wegen allgemeiner Teilnahmlosigkeit der Mitglieder in Innungssachen" die Auflösung des Vereines anregte und schliesslich einstimmig beschloss. Nach Abwicklung der nötigen Vorverhandlungen wurde dann in der ausserordentlichen Innungsversammlung vom 13. Oktober 1893 die Innung für aufgelöst erklärt (Innungsprotokollbuch III).

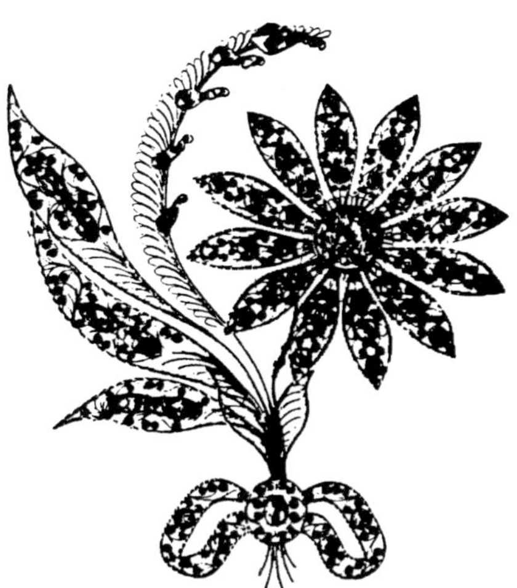

Fig. 7. Haarrose aus Goldfiligran mit Rauten, Breslauer Arbeit um 1800

III. DIE INNUNGSKAPELLE IN DER ST. MARIA MAGDALENENKIRCHE

An der Süd- und Nordseite der Kirche zu St. Maria Magdalena in Breslau sind sechzehn Kapellen angebaut. Sieben davon verdanken ihren Ursprung einer schönen Gepflogenheit der bedeutenderen Zünfte Alt-Breslaus, nicht nur im Leben der Alltagswelt als eine fest geschlossene Einheit aufzutreten, sondern auch vor ihrem Gott gemeinsam die kirchliche Andacht zu verrichten und sich, gleich wie in der Zunftstube, im Gotteshause ein eigenes Heim zu schaffen. So haben sich am Ende des 14. und am Anfange des 15. Jahrhunderts die Kürschner, Schneider, Kretschmer, Bäcker, Barbiere, Goldschmiede und Maler, mit letzteren gemeinsam die Tischler und Goldschläger, Kapellen errichtet. Dass gerade die St. Maria Magdalenenkirche von den Innungen ausersehen wurde, braucht nicht Wunder zu nehmen. Sie war als Nachfolgerin von St. Adalbert die erste Pfarrkirche der alten Civitas Wratislaviensis, und auf den sie umgebenden Strassen und Plätzen bewegte sich hauptsächlich das geschäftliche Treiben des spätmittelalterlichen Breslauer Handwerkers.

Betreten wir durch das westliche Hauptportal die Kirche, dann liegt zu unserer Linken neben der Tür, die zum ehemaligen Almosenamte, der heutigen Taufkapelle führt, eine dreifenstrige gotische Doppelkapelle. Seit etwa 1860 wird sie gewöhnlich den Goldschlägern zugeschrieben, doch mit Unrecht. Urkundliche Überlieferungen berichten, dass sie ehedem Eigentum der hiesigen Goldschmiede war, die sie, wie sich mit grösster Wahrscheinlichkeit annehmen lässt, im letzten Jahrzehnt des 14. Jahrhunderts erbauten.[1])

In jene Zeit fallen die ersten frommen Fundationen, mit denen die Kapelle während der nächsten Dezennien bedacht wurde. Um das Jahr 1398 stiftete Hensil von Glacz mit seiner Frau Katharina einen Altar in der Goltsmede Kapelle.[2]) Am Freitage nach Corpus Christi (3. Juni) 1401 reichten die Goldschmiede Waltherus Ebirhart, Niclos Crommendorff, Nicolaus Buckinschuch und Hannos Nysser „den geswornen der goltsmede, die iczunt synt adir in czeiten werdin, czu der goltsmede capellen handen vier mark czins."[3]) Im Jahre 1431 bestanden fünf Fundationen.[4]) Auf Bitten der Goldschmiede Nicolaus Czipser und Paulus Juncher bestätigte am 27. September 1446 Bischof Conrad des verstorbenen Nicolaus Polak Stiftung von acht Mark jährlichem Zins zur Errichtung eines sechsten Dienstes. Das Patronat erhielten die Ältesten der Goldschmiedezunft, und von dem bestellten Altaristen waren wöchentlich drei Messen zu lesen (Urk. 8). Am 24. Oktober 1468 investierte Bischof Rudolph den Diöcesanpriester Johann Stercze als ersten

[1]) Einige kurze, teilweise nicht zutreffende Notizen über die Kapelle veröffentlichte Alwin Schultz in der Zeitschrift des Vereins für Geschichte und Alterthum Schlesiens, Bd. V S. 344. Etwas ausführlicher ist H. Luchs in Schlesiens Vorzeit in Bild und Schrift, Bd. IV S. 498—513, wo er die Geschichte der sechzehn Kapellen in der St. Maria-Magdalenenkirche behandelt.

[2]) Zu ersehen aus Schöppenbuch IX fol. 126 b und 224 b.

[3]) Schöppenbuch IX fol. 68 b. Die Stiftung ist schon einmal auf fol. 67 b am Freitage nach Ascensio domini 1401 vermerkt gewesen, wurde aber wieder gestrichen.

[4]) Luchs gibt in Schlesiens Vorzeit Bd. IV S. 505 zwei Lehen von 1405 und 1414 an, doch die aus dem II. Bande des Antiquarius fol. 37 und 139 entnommenen Angaben beziehen sich nicht auf neue Stiftungen, sondern auf Entleihung von Geldern, die sich im Besitze der Kapelle befanden. — Desgl. die Zinsverreichung in Schöppenbuch X fol. 57 b.

Altaristen der siebenten, von dem Goldschmiede Georg Heyne für den Altar seiner Innung gestifteten Messfundation (Urk. 11).

An der Ostwand der Kapelle stand der Hauptaltar mit dem Ehrentitel und Namen des allmächtigen Gottes, der glorreichen Jungfrau Maria, des heiligen Eligius, Bischofs und Bekenners, des Apostels Bartholomäus, der heiligen Jungfrauen Margaretha und Dorothea. Wie seine Ausstattung beschaffen war, lässt sich nicht mehr erweisen. Neben dem Hauptaltar wird am 25. Januar 1398 im Schöppenbuch VIII fol. 161b noch ein von Frau Margrithe Pletheneryinne gestifteter Altar und am 15. März 1409 im II. Bande des Antiquarius fol. 57a ein Altar „geweyet in der ere sente Michils vnd aller engil" genannt, über den uns sonst jede Kunde fehlt.[1]) Ausserdem hatte die Kapelle um die Mitte des 15. Jahrhunderts eine Reihe kirchlicher Ausstattungsstücke aufzuweisen. Als Magister Hieronymus Schloche das sechste, einst von Nicolaus Polak gestiftete Ministerium übernahm, fand er folgendes Inventarium vor: einen silbernen Kelch, ein Corporale mit einem silbernen Pacificale in einer alten Kapsel, drei Gewänder, zwei davon als „Belkyn"(= Baldacchinus, eine Art Brokatstoff) bezeichnet, ein von Paulus Hoczinplotcz geschenktes Missale speciale mit einem gemalten Kanonbilde und ein Paar zinnerne Ampullen (Urk. 9).

Das 15. Jahrhundert sah in Breslau manch reiches und prächtiges Altarwerk der Spätgotik entstehen. Da hielt auch die an Zahl der Meister und an Bedeutung des Handwerks stetig wachsende Goldschmiede-Innung die Zeit für gekommen, den alten Altar durch einen neuen zu ersetzen, und unter dem Seniorate der Goldschmiede Hans Bischdorff und Jacobus Konczel wurde ein Altarwerk errichtet, das zwar nicht zu den künstlerisch feinsten aber an Umfang grössten und eindrucksvollsten Schlesiens zählt. Es hat nach mannigfachen Schicksalen den Wechsel der Jahrhunderte bis auf unsere Tage überdauert und befindet sich jetzt im Schlesischen Museum für Kunstgewerbe und Altertümer in Breslau (Lichtdrucktafel I). Auf der Mensa ruht die Predella, in der vier hölzerne Brustreliquiare der hh. Wenzeslaus (?), Hedwig, Elisabeth und Andreas stehen. Darüber baut sich das Altargehäuse in zwei Stockwerken auf. Die Mitte des unteren Geschosses nimmt eine steinerne Christusfigur ein, die sich durch ihre Technik, die etwas schematische Faltenbehandlung des Mantels und die herben Gesichtszüge wesentlich von den übrigen viel freier und mehr dekorativ gedachten Heiligengestalten unterscheidet. Es liegt die Vermutung nahe, dass sie schon den alten Altar schmückte und von ihm auf den neuen übernommen wurde.

Zur Seite des Ecce homo stehen die holzgeschnitzten Statuen der Apostel Petrus und Paulus. Aus dem gemalten Hintergrunde lugen beflügelte Engel über einer mit Brokatstoff verkleideten Balustrade hervor. Das Ganze überspannt ein goldbesternter blauer Baldachin, der vorn durch gotische Masswerkbogen begrenzt wird. Das fast gleiche Prinzip des Aufbaues wiederholt sich im oberen Stockwerke. Die Hauptfigur dieses Schreines bildet der Schutzpatron der Goldschmiede, der heilige Eligius mit Bischofsmitra, Kelch und Krummstab. Ihm dienen zwei langbeflügelte, plastisch in Holz geschnitzte Engel, heute mit leeren Händen, ehedem wohl Rauchfässer schwingend. Bekrönt wird das Obergeschoss von reichem spätgotischem Mass- und Fialenwerk. Acht doppelseitig bemalte Klappflügel, je vier auf einer Seite — mit den hh. Johannes d. Täufer, Bartholomäus, Laurentius, Maria der Gottesmutter, Barbara, Dorothea, Margaretha und

[1]) Zwei weitere Altäre (darunter der Stanislausaltar von 1508, der jetzt im Breslauer Kunstgewerbemuseum steht) und eine Predella, die Alwin Schultz in seiner Geschichte der Breslauer Maler-Innung auf Seite 117 ff. beschreibt, dürften erst im 19. Jahrhundert in die Kapelle hineingeraten sein.

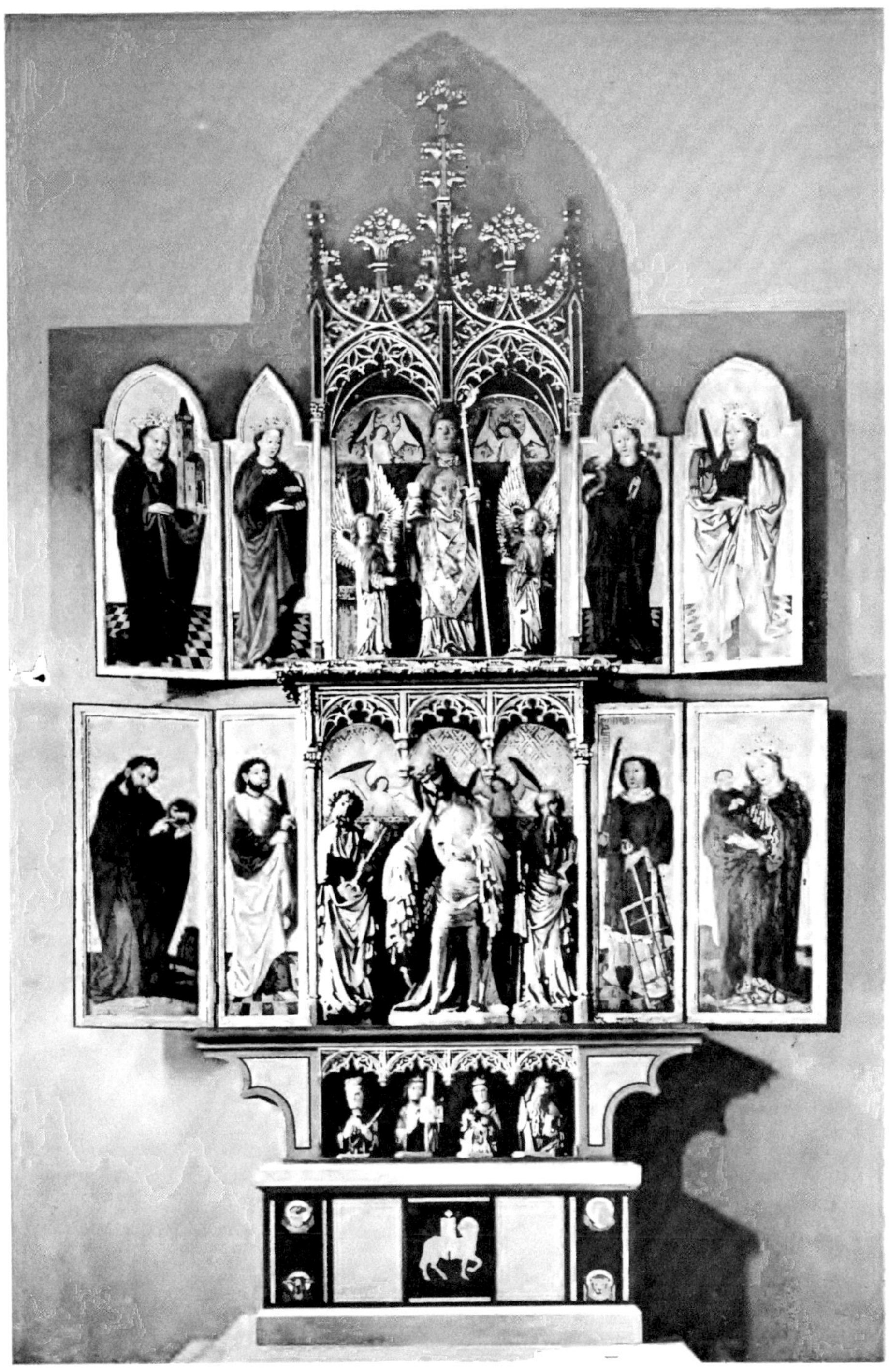

Altar der Breslauer Goldschmiede-Innung

Katharina innen, der Verkündigung nebst den hh. Maria Magdalena und Andreas, Maria und dem auferstandenen Christus nebst zwei Engeln mit den Leidenswerkzeugen aussen — erhöhen den imposanten Eindruck des mächtigen Werkes.

Auf den Aussenseiten der beiden äusseren Flügel des unteren Geschosses ist eine Inschrift angebracht, die nach Auflösung der Abkürzungen lautet: Anno domini, MCCCCLXXIII hoc opus ornatum est per providos viros aurifabros et per Nicolaum Schreyer socium illius artificis (!) et eodem anno fuerunt seniores Johannes Bischdorff et Jacobus Konczel quorum omnium deus sit merces eorum. Demnach wurde der Altar im Jahre 1473 durch die fürsichtigen Herren Goldschmiede und Nicolaus Schreyer unter dem Seniorate des Johannes Bischdorff und Jacobus Konczel errichtet. Aus den Geschworenenlisten der Signaturbücher ergibt sich, dass die beiden eben genannten Goldschmiede von Ostern 1472 bis Ostern 1473 Älteste waren. Somit ist die Arbeitszeit des Altares genau festgelegt. Er wurde im Jahre 1472 begonnen und vor Ostern 1473 aufgestellt. Den Ausdruck »ornatum est« darf man vielleicht als Stütze für die oben geäusserte Vermutung, dass die steinerne Christusfigur von dem älteren Altare übernommen wurde, gelten lassen, falls mit dem Worte »ornare« die Weiterausschmückung von etwas bereits vorhandenem bezeichnet werden sollte. Der in der Inschrift genannte Nicolaus Schreyer war ein wohlhabender Goldschmiedgeselle. Er stand bei Meister Konczel in Arbeit und stiftete 1472 am Donnerstage vor Petri ad vincula (30. Juli) „10 golden in die capelle sinte Eligii zu dem bawe der taffil.“

Nach Errichtung des neuen grossen Altarwerkes wird der Kapelle öfters gedacht. Am 24. Mai 1480 stiftete der Altarist Leonhard Freynberger ein Missale, das sich heute in der Breslauer Stadtbibliothek befindet.[1]) Im Jahre 1492 am 19. Februar[2]) wandten sich die derzeitigen Ältesten der Innung, Johannes Bischdorff, Lucas Sweideler, Jacobus Konczel und Caspar Wehpusch an Bischof Johann Roth mit der Bitte, er möge dem Kleriker Werner die Sorge für den bisher von Hieronymus Cleynickel verwalteten sechsten Altardienst in ihrer Kapelle übertragen.[3]) Weiter wird die Kapelle genannt, als Johannes Werner am 3. August 1501 zum Altaristen investiert wurde.[4]) Am 16. August 1502 vermachte der Altarist Georgius Kogler in seinem Testament dem Altare in der Goldschmiedekapelle ein silbernes Pacificale.[5]) In einer Handwerkerurkunde vom 12. April 1521 erscheinen die Tuchmacher der Neustadt-Breslau als Patrone des dritten Dienstes am Altare der hh. Eligius, Bartholomäus, Margaretha und Dorothea.[6]) In demselben Jahre reichte Katharina Peter Rymerynne den Tuchmacherältesten der Neustadt zu Handen des gleichen Ministeriums 2 Mark jährlichen Zins.[7])

Im Jahre 1523 erschloss die Kirche zu St. Maria Magdalena als erste in Schlesien ihre Pforten dem protestantischen Gottesdienste. Hierdurch wurden die katholischen Einrichtungen der Kapelle nicht direkt in Mitleidenschaft gezogen, da die Altaristen zunächst noch in alter Weise ihre Messen verrichten durften. Im 17. Jahrhundert erhielt die Kapelle ein grosses, mit einem holzgeschnitzten Pokal bekröntes (heute nicht mehr vorhandenes) Renaissancegestühl, das wahrscheinlich mit reicher Intarsia-Arbeit geschmückt war. Als das Altarwerk im Laufe der Jahre

---

[1]) Hs. M 1147, früher Nr. 152; Alwin Schultz, Geschichte der Breslauer Maler-Innung, S. 179 Nr. 38.

[2]) Nicht 1484 wie Luchs l. c. angibt. Luchs hat für seine Angabe ein Brouillon, das sich unter den Urkunden der St. Maria Magdalenenkirche (Nr. 87 c) befindet, benutzt und dabei übersehen, dass das Konzept, wie aus der Schrift hervorgeht, erst am Anfange des 18. Jahrhundert verfasst wurde und zwar auf einem alten Stück Papier, das rückseitig unter anderem eine Datierung vom 9. März 1484 trägt. — [3]) Bresl. Diözesanarchiv, Acta capitularia III. b. 17; eine spätere Abschrift des alten Originals. — [4]) Bresl. Stadtarchiv, Klose, Repertorium, FF. 46. uu. — [5]) Bresl. Stadtarchiv, Roppan, Repertorium, S. 167. Orig.-Urkunde unter Ropp. Nr. 22 mm. — [6]) Bresl. Stadtarchiv, Urk. d. Tuchmacher, unter 21. April 1521. — [7]) Bresl. Stadtarchiv, Traditionsbuch III fol. 149 b.

unansehnlich und baufällig wurde, hat man es im 17. Jahrhundert einer eingehenden Renovation unterzogen. Die Predella wurde bei dieser Gelegenheit entfernt und durch einen kastenförmigen, heute im Schlesischen Museum für Kunstgewerbe und Altertümer befindlichen Schrein mit Malereien im Stile der Spätrenaissance ersetzt, der zur Aufnahme von Innungsurkunden, Leichentüchern und kirchlichen Gerätschaften bestimmt war. Die Brustreliquiare wurden, da ihr heiliger Inhalt nach protestantischer Lehre bedeutungslos war, oben neben den heiligen Eligius und die Engel gruppiert. Wann diese durchgreifende Erneuerung des Altares stattgefunden hat, ist nicht zu ermitteln gewesen. Am Sockel der steinernen Christusfigur wurde zwar das Ereignis vermerkt, jetzt sind jedoch nur noch ganz geringe und zusammenhanglose Bruchteile der Inschrift erhalten.

Luchs schreibt in seinem oben zitierten Aufsatze: „In dem mittelsten der drei Fenster sind die Namen von vier Goldschmiedältesten zu lesen, die jedenfalls die Glasmalerei daneben (grau in grau) haben 1723 herstellen lassen; der eine ist an einem Ambos arbeitend dargestellt." Die beiden Scheiben hängen seit 1890 im Kirchensaale. Die eine trägt die Inschrift: „Tobias Plackwitz, Johann Jahmann, Johann Peter Ziegler, Thomas Kuntz: Der Zeit Eltesten Anno: 1723:" Die andere zeigt den Bischof Eligius bei der Arbeit unter Zugrundelegung der gleichen Darstellung auf dem grösseren Innungssiegel aus dem 15. Jahrhundert (vgl. Fig. 1). Es ist daher nicht anzunehmen, dass es sich hier um ein Porträt eines der genannten Goldschmiedeältesten handelt. Auch ist es nicht zutreffend, wenn jenes auf Seite 13 in Anmerkung 2 erwähnte Konzept statt des auf Seite 22 Fig. 10 abgebildeten Siegels einen Kreis mit folgender Inschrift enthält: „In dem sigel sitzet n. Boy vnd zeucht einen becher auf eben in solcher statur wie in der cappele im fenster zu sehen ist eine artt vnd stellung."

Die Innungskapellen der St. Maria Magdalenenkirche dienten den zünftigen Meistern nicht nur als Versammlungsort zu gemeinsamer Andacht, mancher von ihnen fand auch hier seine letzte Ruhestätte. In älterer Zeit war die Beisetzung von angesehenen Meistern und ihren Angehörigen in und vor der Kapelle etwas Selbstverständliches. Die Innung hatte nicht für den einzelnen Fall die Erlaubnis der Kirchenvorstände oder der Ratmannen einzuholen. Daher sind auch keine Nachrichten über Begräbnisse in der Kapelle aus dem 15. und dem Anfange des 16. Jahrhunderts auf uns gekommen. Weiter scheint der Innung als Besitzerin des Raumes das Recht zugestanden zu haben, anderen die Beisetzung in der Kapelle zu gestatten, es sei denn, dass erst die Willkür einer späteren Zeit den Grabstein der Frau Anna Freiin zu Auersperg, geb. Malzan, von 1583 und das Epitaphium des kinderreichen Malers Friedrich Reinhold von 1659 gedankenlos in die Kapelle hineinverschleppt hat. Zum ersten Male musste im Jahre 1645 die Erlaubnis der Beisetzung bei dem edelgestrengen Rate der Stadt nachgesucht werden, als die Witwe des am 7. März 1645 verstorbenen Goldschmiedältesten Sebastian Fesch die Sepultur ihres Mannes in der Kapelle wünschte.[1]) Von den Grabtafeln, die gewiss häufiger durch Goldschmiede gestiftet wurden, hat sich nur die des Goldschmieds Oswald Rothe und seiner Frau Magdalena erhalten. Es ist ein Gemälde mit der Darstellung des jüngsten Gerichtes; im Vordergrunde stehen die Stifter, links Oswald Rothe mit der heiligen Barbara, rechts seine Frau mit ihrer Schutzpatronin Maria Magdalena. Unterhalb des Wetterdaches ist die Inschrift angebracht: NOCH · DER · GEPVRT · CRISTI · IM · 1515 (??müsste heissen 1525) IAR · DEN · ACHTEN · TAG · NOCH · DER · HEILING · DREI · KVNIG · IST · VOR · SCHIDEN · DI · TVGENTSAM · FRAV · MADALENA · OSWALT · ROTIN · DER · GOT · GENOD ·

[1]) Bresl. Stadtarchiv, Urkunden der St. Maria Magdalenenkirche, Nr. 87 b.

Im 16. Jahrhundert gestatteten die Goldschmiede gegen einen jährlichen Zins den Vorstehern des sogenannten gemeinen Almosens, die den benachbarten düsteren Raum im nördlichen Turme als Eigentum innehatten, die Benutzung ihrer Kapelle, um ihnen das Verteilen der Almosen zu erleichtern. Dafür erhielten sie ihrerseits am 2. Mai 1603 mit Vorwissen der Ratsherrn von dem Almosenamte die Schlüssel „zu des gemainen almosen capelle", das Wort Gottes darinnen zu hören (Urk. 18). Allmählich aber fühlte sich das Almosenamt so heimisch auf dem ihm mietsweise überlassenen Grund und Boden, dass es im 18. Jahrhundert mehrfach Anstrengungen machte, den Goldschmieden das Eigentumsrecht an der Kapelle zu bestreiten.

Seit den dreissiger Jahren des 18. Jahrhunderts ging das Interesse der Innung an der Kapelle mit Riesenschritten zurück. Auch um den Altar kümmerte man sich nicht mehr. Im Meisterbuche wurde zu dem Jahre 1765 als ein besonderes Ereignis die Notiz eingetragen: „1765 den 4. July haben wir itzt lebende Aeltesten in unserer Capelle zu S. Maria Magdalena daß Altar eröffnen lassen, welches in vielen Jahren nicht geschehen, weil die Schlüssel waren verlohren gangen, so hats mit vieler Mühe durch den Schlosser geschehen müssen, doch sind die beyden Leichentücher noch unversehrt und in guttem Stande angetroffen worden, und haben müssen 3 neue Schlüssel gemacht werden.... auch stehet ein Kasten mit Schrifften in der Capelle, welcher unserem Mittel gehört." In erster Linie wird blosse Neugierde die Ältesten zu der Öffnung des Schreines veranlasst haben. Jedenfalls aber ist das Interesse nur sehr ephemerer Art gewesen; denn bald lesen wir in demselben Meisterbuche, dass sich die Herren des Almosenamtes die Gleichgültigkeit der Innung gegen ihre Kapelle reichlich zu nutze machten. Sie unterliessen es seit 1766, die ehedem für die Benutzung der Kapelle ausbedungene Miete zu bezahlen, massten sich bereits vor 1765 das Recht an, den Drechslern ohne vorherige Nachfrage bei den Goldschmieden die Aufstellung einer Almer in der Kapelle zu gestatten und zogen statt der rechtmässigen Besitzer dafür einen jährlichen Zins ein. Im Jahre 1774 liess das Almosenamt auf Kosten der Goldschmiede-Innung das schadhaft gewordene Dach der Kapelle renovieren. Dieses eigenmächtige Vorgehen der Almosenherren und der Kirchenvorstände brachte das Blut des damaligen amtshabenden Ältesten Gottlob Benjamin Werner in arge Wallung. Werner liess sofort durch den Advokaten Roth eine Eingabe an den Magistrat ausarbeiten, in der er mit „etwas harten Worten" gegen das Verhalten der Kirchenvorsteher protestierte. „Dieses Memorial nahm ein gestrenger Rath sehr übel und gab dem amtshabenden Ältesten einen schriftlichen Bescheid, dass es die Natur der Sache von selbst gäbe, dass, wem Grund und Boden gehöre, müsste auch das Dach im Baustande halten, nebst einem derben Wischer." Trotz der Massregelung ruhte Werner nicht eher, bis im Jahre 1785 das Rechtsverhältnis zu gunsten der Goldschmiede-Innung entschieden war (Meisterbuch).

Nach Beendigung des Prozesses sorgte die Innung wiederum für die notdürftige Instandhaltung der Kapelle. Als aber im 19. Jahrhundert durch die Aufhebung des Zunftzwanges und die daraufhin erfolgte Ermässigung der Rezeptionsgebühren die Geldmittel der Innung stark zurückgingen, verursachte die Kapelle mehr Unkosten als ihr Besitz den Meistern noch wert war. Nach mehrfachen resultatlosen Verkaufsverhandlungen mit dem Magistrate (vgl. Innungsprotokollbuch III) trennte sich schliesslich die Innung leichter Hand von ihrer Kapelle, als nach dem grossen Turmbrande vom 22. zum 23. März 1887 die gesamte St. Maria Magdalenenkirche einer gründlichen Renovation unterzogen wurde.

IV. DER FEINGEHALT UND DIE MERKZEICHEN

Feingehalt

Die Punzierung der von den zünftigen Meistern gefertigten Goldschmiedearbeiten beginnt in Breslau erst am Anfange des 16. Jahrhunderts. Aber lange Zeit zuvor kümmerten sich die Ratmannen der Stadt um einen vorschriftsmässigen Feingehalt. Schon in den Handwerkerstatuten von etwa 1305 wurden die Aurifabri angehalten, auf die Fälscher von Ringen, Fibeln und ähnlichen Gegenständen ihr Augenmerk zu richten (Urk. 2). Im Jahre 1372 erkundigte sich der Breslauer Rat in Brüssel und Köln nach dem dort üblichen Feingehalte der Gold- und Silberarbeiten und den für diese festgesetzten Preisen. Die am 17. Juli 1372 von Brüssel und am 22. Juli 1372 von Köln abgesandten Antworten lauteten verschieden. Während in Brüssel ein gewisser Zusatz von unedlem Metall zulässig war und feste Verkaufs- und Lohnsätze bestanden, berichteten die Kölner, dass sie nur reines Silber verarbeiteten und bestimmte Preise bei ihnen nicht vorgeschrieben wären (Urk. 3, 4). Welcher Bescheid für Breslau massgebend wurde, ist urkundlich nicht festgelegt. Es scheint aber, dass die Verarbeitung von reinem Metall angeordnet wurde. Wenigstens heisst es später in den Privilegien, die Kaiser Sigismund im Jahre 1420 der Innung verlieh, „wer ouch meister ist oder wirt, der sol von gutem silber erbeiten“ (Urk. 6). Eine Verordnung von 1421, die den Feingehalt des Silbers neu regelte, erlaubt einen geringen Zusatz; am 25. November 1421 einigten sich die Goldschmiede mit den Ratmannen und Schöppen, „das von alle dem, das die goldsmede mit dem hammer machen, eyn scot, vnd von gorteln vnd keten eyn lot y von der marke abegehen sal“ (Urk. 7). Diese Bestimmung unterrichtet uns zum ersten Male genauer über den Feingehalt der Breslauer Goldschmiedearbeiten. Die Mark Silbers wurde in 16 Lot geteilt, sie war also sechzehnlötig. Ausserdem kannte man noch die Zerlegung der Mark in 24 Scot. Demnach wurde für Gefässe und Trinkgeräte die Verarbeitung von $15^1/_3$-lötigem Silber, für Gürtel und Ketten, das heisst für Schmucksachen, der Gebrauch von 15-lötigem Silber vereinbart. Diese Verordnung blieb bis in den Anfang des 16. Jahrhunderts in Kraft.

Im Jahre 1516 wandten sich die Ratmannen nach Nürnberg mit einer Anfrage nach dem dort gebräuchlichen Feingehalte der Goldschmiedearbeiten. Am 28. Juni 1516 antworteten die Nürnberger, dass sie 14-lötiges Silber und 18-karätiges Werkgold verarbeiten (Urk. 14). Obwohl uns keine daraufhin erfolgte Ratsentscheidung überliefert ist, können wir doch annehmen, dass in Breslau der Feingehalt bald nach Nürnberger Muster geregelt wurde. Der Wortlaut der Statuten von 1539 scheint wenigstens die Verwendung von 14-lötigem Silber als etwas bereits Gegebenes vorauszusetzen (Urk. 15). An dem 14-lötigen Feingehalte hielt die Innung bis 1677 unverbrüchlich fest. Um die Mitte des 17. Jahrhunderts empfanden es aber die hiesigen Goldschmiede als einen lästigen Druck, dass ihnen nur der Gebrauch von 14-lötigem Silber verstattet sein sollte, während in Wien, Berlin und anderen Städten schon längst geringeres Material zulässig war. Am Ende des Jahres 1676 entschloss sich die Innung zu einer Eingabe an den Rat, worin sie um Zulassung einer geringeren Silberprobe bat. Am 4. Januar 1677 kamen die Ratmannen dem Wunsche unter der Bedingung nach, dass nur auf Bestellung schlechteres, aber auch nicht geringeres als 12-lötiges Silber gearbeitet werden sollte, es sei denn, dass der Auftraggeber aus seinem eigenen Besitze eine grosse Menge von minderwertigem Material in Arbeit gäbe.

Keinesfalls dürfe von dem unter 14-lötigen Silber etwas in den freien Handel oder in die Läden zum Verkaufe gebracht werden (das Nähere siehe Urk. 31). Zunächst bewilligte der Rat zwar nur probeweise auf ein Jahr die Verwendung von geringhaltigem Silber neben dem 14-lötigen, aber die Goldschmiede wiesen 1678, 1679, 1682 und 1687 immer wieder auf die Vorteile der Verarbeitung von 13- und 12-lötigem Silber hin, bis dem Mittel am 30. Mai 1687 endgültig gestattet wurde, dass es „nebenst dem 14-löthigen Silber als Breßlauischen Ordinar-Proba auch auf Begehren und Bestellen 13-löthiges wie nicht weniger zum Verkauf 12-löthiges Silber unter dem bißherigen Zeichen des Johanneshaubts verferttigen und arbeiten möge" (Urk. 33—35, 37). Nach Zulassung des 12- und 13-lötigen Silbers trat das 14-lötige mehr und mehr in den Hintergrund. Um das Jahr 1750 gehörten 14-lötige Breslauer Silberarbeiten schon zu den grossen Seltenheiten (Urk. 69). Aber auch der Vollgehalt des 12-lötigen Silbers liess bald zu wünschen übrig. Etwa im Jahre 1725 ging man stillschweigend um ¼, dann um ½ Lot, seit 1731 um ¾ und seit 1758 um 1 Lot von dem 12-lötigen Gehalte herunter.[1]) Die Kaufmannsältesten fanden deshalb öfters Veranlassung, sich über den Mindergehalt der von den hiesigen Goldschmieden gelieferten Arbeiten zu beklagen, und die Innung hatte sich im Juli 1727 wegen der eingegangenen Beschwerden zu verantworten (Urk. 51, 52, 64).

Die Konkurrenz, die die von auswärts importierten Galanteriewaren aus 7- bis 11-lötigem Silber verursachten, zwang die Breslauer Gold- und Silberarbeiter, auch ihrerseits sich für Galanteriewaren eines geringeren Feingehaltes zu bedienen. Wann die Goldschmiede die Genehmigung zur Verarbeitung von 7- bis 11-lötigem Silber erhielten, ist nicht zu ermitteln gewesen, doch wird 1752 davon als von einer bereits feststehenden Tatsache berichtet (Urk. 67).

Trotz mancher Silberverschlechterung am Anfange des 19. Jahrhunderts erfolgte erst 1858 eine durchgreifende Neuregelung der Silberprobe durch eine Verfügung der Königlichen Regierung, die den Verkauf von Silberwaren nur noch nach dem neuen Münzgewichte gestattete. Daraufhin beschloss die Innung am 31. Mai 1858, künftig das Silber zu 70/100 zu legieren (Innungsprotokollbuch III). Dabei blieb es bis zur Einführung des Reichsgesetzes über den Feingehalt vom 16. Juli 1884. Seitdem wird der Feingehalt in Tausendteilen angegeben.

Die älteste Verordnung betreffend den Feingehalt des Goldes stammt vom 8. Februar 1539 und sagt „es soll auch kein goltschmid aynicher wegs oder gestaldt geringer golt arbayten, dann reynisch von achtzechn charaten" (Urk. 15).

Im 17. und 18. Jahrhundert rechnete der Breslauer Goldarbeiter das feine Gold zu 23 Karat; es ging nach und nach auf Dukatengold zu 22 Karat und schliesslich noch weiter herunter. Um der Goldwarenverarbeitung unter dem gesetzmässigen Gehalte ein Ende zu machen, verordnete Friedrich der Grosse durch ein am 24. Juli 1784 in Breslau gegebenes Zirkular, dass fernerhin nur auf ausdrückliches Verlangen Goldwaren in geringerem Gehalte ohne Stempel für den auswärtigen Handel verfertigt werden dürften. Für alle übrigen Arbeiten sollte die Kabinetts-Ordre vom 29. Juni 1784 massgebend sein, dahingehend: „daß alle andere in Unsern Staaten verfertigte Gold-Arbeiten, von welcher Art solche auch seyn mögen, nicht anders als nach dem Verhältnisse des feinen Ducaten- Kronen- und Rheinischen Goldes verkauft und zwar nach dem gesetzmäßigen Gehalte, nehmlich das feine oder Ungarische Gold nicht geringer denn zu 23 Karat, das Kronen-Gold nicht anders als zu 21 Karat und das Rheinische Gold in keine Wege anders noch weniger

[1]) Bresl. Kgl. Staatsarchiv, Rep. 14. PA. VIII 245e, Vol. I fol. 222 (vgl. Urk. 70).

denn zu 17 Karat, in fein Gehalt von den Goldschmieden verarbeitet, und zu desto mehrerer Gewißheit, so wie die silbernen Waaren, mit dem Gewerks- und Stadt-Stempel bezeichnet, auch die Karate von jeder Sorte darauf gestochen, die Uebertreter aber nach Vorschrift der Gesetze, ohne alle Rücksicht und Entschuldigung gestraft werden sollen . . ." Das Zirkular vom 24. Juli 1784 fügte für die auf ausdrücklichen Wunsch gearbeitete Handelsware hinzu: „Sollte indessen jemand im Lande große oder kleine Gold-Arbeiten zu einem geringern Gehalte als zu 17 Karat verfertigen lassen wollen, so muß des Gold-Arbeiters Name und Gehalt darauf gezeichnet, und der Stempel, dessen er sich hierzu bedienet, von jedem Altmeister auf einer kupferne Platte bey dem Amte producirt werden, damit die etwa nachgemachte Stempel gegen die abgeprägten ausgemittelt werden können" (Urk. 71). Dieser Erlass von 1784 scheint in Breslau nie praktisch durchgeführt worden zu sein, wenigstens hat sich bis jetzt keine gestempelte Goldarbeit aus jener Zeit nachweisen lassen.

Eine wesentliche Änderung haben die alten Bestimmungen über das Feingold erst durch den Innungsbeschluss vom 31. Mai 1858 erfahren, durch den die Legierung für Feingold zu 920, für 14-karätiges zu 585 und für 8-karätiges zu 335 angeordnet wurde. Über die Stempelung der Breslauer Goldwaren ist nicht viel zu sagen. Bis über die Mitte des 19. Jahrhunderts hinaus blieben alle Goldwaren offiziell ungestempelt, nur war es bei einigen Goldarbeitern ein freiwilliger Brauch, dem Käufer einen Garantieschein über die Güte der eingekauften Goldwaren auszustellen.

Obwohl schon früher hin und wieder eine Stempelung in Innungsversammlungen vorgeschlagen worden war, wurde erst am 31. Mai 1858 die Zeichnung von Goldwaren endgültig mit der Bestimmung beschlossen, dass auf Feingold der Name des Arbeiters und der Gehalt mit der Zahl 92 einzuschlagen sei. Das oben erwähnte Gesetz von 1884 führte dann neben der Angabe des Feingehaltes in Tausendteilen die Stempelung mit einer Krone ein.

Die Merkzeichen der Silberarbeiten

Auf Breslauer Silberarbeiten können folgende Stempel vorkommen: 1. Beschaumarken, 2. Meisterzeichen, 3. seit 1710 Stempelmeisterbuchstaben, 4. Kriegssteuerstempel. Ausserdem kann der Zufall Ausfuhr- oder andere Steuerstempel auf dieses oder jenes Stück gebracht haben, deren Besprechung nicht in den Bereich dieser Arbeit gehört. Eine notwendige Folge der Beschau durch die Feuerprobe ist der sogenannte Ziselier- oder Probierstich, den der Beschaumeister in die zu zeichnende Arbeit eingraben musste, um einen Metallspan für die Probe auf der Kapelle zu gewinnen. In manchen Städten bezeichnete der Probierstich eine bestimmte Lötigkeit des Silbers, in Breslau dagegen ist der Zickzacklinie keine besondere Bedeutung beizulegen.

Obwohl in Breslau schon 1516 gelegentlich des Auskunftsschreibens der Stadt Nürnberg über den Feingehalt der dortigen Goldschmiedearbeiten von Beschauzeichen die Rede ist und ferner 1532 Verordnungen über die Stempelung von Silberbarren im ersten Bande des Liber definitionum (fol. 152—154) erwähnt werden, so wurde doch erst durch die Innungsstatuten vom 8. Februar 1539 die Stempelung der hiesigen Goldschmiedearbeiten — und zwar nach Nürnberger Muster für alle Arbeiten über vier Lot am Gewicht — mit dem W der Stadt Breslau (Wratislavia) eingeführt (Urk. 15). Das W änderte im Laufe der Jahre gelegentlich der Anschaffung eines neuen Punzens seine Form; Tafel II Nr. 1—7 gibt die Haupttypen wieder. Nicht zu verwechseln mit dem Breslauer W sind einige auf süddeutschen oder schweizer Arbeiten vorkommende Beschauzeichen mit einem W, wie es nebenstehende Abbildungen Fig. 8a—d wiedergeben.[1]) Offiziell aufgehoben wurde in Breslau die W-Stempelung erst durch die Einführung des Reichssilberstempels. Aber infolge des allmählichen Aufhörens der Verarbeitung von 14-lötigem Silber gehören hiesige Goldschmiedearbeiten mit der Marke W um die Mitte des 18. Jahrhunderts schon zu den Seltenheiten.

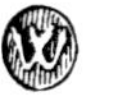
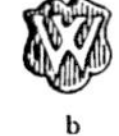
b

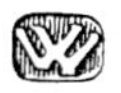
c d

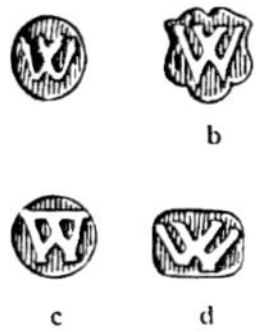

Fig. 8.
Nicht-Breslauer W-Stempel

Im Jahre 1687 werden „mit einem frembden W bezeichnete" Arbeiten genannt, so doch die hiesige W-Probe garnicht haben (Urk. 36). Es waren minderwertige Erzeugnisse von sogenannten Pfuschern, die in betrügerischer Absicht mit einem W gezeichnet wurden, um den Käufer über den Feingehalt zu täuschen. Wie diese falschen W-Stempel aussahen, lässt sich jetzt natürlich nicht mehr feststellen.

Mit der im Jahre 1677 probeweise, 1687 endgültig erfolgten Zulassung von 12- und 13-lötigem Werksilber wurde für dieses als Beschaumarke das Johanneshaupt auf der Schüssel (Herzschild des Breslauer Stadtwappens) eingeführt und zwar wurde bei 13-lötigem Silber (Augsburger- oder Reichs-Probe genannt) die Zahl 13 hinzugefügt. Sie findet sich anfänglich neben dem Johanneshaupte eingeschlagen, seit etwa 1710 mit der Beschaumarke selbst verbunden; vgl. Tafel II Nr. 28. Seit 1721 schnitt man eine Zeit lang ausserdem bei den 13-lötigen Silberarbeiten neben der „13" in den Stempel noch die Jahreszahl ein.[2])

Seit 1843 erhielt der Johanneskopf des 12-lötigen Silbers eine jährlich wechselnde Jahreszahl; vgl. Tafel II Nr. 27. Nach der im Jahre 1858 eingeführten Legierung des Silbers zu 70/100 musste neben das Beschauzeichen noch eine „70" negativ eingeschlagen werden. Bei dieser Bestimmung blieb es bis zur Einführung des Reichssilberstempels laut Gesetz vom 16. Juli 1884 und der Bekanntmachung vom 7. Januar 1886. Wie das W, so hat in noch viel höherem Masse das Johanneshaupt mit der Zeit mannigfache Abänderungen im Typus erfahren, eine Erscheinung, die sich durch die Geschmackswandlungen vom 17. bis zum 19. Jahrhundert und durch die häufigen Neuanschaffungen des vielgebrauchten Beschaupunzens leicht erklärt; vgl. Tafel II Nr. 8—28. Ausserdem bediente man sich ständig zweier verschieden grosser Stempel, eines kleineren für kleine, eines grösseren für grosse Silberarbeiten.

Als im 18. Jahrhundert die Verarbeitung von 7- bis 11-lötigem Silber für Galanteriewaren zulässig wurde, war dieses mit dem jeweiligen Stempelmeisterbuchstaben und je nach dem Silbergehalte mit der römischen Ziffer VII—XI zu stempeln (Urk. 67, 68).

Meisterzeichen

Am 8. Februar 1539 verfügten die Breslauer Ratmannen, „das auch ider mayster neben dem W der stadt zaychen auch seyn gemerck vnd zaychenn daneben schlagen soll" (Urk. 15). Einige Goldschmiede aber, von Oswald Rothe ist es mit Sicherheit anzunehmen, verwendeten freiwillig schon vor 1539 eine Marke. Die hiesigen Meister wählten fast immer die Anfangsbuchstaben der Vor- und Zunamen für die Punzierung ihrer Arbeiten. Erst in der zweiten Hälfte

[1]) Ein im Kgl. Kunstgewerbemuseum in Berlin befindlicher Pokal mit der Meistermarke MS, datiert 1583, zeigt das W Fig. 8a, ein Kokosnusspokal von 1591 im Kunstgewerblichen Museum der Handels- und Gewerbekammer in Prag das W Fig. 8b, ein Pokal im Schlesischen Museum für Kunstgewerbe und Altertümer in Breslau mit dem Meisterzeichen AE (ligiert) das W Fig. 8c. Ein Kelch des 18. Jahrhunderts mit dem Meisterzeichen FL in der kath. Pfarrkirche St. Katharinae zu Alt-Wilmsdorf Kr. Glatz zeigt das W Fig. 8d.

[2]) Bresl. Kgl. Staatsarchiv, Rep. 14. PA. VIII 245e, Vol. I fol. 29, 50, 222.

des 18. Jahrhunderts kommt ganz vereinzelt, im 19. dagegen häufiger der voll ausgeschriebene Familienname des Meisters als Stempelzeichen vor. Nur ganz selten haben bildliche Darstellungen und redende Zeichen Anwendung gefunden. Zum Beispiel findet sich auf dem 1553 datierten Reliquiar mit dem Haupte der heiligen Hedwig in der kath. Pfarrkirche St. Bartholomaei zu Trebnitz ein Greifenkopf als Meisterstempel und im 18. Jahrhundert zeichnete Christian Lammer mit einem Lamm: vgl. Tafel III Nr. 52 und Tafel IV Nr. 132.

Die Anbringung des Meisterzeichens oder einer Firmen- und Schutzmarke ist bis zum heutigen Tage Vorschrift und Gebrauch geblieben. Wie bei dem Johanneshaupte ist auch bei den Meisterzeichen zu beobachten, dass mancher Goldschmied verschieden grosse, an sich aber vollkommen ähnliche Punzen für kleinere und grössere Arbeiten führte. Die Tafeln III—V geben eine Auswahl von Breslauer Meisterzeichen in chronologischer Anordnung wieder.

Stempelmeisterbuchstaben

Die Buchstaben, die neben dem Beschau- und Meisterzeichen auf Breslauer Silberarbeiten des 18. und 19. Jahrhunderts vorkommen, kennzeichnen den Stempelmeister, dem die Beschau des betreffenden Stückes oblag. Dieser Brauch herrschte auch in vielen anderen Städten Deutschlands und des Auslandes. Während aber dort der Buchstabe meist in ganz bestimmten Zeiträumen wechselte und man daher von Jahresbuchstaben spricht, fiel in Breslau die Einführung eines neuen Buchstabens immer mit der Neuwahl eines Stempelmeisters zusammen, der fast ausnahmslos das Amt bis zu seinem Tode behielt. Bis auf den Stempelmeister Rudolph (1861—1876) wurde stets einer der Mittelsältesten mit diesem Amte betraut. Der neu erkorene Stempelmeister nahm den nächstfolgenden Buchstaben des Alphabetes.[1]) Bei diesem System ist natürlich die Dauer der Verwendung der einzelnen Buchstaben ganz schwankend gewesen. Merkwürdiger Weise schweigen die uns erhaltenen Innungsprotokolle vollständig über die Wahl und den Wechsel der einzelnen Stempelmeister. Abgesehen von zwei Posten in den Innungskassenbüchern für Anschaffung je eines Punzens mit einem S und einem T ist nur gelegentlich eines Ratsberichtes vom 31. Oktober 1716 davon die Rede, dass neben dem Beschau- und Meisterzeichen „itzo auch zu noch mehrer Verhüttung alles Unterschleifs annoch ein besonderer Buchstaben dazu geschlagen wirdt“ (Urk. 47). Ausserdem erwähnen einige Berichte an die Kgl. Kriegs- und Domänenkammer von 1748—1753, betreffend die Stempelung des 7- bis 11-lötigen Silbers, den Mittels- oder Stempelmeisterbuchstaben F und den Stempelmeister Stephan Christian Luttroth. Im Jahre 1752 brachte die Kgl. Kriegs- und Domänenkammer statt des wechselnden ein sich ständig gleich bleibendes Stempelmeisterzeichen, zum Beispiel ein B (= Breslau), in Vorschlag. Da jedoch die Goldschmiede die bisherige Kennzeichnung des Stempelmeisters für zweckmässiger erklärten, wurde von der Einführung des B Abstand genommen (Urk. 67, 68).

Lediglich mit Hilfe von datierten oder sicher datierbaren Arbeiten und der Amtsdauer der urkundlich belegten oder mutmasslichen Stempelmeister hat sich folgende zeitliche Begrenzung für die Verwendung der einzelnen Stempelmeisterbuchstaben feststellen lassen.

A ziemlich klein, stets negativ eingeschlagen, vgl. Taf. II Nr. 29. Gebraucht von 1710 bis Juni 1712. Mutmasslicher Stempelmeister Daniel Wolff († 23. Juni 1712).

[1]) Bresl. Kgl. Staatsarchiv, Rep. 14. P A. VIII 245e, Vol. I fol. 224a.

B erst negativ, seit Ende 1721 positiv eingeschlagen, vgl. Taf. II Nr. 30 und 31. Gebraucht vom Juni 1712 bis November 1727 oder Mai 1728. Mutmasslicher Stempelmeister Tobias Plackwitz († 16. November 1727) oder Hans Jachman d. j. († 7. Mai 1728).

C vgl. Taf. II Nr. 32. Gebraucht vom November 1727 oder Mai 1728 bis Mai 1737. Mutmasslicher Stempelmeister Gottfried Ihme († 24. Mai 1737).

D vgl. Taf. II Nr. 33. Gebraucht vom Mai 1737 bis März 1745. Mutmasslicher Stempelmeister Christian Schlencker († 10. März 1745).

E liess sich bisher nicht mit Sicherheit nachweisen, scheint im Typus dem positiv eingeschlagenen B gleich zu sein. Gebraucht vom März 1745 bis April 1746. Mutmasslicher Stempelmeister Michael Wissmar († 20. April 1746).

F vgl. Taf. II Nr. 34. Gebraucht vom April 1746 bis Juli 1758. Urkundlich nachgewiesener Stempelmeister Stephan Christian Luttroth († 22. Juli 1758).

G kommt in zwei Typen vor, vgl. Taf. II Nr. 35 und 36. Gebraucht Typus I vom Juli 1758 bis etwa 1760, Typus II von etwa 1761 bis September 1776. Mutmasslicher Stempelmeister Christian Beyl (legt am 19. September 1776 sein Ältestenamt nieder).

H vgl. Taf. II Nr. 37. Gebraucht vom September 1776 bis etwa 1791. Mutmasslicher Stempelmeister Christian Hoensch, der zwar erst am 20. April 1792 stirbt, aber, wie es scheint, die letzte Zeit seines Lebens durch den „Stempelmeister mit dem Buchstaben J" vertreten wurde.

J vgl. Taf. II Nr. 38. War nur sehr kurze Zeit im Gebrauch, etwa vom Ende 1791 bis April (?) 1792. Stempelmeister fraglich.

K vgl. Taf. II Nr. 39. Gebraucht vom April 1792 (?) bis April 1793. Mutmasslicher Stempelmeister Johann Ernst Braungart († 29. April 1793).

L vgl. Taf. II Nr. 40. Gebraucht vom Mai 1793 bis November 1796. Mutmasslicher Stempelmeister Carl Gottfried Haase († 14. November 1796).

M vgl. Taf. II Nr. 41. Gebraucht vom November 1796 bis Mai 1804. Mutmasslicher Stempelmeister Ferdinand Christian Krebs († 13. Mai 1804).

N vgl. Taf. II Nr. 42. Gebraucht vom Mai 1804 bis 1813. Mutmasslicher Stempelmeister Johann Bernhard Hoensch († 1813).

O vgl. Taf. II Nr. 43. Gebraucht von 1813 bis April 1816. Mutmasslicher Stempelmeister Christian Gottlieb Schneider († 24. April 1816).

P vgl. Taf. II Nr. 44. Gebraucht vom April 1816 bis etwa 1822. Stempelmeister fraglich.

Q vgl. Taf. II Nr. 45. Gebraucht von etwa 1822 bis 1834. Mutmasslicher Stempelmeister Carl Gottlieb Freytag († 1834).

R vgl. Taf. II Nr. 46. Gebraucht von 1834 bis 1839. Mutmasslicher Stempelmeister Gottlieb Traugott Wiedemeyer († 1839).

S vgl. Taf. II Nr. 47. Gebraucht von 1839 bis August 1849. Stempelmeister Leberecht Fournier († 6. August 1849).

T vgl. Taf. II Nr. 48. Gebraucht vom August 1849 bis Mitte Januar 1861. Stempelmeister Friedrich August Zimmermann (laut Innungsprotokollbuch III).

U vgl. Taf. II Nr. 49. Gebraucht von Mitte Januar 1861 bis 1876. Stempelmeister Johann August Albert Rudolph (laut Innungsprotokollbuch III, 15. Januar 1861).

V gebraucht von 1876 bis Januar 1886. Stempelmeister Heinrich Eduard Adolf Dobers (laut Innungsprotokollbuch III).

W erhielt der Stempelmeister Robert Markfeldt, doch scheint er sich infolge des oben erwähnten Gesetzes von 1884 des Stempelmeisterzeichens nicht mehr bedient zu haben.

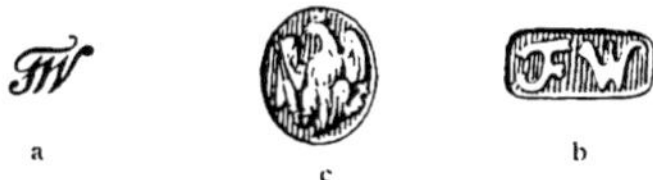

Fig. 9. Kriegssteuerstempel von 1809—1812

Kriegssteuerstempel

Nach dem unglücklich verlaufenen Feldzuge gegen Napoleon wurde zur Aufbringung der an Frankreich zu zahlenden Kriegsschuld von der preussischen Regierung am 12. Februar 1809 eine Verordnung wegen Ankaufs und Besteuerung von Gold- und Silbergeräten erlassen. Alles vorhandene Gerät aus Edelmetall, welches die Besitzer nicht der Münze verkaufen wollten, wurde einer Abgabe von einem Drittel des Wertes unterworfen. Nur „Gegenstände der Kunst" sollten steuerfrei sein. Die Münzämter hatten das Gerät zu wiegen, berechneten den Abgabenbetrag und versahen das Versteuerte mit einem *FW*. Alles erst nach dem Erlasse vom 12. Februar verarbeitete und verkaufte Edelmetall wurde mit einem Viertel des Wertes besteuert und musste mit einem Adler gezeichnet werden. Diese Verordnung blieb bis zum 9. Juli 1812 in Gültigkeit. Ein nachträglicher Erlass vom 10. September 1809 bestimmte, dass auch das steuerfreie Kirchensilber mit einem Adlerstempel zu versehen sei. Die vorstehenden Angaben sind entnommen aus: M. Rosenberg, Der Goldschmiede Merkzeichen (Frankfurt a. M. 1890), Seite 328 f. Die einschlägigen Akten bewahrt das Kgl. Geheime Staatsarchiv in Berlin.

Auf Breslauer Goldschmiedearbeiten, die sich 1809 in Schlesien befanden oder daselbst zwischen 1809—1812 zum Verkauf gelangten, finden sich mit zahlreichen Grössen- und geringen Stilvariationen fast ausschliesslich die unter Fig. 9a—c wiedergegebenen Stempelformen. Einen Unterschied im Adlertypus für steuerfreies Kirchensilber und für die erst nach dem 12. Februar 1809 gefertigten Silberarbeiten scheint es in Breslau nicht gegeben zu haben. Wenigstens hat sich der von Rosenberg l. c. Seite 328 unter Nr. 1415 und 1416 abgebildete Typus auf Breslauer Arbeiten nicht nachweisen lassen.

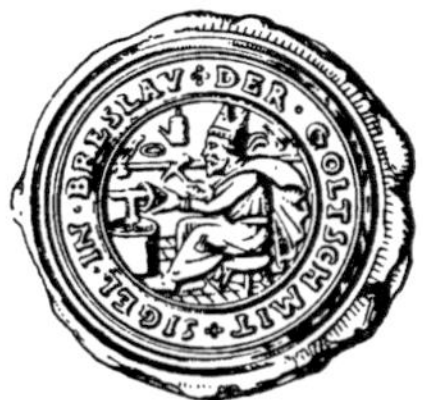

Fig. 10. Kleines Siegel der Breslauer Goldschmiede-Innung

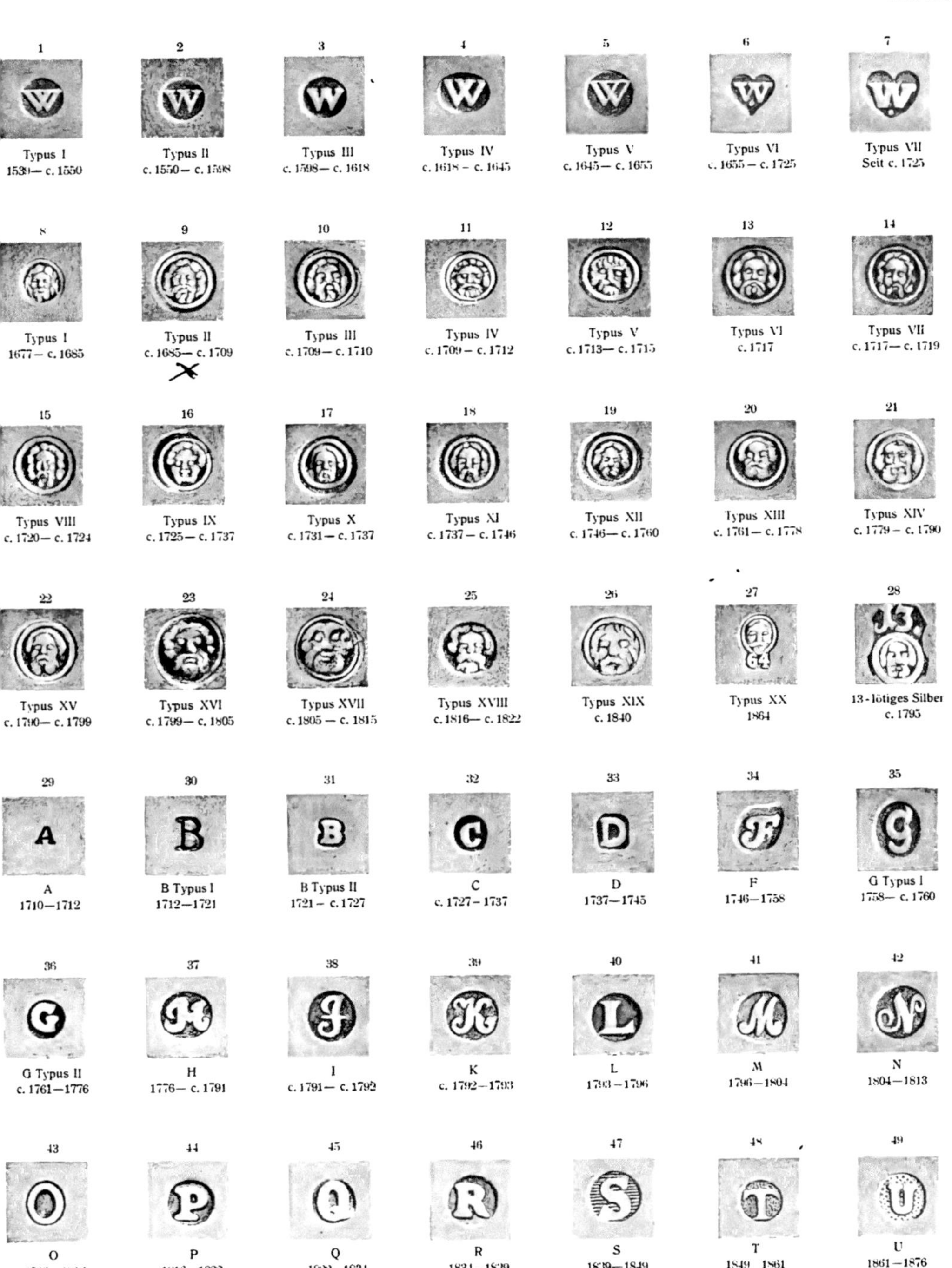

Beschauzeichen und Stempelmeisterbuchstaben
(in $2\frac{1}{2}$ facher Vergrösserung)

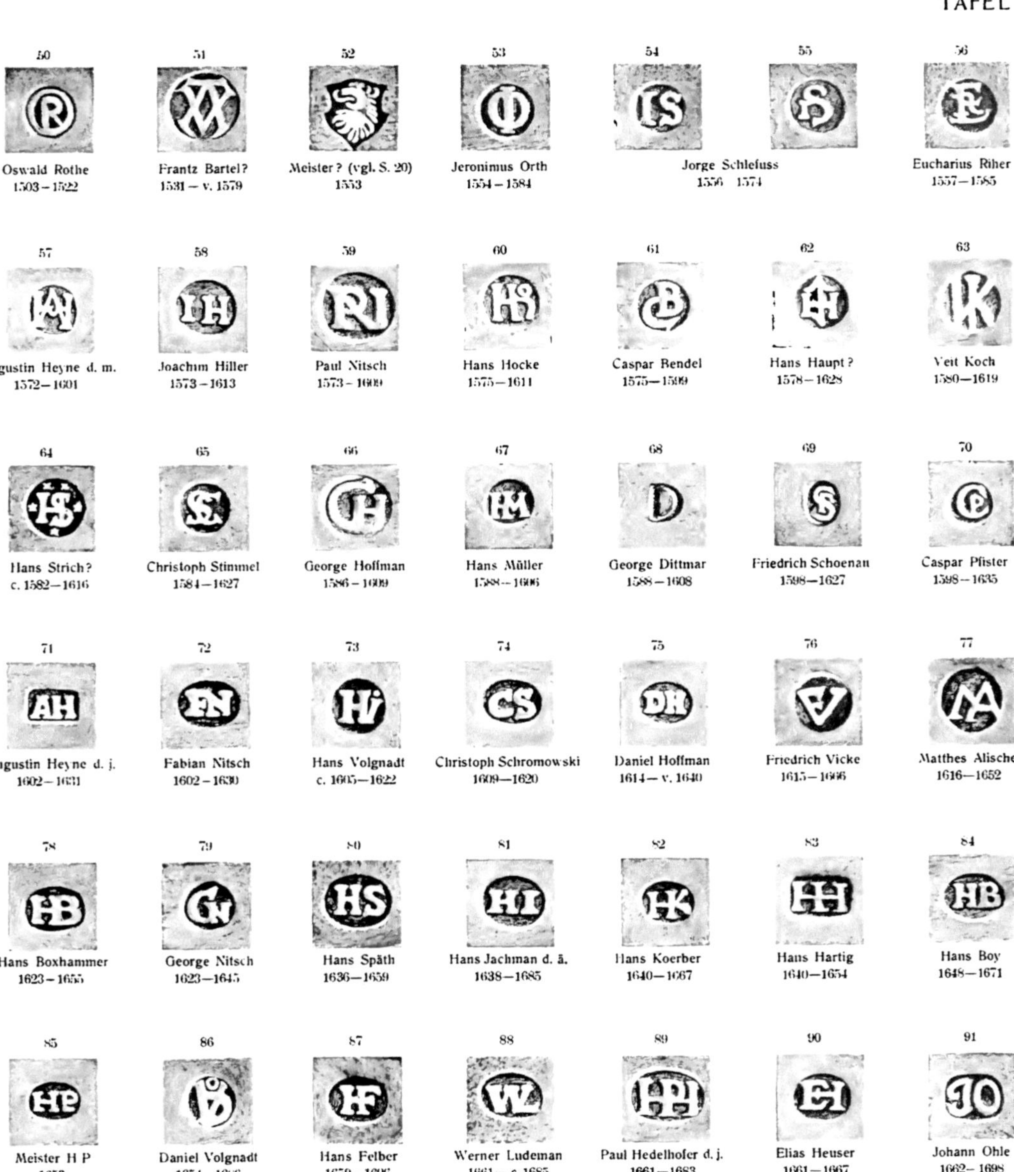

50 Oswald Rothe 1503–1522
51 Frantz Bartel? 1531 – v. 1579
52 Meister? (vgl. S. 20) 1553
53 Jeronimus Orth 1554–1584
54, 55 Jorge Schlefuss 1556–1574
56 Eucharius Riher 1557–1565

57 Augustin Heyne d. m. 1572–1601
58 Joachim Hiller 1573–1613
59 Paul Nitsch 1573–1609
60 Hans Hocke 1575–1611
61 Caspar Bendel 1575–1599
62 Hans Haupt? 1578–1628
63 Veit Koch 1580–1619

64 Hans Strich? c. 1582–1616
65 Christoph Stimmel 1584–1627
66 George Hoffman 1586–1609
67 Hans Müller 1588–1606
68 George Dittmar 1588–1608
69 Friedrich Schoenau 1598–1627
70 Caspar Pfister 1598–1635

71 Augustin Heyne d. j. 1602–1631
72 Fabian Nitsch 1602–1630
73 Hans Volgnadt c. 1605–1622
74 Christoph Schromowski 1609–1620
75 Daniel Hoffman 1614 – v. 1640
76 Friedrich Vicke 1615–1666
77 Matthes Alischer 1616–1652

78 Hans Boxhammer 1623–1655
79 George Nitsch 1623–1645
80 Hans Späth 1636–1659
81 Hans Jachman d. ä. 1638–1685
82 Hans Koerber 1640–1667
83 Hans Hartig 1640–1654
84 Hans Boy 1648–1671

85 Meister H P 1653
86 Daniel Volgnadt 1654–1686
87 Hans Felber 1659–1696
88 Werner Ludeman 1661 – c. 1685
89 Paul Hedelhofer d. j. 1661–1683
90 Elias Heuser 1661–1667
91 Johann Ohle 1662–1698

92 Johann Ohle 1662–1698
93 David Vicke 1662–1696
94 Jacob Hedelhofer 1664–1690
95 Augustin Lobenschuss 1665–1693
96 Christian Mentzel d. ä. 1668–1699
97 Daniel Graetzer 1668–1678
98 Hans Mittman 1672–1687

Meisterzeichen
(in 2½ facher Vergrösserung)

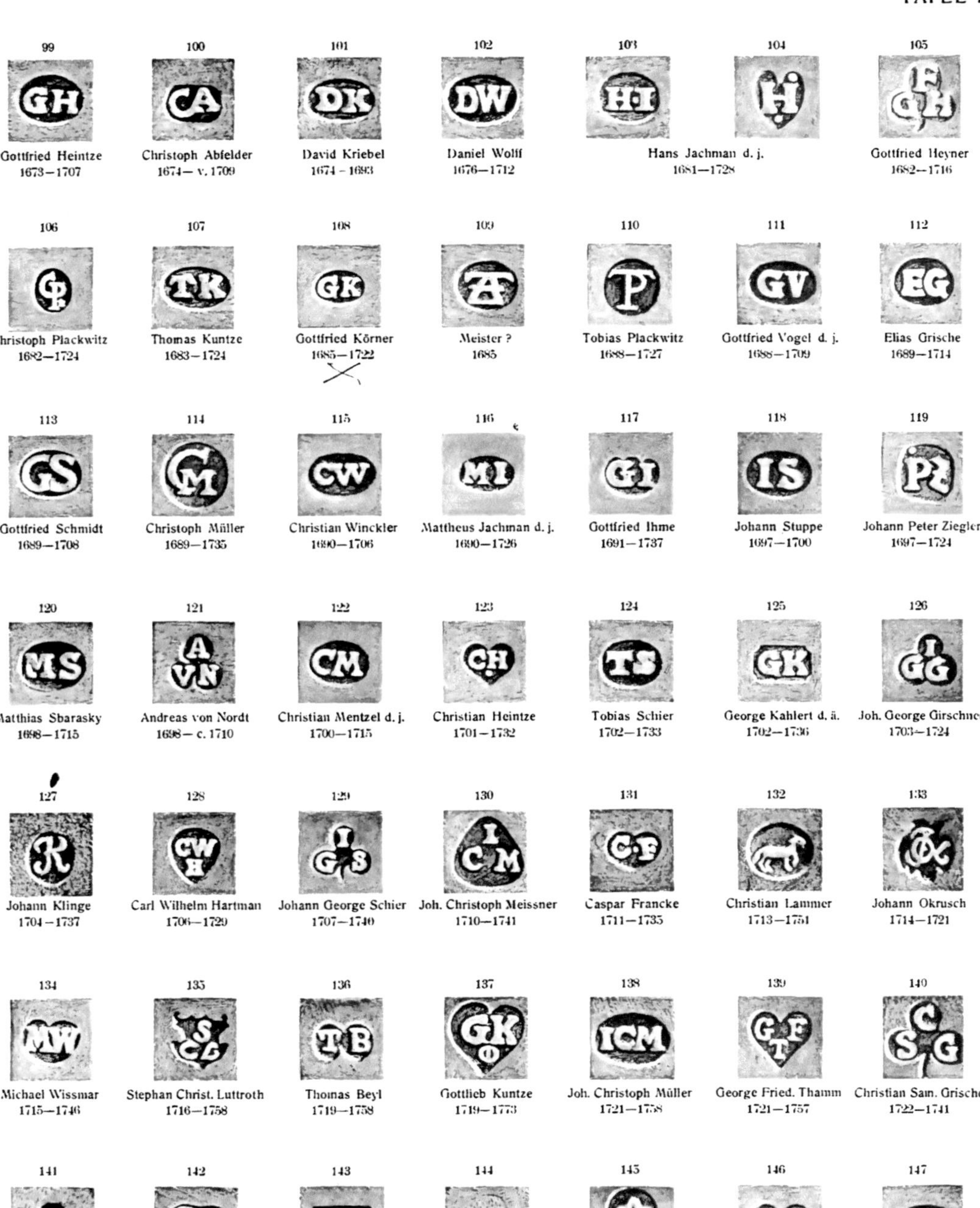

99	100	101	102	103	104	105
Gottfried Heintze 1673—1707	Christoph Abfelder 1674— v. 1709	David Kriebel 1674—1693	Daniel Wolff 1676—1712	Hans Jachman d. j. 1681—1728		Gottfried Heyner 1682—1716
106	**107**	**108**	**109**	**110**	**111**	**112**
Christoph Plackwitz 1682—1724	Thomas Kuntze 1683—1724	Gottfried Körner 1685—1722	Meister ? 1685	Tobias Plackwitz 1688—1727	Gottfried Vogel d. j. 1688—1709	Elias Grische 1689—1714
113	**114**	**115**	**116**	**117**	**118**	**119**
Gottfried Schmidt 1689—1708	Christoph Müller 1689—1735	Christian Winckler 1690—1706	Mattheus Jachman d. j. 1690—1726	Gottfried Ihme 1691—1737	Johann Stuppe 1697—1700	Johann Peter Ziegler 1697—1724
120	**121**	**122**	**123**	**124**	**125**	**126**
Matthias Sbarasky 1698—1715	Andreas von Nordt 1698— c. 1710	Christian Mentzel d. j. 1700—1715	Christian Heintze 1701—1732	Tobias Schier 1702—1733	George Kahlert d. ä. 1702—1736	Joh. George Girschner 1703—1724
127	**128**	**129**	**130**	**131**	**132**	**133**
Johann Klinge 1704—1737	Carl Wilhelm Hartman 1706—1729	Johann George Schier 1707—1740	Joh. Christoph Meissner 1710—1741	Caspar Francke 1711—1735	Christian Lammer 1713—1751	Johann Okrusch 1714—1721
134	**135**	**136**	**137**	**138**	**139**	**140**
Michael Wissmar 1715—1746	Stephan Christ. Luttroth 1716—1758	Thomas Beyl 1719—1758	Gottlieb Kuntze 1719—1773	Joh. Christoph Müller 1721—1758	George Fried. Thamm 1721—1757	Christian Sam. Grische 1722—1741
141	**142**	**143**	**144**	**145**	**146**	**147**
Johann Christoph Vogel 1722— c. 1742	Christ. Max. Schmidt 1723—1751	Ferdinand Grische 1725—1769	Christian Beyl 1725—1778	Joh. Samuel Andreas 1728—1768	Joh. Gottlieb Schmidt 1731—1769	Benjamin Hentschel 1732—1774

Meisterzeichen
(in $2^1/_2$ facher Vergrösserung)

Nr.	Meister	Jahre
148	George Kahlert d. j.	1732—1772
149	Augustin Peisker	1732—1758
150	Christ. Gottfr. Mentzel	1733—1757
151	Christian Kretschmer	1734—1758
152	Samuel Gottlieb Thun	1737—1757
153	George Nawarra	1737—1750
154	Joh. George Donath	1739—1757
155	Arnold Müller	1744—1768
156	Joh. Christ. Jancke d. ä.	1746—1780
157	Christian Hoensch	1746—1792
158	Christian Gottl. Muche	1746—1772
159	Carl Heinrich Friebach	1749—1784
160	Christ. Fried. Mentzel	1749—1787
161	Michael Alex	1752—1782
162	Martin Kiesling	1753—1788
163	Johann Ernst Braungart	1754—1793
164	Carl Gottfried Haase	1756—1796
165	Benjamin Gottl. Sander	1764—1794
166	Joh. Gottl. Jaeckel	1765—1793
167	Jos. Gottl. Lederhose	1765—1817
168	Ferd. Christian Krebs	1769—1804
169	Carl Gottlieb Gröger	1774—1798
170	Joh. Bernhard Hoensch	1775—1813
171	Christian Bögel	1779—1786
172	Gottfr. Wilh. Hoensch	1780—1811
173	Gottl. Benj. Vogtmann	1784—1810
174	Carl Elias Pfarrmann	1790—1806
175	Tobias Meyer	1790—1824
176	David Gottl. Raudner	1793—1845
177	David Gottl. Raudner ?	1793—1845
178	Christ. Gottl. Schneider	1794—1816
179	Fried. Sam. Weisskaeppel	1796—1819
180	Joh. Benj. Schelhase d. j.	1801—1824
181	Carl Gottl. Freytag	1801—1834
182	Gottl. Traug. Wiedemeyer	1803—1839
183	Nicolaus Wagner	1804—1850
184	Carl Wilhelm Knebel	1805—1830
185	Gottlieb Hoffmann	1816—1837
186	Johann David Klose	1816—1848
187	Gottfried Daniel Posch	1817—1840
188	Johann Adam Lemor	1820—1840
189	Leberecht Fournier	1821—1849
190	Herrmann Weissenborn	1829—1838
191	Gottlieb Willgohs	1839—1862
192	Fried. Aug. Zimmermann	1840—1878
193, 194	Carl Julius Gottlieb Weiss	1841—1873
195	Joh. Gustav Elmgren	1841—1857
196	Lud. Wilhelm Bruno	1847—1885

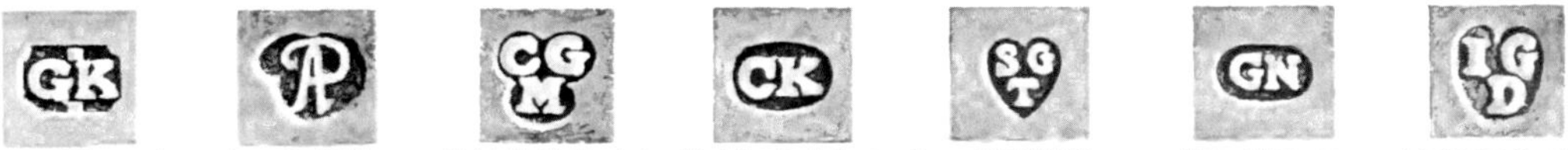

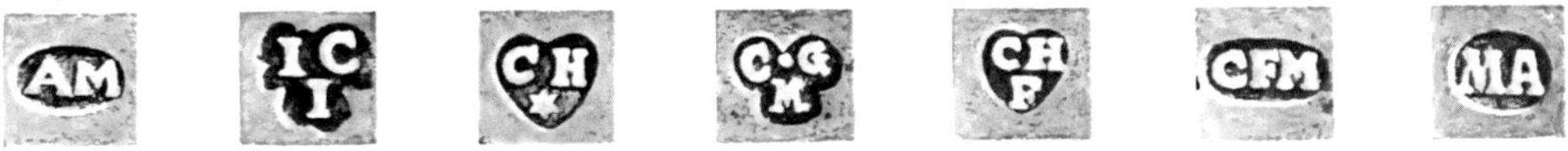

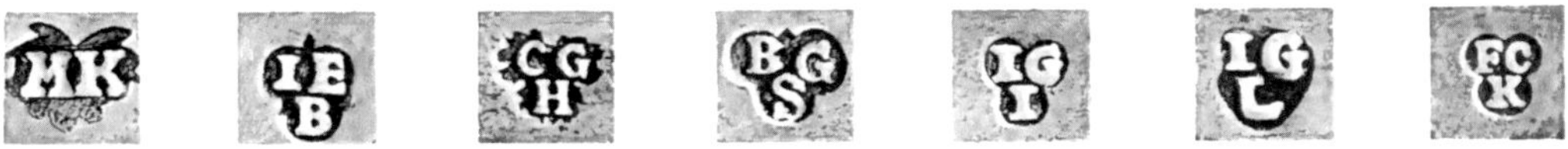

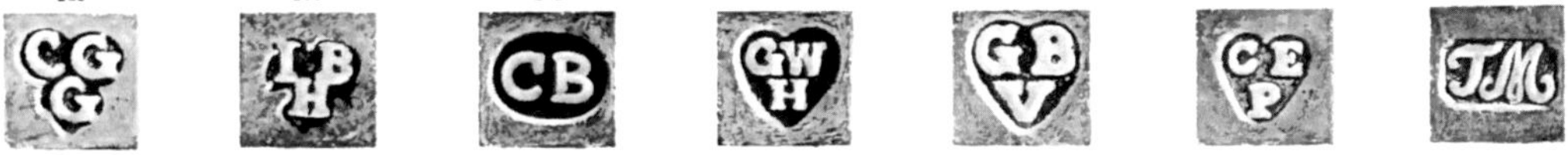

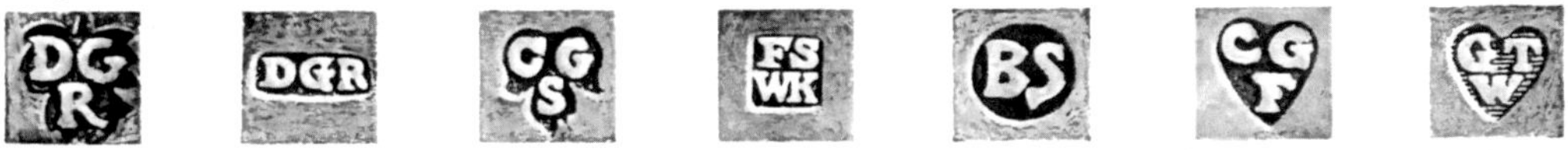

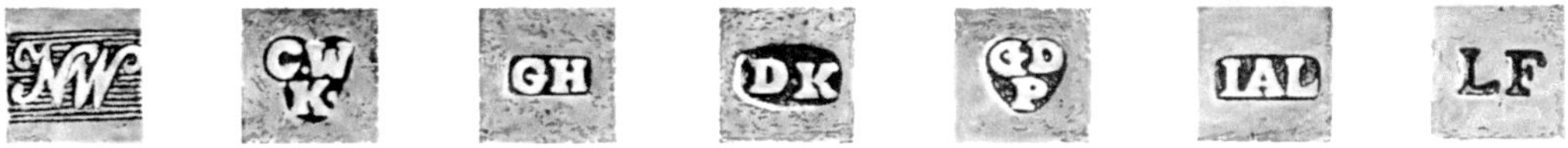

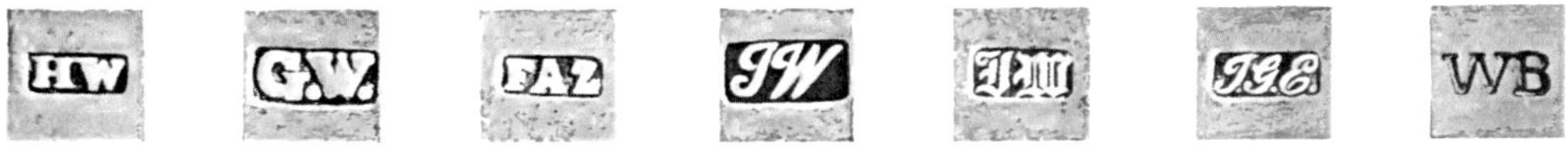

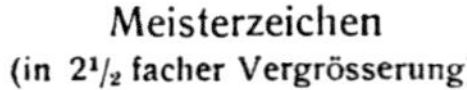

Meisterzeichen
(in 2½ facher Vergrösserung)

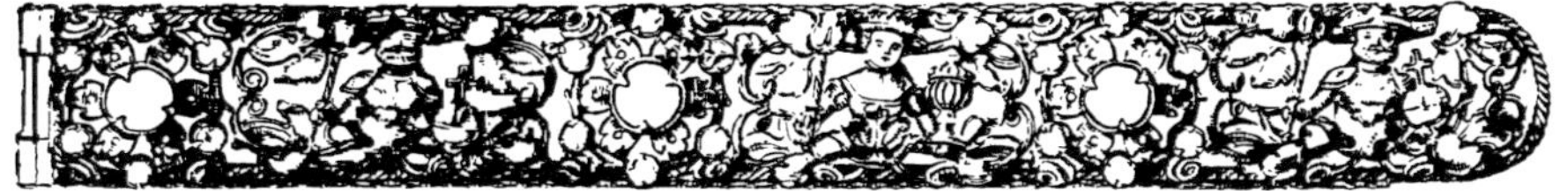

Fig. 11. Teil eines Barettschmuckes, Breslauer Arbeit (?), erste Hälfte des 16. Jahrhunderts

V. CHRONOLOGISCHES VERZEICHNIS DER ZÜNFTIGEN MEISTER

Die nachfolgende Tabelle enthält in zeitlicher Anordnung die Namen aller zünftigen Meister der Breslauer Goldschmiede, Gold- und Silberarbeiter von der ersten Hälfte des 14. Jahrhunderts bis zur Auflösung der Innung im Jahre 1893. Die ersten bekannten Namen sind uns zumeist durch gelegentliche Eintragungen der ältesten hiesigen Schöppenbücher überliefert. Es konnten daher für die Tätigkeitsdauer dieser Meister nur Annäherungswerte gegeben werden. Mit dem Jahre 1364 nehmen dann die für die Festlegung der beginnenden Meisterzeit planmässig verwendbaren Quellen ihren Anfang. Von 1364 bis 1811 gibt die erste Zahl in der Liste das Jahr der Meisterrechtserlangung, also den Zeitpunkt an, von dem ab der Meister selbständig zu arbeiten begann und — seit 1539 — einen eigenen Stempel führen musste. Bis 1712 sind bis auf wenige Ausnahmen keine genauen Daten für die Mittelseinwerbung der einzelnen Meister erhalten. Da jedoch laut der alten Zunftprivilegien ein jeder, der sich in Breslau als Meister setzen und ein offenes Gewölbe halten wollte, kurz zuvor oder bald nachher der Stadt Bürgerrecht gewinnen und ein ehelich Weib nehmen musste, ist von 1364 bis 1711 das bekannte oder mit Hilfe des vorhandenen Urkundenmaterials annähernd bestimmbare Jahr des Bürgerwerdens oder der Eheschliessung als Beginn der meisterlichen Tätigkeit angegeben. Erst nach Beseitigung des Zunftzwanges und nach Einführung der neuen Einrichtungen von 1811 musste der Beitritt zur Innung nicht mehr mit dem der selbständigen Niederlassung zusammenfallen. Aber für die Punzierung bleibt bis zur Einführung des allgemeinen Reichsstempels die alte Regel bestehen, dass nur die Mittelsgenossen ihre Arbeiten mit der Stadt Beschaumarke rechtlich konnten zeichnen lassen.

Die zweite Zahl gibt den Austritt aus der Innung durch Tod, Wegzug oder Aufgabe des Handwerks an. Mit dem Scheiden aus dem Mittel hört in jedem Falle das innungsmässige Stempeln der Arbeiten auf, auch wenn der Meister, wie es im 19. Jahrhundert vereinzelt geschehen ist, sein Geschäft noch weiter fortsetzte.

Das vorliegende Verzeichnis kann bei der Geschlossenheit und Reichhaltigkeit des zu seiner Herstellung benutzten Quellenmaterials den Anspruch erheben, abgesehen von der ersten Hälfte des 14. Jahrhunderts, als fast lückenlos zu gelten. Und wenn sich gelegentlich einmal das Merkzeichen einer Breslauer Goldschmiedearbeit nicht mit einem der angeführten Meister sollte identifizieren lassen, wird man erst dann auf ein Fehlen des Namens in der Tabelle schliessen dürfen, wenn die Annahme einer unzutreffenden Lokalisierung oder einer ungenauen Lesart des Stempels ausgeschlossen ist.

Von den Meistern, deren Namen mit einem Sternchen versehen sind, ist auf den Lichtdrucktafeln III—V die Marke wiedergegeben.

Herman aurifaber	c. 1288
Tilo aurifaber	c. 1318
Bertoldus aurifaber	c. 1318
Jacobus aurifaber	c. 1318
Niclos von Glacz	c. 1325—c. 1365
Pawil Stillefoyt	c. 1330—c. 1345
Gotke Stillefoyt	c. 1335—c. 1353
Petrus aurifaber	c. 1337
Nickil Sommerfelt	c. 1345—c. 1347
Pecze Goltsmed	c. 1345—c. 1362
Tilkin Goltsmed	c. 1346
Heynrich Segirsdorf	c. 1346
Lutke Goltsmed	c. 1347—c. 1362
Nickil Hone	c. 1349—c. 1369
Heynczil Goltsmit	c. 1350—c. 1353
Conrad Goltsmed	c. 1350—c. 1363
Jocob Unger	c. 1351
Vincentius Goltsmed	c. 1361
Bernhart Goltsmed	c. 1362—c. 1366
Peter von Glacz	v. 1364—c. 1369
Concze Wunschilburg	v. 1364—c. 1367
Claus Briger	v. 1364—c. 1384
Mathis Goltsmit	v. 1364—c. 1372
Hensil Brinneger	v. 1364—c. 1369
Kothener aurifaber	v. 1364—c. 1369
Claus von der Stregen	v. 1364—c. 1374
Hensil von Glacz	1364—c. 1399
Nicolaus Garnczuger	1364—c. 1400
Niczco Jencowicz	1365—
Paulus Jencowicz	1365—
Jano de Czedelakowicz	1367—
Hensil Landecke	1369—c. 1400
Waltherus Ebirhart	1371—
Thimo aurifaber	1371—
Niclos Schorsoch	1371—
Jacob Clare	1371—
Michil de Trebnicz	1372—
Hannos Nysser	1372—c. 1410
Laurentius de Montibus Kuttenis	1373—
Claus de Merzeburg	1373—
Georgius de Nymandis	1373—
Cuncze Vlassche	1373—
Georgius Lichtenaw	1373—
Gunczelinus Falkinhayn	1373—
Nicolaus Nysser d. ä.	1376—n. 1402
Thomas Landecke	1379—c. 1412
Conrad de Strosberg	1381—
Heinrich de Lutinrad	1382—
Niclos Buckinschuch	1384—c. 1412
Niclos Othmuchaw d. ä.	1384—
Niclos Crommendorff	1384—c. 1416
Bartholomaeus de Glogovia	1385—
Petir de Czolcz	1385—
Lorenz Rakewicz	1385—
Hildebrandus de Brega	1387—
Heinrich Bornbach	1389—c. 1410
Nicolaus Nysser d. j.	1390—
Andres Poloner	1390—
Heinrich Schorgast	1391—c. 1430
Hannos Podian	1391—
Niclos Othmuchaw d. j.	1393—
Hannos Swob	1393—
Cunrad Falkinhayn	1394—
Johannes Dornten (Dorink)	1396—
Jacobus Luczk	1397—
Andreas Firdung	1398—
Hannos Briger	1398—
Albertus Molner	1400—
Helyas de Brunswig	1401—c. 1420
Jacobus de Montibus Kuttenis	1402—
Pesschel	1403—
Hannos Scherff	1405—
Eysfogil	1405—
Niclaus Oswald	1406—c. 1439
Jacobus Wingasser	1406—
Niclos Liphart	1408—
Stephanus Eriber	1408—
Johannes Gesesse	1409—
Nicolaus Czipser	1410—c. 1450
Petrus Vicker	1412—
Laurentius Tompke	1412—
Mathias Kauder	1414—c. 1448
Johannes Beyer	1414—
Andreas Crommendorff	1415—
Jacobus Sachse	1417—
Sigmund Kesseler	1417

Johannes Schultis . . 1419—
Johannes Crommendorff 1421—
Heinrich Sachse d. ä. 1421—
Bartholomaeus Nysser 1422—
Daniel Nicolaus 1422—
Frenczel Heyncze . 1423—
Nicolaus Bornbach 1423—
Paulus Kaufman 1424—
Henricus de Misna 1424—
Johannes Neumeister . 1424—
Hanuschko Friberg 1424—
Conradus Heffter 1425—
Bernhardus Slaher . . 1426—
Heinrich Haker (Hogkorn) . 1426—
Henningus Wehpusch 1427—
Stephanus Stoppe . 1429—
Lorencz Polak d. ä. 1429—c. 1448
Nicolaus Polak . 1430— 1446
Paulus Juncher . . 1430—
Johannes Schorgast c. 1430—
Wenczel Gultsmed . . . c. 1432
Hannos Stetin 1433—
Petir Sack . . 1434—
Mathias de Canth . 1435—
Jacobus de Cothbus . . 1436—
Vincencius Crommendorff . 1436—
Steffan Stocke 1437—
Hannos Vicker . . 1438—c. 1460
Gregor Snorrepfeil . 1438—
Georgius Schewenpflug . 1439—
Martinus Kalbisowge . 1440—
Wincencius Rudolff 1440—
Georg Heyne . . . 1441— 1451
Vincencius Eynsidel d. ä. 1443—v. 1470
Niclas Sloche . . 1443—c. 1478
Pauel Crommendorff . 1443—v. 1470
Hannos Arnolt . . 1444—c. 1475
Jacobus Bockendorff . 1445—v. 1470
Caspar Arnolt 1446—c. 1472
Vitus Landiskroner . . 1448—v. 1470
Niclas Rotchen, alias Sachse 1449—v. 1470
Augustinus Kunczilman . 1450—v. 1470
Merten Abeczueher 1450—v. 1470

Stephanus Sachse . 1450—n. 1470
Heinrich Falkenstein 1452—v. 1470
Niclas Waldenburg 1452 v. 1470
Niclas Kynast 1453—c. 1485
Thomas Briger . . 1453—v. 1470
Heinrich Sachse d. j. . 1454—n. 1470
Johannes Briger 1455—v. 1490
Hans Bischdorff 1456—c. 1496
Mertin Rorman . 1459—c. 1492
Niclas Daniel 1459—v. 1490
Lorencz Cretsmer . 1460—v. 1470
Caspar Cuttener 1460—v. 1470
Hanns Firecke . 1460—v. 1490
Lorencz Polak d. j. 1460—v. 1490
Jacobus Konczel . . 1462—c. 1512
Vincencius Eynsidel d. j. 1463—v. 1490
Lucas Sweideler 1464—c. 1496
Gregor Ritter 1464—v. 1470
Mathis Stanke . 1466—n. 1490
Heinrich Willisch 1467—v. 1490
Niclas Werner 1468—v. 1517
Bartusch Wymmer . . 1469
Sebalt Pfnorre 1472—n. 1490
Caspar Wehpusch . c. 1473—c. 1500
Steffan Siczefrey 1474—v. 1490
Gregor Strada 1475—v. 1490
Hans Pfnorre . . 1476—n. 1490
Hans Reusse (Rewsse) . 1477—v. 1490
Lamprecht Smedt 1478—c. 1520
Anthonius Hofeman . 1481—v. 1490
Niclas Monczer d. ä. . c. 1485—c. 1494
Michel Tockel 1490—c. 1530
Caspar Hanelein 1490—
Peter Francke 1492—c. 1507
Valten Meissner c. 1495—
Lucas Flässel . c. 1495—
Georg Gultsmyd 1495—
Hans Voyt d. ä. 1498—c. 1535
Merten Hennig . 1500—c. 1506
Hans Westermehr . 1500— 1543
Christoff Pfnorre 1501—v. 1525
Steffan Cringel . 1501—v. 1525
Oswald Rothe* . 1503— 1522

Wenczel Goltschmidt d. ä. .	1504—v. 1525
Paul Bock	1506—c. 1548
Hans Krafftczober .	1508—v. 1533
Andres Heidecker .	1509—n. 1525
Hans Seybot . . .	1511—v. 1525
Niclas Monczer d. j. . . .	1511—c. 1540
Wolffgang Westermehr d. ä.	1511—c. 1548
Stenczel Goltschmidt .	1513—c. 1540
Hans Lotterman Sachs	1513—v. 1544
Merten Vitze d. ä. .	1514—v. 1544
Anthonius Nonhardt .	1518—v. 1525
George Venediger .	1522—v. 1544
George Merten .	1523—v. 1533
Erasmus Schleupner	1524—v. 1534
Hans Goppel	1526—n. 1544
Lorencz Schaller	1528—v. 1544
Valten Lamm . . .	1530—n. 1544
Wenczel Goltschmidt d. j. .	1530—v. 1544
Hans Beheme	1531—v. 1544
Hans Francke	1531—v. 1570
Frantz Bartel* .	1531—v. 1579
Thomas Reinhardts	1532—v. 1544
Ulrich Schaller .	1533—v. 1544
Hans Mesenhammer d. ä.	1533—c. 1570
Lorencz Westermehr .	1533— 1554
Sebalt Strauss	1534—v. 1544
Peter vom Baumgart .	1534— 1563
Merten Vitze d. m.	. . 1535
Joachim Goltschmidt .	1537—v. 1579
Bartel Schoenau	1539—v. 1544
Victor Gotschalck .	1539—v. 1544
Augustin Heyne d. ä.	1542—c. 1573
Frantz Bottner	1542—c. 1563
Christoph Bock	1544—v. 1579
Hans Bartolme .	1544—c. 1565
Peter Schoneman .	1544—c. 1569
Valten Goltschmidt	1545—v. 1579
Sebastian Garn .	1546— 1584
Christannus Schlitten .	1547—c. 1570
Caspar Stoer .	1549— 1584
George Wilhelm	1550—c. 1570
Hans Libner .	1551— 1585
Christoff Wassergraf .	1552— 1554
Baltzer Glaser	1552—v. 1579
Jacob Berger . .	1553—v. 1579
Jeronimus Orth*	1554— 1584
Paul Ludwigk	1554— 1566
Wolffgang Vitze	1555— 1596
Jorge Schlefuss*	1556— 1574
Eucharius Riher*	1557— 1585
Helias Goppel	1558—v. 1579
George Lomnitzer .	1560—c. 1566
Steffan Heugel .	1561—c. 1594
Balthasar Scholtz .	1562—v. 1579
Hans Hoffman d. ä. . .	1562—v. 1579
Hans Mesenhammer d. j. .	1562— 1563
Wolffgang Westermehr d. j.	1563—n. 1600
Anthonius Loher	1564—v. 1579
Hans Voyt d. j.	1565—c. 1571
Hans Meesch	1565— 1583
Jeremias Beck	1565— 1590
Jacob Fleischman . .	1565— 1572
Sebastian Goldthoff d. ä.	1566— 1599
Hans Schoenau .	1567— 1608
Hans Weissmehler .	1568— 1584
Merten Goltschmidt .	1568—c. 1592
David Winckler (Schmidel) .	1569— 1585
Andres Hoffman	c. 1570—c. 1601
Andreas Kolbe . . .	1571—c. 1577
Augustin Heyne d. m.*	1572— 1601
Merten Vitze d. j. .	1572— 1614
Joachim Hiller* .	1573— 1613
Paul Nitsch* . .	1573— 1609
Lazarus Bogusch	1574—c. 1584
Christoff Hoffman .	1574—v. 1589
Ludwig Vicke	1574— 1615
Hans Hocke*	1575— 1611
Caspar Bendel* .	1575— 1599
Lorentz Steckel .	1576—v. 1589
Hans Haupt*	1578— 1628
Lazarus Mesenhammer	1579— 1614
Hans Hoffman d. j.	1579— 1611
Sebastian Fesch d. ä. .	1580— 1602
Jacob Jahn (Jantt) .	1580— 1586
Veit Koch*	1580— 1619
Hans Strich* .	c. 1582— 1616

Name	Jahre
Joachim Baritsch	1584— 1591
Abraham Arnolt .	1584— 1589
Christoph Stimmel*	1584— 1627
George Hoffman* .	1586— 1609
Hieronimus von Breen	1587— 1598
Hans Müller* .	1588— 1606
George Dittmar*	1588— 1608
Daniel Mohner .	1591— 1616
Hans Heyne .	1591— 1615
Rudolph Fesch .	1592— 1632
George Beck .	1592— 1614
Caspar Talcke	1593— 1597
Valten Hertwig .	1596— 1611
Michael Schneider .	1596— 1598
Friedrich Schoenau*	1598— 1627
Caspar Pfister* .	1598— 1635
George Sauerman .	1598— 1633
Eamuel (Samuel) Boy.	1601—v. 1617
Mattheus Jachman d. ä. .	1602— 1626
Augustin Heyne d. j.*	1602— 1631
Fabian Nitsch* .	1602— 1630
Andreas Stimmel	1603— 1622
Hans Volgnadt* . .	c. 1605— 1622
Sebastian Fesch d. j. .	1607— 1645
Sebastian Goldthoff d. j.	1607— 1633
Andreas Assig .	1608— 1651
Tobias Vogt . . .	1608— 1654
Christoph Schromowski*	1609— 1620
Daniel Petzold d. ä.	1610— 1633
Heinrich Albers .	1613— 1623
Daniel Hoffman*	1614—v. 1640
Hans Haner (?) .	1614—v. 1617
Zacharias Petzold .	1615— 1628
Daniel Boy	1615— 1618
Hans Neuman	1615— 1633
Friedrich Vicke*	1615— 1666
Caspar Müller .	1615— 1617
Matthes Alischer* .	1616— 1652
Hans Schleich	c. 1616—c. 1618
Gottfried Vogel d. ä. .	1617— 1657
Caspar Stimmel .	c. 1619— 1633
Caspar Drogen .	1620— 1651
Wentzel Fischer	1621— 1628
Jonas Petzold	1623— 1633
Hans Boxhammer* .	1623— 1655
George Nitsch* .	1623 1645
Andreas Nitsch .	1626— 1633
Paul Hedelhofer d. ä.	1626— 1633
Hans Späth* . . .	1636 1659
Hans Jachman d. ä.* .	1638— 1685
Hans Koerber* .	1640— 1667
Hans Hartig* .	1640— 1654
George Volgnadt	1642— 1675
Gottfried Vogel d. m.	1645— 1680
Hans Boy* .	1648— 1671
Balthasar Wittig	1648— 1666
Meister H. P.* .	. . 1653
Daniel Volgnadt*	1654— 1686
Hans Felber* .	1659— 1696
Christoph Dietrich	1659— 1667
Werner Ludeman* . .	1661—c. 1685
Paul Hedelhofer d. j.*	1661— 1683
Elias Heuser*	1661— 1667
Johann Ohle*	1662— 1698
David Vicke* .	1662— 1696
Sebald Gedick .	1663—c. 1685
Jeremias Siebenbürger	1664— 1669
Jacob Hedelhofer* . .	1664— 1690
Augustin Lobenschuss* .	1665— 1693
Daniel Vogt .	1665— 1674
Hans Schier	1667— 1683
Christian Mentzel d. ä.*	1668— 1699
Daniel Graetzer*	1668— 1678
Tobias Fest .	1669— 1677
Andreas Scholtz . . .	1670— 1705
George Ludwig Hedelhofer	1670— 1679
Christoph Schmidt	1671— 1719
Hans Mittman* .	1672— 1687
Gottfried Heintze* .	1673— 1707
Christoph Abfelder*	1674—v. 1709
David Kriebel*	1674— 1693
Arnold Niesing . .	1675— 1693
Johann Jacob Ziessler	c. 1675—v. 1703
Daniel Wolff*	1676— 1712
Wentzel Gerlach . .	1676— 1712
Thomas George Wartig .	1676— 1708

Paul Abbe . 1679—v. 1709
Hans Jachman d. j. * . 1681— 1728
Zacharias Feist . 1682— 1712
Gottfried Heyner* . 1682— 1716
Christoph Plackwitz* . 1682— 1724
Johann Petzold . 1682— 1717
Thomas Kuntze* 1683— 1724
George Rubin . 1683— 1714
Gottfried Körner* 1685— 1722
Tobias Plackwitz* . 1688— 1727
Gottfried Vogel d. j.* 1688— 1709
Elias Grische* . 1689— 1714
Gottfried Schmidt* . 1689— 1708
Christoph Müller* . 1689— 1735
Christian Winckler* . 1690— 1706
Mattheus Jachman d. j.* . 1690— 1726
Gottfried Ihme* . . . . 1691— 1737
Johann Stuppe (Stäbler)* 1697— 1700
Johann Peter Ziegler* 1697— 1724
Johann Carl Felber 1697—c. 1710
George Scholtz . . 1698— 1729
Matthias Sbarasky* 1698— 1715
Andreas von Nordt* . 1698—c. 1710
Christian Mentzel d. j.* 1700— 1715
Paul Heyn . . . . . . 1700— 1711
Gottfried Gideon Eberlein d. ä. 1701— 1732
Christian Heintze* . 1701— 1732
Tobias Schier* . . 1702— 1733
George Kahlert d. ä.* . . 1702— 1736
Johann George Girschner* . 1703— 1724
Johann Klinge* . 1704— 1737
George Blaschke . . 1705— 1728
Johann Christoph Keller 1705—v. 1709
Carl Wilhelm Hartman* . 1706— 1729
Johann George Schier* 1707— 1740
Christian Schlencker . . 1708— 1745
Johann Christoph Meissner* 1710— 1741
Caspar Francke* 1711— 1735
Joachim Wissmar . 1711— 1742
Samuel Hammer . . 1711— 1732
Johann Christian Richter 1712— 1718
Johann Daniel Heyner 1712— 1717
Christian Lammer* . 1713— 1751
Daniel Petzold d. j. 1713— 1752
Johann Okrusch* 1714— 1721
Michael Wissmar* . . . . 1715— 1746
Stephan Christian Luttroth* 1716— 1758
Johann Andreas Haenel . 1716— 1723
Christian Fechner . 1716— 1728
Heinrich August Joel . 1716— 1746
Andreas Giessman 1717— 1732
Christian Pitschman . 1718— 1744
Johann David Kriebel. 1718— 1757
Thomas Beyl* 1719— 1758
David Hammer . 1719— 1751
Gottlieb Kuntze* 1719— 1773
Daniel Feist . . . . 1720— 1757
Benedict Jacob Beckensteiner . 1721— 1758
Johann Christoph Müller* 1721— 1758
George Friedrich Thamm* . 1721— 1757
Martin Büttner . . . 1721— 1750
Christian Samuel Grische* . 1722— 1741
Johann Christoph Vogel* . . 1722—c. 1742
Christian Maximilian Schmidt* 1723— 1751
Johann Christoph Tunckel . 1723—c. 1742
Christian Hellwig . . . 1724— 1745
Heinrich Benjamin Scholtz . 1724— 1736
Johann Christian Jachman . 1725— 1726
Johann Gottlieb Reinhart 1725— 1749
Ferdinand Grische* 1725— 1769
Christian Beyl* . . 1725— 1778
Gottfried Wilhelm Ihme . 1727—c. 1747
Johann Samuel Andreas* . 1728— 1768
Gottlieb Benjamin Süssenbecker 1728—c. 1732
Ernestus Müller 1728— 1734
Ivor Sandt . . 1729—c. 1742
Claudius Petrus Timmerman 1730— 1759
Christian Dietrich . 1730 1765
Samuel Haenel . . . 1730— 1750
George Christoph Jachman 1730—c. 1741
Gottlob Friedrich Christiany 1731—c. 1741
Johann Gottlieb Schmidt* 1731— 1769
Daniel Klein . . . 1731— 1763
Benjamin Hentschel* . 1732— 1774
Elias Gall . . . 1732— 1759
Johann Caspar Keyl 1732—c. 1741

George Kahlert d. j.* . 1732—1772
George Emanuel Scholtz 1732—1771
Christian Harr . 1732—1748
Augustin Peisker* . 1732—1758
Johann Jacob Tott . . 1733—1740
Christian Gottfried Mentzel* . 1733—1757
Johann Gottfried Eberlein . 1734—1758
Samuel Gottlieb Heyne . 1734—1737
Gottlieb Heroldt . 1734—1746
Johann Michael Kittner . 1734—1740
Gottfried Krause . . 1734—1738
Christian Kretschmer* . 1734—1758
Johann Martin Schönfeld . 1735—1769
Adolphus Henricus Schaffman 1735—1746
Daniel Kostler (Cossler) . . 1736
Johann Gottfried Klock 1736—1761
Johann Franciscus Eigel 1736—1747
Samuel Gottlieb Thun* . 1737—1757
George Nawarra* . 1737—1750
George David Kramer 1737—1741
Johann Heinrich Baudeman 1738—1758
Friedrich Gottlob Krebs 1739—1771
Johann George Donath* 1739—1757
Johann George Gimmig . . 1739—1792
Johann Heinrich (Andreas) Schaffman 1739—1773
Daniel Ephraim Scholl . 1740—1753
Samuel Gottlieb Hammer . 1740—1744
Johann Daniel Albert 1740—1781
Samuel Ehrlich . . 1743—1745
Gottfried Wilhelm Jachman 1743—1786
Jacob Andreas Rottwitt 1743—1775
Benjamin Kochmann . 1744—1772
Arnold Müller* . . 1744—1768
Johann Christian Schlencker 1744—1789
Friedrich Wilhelm Renner . 1745—1758
Andreas Wilhelm Scholtz 1746—1784
Johann Samuel Wilcke . 1746—1798
Johann Daniel Petzold . 1746—1769
Gottfried Scholtz . . . . 1746—1747
Johann Christoph Jancke d. ä.* 1746—1780
Johann Caspar Niebling . . 1746—1765
Gottfried Gideon Eberlein d. j. 1746—1770
Christian Hoensch* 1746—1792
Johann Gottlieb Glimmich 1746—1765
Christian Gottlieb Muche* 1746—1772
Johann Christian Ebert . 1747—1764
Johann Gottlieb Okrusch 1748—1777
Carl Heinrich Friebach* 1749—1784
Gottlob Benjamin Werner . 1749—1792
Christian Gottlieb Streubel d. ä. 1749—1775
Christian Friedrich Mentzel* . 1749—1787
Melchior Ferdinand Obermann . 1750—1784
Johann Samuel Grische 1750—1778
Christian Gottlieb Launer 1750—1770
Carl Wilhelm Schlencker 1751—1791
Johann George Böttiger 1751—1759
Johann Carl Wiedemeyer 1752—1769
(Christian) Gottlieb Foerster . 1752—1772
Johann Gottlieb Heissig 1752—1768
Michael Alex* . . . 1752—1782
Johann Gottfried Ritter . 1752—1788
Martin Kiesling* . . 1753—1788
Carl Maximilian Powalsky 1753—1790
Johann Ernst Braungart* 1754—1793
Johann Friedrich Richter 1754—1758
Johann Ernst Roemer 1754—1764
Johann Gottlieb Beyer . 1755—1763
Carl Gottfried Haase* . . . 1756—1796
Johann Dietrich Samuel Scholtz 1756—1776
Christoph Carl Sigismund Beer . 1757—1758
Carl Ferdinand Weigelt 1757—1763
Ferdinand Christian Beyl . 1758—1798
Heinrich Gottfried Kopisch 1758—1800
Carl Sigmund Klein . 1759—1774
George Friedrich Eittner 1759—1788
Johann Albrecht Wedel 1760—1791
Johann Gottlob Böttiger . 1761—1795
Christoph Ehrenfried Scholtz 1761—1784
Johann Christian Petzold . 1762—1794
George Friedrich Eilfrath 1763—1802
Johann Gottlieb Wiedemeyer 1763—1789
Gottfried Benjamin Weigelt 1763—1802
Christoph Gottlieb Kischky 1763—1764
Benjamin Gottlieb Sander* 1764—1794
Samuel Andreas Beyl . . 1764 1798
Johann George Rebenstock 1764—1774

Johann Gottlieb Lucas . 1765—1814
Johann Gottlob Jaeckel* . 1765—1793
Joseph Gottlieb Lederhose* 1765—1817
Johann Frantz Albert . 1765—1778
Adam Gottfried Petzold 1766—1779
Johann Gottlieb Candisch 1766—1784
Carl Gottlieb Mentzel . . 1767—1775
Ferdinand Christian Krebs* 1769—1804
Samuel Christoph Thun 1770—1807
Thomas Gideon Eberlein . 1771—1801
George Samuel Lucas . 1772—1779
Christian Gottlieb Böger . . 1772—1796
Johann Augustin Christian Seeberg 1773—1802
Carl Heinrich Illig . 1774—1785
Carl Gottlieb Gröger* . 1774—1798
Christian Wilhelm Muche . 1774—1808
Gottlob Strauchmann 1774—1806
Andreas Büssert Albert 1774—1789
Carl Gottlob Friedrich . . 1775—1803
Johann Bernhard Hoensch* 1775—1813
Gottlieb Benjamin Neldner . 1775—1783
Johann Benjamin Schelhase d. ä. . 1775—1794
Johann Gottlob Muche . . 1775—1782
Johann Friedrich Carl Seeberg 1775—1795
Daniel August Titze . . . 1776—1832
Christian Ferdinand Kretschmer . 1777—1804
Daniel Gottlob Weber . 1778—1816
Heinrich August Schmidt . 1778—1785
Friedrich Wilhelm Bingert . 1779—1792
Christian Bögel* . . 1779—1786
Ernst Wilhelm Werneck . . 1779—1818
Christian Gottlieb Streubel d. j. 1779—1820
Christian Friedrich Maletius 1780—1789
Johann Christian Wende 1780—1806
Johann Wilhelm Schlencker 1780—1808
Gottfried Wilhelm Hoensch* . 1780—1811
Johann Christoph Jancke d. j. 1781—1819
Johann Gottlob Tholuck . 1782—1820
Johann Jacob Ebert . . 1782—1805
Johann Gottfried Hildebrand . 1782—1797
Christian Gottlieb Mittmann . 1783—1821
Johann Gottlob Scholtz . . 1784—1815
Gottlieb Benjamin Vogtmann* 1784—1810
Benjamin Ephraim Zölffel 1784—1819
Johann David Jordan 1785—1799
Johann Jacob Leinss . . 1786—1830
(Johann) Carl August Beuthner . 1786—1812
Friedrich Carl Siegmund Jaeckel . 1786—1832
Carl Friedrich Litzmann 1786—1798
David Friedrich Ordelin . . 1786—1789
Christoph Siegfried Elias Leiser . 1787—1795
Friedrich Benjamin Peter . 1787- 1827
Christian Anton Wilcke 1788—1818
Carl Joseph Graetz . . . 1788—1809
Christian Heinrich Daniel Jaeckel 1789—1829
Johann Christian Jung . 1789—1829
Anton Joseph Starcks 1789—1801
Carl Elias Pfarrmann* 1790—1806
Johann Gottfried Kiesling . 1790—1834
Tobias Meyer* . . . 1790—1824
Carl Friedrich Namikowsky 1790—1840
Daniel Gottlieb Wolff . . 1791—1798
Johann Carl Siegmund Grauer . 1791—1821
Augustin Eligius Wilcke 1791—1808
Ferdinand Traugott Heyn . 1792—1796
Friedrich Wilhelm Ebert 1792—1823
Johann Gottlieb Casperge . 1792—1824
Johann Gottlob Eichler 1792—1797
Carl Joseph Lange 1792—1813
Jacob Meyer . . . 1793—1801
David Gottlieb Raudner* . . 1793—1845
Christian Gottlieb Schneider* 1794—1816
Samuel Gotthard Scholtz 1794—1822
Heinrich August Breibisch 1794—1799
Samuel Jacob Sommé . . . 1794—1823
Johann Carl Benjamin Peuckert 1794—1840
Christian Gottlieb Kayser . 1795—1822
Friedrich Samuel Weisskaeppel* 1796—1819
Johann Michael Stoll . 1796—1807
Ferdinand Gottlieb Giessmann 1796—1833
Johann Carl Gottlieb Bernt 1797—1816
Johann Gottfried Grebner . . 1797—1800
Johann Christian Wilhelm Schwabe 1797—1830
Johann Valentin Jeuthe . 1797—1827
Carl Daniel Ephard . 1797—1800
Samuel Ferdinand Thun 1798—1827

Carl Philipp Clauss .	1798—1812
Carl Friedrich Wully . . .	1798—1849
Johann Friedrich Gottlob Heintke .	1798—1846
Carl Benjamin Meyer (Maier)	1799—1832
Johann Carl Gottlob Böttiger	1799—1851
Carl Ferdinand Seeberg .	1800—1807
Samuel Friedrich Burghardt	1800—1808
Christian Friedrich Rahmstein	1800—1840
Andreas Gottfried Petsch .	1800—1860
Johann Friedrich Wilhelm Fuss .	1801—1818
Johann Benjamin Klug . . .	1801—1842
Johann Benjamin Schelhase d. j.*	1801—1824
Gottlieb Daniel Krebs	1801—1817
Carl Gottlieb Freytag*	1801—1834
Friedrich Wilhelm Rüffer	1801—1824
Carl Friedrich Rose	1802—1805
Adolph Lundberg .	1802—1806
Johann Carl Wagner	1802—1819
Johann Christian Preuss	1803—1830
Carl Friedrich März .	1803—1804
Gottlieb Traugott Wiedemeyer*	1803—1839
Carl Christian Schoen .	1803—1806
Johann Christoph Kroenert	1804—1816
Johann Gottlieb Herrmann	1804—1849
Nicolaus Wagner*	1804—1850
Carl Wilhelm Wolff . .	1804—1806
Johann Friedrich August Barthol . . .	1805
Carl Wilhelm Becker	1805—1806
Johann Sigismund Heintze	1805—1832
Carl Wilhelm Knebel* . .	1805—1830
Johann Christian Gottlieb Mittmann	1805—1837
Johann Friedrich Gottlob Helm .	1805—1849
Carl Friedrich Julius Hancke .	1805—1809
Johann Carl Gottlob Bossert	1805—1817
Johann Christian Zitzmann	1805—1818
Johann Wilhelm Thiem . .	1806—1807
Johann Christian Ludwig Barth	1806—1826
Johann Gottlieb Thun	1806—1843
Carl Gottlieb Weinbrich	1806—1812
Gottlieb David Günther	1807—1863
Christoph Wilhelm Stiller .	1808—1840
Johann Christian Wilhelm Stuppe .	1808—1827
Paul Leonhard Schmidt	1810—1837
August Anton Joseph Gross	1810—1827
Friedrich Christoph Ferdinand Werdermann . .	1810—1820
Johann Peter Theophilus Leuttner	1811—1868
Ernst Benjamin Ullmann	1811—1845
Gottlieb Lebrecht Stadelmann	1811—1827
Christian August Matthei .	1811—1833
Carl Gottlieb Tobias Stephan	1812—1828
Johann Carl Gottlob Walther	1812—1825
Carl Benjamin Krause . .	1814—1835
Friedrich (Iwan Fedor) Anderssohn	1814—1830
Wilhelm Christoph Hager .	1814—1859
Johann Gottlieb Christian Deller	1814—1836
Friedrich Hotton (Ottong) .	1814—1832
Johann Friedrich Streubel .	1815—1823
Johann Stainsky . . .	1815—1845
Johann Gottfried Tholuck .	1815—1823
Gottlieb Hoffmann* . .	1816—1837
Carl Ernst Bernhard Koenig .	1816—1832
Johann David Klose*	1816—1848
Johann Jacob Hacker .	1816—1840
Gottfried Daniel Posch* .	1817—1840
Joh. Friedrich Ferdinand Schmotter	1817—1850
Friedrich Christian Fischer	1817—1826
Carl Gottlieb Hilscher . . .	1817—1849
Johann Christian Wilhelm Friedrich	1818—1819
Johann Adam Lemor* .	1820—1840
Johann Christian Wilhelm Berger .	1820—1839
Johann Franz Lorenz Richter	1820—1830
Leberecht Fournier* . . .	1821—1849
Christ. Heinr. Lud. Wilh. Sommé	1821—1849
Heinrich Andreas David Bach .	1823—1834
Carl Gottfried Mehnert .	1824—1864
Gottfried Wilhelm Stephan	1824—1827
Friedrich Wilhelm Dudeck	1825—1840
Herrmann Weissenborn*	1829—1838
Friedrich Wilhelm Schulz .	1832—1849
Samuel Gottlieb Raudner	1832—1860
Johann Christian Zwiener . .	1833—1840
Johann Ernst Benjamin Schneider	1834—1843
Carl Gottlieb Schneider	1834—1858
Heinrich Theodor Brück	1835—1843
Carl Friedrich Korok	1835—1858

Johann Gottlob Joseph Wolff	1835—1841	Heinrich Eduard Adolph Dobers	1856—1886
Philipp Jacob Endemann	1839—1843	Robert Dondorff . . .	1858—1893
Wilhelm August Seidel .	1839—1850	Carl Friedr. Otto Theodor Krutsche	1858—1884
Ernst August Büttner . . .	1839—1856	Heinrich Rudolf Lindner	1858—1863
Carl Samuel Salomon Dondorff .	1839—1867	Robert Koenig .	1859—1865
Gottlieb Willgohs* . . .	1839—1862	Robert Markfeldt .	1859—1893
Joh. Franz Const. Schoenknecht	1839—1856	Emil Sommé	1859—1893
Johann Gottlieb Alt . . .	1839—1852	Ferdinand Ludwig Wilhelm Minuth	1859—1869
Jacob Gottlieb Ferdinand Büttner .	1839—1858	Joseph Ludwig Bornowski	1859—1861
Johann Wilhelm Dumoulin	1839—1851	Heinrich Schwalm	1860—1873
Johann Adam Hausmann .	1839—1867	Gustav Deibner	1861—1863
Ferdinand Wilhelm Reichel .	1839—1853	Theodor Vogt	1863—1888
Johann August Albert Rudolph .	1839—1878	Theodor Berthold Benj. Schubert	1864—1893
Friedrich Wilhelm Paschke	1839—1841	Albert Büttner . .	1865—1871
Carl Schuch . .	1839—1864	Emil Theodor Korok	1867—1869
Carl Wilhelm Zander	1839—1845	Gustav Jüngling	1868—1871
Julius Alexander Seeliger .	1839—1857	Carl Weidner . . .	1869—1887
Friedrich August Zimmermann*	1840—1878	Carl Adolph Julius Weiss .	1872—1878
Dethlef Dethlefsen . .	1840—1853	Carl Friedrich Wilhelm Schulz	1872—1884
Herrmann Carl Robert Haertel .	1840—1882	Joseph Berger .	1872—1893
Carl Julius Gottlieb Weiss*	1841—1873	Carl Gustav Weber	1872—1879
Johann Gustav Elmgren* .	1841—1857	Herrmann Wilhelm Julius Schubert	1872—1893
August Benjamin Klug . . .	1841—1842	Wilhelm Martin	1873—1881
Johann Christian Gottlieb Reiffelt .	1842—1843	Johann Bruschke	1873—1893
Carl Wilhelm Ernst Foerster	1842—1848	Hugo Gustav Adolph Sandig	1873—1874
Carl Theodor Vörtmann	1843—1849	Ernst Rudolf Heinrich Jonas .	1874—1885
Ludwig Wilhelm Bruno*	1847—1885	Julius Lemor . .	1875—1893
Carl August Theodor Lemor	1849—1893	Ferd. Wilhelm August Assmann	1878—1881
Chr. Fried. Wilh. Robert Sommé .	1849—1859	Rudolf Büttner .	1878—1882
Carl Wilh. Friedr. Julius Sommé .	1849—1873	Herrmann Conrad	1878—1893
Georg Heinrich Gumpert	1850—1893	Gustav Helm	1878—1892
Johann Carl Moritz Herrmann .	1850—1890	Johann Carl Ferdinand Kühne .	1878—1893
Franz Joseph Knoll .	1851—1855	Conrad Hein	1878—1893
Carl Julius Beck .	1851—1893	Carl Richard Emil Thomas	1878—1893
Peter Bohlmann . . .	1852—1877	Gustav Wagner	1878—1886
Friedrich Herrmann Jackwitz	1852—1866	Paul Wandrey	1878—1893
Moritz Rudolph Alexander Thuns	1852—1879	Ernst Wilhelm Ferdinand Windisch	1878—1881
Wilhelm Kirsch	1852—1858	Carl Guschker .	1883—1893
Julius Büttner	1852—1871	Gustav Gundermann . .	1883—1890
Adolf Stange . .	1853—1854	Friedrich Gottfr. Wilh. Aug. Pudler	1885—1890
Julius August Grosche .	1855—1873	Eduard Klee	1886—1893
Emil Adolph Tiessler .	1855—1884	Adam Broecker	1886—1893
Carl Joseph Franz Machhoy .	1856—1888	Paul Goebel	1886—1893

Hugo Münnich	1886—1888	Wilhelm Tschöpe .	1886—1893
Herrmann Guhl	1886—1893	Bruno Wagner	1886—1890
Fritz Heinrich	1886—1893	Julius Warkus .	1886—1893
Gustav Rötche .	1886—1893	Gustav Trewendt .	1886—1893
Isidor Carl Schlossarek	1886—1893	Otto Schneider	1886—1893
Heinrich Sporleder	1886—1891	Friedrich Krutsche	1891—1892

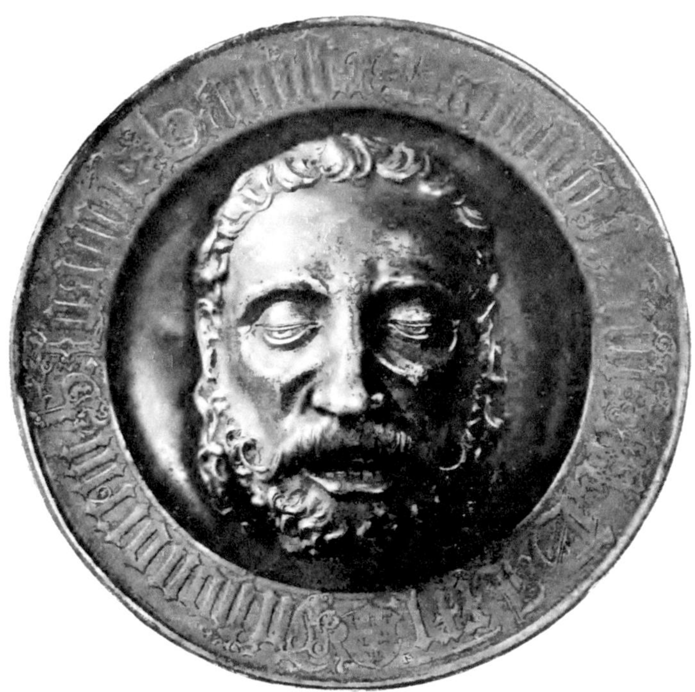

Fig. 12. Jorge Schlefuss: Haupt Johannes des Täufers von 1571, Kath. Pfarrkirche St. Mariae in Ratibor

VI. DIE GOLDSCHMIEDE AUSSERHALB DER INNUNG

Neben den zünftigen Meistern arbeiteten in der Stadt, besonders aber auf den geistlichen Gütern rings um Breslau gleich anderen Handwerkern auch Goldschmiede, die sich dem Zunftzwange entzogen und dadurch von mancher Steuer und lästigen Aufsicht befreit blieben. Die Innung bezeichnete sie als Pfuscher, Störer und Bönhasen. Bisweilen hatte sie sich allerdings das Vorhandensein ihrer „Stiefbrüder“ selbst zuzuschreiben. Die Mittelsmeister setzten nämlich häufig bei ihrem grenzenlosen Brotneide alles in Bewegung, um ein unerwünschtes Anwachsen der inkorporierten Mitgliederzahl zu verhindern. Oft mussten die nichtigsten Gründe herhalten, um diesem oder jenem Gesellen die Meisterrechtserlangung zu erschweren oder gar zu versagen. So mag denn mancher tüchtige Arbeiter wider seinen besten Willen dazu gezwungen worden sein, sich auf den geistlichen Gütern niederzulassen, um hier sein erlerntes Handwerk ausüben zu können. Neben solchen, an sich gewiss achtbaren Meistern gab es noch eine zweite, grössere Gruppe von sogenannten Pfuschern, die sich mutwillig dem Innungszwange entzogen, um ungehindert minderlötiges Silber zu verarbeiten und durch geringere Preise den zünftigen Meistern, die an bestimmte Edelmetall-Legierungen, Lohnsätze und Preise gebunden waren, unlautere Konkurrenz zu bereiten. Beide Arten von Pfuschern waren der Innung ein Dorn im Auge und sie war unablässig darauf bedacht, den „Stiefbrüdern“ das Dasein zu erschweren.

Schon die Meilenrechtsbestätigung Herzog Heinrichs V. von Breslau, gegeben am 22. Juli 1290, unterband innerhalb des Stadtbezirkes die Ansiedlung von nicht rechtlich anerkannten Meistern (Urk. 1). Welchen Wert die Goldschmiede, die hier nur allgemein unter dem Sammelbegriff „Mechanici“ aufgeführt sind, auf diese frühe Urkunde legten, geht daraus hervor, dass sie sich dieselbe nach dreihundertundachtzig Jahren durch Kaiser Leopold nochmals bestätigen liessen (Urk. 27). In der Stadt selbst wird daher die Zahl von unbezechten Goldschmieden niemals sehr gross gewesen sein, da die Ratmannen und Schöppen leichtes Vorgehen hatten. Die geistlichen Güter dagegen standen nicht unter der städtischen Jurisdiktion und es bedurfte der Genehmigung des Bischofs und der Stiftsvorstände, wenn der Breslauer Magistrat ausserhalb seiner rechtlichen Machtsphäre gegen die unliebsamen Störer etwas ausrichten wollte. Der erste Vertrag, durch den die Geistlichkeit die unbezechten Handwerker dem Stadtgerichte preisgab, wurde am 6. Februar 1504 abgeschlossen (Urk. 13). Da jedoch die darin getroffenen Vereinbarungen im Laufe der Zeit nicht pünktlich innegehalten wurden[1]), kam es nach langen Verhandlungen im Jahre 1616 zu einer Erneuerung und Erweiterung des ersten Abkommens. Die Goldschmiede-Innung setzte für ihren Teil durch, dass künftighin keiner ihrer Genossen, sobald er gegen Lohn und Bezahlung arbeitete, von den Geistlichen geduldet werden sollte (Urk. 19).

Trotz aller Verträge hat das Treiben der Störer niemals ganz aufgehört, weil die Geistlichkeit ihrerseits an der Ausrottung und Verfolgung der nicht zünftigen Handwerker wenig Interesse hatte. Eine Spezifikation der Pfuscher in und vor Breslau vom Jahre 1662 nennt allein siebzehn unbezechte Gold- und Silberarbeiter, die zum Teil stadtbekannte Persönlichkeiten gewesen sein

[1]) Im Jahre 1564 wohnten Goldschmiede ohne Wissen des Kapitels „in domo vinaria“ am Dom. Bresl. Diözesanarchiv, Acta capituli vom 10. März 1564.

dürften, da einige von ihnen nur mit dem Spitz- oder Rufnamen bezeichnet sind, wie der „Pummer Joachim“, der „Ulmizer“, der „dicke Johannes von der Fraustadt“, der „Reiche Pfuscher“ und der „kleine Johann“.[1]) Aus demselben Schriftstücke erfahren wir, dass mancher Pfuscher eine ziemlich umfangreiche Werkstatt betrieben haben muss. Christoph Wildmeister, ein Goldarbeiter auf dem Sande an der Dombrücke, und der Ulmizer arbeiteten mit je zwei bis drei Gesellen Joachim Duquest von Liegnitz, ein Goldarbeiter auf dem Sande, hielt sich drei Gehilfen, der Silberarbeiter M. Schiperius förderte zwei und Adam Schön im Unteren Kloster vier bis fünf Gesellen.

Natürlich waren zahlreiche energische Proteste gegen die Pfuscher von Seiten der Innung und der Stadt unausbleiblich. Es mögen dafür einige Beispiele folgen, die sich bei weiterer Durchsicht des verstreuten Urkundenmaterials gewiss noch vermehren liessen. Im Jahre 1584 wurden einige Pfuscher, weil sie „imagines inauratae“ feilgeboten hatten, aus der Stadt gejagt. Der Rat wandte sich darauf an den Praelatus Custos des Domes, er möge die Aufnahme der Vertriebenen nicht gestatten. Am 15. Juni desselben Jahres brachte der Breslauer Stadtschreiber Sebaldus dem Domkapitel einen Frauengürtel aus falschem Silber (cingulum ex adulterino argento) als Dokument für das schädliche Treiben der Pfuscher; besonders machte er einen Balthasar Delacourt, Hans N. und Lazarus N. als Betrüger namhaft.[2]) Im Jahre 1591 beschwerten sich die Ältesten und Jüngsten der Goldschmiedezeche zum höchsten, dass ihnen von demselben Delacourt wiederum mit allerlei Arbeit viel Ungelegenheit und Eintrag zugefügt würde. Die Ratmannen ordneten am 14. Mai 1591 an, dass Delacourt innerhalb einer Frist von sechs Wochen anderswo seinen Unterhalt suchen möge.[3]) Im Oktober 1592 wandten sich die Goldschmiede an den Rat um Schutz gegen die Pfuscher und Störer, die sich „aufm Thumb (Dom) alhier eingeflochten“ und bei dem „hochgelärten Herrn Julio Lando ihren Aufenthalt haben.“[4]) 1607 beklagte sich der Weihbischof Georg, Abt zu St. Vinzenz, bei Kaiser Rudolph über die Breslauer Goldschmiede, welche den unter der Jurisdiktion des Vinzenzstiftes lebenden Goldschmied Michael Taussdorf gefänglich haben einziehen und ihm seine Arbeit haben nehmen lassen.“[5]) Am 2. April 1607 musste Hans Philip von London mit Hand und Mund geloben, sich nach dem Osterfeste von dannen zu begeben und der Goldschmiedezeche fürderhin keinen Einhalt zu tun.[6]) Am 4. Juli 1608 führte der Rat auf Bitten dreier städtischer Goldschmiede Beschwerde bei dem Domkapitel wegen eines unter der Jurisdiktion des Kreuzstiftes lebenden Pfuschers, namens Johannes Philippus, der identisch sein dürfte mit dem ebengenannten Philip von London.[7]) 1662 wurde die Zunft bei der Obrigkeit mit der oben erwähnten Spezifikation vorstellig. In demselben Jahre sollte der Goldschmied Baltzer Bachleidtner aus dem Dominikanerkloster entfernt werden (siehe d. alph. Verz.). Am 12. Juli 1669 beantragte der Magistrat die Ausweisung der unbezechten Goldschmiede von der Dominsel.[8]) 1670 wurde bei der Geistlichkeit die Entfernung des Goldschmiedes Erasmus Soitius verlangt. Das Domkapitel war jedoch nur innerhalb bestimmter Grenzen bereit, den zahlreichen Vorstellungen des Magistrats nachzugeben.[9]) Zwischen den Jahren 1678—1680 setzte sich der Breslauer Rat häufiger mit Kardinal Friedrich von Hessen wegen der Pfuscher ins Einvernehmen.

[1]) Bresl. Kgl. Staatsarchiv, Stadt Breslau II. 10d 3. — Schlesiens Vorzeit in Bild und Schrift, Bd. VII S. 486f. [2]) Bresl. Diözesanarchiv, Acta capituli vom 8. und 15. Juni 1584. [3]) Bresl. Stadtarchiv, Liber definitionum, Bd. III fol. 292^b—293^a. [4]) Bresl. Kgl. Staatsarchiv, Stadt Breslau II. 10d 2. [5]) Bresl. Kgl. Staatsarchiv, Stadt Breslau II. 10d 3. [6]) Bresl. Stadtarchiv, Liber definitionum, Bd. IV fol. 178^a. [7]) Breslauer Diözesanarchiv, Acta capituli vom 4. Juli 1608. [8]) Bresl. Diözesanarchiv, Acta capituli vom 12. Juli 1669. [9]) Bresl. Diözesanarchiv, Acta capituli vom 12. Dezember 1670.

Am 26. Oktober 1688 bat die Innung den Kaiser unter Berufung auf den Vertrag von 1616 gegen die Silberverfälscher einzuschreiten, die auf den geistlichen Gütern — zehn allein auf dem Sande — wohnten und sich unterständen, „das W als hiesiges Stadtzeichen und der Goldschmiede gewöhnliche Probe auf ihr liederliches und verfälschtes Silberwerk zu schlagen", oder „ihre liederliche Arbeit ohne Zeichen und Puntzen eigenem Belieben nach verfertigen" (Urk. 38). Als die Bittschrift ohne Erfolg blieb, wandte sich die Zunft am 16. Juli und abermals am 2. Dezember 1689 an das Königliche Oberamt in Schlesien, die Pfuscher „unfehlbar" abschaffen zu wollen (Urk. 39). 1691 beschwerte sich die Innung über einen unter der Jurisdiktion des Klarenstiftes lebenden Goldschmied.[1]) Am 30. Januar 1692 ersuchte der Rat um Entfernung des auf der Dominsel arbeitenden Goldschmieds Wilhelm Heinrich Schmidt, „welcher das Mittel der Goldschmiede allhier bißher heftig beeinträchtiget."[2]) Weiter prozessierte 1698 der Breslauer Bürger Ernst Kreuzman wider Hans Hagen, Goldschmied und Erbsassen auf dem Gebiete des Matthiasstiftes vor dem Odertore.[3]) 1716 behaupteten die Ratmannen in einem Berichte an das Königliche Oberamt, dass die Pfuscher, welche allhier in und um die Stadt wohnten, an Zahl viel stärker seien als die zünftigen Meister.[4]) 1722 versuchte die Stadt bei dem Bischofe Franz Ludwig von Pfalz-Neuburg ein Einschreiten gegen die Pfuscher zu erwirken.[5])

Auch unter dem Regimente Friedrichs des Grossen wollte die Ausrottung der Störer nicht gelingen. Ein am 1. Juli 1752 vom Breslauer Magistrat an die Königliche Kriegs- und Domänenkammer abgesandter Bericht über die Silberprobe weist unter anderem auf die dringend notwendige Abschaffung der schädlichen Pfuscher hin (Urk. 66). In der Innungssitzung vom 14. März 1765 wurde geklagt, dass viele aus der Arbeit gegangene Gesellen sich in der Stadt und in den Vorstädten als Pfuscher niederliessen und viele Meister deshalb an ihrer Nahrung leiden müssten. Das Meisterbuch der Goldschmiede-Innung berichtet für das Jahr 1774, dass seit geraumer Zeit die Pfuscherei sehr zugenommen habe und dass bei dem Mittel der Gold- und Silberarbeiter selten eine Zusammenkunft wäre, da sich die Herrn Jüngsten nicht allemal darüber beschweret hätten. Auf dringendes Ersuchen der amtshabenden Ältesten wurden alsdann die Pfuscher allesamt mit dem Bescheide vor den Ratstisch gefordert, „sich bey dem löblichen Mittel gehörig recipiren zu laßen oder, welcher daß Vermögen nicht hätte, die Receptionsgelder zu zahlen, solte ohnverzüglich sich vor das Thor begeben, in außbleibendem Fall aber solten sie gewärtigen, daß denen Aeltesten frey stünde, ihnen mit Beytretung der Policey ihre Arbeit und Werckzeug wegzunehmen . . ." Gestützt auf diesen Ratserlass ruhte die Innung nicht eher, bevor sie unter den Pfuschern und Störern bis auf den letzten Mann rücksichtslos aufgeräumt hatte. Das Meisterbuch, das die Vorgänge eingehend beschreibt, sagt dazu, „so weit war es noch niehmahlen bey ihnen gekommen." Trotzdem fanden sich bald wieder vereinzelte nicht inkorporierte Gold- und Silberarbeiter ein. Einen endgültigen Abschluss haben die Zwistigkeiten zwischen bezechten und unbezechten Meistern erst 1811 durch die Aufhebung des Zunftzwanges und die Einführung der allgemeinen Gewerbefreiheit gefunden, indem hiermit der Innung jedes Rechtsmittel gegen die frei arbeitenden Handwerksgenossen ein für allemal genommen wurde.

[1]) Nicht 1678, wie E. Wernicke in Schlesiens Vorzeit in Bild und Schrift, Bd. VII S. 487 angibt — Bresl. Kgl. Staatsarchiv, Rep. 18. Klarenstift, III. 12i. [2]) Bresl. Kgl. Staatsarchiv, Stadt Breslau II. 10d 3. [3]) Nicht 1654, wie E. Wernicke, l. c., S. 487 angibt. — Bresl. Kgl. Staatsarchiv, Rep. 18. Matthiasstift, IV. 10c. [4]) Innungsurkundensammlung von 1737, S. 277 (vgl. auch Urk. 47). [5]) Bresl. Diözesanarchiv, Acta capituli vom 26. Februar und 18. März 1722.

VII. ALPHABETISCHES VERZEICHNIS

In das alphabetische Verzeichnis wurden aufgenommen:

1. alle zünftigen Goldschmiede, Gold- und Silberarbeiter vom Mittelalter bis 1893,
2. alle dem Verfasser bekannt gewordenen Pfuscher,
3. alle Gold- und Silberarbeiter, die nach der Aufhebung des Zunftzwanges der Innung fern blieben aber zwischen 1811 bis 1851 das Breslauer Bürgerrecht erwarben,
4. einige nicht zünftige Goldschmiede aus der zweiten Hälfte des 19. Jahrhunderts,
5. einige Gesellen, die in Breslau heirateten oder starben,
6. einige Juweliere, Gold- und Silberdrahtzieher, Silberplattner und Silberstecher.

Abbe, Paul, Goldschmied, Sohn des Goldschmieds Peter Abbe zu Schongau in Bayern, wird wahrscheinlich Anfang 1679 in Breslau Bürger und Meister. Heiratet am Dom im März 1679 eine Schneiderstochter aus Reichenbach (Schles. Vorz. VII. 487). Ist in dem Meisterverzeichnis von 1709 nicht mehr erwähnt.

Abeczueher, Merten, aurifaber, erwirbt das Breslauer Bürgerrecht am Dienstag nach Petri ad vincula (4. August) 1450. Ist im Catalogus civium von 1470 nicht mehr erwähnt.

Abfelder, Christoph, Goldschmied, Sohn des Breslauer Stadtuhrmachers und Schlosserältesten Christoph Abfelder, wird 1674 Bürger und Meister. Heiratet am 4. Juni 1674 Magdalena Elisabeth, die Tochter des Handelsmannes Melchior Kretschmer in Hirschberg (Elis.). Wohnt auf der Schmiedebrücke, später am Hintermarkte. Stirbt vor 1709. Abfelder zeichnet CA, vgl. Taf. IV No. 100.

a. Becher, Silber mit Vergoldung, konisch, mit Wellenlinien, darin abwechselnd silberne Blumen in Treibarbeit und glatte vergoldete Flächen. H. 13,2 cm. Johanneskopf Typus I u. Meisterz. — Schlesisches Museum für Kunstgewerbe und Altertümer, Breslau.

Adam, Christoph, Goldschmiedgeselle, Sohn des Handelsmannes Christoph Adam in Krakau, stirbt in Breslau am 4. April 1669, alt ungefähr 50 Jahre (Elis.).

Ahshelm, Caspar, Goldschmiedgeselle, stirbt im Oktober 1608.

Akolch, Christoph Ludwig (Akolck), Goldarbeiter ausserhalb der Zunft, ist 1710 und 1712 Trauzeuge bei St. Matthias und St. Adalbert (Schles. Vorz. VII. 488).

Albers, Heinrich (Alber, Albertz), Goldschmied, Sohn des Goldschmieds Anthonius Albers zu Neimen (?) in Westfalen, wird 1613 in Breslau Bürger und Meister. Heiratet vorher als Geselle im Januar oder Februar 1613 Anna, die Witwe des Zimmermanns George Bretschneider (Elis.). Wohnt im Rittergässlein beim Odertor. Seine Frau Anna † 12. IX. 1622 (Elis.). Er selbst stirbt am 3. (begr. d. 5.) Juni 1623, alt 60 Jahre (Elis.).

Albersdorf, Johann, Goldarbeiter bei Ihro Durchlaucht dem Herrn Deutschmeister, ist 1703 Trauzeuge bei St. Adalbert.

Albert, Andreas Büssert, Silberarbeiter, geb. in Warschau, arbeitet in Breslau zuerst als Pfuscher. Seine Frau Eva Maria, geb. Walter, † 24. (begr. d. 26.) VI. 1771 (Elis.). Albert meldet sich gezwungenermassen am 28. Juli 1774 als Stückmeister, verfertigt bei Christian Beyl eine silberne Lampe mit Ketten, wird Meister am 16. Dezember 1774. Stirbt am 8. Juli 1789, alt 71 Jahre 16 Wochen.

Albert, Johann Daniel [Samuel] (Albrecht), Goldarbeiter, geb. in Breslau, arbeitet bei Christian Schlencker als Meisterstück einen Uhrhaken nebst Ring, wird Meister und Bürger am 16. September 1740. Stirbt am 23. (begr. d. 25.) Februar 1781, alt 74 Jahre 12 Tage (Elis.).

Albert, Johann Frantz (Albrecht), Silberarbeiter und Silberstecher, geb. zu Brünn in Mähren, wird in der dortigen Goldschmiedezunft Meister. Siedelt um 1756 nach Breslau über und fertigt „zierlich getriebene Arbeiten". Erwirbt das Bürgerrecht am 14. Februar 1757. Wirbt am 27. September 1765 in das Breslauer Goldschmiedemittel ein und wird, da er in Brünn bereits Meister gewesen ist, ohne nochmalige Anfertigung eines Meisterstückes nach Erlegung der üblichen 100 Gulden Rezeptionsgebühr sofort aufgenommen. Ist in der Meisterliste von 1778 zum letzten Male erwähnt.

Albrecht, Valentin, Goldschmied am Hinterdom, stirbt 1605, ist wohl identisch mit dem folgenden.

Albricht, Valten (Albrecht), Goldschmiedgeselle, Sohn des Kaufmanns Merten Albricht in Greifswald, heiratet in Breslau im September 1602 Anna, die Witwe des Goldschmieds Melchior Leutner in Goldberg (Elis.).

Alex, Michael, (Alexy), Silberarbeiter, geb. in Ohlau, lernt in Breslau bei Johann Gottlieb Schmidt von 1735—1741. Meldet sich am 8. Juni 1752 als Stückmeister, arbeitet bei Stephan Christian Luttroth ein silbernes Giessbecken nebst Kanne, wird Meister am 6. September und Bürger am 18. September 1752. Stirbt am 26. Februar 1782, alt 60 Jahre. Alex zeichnet MA in viereckigem Felde, vgl. Taf. V No. 161.

a. Taufbecken, Silber, oval mit Rokokodekor in getriebener Arbeit. Johanneskopf Typus XIII, Stempelmeisterb. G Typus II Meisterz. u. Kriegssteuerst. FW. — Hofkirche, Breslau. Von Friedrich dem Grossen 1764 gestiftet.

b. Tischleuchter, Silber, ein Paar, mit Rokododekor in getriebener Arbeit. Johanneskopf, Stempelmeisterb. G Typus II u. Meisterz. — Geheimrat Pinkus, Neustadt OS.

c. Lichtputzschere nebst Teller, Silber, in Rokokoformen. Johanneskopf Typus XIII, Stempelmeisterb. G Typus II u. Meisterz. — Geheimrat Pinkus, Neustadt OS.

Alischer, Matthes, Goldschmied, Sohn des Goldschmieds Martin Alischer in Liegnitz, wird Ende 1616 in Breslau Bürger und Meister. Heiratet am 7. Februar 1617 Anna, die Tochter des † Pfarrers Balthasar Felsman in Jordansmühl (Elis.). Wohnt auf der Brustgasse hinter dem Maria Magdalenenkirchhofe (heute Schuhbrücke). Stirbt am 8. (9. 10.) Januar 1652, alt 68 Jahre (Elis. u. MM). Seine Tochter Judith heiratet am 28. April 1653 den Bäcker Caspar Ottland in Liegnitz (MM). Seine Tochter Christina heiratet am 21. September 1654 den Öhrichtdrucker George Nittner (Elis.). Seine Witwe Anna † 6. III. 1658. Alischer zeichnet MA ligiert in rundem Felde, vgl. Taf. III Nr. 77.

a. Nautilus in Fassung von vergoldetem Silber, als Stütze ein Delphin mit silbernem Neptun auf einem durch Wellen, Seeungeheuer und Putten in Treibarbeit belebten Sockel. Der ebenfalls durch Wellen und Seetiere belebte Deckel mit einer Fortuna bekrönt. Zwei Vertikalbänder auf der Nautilusschale mit Figuren von Köchen sind der Werkstatt des Caspar Pfister entnommen. Am Nautilus vorn in einer Umrahmung die 1665 eingravierte Inschrift: „AMPLISS: SENATUI BUDISSINO CONCHAM HANC A SOCERO p. m. D. ANDREA CNÖFFELIO MED. OL. REGIS POLON. ARCHIATRO. HERED. JURE SIBI RELICTAM OFFICIOSSE OFFERT. TRADIT. M. OSWALD NITSCHE SENATOR CIↃ CICLXV." H. 40,3 cm. Beschauz. W Typus IV u. Meisterz. Um 1630. — Stadt Bautzen in Sachsen.

b. Rundfigur des hl. Jacobus als Pilger, Silberblech, auf schwarzem Sockel, darauf das silberne Wappen des Johann von Lohr, Propstes zu Neisse. Rückseitig am Sockel ein silbernes Täfelchen mit Inschrift und Datum 25. Juli 1651. H. incl. Sockel 63 cm. Beschauz. W Typus V, Meisterz. u. Kriegssteuerst. Adlertypus. — Kath. Pfarrkirche St. Jacobi, Neisse.

c. Deckel, Silber vergoldet, graviert mit den Bistumslilien, zu einem ursprünglich als Kelch benutzten Ciborium mit ungarischem Drahtemail und dem Wappen des Breslauer Bischofs Johann V. Thurzo. Beschauz. W Typus IV, Meisterz. u. Kriegssteuerst. FW. — Domschatz, Breslau.

Alt, Johann Gottlieb, Goldarbeiter, geb. in Breslau, Sohn des Destillateurs Sigismund Alt, lernt bei Johann Gottlieb Thun vom Dezember 1809—1814. Erwirbt das Bürgerrecht am 22. August 1823, alt 28 Jahre. Tritt am 26. Oktober 1839 in die Innung ein, scheidet am 6. Juli 1852 wieder aus.

Altstätter, Andreas, Goldarbeiter aus Pressburg in Ungarn, heiratet in Breslau 1759 Susanna Helena, die Tochter des Mitwohners Johann George Riemer (MM).

Anders, Gottfried (Andres), Goldschmiedgeselle, stirbt am 15. Februar 1658, alt 20 Jahre (Elis.), hat bei Meister Gottfried Vogel d. m. auf der Odergasse in Arbeit gestanden.

Anders, Johann Gottlieb, Goldarbeiter, geb. in Breslau, Sohn des Haushälters Gottlieb Anders, lernt bei Johann Sigismund Heintze vom Qu. Michaelis 1818 bis Ostern 1824. Erwirbt das Bürgerrecht am 14. April 1840, alt 35 Jahre. Wird nicht Innungsmitglied.

Anderssohn, Iwan Fedor [Friedrich], Goldarbeiter und geschickter Bossierer, geb. am 28. Januar 1790 in St. Petersburg, wird in Breslau Meister am 12. März und Bürger am 27. Mai 1814. Ist in der Meisterliste von 1830 das letzte Mal genannt. Heiratet Luise, die Tochter des Schrotgiesser Ohle, gibt sein Handwerk auf und übernimmt die Zinnfolien-Fabrik seines Schwiegervaters. Ist 1829—1831 und 1847—1849 Stadtverordneter. Stirbt am 16. Februar 1863. Vgl. Schles. Provinzial-Blätter 1863, S. 298 f.

Andreas, Johann Samuel, Goldarbeiter, geb. in Breslau, Sohn des Schuhmachers Christian Andreas, arbeitet bei Hans Jachman d. j. als Meisterstück einen Kelch nebst Ring und Siegel, wird Meister am 11. März 1726. Erwirbt das Bürgerrecht am 20. Februar 1728. Heiratet am 10. September 1731 Maria Rosina, die Tochter des † Kürschners Christian Schütze (MM). Wird in der Meisterliste erst seit 1732 regelmässig geführt. Heiratet als Witwer am 23. April 1765 Christina Dorothea, die Tochter des 1744 verstorbenen Kunstmalers Christian Gottlieb Hülse (MM). Stirbt am 22. (begr. d. 24.) September 1768, alt 71 Jahre 4 Monate 10 Tage (MM). Seine Witwe Christina

Dorothea † 12. (begr. d. 15.) VIII. 1770 (MM). Andreas zeichnet JSA monogrammiert in einem dreipassigen Blatte, vgl. Taf. IV Nr. 145.

a. Kelch, Silber vergoldet, auf dem sechspassigen, profilierten Fusse abwechselnd drei Szenen aus der Passionsgeschichte und drei Engelsköpfchen in Treibarbeit, unten am Profil getriebenes Laub- und Bandelwerk. Auf dem Knaufe sechs rhombische Zapfen mit den Buchstaben HEILIG, golden auf blauem Emailgrunde. Kuppa ohne Belag. Um den Fuss läuft die Inschrift „CAROLUS MAXİMİLİANUS DE FRAGSTEİN & NİMBSDORF PRÆLAT: CANCELL: CANONİ. & OFFLİS EPİS: WRATİS: 1729.“ H. 22,5 cm. Beschauz. W Typus VII (unvollständig), Stempelmeisterb. C, Meisterz. u. Teschener Freistempel. — Kath. Pfarrkirche in Nieder-Thomasdorf, Österr.-Schles.

Andres, Goltsmed, siehe Andres Firdung.

Andres, Markus, Goldschmied „in civitate“, ist am 11. August 1592 Taufzeuge am Dom (Schles. Vorz. VII. 483).

Apiman, Melchior, Goldschmied von Münsterberg, heiratet 1718 in Breslau bei St. Adalbert, Trauzeuge ist der Goldschmied Christoph Ludwig Arnolt (Schles. Vorz. VII. 488).

Appel, Johann Friedrich, Goldschmiedgeselle, geb. in Breslau, stirbt am 31. Juli (begr. d. 1. August) 1774, alt 24 Jahre (MM), hat bei Melchior Ferdinand Obermann in Arbeit gestanden.

Arlet, Abraham, siehe Arnolt.

Arlet, Melchior (Arnolt), Goldschmiedgeselle, geb. in Breslau, Sohn des Kretschmers Melchior Arlet, heiratet am 18. Oktober 1575 Hedwig Weiss (MM).

Arlet, Michael, Goldschmiedgeselle, Sohn des Tuchmachers Lorenz Arlet in der Neustadt-Breslau, stirbt auf der Wanderschaft zu Schiessberg in Ober-Ungarn am 16. November 1600, alt 24 Jahre (Elis. u. MM).

Arnolt, Abraham (Arnold, Arlet), Goldschmied, Sohn des Andreas Arnolt zu Bunzel, heiratet in Breslau als Geselle am 21. Oktober 1583 Ursula, die Tochter des Schneiders Nickel Seiffert (MM). Wird Anfang 1584 Bürger und Meister. Wohnt auf der Ohlischen Gasse. Stirbt am 30. März 1589, alt 36 Jahre (MM.). Seine Witwe Ursula heiratet am 14. Mai 1591 den Goldschmied Hans Heyne (MM).

Arnolt, Caspar, aurifaber, erwirbt das Bürgerrecht am Dienstag nach Dionysii (11. Oktober) 1446. Erscheint 1451, 1455, 1458, 1461, 1463, 1468 in den Geschworenenlisten der Signaturbücher als Zunftsenior. Kauft am Dienstag vor Sixti (5. August) 1460 der Barbara Lorencz Stockin Haus am Ringe zwischen den Grundstücken der Goldschmiede Lorencz Polak und Hans Bischdorff (Tradb. I. 19[b]). Steht im Catalogus civium von 1470 an erster Stelle. Stirbt um 1472.

Arnolt, Christoph Ludwig, Goldschmied, ist 1718 Trauzeuge bei St. Adalbert (Schles. Vorz. VII. 488).

Arnolt, Hannos (Arnold), aurifaber, erwirbt das Bürgerrecht am Freitag vor Simonis et Jude (23. Oktober) 1444. Ist 1452 Zunftältester. Er und seine Frau Barbara reichen am Dienstag nach Invocavit (9. März) 1462 auf Katharina Cuncz Hafterin ihrer Mutter Teil, 6 Mark und 7 Mark Zins, die ihr Vater Cuncz Hafter auf zwei Häusern am Ringe gehabt hat, von denen eins Arnolt besitzt, das andere etwan Vickers war und nun von Meister Lorencz (sc. Polak oder Cretsmer) dem Goldschmiede bewohnt wird. (Tradb. I. 64[b]). Steht im Catalogus civium von 1470 an dritter Stelle. Stirbt um 1475.

Arnolt, Melchior, siehe Arlet.

Assig, Andreas, (Assigk), Goldschmied, Sohn des Kretschmers George Assig in Siegroth bei Nimptsch, Bruder des in Breslau tätig gewesenen Malers Nickel Assig, wird 1608 in Breslau Bürger und Meister. Heiratet am 12. Mai 1608 Sabina, geb. Helman, die Witwe des Goldschmiedältesten Hans Müller (MM). Wohnt am Ringe im Hause zum Goldenen Baum, dann auf der Brustgasse am St. Maria Magdalenenkirchhofe, auf der Pfnorrgasse und zuletzt auf der Bischofgasse. Seine Frau Sabina † 6. (begr. d. 8.) Mai 1614 (Elis). Assig heiratet am 18. April 1616 Maria, die Tochter des Diakonus Johannes Paritius (MM). Es sterben ihm gegen zwölf Kinder. Sein Sohn Andreas d. j., cand. iur. (später Ratssyndikus) heiratet am 9. Mai 1645 Anna, die Tochter des Diakonus Johannes Jordan (MM). Seine Tochter Justina heiratet Ostern 1649 den Siegel- und Wappenschneider Ferdinand Krallowitz (Elis). Assig stirbt als Zunftältester am 16. (begr. d. 18. oder 19.) Dezember 1651, alt 74 Jahre 17 Tage (Elis. u. MM). Seine Witwe Maria † 24. (28.) II. 1653.

Assmann, Ferdinand Wilhelm August, Goldarbeiter, geb. in Breslau am 20. März 1845, Sohn des Wagenbauers Franz Assmann, lernt bei Robert Markfeldt von Ostern 1859 bis Oktober 1863. Tritt am 9. November 1878 in die Innung ein, scheidet am 25. Januar 1881 wieder aus.

Bach, Heinrich Andreas David, Gold- und Silberarbeiter, geb. in Glaucha, Sohn des Ökonomie-Inspektors Heinrich Bach, erwirbt das Breslauer Bürgerrecht am 21. Mai 1819, alt 26 Jahre. Meldet sich am 19. September 1822 als Stückmeister, arbeitet einen silbernen Fischausleger und wird am 12. Mai 1823 als Innungsmeister rezipiert. Stirbt 1834. Seine Witwe führt mit Hilfe des Silberarbeiters Carl Julius Beck das Geschäft weiter. Bach zeichnet: BACH BRESLAU, positiv eingeschlagen.

a. Tischleuchter, Silber, in Empireformen. H. 12 cm. Mit obigen Stempeln. — Arthur von Machui, Breslau.

Bachleidtner, Baltzer (Balthasar Bacheleuter), Goldschmiedgeselle aus Bayern, heiratet in Breslau am 29. September 1659 Anna, die Tochter des † Parchners Hans Reimit, Dienerin bei dem Goldschmiede Hans Boy (MM). Arbeitet darauf als Pfuscher im Dominikanerkloster zu St. Adalbert. Am 10. Mai 1662 beantragt der Rat seine Ausweisung. Der Prior des Klosters antwortet am 31. Mai unter Beifügung eines Schreibens Bachleidtners, worin dieser angibt, dass er nur vom Besteller selbst geliefertes Silber verarbeitet habe, da er zu arm sei, sich eigenes Silber anzuschaffen, dass er ferner für seine Privatarbeiten nur Kupfer und Messing verwendet habe und dass die Goldschmiede nur aus eitlem Hass gegen ihn allerlei Beschuldigungen aufgebracht hätten. Der Prior ist nicht gewillt, den Bachleidtner auszuliefern (Bresl. Kgl. Staatsarchiv, St. Breslau II 10d 3).

Baeck [Baecke], siehe Beck.

Bär, Felix, gewesener Goldarbeiter und Mitwohner, war zu Kalisch in Polen als Goldarbeiter tätig, heiratet am 27. Mai 1727 Agneta Magdalena, die Tochter des † Dr. med. Sigmund Grass in Jauer (MM).

Barbi, Johann Gottlieb, Goldarbeitergeselle, ist 1759 Trauzeuge (MM). Seine Witwe Susanna Eleonora † 4. X. 1792. (Elis.).

Baritsch, Joachim (Jochem Bartsch, Baerth), wird 1584 Bürger und Meister. Wohnt auf der Schmiedebrücke, später auf dem Neumarkte. Stirbt Anfang März 1591. Seine Witwe Salome heiratet am 25. Juli 1594 den Schuhknecht Valten Henne (MM).

Bartel, Frantz (Bartell), Goldschmied, erwirbt das Bürgerrecht am 23. September 1531, wird um dieselbe Zeit Meister. Ist im Catalogus civium von 1579 nicht mehr genannt. Auf ihn bezieht sich vielleicht das auf Taf. III No. 51 abgebildete Meisterzeichen (Hausmarke?), wenigstens findet sich auf einem Renaissancekelche in der kath. Pfarrkirche St. Johannis bapt. in Hultschin (siehe unter No. d.) neben dem Meisterzeichen in leichter Einritzung das Monogramm B. Folgende Arbeiten tragen die auf Taf. III No. 51 abgebildete Marke:

a. Pokal, Silber vergoldet und zum Teil emailliert, in den Formen der Frührenaissance, mit getriebenen figürlichen Darstellungen, Wappen, Inschriften, Münzen und Medaillen in trefflichster Arbeit. In den figürlichen Teilen verwandt mit dem auf Seite 23 Fig. 11 abgebildeten Barettschmuck. H. 49 cm. Meisterz. nebst einer noch nicht entzifferten Inschrift (ohne Beschauz.). — Slg. † Baron Carl von Rothschild, Frankfurt a. M. — Stammt aus Brieg. Wohl ein Geschenk der Stadt Brieg an Herzog Friedrich III. von Liegnitz zu dessen Vermählung im Jahre 1538. — Katalog der Ausstellung in Budapest 1884, S. 151, mit Abb. S. 154, enthält ein Faksimile der noch ungedeuteten Inschrift. — Abgebildet und beschrieben in der Publikation „Chefs-d'oeuvre d'orfévrerie ayant figuré à l'exposition de Budapest de 1884" S. 97—100. — H. Lutsch, Verzeichnis der Kunstdenkmäler der Provinz Schlesien, Bd. II Lieferung 3 S. 297. — Rosenberg, Der Goldschmiede Merkzeichen, S. 135 Nr. 485.

b. Riebisch-Becher, Silber vergoldet, gegossen, konisch, ganz glatt, auf dem Deckelknopfe in Schwarz und Silber umgeben von blauem Email das Wappen der Familie Riebisch, am Deckelrande die Inschrift „DONVM HENRICI RIBISCH DOCTOR E M. D. XLII." Im Boden eingelassen eine Medaille auf Heinrich Riebisch von 1530. H. 16,5 cm. Beschauz. W Typus I u. Meisterz. — Schlesisches Museum für Kunstgewerbe und Altertümer, Breslau.

c. Löffel, Silber vergoldet, mit schwerer ovaler Laffe und kurzem, ein wenig aufwärts gebogenem Griffe, darauf in Gravierung das W des Breslauer Stadtwappens und die Inschrift „COC. SENA . W." L. 13,5 cm. Ohne Beschauz. u. Meisterz., doch wohl eine Arbeit desselben Meisters. — Schlesisches Museum für Kunstgewerbe und Altertümer, Breslau.

d. Kelch, Silber vergoldet, von eigenartiger Form. Der Fuss und der ganz flach gedrückte Nodus sechspassig verschränkt mit spätgotischem Astwerk, auf beiden wie auf der unteren Kuppahälfte Medaillons mit römischen Kaiserköpfen auf translucid emailliertem Grunde und Rosetten. H. 20 cm. Beschauz. W. Typus I, Meisterz. und obiges Monogramm. — Kath. Pfarrkirche St. Johannis bapt., Hultschin Kr. Ratibor.

Bartel, Georg, Goldschmiedgeselle von Saalfeld, heiratet in Breslau am 25. August 1562 Anna, die Tochter des † Gregor Fromich von Bunzel (MM). Wird in Danzig Meister. Dort stirbt seine Witwe am 6. XII. 1582 (MM).

Bartel, Hans, Goldschmiedgeselle, heiratet 1543 Sibilla, die Tochter des Adrian Stammer (Elis.).

Bartelmee, Hans, siehe Bartolme.

Barth, Johann Christian Ludwig, Goldarbeiter, lernt in Berlin bei Gottfried Ludwig Wilm vom Januar 1790—1795, arbeitet in Breslau bei Samuel Christoph Thun als Meisterstück einen goldenen Beschlag für einen Haarkamm, wird Meister am 5. Mai und Bürger am 11. Juli 1806. Ist in der Meisterliste von 1826 das letzte Mal erwähnt.

Barthel, Johann Heinrich, Goldschmiedgeselle, am 8. (10.) Dezember 1720 stirbt seine Witwe Rosina Margareta (Elis).

Barthol, Johann Friedrich August (Bartholdt, Parthol), Silberarbeiter, geb. in Berlin, Sohn des Bauschreibers Friedrich Ehrenreich Barthol, lernt in Berlin bei Johann Jacob Sandrath von Neujahr 1794—1799. Heiratet in Breslau als

Geselle am 21. Februar 1803 Susanna Christiane, die Tochter des Grenzjägers Joseph Reimpold (MM). Arbeitet bei Joseph Gottlieb Lederhose als Meisterstück einen silbernen Tafelaufsatz, wird Meister am 22. Februar 1805. Scheidet in demselben Jahre wieder aus der Innung.

Bartholomaeus Goltsmed, siehe Bartholomaeus de Glogovia.

Bartolme, Hans (Bartolmus, Bartelmee), Goldschmied, wird Ende 1544 Meister. Erwirbt das Bürgerrecht am 20. Februar 1545. Heiratet als Witwer im September 1554 Elisabeth, die Tochter des Jane von Holcz (MM). Stirbt um 1565. Seine nachgelassene Tochter Katharina heiratet am 19. Februar 1566 den Goldschmied Sebastian Goldthoff (MM).

Bartsch, Jochem, siehe Joachim Baritsch.

Baudeman, Johann Heinrich [Friedrich Gottfried], Goldarbeiter, Sohn des Schuhmachers Christoph Baudeman in Steinau a. O., arbeitet in Breslau bei Christian Schlencker als Meisterstück einen Uhrhaken nebst Ring, wird Meister und Bürger am 1. Oktober 1738. Heiratet am 4. November 1738 Elisabeth, die Tochter des gräfl. Hausmeisters Johann George Schmidt (Elis.). Stirbt am 18. (begr. d. 20.) Februar 1758, alt 56 Jahre (Elis.).

Baumgart, Johann Ernst, siehe Braungart.

Baumgart, Peter vom (Bawmgarten, Bomgart), von Mecheln, Goldschmied, wird Ende 1534 Meister, erwirbt das Breslauer Bürgerrecht am 26. Januar 1535. Reicht am 1. September 1544 sein Haus am Ringe zwischen Sigmund Lindner und etwan Hans Oler (in der Nähe der Stockgasse) dem Marcus Sulczer und seiner Frau Katharina zu einem Wechsel und Freimarkte (Tradb. VII. 36b). Seine Tochter Maria heiratet am 30. August 1558 den Goldschmied Baltzer Glaser (MM). Baumgart bürgt am 20. Februar 1563 für den Goldschmied Baltzer Laser vom Brieg [von der Schweidnitz] (Bresl. Kgl. Staatsarchiv, St. Breslau II 10 d. 1 a). Er stirbt 1563. Seine Tochter Rosina heiratet 1564 den Goldschmiedgesellen Paul Packepusch (Elis.).

Bayer, siehe Beyer.

Beck, Carl Julius, Silberarbeiter, geb. in Rawitsch, lernt in Breslau bei Heinrich Andreas David Bach von Ostern 1823—1828. Arbeitet seit 1835 in dem Geschäft der verwitweten Frau Bach. Wird Innungsmitglied am 15. (16.) Juli 1851. Ist von 1861—1893 Innungsobermeister, wird am 17. Oktober 1888 Ehrenmitglied. Bleibt in der Innung bis zu ihrer Auflösung am 13. Oktober 1893.

Beck, George (Becke, Baek, Bäck, Baecke, Boeck, Böck, Boecke), Goldschmied, geb. in Breslau, Sohn des Goldschmiedes Jeremias Beck, der 1565 Meister wird. Heiratet am 3. September 1591 Regina, die Tochter des † Krämers Valten Kolmitz (MM), wird dadurch Schwager des Daniel Mohner. Wird Anfang 1592 Bürger und Meister. Wohnt auf der Schuhbrücke. Wird 1607 von den Ältesten und Jüngsten der Goldschmiedezeche verklagt, weil „er sie mit gantz beschwerlichen vnd nachteiligen reden vorletzt vndt angriffen habe"; er erhält eine Gefängnisstrafe und muss am 16. November 1607 vor den Schöppen und Ratmannen geloben, sich bescheidener zu verhalten sowie der Zechen Brauch und Privilegien gemäss zu leben. Im Jahre 1614 beschliessen die zünftigen Meister, den George Beck in ihrem Mittel nicht mehr dulden zu wollen, „weil er nicht allein wieder handwergsgewonheit keinen offenen laden eine zeit lang gehabt, sondern auch sonst vielfaltig wider handtwergsordnung gelebet, einen silbernen groschen mit einem guldenen rande an stat eines vngrischen gülden gegen munz zuuorwechseln geschicket . . . ." Alle Meister bis auf Daniel Mohner und Rudolph Fesch, die mit Beck verschwägert sind, unterzeichnen zwischen dem 8. April und 6. Mai 1614 den Beschluss. Beck beleidigt 1616 den Innungsmeister Christoph Stimmel, wird mit Haft bestraft, muss am 31. August um Verzeihung bitten und ruhiges Verhalten geloben. (Lib. definit. IV. 183b — 184a, 277a — 278b, V. 13a). Ein Gesuch Beckes an den Kaiser um „Communication" des Beschlusses von 1614 wird am 19. November 1616 abschlägig beantwortet (Lib. magnus III. 30a). Im Jahre 1618 wird Beck nochmals beim Breslauer Magistrat wegen Aufhebung der Ausschliessung von der Innung vorstellig, doch wird ihm am 19. Januar 1619 der Bescheid, den Rat sowie die Zeche unbehelligt zu lassen. Am 12. August 1620 beschwert sich Beck ohne Erfolg bei den Ratmannen über den Goldschmiedgesellen Albrecht Luckertt (Lib. definit. V. 58, 98b—99a). Seine Tochter Regina heiratet am 24. Oktober 1622 den Balthasar Krause (MM). Seine Frau Regina † 6. (begr. d. 8.) X. 1633 (Elis.). Er selbst stirbt am 31. Januar (begr. d. 3. Februar) 1637 hinter der kaiserlichen Burg, alt 72 Jahre (Elis.).

Beck, Jeremias (Becke, Baeck, Bäck, Baecke, Boeck, Böck, Boecke), Goldschmied, heiratet als Geselle am 17. Dezember 1564 Brigitta, die Tochter des Haubenschmieds George Rorbach (MM). Erwirbt das Bürgerrecht am 9. März 1565, wird um dieselbe Zeit Meister. Wohnt auf der Altbüssergasse. Seine Tochter Dorothea heiratet am 10. Juni 1586 den Bildhauer und Schnitzer Christoph Junge (MM). Beck stirbt im August 1590. Seine Tochter Anna heiratet am 26. Mai 1592 den Goldschmied Rudolph Fesch (MM). Seine Witwe Brigitta † 8. (begr. d. 10.) XI. 1618 (Elis.).

Beck, Jeremias, (Baeck, Boeck), Goldschmiedgeselle, geb. in Breslau, getauft am 26. März 1577 (MM), Sohn des Goldschmieds Jeremias Beck, der 1565 Meister wird und Bruder des George Beck, der 1592 Meister wird, beschwert sich am 12. August 1620 bei den Ratmannen ohne Erfolg über den Goldschmiedgesellen Albrecht Luckertt (Lib. definit. V. 98b—99a).

Beck, Jeremias (Baeck, Boeck), Goldschmied, geb. in Breslau, Sohn des Goldschmieds George Beck, heiratet als Geselle am 1. Oktober 1630 Magdalena, die Witwe des Goldschmieds Christoph Giebel (Gebel) in Glatz (Elis.). Kann als Meister keine eigene Werkstatt gehabt haben, da sein Name im Catalogus civium von 1617 und 1640 nicht vorkommt. Wohnt auf der Altbüssergasse. Stirbt am 15. Oktober 1666, alt 70 Jahre 9 Monate. Seine Witwe Magdalena † 31. VIII. (begr. d. 2. IX.) 1672 (Elis.).

Beck, Lazarus, Goldschmiedgeselle, am 31. Oktober 1585 stirbt seine Tochter Anna.

Beckensteiner, Benedict [Benjamin] Jacob (Beckenstein), Goldschmied, Sohn des Nürnberger Goldschmieds Matthäus Beckensteiner, arbeitet in Breslau bei Johann Peter Ziegler als Meisterstück einen Kelch nebst Ring und Siegel, wird Meister im Februar und Bürger am 18. April 1721. Heiratet am 6. Mai 1721 Johanna Susanna, die Tochter des † Malers George Schart (Elis.). Seine Frau Johanna Susanna † 28. (begr. d. 30.) III. 1757 (Elis.). Er selbst stirbt am 11. März 1758 (Elis.).

Becker, Carl Wilhelm, Goldarbeiter, geb. in Breslau, lernt bei Carl Friedrich Namikowski vom Qu. Trinitatis 1796, dann bei Heinrich August Breibisch vom Qu. Reminiscere 1797—1800. Arbeitet bei Johann Bernhard Hoensch als Meisterstück ein goldenes Diadem, wird Meister am 5. April und Bürger am 21. Juni 1805. Läuft 1806 davon.

Becker, Johann Siegmund, Goldschmiedgeselle, Sohn des Tuchmachers Becker zu Freistadt im Glogauischen, stirbt in Breslau am 7. August 1707, alt 27 Jahre (Elis.), hat bei Hans Jachman d. j. in Arbeit gestanden.

Beer, Christoph Carl Sigismund, Goldarbeiter, geb. zu Fürth in Bayern, lernt in Bayreuth bei dem Hofjuwelier Meichsner. Meldet sich in Breslau am 16. März 1756 als Stückmeister. Nachdem sich die Innung bei dem Magistrat von Bayreuth nach der Richtigkeit des Geburts- und Lehrbriefes erkundigt hat, wird Beer am 16. Juni 1756 als Stückmeister zugelassen und legt die Zeichnung zu einem Prälatenkreuze vor, bittet jedoch, ein anderes Meisterstück anfertigen zu dürfen, da er das Kreuz innerhalb der vorgeschriebenen Zeit nicht vollenden könne. Weist am 31. März 1757 einen Plack und Ring auf und wird als Meister rezipiert. Erwirbt am 6. September 1757 das Bürgerrecht. Stirbt am 16. (17.) Februar 1758.

Beer, Stenzel, Goldschmiedgeselle, am 4. Februar 1613 stirbt seine Witwe Barbara.

Begel, Christian, siehe Bögel.

Beger, Christian Gottlieb, siehe Böger.

Beheme, Hans, Goldschmied, erwirbt das Bürgerrecht am 23. September 1531, wird um dieselbe Zeit Meister. Ist im Catalogus civium von 1544 nicht mehr erwähnt. Seine Tochter Magdalena heiratet am 8. August 1557 den Zuckermachergesellen Hans Zigler (MM). Seine Tochter Martha heiratet am 8. Mai 1581 den Büttner Lorenz Ecke (MM).

Beier, siehe Beyer.

Beil, siehe Beyl.

Beinett, Franz, Goldschmiedgeselle, Sohn des Stadtmaurers Franz Beinett in Brieg, heiratet in Breslau 1581 Eva, die Witwe des Wundarztes Christoph Ulrich (Elis.).

Beisker [Beisger], Augustin, siehe Peisker.

Bendel, Caspar, (Benndell), Goldschmied, Sohn des Tuchmachers Joachim Bendel in Striegau, wird 1575 in Breslau Bürger und Meister. Heiratet am 2. Advent 1575 Helena, die Tochter des † Hans Greiser (Elis.). Seine Frau Helena † 2./9. XII. 1588. Bendel heiratet am 30. Oktober 1589 Martha, die Tochter des städtischen Beisitzers im Schweidnitzer Keller Jeremias Kreusig (MM). Seine Frau Martha † 13./20. VIII. 1593. Er selbst stirbt am 20./27. August 1599. Seine Witwe Anna (Frau aus dritter Ehe) † 13. (14.) I. 1623 (Elis.). Bendel zeichnet CB ligiert, vgl. Taf. III Nr. 61.

a. Deckelpokal, Silber mit wenig Vergoldung, die das gravierte Arabeskenwerk auf den Rändern der Gefässwandung und am Deckel sowie das getriebene Rollwerk des Fusses hervorhebt. Mit dem Wappen des Stifters Quirinus Schlaher. Datiert 1578. H. incl. Deckel 22,2 cm. Beschauz. W Typus II, Meisterz. u. Kriegssteuerst. ℌ𝔚. — Kleinodien der Schiesswerderschützen in Breslau. Schlesisches Museum für Kunstgewerbe und Altertümer, Breslau. (Vgl. Schlesiens Vorzeit, Bd. V S. 247 Nr. 6, abgeb. Taf. II Nr. 2.)

b. Kelch, Silber vergoldet, auf dem sechspassigen Fusse in Gravierung das Haupt Christi sowie die Wappen des Andreas Heugel und der Elisabeth Gafronin zu Dreske. An dem Nodus Engelsköpfe. Der Kuppabelag mit Renaissance-Rollwerk. H. 19 cm. Beschauz. W Typus II, Meisterz. u. Kriegssteuerst. Adlertypus. — Evang. Pfarrkirche St. Trinitatis, Juliusburg Kr. Öls.

Berge, Jacob vom, siehe Jacobus de Montibus Kuttenis.

Berger, Heinrich, Goldschmiedgeselle von Hessen-Cassel, stirbt in Breslau am 17. (19.) April 1737, alt 28 Jahre (Elis).

Berger, Jacob, Goldschmied, heiratet als Geselle im Mai 1553 Sibilla, die Tochter des Plattners Thomas Frantz (MM). Wird Ende 1553 Meister, erwirbt das Bürgerrecht am 9. Februar 1554. Ist im Catalogus civium von 1579 nicht mehr genannt.

Berger, Johann Christian Wilhelm, Goldarbeiter, wird Bürger am 12. Januar 1816 und Innungsmeister am 21. August 1820. Ist Ältester von 1834—1839. Stirbt 1839.

Berger, Joseph, Silberarbeiter, reicht am 1. Juli 1872 sein Aufnahmegesuch bei der Innung ein, wird am 14. Oktober 1872 als Mitglied aufgenommen. Bleibt Mitglied bis zum 13. Oktober 1893.

Bernhart, Goltsmed, wird in den Schöppenbüchern zwischen 1362—1366 erwähnt. Sophy, die Hausfrau Bernharts reicht 1362 der Elzebet, Nickel Closes (= Nicloses) Frau zu desselben ihres Mannes Handen das Erbe halb bei Hensel Lobdaw zu einem rechten Kaufe (Schöppenb. II. 172, 277). Bernhart aurifaber verreicht 1366 der Elisabet Urbanynne 1 Mark jährl. Zins auf sein Erbe auf der Altbüssergasse, wiederverk. um 10 Mark (Schöppenb. II. 327 b).

Bernt, Johann Carl Gottlieb (Berndt), Silberarbeiter, geb. in Wohlau, Sohn des dortigen Goldarbeiters Johann Gottlieb Bernt, lernt in Breslau bei Gottlieb Benjamin Neldner vom 5. Juni 1782 bis 18. September 1783, dann bei Carl Gottlieb Gröger bis 19. Februar 1788. Arbeitet bei Gottfried Benjamin Weigelt als Meisterstück eine Kaffeekanne nebst Milchkännchen (etwa von dem auf Seite 9 Fig. 6 abgebildeten Typus), wird Meister am 5. Januar und Bürger am 16. Mai 1797. Heiratet im Februar 1798 Johanna Eleonora, die Tochter des Zimmermanns J. G. Berger in Prausnitz (Elis.). Stirbt 1816. Seine Witwe setzt bis 1824 die Werkstatt fort. Nach ihrem Tode bittet die Tochter Caroline Bernt die Innung, das Geschäft weiter führen zu dürfen. Ihr Gesuch wird am 28. Dezember 1824 abschlägig beantwortet. Sie erhält nur die Vergünstigung, noch drei Monate Arbeiten zum Stempeln einliefern zu dürfen.

Bertoldus, aurifaber Wratislaviensis, sein älterer Bruder Tilo und sein jüngerer Bruder Jacobus, ebenfalls beide aurifabri, sind Mitglieder einer Breslauer Goldschmiedfamilie, die von Herzog Heinrich VI. v. Breslau für eine elterliche Schuld von 150 Mark und für 12 Mark, die der Herzog persönlich empfangen hat, am 31. Januar 1318 den Breslauer Brenngaden (Münze) erhält. (Original-Urkunde im Bresl. Stadtarchiv, A. 23; abgedr. bei Drescher, Schles. diplom. Nebenst. 71, und bei Georg Korn, Bresl. Urkundenbuch I Urk. 102. — Bresl. Stadtarchiv, Albrecht v. Reichells Manuskript, R. 928 a, S. 77).

Bertram, Georg, bewirbt sich 1661 um ein Privileg zum alleinigen Betrieb der gesponnenen Gold- und Silberarbeit in Breslau (Bresl. Kgl. Staatsarchiv, Rep. 17. Stadt Breslau, II 15 e).

Bettiger, siehe Böttiger.

Betz, Caspar, Goldschmied in Nürnberg, hält sich 1584 in Breslau auf. (Hampe, Nürnberger Ratsverlässe, Bd. II S. 126 f.).

Beu, Daniel, siehe Boy.

Beuthner, Carl August (Beuttner), Goldarbeiter, geb. in Dresden, meldet sich in Breslau als Stückmeister am 26. Mai 1785, arbeitet bei Johann Christian Schlencker ein Paar Ohrgehänge mit Rauten, wird Meister am 11. April 1786. Erwirbt das Bürgerrecht am 11. Februar 1788. Ist in der Meisterliste von 1812 das letzte Mal genannt.

Beyer, Adam Carl, Goldschmiedgeselle, am 30. Oktober 1704 stirbt ihm ein Kind.

Beyer, Johann Gottlieb (Bayer, Beier), Silberarbeiter, geb. in Liegnitz, meldet sich in Breslau am 13. Januar 1755 als Stückmeister, arbeitet bei Stephan Christian Luttroth ein Giessbecken nebst Kanne, wird Meister am 16. April und Bürger am 2. Juni 1755. Stirbt am 8. Juli 1763.

Beyer, Johannes, aurifaber, erwirbt das Bürgerrecht am Mittwoch nach Briccii ep. (14. November) 1414, Bürge ist Reyche Jocob. Ist am 16. Mai 1432 im Schöppenbuch XIII erwähnt.

Beyer, Moritz Carl Joseph, Goldarbeiter, geb. in Breslau, Sohn des Erbsassen und Ziergärtners Johann Beyer, lernt bei Paul Leonhard Schmidt von Johannis 1823 bis Michaelis 1828. Erwirbt das Bürgerrecht am 6. Januar 1846, alt 38 Jahre. Wird nicht Innungsmitglied.

Beyl, Christian (Beyhl, Beyll, Beil, Beill), Silberarbeiter, Sohn des Salzwirkers Andreas Beyl in Halle, Bruder des Silberarbeiters Thomas Beyl, wird Meister im März und Bürger am 14. August 1725. Heiratet am 11. September 1725 Johanna Margareta, die Tochter des † Handelsmannes Friedrich Ferdinand Förster (Elis.). Eröffnet seine Werkstatt am 29. September 1725. Wird 1729 König der Schiesswerder-Schützen und stiftet ein Kleinod (heute im Schles. Mus. f. Kunstgew. u. Altertümer). Seine Tochter Rosina Elisabeth heiratet am 26. Oktober 1746 den Goldarbeiter Gottfried Gideon Eberlein d. j. (Elis.). Beyl ist seit 1747 Zunftältester und seit 1758 mutmasslicher Stempelmeister mit dem Buchstaben G. Seine Tochter Johanna Martha heiratet am 25. Juni 1758 den Kaufmann Carl Melchior Schmelz (Elis.). Seine Tochter Johanna Christiana heiratet am 7. November 1758 den Apotheker Gottlieb Siegfried Görke in Militsch (Elis.). Seine Tochter Johanna Magdalena heiratet am 25. August 1760 den Kaufmann Christian Gottlieb Lange (Elis.). Beyl feiert am 29. September 1775 sein fünfzigjähriges Meisterjubiläum. Das Mittel schenkt ihm einen silbernen, innen vergoldeten Pokal mit Inschrift und Datum; die Gesellen bringen ihm einen Fackelzung und Abendmusik mit Pauken und Trompeten. Beyl legt am 19. September 1776 wegen hohen Alters seine Ehrenämter nieder. Stirbt am 9. (begr. d. 13.) Januar 1778, alt 84 Jahre 5 Wochen (Elis.). Seine Witwe Johanna Margareta † 1. (begr. d. 3.) X. 1780 (Elis.). Beyl zeichnet CB, vgl. Taf. IV Nr. 144.

a. Ehrenbecher des Gottfried Pohl, Prorektors und Professors am Elisabethgymnasium, Silber, innen vergoldet, mit Breslauer Stadtwappen, Widmungsinschrift und spätem Laub- und Bandelwerkdekor in Gravierung. Auf dem Deckel, getragen von vier Bügeln, das Haupt Johannes des Täufers auf der Schüssel. Datiert 1736. H. 28 cm. Johanneskopf Typus X, Stempelmeisterb. C u. Meisterz. — Schlesisches Museum für Kunstgewerbe und Altertümer, Breslau.

Beyl, Ferdinand Christian (Beil, Beul), Goldarbeiter, geb. in Breslau, Sohn des Silberarbeiters Christian Beyl, lernt bei Benjamin Kochmann von 1744—1749, wird Geselle am 4. März 1749. Erhält 1756 von König Friedrich dem Grossen die Kgl. Hoffreiheit und die Erlaubnis, den Kgl. Adler an seiner Werkstatt auszuhängen (Protokollb. 15. Sept. 1756). Meldet sich als Stückmeister am 11. März 1757, arbeitet bei seinem Vater eine mit Brillanten und Smaragden besetzte Egrette und einen Ring, wird Meister am 5. April und Bürger am 5. Juni 1758. Heiratet am 6. November 1759 Maria Magdalena, die Tochter des Kaufmanns Wilhelm Döring (Elis. u. MM). Seine Frau † 3. (begr. d. 5.) II. 1768 (Elis.). Beyl heiratet am 19. Juni 1771 Rosina Dorothea, geb. Rudolph, die Witwe des Zinngiessers Caspar Scholtz (Elis.). Ist Ältester seit 1789. Stirbt am 13. (begr. d. 16.) Juni 1798, alt 68 Jahre (MM). Seine Witwe Rosina Dorothea † 25. (begr. d. 28.) III. 1803 (Elis.).

Beyl, Gottfried (Bleyel), Goldschmiedgeselle, stirbt am 6. (begr. d. 8.) Januar 1732, alt 26 Jahre 28 Wochen (MM).

Beyl, Jacob, Goldschmied, am 1. Januar 1725 stirbt seine Witwe Anna Regina.

Beyl, Samuel Andreas (Beil) Goldarbeiter, Sohn des Silberarbeiters Christian Beyl, Bruder des Goldarbeiters Ferdinand Christian Beyl, lernt bei Benjamin Kochmann vom 30. Dezember 1749 bis 17. September 1754. Meldet sich am 22. März 1764 als Stückmeister, arbeitet bei seinem Vater einen mit Rauten und Rubinen besetzten Plack, wird Meister am 28. Juni 1764 und Bürger am 19. November 1770. Stirbt am 10. (begr. d. 13.) April 1798, alt 63 Jahre 7 Monate (Elis.).

Beyl, Thomas (Beyel, Beyll, Beil, Beihl), Silberarbeiter, Sohn des Salzwirkers Andreas Beyl in Halle, Bruder des Silberarbeiters Christian Beyl, arbeitet in Breslau bei Johann Peter Ziegler als Meisterstück ein Geschirr nebst Ring und Siegel, wird Bürger am 28. April und Meister am 1. Mai 1719. Heiratet am 11. Juli 1719 Rosina, geb. Helbig, die Witwe des Knopfmachers Christoph Rose (Elis.). Seine Frau † 6. (begr. d. 9.) V. 1733 (Elis.). Beyl heiratet am 16. Februar 1734 Maria Magdalena, die Witwe des Goldarbeiters Gottfried Gideon Eberlein d. ä. (Elis.). Seine Frau † 21. (begr. d. 23.) VIII. 1745 (Elis.). Beyl ist Ältester von 1745—1747. Heiratet zum dritten Male am 15. Juni 1746 Maria Magdalena, geb. Belger, die Witwe des Kretschmers Christian Hoffman (Elis.). Seine Frau † 20. (begr. d. 22.) IX. 1757 (Elis.). Er selbst stirbt am 1. (begr. d. 3.) Februar 1758, alt 76 Jahre 9 Monate (Elis.). Beyl zeichnet TB in einem Zweipasse, vgl. Taf. IV Nr. 136.

a. Schüssel für Messkännchen, Silber, gerippt. Johanneskopf, Stempelmeisterb. B positiv, Meisterz. u. Kriegssteuerst. Adlertypus. — Sandkirche, Breslau.

b. Salzfässchen, ein Paar, Silber, oval, glatt. Johanneskopf Typus IX, Stempelmeisterb. C, Meisterz. u. Kriegssteuerst. *FIV* (wie Fig. 9 b). — Edgar Graf Henckel von Donnersmarck, Schloss Grambschütz bei Namslau.

c. Taufschüssel, Silber, rund, radial gerippt. Datiert 1731. Dm. 44 cm. Johanneskopf Typus X, Stempelmeisterb. C u. Meisterz. — Evang. Pfarrkirche, Rawitsch Prov. Posen.

d. Löffel, Silber, Beschauz. W Typus VII, Stempelmeisterb. C u. Meisterz. — Exzellenz Due, St. Petersburg (nach Rosenberg Nr. 472 a).

e. Schale mit Kinderfiguren in getriebener Arbeit. Johanneskopf u. Meisterz. — 1882 bei J. & S. Goldschmidt, Frankfurt a. M. (nach Rosenberg Nr. 472 b).

Biederman, Carl, Goldarbeiter ausserhalb der Innung, heiratet 1717 bei St. Matthias eine Kammerjungfer vom Sande.

Biesing, Heinrich, Goldschmiedgeselle, Sohn des Glasers Albrecht Biesing in Hamburg, heiratet in Breslau 1605 Ursula, die Tochter des † Stadtsoldaten Jacob Arlet (Elis.).

Bingert, Friedrich Wilhelm (Binger), Goldarbeiter, geb. in Gross-Glogau, meldet sich in Breslau als Stückmeister am 28. Dezember 1778, arbeitet bei Christian Hoensch einen mit Rauten, Rubinen und Perlen besetzten Halsschmuck, wird Meister am 11. Juni 1779. Ist in der Meisterliste von 1792 zum letzten Male genannt.

Bischdorff, Hans (Johannes Bisdorff), aurifaber, wird Bürger am Tage Dorothee (6. Februar) 1456. Besitzt ein Haus an der Nordseite des Ringes zwischen Lucas Hasenfelts und Caspar Arnolts Erbe; darauf beziehen sich die Angaben im Traditionsbuch I fol. 19 b, 23 b, 24 b, 26 b. Erscheint 1461, 1465, 1467, 1469, 1472, 1475, 1477, 1479 . . 1491, 1493 in den Geschworenenlisten der Signaturbücher als Zunftältester, desgleichen 1492 in den Acta capituli III b 17. Unter seinem Seniorate wird 1472/73 der grosse Goldschmiedealtar errichtet (vgl. S. 12).

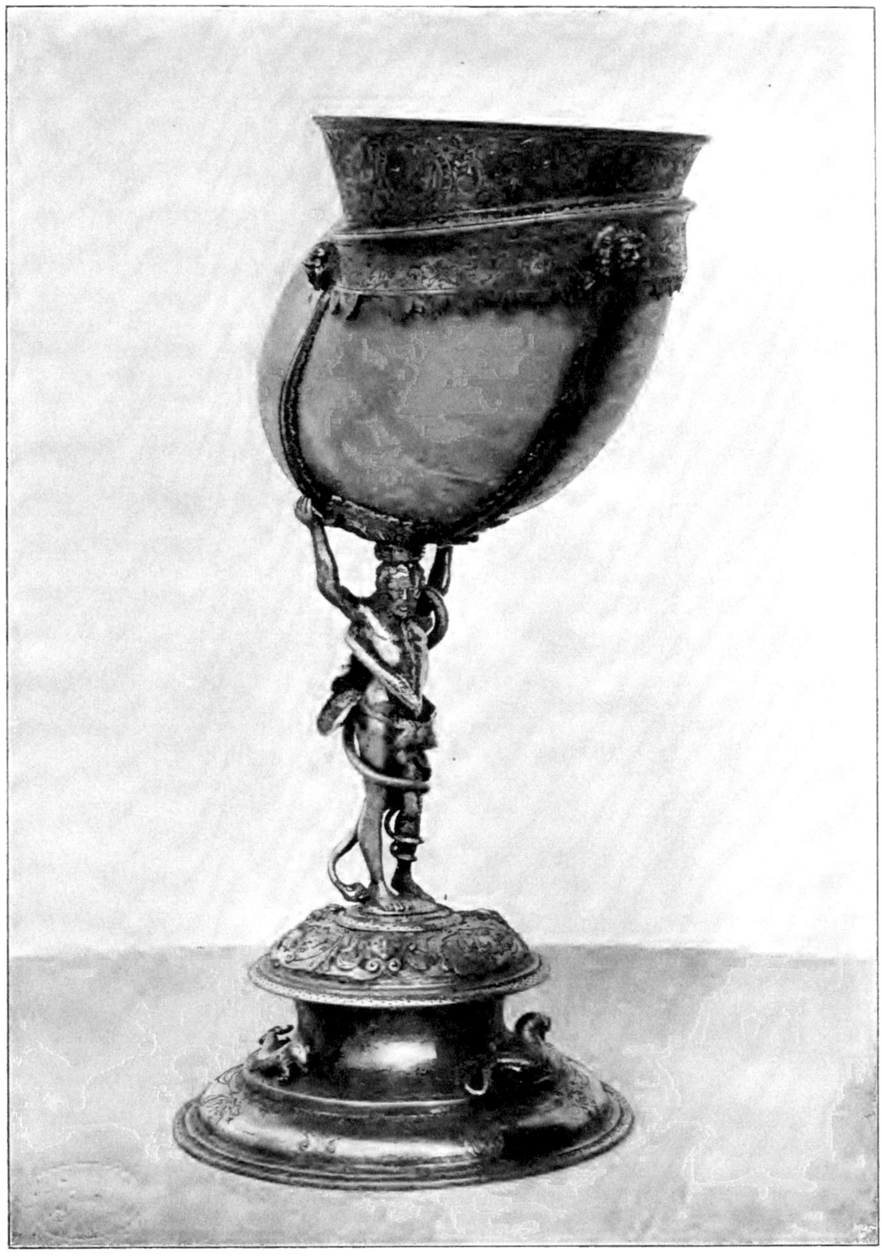

Fig. 13. Christoph Bock: Nautiluspokal in der Sammlung Pierpont Morgan

In den Schatzverzeichnissen der Elisabethkirche, Nachtrag von 1496 heisst es: „Item von Hans Bischdorf dem goltsmede ij kelche eyner obirgolt vnnd der ander nicht vorgolt zcu synte maternen capelle gegeben vnnd eyn crewcze mit eynem koppirn füsse". (Schultz, l. c. [siehe S. 1 Anm. 1] S. 15). Bischdorff stirbt um 1496.

Bittner, siehe Büttner.

Blachwitz [Blackwitz], siehe Plackwitz.

Blaschke, George (Blaschge, Blasske, Blassge, Bläschke, Bluschke, Plesske), Goldschmied, Sohn des George Blaschke, Kirchdieners an der Schlosskirche zu Öls, wird in Breslau 1705 Meister. Erwirbt das Bürgerrecht am 24. April 1705. Heiratet am 12. Mai 1705 Regina, die Tochter des Ratsgeschössers George Hehne (MM). Seine Frau † 27. (begr. d. 29.) XII. 1715 (Elis.). Blaschke heiratet am 11. Februar 1721 Eva Justina, die Tochter des † Müllermeisters Christian Föst (Elis.). Stirbt am 2. November 1728, alt 57 Jahre weniger 6 Wochen 1 Tag. Seine Witwe Eva Justina heiratet am 18. Oktober 1729 den Handelsmann Johann Gottlieb Caspari (MM).

Bleyel, Gottfried, siehe Beyl.

Bluschke, George, siehe Blaschke.

Bock, Christoph, erwirbt das Bürgerrecht am 29. Februar 1544, wird um dieselbe Zeit Meister. Stirbt vor 1579. Seine Witwe Anna † 16. XII. 1586, alt 64 Jahre (MM). Sein Sohn Paul heiratet am 13. April 1587 Martha, die Tochter des † Valten Kien von Auras (MM). Bock zeichnet CB (nach Schles. Vorz. N. F. Bd. II S. 171).

a. Nautiluspokal, Silber vergoldet, abgebildet auf Seite 45 Fig. 13. Beschauz. W u. Meisterz. — Slg. Pierpont Morgan, zur Zeit in London, früher Slg. Guttmann, Berlin.

Bock, Jörg, (Pock), Goldschmiedgeselle von Breslau, wird 1555 in Nürnberg Meister. (Hampe, Nürnb. Ratsv. I. 513, 596).

Bock, Paul (Bog, Bogk), Goldschmied und Petschierstecher, wird Breslauer Bürger am Freitag vor Invocavit (27. Februar) 1506. Kauft 1522 das Haus der † Margareta Angermondin auf der Albrechtsgasse. Verkauft in demselben Jahre sein Haus auf der Albrechtsgasse, Ecke Kuhgasse, und reicht den Ältesten der Goldschmiede 2 Mark jährl. Zins auf sein Haus auf der Albrechtsgasse zunächst Matis Hennigs Erbe zu Handen armer Leute (Tradb. IV. 6b, 7a, 14b). Stirbt um 1548. Seine Witwe Helena heiratet im September 1550 den Goldschmied Baltzer Glaser (MM). Seine Tochter Rebecca heiratet im Dezember 1550 den Kannegiesser Lorencz Stille, wird bald Witwe und heiratet im November 1553 den Goldschmied Jorge Schlefuss (MM). Seine Tochter Sara heiratet im Januar 1553 den Sebastian Scholcze, Andres Heugels Diener (MM). Seine Tochter Ester heiratet am 6. Juni 1558 den Tischlergesellen Daniel Lengfelt (MM).

a. Siegelstempel mit dem neuen Breslauer Stadtwappen, Silber. Datiert 1530. Dm. 4,6 cm. — Schlesisches Museum für Kunstgewerbe und Altertümer, Breslau (Zeitschr. d. Ver. f. Gesch. u. Altert. Schlesiens, Bd. V S. 13).

Bock, Peter, Goldschmiedgeselle, heiratet im Dezember 1552 Hedwig, die Witwe des Parchners Hans Tyle (MM).

Bockendorff, Jacobus, wird Bürger am Sonnabend nach Vincentii 1445. Ist im Catalogus civium von 1470 nicht mehr erwähnt.

Bockinschuch, Niclos, siehe Buckinschuch.

Bockisch, Lazarus, siehe Bogusch.

Boeck [Boecke], siehe Beck.

Böge, Hans [Johannes], siehe Boy.

Bögel, Christian [Gottlob] (Begel), Silberarbeiter, geb. in Oberdorff bei Grottkau, lernt in Breslau bei George Friedrich Thamm vom Juni 1750—1757. Meldet sich als Stückmeister am 3. Juni 1779, arbeitet bei Johann Christian Schlencker ein silbernes Becken nebst Kanne, wird Meister am 9. Juli 1779. Stirbt am 5. Januar 1786, alt 51 Jahre. Bögel zeichnet CB in ovalem Felde, vgl. Taf. V Nr. 171.

a. Tischleuchter, Silber, vier Stück, im Empirestil. Johanneskopf Typus XIV, Stempelmeisterb. H, Meisterz. u. Kriegsteuerst. *FW*. — Arthur von Machui, Breslau.

Böger, Christian Gottlieb (Beger), Goldarbeiter, geb. in Breslau, Sohn des Weinbrenners Johann Christian Böger auf dem Matthiasgute vor dem Odertore, meldet sich als Stückarbeiter am 17. Juli 1772, arbeitet bei Gottlob Benjamin Werner einen mit Rauten besetzten Plack, wird Meister am 13. November 1772 und Bürger am 25. Januar 1774. Heiratet im August 1777 Beata Wilhelmina, die Tochter des † Konditors Heinrich Hildebrandt (Elis.). Stirbt am 13. (begr. d. 16.) Februar 1796, alt 56 Jahre 3 Wochen (Elis.).

Böhm, Goldarbeiter, seine Frau ist am 3. April 1715 Taufzeuge bei St. Matthias.

Böttcher, Carl Wilhelm Eduard, Goldarbeiter, geb. in Stettin, Sohn des Feuerwerkers Johann Böttcher, erwirbt das Breslauer Bürgerrecht am 2. Juni 1848, alt 25 Jahre. Wird nicht Innungsmitglied.

Böttcher, Johann Carl Gottlob, siehe Böttiger.

Böttiger, Christoph Engelhard (Bötticher), Gold- und Silberdrahtzieher, Sohn des Verwalters Abraham Engelhard Böttiger zu Köpenick in Brandenburg, heiratet in Breslau am 20. Juli 1716 Anna Elisabeth, die Tochter des † Pfeiffers Johann George Leukom (Elis.). Seine Frau Anna Elisabeth † 22. (begr. d. 24.) I. 1736.

Böttiger, Johann Carl Gottlob [Gottlieb] (Böttger, Böttcher, Bettiger), Goldarbeiter, geb. 1773 in Breslau, Sohn des Goldarbeiters Johann Gottlob Böttiger, lernt bei Daniel August Titze vom Qu. Lucie 1787 bis Qu. Reminiscere 1794. Arbeitet bei Johann Bernhard Hoensch als Meisterstück einen Ring mit Rosetten, wird Meister am 3. September 1799 und Bürger am 6. Mai 1800. Heiratet am 20. Mai 1800 Christiana Eleonora Carolina, die Tochter des † Unteroffiziers Carl Gottlieb Freytag (Elis). Ist von 1836—1841 Stadtverordneter. Stirbt am 1. Januar 1851.

Böttiger, Johann George (Böttger, Böttcher, Bötticher, Bettiger), Goldarbeiter, geb. zu Stollberg in Sachsen, Sohn des dortigen Akzise-Inspektors Salomon Friedrich Böttiger, meldet sich in Breslau als Stückmeister am 17. Juni 1751, arbeitet bei Johann David Kriebel eine mit Rubinen und Diamanten besetzte Mache (Plack, Patzel) und einen Blumenring mit Brillanten, wird Meister am 23. September (14. Oktober) 1751. Erwirbt das Bürgerrecht am 29. Februar 1752. Heiratet am 6. Februar 1754 Johanna Rosina, die Tochter des † Pfarrers Johann Caspar Männling zu Weigwitz (MM). Stirbt am 24. (begr. d. 26.) November 1759, alt 40 Jahre 2 Monate (MM). Seine Witwe heiratet am 3. August 1763 den Buchdrucker Johann Ernst Tramp in Brieg (MM).

Böttiger, Johann Gottlob [Gottlieb, Gottfried] (Böttger, Bötticher, Böttcher, Böttícker), Goldarbeiter, geb. zu Stollberg in Sachsen, Sohn des dortigen Akzise-Inspektors Salomon Friedrich Böttiger, Bruder des Goldarbeiters Johann George Böttiger, meldet sich in Breslau als Stückmeister am 11. Juni 1760, arbeitet bei Johann Gottlieb Schmidt einen mit Rauten besetzten Plack und einen Ring, wird Meister am 15. Mai und Bürger am 9. Juni 1761. Heiratet 1765 Christiana Sophia, die Tochter des † Feldwebels Johann Christoph Geisler (MM). Sein Sohn Johann Friedrich, ein Goldschmiedgeselle, stirbt am 6. (begr. d. 9.) Dezember 1794 (Elis.). Er selbst stirbt am 18. (begr. d. 21.) Juni 1795, alt 72 Jahre 9 Monate (Elis.). Seine Witwe † 24. (begr. d. 27.) VI. 1818 (MM).

Bog, [Bogk], siehe Bock.

Bogusch, Lazarus (Bogisch, Bockisch, Rogusch), Goldschmied, heiratet als Geselle am 29. September 1573 Anna, die Tochter des † Schusters Conrad Neuman (MM). Wird Meister und Bürger Anfang 1574. Stirbt um 1584. Seine nachgel. Tochter Anna † 29. X. 1585. Seine Witwe Anna heiratet 1588 den Schuster David Lange (MM).

Bohlmann, Peter, Goldarbeiter, geb. in Hannover, meldet sich in Breslau bei der Innung am 20. Januar 1852 und wird nach bestandener Meisterprüfung am 5. (14.) April 1852 rezipiert. Stirbt am 13. Dezember 1877.

Boi, siehe Boy.

Bomgart, Peter, siehe Peter vom Baumgart.

Borman, Mertin, siehe Rorman.

Bornbach, Heinrich, de Frankenberg, aurifaber, wird Breslauer Bürger am Freitag nach Corpus Christi (18. Juni) 1389. Wohnt am Hühnermarkte. Ist 1393, [1395], 1406, 1408, [1409] in den Geschworenenlisten der Signaturbücher als Zunftsenior genannt. Zahlt 1403/4 an Steuern: de opere $^{1}/_{2}$ fertonem (Steuerb. fol. 38 b). Acht Tage nach Epiphania (13. Januar) 1402, sagt Heynke Birchin aus, dass er von den Gebrüdern Hannos und Gregor Wende kein Geld als Erbteil erhalten habe, darum Bornbach der Goltsmed dieselben beschuldigte. Bornbach hatte nämlich ihren Bruder Paschke Wende in Kost gehabt; nach dessen Tode hatte er statt des Kostgeldes nur ein Pferd erhalten (Signaturb. XIII). Bornbach und Hannos Nysser geloben 1409 für die Gultsmedeknechte Nicolaus und Lorencz einen Ofen Ziegel, weil diese einem Meister der Gultsmede gewegelaget haben. (Signaturb. XVII). Bornbach stirbt um 1410. Siehe Heinrich Erford.

Bornbach, Nicolaus, Sohn des Heinrich Bornbach (?), wird Bürger am Sonnabend nach Michaelis (2. Oktober) 1423.

Bornowski, Joseph Ludwig (Bornowsky), Goldarbeiter, geb. in Warschau, Sohn des pensionierten Leutnants Anton Bornowski, lernt in Breslau bei Paul Leonhard Schmidt vom 21. Juni 1810 bis 28. Dezember 1815. Erwirbt das Bürgerrecht am 28. Februar 1823, alt 25 Jahre. Wird Innungsmitglied und Innungsbote am 10. Oktober 1859. Stirbt 1861.

Bossert, Johann Carl Gottlob (Bossart, Bussert, Bussart, Poussert), Goldarbeiter, lernt bei Johann Jacob Ebert vom Qu. Trinitatis 1793 bis Qu. Reminiscere 1799. Arbeitet bei Daniel August Titze als Meisterstück ein Paar Ohrgehänge mit à jour gefassten Brillanten, wird Meister am 24. Oktober und Bürger am 29. Oktober 1805. Ist in der Meisterliste von 1817 das letzte Mal genannt.

Bossert, Johann Christian Ferdinand (Bossart), Goldarbeiter, geb. in Breslau, Sohn des Gastwirtes Johann Carl Bossert, lernt bei Christian Heinrich Daniel Jaeckel vom Qu. Crucis 1798 bis Qu. Johannis 1804. Erwirbt das Bürgerrecht am 20. Dezember 1816, alt 34 Jahre. Wird nicht Innungsmitglied.

Bothner, Johann Conrad, Gold- und Silberarbeiter, seine hinterlassene Tochter Christiana Eleonora heiratet am 17. Mai 1773 den Bedienten Samuel Siegmund Meyer (Elis.). Seine Witwe Anna Rosina, geb. Wuttge, † 9. (begr. d. 11.) II. 1758 (Elis.).

Bottner, Frantz (Buttner, Butner), Goldschmied, erwirbt das Bürgerrecht am 25. Februar 1542, wird um dieselbe Zeit Meister. Heiratet 1543 Barbara, die Tochter des Schusters Hans Weygel (MM). Seine Tochter (?) Hester heiratet im Mai 1550 den Goldschmiedgesellen Hans Oeberdorffer (MM). Bottner stirbt um 1563. Seine Witwe Barbara heiratet am 28. Oktober 1565 den Schuhknecht Hans Keyser (MM).

Bowalsky, Carl Maximilian, siehe Powalsky.

Boxhammer, Hans, Goldschmied, am 21. Oktober 1621 stirbt seine Witwe Ursula.

Boxhammer. Hans (Johannes Boyhammer, Buxhammer), Goldschmied, Sohn des Handelsmannes Hans Boxhammer in Liegnitz, wird 1623 in Breslau Bürger und Meister. Heiratet am 2. Oktober 1623 Susanna, geb. Flegel, die Witwe des Goldschmieds und Jubelierers Johann Volgnadt (Elis.). Wohnt auf dem Ringe unter den Riemern Seine Frau Susanna † 22. (26.) IX. 1636 (Elis.) Sein Lehrjunge Peter Bauman † 26. X. 1637. Boxhammer heiratet am 5. September 1639 Maria, die Tochter des Kretschmers Heinrich Seliger (Elis.). Seine Frau Maria † 21. IV. 1643. Zum dritten Male heiratet Boxhammer am 16. April 1648 Maria, die Tochter des † Abraham Körber, Collegae am Maria Magdalenen-Gymnasium (Elis.). Boxhammer stirbt als gewesener Zunftältester am 4. (8.) Mai 1655, alt 65 Jahre. (Elis.) Seine Witwe Maria † 20. IX. 1661 (Elis.). Boxhammer zeichnet HB ligiert, vgl. Taf. III Nr. 78.

a. Abendmahlslöffel, Silber, mit biblischen Inschriften, Laffe siebartig durchlocht. Datiert 1630. L. 15,3 cm. Meisterz. u. Kriegssteuerst. Adlertypus (Beschauz. fehlt). — Schlesisches Museum für Kunstgewerbe und Altertümer, Breslau. Stammt aus der Eisabethkirche.

b. Kanne, achtseitig, mit figuralen Gravierungen in glatten Feldern. H. 18,6 cm. Beschauz. W u. Meisterz. — Baron Albrecht Redl. Ausstellung Budapest 1884, Kat. S. 23 (nach Rosenberg Nr. 468).

Boy, Daniel (Boi, Beu, Poy), Goldschmied, Sohn des Tuchbereiters Hans Boy, wird 1615 Bürger und Meister. Heiratet am 4. Februar 1615 Anna, die Witwe Seyfrid Gerlachs (Elis.). Wohnt auf der Altbüssergasse. Stirbt am 29. (31.) Januar (1. Februar) 1618, alt 36 Jahre (Elis. u. MM). Seine Witwe Anna heiratet am 2. Juli 1623 den Bürger Balzer Reinhardt (MM).

Boy, Emanuel [Samuel] (Boi), Goldschmied, Sohn des Hans Boy in Torgau, wird 1601 in Breslau Bürger und Meister. Heiratet am 21. Mai 1601 Maria, die Tochter des Goldschmieds Augustin Heyne d. m. (MM). Wohnt auf der Odergasse. Seine Frau Maria † 7. XI. 1608 (Elis. u. MM). Er selbst stirbt vor 1617.

Boy, Gottfried, Goldschmied aus Öls, lebt später in Breslau im Ballhause, am 25. März 1682 stirbt sein Sohn Gottfried.

Boy, Hans (Johannes Boi, Böge), Goldschmied, Sohn des Breslauer Goldschmieds Daniel Boy, wird 1648 Bürger und Meister. Heiratet am 28. April 1648 Rosina, die Tochter des † Goldschmieds George Nitsch, wohnhaft bei ihrem Stiefvater Balthasar Wittig (MM). Wohnt auf der Albrechtsgasse. Boy ist am 13. September 1671 Trauzeuge bei St. Matthias. Stirbt am 6. (begr. d. 9.) Oktober 1671, alt 56 Jahre 5 Wochen 2 Tage (Elis. u. MM). Sein Sohn Daniel stirbt 1675 als Soldat in den Niederlanden (Elis.). Seine Witwe Rosina † 15. (begr. d. 17.) X. 1678 (Elis.). Boy zeichnet HB in ovalem Felde, einige Stempel zeigen zwischen dem H und B einen Punkt, vgl. Taf. III Nr. 84.

a. Sargschilde der Breslauer Weissgerber-Innung, Silber mit Vergoldung, rund, darauf ein von zwei Engeln gehaltenes Wappenschild mit Innungsemblemen, darüber ein Schild mit Inschriften. Datiert 1658. Dm 43 cm. Beschauz. W Typus VI u. Meisterz. — Gerber- und Corduaner-Innung, Breslau.

b. Kelch, Silber vergoldet, auf dem sechspassigen, profilierten Fusse, dem birnförmigen Nodus und dem Kuppabelag grosse Barockblumen und spätes Ohrmuschelwerk. Datiert 1661. H. 23,5 cm. Beschauz. W Typus VI u. Meisterz. HB ohne Punkt. — Evang. Pfarrkirche St. Michaelis, Strehlen.

c. Kelch, Silber vergoldet, auf dem sechspassigen, profilierten Fusse Engelsköpfe, Barockblumen und Blattwerk in Treibarbeit. Der untere Teil des birnförmigen Nodus und der Kuppabelag mit Blumen und Blattwerk in Silber. Datiert 1669. H. 25,3 cm. Beschauz. W Typus VI, Meisterz. u. Kriegssteuerst. Adlertypus. — Sandkirche, Breslau.

d. Kelch, Silber vergoldet, auf dem sechspassigen Fusse und dem birnförmigen Nodus geflügelte Engelsköpfe und Blumen. Der silberne Kuppabelag mit Barockblumen. Laut Inschrift gestiftet 1671 von Frau Barbara Fuchsin. Beschauz. W Typus VI u. Meisterz. — Kath. Pfarrkirche St. Jacobi, Zobten am Berge.

e. Schüssel mit Messkännchen, Silber vergoldet, auf der ungewöhnlich tiefen Schüssel in getriebener Arbeit barockes Blattwerk, Engelsköpfe und ein Kelch. Der untere Teil der Messkännchen nach Art einer Kelchkuppa mit durchbrochenem Silber belegt. Auf der Fussplatte und dem Deckel Muscheln, die Henkel karyatidenartig. Mit Wappen des Abtes Matthäus Paul (1656—1672). Schüssel: Dm. 39 × 32,7 cm. Messkännchen: H. 14,5 cm. Beschauz. W Typus VI, Meisterz. HB mit Punkt u. Kriegssteuerst. FW. — Vincenzkirche, Breslau.

f. Weihwasserkessel, Silber vergoldet, mit Bügelhenkel, an der sechsfach gebuckelten Wandung getriebene Barockblumen und ein Schildchen mit dem gravierten Wappen des Abtes Matthäus Paul (wie bei e). H. 7,9 cm., ob. Dm. 16 cm. Beschauz. W Typus VI, Meisterz. HB ohne Punkt u. Kriegssteuerst. FW. — Vincenzkirche, Breslau.

g. Kelch, Silber vergoldet, auf dem sechspassigen, profilierten Fusse und dem birnförmigen Nodus Barockblumen in getriebener, auf dem silbernen Kuppabelag in durchbrochener Arbeit. H. 21,3 cm. Beschauz. W. Typus VI, Meisterz. u. Kriegssteuerst. Adlertypus. — Kath. Pfarrkirche St. Nicolai, Zelasno Kr. Oppeln.

Boy, Nickol, Goldschmied, am 9./16. Juli 1599 stirbt ihm ein Söhnlein im Kindhaus.

Boyhammer, Hans [Johannes], siehe Boxhammer.

Brab, Gotthard Rudolph, Goldarbeiter, geb. in Königsberg i. Pr., Sohn des Lohgerbers Albrecht Brab, erwirbt das Breslauer Bürgerrecht am 9. Mai 1845, alt 30 Jahre. Wird nicht Innungsmitglied.

Bräutigam, Johann George, Goldarbeitergeselle von Regensburg, stirbt in Breslau im Januar 1758, alt 38 Jahre (MM).

Braun, Hans, Goldschmiedgeselle, heiratet in Breslau 1568 Christina, die Tochter des † Christoph Henisch (Elis.).

Braungart, Johann Ernst (Baumgart), Silberarbeiter, geb. in Wohlau, Sohn des Siegmund Braungart, Verwalters auf dem Gute Bettlern bei Breslau, lernt in Schweidnitz die Gold- und Silberarbeiterkunst. Meldet sich am 11. März 1754 in Breslau als Stückmeister, arbeitet bei Christian Beyl ein Giessbecken nebst Kanne (Lavor), wird Meister am 17. Juli und Bürger am 17. Oktober 1754. Heiratet am 18. November 1755 Anna Dorothea, die Tochter des † Fischhändlers Matthias Ruphel (Elis.). Ist Mittelsältester seit Dezember 1784 und mutmasslicher Stempelmeister mit dem Buchstaben K seit April 1792. Stirbt am 29. April (begr. d. 2. Mai) 1793, alt 70 Jahre 6 Monate 1 Woche 2 Tage (Elis.). Seine Witwe † 17. (begr. d. 20.) XII. 1811 (Elis.). Braungart zeichnet IEB anfänglich in einem Schilde (vgl. Fig. 14), dann in einem blattförmigen Felde, vgl. Taf. V Nr. 163.

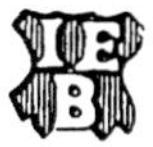

Fig. 14.

a. Becherpokal mit Deckel, Silber, mit zwei Rokoko-Kartuschen in getriebener Arbeit. Auf dem Deckel als Knopf eine geschlossene Blüte. H. incl. Deckel 23 cm. Johanneskopf Typus XII/XIII, Stempelmeisterb. G Typus I, Meisterz. wie Fig. 14 u. Kriegsteuerst. FW. — Kgl. Kunstgewerbemuseum, Berlin.

b. Thoraschild, Silber vergoldet, mit farbigen Steinen, in der Mitte von zwei plastischen Säulen eingeschlossen zwei Gestalten mit Gesetzestafeln. Datiert 1763. H. 44 cm., Br. 34,5 cm. Johanneskopf Typus XIII, Stempelmeisterb. G Typus II u. Meisterz. wie Fig. 14. — Synagoge, Lissa Prov. Posen.

c. Zuckerdose, Silber oval, auf Blattfüsschen, mit Rokoko-Kartuschen und Blumenzweigen auf wenig gewelltem Grunde in getriebener Arbeit. Verschliessbar. Johanneskopf Typus XIII, Stempelmeisterb. G Typus II, Meisterz. mit blattförmigem Felde u. Kriegssteuerst. FW. — Schlesisches Museum für Kunstgewerbe und Altertümer, Breslau.

d. Zuckerdose, Silber, oval, auf Blattfüsschen, mit Blumenzweigen auf leicht gewelltem Grunde in getriebener Arbeit. Verschliessbar. Johanneskopf Typus XIII, Stempelmeisterb. G Typus II, Meisterz. wie bei c. und Kriegssteuerst. FW. — Schlesisches Museum für Kunstgewerbe und Altertümer, Breslau.

e. Schälchen, Silber, oval, mit zwei Henkeln, mit getriebenem Dekor im Rokokostil. Johanneskopf Typus XIII u. Meisterz. wie bei c. — Geheimrat Pinkus, Neustadt OS.

f. Schälchen, Silber, oval, mit Ranken in getriebener Arbeit. Johanneskopf u. Meisterz. — Kaiser Friedrich-Museum, Posen.

g. Tischleuchter, Silber, drei Stück, zweiarmig, mit Rokokodekor. Johanneskopf Typus XIV, Stempelmeisterb. H u. Meisterz. wie bei c. — Geheimrat Pinkus, Neustadt OS.

h. Sargschilde des Breslauer Büttner-Mittels, Silber, oval, mit den Zunftemblemen, am Rande später Rokokodekor in getriebener Arbeit. Datiert 1786. Dm. 43 × 35,5 cm. Johanneskopf Typus XIV, Stempelmeisterb. H. u. Meisterz. wie bei c. — Böttcher-Innung, Breslau.

Breen, Hieronimus [Jeronimus, Geronimus] von (Brehm, Brehe, Bretta, Brem, Brien, Brehnich, Jeremias Brister), Sohn des deutschen Schulhalters Daniel von Breen zu Antorff in der Schweiz, heiratet in Breslau als Geselle am 13. Oktober 1587 Magdalena, die Tochter des † Goldschmieds Eucharius Riher (MM), wird bald darauf Bürger und Meister. Seine Frau ist am 11. August 1592 und 25. Juli 1595 Taufzeuge am Dom. Breen stirbt am 5./12. Juni 1598. Seine Tochter Elisabeth heiratet am 4. Februar 1608 den Krämer Martin Opitz (MM). Seine Tochter Hedwig heiratet am 4. Oktober 1611 den Goldschmied George Koldt (MM). Sein Sohn Daniel, ein Handelsmann, (vielleicht identisch mit dem Daniel von Breen, der 1627/28 Wardein und kurze Zeit Münzmeister in Glatz ist) ehelicht am 7. Juli 1620 Maria, die Tochter des Handelsmannes Zachaeus Mümmer (MM).

Brega, Hildebrandus de, aurifaber, wird Breslauer Bürger am Tage vor Andree (29. November) 1387, Bürge ist Walther aurifaber.

Brehnich, Hieronimus [Heinrich], siehe Breen.

Breibisch, Heinrich, August (Breibysius, Brovisius), Goldarbeiter, geb. in Leipzig, Sohn des Zobelfärbers Johann Martin Breibisch, verfertigt in Breslau bei Ferdinand Christian Beyl als Meisterstück eine Haarnadel mit Brillanten, wird Meister am 1. Juli und Bürger am 14. Juli 1794. Heiratet 29 Jahre alt am 6. November 1794 Sophia Elisabeth, die Tochter des † Spediteurs und Zolleinnehmers Johann Thomas Weiss in Anhalt (Elis.). Seine Frau † 18. (begr. d. 21.) V. 1797 (Elis.). Breibisch heiratet im August 1797 Anna Juliana Weiss, die Schwester der ersten Frau (Elis.). Ist in der Meisterliste von 1799 das letzte Mal erwähnt.

Brem, Hieronimus, siehe Breen.

Bremer, Lenhart, Goldschmiedgeselle, heiratet 1566 Barbara, die Witwe Hans Richters (Elis.).

Brendel, Heinrich, Jubilierer, Sohn des Handelsmannes Melcher Brendel, heiratet am 29. Februar 1632 Margareta, die Tochter des Handelsmannes Peter Langwiese (MM).

Brensfelt, Gerhard, Goldschmied von Braunschweig, heiratet in Breslau am 6. November 1564 Eva, die Tochter des † Hans Hetzer (MM), wird dadurch Schwager des Goldschmieds und Wappenschneiders Volckmar Gliczman.

Breseyke, Jacob, siehe Preseyke.

Brien, Hieronimus von, siehe Breen.

Briger, Claus [Niclos, Nicze] (Brieger, Claus vom Brige, Claus Goltsmyt), aurifaber, wird Breslauer Bürger vor 1364. Nicze Briger reicht am Freitag nach Viti (18. Juni) 1367 seiner Frau Anna die Hälfte alles seines Besitzes (Schöppenb. II. 380[a]). Ist 1369 erwähnt im Nudus Laurentius, fol. 133[a]. Wird in den Bürgerbüchern von 1371—1381 acht mal als Bürge genannt. Hensil Wynczk verkauft 1371 dem Claus Goltsmyt sein Gebäude bei der Crummendorfynne. Dafür verreicht Claus Goltsmet dem Hensil Wynczk sein Erbe bei Elze Gnegynne (Schöppenb. III. 108[b]). Am Freitag nach Agnetis (23. Januar) 1372 reicht Claus Briger der Goltsmit seiner Frau Anna für den Fall seines Todes allen seinen Besitz zu ihren Lebetagen. Stirbt sie, so fällt derselbe an seine Verwandten. Vormund der Frau soll der Goldschmied Niczco Jencowicz sein. Die erste Verleibdingung von 1367 soll aufgehoben sein (Schöppenb. III. 151[b]). Am Montag nach Oculi (1. März) 1372 verreicht Meister Claus vom Brige der Goltsmit dem alten Stadtschreiber Peter 5 Mk. jährl. Zins auf sein Haus am Ringe bei Mathis Rimer, wiederverkäuflich um 50 Mark. So lange der Zins steht, soll Claus von seinem Grundstücke einen Wassergang für Regen und Himmelwasser durch Peters Erbe legen (später gestrichen). An dem gleichen Termin verreicht Petrus der alte Stadtschreiber dem Claus vom Brige sein Erbe bei Mathis Rimer zu einem rechten Kaufe. Claus soll die Mauer an Peters Steinhause halb haben, doch soll er nicht „gesese, swebbogin noch abueryen" [= Abführrinnen] hineinbrechen. (Schöppenb. III. 155[b], 156[a]). Am Freitag nach Bartholomei (26. August) 1379 verreicht Claus seiner Frau Anna die Hälfte alles seines Besitzes nach seinem Tode (Schöppenb. IV. 242[b]). Claus Briger stirbt um 1384.

Briger, Hannos, aurifaber, wird Breslauer Bürger am Tage vor Circumcisio domini 1399 (31. Dezember 1398).

Briger, Johannes [Hanus], (Brieger) aurifaber, wird Breslauer Bürger am Freitag vor Simon u. Judas (24. Oktober) 1455. Ist 1478 Juratus. Stirbt vor 1490.

Briger, Thomas (Brieger), aurifaber, wird Bürger am Mittwoch vor Martini ep. (7. November) 1453. Ist im Catalogus civium von 1470 nicht mehr erwähnt.

Brinneger, Hensil, Goltsmit, wird Bürger vor 1364. Verreicht 1369 der Margareta Engilgerynne 1 Mk. jährl. Zins auf sein Erbe bei Mathis Goltsmit, wiederverkäuflich um 10 Mk. (Schöppenb. II 443[a]).

Brister, Jeremias, siehe Hieronimus von Breen.

Broecker, Adam, Juwelier, tritt am 15. Juli 1886 in die Innung ein und bleibt Mitglied bis zum 13. Oktober 1893.

Brovisius, Heinrich August, siehe Breibisch.

Brück, Heinrich Theodor (Bruck), Silberarbeiter, geb. in Breslau, Sohn des Schneiders Gottlob Brück, lernt bei Carl Wilhelm Knebel von Ostern 1826 bis Juli 1830. Erwirbt das Bürgerrecht am 31. Dezember 1834, alt 23 Jahre. Arbeitet als Meisterstück eine Suppenkelle, wird Innungsmitglied am 28. September 1835. Ist in der Liste von 1843 das letzte Mal erwähnt. Stirbt 1854 (?).

Bruno, Ludwig Wilhelm (Brunow), Silberarbeiter, geb. zu Lomza in Polen, Sohn des Beamten Wilhelm Bruno, erwirbt das Breslauer Bürgerrecht am 11. Mai 1847, alt 36 Jahre. Meldet sich zur Aufnahme in die Innung am 22. Juli 1847, arbeitet als Meisterstück einen viereckigen Deckelpokal, wird am 18. Januar 1848 als Mitglied rezipiert. Stirbt am 4. Oktober 1885. Bruno zeichnet WB negativ eingeschlagen, vgl. Taf. V Nr. 196.

a. Kelch, Silber mit Vergoldung, auf dem runden Fusse drei Gruppen von Leidensattributen, auf dem Nodus und dem unteren Teile der Kuppa silbernes Blattwerk. H. 23,2 cm. Johanneskopf mit Jahreszahl 59, Gehaltsst. 70, Stempelmeisterb. T u. Meisterz. — Dorotheenkirche, Breslau.

b. Tafelsilber, Löffel und Gabeln etc. finden sich häufig in Breslauer Privatbesitz.

Brunswig, Helyas de (Helyas, Helias, Elyas, Elias Goltsmet), aurifaber, wird Breslauer Bürger am Montag vor Andree (28. November) 1401, Bürge ist Niclos Crommendorff. Wohnt am Ringe. Zahlt 1403/4 an Steuern: de opere ½ fertonem (Steuerb. fol. 10b). Erscheint 1408, 1409, 1412, 1415, 1417 in den Geschworenenlisten der Signaturbücher als Zunftsenior. Verreicht 1403 dem Heinrich Wonschilburg 3 Mk. jährl. Zins auf sein Erbe, das Peter Kestners gewesen ist, gelegen an der Ecke gegenüber Procop Plathener, wiederverkäuflich um 42 Mk. (Schöppenb. IX. 193). Reicht auf am 18. August 1403 seiner Hausfrau Barbara für den Fall seines Todes all sein Gut; hinterlässt er Kinder, dann nur die Hälfte (Schöppenb. IX. 203). Wird 1405 gelegentlich von Zinsverreichungen erwähnt (Schöppenb. X. 11b, 47b). Gelobt am Dienstag nach Letare (19. März) 1409 Laurentien, Andres Czudmars Diener, zum nächsten Dienstage vor der Stadt Recht zu stellen (Signaturb. XVII). Bürgt 1415 mit anderen für Girke Jungeweise. (Signaturb. XX). Stirbt um 1420.

Bruschke, Johann, Silberarbeiter, wird am 20. Januar 1873 in die Innung aufgenommen und bleibt Mitglied bis zum 13. Oktober 1893.

Buchholz, Friedrich, Goldschmiedgeselle, geb. in Breslau, Sohn des Kretschmers Friedrich Buchholz, stirbt kurz vor Michaelis 1624 „vor der Königl. Stadt Danzig auf dem Schottlande", alt 27 Jahre (Elis.).

Buckinschuch, Niclos (Buckynschuch, Bockinschuch), aurifaber, wird Breslauer Bürger am Dienstag vor Petri ad cathedram (16. Februar) 1384, Bürge ist Hannos Nysser. Wohnt in seinem eigenen Hause auf der Altbüssergasse bei der Schulen an der Albrechtsgasse. Erscheint 1386, 1389, 1392, 1396, 1403, 1406, 1409, 1412 in den Geschworenenlisten der Signaturbücher als Zunftsenior. Zahlt 1403/4 an Steuern: de hereditate 1 lot, de opere ½ fertonem (Steuerb. fol. 20b). Seine Frau Elisabeth (Else) verreicht mit Agnit Wonschilburgynne 1388 dem Andris Sussewynckel alles Gefälle von ihrer Schwester, des genannten Andris Frau (Schöppenb. VI. 112b). Agnit Wonschilburgynne reicht 1389 dem Niclos Buckinschuch ihr Erbe bei Hannos Glacz zunächst. Buckinschuch verreicht ihr dafür 4 Mk. jährl. Zins auf das genannte Haus (Schöppenb. VI. 168). Buckinschuch gibt 1390 der Agnit Wonschilburgynne 3 Mk. jährl. Zins auf sein Erbe bei Hannos Glacz zunächst (Schöppenb. VI. 206b). Weiter verreicht er 1390 den Geschworenen der Goldschmiede 2½ Mk. jährl. Zins auf sein Haus bei Hannos Glacz; später wieder getilgt (Schöppenb. VI. 254b). Bürgt 1396 für seinen Famulus Jodocus (Signaturb. IX. 9). Reicht 1400 dem Hanko Trewgescherer 4 Mk. jährl. Zins auf sein Erbe bei Hannos Glacz auf der Albrechtsgasse (Schöppenb. IX. 37b). Stiftet 1401 eine Mark jährl. Zins für den Altar in der Goldschmiedekapelle auf sein Erbe bei Hannos Glacz (Schöppenb. IX. 67b, 68b). Bürgt 1401 für seinen Knecht Jacub, dass er friedlich sein soll (Signaturb. XIII). Stirbt um 1412. Seine Frau Elisabeth stirbt 1413. Am Montag nach Lamberti (18. September) 1413 erwählt Magister Johannes Goltberg, Seelwärter der † Elisabeth Buckinschuchynne die Geschworenen der Goldschmiede und mit ihnen den Goldschmied Meister Steffan zu Mitverwesern des von der Verstorbenen gestifteten Seelgerätes (Signaturb. XIX). Am Tage Galli (16. Oktober) 1414 bekennt Barbara, die Tochter des Niclos Buckinschuch, sich mit Magister Goltberg wegen aller Zwistigkeiten, betreffend das von ihrer Mutter gestiftete Seelgerät, in Güte geeinigt zu haben (Signaturb. XX).

Büttner, Albert (Adalbert Bittner), Goldarbeiter, geb. am 24. Januar 1844, Sohn des Goldarbeiters Ferdinand Büttner, lernt bei seinem Vater von Ostern 1858—1862. Tritt am 9. Oktober 1865 der Innung bei, scheidet am 18. April 1871 wieder aus.

Büttner, Carl Friedrich, Goldarbeiter, geb. in Breslau, erlernt die Goldschmiedekunst, wird später Destillateur, will dann wieder zu seiner ersten Profession zurückkehren, meldet sich am 16. Januar 1776 als Stückmeister, legt die Zeichnung zu einem Plack vor und wird zur Meisterarbeit zugelassen. Ist seitdem in dem Protokollbuche nicht mehr erwähnt.

Büttner, Ernst August, Goldarbeiter, geb. in Breslau, Sohn des Schneiders Carl Christian Büttner, lernt bei Christian Friedrich Rahmstein vom Qu. Crucis 1808 bis Michaelis 1814. Erwirbt das Bürgerrecht am 15. September 1820, alt 28 Jahre. Tritt am 26. Oktober 1839 in die Innung ein. Ist Ältester von 1851—1854. Stirbt am 5. Januar 1856.

Büttner, George, Goldschmiedgeselle, am 22./29. Oktober 1597 stirbt sein Sohn Georg.

Büttner, Jacob Gottlieb [Gottlob] Ferdinand, Goldarbeiter, geb. in Breslau, Sohn des Schneiders Carl Christian Büttner, Bruder des Goldarbeiters Ernst August Büttner, lernt bei Johann Gottlob Tholuck vom 21. Juni 1810 bis 21. März 1816. Erwirbt das Bürgerrecht am 2. Juni 1826, alt 29 Jahre. Tritt am 26. Oktober 1839 der Innung bei. Stirbt 1858.

Büttner, Johann Carl Ehrhard, Goldarbeiter, geb. in Breslau, Sohn des Goldarbeiters Ernst August Büttner, erwirbt das Bürgerrecht am 2. September 1842, alt 25 Jahre. Wird nicht Innungsmitglied.

Büttner, Julius, Goldarbeiter, wird Innungsmitglied am 27. Dezember 1852 (12. Januar 1853). Stirbt am 7. Juli 1871.

Büttner, Martin (Bittner, Buttner) Silberarbeiter, Sohn des Tischlerältesten Martin Büttner zu Fraustadt in Posen, arbeitet in Breslau bei Johann Peter Ziegler als Meisterstück ein Geschirr nebst Ring und Siegel, wird Meister am 25. Oktober 1721 und Bürger am 20. März 1722. Heiratet am 21. April 1722 Anna Eleonora, die Tochter des Goldschmiedältesten Thomas Kuntze (Elis.) Seine Frau Anna Eleonora † 13. III. 1748. Er selbst stirbt 1750. Büttner zeichnet MB in ovalem Felde.

a. Taufschüssel, Silber, wenig gerippt. Johanneskopf, Stempelmeisterb. B positiv, Meisterz. u. Kriegssteuerst. Adlertypus. — Sandkirche, Breslau.

Büttner, Rudolf, Goldarbeiter, wird nach der am 15. Oktober erfolgten Anmeldung am 9. November 1878 in die Innung aufgenommen. Stirbt am 10. November 1882.

Bufe, Gottfried, Goldschmiedgeselle, geb. in Breslau, Sohn des Kretschmers Sebastian Bufe, stirbt zu Stockholm in Schweden am 22. April 1644, alt 24 Jahre 12 Wochen (Elis.).

Burghardt, [Johann] Samuel Friedrich, Goldarbeiter, Sohn des Goldarbeiters Ferdinand Burghardt in Posen, verfertigt in Breslau bei Ferdinand Christian Krebs als Meisterstück ein Paar goldene Reifohrringe in Filigranarbeit mit Brillanten, wird Meister am 29. April und Bürger am 6. Mai 1800. Heiratet am 14. August 1800 Charlotte Elisabeth, die Tochter des Kaufmanns Johann David Tiesler (MM). Zieht 1805 nach Posen, wird aber bis 1808 in der Meisterliste geführt.

Burghardt, Theodor Traugott, Goldarbeiter, geb. in Posen, Sohn des Goldarbeiters Samuel Friedrich Burghardt, lernt in Breslau bei Heinrich Wilhelm Scharff, dann bei Ferdinand Wilhelm Reichel von 1836—1841. Erwirbt das Breslauer Bürgerrecht am 26. Juni 1846, alt 28 Jahre. Wird nicht Innungsmitglied. Zieht 1848 nach Wien, lässt sich aber sein Bürgerrecht reservieren.

Businsky, Heinrich, Goldschmiedgeselle, Sohn des Postreiters Hans Businsky, stirbt in Breslau am 25. Juli 1625, hat bei George Sauerman auf der Stockgasse in Arbeit gestanden.

Bussert [Bussart], Johann Carl Gottlob, siehe Bossert.

Buttner [Butner], Frantz, siehe Bottner.

Buttner, Martin, siehe Büttner.

Buwalsky, Carl Maximilian, siehe Powalsky.

Buxhammer, Hans [Johannes], siehe Boxhammer.

Candisch, Johann Gottlieb (Kandisch), Goldarbeiter, geb. in Breslau, lernt bei Gottlob Benjamin Werner vom Juni 1749—1756. Wird in Berlin Bürger und Meister; da er es dort zu nichts bringt, zieht er nach Breslau zurück und wirbt bei dem hiesigen Mittel ein. Wird ohne nochmalige Anfertigung eines Meisterstückes nach Erlegung von 50 Gulden Rezeptionsgebühr am 26. (27.) September 1766 rezipiert. Erwirbt das Bürgerrecht am 8. Dezember 1767. Stirbt am 2. (begr. d. 4.) August 1784, alt 49 Jahre 14 Tage (Elis.).

Canth, Mathias de, aurifaber, wird Breslauer Bürger am 3. Oktober 1435.

Carl, Hans, Goldschmiedgeselle, geb. in Breslau, Sohn des Goldschlägers Hans Carl, heiratet am 25. Februar 1596 Christina, die Tochter des Michael Mittman, gewesenen Bäckers in Strehlen (MM).

Casperge, Christian Julius Berthold (Kasperke), Gold- und Silberarbeiter, geb. 1823 in Breslau, Sohn des Silberarbeitergesellen Christian Casperge, erwirbt das Bürgerrecht am 4. April 1845, alt 22 Jahre. Wird nicht Innungsmitglied.

Casperge, Johann Gottlieb [Gottlob] (Caseberge, Kasperge, Kasperke, Kaseberger), Silberarbeiter, geb. in Breslau, Sohn des Johann Casperge, Erbsassen auf dem Stadtgute vor dem Odertor, lernt bei Johann Bernhard Hoensch vom 27. Dezember 1777 bis 18. September 1783. Arbeitet bei Carl Gottfried Haase als Meisterstück ein Giessbecken nebst Kanne, wird Meister am 24. Oktober 1792 und Bürger am 4. Februar 1793. Ist 1824 zum letzten Male erwähnt.

Cawder, Mathias, siehe Kauder.

Christiany, Gottlob [Gottlieb] Friedrich (Christianni, Kristiani), Goldarbeiter, Sohn des Ratskämmerers und Hofjuweliers Christoph Christiany in Naumburg, erwirbt das Breslauer Bürgerrecht am 23. April 1731. Heiratet am 8. Mai 1731 Juliana, die Tochter des † Kürschners Wilhelm Albrecht; Trauzeuge ist der Goldschmied Gottfried Ihme (MM). Arbeitet als Meisterstück einen Kelch nebst Ring und Siegel, wird Meister am 3. Oktober 1731. Stirbt um 1741.

Christman, Christian, Goldschmiedgeselle, im August 1713 stirbt sein 6 Jahre alter Sohn Gottlieb August.

Chuder, Mathias, siehe Kauder.

Chutonis, Jacobus de montibus, siehe Jacobus de montibus Kuttenis.

Chutonis, Laurentius de montibus, siehe Laurentius de montibus Kuttenis.

Clare, Jacob, aurifaber, wird Breslauer Bürger am Tage vor Simon u. Judas (27. Oktober) 1371; Bürge ist Claus Briger. Siehe Jacob Luczk.

Claus, aurifaber, für ihn bürgt 1401 Bartholomeus Schuwort, dass er friedlich sein wolle gegen Andreas Apotecarius [auf dem Hühnermarkte] (Signaturb. XIII).

Claus, Goltsmyt, siehe Claus Briger.

Claus vom Brige, siehe Claus Briger.

Clauss, Carl Philipp (Klauss), Goldarbeiter, geb. in Leipzig am 1. April 1771, Sohn des Schornsteinfegerältesten Johann David Clauss, lernt in Leipzig bei Johann Caspar Westermann von 1785—1791. Lässt sich am 23. März 1798 von den Ältesten der Leipziger Goldschmiede-Innung, Johann Heinrich Liebeskind und Johann Ludwig Brödel, eine Kopie seines Lehrbriefes ausstellen, da er in Breslau Meister werden will. Arbeitet bei Johann Bernhard Hoensch als Meisterstück eine Sternblume mit à jour gefassten Brillanten, wird Meister am 12. Juni und Bürger am 23. August 1798. Heiratet am 17. Juli 1801 Rosina Dorothea, geb. Stephan, verw. Ledel (Elis.). Seine Frau † 4. (begr. d. 7.) XII. 1808 (Elis.). Claus ist 1812 das letzte Mal erwähnt. Sein Porträt, in Aquarell gemalt von Christian Friedrich Knoefvell, im Schlesischen Museum für Kunstgewerbe und Altertümer in Breslau.

Conczel, Jacobus, siehe Konczel.

Conrad Goltsmet (Meister Conrad), wird erwähnt zwischen 1350—1363. Bertold von dem Czindal verkauft 1350 dem Meister Conrad das Erbe bei dem Steinhause Hermans von Essen (Schöppenb. I. 134a). Conrad der Goltsmet reicht 1360 dem Petir Czitwar das Erbe halb an der Ecke kein Harm bei Hensil von der Nysse zu einem rechten Kaufe (Schöppenb. II. 89b). Meister Conrad reicht 1361 dem Sydil Scheiteler sein Grundstück an der Ecke bei dem Erbe von Nwdorfs Kindern und verkauft 1363 dem Nickil Durrendorf sein Besitztum an der Ecke kein Harm (Schöppenb. II. 136a, 185a).

Conrad, Herrmann, Goldarbeiter und Graveur, wird am 9. November 1878 in die Innung aufgenommen und bleibt Mitglied bis zum 13. Oktober 1893.

Cossler, Daniel, siehe Kostler.

Cothbus, Jacobus de, aurifaber, wird Breslauer Bürger am Montag nach Jubilate (30. April) 1436.

Crafftczober, Hans, siehe Krafftczober.

Crammer, George David, siehe Kramer.

Cretsmer, Lorencz, (Cretschmer, Kretschmer, Meister Lorencz der Goltschmid), aurifaber, wird Breslauer Bürger am Freitag vor Invocavit (29. Februar) 1460. Ihm reicht 1461 Barbara Jorge Heynin, die Witwe des Goldschmieds Georg Heyne, ihr Haus am Ringe unter den Hutterlauben. Cretsmer gibt ihr dafür 8 Mk. jährl. Zins auf sein Haus zu ihren Lebetagen (Tradb. I. 55). Er erscheint 1463 in den Geschworenenlisten der Signaturbücher als Zunftsenior. Ist im Catalogus civium von 1470 nicht mehr erwähnt.

Creuziger, Adam, Jubilierer, am 17. Juni 1642 heiratet seine Tochter Susanna Katharina den Hans Zange d. ä. (MM).

Cringel, Steffan (Kringel, Gringel, Meister Steffan), Goldschmied, wird Bürger am Freitag vor Invocavit (26. Februar) 1501. Erscheint 1512, 1515, 1517 in den Geschworenenlisten der Signaturbücher als Zunftsenior. Am 21. November 1517 verfügen die Ratmannen, dass jeder, der Gold gegen geschlagene Gulden verkaufen will, sich an die Goldmünze zu Meister Steffan dem Goltschmide zu wenden habe. (Scriptores rer. Siles. Bd. III S. 176). Cringel stirbt vor 1525.

Crommendorff, Andreas, aurifaber, wird Bürger am Tage Francisci (4. Oktober) 1415, Bürge ist Niclos Crommendorff.

Crommendorff, Johannes [Hans], aurifaber, wird Bürger am Montag nach Bartholomei (25. August) 1421. Reicht am Freitag nach Corpus Christi (1. Juni) 1431 den Vormündern eines Seelgerätes 1 Mk. jährl. Zins auf sein Erbe unter den Hutterlauben bei Mathis Radag zunächst, wiederverkäuflich um 14 Mk. (Bresl. Stadtarchiv, Orig.-Schöppenbrief, Pergament mit 2 Siegeln). Erscheint 1432, 1435, 1438 in den Geschworenenlisten der Signaturbücher als Zunftsenior. Ist 1441 im Schöppenbuch XIV erwähnt.

Crommendorff, Niclos (Crummendorff, Krommendorff, Krummendorff, Krymmendorff), aurifaber und Stadtbrynner, wird Bürger am Mittwoch nach Galli (19. Oktober) 1384, Bürge ist Hensil von Glacz. Wohnt auf dem Hühnermarkte. Zahlt 1403/4 an Steuern: de hereditate 1 scot, de opere ½ fertonem, de re 1 lot, item de orto 5 quart (die letzte Angabe ist im Originaltexte durchgestrichen). Erscheint 1391, 1395, 1397, 1399, 1401, 1403, 1413, 1416 in den Geschworenenlisten der Signaturbücher als Zunftsenior. Reicht 1392 dem Peter Pezeler 6 Mk. jährl. Zins auf sein Erbe am Hühnermarkte bei Walther Goltsmed und 1400 dem Stephan Kugasse von der Olsen und Soffey seiner Hausfrau 3 Mk. jährl. Zins auf sein Erbe „off deme Vogilmarkte" zwischen Andreas Apteker [heute die Kränzelmarkt-Apotheke] und Walther Goltsmed, wiederverkäuflich um 42 Mk. (Schöppenb. VII. 72b, IX. 22b). Crommendorffs Haus wird 1401—1404 erwähnt in Schöppenb. IX fol. 81b, 218b, 220b, 252b. Crommendorff erscheint 1401 als Verwalter von Zunftgeldern (Schöppenb. IX. 56b). Stiftet 1401 eine Mark jährl. Zins für den Innungsaltar in der Goldschmiede-Kapelle auf sein Haus bei Walter Goltsmed (Schöppenb. IX. 67b, 68b). Reicht 1401 seiner Frau Barbara ein Kindesteil von all seinem Erbe und Gut nach seinem Tode (Schöppenb. IX. 94). Niclos Crummendorff der Stadt Brynner sagt am Dienstag nach Letare (19. März) 1409 aus, dass Herr Niclos der Weihbischof ihm durch seinen Diener habe sagen lassen, dass er dem Laurentius, Andres Czudmars Diener, 170 Mk. von dem Silber geben solle, das Laurentius von ihm (Crommendorff) gekauft hat. (Signaturb. XVII).

Crommendorff, Pauel, aurifaber, wird Bürger am Freitag nach Corpus Christi (21. Juni) 1443. Stirbt vor 1470.

Crommendorff, Vincencius, aurifaber, wird Bürger am Sonnabend nach Assumptio Mariae (18. August) 1436.

Cuncze, Jacob, siehe Jacobus Konczel.

Cunzco, aurifaber, siehe Kunzco.

Cuttener, Caspar, aurifaber, wird Bürger am Freitag vor Invocavit (29. Februar) 1460. Ist im Catalogus civium von 1470 nicht mehr erwähnt.

Czedelakowicz, Jano de (Zedelakowicz), aurifaber, wird Bürger am Tage nach Conversio Pauli (Dienstag d. 26. Januar) 1367, Bürge ist Nickil Hone.

Czipser, Nicolaus (Zipser) aurifaber, wird Bürger am Dienstag nach Egidii (2. September) 1410, Bürge ist Landecke. Czipser ist selbst 1423 u. 1426 Bürge (Bürgerb. III. 37 b, 43). Erscheint 1418, 1424, 1427, 1430, 1433, 1436, 1439, 1440, 1443, 1446 in den Geschworenenlisten der Signaturbücher als Zunftsenior. Ist 1446 Testamentar des Nicolaus Polak (vgl. Urk. 8). Stirbt um 1450.

Czolcz, Petir de, aurifaber, wird Bürger am Sonnabend nach Jubilate (29. April) 1385, Bürge ist Waltherus aurifaber.

Damas, Johann Vitus Adeodatus (Damascener), Goldarbeiter ausserhalb der Innung, Sohn des Kaffeeschenken Georg Ad. Damas in der Altstadt Prag, wird am 26. April 1735 in Breslau bei St. Adalbert getraut (Schles. Vorz. VII. 489).

Daniel, Niclas, aurifaber, wird Bürger am Freitag vor Invocavit (9. Februar) 1459. Stirbt vor 1490.

Daniel, Nicolaus, siehe Daniel Nicolaus.

Dannhover, Johann, ein Goldschmied aus Wien, wird in Breslau bei St. Laurentius am 7. Juli 1772 begraben, war 46 Jahre alt (Schles. Vorz. VII. 488).

Danziger, Aron, Goldarbeiter, geb. in Ratibor, erwirbt das Breslauer Bürgerrecht am 24. November 1846.

Deibelle, Eduard, Goldarbeiter, geb. in Schwäbisch Gemünd, Sohn des Goldarbeiters Eduard Deibelle, erwirbt das Breslauer Bürgerrecht am 8. August 1817, alt 28 Jahre. Wird nicht Innungsmitglied.

Deibner, Gustav (Deibener, Deubner), Silberarbeiter, lernt in Breslau bei Herrmann Carl Robert Härtel von Qu. Johannis 1849 bis 10. April 1854. Tritt am 10. Januar 1861 in die Innung ein, scheidet am 13. Oktober 1863 wieder aus. Zeichnet GD negativ eingeschlagen.

a. Deckelbecher der Weber-Innung in Neustadt, Silber, innen vergoldet, gestiftet 1862. H. 17,5 cm. Johanneskopf mit Jahreszahl 62, Gehaltsst. 70, Stempelmeisterb. U u. Meisterz. — Weber-Innung, Neustadt OS.

Delacourt, Balthasar (Deragogi), Goldschmied bei der Domschule, siehe Seite 35.

Delffen, Hans von, Goldschmiedgeselle, heiratet in Breslau am 29. September 1555 Anna, die Witwe des Goldschmieds Cristoff Wassergraf (MM).

Deller, Johann Gottlieb Christian (Döller, Teller), Silberarbeiter, geb. in Breslau, lernt bei Christian Gottlieb Schneider vom Qu. Crucis 1798 bis Michaelis 1804. Erwirbt das Bürgerrecht am 19. März 1813. Wird Innungsmeister am 12. September 1814. Lebt später in dürftigen Verhältnissen und übernimmt am 11. Juli 1833 den Posten des Mittelsboten. Stirbt 1836.

Delugg, Johann Gottlob, siehe Tholuck.

Demolin, Johann Wilhelm, siehe Dumoulin.

Dethlefsen, Dethlef, Silberarbeiter, geb. zu Husum in Dänemark, Sohn des Branntweinbrenners August Dethlefsen, erwirbt das Breslauer Bürgerrecht am 5. November 1839, alt 39 Jahre. Meldet sich am 11. Januar 1840 als Stückmeister und wird am 11. (15.) April 1840 in die Innung aufgenommen. Kommt im Januar 1852 völlig verarmt ins Hospital. Wird am 12. Januar 1853 aus der Meisterliste gestrichen.

Deubner, Gustav, siehe Deibner.

Dhun, siehe Thun.

Dietrich, Christian (Diettrich, Dietterich, Diedrich, Diederich, Dittrich), Goldschmied, geb. in Breslau, Sohn des Barett- und Strumpfmachers Daniel Dietrich, verfertigt als Meisterstück einen Kelch nebst Ring und Siegel, wird Meister am 27. Februar und Bürger am 28. März 1730. Heiratet am 18. April 1730 Johanna Katharina, die Tochter des Goldschmieds Johann George Schier; Trauzeuge ist Samuel Hammer (MM). Erblindet 1744. Stirbt am 17. September 1765. Seine Witwe † 12. (begr. d. 14.) VI. 1773 (Elis.).

Dietrich, Christoph (Dittrich), Goldschmied, Sohn des Kretschmers Hans Dietrich zu Neukirch bei Hirschberg, wird 1659 in Breslau Bürger und Meister. Heiratet am 1. September 1659 Rosina, die Tochter des Goldschmiedältesten Hans Jachman d. ä. (Elis.). Stirbt auf der Odergasse in seinem eigenen Hause am 28. (29.) Juni 1667 alt 36 Jahre 17 Wochen 1 Tag (Elis.).

Dietz, Daniel August, siehe Titze.

Dittmar, George (Jörge Dittmers, Ditmer, Dietmar, Diettner, Thittner), Goldschmied, Sohn des Cunrad Dittmar, Kanzlisten zu Lüneburg, heiratet in Breslau als Geselle 24. Trinitatis 1587 Anna, die Tochter des Riemers

Stanislaus Gross (Elis.). Wird 1588 Bürger und Meister. Wohnt am Ringe unter den Riemern. Dittmar heiratet als Witwer am 14. Oktober 1601 Barbara, die Tochter Nickel Hermans (Elis. u. MM). Stirbt am 27. Mai 1608, alt 42 Jahre (Elis.). Seine Witwe Barbara heiratet am 14. Juni 1611 den Johannes Hertelius, Diakonus in der Altstadt Prag (MM). Seine Tochter Magdalena heiratet am 5. Juli 1613 den Schuhmacher Martin Kiefer in Neisse (MM). Dittmar zeichnet D negativ eingeschlagen, vgl. Taf. III Nr. 68.

a. Meerschnecke in vergoldeter Silberfassung, abgeb. Fig. 15. H. 26 cm. Beschauz. W Typus II u. Meisterz. — Musée cinquantenaire, Brüssel.

Dittrich, siehe Dietrich.

Ditze, Daniel August, siehe Titze.

Dobers, Heinr. Eduard Adolph, Goldarbeiter, geb. in Breslau, Sohn des Gräupners Gottlieb Dobers, erwirbt das Bürgerrecht am 25. Juni 1850, alt 28 Jahre. Wird am 14. Oktober 1856 Innungsmitglied, Ist seit 1869 Obermeister und seit 1876 Stempelmeister mit dem Buchstaben V. Stirbt im Januar 1886.

Döller, Johann Gottlieb Christian, siehe Deller.

Dolucker, Johann Gottlob, siehe Tholuck.

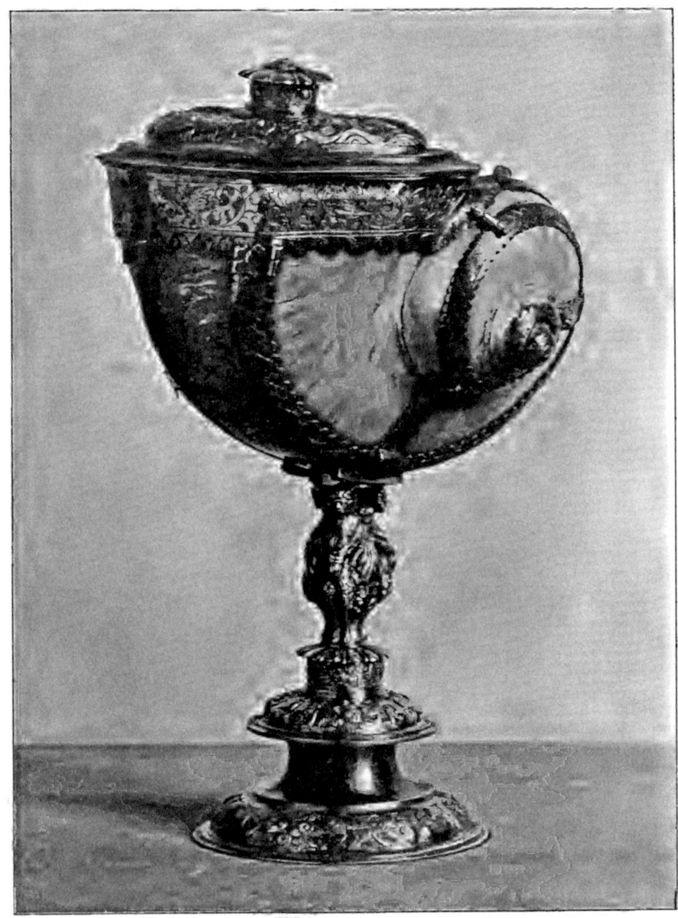

Fig. 15. George Dittmar: Schneckenpokal im Musée cinquantenaire in Brüssel

Donath, Johann George (Donat, Tonart), Goldschmied, arbeitet sein Meisterstück bei Stephan Christian Luttroth, wird Meister Anfang März und Bürger am 11. März 1739. Ist in der Meisterliste von 1757 das letzte Mal erwähnt. Donath zeichnet IGD in herzförmigem Schilde, vgl. Taf. V Nr. 154.

a. Rauchfass, Silber, mit durchbrochener Arbeit. Johanneskopf Typus XI Stempelmeisterb. D, Meisterz. u. Kriegssteuerst. FW. — St. Adalbertkirche, ehemaliges Dominikanerkloster, Breslau.

b. Kelch, Silber vergoldet, auf dem runden profilierten Fusse, an dem Nodus und dem Kuppabelag kehrt das Motiv der Weintraube wieder. Auf dem Fusse die Inschrift: „F : F: Carolus Leopoldus Tschipko Supprior 1747" und das Stifterwappen mit einem Vogel, der ein Schwert hält, darüber das Augustiner-Chorherrn-Monogramm. H. 22,5 cm. Johanneskopf Typus XII, Stempelmeisterb. F, Meisterz. u. Kriegssteuerst. Adlertypus. — Sandkirche, Breslau.

Dondorff, Carl Samuel Salomon, Goldarbeiter, geb. am 11. Januar 1792 in Gimmel bei Winzig, Sohn des Pastors Samuel Dondorff, lernt in Breslau bei Johann Sigismund Heintze von Ostern 1807 bis Johannis 1811. Erwirbt das Bürgerrecht am 9. Oktober 1820. Tritt am 26. Oktober 1839 in die Innung ein. Ist Stadtverordneter von 1848—1850 und Innungsobermeister von 1854—1861. Stirbt am 21. Juli 1867.

Dondorff, Robert, Goldarbeiter, geb. in Breslau am 13. September 1831, Sohn des Goldarbeiters Carl Samuel Salomon Dondorff, lernt bei seinem Vater vom Dezember 1845 (Michaelis 1847) bis 15. Juli 1851. Wird am 23. April 1858 Mitglied der Innung, scheidet 1893 aus.

Dornten, Johannes (Hannos Dorink), aurifaber, wird Bürger am Montag vor Michaelis (25. September) 1396; Bürge ist Johannes Lendechin.

Drogen, Caspar (Drogener, Drogan, Drögen, Dröger, Dragen, Trogan), Goldschmied, Sohn des Peter Drogen in Torgau, arbeitet 1618 als Geselle bei Sebastian Fesch d. j., wird 1620 in Breslau Bürger und Meister. Heiratet am 5. Oktober 1620 Anna, die Witwe des Goldschmieds Hans Schönknecht aus Öls (Elis.). Wohnt auf der Schmiedebrücke in seinem eigenen Hause, besitzt auch auf der Odergasse ein Grundstück. Stirbt als Zunftältester am 20. (begr. d. 22.) November 1651, alt 65 Jahre 36 Wochen (Elis. u. MM). Seine Witwe Anna † 4. (begr. d. 6.) IV. 1656 (Elis. u. MM).

Dudeck, Friedrich Wilhelm, Silberarbeiter, lernt bei Johann Gottlob Scholtz vom Qu. Trinitatis 1796 bis Qu. Reminiscere 1802. Erwirbt das Bürgerrecht am 12. August 1814. Meldet sich 1814 bei der Innung als Stückmeister und wird rezipiert, bleibt aber bis 1825 sein Meisterstück schuldig. Deshalb wird ihm von 1819—1825 das innungsmässige Stempeln seiner Arbeiten versagt, ferner wird ihm 1824 sein Gesuch wegen Rückzahlung des Rezeptionsgeldes abschlägig beantwortet. Wird nach Beseitigung aller Differenzen am 22. April 1825 in die Meisterliste eingetragen. Ist 1840 zum letzten Male erwähnt.

Duhn, siehe Thun.

Dumoulin, Johann Wilhelm (Dümoulin, Demolin), Goldarbeiter, geb. in Breslau, Sohn des Uhrmachers Andreas Dumoulin, lernt bei Johann Carl Wagner vom 15. Juni 1811 bis 21. März 1816. Erwirbt das Bürgerrecht am 22. September 1826, alt 29 Jahre. Wird Innungsmitglied am 26. Oktober 1839. Stirbt 1851.

Dunckel, Johann [Hans] Christoph, siehe Tunckel.

Duquest, Joachim, von Liegnitz, ein Goldarbeiter auf dem Sande, siehe Seite 35.

Duquest, Johannes Christian, ein Goldschmied auf dem Sande, Sohn des Tischlers Johannes Duquest in Liegnitz, heiratet am 20. Oktober 1688 Maria Konstanze, die Tochter des Hofschuhmachers Matthias Mader auf dem Dome (Matth.).

Eben, Matthes, Goldschmied, seine nachgelassene Tochter Katharina heiratet am 17. Oktober 1588 den Hausknecht Michael Buschke (MM).

Eberlein, Christian Gottlieb, Goldarbeiter, stirbt am 14. (begr. d. 16.) Februar 1758, alt 51 Jahre 2 Monate (Elis.).

Eberlein, Gottfried Gideon [Andreas], d. ä., Goldarbeiter, Sohn des Schneiderältesten Balthasar Eberlein in Leipzig, wird in Breslau 1701 Meister. Erwirbt das Bürgerrecht am 7. Juni 1701. Heiratet am 20. Juni 1701 Johanna Henrietta, die Tochter des † Leipziger Juweliers Johann Heinrich Reinhard (Elis.). Wohnt am Ringe. Seine Frau Johanna Henrietta † 29. II. (begr. d. 2. III.) 1708 (Elis.). Eberlein heiratet am 5. Oktober 1711 Maria Magdalena, die Tochter des Kretschmers Adam Mickosch (Elis.). Seine Tochter Henrietta Sophia heiratet am 26. August 1721 den Silberarbeiter Johann Christoph Müller (Elis.). Eberlein stirbt am 13. (begr. d. 15.) Januar 1732, alt 65 Jahre 10 Wochen (Elis.). Seine Witwe heiratet am 16. Februar 1734 den Silberarbeiter Thomas Beyl (Elis.).

Eberlein, Gottfried Gideon, d. j., Goldarbeiter, geb. in Breslau, Sohn des Goldarbeiters Gottfried Gideon Eberlein d. ä., arbeitet bei Johann David Kriebel als Meisterstück einen Uhrhaken und Ring, wird Meister am 25. August und Bürger am 7. September 1746. Heiratet am 26. Oktober 1746 Rosina Elisabeth, die Tochter des Goldschmieds Christian Beyl (Elis.). Stirbt am 25. (begr. d. 28.) August 1770, alt 52 Jahre weniger 7 Wochen (Elis.). Seine Witwe † 11. (begr. d. 13.) X. 1772. (Elis.).

Eberlein, Johann Gottfried, Goldarbeiter, geb. in Breslau, Sohn des Goldarbeiters Gottfried Gideon Eberlein d. ä., verfertigt als Stückarbeiter bei Johann Klinge einen Kelch nebst Ring und Siegel, wird Meister am 10. Januar und Bürger am 16. April 1734. Heiratet am 4. Mai 1734 Anna Katharina, die Tochter des Partkrämers Samuel Scholtz (Elis.). Seine Frau † 22. (begr. d. 24.) IX. 1735 (Elis.). Eberlein heiratet am 26. Oktober 1739 Anna Rosina, die Tochter des Kretschmers Benjamin Geissheimer (Elis.). Stirbt am 13. Februar 1758. Seine Tochter Christiana Henrietta heiratet am 7. Februar 1774 den Oberamtskassenkontrolleur Benjamin Christlieb Hoenisch (MM). Eberleins Witwe Anna Rosina † 28. (begr. d. 31.) V. 1781 (MM). Sein Sohn Carl Gottfried, ein Handlungsverwandter, heiratet am 22. November 1781 Johanna Christina, die Tochter des † Buchhalters Johann Daniel Heidrich (MM).

Eberlein, Thomas Gideon, Goldarbeiter, geb. in Breslau, Sohn des Goldarbeiters Gottfried Gideon Eberlein d. j., lernt bei Johann Daniel Albert vom 17. März 1760 bis 22. März 1764. Meldet sich als Stückarbeiter am

2. Oktober 1771, arbeitet bei Christian Beyl einen mit Rauten besetzten Patzel, wird Meister am 19. November 1771. Erwirbt das Bürgerrecht am 9. März 1772. Heiratet am 13. Januar 1773 Rosina Dorothea, die Tochter des † Kretschmers Christian Gottlieb Teller (Elis.). Seine Frau † 8. (begr. d. 11.) VII. 1792 (Elis.). Er selbst stirbt am 29. Oktober (begr. d. 1. November) 1801, alt 54 Jahre (Elis.).

Ebert, Friedrich Wilhelm, Gold- und Silberarbeiter, von Kottbus gebürtig, Sohn des dortigen Goldarbeiters Christian Friedrich Ebert, lernt in Breslau bei Samuel Christoph Thun vom 27. Dezember 1777 bis 18. September 1783. Arbeitet bei Ferdinand Christian Beyl als Meisterstück einen Sternring mit Brillanten und einen Zuckerkasten mit durchbrochener Arbeit, wird Meister am 17. Juni (? 4. September) 1792. Erwirbt das Bürgerrecht am 4. Februar 1793. Heiratet, 37 Jahre alt, am 14. Juli 1794 Maria, die Tochter des † Kretschmers George Kron in Rosen bei Kreuzburg (Elis.). Lebt später in dürftigen Verhältnissen. Seine Frau Maria † 17. (begr. d. 20.) VIII. 1818 (Elis.). Ebert kommt 1823 bei dem Mittel um eine Unterstützung ein, die ihm bewilligt wird. Stirbt bald darauf.

Ebert, Johann Christian (Eberth, Ebertt), Goldarbeiter, geb. in Breslau, Sohn des Kaufmanns Johann Michael Ebert, arbeitet bei Johann David Kriebel als Meisterstück einen Uhrhaken nebst Ring, wird Meister am 6. Februar und Bürger am 10. Februar 1747. Heiratet am 9. September 1750 Johanna Dorothea, die Tochter des † Schulkollegen am St. Elisabethgymnasium, Johann Gabriel Stephan (Elis.). Stirbt am 19. (20.) Juni 1764, alt 54 Jahre (Elis.). Seine Witwe † 4. (begr. d. 7.) 1770 (Elis.).

Ebert, Johann Jacob, Goldarbeiter, geb. in Breslau, Sohn des Goldarbeiters Johann Christian Ebert, lernt bei Carl Wilhelm Schlencker vom Juni 1767—1773. Meldet sich mit Dispensation der Kgl. Kammer am 27. Februar 1782 als Stückmeister, arbeitet bei Carl Heinrich Friebach ein Paar Ohrgehänge mit Pendeloques und Rauten, wird Meister am 5. Juli 1782. Erwirbt das Bürgerrecht am 10. März 1783. Heiratet am 10. Februar 1785 Christiana Eleonora, die Tochter des † Kaufmanns Christian Gottfried Wentzel (Elis.). Stirbt am 22. (begr. d. 24.) Oktober 1805, alt 52 Jahre (Elis.). Seine Witwe † 23. (begr. d. 27.) XI. 1810 (Elis.).

Ebhardt, Carl Daniel, siehe Ephard.

Ebirhart, Waltherus (Waltir, Waltyr Goltsmed, Waltherus aurifaber, Meister Walter), aurifaber, wird Breslauer Bürger am Freitag nach Johannis (27. Juni) 1371, Bürgen sind Nicolaus Owras, Heynko Messerer, Claus Briger. Wird selbst zwischen 1385—1397 häufig als Bürge genannt. Ist 1390, 1395, 1398 Ratmann (Consul) und 1392, 1396 1397 Schöppe (Scabinus) (Codex diplom. Siles. Bd. XI S. 20, 21, 127). Verreicht 1372 seiner Frau Margareta allen seinen Besitz nach seinem Tode (Schöppenb. III. 202). Reicht 1376 seinen beiden Nachbaren Hans Landecke und Hans Nysser die Mauern, die er zwischen ihnen gemauert hat, halb zu einem rechten Kaufe (Schöppenb. IV. 111). Ist 1387 und 1388 gelegentlich von Zinsverreichungen erwähnt (Schöppenb. VI. 40, 113b). Reicht 1392 dem Jekil Rockus sein Erbe in der Hundegasse bei seinem Erbe, das ehemals Peter Engils gewesen ist (Schöppenb. VII. 94b). Stiftet 1393 einen Vergleich (Schöppenb. VII. 107). Wird 1393—1400 gelegentlich von Zinsverreichungen und als Besitzer einer Kaufkammer erwähnt (Schöppenb. VII. 125b, 152, IX. 22b, 23, 26b, 42). Stiftet 1401 eine Mark jährl. Zins zu Handen der Goldschmiedekapelle auf sein Erbe bei Niclos Crommendorff (Schöppenb. IX. 67b, 68b). Verreicht 1404 seiner zweiten Frau Anna all sein Gerät nach seinem Tode (Schöppenb. IX. 244b). Stirbt um 1405.

Ebner, Frantz Joseph, Goldarbeiter aus Brünn, heiratet 1734 in Breslau bei St. Adalbert (Schles. Vorz. VII. 489).

Eensiedel, Vecencz, siehe Vincencius Eynsidel.

Egender, Michael, Goldschmiedgeselle von Weissenhorn in Schwaben, ertrinkt in Breslau am 7. Mai 1582 (MM).

Ehrlich, Samuel, Goldarbeiter, geb. in Breslau, Sohn des Parchners Christoph Ehrlich, arbeitet bei Stephan Christian Luttroth als Meisterstück einen Uhrhaken nebst Ring. Die Ältesten des Mittels besuchen ihn während der Arbeit und zweifeln daran, dass er ein an dem Uhrhaken angebrachtes kleines Bild selbständig gefertigt habe. Darauf verlässt Ehrlich die Werkstatt des Luttroth, vollendet sein Meisterstück bei sich zu Hause, legt es alsdann den Breslauer Ratmannen vor, verklagt die Ältesten unter geringschätzigen Äusserungen über die Innungsmeister bei der Kgl. Domänenkammer und verweigert dem Mittel die Einzahlung der 100 Gulden Rezeptionsgebühr. Am 1. August 1743 wird Ehrlich rezipiert, muss aber die verweigerte Zahlung an die Innungskasse leisten. Erwirbt am 7. August 1743 das Bürgerrecht. Heiratet am 7. Januar 1744 Johanna Rosina, die Tochter des Handelsmannes Gottfried Kleinwächter in Landeshut (MM). Ist seit 1745 in der Meisterliste nicht mehr erwähnt.

Eichelmann, Friedrich Wilhelm, Goldschmied, geb. in Breslau, Sohn des Korporals Gottfried Eichelmann, heiratet am 25. Mai 1750 Anna Rosina, die Tochter des † Hutmachers Daniel Böhl (MM).

Eichler, Johann Gottlob [Gottlieb], Silberarbeiter, geb. in Gross-Peiskerau, lernt in Breslau bei Carl Gottlieb Gröger vom 29. September 1775 bis 27. Februar 1782. Arbeitet bei Gottfried Benjamin Weigelt als Meisterstück ein silbernes Becken nebst Kanne, wird Meister am 26. Oktober 1792. Erwirbt das Bürgerrecht am 4. Februar 1793. Stirbt in dürftigen Verhältnissen im Krankenhospital am 11. (begr. d. 13.) Oktober 1797, alt 37 Jahre (Elis.).

Eifler, Johann Wilhelm Robert, Goldarbeiter, geb. in Breslau, Sohn des Mehlhändlers Anton Eifler, erwirbt das Bürgerrecht am 13. April 1847, alt 31 Jahre. Wird nicht Innungsmitglied.

Eigel, Johann Franciscus (Eigelt, Eugel), Goldarbeiter, Sohn des Bildhauers Andreas Eigel in Kuttenberg, heiratet in Breslau bei St. Adalbert im Oktober 1723. Arbeitet Anfangs als Pfuscher und wird als solcher urkundlich „Goldarbeiter auf dem Klostergrunde" genannt. Meldet sich 1736 bei der Innung als Stückmeister und arbeitet bei Johann Klinge einen Uhrhaken und Ring, wird Meister am 4. August und Bürger am 8. August 1736. Kommt in der Meisterliste von 1739 das letzte Mal vor, scheidet aber erst 1747 aus dem Mittel aus.

Eilfrath, George Friedrich (Elfrath, Eylfrath, Eylradt), Goldarbeiter, geb. in Breslau, Sohn des Bierbeschauers Gerhard Peter Eilfrath, lernt bei Johann Gottfried Klock vom 10. Juni 1749 bis 9. März 1751, dann bei Jacob Andreas Rottwitt bis 22. September 1751, endlich bei Johann Samuel Grische bis 30. Mai 1755. Wegen der kriegerischen Zeiten werden ihm die Wanderjahre erlassen. Meldet sich am 18. Juni 1762 als Stückmeister, arbeitet bei George Emanuel Scholtz einen mit Rauten besetzten Plack, wird Meister am 25. Januar und Bürger am 3. Mai 1763. Heiratet am 11. Mai 1763 Johanna Elisabeth, die Tochter des Fleischhauers Daniel Neuberger (Elis.). Stirbt am 3. (begr. d. 6.) März 1802, alt 66 Jahre 2 Monate (Elis.). Seine Witwe † 19. (begr. d. 21.) VII. 1810 (Elis.).

Eittner, George Friedrich (Eyttner, Eyckner, Euckner), Silberarbeiter, meldet sich am 16. März 1759 als Stückmeister, arbeitet bei Christian Beyl ein silbernes Becken nebst Kanne, wird Meister am 10. Juli und Bürger am 13. September 1759. Stirbt am 13. März 1788, alt 63 Jahre.

Elias, Goltsmed, siehe Helyas de Brunswig.

Elmgren, Johann Gustav (Elmgraen, Elmgrön), Silberarbeiter, geb. zu Calmar in Schweden, Sohn des Kupferschmieds Jonas Elmgren, erwirbt das Breslauer Bürgerrecht am 22. Oktober 1841, alt 38 Jahre. Meldet sich am 6. Oktober 1841 zur Aufnahme bei der Innung und wird am 5. November 1841 rezipiert. Stirbt am 9. Juli 1857. Elmgren zeichnet *J G. E.* in rechteckigem Felde, vgl. Taf. V Nr. 195.

Eltner, Elias, Goldschmiedgeselle und Mitbruder im Hospital zur Heiligen Dreifaltigkeit, stirbt am 19. April 1738.

Elyas Goltsmed, siehe Helyas de Brunswig.

Endemann, Philipp Jacob, Goldarbeiter, wird Bürger am 19. August 1816. Tritt am 26. Oktober 1839 in die Innung ein. Stirbt 1843.

Engels, Frantz, Goldschmiedgeselle, heiratet am 6. Februar 1557 Eva, die Tochter des † Kretschmers N. Hartman (MM).

Engelt, Gottlob, Goldarbeitergeselle, Sohn des Elias Engelt, Musici instrumentalis zu Freiberg in Sachsen, heiratet in Breslau am 4. Juni 1709 Susanna, die Tochter des Zechbotens der Maler, Christian Schubert (MM).

Ephard, Carl Daniel (Ebhardt), Silberarbeiter, geb. 1769 in Breslau, lernt bei Ferdinand Christian Krebs vom Qu. Crucis 1786—1792. Arbeitet bei Gottfried Benjamin Weigelt als Meisterstück zwei silberne Tirenen, wird Meister am 14. Dezember 1797 und Bürger am 23. Januar 1798. Stirbt am 25. (begr. d. 28.) Januar 1800 (Elis.).

Erford, Heinrich von (Erffort), aurifaber, ist identisch mit Heinrich von Lutinrad, der 1382 Bürger wird (oder mit Heinrich Bornbach, der 1389 Bürger wird?). Verreicht am 19. April 1387 seiner Frau Hedwig allen seinen Besitz (Schöppenb. VI. 15). Gelobt 1390 wegen 10 Mk. für Kusuelt, der des Spiels beschuldigt ist (Signaturb. III. 4b). Meister Heinrich von Erffort verkauft 1393 dem Hannos von Kant sein Erbe (Schöppenb. VII. 115). Vergleicht sich in demselben Jahre mit Niclos Fettyr und Niclos Rytter wegen des Wasserabzuges auf seinem Grundstücke (Schöppenb. VII. 138b). Ist 1395 Zunftsenior.

Eriber, Stephanus (Stephanus Goltsmed, Meister Steffan der Goltsmed), aurifaber, wird Bürger am Sonnabend nach Exaltatio crucis (15. September) 1408, Bürge ist Buckinschuch. Ist 1420 Zunftsenior.

Ertel, Christoph, Hofgoldarbeiter bei dem Herrn Deutschmeister, am 15. Juni 1708 stirbt sein Sohn Gotthilf Christoph.

Euckner, George Friedrich, siehe Eittner.

Eugel, Johann Franciscus, siehe Eigel.

Eyckner, George Friedrich, siehe Eittner.

Eylfrath [Eylradt], George Friedrich, siehe Eilfrath.

Eynsidel, Vincencius, d. ä., aurifaber, wird Bürger am Mittwoch nach Circumcisio domini (2. Januar) 1443. Erscheint 1452 und 1466 in den Geschworenenlisten der Signaturbücher als Zunftsenior. Stirbt vor 1470.

Eynsidel, Vincencius (Vecenz Eynsedil, Eensiedel), d. j., aurifaber, wird Bürger am 14. März 1463. Stirbt vor 1490.

Eysfogil, aurifaber, wird Bürger am Tage vor Purificatio Mariae (1. Februar) 1405, Bürge ist Nysser.

Eyttner, George Friedrich, siehe Eittner.

Fabri, Daniel, Goldschmied aus Mediars in Siebenbürgen, Sohn des dortigen Goldschmieds Daniel Fabri, wird am 5. Oktober 1730 in Breslau bei St. Adalbert getraut. (Schles. Vorz. VII. 485).

Fälber, siehe Felber.

Fäsch [Fähsch], siehe Fesch.

Fahrmann, Carl Elias, siehe Pfarrmann.

Faist (Fayst), siehe Feist.

Falkenstein, Heinrich, aurifaber, wird Bürger am Mittwoch nach Conversio Pauli (26. Januar) 1452. Besitzt am Ringe ein Haus (Tradb. I. 18). Erscheint 1455, 1457, 1459 in den Geschworenenlisten der Signaturbücher als Zunftsenior. Ist im Catalogus civium von 1470 nicht mehr genannt.

Falkinhayn, Cunrad, aurifaber, wird Bürger am Tage Dominici (5. August) 1394, Bürge ist Heinrich Bornbach.

Falkinhayn, Gunczelinus, wird Bürger am Mittwoch nach Francisci (5. Oktober) 1373, Bürge ist Claus Briger.

Farrmann, Carl Elias, siehe Pfarrmann.

Fast, siehe Feist.

Fechner, Christian, Goldschmied. Sohn des Tuchmachers Christoph Fechner in der Neustadt Breslau, arbeitet bei Hans Jachman d. j. als Meisterstück ein Geschirr nebst Ring und Siegel, wird Meister am 20. April und Bürger am 28. August 1716. Heiratet am 29. Juni 1717 Maria Magdalena, die Tochter des † Kürschners Michael Kühn (MM). Scheint von 1718—1726 auswärts gearbeitet oder aus einem anderen Grunde der Innung ferngestanden zu haben, da während dieser Zeit sein Name in der Meisterliste fehlt und 1727 am Schluss der Liste steht. Stirbt 1728 (?). Seine Witwe Maria Magdalena † 20. (begr. d. 22.) IX. 1753 (Elis.).

Fechner, Christian, Goldschmiedgeselle und Inwohner, stirbt am 13. (begr. d. 15.) Mai 1741, alt 60 Jahre.

Feige, Andres, Goldschmied, heiratet am 20. Januar 1573 Maria, die Tochter des † Kretschmers Hans Hirschler (MM).

Feist, Daniel, (Fast), Goldschmiedgeselle von Breslau, stirbt in Leipzig am 8. Februar 1694 (Elis.).

Feist, Daniel (Feyst, Faist, Fayst, Fest), Goldarbeiter, geb. in Breslau, Sohn des Goldschmieds Zacharias Feist, meldet sich am Quartal Crucis 1719 als Stückmeister, arbeitet bei Thomas Kuntze einen Kelch nebst Ring und Siegel, wird Meister am 15. Januar und Bürger am 12. Juli 1720. Heiratet am 23. Juli 1720 Anna Dorothea, die Tochter des † Tuchmachers Tobias Schneider zu Lissa in Posen (Elis.). Seine Tochter Johanna Dorothea heiratet am 24. Mai 1740 den Goldarbeiter Johann George Gimmig (Elis.). Feist stirbt am 17. Juni 1757, alt 74 Jahre weniger 16 Tage (Elis.). Seine Witwe Anna Dorothea † 10. X. 1763 (Elis.).

Feist, Zacharias (Fast), Goldschmied, Sohn des Schulmeisters Feist zu Rössnitz-Jägerndorf, wird 1682 in Breslau Bürger und Meister. Heiratet am 28. Juli 1682 Martha, die Tochter des † Bäckers Daniel Hilscher (MM). Wohnt am St. Elisabethkirchhofe. Seine Frau Martha † 25. VIII. 1692 (Elis.). Feist heiratet am 12. Januar 1694 Susanna, die Tochter des Archidiakonus Mattheus Porsch zu Neusol in Ungarn (Elis.). Stirbt am 23. (15., 30.) Mai 1712, alt 69 Jahre, 2 Monate 10 Tage (Elis.). Seine Tochter Susanna Margareta heiratet am 3. Oktober 1713 den Bäcker George Klose (Elis.). Seine Tochter Anna Martha heiratet am 15. Oktober 1715 den Tuchmacher Christoph Hennig (MM). Seine Witwe Susanna † 24. (25.) III. 1727 (MM).

Felber, Hans [Johann] (Fälber), Goldschmied, Sohn des Johann Felber, Pastors zu Gnichwitz, wird Ende 1658 oder Anfang 1659 in Breslau Bürger und Meister. Heiratet am 4. Februar 1659 Barbara, die Tochter des Erbsassen Martin Wiede (MM). Wohnt auf der Niclasgasse in seinem eigenen Hause, zuletzt auf der Odergassse. Stirbt als Innungsältester am 11. (15.) Mai 1696, alt 65 Jahre etliche Wochen (Elis.). Seine Witwe Barbara † 28. (begr. d. 31.) V. 1702 (Elis. u. MM). Felber zeichnet HF ligiert in ovalem Felde, vgl. Taf. III No. 87.

a. Sargschilde der Breslauer Tuchmacher, Silber mit vergoldeten Auflagen, oval, am Rande allegorische Figuren in getriebener Arbeit. Datiert 1670. Dm. 51×43 cm. Beschauz. W Typus VI u. Meisterz. Das Mittelstück mit vergoldeten, von Löwen gehaltenen Zunftemblemen der Tuchmacher, ist eine Arbeit des Christoph Müller von 1719. — Tuchmacher-Innung, Breslau.

Felber, Hans [Johann] Carl (Fälber), Goldschmied, geb. in Breslau, Sohn des Goldschmieds Hans Felber, wird 1697 Meister und am 3. Juli 1697 Bürger. Heiratet am 16. Juli 1697 Elisabeth, die Tochter des Glaserältesten Johann Reinhardt Moltzheim (Elis.). Stirbt um 1710.

Feller, Hans, Goldschmiedgeselle aus Law bei Nürnberg, stirbt in Breslau am 27. November 1615 (Elis.).

Ferber, Friedrich, Goldschmiedgeselle, Sohn des Goldschmieds Christian Ferber in Teschen, heiratet in Breslau am 27. November 1674 Agnes, die Tochter des Teschener Landschreibers Sebastian Reuss (MM).

Fesch, Daniel, Goldschmiedgeselle, geb. in Breslau, Sohn des Goldschmieds Rudolph Fesch, stirbt am 9. September 1633 alt 31 Jahre (Elis.).

Fesch, Esaias, lernt bei Tobias Vogt und wird im Dezember 1619 Geselle.

Fesch, George, Goldschmiedgeselle, geb. in Breslau. Sohn des Goldschmieds Sebastian Fesch d. j., stirbt am 20. März 1634, alt 23 Jahre (Elis.).

Fesch, Rudolph (Fetsch, Festh, Vehisch), Goldschmied, Sohn des Pflegers der Herrschaft Wallenburg in der Schweiz, heiratet in Breslau am 26. Mai 1592 Anna, die Tochter des † Goldschmieds Jeremias Beck (MM). Wird 1592 Bürger und Meister. Wohnt unter den Farbenmachern an der Schweidnitzschen Gasse. Kommt 1615 bei dem Rate darum ein, dass er seines Alters und seiner bedrängten Nahrung halber des Ältestenamtes enthoben werden möge; der Rat genehmigt das Gesuch am 14. März 1615 (Lib. definit. IV. 288 d). Fesch stirbt am 3. (4.) Mai 1632, alt 75 Jahre (Elis. u. MM). Seine Witwe Anna † 22. IX. 1633 (Elis.).

Fesch, Rudolph (Fösch), Goldschmiedgeselle, geb. in Breslau, Sohn des Goldschmieds Rudolph Fesch, stirbt am 3. Februar 1626, alt 29 Jahre (Elis.).

Fesch, Sebastian [Bastian] (Fetsch, Fäsch, Fähsch, Fösch, Väsch, Vesch, Vehisch), d. ä., Goldschmied, aus Basel, heiratet in Breslau als Geselle am 8. Februar 1580 Hedwig, die Tochter des Goldschmieds Eucharius Riher (MM). Wird 1580 in Breslau Bürger und Meister. Ist seit 1586 Zunftältester. Stirbt am 22. Februar 1602, alt 47 Jahre (Elis.). Seine Tochter Maria heiratet am 2. September 1603 den Kretschmer Friedrich Bencker (MM). Seine Witwe Hedwig heiratet am 25. April 1606 den Ambrosius Richter (MM). Sein Sohn Zacharias, ein Seifensieder, heiratet am 26. Januar 1616 Hedwig, die Witwe des Seifensieders Adam Schwabe (MM). Sein Sohn Philipp heiratet am 27. Februar 1618 Barbara Unger (MM). Sein Sohn Esaias, ein Hutschmücker, heiratet am 12. Mai 1620 Maria Fochtman (MM).

Fesch, Sebastian [Bastian] (Fetsch, Vehisch), d. j., Goldschmied, Sohn des Sebastian Fesch d. ä., wird 1607 Bürger und Meister. Heiratet am 16. Juli 1607 Barbara, die Tochter des Handelsmannes Georg Hartman (MM). Wohnt auf der Albrechtsgasse. Seine Frau Barbara † 21. (begr. d. 24.) VIII. 1615 (Elis.). Fesch heiratet 16. Trinitatis 1616 Regina, die Tochter des † Handelsmannes Sebald Röber aus Olmütz (Elis.). Ist Zunftältester seit 1627. Seine Tochter Rosina heiratet am 13. Januar 1637 den Goldschmied Hans Späth (MM). Fesch stirbt am 7. (9., 11.) März 1645 (Elis. u. MM), ist in der Goldschmiedekapelle beigesetzt worden; vgl. Seite 14.

Fesch, Sebastian, Goldschmiedgeselle, geb. in Breslau, Sohn des Goldschmieds Sebastian Fesch d. j., stirbt in Strassburg i. Els. im November 1633, alt 24 Jahre (Elis.).

Fest, Daniel, siehe Feist.

Fest, Tobias (Feste), Goldschmied, geb. in Breslau, getauft am 3. Oktober 1638, Sohn des Malers Martin Fest und seiner Frau Anna, geb. Vogt, ist von mütterlicher Seite ein Enkel des Breslauer Goldschmieds Tobias Vogt, wird Ende 1669 Bürger und Meister. Heiratet am 18. Februar 1670 Maria, die Tochter des † Goldschmiedältesten Balthasar Wittig (MM). Wohnt auf der Mäntlergasse in seinem eigenen Hause. Stirbt am 30. Juni (4., 5. Juli) 1677 (Elis. u. MM).

Fester, Jonas (Ferster, Fesser), Goldschmiedegeselle, Sohn des Breslauer Kretschmers Jonas Fester, stirbt am 1. (4.) April 1643, alt 32 Jahre (Elis.), hat bei Gottfried Vogel d. ä. in Arbeit gestanden.

Fetichen, Hans, siehe Voyt.

Feyst, Daniel, siehe Feist.

Ficke [Fick], siehe Vicke.

Ficker, siehe Vicker.

Fidler, Fabian, Goldschmied, am 1. Juni 1614 stirbt seine Witwe Eva, geb. Lange.

Fiedler, Christian Friedrich, Goldschmied ausserhalb der Innung, wird 1699 bei St. Adalbert erwähnt (Schles. Vorz. VII. 488).

Firdung, Andres (Fridung), aurifaber und Eisenschneider, wird Bürger am Montag nach Quasimodo (15. April) 1398, Bürge ist Hensil von Glacz. Wohnt auf der Schuhbrücke. Bekennt am Tage vor Viti (14. Juni) 1401, dem Hannos Salmon, Tobehannos genannt, 27 Mk. 17 Gr. schuldig zu sein, und gelobt die Schuld in vier Raten abzuzahlen. Sollte er von der Stadt etwas durch „Eisengraben und demgleiche" verdienen, so soll das auch Hannos Salmon haben. Er und seine Frau Elisabeth bekennen am Tage Viti (15. Juni) 1401, dem Hannos Banke $9\frac{1}{2}$ Mk. u. 10 Scot schuldig zu sein und geloben terminweise Zahlung (Signaturb. XIII). Firdung zahlt 1403 an Steuern: de opere $\frac{1}{2}$ fertonem; sein Name ist 1404 gestrichen und „Peschil" darübergeschrieben worden (Steuerb. fol. 22 b).

Firecke, Hanns (Fierecke), aurifaber, wird Bürger am Freitag vor Invocavit (29. Februar) 1460. Stirbt vor 1490.

Fische, Christian Friedrich, Goldschmiedgeselle, Sohn des Musketiers Friedrich Fische, heiratet am 24. Oktober 1763 Anna Maria, die Tochter des † Erbsassen Martin Zwilling in Scheitnig bei Breslau, Trauzeuge ist der Silberarbeiter Johann Gottlieb Okrusch (MM).

Fischer, Ernst, Goldschmied am Dom, stirbt 1666 (Schles. Vorz. VII. 487).

Fischer, Frantz, Goldschmied aus Österreich, ein Pfuscher, wird 1731 am Dom erwähnt (Schles. Vorz. VII. 488).

Fischer, Friedrich Christian, Goldarbeiter, geb. in Coburg, Sohn des dortigen Zinngiessers Johann Andreas Fischer, lernt in Bayreuth bei dem Goldarbeiter Carl Burger bis 19. August 1813. Wird Breslauer Bürger am 1. November 1816, alt 24 Jahre, und Innungsmeister am 29. August 1817. Ist in der Meisterliste von 1826 das letzte Mal genannt.

Fischer, Wentzel (Fiescher), Goldschmied, Sohn des Bergmannes Wentzel Fischer in Hohenelbe, lernt in Breslau bei Friedrich Schoenau, wird Ende 1621 Bürger und Meister. Heiratet am 11. Januar 1622 Maria, die Tochter des Goldschmiedältesten Christoph Stimmel (Elis.). Wohnt auf der Schuhbrücke, später am Elisabethkirchhofe. Stirbt als Gefreiter in der Kaiserl. Armee zu Gustow im Fürstentum Rügen am 19. (begr. d. 20.) März 1628, alt etliche 40 Jahre (Elis.). Seine Witwe Maria † 30. XI. 1633 an der Pest (Elis.).

Fitze [Fitz], siehe Vitze.

Flässel, Lucas (Meister Lucas), Goldschmied, wird um 1495 Bürger. Am Sonnabend nach Katharine (26. November) 1496 reicht Valten Meissner dem Goldschmiede Lucas Flässel sein Haus am Ringe bei Caspar Wehpusch (Tradb. I. 22b). Flässel wird 1508 als Hausbesitzer erwähnt (Tradb. I. 148).

Fleischer, Andreas, Goldschmiedgeselle, Sohn des Tischlers George Fleischer in Jauer, stirbt in Breslau am 25. September 1650, hat bei Caspar Drogen in Arbeit gestanden.

Fleischer, Tobias, ein Gürtler, wird am 1. März 1602 durch Ratsdekret angewiesen, sich der Arbeit, „welcher er sich den Goldschmiden vnd Gürtlern zu nachteil vntterfangen," zu enthalten. Am 4. Mai 1602 müssen Michel Thime und Adam Wolff für ihn Bürgschaft leisten; Fleischer erhält darauf alle seine von den Goldschmieden beschlagnahmten Arbeiten zurück (Lib. definit. IV. 127).

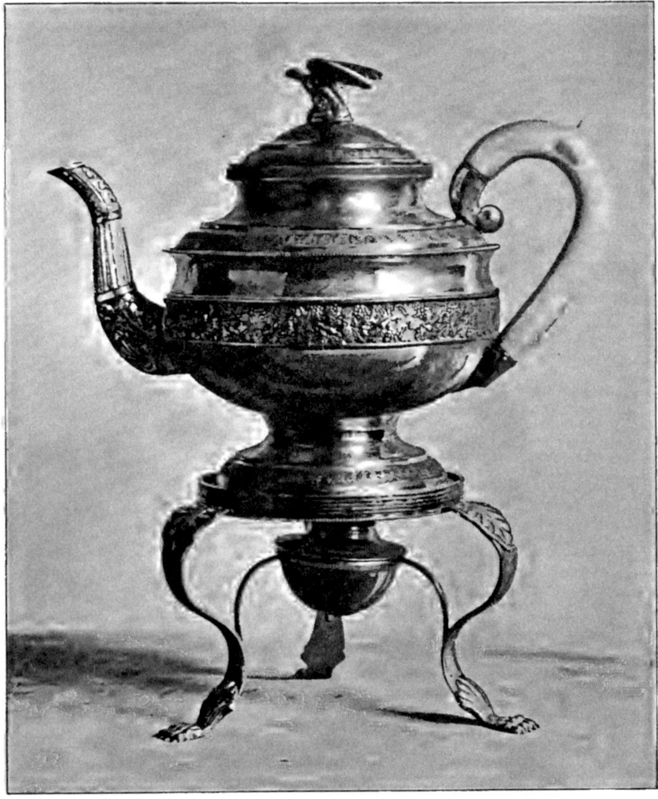

Fig. 16. Leberecht Fournier: Teemaschine, um 1825

Fleischman, Jacob, Goldschmied, heiratet am 24. Oktober 1564 Anna, die Tochter des Schneiders Heinrich Stöckel (MM). Erwirbt das Bürgerrecht am 9. März 1565, wird um dieselbe Zeit Meister. Stirbt 1572. Seine Witwe Anna heiratet am 18. Februar 1577 den Paul Blumdorff (MM). Seine Tochter Anna heiratet am 7. Januar 1585 den Schneider Bartel Winter (MM). Seine Tochter Salome heiratet am 23. Februar 1588 den städtischen Mauerschaffer Nicolaus Eichler (MM). Sein Sohn Johann Baptista heiratet am 21. Oktober 1603 Ursula, geb. Friedman, die Witwe des Stephan Hefen, Schulcollegen bei St. Maria Magdalena (MM).

Foerster, Carl Wilhelm Ernst, Silberarbeiter, lernt bei Johann Carl Stainsky vom April 1829 bis Juli 1832. Erwirbt das Bürgerrecht am 4. Februar 1842, alt 28 Jahre. Meldet sich am 15. Juli 1842 als Stückmeister und wird am 22. Juli in die Innung aufgenommen. Gibt 1847 sein Geschäft auf und scheidet 1848 aus der Innung aus. Als er 1851 seine Wiederaufnahme nachsucht, verhält sich das ganze Mittel ablehnend.

Foerster, [Christian] Gottlieb (Forster), Silberarbeiter, geb. 1720 auf dem Stadtgute vor dem Odertore bei Breslau, Sohn des Erbsassen Johann Foerster, meldet sich am 23. September 1750 als Stückmeister, arbeitet bei Stephan Christian Luttroth ein silbernes Becken nebst Kanne, wird Meister am 9. August und Bürger am 18. September 1752. Heiratet vorher am 18. Mai 1751 Maria Sybilla, die Tochter des † Erbsassen Lorentz Schülein in Döcking bei Anspach (Elis.). Seine Frau † 10. (begr. d. 12.) IV. 1763 (Elis.). Foerster heiratet als Witwer am 3. November 1766 Maria Dorothea, die Tochter des Schneiders Nicolaus Otto (Elis.). Stirbt am 14. (begr. d. 17.) Februar 1772.

alt 52 Jahre 6 Monate (Elis.). Seine Witwe Maria Dorothea heiratet am 13. November 1775 den Schlosser Ephraim Gottfried Kusche in Öls (Elis.).

Fösch, siehe Fesch.

Foit [Foith, Foitchyn], siehe Voyt.

Fotichen [Fotchen], Hans, siehe Voyt.

Fournier, Leberecht, Silberarbeiter, geb. in Berlin, Sohn des dortigen Goldschmieds George Fournier, wird in Breslau Meister am 18. Juni und Bürger am 17. August 1821, alt 32 Jahre. Ist von 1839—1849 Ältester und Stempelmeister mit dem Buchstaben S. Stirbt am 6. August 1849. Fournier zeichnet L F negativ eingeschlagen, oder bei grossen Arbeiten FOURNIER, vgl. Taf. V Nr. 189.

a. Teemaschine, Silber, abgebildet Fig. 16. H. 28 cm. Johanneskopf. Stempelmeisterb. Q u. Meisterz. LF. — Schlesisches Museum für Kunstgewerbe und Altertümer, Breslau.

b. Kelch, Silber. Datiert 1828. Johanneskopf, Stempelmeisterb. Q u. Meisterz. LF. St. Maria Magdalenenkirche, Breslau.

c. Deckelpokal, Silber, innen vergoldet, belegt mit Weinlaubgirlanden wie Nr. a. Gestiftet dem Kanonikus und Stadtpfarrer Hildebrand in Frankenstein 1833. Johanneskopf, Stempelmeisterb. Q u. Meisterz. LF. — Ziseleur Tillmann Schmitz, Breslau.

d. Rauchfuss nebst Weihrauchschiffchen, Silber. Johanneskopf, Stempelmeisterb. Q u. Meisterz. LF. — Kath. Pfarrkirche zum hl. Kreuz, Strehlen.

e. Pacificale, Silber. Johanneskopf, Stempelmeisterb. R u. Meisterz. LF. — Kath.Pfarrkirche zum hl. Kreuz, Strehlen.

Francke, Caspar (Franck), Goldschmied, Sohn des Fleischhackers Anton Francke zu Dohna in Sachsen, wird in Breslau Meister Anfang 1711 und Bürger am 13. März 1711. Heiratet am 18. Mai 1711 Anna Rosina, die Tochter des Gürtlerältesten Friedrich Schubert (Elis.). Stirbt am 11. April 1735, alt 60 Jahre. Francke zeichnet C F in einem herzförmigen Schilde, vgl. Taf. IV Nr. 131.

a. Schüssel mit Messkännchen, Silber, am Rande und um die Standflächen der Kännchen gerieft, an der Riefung entlang zieht sich durch Vergoldung hervorgehobenes Laub- und Bandelwerkmuster. Dm. der ovalen Schüssel 31 × 22,2 cm. Johanneskopf ähnlich Typus VI, Stempelmeisterb. B negativ, Meisterz. u. Kriegssteuerst. *FW*. — Kloster der Barmherzigen Brüder, Breslau.

b. Deckelbecher, Silber, abgebildet Fig. 17. H. 19 cm. Johanneskopf Typus VII, Stempelmeisterb. B negativ, Meisterz. u. Kriegssteuerst. *FW*. — Schlesisches Museum für Kunstgewerbe und Altertümer, Breslau.

Francke, Hans (Franck, Franke), Goldschmied, erwirbt das Bürgerrecht am 23. September 1531, wird um dieselbe Zeit Meister. Stirbt vor 1570. Seine nachgelassene Tochter Katharina heiratet am 4. Juni 1570 den Schneider Lorentz Kolbe von Gross-Glogau (MM).

Francke, Peter (Franke), Goldschmied, wird Bürger am Freitag nach Cineres (9. März) 1492. Wird am Mittwoch nach Simon u. Judas (29. Oktober) 1505 als Besitzer eines Hauses an der Nordseite des Ringes erwähnt (Tradb. I. 78[b]). Stirbt um 1507. Seine Frau Hedwig reicht am Freitag vor Kiliani (7. Juli) 1508 das genannte Haus ihrer Tochter Margareta u. ihrem Schwiegersohne, dem Goldschmiede Hans Krafftczober (Tradb. I. 150[b]).

Frantz, Adam, Goldschmiedgeselle von Neusol in Ungarn, stirbt in Breslau am 20. Oktober 1654, alt 24 Jahre (Elis.).

Fraustadt, Johannes von der, ein Silberarbeiter auf dem Sande; siehe Seite 35.

Fregewige, Johann Frantz, geb. in Berlin, arbeitet in Breslau als Geselle von 1759—1761 bei dem Goldarbeiter Carl Ferdinand Weigelt, meldet sich am 22. Mai 1761 als Stückmeister, legt die Zeichnung zu einer Tabattière vor und wird zur Meisterarbeit zugelassen; ist seitdem im Protokollbuche nicht mehr erwähnt.

Frey, Carl, & Söhne. Der Goldarbeiter Carl Gottlob Frey, geb. am 9. XII. 1774 in Polsnitz bei Freiburg, gründet vor 1800 in Freiburg i. Schl. ein Goldwarengeschäft. Dieses führt seit 1861 die Firma: Carl Frey & Söhne. Am 2. Oktober 1862 gründen dann die beiden Juweliere Carl Eduard Frey (Sohn des Carl Gottlob Frey, geb. 2. IX. 1809, † 3. VII. 1878) und Carl Gustav Adolf Frey (Enkel des Carl Gottlob Frey, geb. 9. III. 1838, † 27. V. 1903), sowie der Kaufmann Julius Emil Robert Frey (Enkel des Carl Gottlob Frey, geb. 25 V. 1840) zu dem Freiburger Geschäfte eine Filiale in Breslau im Stadthause am Ringe. Diese wird dann nach der Elisabethstrasse und später als selbständiges Geschäft nach der Schweidnitzerstrasse verlegt. Die Breslauer Firma zeichnet seitdem: Carl Frey & Söhne Breslau.

Freytag, Carl Gottlieb (Freitag), Silberarbeiter, geb. in Breslau, Sohn des Leinwandreissers Johann Gottlieb Freytag, lernt bei Johann Christoph Jancke d. j. vom Qu. Lucie 1790—1796. Arbeitet bei Gottfried Benjamin Weigelt als Meisterstück eine Kaffekanne nebst Michkännchen (vgl. Seite 9 Fig. 6), wird Meister am 4. September und Bürger am 16. Oktober 1801. Heiratet 27 Jahre alt am 3. November 1801 Christiane Charlotte, die Tochter des Kretschmers Adam Warcus (MM). Wird 1811 zum Stadtverordneten gewählt. Ist seit 1816 Innungsältester und seit etwa 1822 mutmasslicher Stempelmeister mit dem Buchstaben Q. Verübt 1834 wegen Unterschlagung von Mittelsgeldern Selbstmord. Freytag zeichnet in der Regel CGF in einem herzförmigen Schilde, selten FREYTAG positiv eingeschlagen, vgl. Taf. V Nr. 181.

a. Tablett, Silber, oval, mit zwei Henkeln. Dm. 41 × 28,7 cm. Johanneskopf Typus XVI, Stempelmeisterb. N u. Meisterz. in beiden Typen. – Edgar Graf Henckel von Donnersmarck, Grambschütz bei Namslau.

b Kaffeekännchen nebst Milchgiesser, Silber, mit überhöhten Henkeln, abgebildet auf Seite 9 Fig. 6. H. der Henkel 28,3 u. 22,8 cm. Johanneskopf Typus XVII, Stempelmeisterb. N u. Meisterz. CGF. Edgar Graf Henckel von Donnersmarck, Grambschütz bei Namslau.

c. Tischleuchter, Silber, zwei Stück, im Louis XVI.-Stil, ähnlich dem Fig. 38 abgebildeten Typus, doch auf quadratischer Standfläche und die Lichttülle ohne Gitterwerk. Datiert 1814 u. 1818. Johanneskopf Typus XVII u. XVIII, Stempelmeisterb. O u. P u. Meisterz. CGF. – Verein Christlicher Kaufleute Zwinger, Breslau.

d. Tischleuchter, Silber, zwei Stück, einkerzig, mit dreikerzigem Aufsatzteil, in Empireformen. H. 39 cm. Johanneskopf Typus XVIII, Stempelmeisterb. P u. Meisterz. CGF. — Kath. Pfarrkirche St. Michaelis, Grottkau.

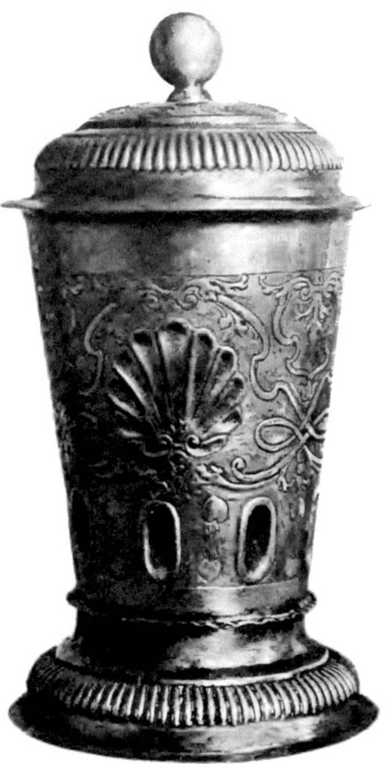

Fig. 17. Caspar Francke: Deckelbecher, um 1718

Friberg, Hanuschko (Freyburg), aurifaber, wird Breslauer Bürger am Freitag nach Exaltatio Crucis (15. September) 1424. Erscheint 1431 u. 1434 in den Geschworenenlisten der Signaturbücher als Zunftsenior. Wird 1434 im Schöppenbuch XIV erwähnt.

Fricze, Goltsmed (Fritsche), am Mittwoch nach Palmarum (7. April) 1406 wird zwischen der Bruderschaft der Goldschmiede und Fricze dem Goltsmede vereinbart, dieser solle sich bis Pfingsten verändern und gute Handlung bringen, im anderen Falle solle er bis zu Johannis Baptista seine Sachen schicken und von hinnen gehen und keine Arbeit mehr hier tun. Auch die Fürbitte anderer soll ihm in keiner Weise behilflich sein (Signaturb. XVI). Am Tage Mauritii (22. September) 1416 bekennt Concze Gysberger, der Goltsmed von Prage, dass der Breslauer Domherr Thomas Mas wegen des Herzogs Conrad Senior von Oels 222 Schock Groschen wegen des verstorbenen Fritsche Goltsmedes bezahlt habe (Signaturb. XXI).

Fridung, Andres, siehe Firdung.

Friebach, Carl Heinrich (Fribach, Frübach, Daniel Heinrich Prübach), Silberarbeiter, arbeitet bei Stephan Christian Luttroth als Meisterstück ein silbernes Becken nebst Kanne, wird Meister am 15. Januar und Bürger am 28. Februar 1749. Seine Tochter Johanna heiratet am 21. Mai 1759 den Kretschmer Christoph Weiss (Elis.). Friebach ist seit 1780 Innungsältester. Stirbt am 6. (begr. d. 8.) Dezember 1784, alt 65 Jahre 3 Monate (MM). Seine Witwe Elisabeth, geb. Schüssner, † 1. (begr. d. 4.) IV. 1787 (MM). Friebach zeichnet CHF in einem herzförmigen Schilde, vgl. Taf. V Nr. 159.

a. Zuckerdose, Silber, oval, auf vier Blattfüsschen, auf dem Deckel ein plastisch aufgelegter Blattzweig. Johanneskopf Typus XIII, Stempelmeisterb. G Typus II u. Meisterz. — Dr. Erwin Hintze, Breslau.

b. Brustschild des Kommissarius der Neustädter Schützengesellschaft, Silber, in der Mitte ein ovales Porzellanmedaillon mit farbigem Brustbilde Friedrichs des Grossen. Von 1763. H. 16,2 cm. Br. 15 cm. Johanneskopf Typus XIII, Stempelmeisterb. G Typus II u. Meisterz. — Schützengesellschaft, Neustadt OS.

Friedrich, Carl Gottlob [Gottlieb], Goldarbeiter, geb. in Schweidnitz, Sohn des Destillateurs Johann Heinrich Friedrich, heiratet als Geselle 1766 Anna Rosina, die Tochter des Dieners Christian Kliche in Glogau (MM). Meldet sich am 28. Dezember 1773 in Breslau als Stückmeister, arbeitet bei Johann Christian Schlencker einen goldenen Patzel mit Granaten, wird Meister am 3. März 1775. Heiratet als Witwer am 16. April 1782 Rosina Elisabeth, die Tochter des Kassendieners Christoph Schmidt (MM). Stirbt am 22. Juni 1803, alt 63 Jahre 9 Monate. Seine Witwe † 20. (begr. d. 23.) V. 1815 (Elis.).

Friedrich, Johann Christian Wilhelm, Silberarbeiter, geb. in Breslau, Sohn des Schuhmachers George Friedrich, lernt bei Christian Gottlieb Schneider vom Qu. Johannis 1805—1811. Wird Bürger am 15. November 1816, alt 25 Jahre, und Innungsmitglied am 6. März 1818. Ist in der Meisterliste von 1819 des letzte Mal erwähnt.

Fritsche, Carl Heinrich, Gold- und Silberdrahtzieher, geb. in Breslau, Sohn des Gold- und Silberdrahtziehers Andreas Fritsche, heiratet am 28. August 1742 Susanna Elisabeth, die Tochter des Gold- und Silberdrahtziehers Christoph Lindholtz (Elis.).

Fritsche, Christoph, Gold- und Silberdrahtzieher in der Kaiserl. privil. Gold- und Silberfabrik, Sohn des Braumeisters Hans Fritsche, heiratet am 23. Mai 1718 Anna Rosina, die Tochter des Aufladers Hans Hieppe (Elis.). Stirbt am 10. (begr. d. 12.) Januar 1753, alt 65 Jahre 3 Monate (Elis.).

Fritsche Goltsmed, siehe Fricze.

Fritsche, Hans [Johann] Gottfried (Frietsche), Goldschmiedgeselle, am 8. Juli 1742 stirbt sein Sohn Carl Heinrich. Am 24. Februar 1767 heiratet sein hinterlassener Sohn Johann Gottfried, ein Mitwohner im Bürgerwerder (Elis.).

Früibach, Carl Heinrich, siehe Friebach.

Fuchs, Antonius, Goldschmied von Liegnitz, siedelt um 1640 (?) nach Breslau über und wohnt am St. Elisabethkirchhofe. Seine Frau Margareta † 7. XI. 1640 (MM). Er selbst stirbt am 6. Juni 1643. Seine Witwe Maria, geb. Scholtz † 24. (30.) III. 1651 (Elis.).

Fuchs, Hans, Goldschmied, seine Witwe Hedwig stirbt am 7. September 1600, alt 60 Jahre (Elis.).

Fuss, Johann Friedrich Wilhelm, Goldarbeiter, geb. in Breslau, Sohn des Seilermeisters Adam August Fuss, lernt bei Ernst Wilhelm Werneck vom Qu. Reminiscere 1790 bis Qu. Lucie 1794. Arbeitet bei Gottfried Benjamin Weigelt als Meisterstück ein Halsband mit Medaillon in Filigranarbeit, wird Meister am 13. Februar und Bürger am 9. April 1801. Heiratet im Juni 1803 Luise Friedericke, die Tochter des Gold- und Silberarbeiters Johann George Fournier in Berlin (Elis.). Stirbt 1818.

Gab, Johann David (Gabe), Galanteriewarenarbeiter, Sohn des Goldschmieds Georg Lorenz Gab in Augsburg, heiratet am 27. November 1752 Rebekka, die Tochter des † Gefreiten Melchior Sommer in Breslau (Elis.).

Gabler, Christoph, Goldschmiedgeselle, Sohn des Leutnants Georg Heinrich Gabler zu Erfurt, stirbt in Breslau am 5. März 1700, alt 23 Jahre.

Gädig, Sebald, siehe Gedick.

Gaertner, Johann Christoph August, Goldarbeiter, geb. in Breslau, Sohn des Pfefferküchlers Anton Gaertner, lernt bei Gottlieb David Günther vom September 1810—1816. Erwirbt das Bürgerrecht am 10. Juni 1825, alt 30 Jahre. Wird nicht Innungsmitglied.

Gall, Elias (Galle), Silberarbeiter, geb. in Breslau, Sohn des Totengräbermeisters Elias Gall, arbeitet als Meisterstück einen Pokal nebst Ring und Siegel, wird Bürger am 23. April und Meister am 28. April 1732. Heiratet am 6. Mai 1732 Anna Dorothea, die Tochter des Kretschmers Valentin Baldoffsky (Elis.). Ist in der Meisterliste von 1759 das letzte Mal genannt. Seine Witwe Anna Dorothea † 7. (begr. d. 9.) VI. 1768 (MM). Seine Tochter Christiana Charlotta heiratet am 21. Oktober 1777 den Schneider Carl Samuel Wernicke (Elis.).

Gall, Vinzent Caspar (Galle), Goldarbeiter, geb. in Rauden OS., Sohn des Schlossers Johannes Gall, lernt in Breslau bei Johann Christian Ludwig Barth von Ostern 1818 bis Weihnachten 1822. Erwirbt das Bürgerrecht am 14. März 1843, alt 41 Jahre. Wird nicht Innungsmitglied.

Gallyst, Silberplattierfabrikant aus Chantilly, erwirbt das Breslauer Bürgerrecht am 2. Februar 1824.

Gammer, Johann Christlieb, Goldschmiedgeselle, geb. in Breslau, Sohn des Goldschlägers Christoph Gammer, stirbt am 1. (2.) April 1726, alt 21 Jahre (MM).

Gampricht, Stenzel, Goldschmied, Ende August 1590 stirbt ihm ein Kind. Seine Witwe Anna heiratet am 31. August 1610 den Kürschner David Ubischer (MM).

Garmer, Johann Andreas, siehe Germer.

Garn, Sebastian [Bastian], Goldschmied, heiratet als Geselle im September 1544 Anna, die Tochter des Goldschmieds Hans Goppel (MM). Erwirbt das Bürgerrecht am 3. Februar 1546, wird um dieselbe Zeit Meister. Stirbt am 13. Juni 1584, alt 60 Jahre.

Garnczuger, Nicolaus [Claus], aurifaber, erwirbt das Bürgerrecht am Dienstag nach Misericordia Domini (9. April) 1364, Bürge ist Nicolaus Hezen. Reicht am 30. August 1370 seiner Frau Katharina für den Fall seines Todes die Hälfte seines Besitzes (Schöppenb. III. 79b). Gelobt 1392 für Wonschilburg wegen zweier Ofen Ziegel, weil dieser nicht gehalten hat, was er vor dem Rate wegen des Benuschdorff versprochen hat (Signaturb. IV. 53b). Stirbt um 1400.

Gebel, Andreas (Giebel), Goldschmiedgeselle, Sohn des Weissgerbers Andreas Gebel, heiratet 14. Trinitatis 1595 Maria, die Tochter des † Weissgerbers Christoph Eichelman (Elis.).

Gebel, Gottlieb, Goldarbeiter, stirbt am 8. (begr. d. 10.) März 1798, alt 68 Jahre (Elis.). Seine Witwe Anna Judith † 7. (begr. d. 9.) II. 1802 (Elis.).

Gedick, Sebald (Gedigk, Gädig, Gödick, Gödig), Sohn des Schneiders Joachim Gedick, wird 1663 Bürger und Meister. Heiratet am 7. Mai 1663 Anna Christina, die Tochter des Perlenhefters Daniel Lobenschuss (MM). Wohnt auf der Schuhbrücke, später auf der Schmiedebrücke. Stirbt um 1685 (?). Seine Witwe † 14. (18.) III. 1686 (Elis.).

Geldtner, Christoph, Goldschmiedgeselle, Sohn des Landkutschers Valten Geldtner, heiratet Jubilate 1614 Susanna, die Tochter des Pulverflaschenmachers Hieronimus Bancke (Elis.).

Genkowicz, Niczco, siehe Jencowicz.

Gerlach, Wentzel (Girlach, Görlach), Goldschmied, arbeitet 1620 bei Caspar Pfister in Breslau. Von ihm sind zwei wertvolle Arbeiten für den kurfürstlich sächsischen Hof aus den Jahren 1649 und 1650 nachweisbar (nach Schles. Vorz. Bd. VII S. 483. — Neues Archiv f. Sächs. Gesch. Bd. XIII S. 136).

Gerlach, Wentzel (Girlach, Görlach), Goldschmied, Sohn des Stadtvogtes George Gerlach in Trebnitz, wird 1676 in Breslau Bürger und Meister. Heiratet am 23. Mai 1676 Mariana, die Tochter des Schwertfegerältesten Johann Liebethäler (Elis.). Seine Frau Mariana † 12. (begr. d. 15.) IV. 1686 (Elis. u. MM). Gerlach heiratet am 14. November 1689 Anna Elisabeth, die Tochter des † Handelsmannes Jeremias Krause in Liegnitz (MM). Seine Tochter Johanna Eleonora heiratet am 24. April 1708 den gräfl. Haushalter Christoph Reisiger (Elis.). Gerlach stirbt am 21. (28.) August 1712, alt 73 Jahre. Seine Tochter Dorothea heiratet am 18. Juni 1715 den Kammsetzergesellen Christian Gabricke (MM). Eine seiner Töchter heiratet am 27. Juni 1717 bei St. Matthias. Seine Tochter Anna Rosina heiratet am 20. Oktober 1722 den Theodor Budix (MM). Seine Tochter Susanna heiratet am 11. Juli 1730 den Schneider Adam Müller (MM). Seine Witwe Anna Elisabeth † 26. (27.) IV. 1731 (MM).

Germer, Johann Andreas (Garmer), privileg. Gold- und Silberfabrikant, geb. in Halberstadt, heiratet in Breslau am 4. Februar 1739 Susanna Regina, die Witwe des Gold- und Silberfabrikanten Gottlieb Kriegelstein (Elis.). Stirbt am 17. (begr. d. 19.) September 1747, alt 45 Jahre 9 Wochen (Elis.).

Gesesse, Johannes [Geronimus], aurifaber, wird Bürger am Montag nach Lucie (16. Dezember) 1409, Bürge ist Hannos Nysser. Er gelobt am Mittwoch nach Letare (21. März) 1414, die $47^1/_2$ Mk., die er von seiner Frau empfangen hat und die dieser von Cuncze Eychhorn gegeben wurden, auf das Rathaus zu deponieren (Signaturb. XX).

Getze, Jacob, siehe Götze.

Giebel, Andreas, siehe Gebel.

Giessman, Andreas (Gieseman, Gisseman), Goldschmied, Sohn des Brauers Jobs Giessman in Braunschweig, arbeitet in Breslau bei Hans Jachman d. j. als Meisterstück ein Geschirr nebst Ring und Siegel, wird Meister am 2. Oktober und Bürger am 13. Oktober 1717. Heiratet am 2. November 1717 Anna Rosina, die Tochter des Goldschmiedältesten Johann Peter Ziegler (Elis.). Seine Frau † 13. (begr. d. 15.) III. 1728 (MM). Giessman heiratet am 17. Mai 1729 Ursula Mariana, die Tochter des † Schönfärbers Johann Orth in Schweidnitz; Trauzeugen sind die Goldschmiede Samuel Hammer und Heinrich August Joel (MM). Ist in der Meisterliste von 1732 das letzte Mal erwähnt. Seine Tochter heiratet 1734 den Johann Braunsky aus Dresden, den Sohn des † Goldschmieds Wentzel Braunsky daselbst, Trauzeuge ist der Goldschmied Ernst Müller (Trb. Dom).

Giessmann, Ferdinand Gottlieb (Gissmann, Gismann), Goldarbeiter, geb. in Breslau, Sohn des Kantors Gottfried Giessmann, lernt bei Daniel August Titze vom 3. Juni 1779 bis 24. Februar 1785. Wird zuerst in Berlin Meister; heiratet daselbst Sophia Carolina Dorothea, die Tochter des Packhofinspektors Brattfisch (Brathisch?). Siedelt 1796 wieder nach Breslau über und wird ohne nochmalige Arbeitung eines Meisterstückes nach Zahlung von 33 Rtlr. Rezeptionsgebühr am 13. Dezember 1796 in das Mittel aufgenommen. Erwirbt am 6. Januar 1797 das Bürgerrecht. Seine Frau † 12. (begr. d. 15.) V. 1800 (Elis.). Giessmann heiratet am 3. September 1800 Beate Wilhelmine, die Tochter des Destillateurs Johann Gottfried Jacob (MM). Wird 1820 Coffetier, beibt aber Innungsmitglied. Stirbt 1833.

Gilthoff, Sebastian, siehe Goldthoff.

Gimmig, Johann George (Gimmich), Goldarbeiter, Sohn des Pfarrers Johann George Gimmig bei Strassburg i. Els., arbeitet in Breslau bei Christian Schlencker sein Meisterstück, wird Meister im März und Bürger am 15. Juli 1739. Heiratet am 24. Mai 1740 Johanna Dorothea, die Tochter des Goldschmieds Daniel Feist (Elis.). Seine Frau Johanna Dorothea † 3. (begr. d. 6.) XI. 1790 (Elis.). Er selbst stirbt am 17. (begr. d. 20.) Februar 1792, alt 83 Jahre 7 Monate 8 Tage (Elis.). Seine Tochter Maria Dorothea heiratet am 13. November 1793 den Silberarbeiter Johann Gottlob Scholtz (Elis.).

Girlach, Wentzel, siehe Gerlach.

Girschner, Christoph (Gierschner), Goldschmiedgeselle, Sohn des Breslauer Goldschmieds Johann George Girschner, stirbt am 2. (3.) April 1736, alt 32 Jahre (Elis.).

Girschner, Johann [Hans] George (Gierschner, Girsner, Grische, Griesche, Grischner, Kirschner, Kierschner), Goldschmied, wird 1703 Meister. Erwirbt das Bürgerrecht am 31. Juli 1703. Seine Frau † 23. I. 1706. Girschner ist am 13. XI. 1706 Trauzeuge bei St. Matthias. Er stirbt am 17. (begr. d. 19.) Juli 1724, alt 50 Jahre (Elis.). Seine Witwe Elisabeth † 1. XII. 1728. Sein Sohn Christoph, ein Goldschmiedgeselle, † 1736. Girschner zeichnet I G G in einem Dreipasse, vgl. Taf. IV Nr. 126.

a. Kelch, Silber mit wenig Vergoldung, auf dem sechspassigen Fusse geflügelte Engelsköpfchen und Laub- und Bandelwerk in getriebener Arbeit. Auf dem Kuppabelage drei Medaillons mit Leidensattributen zwischen Laub- und Bandelwerk in durchbrochener Arbeit. Um 1722. H. 21,4 cm. Johanneskopf Typus VIII, Stempelmeisterb. B positiv u. Meisterz. — Evang. Pfarrkirche in Rawitsch, Prov. Posen.

Glacz, Hensil von (Johannes, Hannos Glocz, Hannos Goltsmit, Hanke Goltsmit), aurifaber; am Freitag nach Allerheiligen (3. November) 1346 reicht auf zu einem rechten Kaufe Meister Niclos von Glacz der Goltsmit seinem Sohne Hannos das Erbe auf der St. Albrechtisgasse an der Ecke gegenüber Kirstan Schryber (Schöppenb. I. 44 b). 1347 verkauft Hannos Goltsmit dem Nickil Pflug das Gebäude bei Conrad Scherer zunächst (Schöppenb. I. 65). 1348 erwirbt Hensil von Glacz ein Gebäude auf der Altbüssergasse und einen halben Kram (Schöppenb. I. 84, 89). 1349 verkauft Hanke Goltsmit, des Meyster Niclos Son von Glacz, ein Drittel des Erbes auf der Altbüssergasse, worauf Fricze Becherer wohnt (Schöppenb. I. 103). Hensil von Glacz erwirbt das Bürgerrecht am Freitag vor Georgii (19. April) 1364, sein Vater bürgt für ihn. Er verreicht 1367 seiner Frau Elzebeth für den Fall seines Todes 20 Mk. auf allen seinen Besitz (Schöppenb. II. 380 b). Er und Mathis Goltsmit bekennen 1368, dass die Mauer zwischen ihnen beiden gemeinsam gehört (Schöppenb. II. 401 b). Hannos Glacz erscheint zwischen 1373 bis 1398 öfters als Bürge und ist 1390, 1393, 1398 in den Geschworenenlisten der Signaturbücher als Zunftsenior genannt. Stiftet um 1398 mit seiner Frau Katharina einen Altar (vgl. Seite 11). Stirbt um 1399.

Glacz, Niclos von (Glocz), Goltsmit, ist etwa von 1325—1365 in Breslau tätig. Reicht 1346 seinem Sohne Hannos sein Erbe auf der Albrechtsgasse. Erwirbt 1348 das Erbe Hennekin Goltsmits bei Heinkin Rwssinne zunächst (Schöppenb. I. 44 b, 74 a). Leistet 1364 Bürgschaft, als sein Sohn Hensil das Bürgerrecht erwirbt (Bürgerb. I. 11 b).

Glacz, Peter von (Glocz, Petrus Goltsmid), aurifaber, reicht 1364 dem Hospital zum hl. Leichnam 5 Vierdung jährl. Zins auf seine Kaufkammer, wiederverkäuflich um $11^1/_2$ Mk. (Schöppenb. II. 202 b). Peter von Glocz der Goltsmit verreicht 1369 seiner Frau Dorothea für den Fall seines Todes allen seinen Besitz (Schöppenb. III. 27 b). Vgl. Litera filiarum Petri 1337, Antiquarius fol. 17. — Cod. diplom. Siles. Bd. XI. S. 103.

Glaser, Baltzer (Balthasar Glasser), Goldschmied, heiratet als Geselle im September 1550 Helena, die Witwe des Goldschmieds Paul Bock (MM). Wird Meister Ende 1551 oder Anfang 1552. Erwirbt das Bürgerrecht am 4. März 1552. Heiratet als Witwer am 30. August 1558 Maria, die Tochter des Goldschmieds Peter vom Baumgart (MM). Das Brieger Urgichtbuch (fol. 22 a) berichtet 1564, dass Glaser verschiedene gestohlene Wertsachen gekauft habe (Anz. f. Kunde d. deutsch. Vorz. 1878, Sp. 391). Glaser stirbt vor 1579.

Gliczman, Volckmar (Glitzman), Goldschmied u. Wappenschneider, heiratet 1560 Katharina, die Tochter des † Hans Hetzer (Elis.). Bleibt der Innung fern, da er sich ausschliesslich als Wappenschneider betätigt und daher keinem Zunftzwange unterworfen ist. Erwirbt das Breslauer Bürgerrecht am 9. Januar 1565. Wird 1566, 5. XII. 1572 u. 1585 in Breslau erwähnt (Anz. f. Kunde d. deutsch. Vorz. 1881, Sp. 102. — Schles. Vorz. VII, S. 55, 67). Vgl. Gerhard Brensfelt.

Glimmich, Johann Gottlieb (Glimmig), Goldarbeiter, geb. in Schweidnitz, Sohn des Destillateurs Gottfried Glimmich, arbeitet in Breslau bei Daniel Klein als Meisterstück einen Uhrhaken nebst Ring, wird Meister am 1. September und Bürger am 7. September 1746. Heiratet am 2. Januar 1748 Maria Rosina, die Tochter des Goldschmieds George Friedrich Thamm; Trauzeuge ist der Goldschmiedälteste Daniel Klein (MM). Glimmich wird Ende 1765 zum letzten Male erwähnt.

Glock [Glocke], Johann Gottfried, siehe Klock.

Glocz, siehe Glacz.

Glogovia, Bartholomaeus de (Bartholomaeus Goltsmed), aurifaber, wird Breslauer Bürger am Montag nach Epiphania domini (9. Januar) 1385, Bürge ist Thomas Landecke. Conrad Goltsloer reicht 1390 dem Bartholomaeus Gauldsmit und seiner Frau Katharina sein Erbe bei Nysser zunächst; dafür reicht Katharina Melczmeleryn mit Willen ihres Mannes Bartholomaeus dem Conrad Goltsloer die Mark Zins, die sie auf der Agnit Grosnyderin Erbe hat (Schöppenb. VI. 224). Bartholomaeus reicht 1392 dem Procop Plathener erst 6 Mk., dann 3 Mk., dem Heinriczen Weyzin 2 Mk., endlich dem Heinrich Wonschilborg 6 Mk. Zins auf sein Erbe auf der Albrechtsgasse (Schöppenb. VII. 73 b, 75, 78, 84). Am Freitag nach Corpus Christi (14. Juni) desselben Jahres verkauft er dem Niclos Bawtym sein Hinterhaus auf der Altbüssergasse bei Rozeler (Schöppenb. VII. 82 b). Er einigt sich 1401 mit Andres Peizerer wegen 80 Mk., die er dem Peizerer schuldig ist; er soll zunächst 30 Mk. zahlen, die anderen 50 Mk., sobald er in der Lage sein wird (Schöppenb. IX. 47 b).

Goebel, Paul, Goldarbeiter, tritt am 15. Juli 1886 in die Innung ein, bleibt Mitglied bis zum 13. Oktober 1893.

Gödick [Gödig], Sebald, siehe Gedick.

Goelner, Friedrich Wilhelm, Silberarbeiter, geb. in Breslau, Sohn des Kürschners David Goelner, erwirbt das Bürgerrecht am 16. Juni 1843, alt 30 Jahre. Wird nicht Innungsmitglied.

Göppel, siehe Goppel.

Görlach, Wentzel, siehe Gerlach.

Götze, Jacob (Getze), Goldschmiedgeselle von Salzwedel in der Mark, stirbt in Breslau am 29. Januar 1622, alt 27 Jahre (Elis.).

Goldpach, Goldarbeiter ausserhalb der Innung, ist am 8. Oktober 1804 Trauzeuge bei St. Vincenz.

Goldthoff, Hans (Guldenhoff), Goldschmiedgeselle, Sohn des Goldschmieds Sebastian Goldthoff d. j., heiratet am 30. Oktober 1651 Barbara, die Tochter des Michael Wahle, gewesenen Kretschmers vor St. Niclas (Elis.). Stirbt am 10. September 1652, alt 35 Jahre 15 Wochen (Elis.).

Goldthoff, Sebastian [Bastian] (Guldehoff, Guldhoff, Gultthoff, Guldenhoff, Gilthoff, Gülthoff), d. ä., Goldschmied, heiratet als Geselle am 19. Februar 1566 Katharina, die Tochter des † Goldschmieds Hans Bartolme (MM). Wird Meister Ende 1566. Erwirbt das Bürgerrecht am 13. Februar 1567. Wohnt auf der Schmiedebrücke. Seine Tochter Katharina heiratet am 6. Oktober 1598 den Goldschmied George Sauerman (MM). Goldthoff stirbt Anfang Dezember 1599. Seine Witwe Katharina † 22. II. 1601 (Elis.).

Goldthoff, Sebastian [Bastian] (Guldhoff, Gultthoff, Guldenhoff, Gilthof, Gülthoff), d. j., Goldschmied, geb. in Breslau, getauft am 2. Januar 1576, Sohn des Sebastian Goldthoff d. ä., wird 1607 Bürger und Meister. Heiratet am 10. September 1607 Magdalena, die Witwe des George Daniel, Koschwitz genannt, gewesenen Goldschmieds zum Jauer (MM). Wohnt auf der Schmiedebrücke. Stirbt an abzehrender Lungensucht am 26. (begr. d. 29.) September 1633, alt 58 Jahre (Elis.). Seine Witwe Magdalena † 20. (begr. d. 23.) XII. 1634 (Elis. u. MM).

Goldthoff, Sebastian (Guldenhoff), Goldschmiedgeselle, geb. in Breslau, Sohn des Goldschmieds Sebastian Goldthoff d. j., heiratet am 6. Juli 1637 Maria, die Tochter des † Stellmacherältesten George Senftleben (Elis. u. MM). Stirbt am 17. (begr. d. 19.) Januar 1639, alt 27 Jahre (Elis. u. MM). Seine Witwe Maria heiratet am 21. September 1643 den Kaiserl. Proviantbedienten Johann Domnig (MM).

Goltschmidt, Georg, siehe Gultsmyd.

Goltschmidt, Joachim [Jocheym, Jochem], Goldschmied, erwirbt das Bürgerrecht am 16. Februar 1537, wird um dieselbe Zeit Meister. Seine Tochter Hedwig heiratet im Januar 1555 den Goldschmied Eucharius Riher (MM). Goltschmidt stirbt vor 1579.

Goltschmidt, Merten, Goldschmied, erwirbt das Bürgerrecht am 5. März 1568, wird um dieselbe Zeit Meister. Wohnt auf dem Neumarkte. Heiratet als Witwer 16. Trinitatis 1584 Anna, die Witwe des Goldschlägers Wenzel Hofeman (Elis.). Stirbt um 1592.

Goltschmidt, Stenczel [Stanislaus], Goldschmied, erwirbt das Bürgerrecht am Freitag vor Invocavit (11. Februar) 1513, wird um dieselbe Zeit Meister. Am Tage Dorothee (6. Februar) 1520 verreicht Margareta Krafftczober mit ihren beiden Töchtern aus erster Ehe, Anna und Margareta Hennig, dem Stenczel Goltschmidt ihr Haus am Ringe zwischen Ludwig Pfinzigs und Wolffgang Westermehrs Erbe (Tradb. III. 116). Goltschmidt ist 1522 als Zunftältester an einem Hausverkaufe beteiligt (Tradb. IV. 6b). Das an der Nordseite des Ringes gelegene und 1520 von Stenczel Goltschmidt erworbene Haus geht 1524 in den Besitz Ludwig Pfinzigs über, statt dessen kauft Goltschmidt am 1. August 1526 das Haus des Georg Siber zwischen Hans Kässlers und Hans Voyt des Goldschmieds Erbe an der Ostseite des Ringes [heute etwa Haus Nr. 35] (Tradb. IV. 81b, 141b). Goltschmidt stirbt um 1540.

Goltschmidt, Valten, Goldschmied, wird 1545 Bürger und Meister, ist erwähnt im Catalogus civium von 1544. Ist vielleicht identisch mit Valentin Goltschmidt, der 1543 von Bischof Balthasar v. Promnitz zu einem Goldmünzer und Probierer aufgenommen wird (Neisser Lagerbücher — Schles. Vorz. VII. 47, 55). Stirbt vor 1579.

Goltschmidt, Wenczel, d. ä., Goldschmied, erwirbt das Bürgerrecht am Freitag nach Aschermittwoch (23. Februar) 1504, wird um dieselbe Zeit Meister. Ist in keiner Liste des Catalogus civium erwähnt, stirbt also oder verzieht von Breslau vor 1525.

Goltschmidt, Wenczel, d. j., Goldschmied, erwirbt das Bürgerrecht am 3. März 1530. Ist im Catalogus civium von 1544 nicht mehr erwähnt.

Gompricht, Stenzel, siehe Gampricht.

Goppel, Hans (Göppel), Goldschmied, erwirbt das Bürgerrecht am Freitag nach Conversio Pauli (26. Januar) 1526, wird um dieselbe Zeit Meister. Seine Tochter Anna heiratet im September 1544 den Goldschmied Sebastian Garn (MM). Goppel stirbt nach 1544. Siehe Joseph Guldemund.

Goppel, Helias (Gopfel, Göppel), Goldschmied, erwirbt das Bürgerrecht am 25. Februar 1558, wird um dieselbe Zeit Meister. Stirbt vor 1579.

Gotke Goltsmit, siehe Gotke Stillefoyt.

Gotschalck, Victor, Goldschmied, erwirbt das Bürgerrecht am 10. Februar 1539, wird um dieselbe Zeit Meister. Ist im Catalogus civium von 1544 nicht mehr erwähnt.

Graetz, Carl Joseph (Graitz), Goldarbeiter, geb. in Breslau, Sohn des Spaliermachers Carl Joseph Graetz, lernt bei Johann Christian Schlencker vom Qu. Trinitatis 1777—1782. Meldet sich am 19. Februar 1788 als Stückmeister, arbeitet bei Christian Hoensch ein sternförmiges Kreuz mit Rauten, wird Meister am 7. Mai 1788 und Bürger am 12. Februar 1789. Ist am 21. April 1793 Trauzeuge bei St. Vincenz. Stirbt am 25. September 1809.

Graetzer, Daniel (Gräzer, Gretzer), Goldschmied, Sohn des Goldschmieds Hans Graetzer in Münsterberg, wird 1668 in Breslau Bürger und Meister. Heiratet am 8. Januar 1669 Rosina, die Tochter des † Kürschnerältesten George Kleinhunger (Elis.). Wohnt auf der Oderstrasse. Stirbt am 2. (7.) Dezember 1678, alt 40 Jahre etliche Wochen (Elis.). Seine Witwe Rosina † 3. (begr. d. 5.) IV. 1719 (Elis.). Graetzer zeichnet D G in ovalem Felde, vgl. Taf. III Nr. 97.

a. Figuren, Silber, als Belag auf den kupfernen Sargschilden der Breslauer Bäckergesellenschaft. Datiert 1673. Beschauz. W Typus VI u. Meisterz. — Bäcker-Innung, Breslau.

Graetzer, Johann George (Gretzer), Goldschmied, am 9. (10.) Juli 1728 stirbt seine 48 Jahre alte Tochter Anna Rosina.

Gran, Sövren, Goldschmiedgeselle, stirbt in Breslau am 30. Januar 1731, alt 29 Jahre.

Grauer, Johann Carl Siegmund, Goldarbeiter, geb. in Breslau, Sohn des Kaufmannschaftsboten Christian Grauer, lernt bei Ernst Wilhelm Werneck, dann bei Johann Augustin Christian Seeberg vom 1. Juni 1780 bis 15. September 1785. Meldet sich am Qu. Lucie als Stückmeister, arbeitet bei Christian Hoensch einen Schmetterling, dessen Flügel mit Emailflüssen und kleinen Perlen karmoisiert sind. Wird Meister am 5. Juli und Bürger am 12. Juli 1791. Muss 3 Rtlr. für nicht völlig erledigte Wanderzeit und 3 Rtlr. dafür erlegen, dass er an seinem Meisterstücke länger als ein Vierteljahr gearbeitet hat. Heiratet 28 Jahre alt am 11. August 1791 Henriette Luise, die Tochter des Kgl. Tabak-Direktionssekretärs Johann Gottlieb Reinsch (MM). Heiratet als Witwer im Juli 1806 Johanna Juliana, geb. Laube, die Witwe des Staffierers Gottfried Becker in Sulau (Elis.). Ist zwischen 1810—1814 von Breslau abwesend und muss am 11. August 1815 sein Bürgerrecht erneuern. Stirbt 1821.

Grebner, Johann Gottfried [Friedrich] (Grebener, Grevner), Silberarbeiter, geb. am 30. Juli 1773 zu Oelsnitz im Vogtlande, Sohn des dortigen Silberarbeiters und Baumwollenwarenhändlers Carl Gottlob Grebner, lernt bei seinem Vater vom 28. Oktober 1785—1790, arbeitet in Breslau bei Johann Bernhard Hoensch als Meisterstück eine Tirene, wird Meister am 3. August 1797 und Bürger am 23. Januar 1798. Ist in der Meisterliste von 1800 das letzte Mal erwähnt.

Greger [Gregor], Carl Gottlieb, siehe Gröger.

Grenitius, Adamus, Goldschmiedgeselle, Sohn des Diakonus George Grenitius in Prausnitz, heiratet in Breslau am 13. Februar 1607 Maria, die Witwe des Sporers Barthel Grimme (MM).

Gretzer, siehe Graetzer.

Grevner, Johann Gottfried, siehe Grebner.

Griebel, siehe Kriebel.

Griesche, siehe Grische.

Gringel, Steffan, siehe Cringel.

Grische, Christian Benjamin (Griesche), Goldschmiedgeselle, geb. in Breslau, Sohn des Silberarbeiters Ferdinand Grische, lernt bei seinem Vater vom Qu. Crucis 1752—1756, stirbt am 25. (begr. d. 27.) August 1773, alt 38 Jahre 9 Monate (MM).

Grische, Christian Samuel (Griesche), Goldschmied, geb. in Breslau, Sohn des Goldschmieds Elias Grische, arbeitet bei Thomas Kuntze als Meisterstück ein Geschirr nebst Ring und Siegel, wird Meister im März und Bürger am 21. April 1722. Heiratet am 6. Mai 1722 Maria Magdalena, die Tochter des † Kürschnerältesten Johann Christoph Mayer (MM). Stirbt am 18. November 1741, alt 50 Jahre 2 Monate (Elis.). Seine Witwe Maria Magdalena † 27. (begr. d. 29.) VII. 1749 (Elis.). Grische zeichnet C S G in einem dreipassigen Blatte, vgl. Taf. IV Nr. 140.

a. Brautbecher, Silber, in Form eines Mädchens mit Schnürbrust, Reifrock und vorn offenem Mantel mit weiten Ärmeln, das mit emporgehobenen Armen einen kleinen Kessel über dem Haupte hält. Laut Inschrift an dem Kesselrande gestiftet von Christian Rössler 1727 den 26. Majus. H. 16 cm. Johanneskopf Typus IX, Stempelmeisterb. B positiv, Meisterz. u. Kriegssteuerst. *FW*. — Kleinodien der Schiesswerderschützen in Breslau. Schlesisches Museum für Kunstgewerbe und Altertümer, Breslau (Vgl. Schlesiens Vorzeit, Bd. V S. 254 Nr. 26, abgeb. Taf. III Nr. 2).

b. Kanne, Silber mit Vergoldung, graviert. H. 29 cm. Johanneskopf, Stempelmeisterb. C u. Meisterz. — Exzellenz General Durnowo, St. Petersburg (nach Rosenberg Nr. 478).

c. Kirchenampel, Silber, mit Laub- und Bandelwerk in durchbrochener und getriebener Arbeit. Die Hängeketten sitzen an drei plastisch aufgesetzten geflügelten Engelsköpfen. Mit Inschrift: „I. P. H. obt VLI ILLa Deo VotVMqVe eXsoLVI IoannI“ (Chronostichon = 1740). H. 17,5 cm. Johanneskopf Typus XI, Stempelmeisterb. D u. Meisterz. — Schlesisches Museum für Kunstgewerbe und Altertümer, Breslau.

Grische, Elias (Griesche, Krische, Kriesche), Goldschmied, Sohn des Schuhmachers Melchior Grische, wird 1689 Bürger und Meister. Heiratet am 9. Mai 1689 Anna Magdalena, die Tochter des Goldschmiedältesten Christian Mentzel (Elis.). Wohnt auf der Brustgasse. Stirbt Ende November 1714, alt 66 Jahre. Seine Witwe Anna Magdalena † 29. (30.) V. 1738 (Elis.). Grische zeichnet E G in ovalem Felde, vgl. Taf. IV Nr. 112.

a. Willkomm, Silber, Fuss, Schaft, Kelch und Deckel reich getrieben mit flachen landschaftlichen Darstellungen und Reiterszenen zwischen kräftigem Akanthusrankenwerk. An dem breiten Fussrande langovale Buckeln mit Namen und Jahreszahl 1690. Auf dem Deckel als Bekrönung ein Krieger, der mit seiner Linken einen wütenden Ochsen bändigt und in der Rechten ein Beil hält. Um seinen rechten Arm ein Emailschildchen mit allegorischer Figur, Monogramm und Datum 1. März 1690. Am Pokal zwei Reihen mit Münzen und Schildchen. Am Fusse ein Medaillon graviert mit Liebesszene. H. 37,5 cm. Beschauz. W Typus VI u. Meisterz. — Vereinigte Fleischer-Innung, Breslau.

b. Gefäss für Öl, Silber, mit dem Haupte Johannes des Täufers in einer Kartusche. H. 16,8 cm. Johanneskopf Typus II, Meisterz. u. Kriegssteuerst. FW. — Kreuzkirche, Breslau.

c. Szepter, Silber mit wenig Vergoldung, Schaft reich profiliert, als Bekrönung der österreichische Doppeladler. L. 173 cm. Beschauz. W Typus VI u. Meisterz. — Kgl. Universität, Breslau.

d. Bucheinband, Silber, mit Ranken u. Blattwerk in durchbrochener Arbeit. Beschauz. W Typus VI u. Meisterz. — M. Lempertz, Köln, Versteigerungskatalog 79 S. 6 Nr. 68, klein abgebildet.

e. Henkelkanne, Silber, walzenförmig, mit Münzen besetzt, auf dem Deckel ein Pinienzapfen. Beschauz. W Typus VI u. Meisterz. — M. Lempertz, Köln, Versteigerungskatalog 79 S. 6 Nr. 69, klein abgebildet.

Grische, Ferdinand (Griesche, Grüsche, Krische, Kriesche, Krüsche), Silberarbeiter, geb. in Breslau, Sohn des Goldschmieds Elias Grische, wird Meister am 23. März 1722, eröffnet aber erst im Sommer 1725 eine eigene Werkstatt. Erwirbt das Bürgerrecht am 14. August 1725. Heiratet am 29. Oktober 1725 Anna Rosina, die Tochter des Malerältesten George Drescher (Elis.). Seine Frau Anna Rosina † 11. (begr. d. 13.) IV. 1755 (MM). Seine Tochter Susanna Elisabeth heiratet am 23. Januar 1764 den Kartenmacher Carl Gottlob Dittrich (MM). Grische lebt später in dürftigen Verhältnissen und wird 1769 mit Unterstützung der Innung in das Bernhardin-Hospital eingekauft. Grische zeichnet F G in einem rechteckigen Felde mit abgekanteten Ecken, vgl. Taf. IV Nr. 143.

a. Votivtäfelchen, Silber, mit einem Osterlamm in Treibarbeit. Gr. 14 × 13 cm. Johanneskopf Typus XI, Stempelmeisterb. D u. Meisterz. — St. Adalbertkirche, ehemaliges Dominikanerkloster, Breslau.

b. Schreibzeug, Silber, bestehend aus einem Tablett mit Griff, Tintenfass, Streusandbüchschen, Leuchter und einer Tischglocke, Johanneskopf, Stempelmeisterb. E (?), Meisterz. u. Kriegssteuerst. FW. — Verein christlicher Kaufleute, Zwinger, Breslau.

c. Schälchen, Silber, oval, mit dürftigem linearen Blattdekor in getriebener Arbeit. Johanneskopf u. Meisterz., daneben noch ein anderes Meisterz. D G T in herzförmigem Schilde. — Geheimrat Pinkus, Neustadt OS.

Grische, Johann [Hans] George, siehe Girschner.

Grische, Johann Samuel (Griesche, Grüsche, Krische, Kriesche, Krüsche), Goldarbeiter, geb. in Breslau, Sohn des Silberarbeiters Christian Samuel Grische, meldet sich am 26. Februar 1750 als Stückmeister, arbeitet bei Christian Beyl eine Masche (Patzel) und einen Ring, wird Meister am 11. August und Bürger am 18. August 1750. Heiratet in demselben Jahre Johanna Theodora, die Tochter des Zinngiesserältesten Christoph Krause in Schweidnitz; Trauzeugen sind die Gold- und Silberarbeiter Johann Christian Schlencker und Christian Friedrich Mentzel (MM). Grische stirbt 1778.

Grischner, Johann [Hans] George, siehe Girschner.

Gröger, Carl Gottlieb (Greger, Gregor, Grüger, Kröger, Krüger), Silberarbeiter, geb. in Breslau, lernt bei Johann Christoph Jancke d. ä. vom Qu. Trinitatis 1752—1758. Meldet sich als Stückmeister am 28. Dezember 1773, arbeitet bei Christian Hoensch ein silbernes Becken nebst Kanne, wird Meister am 28. Juli und Bürger am 2. August 1774. Da er sich entgegen der Mittelsordnung schon während der Stückarbeit zwei Gesellen gehalten hat, muss er 4 Rtlr. Strafe erlegen. Seine Frau Rosina Helena, geb. Hanschmann, † 13. (begr. d. 16.) XII. 1793 (MM). Er selbst stirbt im Januar 1798. Gröger zeichnet CGG in einem Dreipasse, vgl. Taf. V Nr. 169.

a. Kleinod des Schiesswerderschützenkönigs Johann Christian Karsch, Silber vergoldet, in der Mitte ein Oval mit Emblemen des Böttchergewerbes, am Rande später Rokokodekor in getriebener Arbeit. Datiert 1777. Johanneskopf Typus XIII, Stempelmeisterb. H u. Meisterz. — Kleinodien der Schiesswerderschützen in Breslau. Schlesisches Museum für Kunstgewerbe und Altertümer, Breslau.

b. Willkommschildchen, Silber, mit spätem Rokokodekor, in der Mitte in vergoldeter Auflage ein Osterlamm in einem Kranze. Gestiftet 1781. Dm. 14 × 11 cm. Johanneskopf Typus XIV, Stempelmeisterb. H u. Meisterz. — Vereinigte Fleischer-Innung, Breslau.

c. Standkruzifix, Silber, auf dreiteiligem Fusse mit spätem Rokoko- und Louis XVI.-Dekor in getriebener Arbeit. H. 59 cm. Johanneskopf Typus XIV, Stempelmeisterb. H u. Meisterz. — Elisabethkirche, Breslau.

d. Altarleuchter, Silber, ein Paar, auf dreiteiligem Fusse mit spätem Rokoko- und Louis XVI.-Dekor in getriebener Arbeit. H. 90 cm. Johanneskopf Typus XIV, Stempelmeisterb. H. u. Meisterz. — Elisabethkirche, Breslau.

e. Tischleuchter, Silber, ein Paar, im Louis XVI.-Stil (vgl. Fig. 38). Johanneskopf, Stempelmeisterb. L, Meisterz. u. Kriegsteuerst. *FW*. — Güterdirektor Scholtz, Klein-Tinz bei Breslau.

f. Salzfässchen, Silber, schiffchenförmig, mit Glaseinsatz. H. 6,8 cm. Johanneskopf 13-lötig (vgl. Taf. II Nr. 28), Stempelmeisterb. L, Meisterz. u. Kriegssteuerst. *FW* (wie Fig. 9b). — Schlesisches Museum für Kunstgewerbe und Altertümer, Breslau (Vermächtnis Epstein).

Grosche, Julius August, Silberarbeiter, geb. am 31. März 1830 in Puditsch, Kr. Trebnitz, lernt in Breslau bei Friedrich Wilhelm Schulz vom Qu. Johannis 1844—1849. Meldet sich am 26. Januar 1855 zur Aufnahme in die Innung, wird am 17. April rezipiert, scheidet am 21. April 1873 wieder aus. Ist von 1877—1882 Stadtverordneter.

Gross, August Anton Joseph, Goldarbeiter, geb. in Breslau, lernt bei Johann Gottfried Kiesling vom 14. September 1797 bis 10. März 1803. Arbeitet bei Daniel August Titze als Meisterstück einen mit Brillanten karmoisierten Haarkamm, wird Meister am 4. Oktober und Bürger am 30. November 1810. Ist in der Meisterliste von 1827 das letzte Mal erwähnt.

Grosser, George, Goldschmiedgeselle, geb. in Breslau, Sohn des Schusters Hans Grosser, stirbt am 24. (begr. d. 26.) Juli 1619, alt 20 Jahre (Elis. u. MM).

Groth, Johann Elias, Silberstecher, Sohn des Diakonus Daniel Groth in Augsburg, heiratet in Breslau am 27. September 1746 Susanna Eleonora, geb. Richter, die Witwe des Schmieds David Herrmann (MM).

Grübel, siehe Kriebel.

Grüger, Carl Gottlieb, siehe Gröger.

Grüsche, siehe Grische.

Gruss, Hieronimus, Silberstecher, erwirbt das Bürgerrecht am 14. Februar 1757.

Gülthoff, siehe Goldthoff.

Günther, Gottlieb [Gottlob] David (Gunther, Günder, Gunder), Gold- und Silberarbeiter, geb. 1783 in Fraustadt, Sohn des dortigen Zimmermeisters Andreas Günther, lernt in Breslau bei Johann Gottlob Tholuck vom Qu. Trinitatis 1796 bis Qu. Lucie 1801. Arbeitet bei Daniel August Titze als Meisterstück ein Halsband mit Brillanten, wird Bürger am 9. Oktober und Meister am 18. November 1807. Heiratet am 29. September 1808 Wilhelmine Christiane, die Tochter des † Chirurgen Christian Gottfried Reichenbach (Elis.). Lässt im Februar 1811 sein Kind, im Mai 1814 sich selbst en miniature, im Januar und Februar 1815 sich selbst und seine Frau in Öl von Gottfried August Thilo in Breslau malen. Ist von 1817—1819 Stadtverordneter. Feiert 1857 sein fünfzigjähriges Meisterjubiläum. Stirbt am 28. (29.) März 1863. Zeichnet GUNTHER.

Günther, Gebrüder, unterhalten in Breslau ein Arbeitslokal für Gold- und Silberwaren; da keiner der Brüder geprüfter Gold- und Silberarbeiter ist, erhebt die Innung am 13. Oktober 1863 gegen den Geschäftsbetrieb Einspruch, doch ohne Erfolg (Protokollbuch III).

Gürter, Gottfried, Goldschmiedgeselle, stirbt am 3. Januar 1730, alt 57 Jahre.

Guhl, Herrmann, Goldarbeiter, tritt am 15. Juli 1886 in die Innung ein und bleibt Mitglied bis zum 13. Oktober 1893.

Guldemund, Joseph, Goldschmiedgeselle, steht 1539 bei Hans Goppel in Arbeit und giesst in seines Meisters Werkstatt für sich selbst etliche Ringe. Da er „damit wider die gewonheit des bemelten handwergs, wieder die tzech vnd gedachten Hansen Goppel seinen meister gehandelt", wird er verklagt. Guldemund bittet um Verzeihung, die ihm gewährt wird; darauf erkennen die Ratmannen am 12. August 1539, dass kein Teil dem anderen solches fürderhin im Argen gedenken soll (Lib. definit. I. 186a).

Guldenhoff, siehe Goldthoff.

Gultsmyd, Georg (Goltschmidt), aurifaber, wird Bürger am Freitag nach Esto mihi (6. März) 1495. Stirbt vor 1525.

Gumpert, Georg Heinrich, Goldarbeiter, geb. in Breslau am 19. September 1811, Sohn des Färbers Georg Gumpert, ist mütterlicherseits ein Enkel des Goldarbeiters Daniel August Titze, lernt bei Johann Gottlieb Thun vom 27. September 1827 bis 4. Januar 1832. Arbeitet als Geselle in Wien bei Gasterstätt, in Rom bei Castellani, in

Paris bei Vieno. Erwirbt das Bürgerrecht am 7. Januar 1842. Meldet sich am 5. Juli 1850 zur Aufnahme in die Innung und wird am 8. Oktober rezipiert. Stirbt am 16. Mai 1893. Zeichnet H. GUMPERT.

a. Buggia, Silber, bez.: H. GUMPERT 13. H. 8 cm. — Domschatz, Breslau.

Gundermann, Gustav, Juwelier, tritt am 2. (13.) Oktober 1883 in die Innung ein, scheidet am 1. Oktober 1890 wieder aus.

Guschker, Carl, Silberarbeiter, geb. in Ober-Stephansdorf am 6. Dezember 1847, Sohn des Weichenstellers Gottlieb Guschker, lernt in Breslau bei Otto Krutsche vom Qu. Johannis 1862–1867. Tritt am 2. Oktober 1883 in die Innung ein und bleibt Mitglied bis zum 13. Oktober 1893.

Gutsche, Carl Gottlob, Goldarbeiter, stirbt am 2. (begr. d. 4.) August 1799, alt 63 Jahre (Elis.).

Guttentag, Jacob, Goldarbeiter, geb. in Breslau, erwirbt das Bürgerrecht am 13. Januar 1823, alt 20 Jahre. Seine beiden Gesuche um Aufnahme in die Innung werden am 28. Dezember 1826 und 5. November 1841 abschlägig beantwortet.

Guttmann, Carl George, Goldschmied ausserhalb der Zunft, wird 1740 am Dom erwähnt (Schles. Vorz. VII. 488).

Guttmann, Johann George, Goldschmiedgeselle, seine Witwe Barbara Rosina, geb. Materne, heiratet am 27. November 1759 den Goldarbeitergesellen Carl Christian Münch (MM). Seine Tochter Susanna Juliana heiratet am 9. Juli 1781 den Zwirnhändler Carl Gottlob Kühnel (Elis.).

Haar, Christian, siehe Harr.

Haase, Carl Gottfried (Hase, Hasse), Silberarbeiter, geb. in Schlichtingsheim Prov. Posen, meldet sich in Breslau am 30. Mai 1756 (1755?) als Stückmeister, arbeitet ein silbernes Becken nebst Kanne, wird Bürger am 11. März und Meister am 20. (30.) August 1756. Ist Ältester seit 1792 und mutmasslicher Stempelmeister mit dem Buchstaben L seit Mai 1793. Stirbt am 14. (begr. d. 16.) November 1796, alt 73 Jahre 7 Monate 14 Tage (MM). Haase zeichnet kleine Arbeiten C G H in einem gezackten Blatte, grosse Arbeiten HAASE positiv eingeschlagen, vgl. Taf. V Nr. 164.

a. Zuckerdose, Silber, oval, auf vier Füsschen, mit Rippung, Blumen und Rokokokartuschen in getriebener Arbeit. H. 11,4 cm. Johanneskopf Typus XII, Stempelmeisterb. F u. Meisterz. — Staatsrat O. v. Essen Breslau.

b. Salzfass, Silber, in Rokokoformen mit Blumen in getriebener Arbeit. Johanneskopf Typus XIII, Stempelmeisterb. G Typus II, Meisterz. u. Kriegssteuerst. FW. — Schlesisches Museum für Kunstgewerbe und Altertümer, Breslau (Vermächtnis Epstein).

c. Kelch, Silber, Kuppa vergoldet, auf dem runden, wenig profilierten Fusse und dem birnförmigen Nodus späte Rokokokartuschen und Blumenwerk in getriebener, auf dem Kuppabelag in durchbrochener Arbeit. H. 22 cm. Johanneskopf Typus XIII, Stempelmeisterb. H u. Meisterz. — Kath. Pfarrkirche St. Bartholomaei, Oberglogau OS.

d. Altarleuchter, Silber, ein Paar, mit profiliertem Ständer auf dreiteiligem Fusse, von dem Fig. 18 abgebildeten Typus, doch statt der Barockmotive mit spätem Rokokodekor in getriebener Arbeit. Datiert 1780. H. 85,5 cm. Johanneskopf Typus XIV, Stempelmeisterb. H u. Meisterz. HAASE. — Evang. Gnadenkirche zum hl. Kreuze Christi, Hirschberg.

e. Reliquienstandkreuz, Silber mit Vergoldung und Steinen, auf dem ovalen Fusse und dem Ständer späte Rokoko-Motive in getriebener Arbeit. Auf der Vorderseite der Crucifixus und vier Medaillons mit Heiligen. Auf der Rückseite Behälter für Reliquien, hellroter Glasbelag und Perlenschnuren. Zwischen den Kreuzbalken vergoldete Strahlen. Datiert 1783. H. 45,5 cm. Johanneskopf Typus XIV, Stempelmeisterb. H u. Meisterz. — Kath. Pfarrkirche St. Bartholomaei, Trebnitz.

f. Tischleuchter, Silber, ein Paar, auf dem runden Fusse und Schafte Blumen und Rokokodekor in getriebener Arbeit. H. 21,6 cm. Johanneskopf Typus XIV, Stempelmeisterb. H u. Meisterz. — Schlesisches Museum für Kunstgewerbe und Altertümer, Breslau.

g. Altarkreuz. Johanneskopf, Stempelmeisterb. ? u. Meisterz. HAASE. — Kath. Pfarrkirche in Zerkow, Prov. Posen (nach J. Kohte, Kunstdenkmäler d. Prov. Posen, Bd. I S. 132.).

Haase, Johann Franz [Carl?] Joseph, Goldarbeiter, geb. in Breslau, Sohn des Mehlhändlers Anton Haase, lernt bei Johann Friedrich Wilhelm Fuss von Weihnachten 1806 bis Michaelis 1812. Erwirbt das Bürgerrecht am 17. September 1819, alt 27 Jahre. Wird nicht Innungsmitglied.

Hacker, Johann Jacob [Friedrich] (Hackel), Goldarbeiter, erwirbt das Bürgerrecht am 15. Dezember 1815. Tritt am 14. September 1816 in die Innung ein. Ist 1840 das letzte Mal erwähnt

Haedelhofer, siehe Hedelhofer.

Haenel, Johann Andreas (Hähnel, Hänle), Goldschmied, arbeitet bei Gottfried Heyner als Meisterstück einen Kelch nebst Ring und Siegel, wird Meister am 27. Januar und Bürger am 13. Juni 1716. Seine Frau Anna Magdalena, geb. Mündner, † 17. (begr. d. 19.) I. 1720 (Elis.). Haenel heiratet am 19. Mai 1721 Maria Elisabeth, die Tochter des Kürschners Christian Fritsche (Elis.). Stirbt am 24. April 1723 (2. Mai 1722?), alt 35 Jahre 43 Wochen. Sein Sohn Johann Andreas, ein Goldschmiedgeselle, † 4. (begr. d. 6.) XII. 1757, alt 39 Jahre 46 Wochen (MM). Seine Witwe Maria Elisabeth † 23. (begr. d. 25.) I. 1760 (Elis.).

Haenel, Samuel (Haehnel, Hännel, Händel, Hannel), Goldschmied, geb. in Breslau, Sohn des Kretschmers Balthasar Haenel, arbeitet als Meisterstück einen Kelch nebst Ring und Siegel, wird Meister am 15. Oktober und Bürger am 27. Oktober 1730. Heiratet am 13. November 1730 Anna Rosina, die Witwe des Rotgerbers George Mohr (MM). Stirbt am 14. (begr. d. 16.) August 1750, alt 49 Jahre 9 Monate 10 Tage (Elis.). Sein Sohn August Wilhelm, ein Regiments-Feldscher, heiratet 1787 Christiana Salome, die Tochter des Schönfärbers Werner in Wartenberg (Elis.).

Hänicke, Johann Friedrich Gottlob, siehe Heintke.

Haentschel [Haenschel], Benjamin, siehe Hentschel.

Haertel, Herrmann Carl Robert, Silberarbeiter, geb. in Breslau (oder Trebnitz), Sohn des Kürschners Gottlieb Haertel, lernt bei Johann David Klose von Ostern 1826—1831. Erwirbt das Bürgerrecht am 5. November 1839, alt 28 Jahre. Meldet sich am 11. Januar 1840 bei der Innung als Stückmeister und wird am 11. (15.) April rezipiert. Ist in der Meisterliste von 1882 das letzte Mal genannt. Haertel zeichnet RH negativ eingeschlagen.

a. Kelch, Silber, für Krankenkommunion, klein, mit Rokokodekor im Geschmack des 19. Jahrhunderts. Datiert 1853. Johanneskopf mit Jahreszahl 53, Stempelmeisterb. T u. Meisterz. — Evang. Pfarrkirche St. Michaelis, Strehlen.

b. Weinkanne, Silber, ohne Dekor. Datiert 1858. Johanneskopf mit Jahreszahl 58, Gehaltst. 70, Stempelmeisterb. T u. Meisterz. — Elisabethkirche, Breslau.

Härting, Johann, siehe Hans Hartig.

Häuser, siehe Heuser.

Häussig [Häussiger], Johann Gottlieb, siehe Heissig.

Häussler, Daniel, siehe Heuser.

Hagen, Hans, Goldschmied und Erbsass auf dem Gebiete des Matthiasstiftes; siehe Seite 36.

Hagen, Johann, Goldschmiedgeselle; die Innung weigert sich, ihn als Meister zu rezipieren. Am 2. August 1670 entscheiden die Ratmannen, „würde der Hagen noch ein viertel jahr alhier arbeiten oder dafür ein gewißes stücke geldes . . . in die zunftlade einlegen, wie nichts minder seines ehweibes geburtsbrief einliefern, so ist das mittel der goldschmiede schuldig, ihn zum meisterrechte kommen und das meisterstücke fertigen zulassen, iedoch also und dero gestalt, daß der Hagen vier jahr lang keinen jungen zulehren befuget seyn solle.“ Da die Innung sich dem Urteil nicht fügen will, wiederholen die Ratmannen am 20. Dezember 1670 den Bescheid vom 2. August (Lib. definit. VIII. 139^{b}—140^{a}, 162). Hagen scheint jedoch nie zum Meisterrechte gekommen zu sein. Ist vielleicht identisch mit Johann Hagen, der 1700 als „unbezechter“ Goldschmied auf dem Sande erwähnt wird (Schles. Vorz. VII. 488).

Hager, Wilhelm Christoph, Goldarbeiter, wird Bürger am 6. Mai und Innungsmeister am 2. September 1814. Bekleidet seit dem 7. April 1836 den Posten des Mittelsboten. Scheidet am Qu. Michaelis 1859 wegen hohen Alters aus der Innung und tritt in eine Bürgerversorgungsanstalt ein.

Hager, Wilhelm Christoph, Goldarbeiter, geb. in Magdeburg, Sohn des Feilhauers Conrad Hager, erwirbt das Breslauer Bürgerrecht am 8. September 1826, alt 39 Jahre. Wird nicht Innungsmitglied.

Haine, siehe Heyne.

Haker, Heinrich (Hogkorn), aurifaber, wird Bürger am Freitag nach Dionysii (11. Oktober) 1426. Heisst 1432 und 1434 im Schöppenbuch XIII u. XIV Meister Heinrich Hogkorn der Gultsmed.

Hammer, Christian David, Gold- und Silberarbeitergeselle, geb. in Breslau, Sohn des Goldschmieds Samuel Hammer, heiratet am 26. Oktober 1756 Elisabeth, die Tochter des † Gärtners Gottfried Findeklee (MM).

Hammer, David (Hamer), Goldschmied, geb. in Breslau, Sohn des Weissgerberältesten David Hammer, Bruder des Goldschmieds Samuel Hammer, arbeitet bei Hans Jachman d. j. als Meisterstück einen Kelch nebst Ring und Siegel, wird Meister am 10. Juli und Bürger am 28. Juli 1719. Heiratet am 8. August 1719 Susanna Eleonora, die Tochter des Goldschmiedältesten Gottfried Heyner (MM). Seine Frau Susanna Eleonora † 20. (begr. d. 22.) VI. 1721 (MM). Hammer heiratet am 11. Juli 1725 Johanna Katharina, die Tochter des † Leinwandreissers Andreas Gallasch (Elis.). Seine Frau Johanna Katharina † 18. (begr. d. 19. oder 20.) VIII. 1731 (MM). Er selbst stirbt am 24. (begr. d. 26.) Mai 1751, alt 64 Jahre 4 Monate (Elis.).

Hammer, Samuel (Hamer), Goldschmied, geb. in Breslau, Sohn des Weissgerberältesten David Hammer, wird 1711 Meister. Erwirbt das Bürgerrecht am 3. Juli 1711. Heiratet am 14. Juli 1711 Rosina Eleonora, die Tochter des † Goldschmieds Christian Winckler, Pflegetochter des Goldschmieds Johann George Schier (MM). Ist Mittelsältester seit 1728. Stirbt am 14. April 1732, alt 51 Jahre weniger 14 Tage; ist am 16. April in der Goldschmiedekapelle in der St. Maria Magdalenenkirche beigesetzt worden (MM). Seine Tochter Johanna Eleonora heiratet am 14. Januar 1738 den Goldarbeiter George David Kramer (MM). Seine Witwe Rosina Eleonora † 23. I. 1746.

Hammer, Samuel Gottlieb, Goldarbeiter, geb. in Breslau, Sohn des Goldschmieds Samuel Hammer, arbeitet bei Heinrich August Joel als Meisterstück einen Uhrhaken und Ring, wird Meister am 11. April und Bürger am 16. April 1740. Heiratet am 26. April 1740 Maria Elisabeth, die Tochter des Kretschmers Christian Rudel (Elis.). Seine Frau † 28. (begr. d. 30.) X. 1740 (MM). Hammer ist in der Liste von 1744 zum letzten Male genannt, kümmert sich 8—9 Jahre nicht um die Innung und ersucht dann das Mittel um Erneuerung der Rezeption. Man kommt seiner Bitte unter der Bedingung nach, dass er die rückständigen Beiträge nachzahlen soll; darauf scheint Hammer nicht eingegangen zu sein. Er stirbt am 8. (begr. d. 10.) Dezember 1766, alt 57 Jahre 7 Monate 21 Tage (MM).

Hancke, Carl Friedrich Julius (Hanke), Goldarbeiter, Sohn des herrschaftl. Bedienten Friedrich Wilhelm Hancke, arbeitet bei Samuel Christoph Thun als Meisterstück ein Paar Ohrgehänge mit à jour gefassten Brillanten, wird Meister am 22. Oktober und Bürger am 29. Oktober 1805. Heiratet am 15. September 1806 Johanna Juliana, die Tochter des † Destillateurs Johann David Nuschke (Elis.). Stirbt am 15. (begr. d. 17.) Mai 1809, alt 27 Jahre (Elis.).

Hanelein, Caspar, aurifaber, erwirbt das Bürgerrecht am Dienstag nach Quasimodo (20. April) 1490.

Haner (?), Hans, Goldschmied, wird 1614 Bürger und Meister. Ist im Catalogus civium von 1617 nicht mehr erwähnt.

Hannel, Samuel, siehe H a e n e l.

Hanuschko aurifaber, siehe Hanuschko F r i b e r g.

Harder, Marcus, Goldschmiedgeselle von Itzehoe in Holstein, heiratet in Breslau am 16. Januar 1570 Anna, die Witwe Hans Keyperts von Öls, Tochter des † Sonnenkramers Hans Schmidel (MM).

Harr, Christian (Haar), Silberarbeiter, geb. in Breslau, Sohn des Musketiers Christian Harr, arbeitet als Meisterstück einen Pokal nebst Ring und Siegel, wird Meister am 26. Oktober und Bürger am 31. Oktober 1732. Heiratet am 17. November 1732 Maria Elisabeth, die Tochter des Schuhmachers Johann George Egender; Trauzeuge ist der Goldschmied Christian Maximilian Schmidt (MM). Stirbt am 1. (begr. d. 3.) Juli 1748, alt 47 Jahre 7 Monate (Elis.).

Hartert, Hiob, Goldschmied, er und seine Frau Dorothea lassen am 20. Januar 1572 ihre Tochter Barbara taufen (MM).

Hartig, Hans (Hartwig, Harting, Härting, Herting), Goldschmied, Sohn des Blasius Hartig in Leipzig, wird 1640 in Breslau Bürger und Meister. Heiratet am 16. Oktober 1640 Barbara, die Tochter des Kretschmers Michael Oelsner (MM). Wohnt am Ringe unter den Riemern. Stirbt am 20. Juni 1654, alt 46 Jahre (Elis.). Seine Witwe Barbara führt die Werkstatt weiter, stirbt am 11. (begr. d. 14.) Mai 1702, alt 84 Jahre 16 Wochen (Elis.). Hartig zeichnet H H ligiert, vgl. Tafel III Nr. 83.

a. D e c k e l k a n n e, Silber mit Vergoldung, tonnenförmig, vertikal in acht Buckeln geteilt, auf die vier figürliche Darstellungen und vier Wappen graviert sind. Aus den Wappen ergibt sich, dass die Kanne zur Vermählung des Freiherrn Friedrich von Nimptsch mit der Gräfin Maria von Hoberg auf Fürstenstein und Rohnstock im Jahre 1648 verfertigt worden ist. H. 14,8 cm. Beschauz. W Typus V u. Meisterz. — Schlesisches Museum für Kunstgewerbe und Altertümer, Breslau.

Hartman, Carl Wilhelm, Goldschmied, Sohn des Hof- und Feldtrompeters Adam Hartman in Zerbst, wird Meister im Januar und Breslauer Bürger am 6. Februar 1706. Heiratet am 15. Februar 1706 Maria Elisabeth, die Tochter des † Goldschmieds David Kriebel (Elis.). Stirbt am 17. (begr. d. 19.) September 1729, alt 54 Jahre 5 Monate 10 Tage (Elis.). Seine Witwe Maria Elisabeth † 1. (begr. d. 3.) X. 1745 (Elis.). Seine Tochter Anna Helena heiratet am 21. November 1746 den Drechsler Elias Gottlieb Muche; Trauzeuge ist der Goldarbeiter Johann David Kriebel (MM). Hartman zeichnet C W H in einem herzförmigen Schilde, vgl. Taf. IV Nr. 128.

a. W i l l k o m m s c h i l d c h e n an einem zinnernen Pokal der Breslauer Korbmachergesellen, Silber, sechs Stück, oval, in der Mitte ein von einem Engel gehaltenes Schildchen mit Zunftemblemen der Korbmacher; am Rande Akanthusranken in Treibarbeit. Datiert 1707, 1710, 1713. Johanneskopf u. Meisterz. — Schlesisches Museum für Kunstgewerbe und Altertümer, Breslau.

b. D e c k e l b e c h e r, Silber, in der auf Seite 63 Fig. 17 abgebildeten Form, oben drei Muscheln zwischen Akanthusranken, unten schräge Rippung. Johanneskopf Typus II u. Meisterz. — Geheimrat Pinkus, Neustadt OS.

c. Deckelbecher, Silber, ähnlich wie Nr. b. H. 21,1 cm. Johanneskopf Typus IV, Stempelmeisterb. A, Meisterz. u. Kriegssteuerst. 𝔐𝔚. — Schlesisches Museum für Kunstgewerbe und Altertümer, Breslau.

d. Deckelbecher, Silber, in Form eines Tönnchens mit Henkel. Johanneskopf Typus IV, Stempelmeisterb. A u. Meisterz. — Geheimrat Pinkus, Neustadt OS.

e. Deckelbecher, Silber, eiförmig, mit Griff. H. 17,5 cm. Johanneskopf, Stempelmeisterb. A u. Meisterz. — J. & H. Jeidels, Frankfurt a. M. (nach Rosenberg Nr. 474).

f. Zuckerdose, Silber, oval, auf dem am Rande gerippten Deckel wenig Akanthusranken auf punziertem Grunde. Auf vier Füsschen. H. 6 cm., Dm. 11 × 9 cm. Johanneskopf Typus V, Stempelmeisterb. B negativ u. Meisterz. — Schlesisches Museum für Kunstgewerbe und Altertümer, Breslau (Vermächtnis Epstein).

g. Kelch, Silber mit heller Vergoldung, auf dem profilierten, sechspassig gebogten Fusse und auf dem Kuppabelag Ornamente im Laub- und Bandelwerkstile in getriebener, an der Kuppa in durchbrochener Arbeit. Nodus birnförmig. Auf der Kuppa in Punktierung die Inschrift: „herr friedrich Seydel bürger und kaufmam (!) aus breslau 1722“. H. 22 cm. Johanneskopf Typus VIII, Stempelmeisterb. B positiv, Meisterz. u. Kriegssteuerst. Adlertypus. — Evang. Pfarrkirche in Gross-Baudiss, Kr. Liegnitz.

Hartwig, Hans, siehe Hartig.

Hartwig, Valten, siehe Hertwig.

Hase [Hasse], Carl Gottfried, siehe Haase.

Haubenthaler, Hans, Goldschmied, stirbt am 18. März 1606, alt 60 Jahre (Elis.).

Haunburg, Christoph Bernhard, Goldarbeiter ausserhalb der Innung, wird 1713 am Dom erwähnt (Schles. Vorz. VII. 488).

Haupt, Daniel, Goldschmiedgeselle, Sohn des Breslauer Goldschmieds Hans Haupt, stirbt am 17. November 1633.

Haupt, Hans [Johannes] (Haubt, Heupt, Heubt, Hept, Hebt), Goldschmied, Sohn des Franciscus Haupt zu Malckwitz, heiratet in Breslau als Geselle am 14. April 1578 Anna, die Witwe des Goldschmieds Andreas Kolbe (Elis. u. MM), wird in demselben Jahre Bürger und Meister. Wohnt auf dem Hühnermarkte. Seine Frau Anna † 24. IV. 1587. Haupt heiratet am 16. Februar 1588 Margareta, die Tochter des Bortenhändlers Georg Leder (MM). Sein Lehrjunge Valentin Scholtz † 22. (29.) IX. 1606. Seine Tochter Maria heiratet am 8. August 1616 den Glaser Valten Weyner (MM). Seine Tochter Anna heiratet am 15. August 1616 den Goldschmied Hans Neuman (MM). Haupt stirbt als Zunftältester am 18. (begr. d. 21.) Februar 1628, alt 89 Jahre (Elis. u. MM). Seine Witwe Margareta † 24. (begr. d. 26. oder 27.) XII. 1631 (Elis. u. MM). Hans Haupt oder Hans Hoffman dem jüngeren dürfte das auf Taf. III Nr. 62 wiedergegebene Meisterzeichen zuzuweisen sein.

a. Kelch, Silber vergoldet, auf dem sechspassigen Fusse Renaissance-Rollwerk, Engelsköpfchen und Früchtebuketts in getriebener Arbeit. Nodus birnförmig mit Früchtegirlanden. Der silberne Kuppabelag mit Engelsköpfchen zwischen Rollwerk in durchbrochener Arbeit. Unter dem Fusse eine runde Platte graviert mit dem Stifterwappen und der Inschrift: „F. BARTHOLOMEꝰ FVCHS. PRÆPOSIT. ZOTEN: HVIC. ECCLÆ. S. IACOBI. DONO. DEDIT. ANNO. 1588.“ H. 23 cm. Beschauz. W Typus II, Meisterz. u. Kriegssteuerst. Adlertypus. — Kath. Pfarrkirche St. Jacobi, Zobten am Berge.

Hausmann, Johann Adam, Goldarbeiter, geb. in Hanau, Sohn des Seidenwirkers Carl Philipp Hausmann, erwirbt das Breslauer Bürgerrecht am 3. Oktober 1827, alt 24 Jahre. Wird Innungsmitglied am 26. Oktober 1839. Ist in der Meisterliste von 1867 das letzte Mal genannt.

Haussiger, Johann Gottlieb, siehe Heissig.

Hayn, Conrad, siehe Hein.

Hayn, Ferdinand Traugott, siehe Heyn.

Hayne [Hayn], siehe Heyne.

Hebt, Hans, siehe Haupt.

Hedelhofer, George Ludwig (Hädelhofer, Hödelhofer), Goldschmied, Sohn des Goldschmieds George Hedelhofer in Ratibor, heiratet in Breslau am 30. September 1669 Dorothea, geb. Kluge, die Witwe des Goldschmieds Elias Heuser (MM). Wird um dieselbe Zeit Bürger und Meister. Wohnt auf der Ohlgassen in Johann Burghardts Hause. Stirbt am 26. (begr. d. 28.) Februar 1679, alt 43 Jahre 10 Monate (Elis. u. MM). Seine Witwe Dorothea † 19. XII. 1684 bei Susanna Hedelhoferin auf der Albrechtsstrasse.

Hedelhofer, Jacob (Haedelhofer, Hödelhofer), Goldschmied, Sohn des Goldschmieds George Hedelhofer in Ratibor, wird in Breslau Ende 1664 oder Anfang 1665 Bürger und Meister. Heiratet am 16. Februar 1665 Anna, die Tochter des Partkrämers Nikolaus Kurtzman (Elis.). Wohnt am Ringe unter den Riemern. Stirbt am 15. (21.) August 1690, alt 60 Jahre (Elis.). Seine Witwe Anna † 29. (begr. d. 31.) VIII. 1710 (Elis.). Hedelhofer zeichnet İH ligiert in aufrecht ovalem Felde, vgl. Taf. III Nr. 94.

a. Sargschilde der Breslauer Tuchscherer, allegorische Gestalten, Glaube und Hoff- emblemen, Helmdecke, Greif, Doppeladler Inschrift und Jahreszahl 1665. Dm. — Tuchmacher-Innung, Breslau.

b. Sonnenmonstranz des Bischofs Se- email. Auf dem Fusse durchbrochene Donators. Alles farbig emailliert. Um BASTIANVS EPVS VRATISLAV. Als umgehängte Kette nachträgliche Zutat. Meisterz. u. Kriegssteuerst. ꟻW. — Dom-

c. Altarleuchter, Silber, ein Paar, ab- Studiosus med. Daniel Carll 1676 gestiftet. hofer diese Leuchter 1676 in drei Monaten Typus VI u. Meisterz. — Barbarakirche,

d. Deckelhumpen, Silber mit Vergoldung. goldete Medaillons mit gravierten Pro- und vergoldeten Muscheln. Auf dem sette, ein Alliancewappen der Ortlob und VI u. Meisterz. — Schlesisches Museum

Hedelhofer, Paul (Haedelhofer, Hödelhofer, Hutschmückers George Hedelhofer in Meister. Heiratet am 14. Juli 1626 Su- Volgnadt (Elis.). Wohnt auf der Odergasse des Goldschmieds Caspar Drogen. Stirbt Seine Witwe Susanna führt die Werkstatt Innungsmeistern Schwierigkeiten (vgl. d. 15.) Mai 1640 auf dem Ringe unter

Hedelhofer, Paul (Haedelhofer, Hödelhofer, Breslau, Sohn des Goldschmieds Paul urkunden die Breslauer Schöppen, dass Haus des Harfenisten Krause nach voran- dieser sich wegen seiner Anforderungen Nr. 90. — Schles. Vorz. ger und Meister. Hei- Susanna, die Tochter des rich Vicke (MM). Stirbt gust (2. September) 1683, 2 Tage (Elis.). Seine IV. 1692 (Elis. u. MM). ligiert in ovalem Felde, könnte sich auch noch Meisterzeichen auf Paul falls dieses nicht auf deutet werden muss.

a. Wiege des Christus- goldung, mit grossen ner Arbeit. Auf dem Inschrift: „Hedvigis Pruschakowin Abbatissa Anno 1665“. H. 20, 5 cm. 19,3×10 cm. Beschauz. Meisterz. wie auf Taf. III lertypus. — Kath. Pfarr-

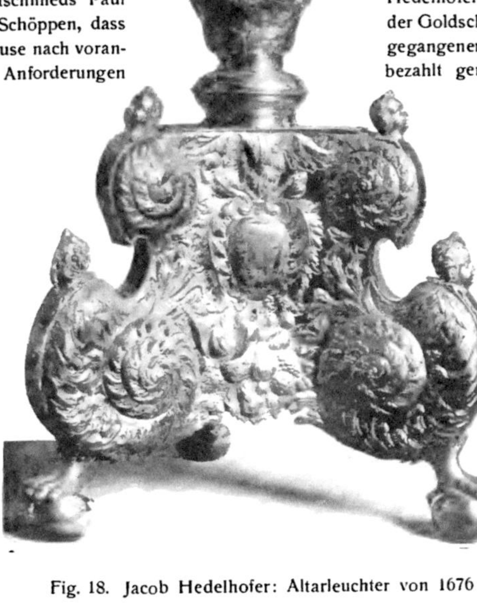

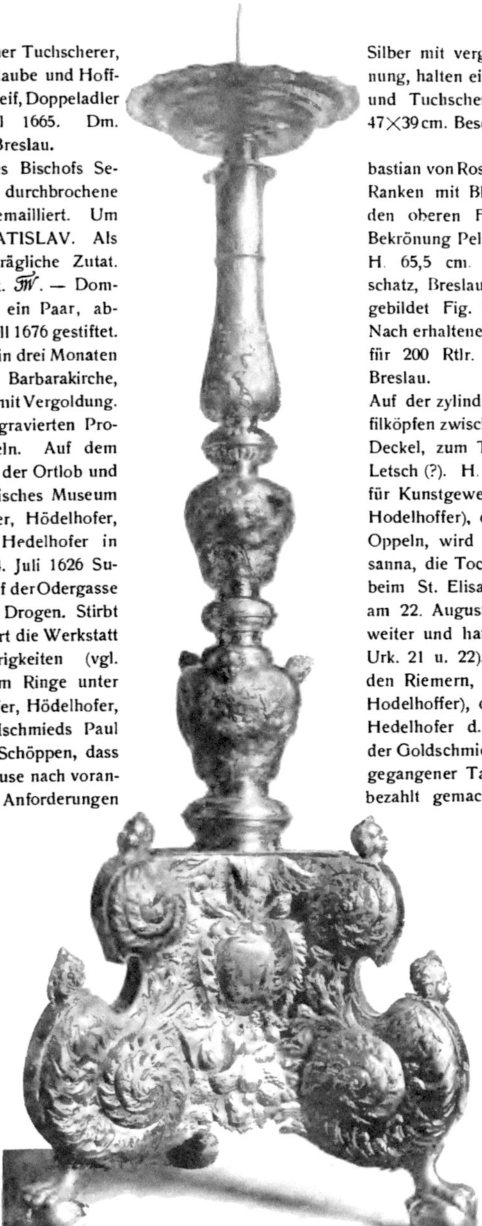

Fig. 18. Jacob Hedelhofer: Altarleuchter von 1676

Silber mit vergoldeten Auflagen, oval; zwei nung, halten ein Wappenschild mit Innungs- und Tuchscheren. Rückseitig bemalt mit 47×39 cm. Beschauz. W Typus VI u. Meisterz.

bastian von Rostock, Gold mit reichem Maler- Ranken mit Blumen und das Wappen des den oberen Fussrand die Inschrift: SE- Bekrönung Pelikan mit seinen Jungen. Die H. 65,5 cm. Beschauz. W Typus VI, schatz, Breslau.

gebildet Fig. 18. Laut Inschrift von dem Nach erhaltener Rechnung verfertigte Hedel- für 200 Rtlr. H. 96,5 cm. Beschauz. W Breslau.

Auf der zylindrischen Mantelfläche drei ver- filköpfen zwischen Arabeskenwerk mit Adlern Deckel, zum Teil verdeckt durch eine Ro- Letsch (?). H. 16,5 cm. Beschauz. W Typus für Kunstgewerbe und Altertümer, Breslau.

Hodelhoffer), d. ä., Goldschmied, Sohn des Oppeln, wird 1626 in Breslau Bürger und sanna, die Tochter des Goldschmieds Hans beim St. Elisabethkirchhofe in dem Hause am 22. August 1633, alt 39 Jahre (Elis.). weiter und hat deswegen mit den übrigen Urk. 21 u. 22). Sie stirbt am 12. (begr. den Riemern, alt 34 Jahre (Elis.).

Hodelhoffer), d. j., Goldschmied, geb. in Hedelhofer d. ä.; am 3. Dezember 1655 der Goldschmiedgeselle Paul Hedelhofer das gegangener Taxe so gebrauchen möge, bis bezahlt gemacht habe (F. Bresl. A. 3 Ortsch. VII. 484). Wird 1661 Bür- ratet am 25. Oktober 1661 Goldschmiedältesten Fried- als Zunftältester am 28. Au- alt 49 Jahre 23 Wochen Witwe Susanna † 19. (23.) Hedelhofer zeichnet PH vgl. Taf. III Nr. 89; doch das Fig. 19 abgebildete Hedelhofer d. j. beziehen, Paul Heyn (1700—1711) ge-

kindleins, Silber mit Ver- Barockblumen in getriebe- Sockel in Punktierung die Magdalena Trebnicensis Gr. des Sockels W Typus VI, Nr. 89 u. Kriegssteuerst. Ad- kirche St. Barthol., Trebnitz.

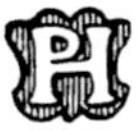

PH

Fig. 19.

b. Sanduhrgehäuse, Silber, mit vier Stundengläsern, mit Barockblumen in getriebener Arbeit. Beschauz. W Typus VI u. Meisterz. wie Fig. 19. — Bernhardinkirche, Breslau.

Heerssig, Johann Gottlieb, siehe Heissig.

Heffter, Conradus, aurifaber, erwirbt das Bürgerrecht am Sonnabend vor Oculi (10. März) 1425 (Bürge ist Mathias Kauder). Von ihm berichtet eine Dominikaner-Handschrift von St. Adalbert im Bresl. Kgl. Staatsarchiv, D 24, fol. 96b: „Die Mercurii 18 mensis Augusti que fuit dies b. Agapita hora vesperorum vel quasi etc. constitutus Conradus Hefter aurifaber languens corpore sanus tamen intellectu et racione fecit res suas vid. vasa argentea, cingulos cum argento et argentum coram se portari super mensuram desiderans et petens easdem res secundum ordinem conscribi que res secundum ordinem secuntur.“ Dann folgt ein längeres Verzeichnis, darunter werden genannt cyphi, partes vagenarum argentenarum, cisticulae parvae cum gemmis preciosis et margaritis, cingula und eine „scientia argentea nuncupata vulgariter silberyn kunst.“ (Die Jahreszahl fehlt bei der Eintragung, doch wahrscheinlich von 1434). Heffter wird am 20. März 1441 im Schöppenbuch XIV erwähnt.

Heidecker, Andres (Heydecker), aurifaber, erwirbt das Bürgerrecht am Freitag vor Invocavit (23. Februar) 1509. Besitzt auf der Albrechtsstrasse ein Haus. Auf dieses reicht er am 23. Juli 1511 dem Altaristen Johannes Troger zu Handen seines Altares in der St. Maria Magdalenenkirche 1 Mark jährl. Zins (Tradb. II. 55). Erscheint 1511 und 1513 in den Geschworenenlisten der Signaturbücher als Zunftsenior. Stirbt nach 1525.

Hein, Conrad (Hayn), Silberarbeiter, geb. am 23. Juni 1846, lernt in Breslau bei Carl Julius Gottlieb Weiss vom Qu. Johannis 1860 bis Weihnachten 1865, wird Gehilfe am 15. Januar 1866. Meldet sich am 15. Oktober 1878 zur Aufnahme in die Innung und wird am 9. November rezipiert. Bleibt Mitglied bis zum 13. Oktober 1893.

Hein, Ferdinand Traugott, siehe Heyn.

Hein [Heine], Paul, siehe Heyn.

Heine, siehe Heyne.

Heiner [Heinert], siehe Heyner.

Heinke Goltsmed, siehe Heynczil.

Heinrich, Fritz, Goldarbeiter, tritt am 15. Juli 1886 in die Innung ein und bleibt Mitglied bis zum 13. Oktober 1893.

Heinrich, Just, Goldschmiedgeselle aus Leipzig, stirbt in Breslau am 18. Januar 1673, alt 23 Jahre (Elis.).

Heintke, Heinrich Rudolph (Heincke, Heintcke), Goldarbeiter, geb. in Breslau, Sohn des Goldarbeiters Johann Friedrich Gottlob Heintke, lernt bei Johann Sigismund Heintze, dann bei Carl Gottfried Mehnert von Ostern 1832 bis Juli 1834. Erwirbt das Bürgerrecht am 8. November 1842, alt 27 Jahre. Wird nicht Innungsmitglied.

Heintke, Johann Friedrich Gottlob (Heincke, Heinicke, Heintcke, Heintky, Hänicke), Goldarbeiter, lernt bei Christian Gottlieb Mittmann vom Qu. Crucis 1788 bis Qu. Trinitatis 1793. Arbeitet bei Ferdinand Christian Krebs als Meisterstück eine doppelte Galanteriekette aus Gold, wird Meister am 16. Oktober und Bürger am 19. Oktober 1798. Stirbt 1846.

Heintze, Benjamin Gottlieb (Heinze), Goldarbeiter, geb. in Friedeberg a. Qu., Sohn des Schneiders Christian Gottlieb Heintze, lernt in Breslau bei Carl Philipp Clauss vom Qu. Johannis 1803 bis Ostern 1809. Erwirbt das Bürgerrecht am 23. März 1821, alt 32 Jahre. Wird nicht Innungsmitglied.

Heintze, Carl Julius (Heinze), Goldarbeiter, geb. in Friedeberg a. Qu., Sohn des Schneiders Ehrenfried Heintze erwirbt das Breslauer Bürgerrecht am 5. Mai 1835, alt 26 Jahre. Wird nicht Innungsmitglied.

Heintze, Christian (Heinze), Goldschmied, geb. in Breslau, Sohn des Goldschmieds Gottfried Heintze, wird 1701 Meister. Erwirbt das Bürgerrecht am 28. September 1701. Heiratet am 11. Oktober 1701 Elisabeth, die Tochter des Lichtziehers Caspar Gütter (MM). Ist am 26. II. 1711 Taufzeuge bei St. Matthias. Ist in der Meisterliste von 1714 das letzte Mal erwähnt. Stirbt am 10. (begr. d. 12.) Juni 1732, alt 57 Jahre 15 Wochen (MM). Seine Witwe Elisabeth † 15. (begr. d. 17.) III. 1745 (MM). Sein Sohn Johann Benjamin, ein Kontrolleur, heiratet 1745 Anna Rosina Egender (MM). Sein Sohn Caspar Christian heiratet am 26. April 1747 Johanna Eleonora Trogisch (Elis.). Heintze zeichnet CH in einem herzförmigen Schilde, vgl. Taf. IV Nr. 123.

a. Willkomm, Silber, in der Fig. 21 abgebildeten Form. Fuss, Schaft und Becher reich profiliert, der Rand des von einer römischen Kriegerfigur bekrönten Deckels weit vorspringend. Ganz bedeckt mit Akanthusrankenwerk, Portraitmedaillons und mythologischen Jagdszenen in getriebener Arbeit. Im Innern des Deckels Inschrift mit den Namen der Ältesten der Fleischer unter den Geislern vom Jahre 1710 nebst Jahreszahl 1710. Auf der Unterseite des Fusses eine runde Scheibe, graviert mit einer allegorischen Darstellung: Fiat Lux. Behängt mit zahlreichen Widmungsschildchen. H. 39,3 cm. Beschauz. W Typus VI u. Meisterz. — Vereinigte Fleischer-Innung, Breslau.

b. Standkreuz, Silber mit Vergoldung und Glassteinen, auf dreiteiligem Volutenfusse. Am Kreuze und am Fusse Scheibeneinsätze mit Reliquienpartikelchen. Mit Wappen des Abtes Arnold Brückner (1711—1717).

H. 47,8 cm. Johanneskopf Typus III, Stempelmeisterb. A, Meisterz. u. Kriegssteuerst. FW. - Vincenzkirche, Breslau.

c. Rauchfass und Weihrauchschiffchen, Silber, mit frühem Laub- und Bandelwerkdekor und Rippung. Rauchfass H. 31,5 cm. Schiffchen H. 16,4 cm. Beschauz. W Typus VI, Stempelmeisterb. A, Meisterz. u. Kriegssteuerst. FW. — Vincenzkirche, Breslau.

d. Sargschilde der Breslauer Schuhmachergesellenschaft, Silber, mit reicher durchbrochener Arbeit, in der Mitte ein Oval mit Stiefel in vergoldeter Auflage. Datiert 1711. H. 48,4 cm., Br. 40,5 cm. Johanneskopf Typus IV, Stempelmeisterb. A u. Meisterz. — Schuhmachergesellen-Bruderschaft, Breslau.

e. Deckelbecher, Silber, auf dem profilierten Standringe, dem oberen und unteren Teile des konischen Mantels und am Deckel Ornamente im Laub- und Bandelwerkstile auf punziertem Grunde. Johanneskopf u. Meisterz. (Stempelmeisterb. fehlt). — Geheimrat Pinkus, Neustadt OS.

Heintze, Gottfried (Heinze, Heyntze), Goldschmied, Sohn des Organisten und Stadtschreibers Hans Heintze in Pitschen OS., wird 1673 in Breslau Bürger und Meister. Heiratet am 24. Oktober 1673 Magdalena, die Tochter des Platnerältesten Andreas Reitman (Elis.). Wohnt erst auf der Altbüssergasse, dann auf der Odergasse. Seine Tochter Anna Rosina heiratet am 13. Januar 1699 den Goldschmied Andreas von Nordt (Elis.). Seine Tochter Maria Elisabeth heiratet am 26. Januar 1705 den Goldschmied Johann Klinge (Elis.). Seine Frau Magdalena † 25. (30.) VI. 1707 (MM). Er selbst stirbt als Zunftältester am 6. (9., 13.) Oktober 1707, alt 64 Jahre 4 Monate (Elis.). Heintze zeichnet G H in ovalem Felde, vgl. Taf. IV Nr. 99.

a. Kelch, Silber vergoldet, auf dem sechspassigen, profilierten Fusse silbernes Rankenwerk und sechs silberne Medaillons mit den HH. Christopherus, Georg und Franziskus, Daniel in der Löwengrube, der hl. Hedwig und dem Stifterwappen mit der Umschrift: „Ex Legato D. Georgii Danielis Scheurings 1683". Auf dem silbernen Kuppabelag drei ovale Medaillons mit Christus, der Gottesmutter Maria und dem hl. Antonius, zwischen Rankenwerk. Nodus birnförmig. H. 24 cm. Beschauz. W Typus VI, Meisterz. u. Kriegssteuerst. Adlertypus. — Dorotheenkirche, Breslau.

b. Kelch, Silber vergoldet, auf dem sechspassigen Fusse Früchtebuketts in Treibarbeit. Auf dem silbernen Kuppabelag Barockblumen in durchbrochener Arbeit. Nodus birnförmig. Auf der Unterseite des Fusses die Inschrift: „R. D. VALENTINVS DZIERZON VICAR: S. CRVC. WRAT: F. F. Aõ 1684". H. 22,7 cm. Beschauz. W Typus VI, Meisterz. u. Kriegssteuerst. FW. — Kreuzkirche, Breslau.

c. Ciborium, Silber vergoldet, auf dem sechspassigen, profilierten Fusse und dem durchbrochenen Silberbelag der Kuppa Engelsfiguren mit Leidensattributen in schwerem Barocklaubwerk. Nodus birnförmig. Auf dem Fusse ein Medaillon mit der Inschrift: „Magister Nicola' de Olavia Canonicus S. Crucis Vratislaviensis me comparavit. Ecclesia vero sic me recudi fecit Anno 1692". H. 37,5 cm. Beschauz. W Typus VI, Meisterz. u. Kriegssteuerst. FW. — Kreuzkirche, Breslau.

d. Kelch, Silber vergoldet, auf dem sechspassigen, profilierten Fusse in Auflage drei silberne Medaillons mit Verkündigung, Heimsuchung und Anbetung des Kindes, dazwischen in silberner Auflage drei geflügelte Engelsköpfe. Nodus birnförmig. Auf dem silbernen Kuppabelag zwischen durchbrochenem Akanthusrankenwerk drei Medaillons mit Verkündigung, Christus am Ölberge und Geisselung. Datiert 1694. H. 21,5 cm. Beschauz. W Typus VI, Meisterz. u. Kriegssteuerst. Adlertypus. — Kath. Pfarrkirche St. Norberti, Czarnowanz Kr. Oppeln.

e. Kelch, Silber vergoldet, auf dem sechspassigen Fusse wechseln drei spitzovale Medaillons mit Heiligen und drei Früchtebuketts ab. Auf den Passrändern des Fusses silberne Blattranken, zwischen den Einschnürungen kurze vergoldete Perlstäbe. Nodus birnförmig. Auf dem silbernen Kuppabelag drei Engel mit Leidensattributen zwischen Blattrankenwerk. Beschauz. W Typus VI u. Meisterz. — Kath. Pfarrkirche St. Mariae, Kamenz.

f. Kelch, Silber vergoldet, auf dem sechspassigen, profilierten Fusse und der Kuppa in Auflage ziemlich wirres Ranken-, Blumen- und Früchtewerk. Nodus birnförmig. H. 22 cm. Beschauz. W Typus VI, Meisterz. u. Kriegssteuerst. FW. — Kloster der Ursulinerinnen, Breslau.

g. Ampel, Silber, mit Barockblumen in durchbrochener Arbeit. H. 39,5 cm. Beschauz. W Typus VI u. Meisterz. — Kath. Pfarrkirche St. Mariae Himmelfahrt, Himmelwitz Kr. Gross-Strehlitz.

h. Ampel, Silber, ungewöhnlich gross, mit Barockblumen in durchbrochener Arbeit. Die Ketten hängen an drei Engelsfiguren, die in Voluten ausgehen. Beschauz. W Typus VI u. Meisterz. — Kath. Pfarrkirche St. Bartholomaei, Trebnitz.

i. Altarleuchter, Silber, ein Paar, von dem auf S. 75 Fig. 18 abgebildeten Typus. Auf dem Fusse vergoldete Medaillons und plastisch aufgesetzte, teilweise vergoldete Engelsköpfchen. Beschauz. W Typus VI u. Meisterz — Kath. Pfarrkirche St. Bartholomaei, Trebnitz.

k. Altarleuchter, Silber, auf dem runden Fusse Barockblumen in getriebener Arbeit. Ständer in Form einer gedrehten Säule. Beschauz. W Typus VI, Meisterz. u. Kriegssteuerst. Adlertypus. — Kath. Pfarrkirche St. Bartholomaei, Trebnitz.

l. Deckelhumpen, Silber mit Vergoldung, zylindrisch, mit kräftigem Henkel, auf drei Schwänen ruhend, von deren geöffneten Flügeln aus silbernes Blattwerk in durchbrochener Arbeit mit je einem vergoldeten Porträtmedaillon die vergoldete Mantelfläche überzieht. Zwischen diesem Belag leicht gravierte Früchtebuketts. Auf dem Deckel in Auflage ein Kranz von durchbrochenem Blattwerk mit Porträtmedaillons. Als Deckelbekrönung ein Schwan, auf dem ein Putto reitet. H. 27 cm. Johanneskopf Typus II, Meisterz. u. zwei niederländische (?) Einfuhrstempel. — Schlesisches Museum für Kunstgewerbe und Altertümer, Breslau.

m. Pokal, Silber mit Vergoldung, mit Horizontalprofilierungen und weit über den Lippenrand vortretendem Deckel, mit Dekoration in Flachrelief. H. 39 cm. Beschauz. W Typus VI u. Meisterz. — Baron Nathanael v. Rothschild, Wien (nach Rosenberg Nr. 471 a).

n. Kanne, Silber mit Vergoldung, der zylindrische Mantel mit figuraler Treibarbeit auf Futter gesetzt, mit Wappen, Initialen und Inschriften. H. 22,3 cm. Beschauz. W Typus VI u. Meisterz. — P. A. Kotschubey, St. Petersburg (nach Rosenberg Nr. 471 b).

o. Deckelhumpen, Silber mit Vergoldung, mit Darstellung einer Türkenschlacht in getriebener Arbeit. Beschauz. W Typus VI u. Meisterz. — Baron Friedrich v. Wrangell, Reval (nach Buchholtz, Goldschmiedearbeiten in Livland, Estland und Kurland (Lübeck 1892), beschr. S. 22 Nr. 66, abgeb. Taf. XXIII Nr. 66).

p. Tischservice, Silber, bestehend aus a. zwölf Schüsseln, zum Teil mit vergoldeten Rändern, in der Mitte jedesmal ein Kranz mit Wappen und drei Kreuzen, umstellt von den Buchstaben K B H, b. einem Salzfass auf vergoldeten Kugelfüssen, c. vier vierkantigen Fläschchen mit Schraubdeckeln. Beschauz. W Typus VI (bei c Johanneskopf) u. Meisterz. — Staatsmuseum, Moskau (nach Schles. Vorz. N. F. Bd. III S. 161).

Heintze, Johann Gottlieb Julius (Heinze), Goldarbeiter, geb. in Breslau, Sohn des Goldarbeiters Johann Sigismund Heintze, lernt bei seinem Vater von Weihnachten 1818 bis Ostern 1823. Erwirbt das Bürgerrecht am 27. November 1832, alt 27 Jahre. Wird nicht Innungsmitglied. Sein Name ist am 20. November 1839 im Bürgerbuche gestrichen worden.

Heintze, Johann Sigismund (Heinze), Goldarbeiter, geb. 1777 (?) in Friedeberg a. Q., Sohn des Schneiders Christian Gottlieb Heintze, lernt in Breslau bei Benjamin Ephraim Zölffel vom Qu. Crucis 1791 bis Qu. Trinitatis 1798. Arbeitet bei Samuel Christoph Thun als Meisterstück ein Paar Ohrgehänge mit à jour gefassten Brillanten, wird Meister am 26. April 1805. Heiratet am 27. Januar 1806 Anna Rosina, die Tochter des Häuslers Andreas in Görrisseiffen, Kreis Löwenberg (Elis.). Erwirbt das Bürgerrecht am 31. Juli 1806. Ist von 1830 bis 1832 Stadtverordneter. Stirbt am 31. August 1832.

Heiser [Heisser], Elias, siehe Heuser.

Heissig, Johann Gottlieb (Heissich, Heyssig, Heussig, Heusich, Heerssig, Haussiger, Häussig, Häussiger), Goldarbeiter, Sohn des Johann Caspar Heissig, Erbbesitzers des Gutes Tschauchelwitz bei Breslau, meldet sich am 7. März 1752 als Stückmeister, arbeitet bei Johann David Kriebel einen Placker und einen Ring, wird Meister am 17. August und Bürger am 18. September 1752. Heiratet am 4. Februar 1755 Susanna Barbara, die Tochter des Handelsmannes Melchior Seiler in Wüstewaltersdorf (Elis.). Ist am 13. Mai 1763 Taufzeuge auf dem Dom. Ist in der Meisterliste von 1768 zum letzten Male erwähnt. Seine Witwe (?) Susanna Barbara † 14. (begr. d. 17.) XI. 1778 (Elis.). Ein Goldarbeiter namens Johann Gottlieb Heissig stirbt im Allerheiligenhospital am 24. (begr. d. 26.) Juli 1800, alt 75 Jahre (Elis.).

Helias Goltsmed, siehe Helyas de Brunswig.

Heller, Johann, Goldschmied auf dem Sande, wird 1739 am Dom erwähnt (Schles. Vorz. VII. 488).

Hellmich, Johann Christian, ein gewesener Goldschmied, stirbt in Breslau am 5. April 1746, alt 50 Jahre.

Hellwig, Christian (Helwig, Hellwieg, Hellwich), Goldschmied, geb. in Breslau, Sohn des Ziergärtners Christoph Hellwig, arbeitet bei Thomas Kuntze als Meisterstück ein Geschirr nebst Ring und Siegel, wird Meister am 6. März und Bürger am 5. Mai 1724. Heiratet am 15. Mai 1724 Eleonora, die Tochter des † Goldschmieds Andreas Scholtz (MM). Stirbt 1745.

Helm, Adolph, Goldarbeiter, geb. in Breslau, Sohn des Goldarbeiters Johann Friedrich Gottlob Helm, lernt bei Johann Jacob Hacker von Michaelis 1831—1836. Erwirbt das Bürgerrecht am 7. Dezember 1841, alt 25 Jahre. Wird nicht Innungsmitglied.

Helm, Gustav, Juwelier, geb. in Breslau am 3. August 1852, Sohn des Goldarbeiters Adolph Helm, tritt am 1. Oktober 1867 bei seinem Stiefvater, dem Goldarbeiter Julius Büttner in die Lehre, wird nach dem Tode Büttners am 17. Juli 1871 durch die Innung freigesprochen. Meldet sich am 15. Oktober 1878 zur Aufnahme in die Innung und wird am 9. November rezipiert. Gründet 1880 mit dem Kaufmann Julius Gräfe eine Fabrik für Goldwaren. Scheidet am 2. Februar 1892 aus dem Innungsverbande. Stirbt am 8. September 1904.

Helm, Johann Friedrich Gottlob, Goldarbeiter, geb. in Breslau, lernt bei Christian Heinrich Daniel Jaeckel vom Qu. Trinitatis 1792 bis Qu. Reminiscere 1798. Arbeitet bei Johann Bernhard Hoensch als Meisterstück einen Halsschmuck mit Brillanten und Filigranarbeit, wird Meister am 3. Oktober und Bürger am 29. Oktober 1805. Wird 1820 Coffetier. Stirbt 1849.

Helyas Goltsmed, siehe Helyas de Brunswig.

Hempel, Johann Ernst Traugott, Goldarbeiter, geb. in Wohlau, erwirbt das Breslauer Bürgerrecht am 24. Januar 1843, alt 26 Jahre. Wird nicht Innungsmitglied.

Hene [Henne], siehe Heyne.

Henkin Goltsmed, siehe Heynczil.

Hennig, Caspar, siehe Caspar Wehpusch.

Hennig, Merten (Hennigk), Goldschmied, erwirbt das Bürgerrecht am Freitag vor Invocavit (6. März) 1500. Heiratet vorher Margareta, die Tochter des Breslauer Goldschmieds Peter Francke. Stirbt um 1506. Seine Witwe Margareta heiratet den Goldschmied Hans Krafftczober.

Henning, Johannes Baptista, Goldschmiedgeselle von Augsburg, stirbt in Breslau am 17. September 1687, alt 21 Jahre.

Hennyke, aurifaber, erscheint 1389 in der Geschworenenliste der Signaturbücher als Zunftsenior, ist identisch mit ? (Heynczil Goltsmit?).

Hennyng, aurifaber, siehe Henningus Wehpusch.

Hentrich, Johann Friedrich Adolph, Goldarbeiter, geb. in Breslau, Sohn des Zimmerergesellen Christian Hentrich, erwirbt das Bürgerrecht am 27. Februar 1846, alt 25 Jahre. Wird nicht Innungsmitglied.

Hentschel, Benjamin (Henschel, Haentschel, Haenschel), Silberarbeiter, verfertigt als Stückarbeiter einen Pokal nebst Ring und Siegel, wird Meister am 29. Januar und Bürger am 23. April 1732. Seine Tochter Anna Magdalena heiratet am 19. Juli 1763 den Gürtlerältesten Tobias Schleicher; Trauzeuge ist der Silberstecher Johann Samuel Winckler (MM). Seine Frau Susanna, geb. Scholtz (Schultze), † 28. (begr. d. 31.) I. 1771 (MM). Er selbst stirbt in dürftigen Verhältnissen am 13. (oder 14., begr. d. 16.) April 1774, alt 72 Jahre 11 Monate (MM). Hentschel zeichnet B H in ovalem Felde, vgl. Taf. IV Nr. 147.

a. Willkommpokal der Tuchmachergesellen in der Neustadt-Breslau, Silber, auf dem reich profilierten Fusse, Schafte, Becher und Deckel Laub- und Bandelwerkdekor in Treibarbeit und Gravierung. Auf dem Deckelrande eine Inschrift und die Jahreszahl 1733. Behangen mit Schaustücken und Münzen. H. 29,3 cm. Johanneskopf Typus X, Stempelmeisterb. C u. Meisterz. — Schlesisches Museum für Kunstgewerbe und Altertümer, Breslau (Vermächtnis Epstein).

b. Becher, Silber, konisch, am oberen und unteren Rande Friese im Laub- und Bandelwerkstil, dazwischen das Wappen der Tuchmacher in Gravierung. Laut Inschrift aus dem Besitze der Tuchmacher-Innung in der Neustadt-Breslau. Datiert 1735. H. 9,1 cm. Johanneskopf Typus X, Stempelmeisterb. C u. Meisterz. — Schlesisches Museum für Kunstgewerbe und Altertümer, Breslau (Vermächtnis Epstein).

c. Altarleuchter, Silber, in der auf S. 75 Fig. 18 abgebildeten Form. Datiert 1737. Johanneskopf, Stempelmeisterb. D u. Meisterz. — Domschatz, Breslau.

d. Schüssel mit Messkännchen, Silber, profiliert. Johanneskopf Typus XI, Stempelmeisterb. D. u. Meisterz. — Kath. Pfarrkirche St. Petri et Pauli, Ohlau.

e Tischleuchter, Silber, ein Paar, zweiarmig, in Rokokoformen. H. 25,5 cm. Johanneskopf Typus XII, Stempelmeisterb. F, Meisterz. u. Kriegssteuerst. FW. — Kgl. Matthiasgymnasium, Breslau.

f. Leuchter, Silber, zweiarmig, mit Rokokodekor in getriebener Arbeit. Datiert 1763. Johanneskopf Typus XIII, Stempelmeisterb. G Typus II u. Meisterz. — Elisabethkirche, Breslau.

g. Altarkreuz, datiert 1765. Johanneskopf Typus XIII, Stempelmeisterb. G Typus II u. Meisterz. — Evang. Pfarrkirche, Zduny Prov. Posen (nach J. Kohte, Kunstdenkmäler d. Prov. Posen, Bd. I S. 132).

h. Leuchter, Silber, zweiarmig, in Rokokoformen. Johanneskopf Typus XIII, Stempelmeisterb. G Typus II u. Meisterz. — Evang. Pfarrkirche St. Nicolai, Brieg.

i. Leuchter, Silber, ein Paar. Johanneskopf, Stempelmeisterb. G Typus II u. Meisterz. — Baron R. v. Walterskirchen, Wien (nach Rosenberg Nr. 482).

Hentschel, Löbel, Juwelenhändler, erwirbt das Bürgerrecht am 13. November 1809.

Hentschke, George, Goldschmied, geb. in Breslau, Sohn des Bürgers Matthes Hentschke, sucht 1618 die Bestallung als Hofgoldarbeiter in Brieg nach (Schles. Vorz. VII. 490). Heiratet in Breslau am 11. Dezember 1618 als fürstl. Brieg. Hofgoldschmied Anna, die Tochter des † Handelsmannes Martin Roter (Elis. u. MM).

Hept, Hans, siehe Haupt.

Herdwig [Herdtwieg], Valten, siehe Hertwig.

Herman Goltsmed, wird erwähnt am 11. Januar 1288 als Besitzer des Vorwerkes Smedeveld bei Lesnicz (Lissa) in der Nähe von Breslau. Nach ihm soll der Ort den Namen Goldschmieden (urkundlich seit 1353 nachweisbar) erhalten haben (Stenzel, Gesch. Schlesiens, I. 309, 311. — Codex diplom. Silesiae, VII 3, 109).

Herman, Gregor [George], Goldschmied von Landshut, am 3. Dezember 1613 stirbt in Breslau seine Witwe Ursula (Elis.).

Heroldt, Gottlieb [Johann Gottfried], Goldschmied, geb. in Breslau, Sohn des Schusters Heinrich Heroldt, arbeitet bei Heinrich August Joel als Meisterstück einen Kelch nebst Ring und Siegel. Wird Meister am 1. März und Bürger am 17. Juli 1734. Heiratet am 25. Januar 1745 Maria Elisabeth, die Tochter des † Hausmeisters Christian Wiedemann (MM). Stirbt am 14. Juni (13. Juli) 1746, alt 40 Jahre 2 Monate 17 Tage (MM). Seine Witwe heiratet am 6. Mai 1749 den Reichkrämer George Samuel Frantz (MM).

Heroldt, Joachim, Goldschmiedgeselle aus Heiligensee im Glogauischen, stirbt in Breslau am 21. (begr. d. 23.) Mai 1630, alt etliche 30 Jahre (Elis. u. MM), hat bei Sebastian Fesch d. j. auf der Albrechtsstrasse in Arbeit gestanden.

Herrmann, Johann Carl Moritz, Goldarbeiter, geb. in Breslau am 25. Januar 1818, Sohn des Goldarbeiters Johann Gottlieb Herrmann, lernt bei seinem Vater von Ostern 1833—1837. Erwirbt das Bürgerrecht am 19. Januar 1844. Meldet sich am 5. Juli 1850 zur Aufnahme in die Innung und wird am 8. Oktober 1850 als Mitglied eingeschrieben. Ist von 1861—1869 Obermeister. Stirbt am 18. Februar 1890. Herrmann zeichnet: J. G. Herrmann.

Herrmann, Johann Christoph, Goldschmied und Mitwohner, am 23. (begr. d. 25.) April 1776 stirbt seine Witwe Rosina Dorothea, geb. Feistel (MM).

Herrmann, Johann Gottlieb [Gottlob], Goldarbeiter, geb. am 3. Juni 1776, Sohn des Garnhändlers Johann Christoph Herrmann in Kunsdorf bei Nimptsch, lernt in Breslau bei Christian Gottlieb Mittmann vom Qu. Trinitatis 1791 bis Qu. Reminiscere 1797. Arbeitet bei Johann Bernhard Hoensch als Meisterstück eine Halskette in Filigranarbeit, wird Meister am 9. (19.) Mai und Bürger am 7. Juni 1804. Heiratet am 19. Mai 1808 Johanna Carolina Wilhelmina, die Tochter des Kretschmers Johann Gottlieb Giesel (Elis.). Ist 1825 Ältester der Schiesswerderschützen und erhält neben dem Schuhmachermeister Reiss die Aufsicht über den am 20. Februar 1825 beschlossenen Neubau des Hauptgebäudes der Breslauer Schiesswerderschützen. Beim Königsschiessen des Jahres 1841 schenkt Herrmann ein aus dem Besitze der Schützen stammendes Medaillon von 1726 mit einem Emailbildnis des G. Ledig der Brüderschaft zurück (Roland, Schiesswerderbuch S. 12—15). Seine Frau † 1847. Er selbst stirbt am 13. August 1849.

Herting, Hans, siehe Hartig.

Hertwig, Valten (Herdwig, Herttwigk, Herdtwieg, Hartwig), Goldschmied, geb. in Breslau, Sohn des Gräupners Christoph Hertwig, heiratet als Geselle Septuagesima 1596 Susanna, die Tochter des Goldschmieds Hans Müller (Elis.). Wird in demselben Jahre Bürger und Meister. Hat mit dem Zunftältesten Hans Schoenau und später mit allen Ältesten des Mittels Streitigkeiten, die am 29. Januar 1602 und am 8. Oktober 1603 durch die Ratmannen geschlichtet werden. Tadelt unbefugter Weise „mit ganz beschwerlichen und ehrenrührigen Worten" vor den versammelten Innungsmitgliedern das Meisterstück des alten Christoph Stimmel; deswegen wird er am 14. Februar 1606 von den Ratmannen mit Gefängnis bestraft. Am 9. November 1607 muss er vor dem Rate geloben, „sich auf negstkunfftiges quartal in daß erbare mittel der goltschmide vnerfodert einzustellen, waß er schuldig ist zuerlegen, sich in allem vnd iedem der zechen brauch gemeß zuerzeigen vnd wegen deß offenen ladenß, ob etwaß bei dem mittel zuerhalten, gnade zusuchen." (Lib. definit. IV. 125b, 142b—143a, 161b—163a, 183b). Hertwig stirbt am 8. Oktober 1611, alt 50 Jahre (Elis.). Seine Witwe Susanna † 15. VIII. 1613.

Hesse, Jeremias, Goldschmied in der Neustadt-Breslau, am 14. Dezember 1642 stirbt sein Sohn Jeremias.

Heugel, Steffan (Heugell), Goldschmied, erwirbt das Breslauer Bürgerrecht am 21. Februar 1561, wird um dieselbe Zeit Meister. Stirbt um 1594.

Heune, Paul, siehe Heyn.

Heupt [Heubt], Hans, siehe Haupt.

Heuser, Daniel (Häuser, Häussler), Goldschmiedgeselle und Mitwohner auf dem Elbing, am 25. (begr. d. 27.) Juni 1696 stirbt seine hinterlassene Tochter Maria (MM).

Heuser, Elias (Heusser, Häuser, Heiser, Heisser), Goldschmied, Sohn des Kürschners Daniel Heuser in Leobschütz OS., wird 1661 in Breslau Bürger und Meister. Heiratet am 18. Oktober 1661 Dorothea, die Tochter des Brauers Martin Kluge (MM). Wohnt am Ringe bei der „Gulden Krone." Stirbt am 23. (24.) Mai 1667, alt 41 Jahre 7 Monate 1 Tag (Elis.). Seine Witwe Dorothea heiratet am 30. September 1669 den Goldschmied George Ludwig Hedelhofer (MM). Heuser zeichnet E H ligiert in ovalem Felde, vgl. Taf. III Nr. 90.

a. Sargschilde der Breslauer Kürschnermeister, Silber mit Vergoldung, rund, zwei Löwen halten einen Schild mit dem Wappen der Kürschnerzunft, darüber ein Engel, alles in getriebener Arbeit. Datiert 1662. Dm. 46 cm. Beschauz. W Typus VI u. Meisterz. — Kürschner-Innung, Breslau.

b. Abendmahlskannen, Silber mit wenig Vergoldung, ein Paar, ohne Dekor. Auf dem Boden Gewichtsangaben: 5 Mk. 8 lot. Datiert 1663. Beschauz. W Typus VI u. Meisterz. — Ev. Pfarrkirche St. Michaelis, Strehlen.

c. Oblatenbüchse, Silber, auf dem zylindrischen Mantel drei hell vergoldete Reifen. Auf dem Deckel als Knopf ein Zapfen. Auf dem Boden die gravierte Inschrift: „Strällische Kirchenschahtel wigt 24 lot 2 q. Ao. 1663." H. 12,2 cm. Beschauz. W Typus VI u. Meisterz. — Evang. Pfarrkirche St. Michaelis, Strehlen.

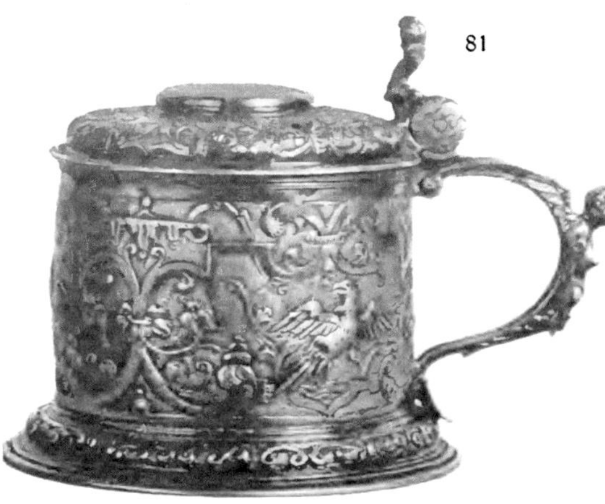

Fig. 20. Augustin Heyne d. m.: Deckelkanne

Heusich [Heussig], Johann Gottlieb, siehe Heissig.

Heussler, Gregor, Goldschmied, am 3./10. März 1600 stirbt sein Sohn Hans.

Heyde, Andreas, gewesener Goldschmied von Dresden, stirbt in Breslau am 6. (8.) Januar 1736, alt 40 Jahre (Elis.).

Heydeck, Johann Heinrich, Goldschmied von Naumburg, stirbt in Breslau am 25. (27.) Januar 1741, alt 56 Jahre.

Heydecker, Andreas, siehe Heidecker.

Heyn, Ferdinand Traugott (Hein, Hayn), Goldarbeiter, geb. in Breslau, lernt bei Christian Ferdinand Kretschmer vom 16. September 1779 bis 10. Juni 1784. Arbeitet bei Johann Ernst Braungart als Meisterstück eine Haarnadel mit Rauten, wird Meister am 26. April und Bürger am 17. Juli 1792. Ist in der Meisterliste von 1796 das letzte Mal erwähnt.

Heyn, Paul (Hein, Heine, Hen, Heune, Höne), Goldschmied, Sohn des Erbsassen Matthias Heyn in Rösnitz bei Leobschütz OS., erwirbt das Breslauer Bürgerrecht am 4. August 1700, wird in demselben Jahre Meister. Heiratet am 20. September 1700 Martha, die Tochter des Schönfärbers Michael Bartsch (Elis.). Stirbt am 24. (begr. d. 27.) September 1711 (MM). Seine Witwe Martha † 14. (begr. d. 16.) I. 1757, alt 74 Jahre (Elis.). Wegen des Meisterzeichens von Paul Heyn siehe Paul Hedelhofer d. j.

Heyncze, Frenczel, aurifaber, wird Bürger am Sonnabend nach Michaelis (2. Oktober) 1423.

Heynczil Goltsmit (Heinczil Goltsmit, Henkinus aurifaber, Henkin Goltsmed, Heynke, Heinke Goltsmed), aurifaber; am Freitag nach Walpurgis (2. Mai) 1348 verkauft Hedwig, die Jacobinne von Kamencz dem Henkin Goltsmed das Erbe auf der St. Albrechtsgasse bei dem Erbe der Katharina Peter Glesilinne (Schöppenb. I. 79b). Heynczil Goltsmit ernennt 1350 für den Fall seines Todes seiner Frau und seinem Kinde Vormünder (Schöppenb. I. 165). Heynke Goltsmed kauft 1351 von seiner Schwiegermutter Katharina Jenynne den Hof bei Nickil von Reichenbach (Schöppenb. I. 174b). Heynczil Goltsmit verkauft 1351 zwei Grundstücke und einen Kram (Schöppenb. I. 176b, 181, 184b). Heynczil aurifaber ist 1353 Schöppe (Cod. dipl. Silesiae XI. 14 u. 103). Henkinus aurifaber ist 1369, 1373, 1388 Bürge. Materne Rempil verreicht 1394 Katharina, der Witwe Heynke Goltsmedis sein Erbe bei dem Heiligen Geist und ausserdem 4 Mk. jährl. Zins auf sein Erbe, das zuvor Heynken gewesen ist, zu ihren Lebetagen (Schöppenb. VII. 146, 147).

Heyne, Augustin (Heine, Heyn, Hein, Haine, Hain, Hayne, Hayn, Hene, Henne, Hehne, Höhne), d. ä., Goldschmied, wird Bürger am 25. Februar 1542 und um dieselbe Zeit Meister. Seine Tochter Margareta heiratet am 4. Februar 1567 den Schneider Paul Ebert (MM). Heyne stirbt um 1573. Seine Tochter Martha heiratet am 10. November 1578 den Nicolaus Steinberger, Rector zu St. Elisabeth (MM).

Heyne, Augustin (Heine etc., siehe Augustin Heyne d. ä.), d. m., Goldschmied, geb. in Breslau, Sohn des Goldschmieds Augustin Heyne d. ä., heiratet als Geselle am 3. Dezember 1571 Katharina, die Tochter des † Zuckermachers Hans Kolman (MM). Wird Meister Ende Dezember 1571 oder im Januar 1572. Erwirbt das Bürgerrecht am 22. Februar 1572. Wohnt auf der Altbüssergasse. Seine Tochter Maria (getauft d. 11. VIII. 1578) heiratet am 21. Mai 1601 den Goldschmied Emanuel Boy (MM). Heyne stirbt, nachdem er ins zehnte Jahr Zunftältester gewesen, am 8. November 1601, alt 58 Jahre (Elis.). Seine Tochter Katharina heiratet am 31. August 1610 den Goldschmied Daniel Petzold (MM). Seine Witwe Katharina † 13. VIII. 1614 (Elis.). Heyne d. m. zeichnet AH ligiert in rundem Felde, vgl. Taf. III Nr. 57.

a. Deckelkanne, Silber mit Vergoldung, abgebildet Fig. 20. Um 1599. H. 13,6 cm. Beschauz. W Typus III u. Meisterz. — Schlesisches Museum für Kunstgewerbe und Altertümer, Breslau (früher Slg. Fürth in Mainz).

b. Deckelkanne mit Schnauze, Silber mit Vergoldung. „Die von den herzförmigen Buckeln umschlossenen, glatten Felder sind durch eingravierte Wappenschilder mit Helm und Helmdecke, jedoch ohne Wappen verziert; Henkel mit Masken und Perlen; auf dem Deckel ein gegliederter Knopf. Gefäss schwach zulaufend." H. 21 cm, ob. Dm. 11,2 cm, unterer Dm. 15 cm. Beschauz. W, Meisterz. u. Kriegssteuerst. *FW* (wie Fig. 9b). — Altstädtische Kirche, Königsberg (nach E. v. Czihak, Die Edelschmiedekunst früherer Zeiten in Preussen, S. 69 Nr. 7 [dort fälschlich dem Hans Volgnadt zugewiesen]. — Abgebildet bei A. Boetticher, Die Bau- und Kunstdenkmäler der Provinz Ostpreussen, Bd. VII, 197, Fig. 138).

c. Weinkanne. Beschauz. W u. Meisterz. — Altstädtische evang. Pfarrkirche, Fraustadt Prov. Posen (nach J. Kohte, Kunstdenkmäler der Provinz Posen, Bd. I S. 131).

d. Standkreuz, Silber, in archaisierender Gotik, auf der Vorderseite Heilige, die die Madonna mit dem Kinde umgeben, auf der Rückseite die Evangelistensymbole in Gravierung. Der Untersatz mit Blumen besetzt. H. 28 cm. Beschauz. W, Meisterz. u. Kriegssteuerst. *FW*. — Kreuzkirche, Breslau.

Heyne, Augustin (Heine etc.), d. j., Goldschmied, geb. in Breslau, Sohn des Goldschmieds Augustin Heyne d. m., wird 1602 Bürger und Meister. Heiratet am 5. November 1602 Margareta, die Tochter des Kirchschaffers Balthasar Thieme (MM). Wohnt auf der Odergasse in seinem eigenen Hause. Seine Frau Margareta † 7. VII. 1630 (Elis.). Er selbst stirbt am 5. (6.) Oktober 1631 an Auszehrung, alt 58 Jahre (Elis.). Seine Tochter Katharina heiratet am 14. November 1639 den Ratswasserzöllner Christoph Meuer (MM). Heyne d. j. zeichnet AH in rechteckigem Felde, vgl. Taf. III Nr. 71.

a. Deckelkanne, Silber mit Vergoldung, mit figürlichem Henkel und Deckeldrücker. Mantel gebuckelt und fazettiert. Auf den silbernen sechs Fazettenflächen in Gravierung Bildnisse beliebter Helden der mittelalterlichen Ikonographie: Josue Dux, David Rex, Judas Maehabus, Hector Trojanus, Artus Rex und Carolus Magnus. Datiert 1619. H. 16,5 cm. Beschauz. W Typus IV, Meisterz. u. Kriegssteuerst. Adlertypus. — Schlesisches Museum für Kunstgewerbe und Altertümer, Breslau (Stammt aus der evang. Pfarrkirche in Haynau).

b. Kelch, Silber vergoldet, auf dem sechspassigen Fusse Christus am Kreuze mit Maria und Johannes, zwei Wappen, zwei Engelsköpfe und ein Früchtebündel, am Kuppabelag Engelsköpfe und Renaissance-Rollwerk in getriebener Arbeit. Beschauz. W u. Meisterz. — Kath. Pfarrkirche St. Petri et Pauli, Namslau.

Heyne, Friedrich (Heine), Goldschmied, Sohn des Goldschmieds Augustin Heine d. ä., lässt sich zu Altenburg in Sachsen als Meister nieder, stirbt daselbst am 18. Juli 1611 (in Breslau abgekündigt bei Elis. u. MM).

Heyne, Georg [Jorge], aurifaber, erwirbt das Bürgerrecht am Montag vor Michaelis (25. September) 1441. Wohnt am Ringe in seinem eigenen Hause zwischen Gerischer und Paulus Weygandt. Ist 1449 Zunftsenior. Stirbt 1451. Stiftet für den Altar des heiligen Kreuzes in der St. Nicolaikirche in Brieg und für den Altar der Goldschmiede in der St. Maria Magdalenenkirche in Breslau Messstipendien. Die zweite Fundation kommt erst 1468 nach dem Tode der Witwe des Georg Heyne zur Erledigung (vgl. Urk. 11). Barbara, die Witwe des Georg Heyne, verreicht den Ältesten der Goldschmiede ihr Haus unter den Huterlauben. Dasselbe Haus reicht sie 1461 dem Goldschmiede Lorencz Cretsmer.

Heyne, Hans (Heine, Hein, Heen, Hene etc.), Goldschmied, Sohn des Breslauer Goldschmieds Augustin Heyne d. ä., wird 1591 Bürger und Meister. Heiratet nach dem am 5. Mai erfolgten Aufgebot am 14. Mai 1591 Ursula, geb. Seiffert, die Witwe des Goldschmieds Abraham Arnolt (MM). Wohnt auf der Olischen Gasse, später auf der Altbüssergasse. Kommt 1598 den Meistern seines Gewerkes „mit gancz beschwerlichen worten vnndt auflagen czue nahendt", deshalb wird von den Ratmannen „mit gefenglicher hafft gegen ihme vorfahren" (Lib. definit. IV. 83, 85a). Heyne stirbt am 19. September 1615 nach langwieriger Krankheit, alt 52 Jahre (Elis.). Seine Witwe Ursula † 4. X. 1633 (Elis.).

Heyne, Paul, siehe Heyn.

Heyne, Samuel Gottlieb (Heyn, Hayn), Goldschmied, wird Meister im Februar und Bürger am 31. Juli 1734. Stirbt am 10. Februar 1737, alt 32 Jahre 2 Wochen.

Heyne, Thomas (Heine, Henne etc.), Goldschmied, Sohn des kurfürstl. u. markgräfl. Zollverwalters Georg Heyne, heiratet am 1. Februar 1598 Katharina, die Tochter des Bartel Fischer (Elis. u. MM). Wird in Glogau Bürger und Meister. Daselbst stirbt seine Frau Katharina am 5. März 1617 (Elis.). Er selbst wird noch 1623 in den Akten der Glogauer Goldschmiede-Innung erwähnt.

Heyner, Gottfried (Heynert, Heiner, Heinert, Hoyner), Goldschmied, Sohn des Goldschmieds Zacharias Heyner in Lüben, wird 1682 in Breslau Bürger und Meister. Heiratet am 27. Oktober 1682 Maria Elisabeth, die Tochter des † Schneiders Christoph Girschner [Schwester des Goldschmieds Johann George Girschner?] (MM). Seine

Tochter Rosina Elisabeth heiratet am 30. Januar 1714 den Goldschmied Johann Okrusch (MM). Heyner wird durch diese Heirat mütterlicherseits ein Vorfahre des Malers Adolf von Menzel (geb. 8. XII. 1815; MM). Sein Sohn Gottfried Wilhelm heiratet am 18. Mai 1716 Maria Elisabeth, die Tochter des † Apothekers Johann Hildebrand (MM). Heyner stirbt als Zunftältester am 11. (15.) November 1716 (MM). Seine Tochter Susanna Eleonora heiratet am 8. August 1719 den Goldschmied David Hammer (MM). Seine Witwe Maria Elisabeth † 15. (20.) IV. 1727 (MM). Dem Goldschmiede Heyner dürfte das auf Taf. IV Nr. 105 wiedergegebene Meisterzeichen FGH in einem dreipassigen Blatte zuzuweisen sein, obwohl das „F" (= Fecit?) hierbei keine Erklärung findet; doch in der vollständigen Meisterliste von 1709 findet sich kein Goldschmied, auf dessen Namen die Initialen FGH besser passen. Vielleicht wählte Heyner das Meisterzeichen FGH zum Unterschiede von seinem älteren Zunftgenossen Gottfried Heintze, der nur GH stempelt.

a. Schale, Silber vergoldet, die durch einen Zwerg getragene ovale Schale und der obere Teil des ovalen Sockels aus Achat. H. 18,5 cm. Dm. der Schale 16,6 × 14,2 cm. Johanneskopf Typus II u. Meisterz. — Schlesisches Museum für Kunstgewerbe und Altertümer, Breslau (Slg. † Max Pringsheim).

b. Deckelbecher, Silber mit wenig Vergoldung, an der konischen Becherwandung drei Reihen von je sieben Braunschweig-Lüneburgischen halben Wildemannstalern von 1668—1680, im Boden ein $^2/_3$ Taler des Bistums Osnabrück von 1680, auf dem Deckel acht und auf dem Knopfe drei $^1/_4$ Wildemannstaler von Braunschweig-Wolfenbüttel von 1668—1689, unter dem Knopfe ein Braunschweig-Lüneburgischer Taler. H. 20,3 cm. Beschauz. W Typus VI u. Meisterz. — Schlesisches Museum für Kunstgewerbe und Altertümer, Breslau.

c. Weinkännchen, Silber mit Vergoldung, mit Barockblumen in getriebener Arbeit. H. 12 cm. Johanneskopf Typus II u. Meisterz. — Geheimrat Pinkus, Neustadt OS.

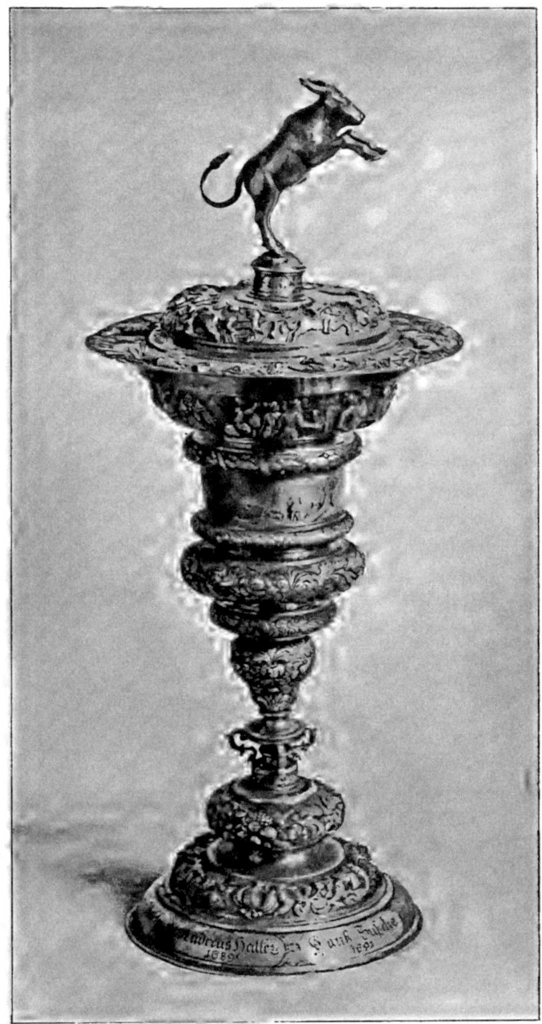

Fig. 21. Gottfried Heyner: Willkomm der Fleischhauer Alte Bänke in Breslau

d. Willkomm der Fleischhauer Alte Bänke in Breslau, Silber, abgebildet Fig. 21. Gekauft 1696. H. 42 cm. Beschauz. W Typus VI u. Meisterz. — Vereinigte Fleischer-Innung, Breslau (Beschrieben und abgebildet in Schlesiens Vorzeit, Bd. V S. 66 f., Taf. III u. IV).

e. Weihwasserkessel, Silber vergoldet, sechspassförmig und gebuckelt, mit Barockblumen in getriebener Arbeit sowie dem hl. Matthias und dem Kreuzherrnwappen in Gravierung. Der figürlich behandelte Henkel hängt an zwei Engelsköpfen. H. 11 cm, ob. Dm. 20 cm. Beschauz. W Typus VI, Meisterz. u. Kriegssteuerst. 𝔍𝔚· — Matthiaskirche, ehemalige Jesuitenkirche, Breslau.

f. Aspergil, Silber, Griff wenig profiliert, Sprengkugel auf der unteren Hälfte mit rosettenartigem Blattwerke graviert. L. 38,5 cm. Beschauz. W Typus VI, Meisterz. u. Kriegssteuerst. JW. — Matthiaskirche, ehemalige Jesuitenkirche, Breslau.

g. Kelch, Silber vergoldet, auf dem sechspassigen Fusse, dem Nodus und der Kuppa kleine Auflagen von leichtem silbernen Rankenwerk. Die zum Nodus ansteigenden Flächen des Fusses mit Buckeln. Datiert 1700. Johanneskopf Typus II, Meisterz. u. Kriegssteuerst. Adlertypus. — Kath. Pfarrkirche St. Bartholomaei, Trebnitz.

h. Kelch, Silber vergoldet, auf dem sechspassigen Fusse abwechselnd drei Engelsköpfchen und drei Blumenbuketts in getriebener Arbeit. Auf dem reichen, vergoldeten Kuppabelag Engelsköpfchen und Rankenwerk. Am Fusse, Schaft, Nodus und an der Kuppa sechs Reihen Steine. Datiert 1709. Johanneskopf Typus II, Meisterz. u. Kriegssteuerst. Adlertypus. — Kath. Pfarrkirche St. Bartholomaei, Trebnitz.

i. Kelch, Silber vergoldet, auf dem sechspassigen Fusse drei Medaillons mit den HH. Joseph, Antonius und Maria, jeder das Christuskind haltend. Kuppabelag silbern. Johanneskopf Typus II, Meisterz. u. Kriegssteuerst. Adlertypus. — Kath. Pfarrkirche St. Bartholomaei, Trebnitz.

k. Kelch, Silber vergoldet, auf dem sechspassigen, profilierten Fusse drei silberne Medaillons mit den HH. Joseph, Antonius von Padua und Maria de Monte Carmelo, jeder das Christuskind haltend. Auf den übrigen drei Feldern und dem Kuppabelag feines silbernes Rankenwerk in durchbrochener Arbeit. H. 21,4 cm. Johanneskopf Typus IV, Stempelmeisterb. A, Meisterz. u. Kriegssteuerst. JW. — Matthiaskirche, ehemalige Jesuitenkirche, Breslau.

Heyner, Johann Daniel (Heyn, Heynert), Goldschmied, geb. in Breslau, Sohn des Goldschmieds Gottfried Heyner, wird Meister vor Ostern 1712, erwirbt das Bürgerrecht am 16. Juli 1712. Heiratet am 14. September 1712 Helena, die Tochter des Destillateurs Friedrich Wilde (Elis.). Stirbt am 16. (begr. d. 18.) Januar 1717 (Elis.). Seine Witwe Helena heiratet am 17. Mai 1718 den Goldschmied Christian Pitschman (Elis.).

Heynke Goltsmed, siehe Heynczil.

Heyntze, Gottfried, siehe Heintze.

Heyssig, Johann Gottlieb, siehe Heissig.

Hicke, Hans, Goldschmiedgeselle, geb. in Breslau, Sohn des Kretschmerboten Hans Hicke, stirbt am 17. Januar 1621, alt 20 Jahre (Elis.).

Hieller, siehe Hiller.

Hielscher, Carl Gottlieb, siehe Hilscher.

Hieronymus, Gottfried, Goldarbeiter, am 18. Oktober 1808 heiratet sein hinterlassener Sohn Carl Benjamin, ein Bäudler vor dem Ohlauer Tore (Elis.).

Hildebrand, Johann Gottfried (Hilldebrandt), Goldarbeiter, lernt bei Gottfried Wilhelm Jachman vom Mai 1755 bis 1761. Meldet sich als Stückmeister am 27. Februar 1782, arbeitet bei Christian Hoensch einen goldenen Plack mit Granaten und einen Petschierring. Wird Meister am 31. Juli 1782 und Bürger am 10. März 1783. Stirbt am 10. (begr. d. 13.) September 1797, alt 59 Jahre 8 Monate 25 Tage (Elis.).

Hillebrand (Hildebrand), Goldarbeiter bei St. Adalbert, ist am 14. Januar 1713 Taufzeuge bei St. Matthias.

Hillebrand, George (Hildebrandt), Goldschmied, lässt sich um 1718 als Goldarbeiter im Minoritenkloster St. Dorotheae in Breslau nieder. Ist 1725 Trauzeuge bei St. Adalbert. Da ihm trotz inständigen Nachsuchens die Innung die Aufnahme als Meister verweigert, verleiht ihm Kaiser Karl VI. am 26. November 1725, entgegen den am 3. Januar und 21. Juli 1725 geäusserten Wünschen der Innung, die kaiserl. Hoffreiheit auf Galanteriewaren unter Ausschluss der „Ordinari-Goldarbeit" und gestattet ihm, ein offenes Gewölbe zu errichten, den kaiserl. Adler darüber anzubringen und Gesellen und Lehrlinge zu fördern (Innungsurkundenslg. v. 1737, S. 284—291, 292—300. — Lib. definit. XII. 206a—209a). Als Hillebrand im März 1728 um Extension seiner Hoffreiheit auf jede Art von Gold- und Silberarbeit bittet, erklären sich die Breslauer Ratmannen dagegen und ersuchen das Kgl. Oberamt, dem Hillebrand zu verbieten, dass dieser auf seinen Arbeiten neben dem Namen noch den kaiserlichen Adlerstempel anbringt (Innungsurkundenslg. v. 1737, S. 301—317). Vgl. Urkunde 60. Nach der Eroberung Schlesiens durch Friedrich den Grossen bittet Hillebrand 1742 den König um die Confirmation seiner Privilegien. Durch ein Königl. Schreiben vom 17. April 1742 wird er zunächst abschlägig beschieden mit der Weisung, sich bei dem Breslauer Goldschmiede-Mittel wegen der Rezeption zu melden. Da die Innung wiederum von der Aufnahme nichts wissen will, wendet sich Hillebrand nochmals an Friedrich den Grossen wegen der Bestätigung seiner Privilegien, die dann am 8. November 1743 vom Könige in folgender Weise vollzogen wird: „. . . . . Wann Wir [Friedrich von Gottes Gnaden] nun nach denen über diesen seinen [des Hillebrand] allerunterthänigsten Gesuch von gehörigen Orthen eingezogenen Berichten allergnädigst befunden, daß Supplicantens

Absehen vornehmlich nur dahin gerichtet sey, seine wohlerlernte Profeßion ungehindert treiben zu können, und dann dem Publico daran gelegen, daß alle dergleichen Künstler und Manufacturiers beybehalten und ihnen aller Vorschub geleistet werde, alß haben Wir allergnädigst resolviret, obbenantem George Hildebrandt die gebetene Hoff-Freyheit, iedoch nicht auf ordinaire Gold-Arbeit sondern lediglich auf Galanterie-Waaren allergnädigst zu ertheilen; thun auch daßelbe hierdurch in Krafft dieses dergestalt und also, daß derselbe gleich andern dergleichen privilegirten Künstlern unter des Breßlauischen Magistrats Jurisdiction stehe, auch weil er sich in und von hiesiger Stadt nähret, ad exemplum anderer unpossiomiten Privilegiatorum alle bürgerliche Onera zu tragen verbunden sey und endlich diejenige Gold- und Silber-Galanterie-Waaren, bey welchen es practicable ist, denen Goldschmied-Eltesten zu Aufschlagung der hiesigen Probe einhändigen solle; dahingegen soll demselben hiermit verstattet seyn, zum behuff seiner Nahrung ein freyes Gewölbe zu Breßlau zu haben, sich Unsers Königlichen Adlers zum Zeichen der ihm allergnädigst ertheilten Hoff-Freyheit in dem vor seinem Zimmer etwa außzuhangenden Schilde zu bedienen, auch Gesellen und Lehrjungen aufzunehmen und zu halten, mithin seine erlernte Profeßion in Verferttigung ermeldter Galanterie-Waaren ungehindert zu treiben und zu exerciren . . . . Gegeben Breßlau den 8. Nov. 1743.“ (Lib. definit. XIII. 115, 129^{b}—131^{b}). Hillebrands Frau Margareta Barbara † 5. (begr. d. 7.) VI. 1753, alt 69 Jahre (Elis.).

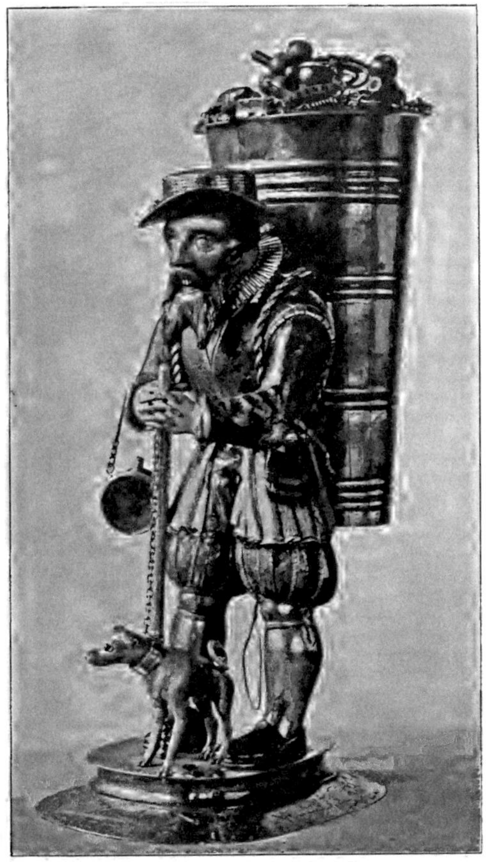

Fig. 22. Joachim Hiller: Büttenmann, datiert 1602

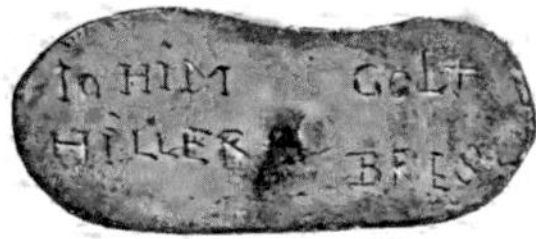

Fig. 23. Fusssohle zu dem Büttenmann von 1602

Hillebrand, Johann, Goldarbeiter ausserhalb der Innung, wird im Juni 1737 als verstorben bezeichnet (Schles. Vorz. VII. 489).

Hiller, Friedrich, Goldschmiedgeselle, Sohn des Breslauer Goldschmieds Joachim Hiller, stirbt am 13. Juli 1613, alt 30 Jahre (Elis. u. MM).

Hiller, Joachim [Jochem] (Hieller, Hüller, Höller), Goldschmied, geb. in Görlitz, heiratet am 28. Oktober 1572 Margareta, die Tochter des kaiserl. Postreiters Sebastian Scholtz (MM). Wird um dieselbe Zeit Meister. Erwirbt das Breslauer Bürgerrecht am 6. Februar 1573. Stirbt am 15. (16.) August 1613, alt 72 Jahre (Elis. u. MM). Seine Witwe Margareta † 18. VIII. 1613 (Elis.). Hiller zählt zu den bedeutendsten Renaissance-Goldschmieden Breslaus. Zeichnet I H in ovalem Felde, vgl. Taf. III Nr. 58. Er liebt es, ausserdem noch an einer versteckten Stelle seine Arbeiten mit vollem Namen zu versehen.

a. (?) Gravierung auf zwei silbervergoldeten gotischen Bechern aus dem Anfange des 16. Jahrhunderts. Eine meisterhafte Arbeit vom Jahre 1579 mit Festons, spielenden Puten, Tieren und Figuren im Zeitkostüm, darunter einem Armbrustschützen. Die Initialen (?) des Meisters nebst Jahreszahl 1579 auf einem Schaukelquerholze. — Kleinodien der Zwingerschützen in Breslau. Schlesisches Museum für Kunstgewerbe und Altertümer, Breslau (Vgl. Schlesiens Vorzeit, Bd. VII S. 181 Nr. 6, abgeb. Taf. IV Nr. 1 u. 3, Taf. V Nr. 1 u. 3).

b. Kaiserpokal, Silber vergoldet, in der Fig. 24 abgebildeten Form, sehr reich getrieben mit Ornamenten, Masken, Fruchtgehängen, Blumenvasen, Vögeln und drei Schützenfähnrichen. Auf dem Deckel der österreichische Doppeladler und zwei Schützenfiguren. Auf dem äusseren Boden des Kelches die versteckte Inschrift: „ICHT JOACHHIM HILLER DER GOLTSCHMIT HOT DEN BECHER GEMACHT 1582“. Laut einer auf dem Deckelrande im Jahre 1841 eingravierten Inschrift ein Geschenk Kaiser Rudolph II. vom Jahre 1577 (! die Angabe des Stiftungsjahres ist also falsch, müsste 1582 heissen). H. 51 cm. Beschauz. W Typus II, Meisterz. u. Kriegssteuerst. 𝔍𝔚. — Kleinodien der Schiesswerderschützen in Breslau. Schlesisches Museum für Kunstgewerbe und Altertümer, Breslau (Vgl. Schlesiens Vorzeit, Bd. V S. 246 f. Nr. 5 (3), abgeb. Taf. XXVIII (I) Nr. 1).

c. Tafelgeräte in Form von zwei Truthühnern, Silber vergoldet, auf runden Sockeln. Die Bäuche der Hühner werden durch braun gefleckte, halbierte Porzellanschnecken gebildet. H. 13,2 cm. Beschauz. W Typus II u. Meisterz. — Schlesisches Museum für Kunstgewerbe und Altertümer, Breslau.

d. Tafelgerät in Form eines Straussenvogels, gebildet aus einer Nautilusschale mit vergoldeter Silberfassung. Beschauz. W u. Meisterz. — Staatsmuseum, Moskau (nach Schlesiens Vorzeit, Neue Folge, Bd. III S. 161).

e. Trinkgerät in Form eines Büttenmannes, Silber vergoldet, zum Teil emailliert. „The rim (of the hat) is engraved with hunting scenes . . . Height $10^{1}/_{4}$ in.“ Beschauz. W u. Meisterz. — Slg. † Baron Lionel v. Rothschild, London. South Kensington Museum, Loan Exhibition 1862, S. 511 Nr. 6, 179 (nach Rosenberg Nr. 467, dort fälschlich dem Hans Jachman d. ä. zugeschrieben).

f. Trinkgerät in Form eines Büttenmannes, Silber vergoldet mit alter Bemalung, ganz ähnlich dem Fig. 22 abgebildeten Exemplar, nur die Früchte auf dem Büttendeckel nicht wie dort mit Steinen, sondern nur aus bemaltem Silber. Auf dem ovalen Sockel ähnlich wie bei Nr. g Jagddarstellungen in Gravierung. H. 30 cm. Beschauz. W Typus II, Meisterz. u. zwei österr. Freistempel. — Baron Weichs, Troppau (Beschr. in dem Kat. d. Ausstellung von Alt-Oesterr. Goldschmiedearbeiten, Troppau 1904, S. 19 u. 54).

g. Trinkgerät in Form eines Büttenmannes, Silber vergoldet mit erneuerter Bemalung, abgebildet Fig. 22. Unter der linken Fusssohle die Fig. 23 abgebildete Inschrift, unter der rechten die Jahreszahl 1602. H. 27,8 cm. Beschauz. W Typus III, Meisterz. und Kriegssteuerst. 𝔍𝔚. — Schlesisches Museum für Kunstgewerbe und Altertümer, Breslau.

Hiller, Michael (Hieller), Goldschmied, Anfang Februar 1605 stirbt seine hinterlassene Tochter Ursula.

Hilscher, Carl Gottlieb (Hielscher), Silberarbeiter, Sohn des Ziergärtners Johann Gottlieb Hilscher, lernt in Breslau bei Joseph Gottlieb Lederhose vom Qu. Trinitatis 1787—1793. Arbeitet zuerst in Öls. Heiratet am 21. Juni 1803 Anna Juliana, die Tochter seines ehemaligen Lehrherrn Joseph Gottlieb Lederhose (MM). Zieht später nach Breslau und erwirbt das Bürgerrecht am 13. März 1812. Wird Innungsmeister am 24. September 1817. Stirbt 1849. Zeichnet HILSCHER positiv eingeschlagen.

Hilscher, Michael, Goldarbeiter, heiratet in Breslau bei St. Matthias am 7. September 1708.

Hippe, Samuel Benjamin, Goldschmied vor dem Odertore auf dem St. Vincenzgute, Sohn des Leinwanddruckers Johann Christian Hippe, heiratet im August 1784 Johanna Eleonora, geb. Maick, die Witwe des Beckenschlägers Christian Gottlob Trembke (Elis.). Seine Frau stirbt im Mai 1792 (Elis.).

Hocke, Hans (Hock, Hockhe, Hoecke), Goldschmied, geb. in Breslau, Sohn des Metzners in der Vordermühle Rochus Hocke, heiratet als Geselle im Januar (2. Sonntag nach Epiphania) 1575 Eva, die Tochter des † Schneiders Hans Scholtze (Elis.). Wird in demselben Jahre Bürger und Meister. Wird 1602 wegen etlicher Reden, mit denen er den Meistern seines Gewerkes zu nahe gekommen, mit Haft bestraft (Lib. definit. IV. 126b—127a). Seine Tochter Katharina heiratet 4. Trinitatis 1610 den Wappen- und Steinschneider Sigmund Moses (Elis.). Hocke stirbt am 2. Januar 1611, alt 67 Jahre (Elis. u. MM). Seine Witwe Eva † 11. I. 1627. Hocke zeichnet H h ligiert, über dem h ein kleines o, vgl. Taf. III Nr. 60.

a. Kaiserpokal, Silber vergoldet, abgebildet Fig. 24. Am Deckelrande die Inschrift: „RVDOLPHVS · DER · ANDER · ERWELTER · ROMISCHER · KAISER · GVT · VNS · ARMBRVST · SCHVTZEN · DIS · KLEINOD · AVS · GNADEN · VOR · EHREN · THVT · 1577.“ H. incl. Deckel 37,7 cm. Beschauz. W Typus II, Meisterz. u. Kriegssteuerst. 𝔍𝔚. — Kleinodien der Zwingerschützen in Breslau. Schlesisches Museum für Kunstgewerbe und Altertümer, Breslau (Vgl. Schlesiens Vorzeit, Bd. VII S. 181 Nr. 7).

Hodelhoffer [Hödelhofer], siehe Hedelhofer.

Höhne, Augustin, siehe Heyne.

Höller, Joachim, siehe Hiller.

Hœne, Nickil, siehe Hone.

Höne, Paul, siehe Heyn.

Hoensch, Christian (Hoenisch, Höhnisch), Silberarbeiter, geb. in Breslau, Sohn des Mitwohners Gottfried Hoensch, verfertigt bei Thomas Beyl als Meisterstück ein silbernes Becken nebst Kanne, wird Meister am 31. August und Bürger am 7. September 1746. Heiratet am 23. September 1749 Maria Rosina, die Tochter des gewesenen Unteroffiziers Michael Botstieber [Badstüber] (Elis.). Seine Frau Maria Rosina † 5. (begr. d. 7.) VI. 1765 (MM). Hoensch ist Innungsältester seit 1770 und mutmasslicher Stempelmeister mit dem Buchstaben H seit September 1776. Seine Tochter Johanna Christiana heiratet am 1. Mai 1771 den Konditor Carl Siegemund Duhn (MM). Seine Tochter Johanna Carolina heiratet am 23. Mai 1785 den Kalkulator Gottfried Siegemund Lachmund (MM). Seine Tochter Eleonora Beata heiratet am 27. Oktober 1786 den Kalkulator Johann Christian Lampel (MM). Hoensch stirbt am 20. (begr. d. 22.) April 1792, alt 79 Jahre (MM). Hoensch zeichnet C H mit Stern in einem herzförmigen Schilde, vgl. Taf. V Nr. 157.

a. Becher, Silber vergoldet, auf niedrigem gewelltem Fusse. Auf dem glatten konischen Mantel graviert das Wappen des J. Heinz von Blankenburg und Stiftungsinschriften, die besagen, dass der Becher am 24. Juni 1770 von Johann Heinz von Blankenburg gestiftet und am 3. Juli 1770 von dem Physikus D. Carl Gottlieb Pauli der Schützenbrüderschaft im Zwinger verehrt wurde. H. 9,9 cm, ob. Dm. 7,2 cm. Johanneskopf Typus XIII, Stempelmeisterb. G Typus II, Meisterz. u. Kriegssteuerst. FW. — Kleinodien der Zwingerschützen in Breslau. Schlesisches Museum für Kunstgewerbe und Altertümer, Breslau (Vgl. Schlesiens Vorzeit, Bd. VII S. 183 Nr. 14).

c. Becher mit Deckel, Silber vergoldet, mit Friesen von Blatt- und Muschelwerkornament. Als Deckelknopf eine Artischocke. Auf der Vorderseite der konischen Becherwandung eine siebenzeilige, auf der Rückseite eine fünfzeilige Stiftungsinschrift nebst Wappen des Schützenkönigs von 1771/72 Thomas Thomson, der den Becher mit dem Deckel versehen liess und der Schützenbrüderschaft im Zwinger am 8. Juli 1771 schenkte. H. incl. Deckel 15,2 cm. Dm. 8,5 cm. Johanneskopf Typus XIII, Stempelmeisterb. G Typus II, Meisterz. u. Kriegssteuerst. FW. — Kleinodien der Zwingerschützen in Breslau. — Schlesisches Museum für Kunstgewerbe und Altertümer, Breslau (Vgl. Schlesiens Vorzeit, Bd. VII S. 184 Nr. 16).

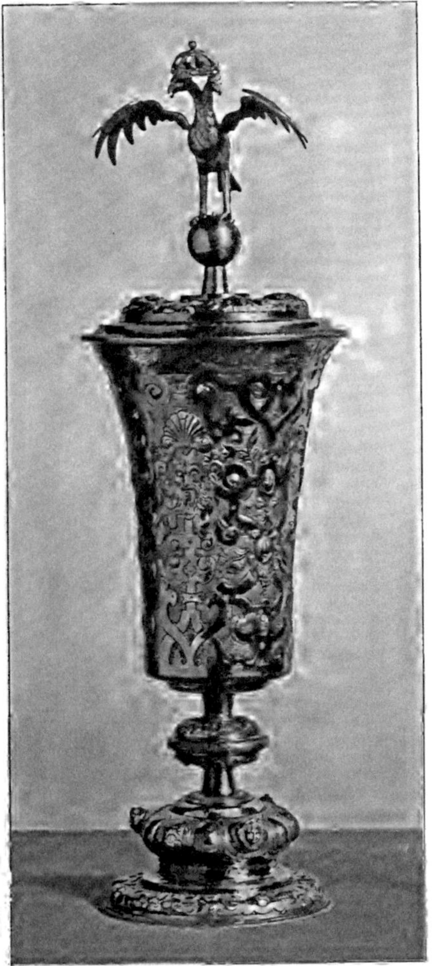

Fig. 24. Hans Hocke: Kaiserpokal von 1577

c. Tischleuchter, Silber, ein Paar, auf ovalem profiliertem Fusse ein reich profilierter Schaft. H. 22,2 cm. Johanneskopf Typus XIII, Stempelmeisterb. G Typus II und Meisterz. — Schlesisches Museum für Kunstgewerbe und Altertümer, Breslau.

d. Schale, Silber, oval, mit Ranken in Treibarbeit. Johanneskopf u. Meisterz. — Geheimrat Pinkus, Neustadt OS.

e. Schale, Silber, oval, mit Perlenfriesen und einfachen Blattgirlanden in Treibarbeit. H. 4 cm. Dm. 18 × 12 cm. Johanneskopf u. Meisterz. — Fürst Johann II. von Liechtenstein, Wien (Kat. d. Ausstellung v. Alt-Oesterr. Goldschmiedearbeiten, Troppau 1904, S. 20 u. 55).

f. Schale, Silber, oval, mit Perlenfriesen und Blumen in Treibarbeit. Dm. 16,8 × 12,3 cm. Johanneskopf Typus XIII u. Meisterz. — Schlesisches Museum für Kunstgewerbe und Altertümer, Breslau (Vermächtnis Epstein).

g. Salzfass, Silber, oval, mit Perlenfries und Girlande. H. 4,8 cm. Dm. 7,7 × 6,8 cm. Johanneskopf u. Meisterz. — Schlesisches Museum für Kunstgewerbe und Altertümer, Breslau (Vermächtnis Epstein).

Hönsch, C. G., Silberarbeiter (Geselle oder Pfuscher?), nennt sich als Verfertiger von zwei künstlerisch sehr minderwertigen silbernen Sargschilden der Brüderschaft der Fleischhauer Neuer Bänke in Breslau, datiert 29. Januar 1793, im Besitze der Vereinigten Fleischer-Innung in Breslau. Die Schilde tragen kein Beschauzeichen.

Hoensch, Gottfried Wilhelm (Hoenisch, Höhnisch), Silberarbeiter, geb. in Breslau, Sohn des Silberarbeiters Christian Hoensch, lernt bei seinem Vater vom 18. September 1769 bis 14. Juni 1773. Meldet sich am 1. Juni 1780 als Stückmeister, arbeitet bei seinem Vater ein silbernes Becken nebst Kanne, wird Meister am 9. August 1780. Erwirbt das Bürgerrecht am 10. März 1783. Stirbt am 6. (begr. d. 8.) Mai 1811, alt 55 (59) Jahre 11 (9) Monate (MM). Hoensch zeichnet GWH in einem herzförmigen Schilde, vgl. Taf. V Nr. 172.

a. Willkomm der Brüderschaft der Fleischhauer Neuer Bänke in Breslau, Silber; Fuss, Schaft, Kelch und Deckel mit spätem Rokokodekor in getriebener Arbeit. Am Kelch ein Reif mit zahlreichen Anhängern. Auf dem Deckel als Bekrönung ein Osterlamm mit Fahne. Auf dem Fusse drei Felder mit Inschriften über die Anfertigung des Willkomms und Datum 7. März 1791. H. incl. Deckelbekrönung 54 cm. Johanneskopf Typus XV, Stempelmeisterb. H u. Meisterz. — Vereinigte Fleischer-Innung, Breslau.

b. Willkommschildchen, Silber, oval, mit spätem Rokokodekor, in der Mitte in vergoldeter Auflage ein Osterlamm in einem Kranze (kopiert nach einem älteren Muster). Gestiftet 1795. Dm. 14 × 11 cm. Johanneskopf Typus XV u. Meisterz. — Vereinigte Fleischer-Innung, Breslau.

c. Schälchen, Silber, oval. Johanneskopf u. Meisterz. — Geheimrat Pinkus, Neustadt OS.

d. Tischleuchter, Silber, ein Paar, in Empireformen. Johanneskopf Typus XVI, Stempelmeisterb. M u. Meisterz. — Geheimrat Pinkus, Neustadt OS.

e. Salzfass, Silber, oval, mit Sockelfuss, darauf leicht punzierte Blattgirlanden, am oberen Rande ein Perlenkranz. Dm. 7,7 × 6,3 cm. Johanneskopf u. Meisterz. (beides undeutlich). — Schlesisches Museum für Kunstgewerbe und Altertümer, Breslau.

f. Thoraschild, Silber, mit Gesetzestafeln zwischen zwei Säulen. H. 26,5 cm. Br. 21,2 cm. Johanneskopf Typus XVI, Stempelmeisterb. N, Meisterz. u. Kriegssteuerst. FW. — Geheimrat Pinkus, Neustadt OS. (Stammt aus der Glogauer Synagoge in Breslau).

Hoensch, Johann Bernhard (Hoenisch, Höhnisch), Silberarbeiter, geb. in Breslau, Sohn des Posamentiers und Seidenstrickers Johann Gottfried Hoensch, lernt bei Christian Hoensch vom 17. September 1755 bis 22. Mai 1761. Meldet sich am 18. Dezember 1774 als Stückmeister, arbeitet bei Christian Hoensch ein silbernes Becken nebst Kanne, wird Meister am 21. (31.) März und Bürger am 19. September 1775. Heiratet am 15. November 1775 Johanna Christina, die Tochter des † Destillateurältesten Christian Küntzel (Elis.). Ist Ältester seit Dezember 1796 und mutmasslicher Stempelmeister mit dem Buchstaben N seit Mai 1804. Seine Frau Johanna Christina † 27. (begr. d. 29.) II. 1812 (Elis.). Er selbst stirbt 1813. Hoensch zeichnet IBH in einem gezackten Blatte, vgl. Taf. V Nr. 170.

Hofeman, Anthonius (Hoffman), aurifaber, wird Bürger am Freitag vor Invocavit (9. März) 1481. Ist vor 1490 im Catalogus civium von 1470 gestrichen worden.

Hoffman, Achatius, Goldschmied, kommt 1531 in Schweidnitz vor (Anz. f. Kunde d. deutsch. Vorz. 1875, Sp. 148). Seine hinterlassene Tochter Barbara heiratet in Breslau im Februar 1555 den Rentschreiber Peter Schonhubell (MM).

Hoffman, Andres, Goldschmied, Sohn des Andreas Hoffman im Streichgaden, Bruder des Goldschmieds Christoff Hoffman, heiratet am 4. Juli 1570 Ursula, die Tochter des Kretschmers Sebastian Biber (MM). Heiratet als Witwer am 31. August 1587 Dorothea, die Tochter des Grobschleifers Johann Jencke; wird bei dieser Gelegenheit in den Kirchenbüchern „ein gewesener Goldschmied" genannt (Elis. u. MM). Er scheint kein eigenes Gewölbe besessen zu haben, da sein Name im Catalogus civium fehlt. Stirbt um 1601. Sein Sohn Andreas, ein Barettmacher und Handschuhstricker, heiratet am 3. Februar 1603 Rosina Sahner (MM). Hoffmans Witwe Dorothea † 9. IX. 1607 (Elis.).

Hoffman, Christoff (Hofeman, Hoffmahn), Goldschmied, Sohn des Andreas Hoffman im Streichgaden, Bruder des Goldschmieds Andres Hoffman, heiratet am 13. (15.) Dezember 1573 Magdalena, die Tochter des Goldschmieds Jorge Schlefuss (Elis. u. MM). Wird Anfang 1574 Bürger und Meister. Stirbt vor 1589.

Hoffman, Daniel (Hofman), Goldschmied, geb. in Breslau, Sohn des Goldschmieds Hans Hoffman d. j., heiratet am 20. Januar 1614 Martha, die Tochter des Schneiders Jacob Bircke (MM). Wird vor Ostern 1614 Bürger und

Meister. Wohnt erst auf der Kupferschmiedegasse in Tobias Wolffes Hinterhause, dann am Ringe unter den Riemern. Seine Frau Martha † 31. I. 1628 (Elis.). Er selbst stirbt vor 1640. Hoffman zeichnet D H in ovalem Felde, vgl. Taf. III Nr. 75.

a. Deckelkanne, Silber mit Vergoldung, abgebildet Fig. 25. Die acht gravierten Wappen auf der fazettierten Kannenwandung gehören den Breslauer Patrizierfamilien Domlauer, Redinger, Heseler, Schilling, Pusch v. Gemsfeld, Schnabel, Dresler und Eben. Um 1618. H. 14,5 cm. Beschauz. W Typus III, Meisterz. u. ein niederländischer Einfuhrstempel. — Schlesisches Museum für Kunstgewerbe und Altertümer, Breslau (Vgl. Schlesiens Vorzeit, Neue Folge, Bd. II S. 108 f.).

b. Kelch, Silber vergoldet, auf dem sechspassigen Fusse in Gravierung IHS, die Wappen derer v. Keul und v. Schellendorf (?), das Schweisstuch der hl. Veronica und die Wappen derer v. Schebitzky und v. Geresleben (?). Auf dem Nodus sechs Zapfen mit den Buchstaben IHESVS. Kuppabelag mit Rollwerk in durchbrochener Arbeit. H. 17,5 cm. Beschauz. W Typus III u. Meisterz. - Kath. Pfarrkirche in Dziewierzewo, Prov. Posen.

[Hoff]man, George (Hofman, Hofeman), Goldschmied, Sohn des Goldschmieds Hans Hoffman d. ä., Bruder des Goldschmieds Hans Hoffman d. j., wird 1586 Bürger und Meister. Heiratet 24. Trinitatis 1586 Magdalena, die Tochter des Weinschenken Christoph Wunderlich (Elis.). Wohnt am Ringe unter den Riemern. Seine Frau Magdalena † 15. I. 1608 (Elis.). Er selbst stirbt am 24. Februar 1609, alt 52 Jahre (Elis.). Seine Tochter Magdalena heiratet am 16. November 1609 den Seifensieder George Winckler (MM). Sein Sohn Christoph, ein Handelsmann, heiratet am 25. Oktober 1627 Magdalena, die Tochter des Schulcollegen am Maria Magdalenengymnasium, Laurentius Andreas (MM). Hoffman zeichnet G H ligiert in rundem Felde, vgl. Taf. III Nr. 66.

a. Kelch, Silber vergoldet, auf dem sechspassigen Fusse musizierende und singende Engel mit Renaissance-Rollwerk in getriebener Arbeit. An dem flachwulstigen, mit Rollwerk und Engelsköpfen verzierten Nodus sechs Zapfen mit Steinen. Der sechskantige Schaft über und unter dem Nodus mit den gravierten Buchstaben IESVS ✠ CHRISTVS. Der silberne Kuppabelag mit zwei Wappen derer von Poley und Troilo, einer Kreuzigung, Engelsköpfchen und Zinnenbekrönung in durchbrochener Arbeit. Unter dem Fusse die Inschrift: „HELENA · POLEIN · GEBORNE · TROYLIN · VON · LEAT · 1607". H. 22 cm. Beschauz. W Typus III, Meisterz. u. Kriegssteuerst. Adlertypus. — Evang. Pfarrkirche, Triebusch Kr. Guhrau.

b. Becher, Silber vergoldet, Kuppa eiförmig, mit Punkten in Rauten dekoriert. H. 26,7 cm. Beschauz. W u. Meisterz. — 1885 bei Jacobsohn, St. Petersburg (nach Rosenberg Nr. 458).

[Hoff]man, George, Goldschmiedgeselle, geb. in Breslau, Sohn des Weissgerbers George Hoffman, stirbt auf der Niklasgasse am 21. (begr. d. 22.) Oktober 1633 an der Pest, alt 37 Jahre (Elis.).

[Hoff]man, Gottfried, Goldschmiedgeselle, geb. in Breslau, Sohn des Barbiers Michael Hoffman, stirbt am 23. September 1638, alt 36 Jahre 7 Wochen (Elis.).

[Hoff]man, Gottlieb, siehe Hoffmann.

[Hoff]man, Hans, d. ä., Goldschmied, heiratet als Geselle 1561 Magdalena, die Tochter des † Gregor Herbeck (Elis.). Erwirbt das Bürgerrecht am 13. Februar 1562, wird um dieselbe Zeit Meister. Stirbt vor 1579. Seine Tochter Rosina heiratet am 22. Februar 1610 den Handelsmann Hans Lehman (MM).

[Hoff]man, Hans, d. j., Goldschmied, geb. in Breslau, Sohn des Goldschmieds Hans Hoffman d. ä., Bruder des Goldschmieds George Hoffman, wird 1579 Bürger und Meister. Heiratet 21. Trinitatis 1579 Hedwig, die Tochter des † Becken Michel Denert, Schnabel genannt (Elis.). Wohnt am Ringe unter den Riemern. Stirbt am 3. August 1611, alt 62 Jahre (Elis. u. MM). Seine Witwe Hedwig † 16. XII. 1620 (Elis.). Seine Söhne Hans und Gottfried, beide Maler in Breslau, sterben den 8. IV. 1615 und 15. IX. 1621 (Elis.; vgl. A. Schultz, Schles. Maler, S. 79). Seine Tochter Magdalena heiratet am 7. November 1623 den Goldschmied George Wolff in Gross-Glogau (Elis.). Wegen des Meisterzeichens des Hans Hoffman d. j. siehe Hans Haupt.

[Hoff]man, Johann, gewesener Goldschmied zu Beuthen, lebt später in Breslau als Mitbruder im St. Bernhardin-Hospital, stirbt daselbst am 4. Juli 1692, alt 77 Jahre.

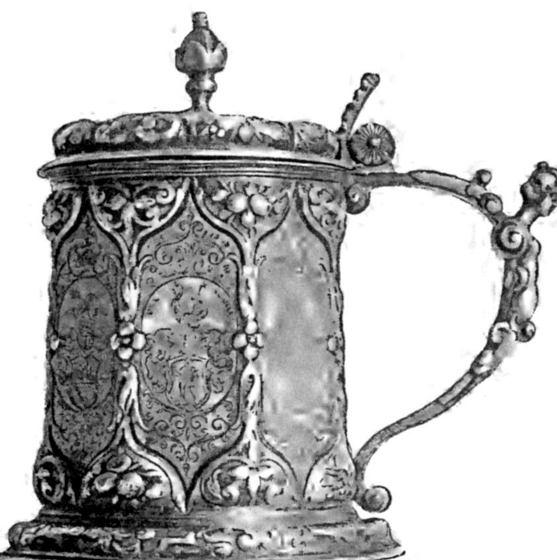

Fig. 25. Daniel Hoffman: Deckelkanne mit Breslauer Geschlechterwappen, um 1618

Hoffman, Joseph, Goldschmiedgeselle, heiratet am 19. Mai 1572 Brigitta, die Tochter des † Haubenschmieds Hans Lochner (MM).

Hoffman, Merten, Goldschmiedgeselle, Sohn des Kaufmanns Christoph Hoffman in Geiffenberg, stirbt in Breslau im Dezember 1584 (MM).

Hoffmann, Gottlieb, Silberarbeiter, geb. in Marschwitz, lernt in Breslau bei Johann Christoph Jancke d. j. vom Qu. Reminiscere 1784 bis Qu. Crucis 1790. Erwirbt das Bürgerrecht am 18. November 1814. Wird Innungsmitglied am 20. Dezember 1816. Stirbt 1837. Hoffmann zeichnet G H in rechteckigem Felde, vgl. Taf. V Nr. 185.

a. Tischleuchter, Silber, ein Paar, in der Fig. 38 abgebildeten Form, doch auf quadratischer Standfläche und ohne Gitterwerk um die Lichttülle. Datiert 1815 u. 1816. Johanneskopf, Stempelmeisterb. O u. P u. Meisterz. — Verein christlicher Kaufleute, Zwinger, Breslau.

b. Tischleuchter, Silber, drei Stück, in Empireformen mit Palmettenmuster. H. 21,3 cm. Dem Trinitatis-Hospital in Breslau 1821 gestiftet. Johanneskopf Typus XVIII, Stempelmeisterb. P. u. Meisterz. — Schlesisches Museum für Kunstgewerbe und Altertümer, Breslau.

Hogkorn, Heinrich, siehe Haker.

Hone, Nickil (Hoene), aurifaber, verreicht am Freitag vor Martini (6. November) 1349 seiner Frau Elze und seinen Kindern für den Fall seines Todes allen seinen Besitz (Schöppenb. I. 120b). Ist 1367 Bürge.

Hoppe, Valten, Goldschmied, Sohn des Goldschmieds Heinrich Hoppe in Braunschweig, heiratet in Breslau am 14. Februar 1611 Katharina, die Tochter des † Eisenhändlers Barthel Roseman (MM).

Hotton, Franz Joseph, Goldarbeiter, geb. in Arnsdorf, Sohn des Goldarbeiters Franz Hotton, erwirbt das Breslauer Bürgerrecht am 29. November 1816, alt 37 Jahre. Wird nicht Innungsmitglied.

Hotton, Friedrich [Jean Baptiste?] (Ottong), Silberarbeiter, wird Bürger am 7. Januar und Innungsmitglied am 14. September 1814. Stirbt 1832.

Hoyner, Gottfried, siehe Heyner.

H P, siehe P.

Huber, Wolf, Goldschmiedgeselle, Sohn des Bauern Wolf Huber zu Brunn in Österreich, heiratet in Breslau am 7. Februar 1649 Barbara, die Witwe des Zöllners Peter Lange (MM).

Hübner, Christoph, Juwelier, sein hinterlassener Sohn Gottfried heiratet am 8. September 1652 (MM).

Hüller, Joachim, siehe Hiller.

Hültzberger, Andreas, Goldschmiedgeselle aus Reval in Livland, Sohn des dortigen Handelsmannes Johann Andreas Hültzberger, stirbt in Breslau am 31. Dezember 1705 (begr. d. 3. Januar 1706), alt 36 Jahre (MM).

Hurter, Martin, Goldschmiedgeselle, Sohn des Dr. med. Christoph Hurter zu Schaffhausen im Schweizerland, stirbt in Breslau am 14. April (12. Mai) 1695, alt 26 Jahre (MM).

Jachman, George Christoph [Christian], Goldschmied, Sohn des Dr. med George Jachman in Schweidnitz, Enkel des Breslauer Goldschmieds Hans Jachman d. ä., arbeitet in Breslau als Meisterstück einen Pokal nebst Ring und Siegel, wird Meister am 3. Dezember 1730 und Bürger am 21. Februar 1731. Heiratet am 10. April 1731 Maria Elisabeth, die Tochter des Gerichtsgeschworenen Christian Grünberger; Trauzeuge ist der Medailleur George Wilhelm Kittel (MM). Stirbt oder zieht von Breslau weg um 1741.

Jachman, Gottfried Wilhelm (Zachman), Goldarbeiter, geb. in Breslau, Sohn des Goldschmieds Johann Jachman d. j., ist am 26. XI. 1734 Taufzeuge am Dom. Arbeitet bei Heinrich August Joel als Meisterstück einen Uhrhaken und Ring, wird Meister am 20. (30.) September und Bürger am 9. Oktober 1743. Heiratet am 22. Oktober 1743 Barbara Helena, die Tochter des † Riemerältesten George Jäckel (Elis.). Seine Frau † 14. (begr. d. 16.) XI. 1774 (Elis.). Seine Tochter Helena Eleonora heiratet am 25. Oktober 1785 den Schneider Johann Gottlob Hanemann (MM). Jachman stirbt am 20. April 1786, alt 75 Jahre 2 Monate.

Jachman, Hans [Johann, Joachim] (Jachtman), d. ä., Goldschmied, geb. in Breslau, Sohn des Goldschmieds Mattheus Jachman d. ä., wird 1638 Bürger und Meister. Heiratet am 20. September 1638 Rosina, die Tochter des † Goldschmieds Johann Jacob Heerbrot in Trachenberg (MM). Wohnt auf der Odergasse, dann am Ringe unter den Riemern, zuletzt auf der Schmiedebrücke. Seine Frau Rosina † 14. VII. 1647 (Elis.). Jachman heiratet am Sonntag Sexagesima 1648 Susanna, die Tochter des † Handelsmannes Hans Kirchbauer (Elis.). Ist seit 1653 Zunftältester. Seine Tochter Rosina heiratet am 1. September 1659 den Goldschmied Christoph Dietrich (Elis.). Jachman bringt 1662 seinen Sohn George zur Sexta des Elisabeth-Gymnasiums (Schles. Vorz. VII. 484). Seine Tochter Susanna heiratet am 9. April 1668 den Goldschmied Christian Mentzel d. ä. (Elis.). Seine Tochter Anna heiratet am 22. Oktober 1675 den Reichkramer Daniel Senfftleben (MM). Sein Sohn George, Dr. med., heiratet am 16. November 1677 Maria Elisabeth, die Tochter des städtischen Amtmannes Caspar Scholtz (MM). Jachman stirbt am 8. (12., 15.) November 1685, alt 74 Jahre weniger 7 Tage, nachdem er 14 Jahre lang meist bettlägerig gewesen

(Elis. u. MM). Seine Witwe Susanna † 4. (begr. d. 7.) XII. 1693 (Elis. u. MM). Jachman zeichnet H I in ovalem Felde, zuweilen ist zwischen dem H u. I ein Punkt sichtbar, vgl. Taf. III Nr. 81.

a. Sargschilde der Breslauer Weber-Innung, Silber mit Spuren von farbiger Bemalung, oval, mit Zunftemblemen (drei Weberschiffchen) in getriebener Arbeit. Datiert 1644. Dm. 37,5 × 32,3 cm. Beschauz. W Typus IV u. Meisterz. — Schlesisches Museum für Kunstgewerbe und Altertümer, Breslau.

b. Altarleuchter, Silber, auf dem runden Fusse reiches Blumenwerk in getriebener Arbeit. Laut Inschrift gestiftet am 28. November 1665. Beschauz. W Typus VI, Meisterz. u. Kriegssteuerst. Adlertypus. — Elisabethkirche, Breslau.

c. Henkelschale. H. 5,8 cm. Beschauz. W u. Meisterz. — 1883 bei A. S. Drey, München (nach Rosenberg Nr. 467a).

Jachman, Hans (Johann Jahmann), d. j., Goldschmied, geb. in Breslau, Sohn des Goldschmieds Hans Jachman d. ä., Enkel des Mattheus Jachman d. ä., Bruder des Mattheus Jachman d. j., wird 1681 Bürger und Meister. Heiratet am 21. Oktober 1681 Susanna, die Tochter des Kretschmers George Elsner (Elis.). Wohnt am St. Elisabethkirchhofe. Seine Frau Susanna † 1. (7.) III. 1690 (Elis.). Jachman heiratet am 29. April 1692 Maria Magdalena, die Tochter des Pergamentmachers Siegmund Otte (MM). Ist seit 1703 Zunftältester und seit Juni 1712 vielleicht Stempelmeister mit dem Buchstaben B. Seine Frau Maria Magdalena † 18. (begr. d. 20.) I. 1719 (Elis.). Sein Sohn Gottlieb, Diakonus bei St. Bernhardin, heiratet am 1. Oktober 1721 Anna Eleonora, die Tochter des † Goldschmiedältesten Gottfried Vogel d. j. (Elis.). Seine Tochter Maria Magdalena heiratet am 2. November 1723 den Medailleur, Stein- und Eisenschneider George Wilhelm Kittel (Elis.). Jachman stirbt am 7. (17.) Mai 1728, alt 71 Jahre 42 Wochen 3 Tage, ist mit Geläute begraben worden (Elis.). Seine Tochter Johanna Eleonora heiratet am 7. Mai 1731 den Silberarbeiter Johann Gottlieb Schmidt (MM). Sein mittlerer Sohn Friedrich, geb. 1698, erhält 1733 die kaiserl. Vergünstigung, vom Zwange der Maler-Innung ledig zu sein (A. Schultz, Schles. Maler, S. 83), und heiratet als Hofmaler am 19. April 1747 Johanna Dorothea, die Tochter des † Johann Leopold Kamper von Siegersburg (Elis.). Jachman zeichnet in der Regel H · I in ovalem Felde, doch dürfte ihm auch das Meisterzeichen H I ligiert in einem herzförmigen Schilde zuzuweisen sein, vgl. Taf. IV Nr. 103 u. 104.

a. Kelch, Silber vergoldet, auf dem sechspassigen, profilierten Fusse geflügelte Engelsköpfchen und Früchte in getriebener Arbeit. Auf dem silbernen Kuppabelag zwischen Barockblumen Engel mit Leidensattributen. H. 19,2 cm. Beschauz. W Typus VI u. Meisterz. wie auf Taf. IV Nr. 103. — Kath. Pfarrkirche St. Mariae, Költschen Kr. Reichenbach.

b. Becher, Silber, auf dem konischen Mantel Barockblumen in Gravierung. H. 10,5 cm. Beschauz. W Typus VI u. Meisterz. wie bei a. — Schlesisches Museum für Kunstgewerbe und Altertümer, Breslau.

c. Bucheinband, Silber mit Blumen in getriebener und durchbrochener Arbeit. H. 12,6 cm. Br. 7 cm. Beschauz. W Typus VI u. Meisterz. wie bei a. — Magistratsbaurat Nathansohn, Breslau.

d. Kelch für Krankenkommunion, Silber, Kuppa innen vergoldet, in gotischen Formen. Auf dem wulstigen Nodus die Buchstaben IHESVS und an dem Kuppabelag wenig Barockblumen in feiner Gravierung. Unter dem Fusse lange Inschriften und Jahreszahl 1684. H. 15,3 cm. Beschauz. W Typus VI, Meisterz. wie auf Taf. IV Nr. 104 u. Kriegssteuerst. Adlertypus. — Elftausend Jungfrauenkirche, Breslau.

e. Sargschild der Breslauer Zimmer- und Müllermeister, Silber mit wenig Vergoldung, oval, mit Darstellung einer Innenarchitektur. Am Rande Akanthuswerk und allegorische Halbfiguren mit den Beischriften: „Germanae, Dorica, Romana, Corinta, Jonica, Toscana, Bohemiae." Datiert 1712. Dm. 46 × 38 cm. Beschauz. W Typus VI u. Meisterz. wie bei d. — Zimmerer-Innung, Breslau.

Jachman, Johann Christian, Goldschmied, geb. in Breslau, Sohn des Goldschmieds Hans Jachman d. j., Urenkel Mattheus Jachman d. ä., Enkel Hans Jachman d. ä., Neffe Mattheus Jachman d. j., arbeitet bei Thomas Kuntze als Meisterstück ein Geschirr nebst Ring und Siegel, wird Meister am 11. Januar 1723. Eröffnet erst 1725 eine eigene Werkstatt. Erwirbt das Bürgerrecht am 31. März 1725. Heiratet am 24. April 1725 Susanna Eleonora, die Tochter des Partkrämers Caspar Pauer (MM). Stirbt am 19. Mai 1726, alt 30 Jahre 22 Wochen 3 Tage. Seine Witwe heiratet am 21. Februar 1729 den Koch Christoph Driemer (MM).

Jachman, Mattheus (Jachner, Jachtman), d. ä., Goldschmied, Sohn des Gerichtsverwalters Peter Jachman in Schönau bei Gross-Glogau, heiratet in Breslau als Geselle am 11. Februar 1602 Maria, die Tochter des Goldschmieds Paul Nitsch (MM). Wird 1602 in Breslau Bürger und Meister. Wohnt auf der Schmiedebrücke. Ist Zunftältester seit 1608. Sein Sohn Mattheus, ein Goldschmiedgeselle, stirbt am 4. (5.) September 1626. Seine Tochter Maria heiratet am 23. Januar 1623 den Handelsdiener Christoph Tentzer (MM). Jachman ist einer der beiden Goldschmiede gewesen, die dem Generalsteueramte zugeordnet waren, um das Edelmetall der Münze der Fürsten und Stände zu probieren (Schles. Vorz. VII. 59). Jachman stirbt am 10. (11.) September 1626 in dem Hause des

Goldschmieds Andreas Nitsch auf der Schmiedebrücke, alt 55 Jahre (Elis.). Seine Witwe Maria † 9. X. 1633. Jachman zeichnet M I ligiert (??).

Jachman, Mattheus, d. j., Goldschmied, geb. in Breslau, Sohn des Goldschmieds Hans Jachman d. ä., Enkel Mattheus Jachman d. ä., Bruder Hans Jachman d. j., wird Ende 1690 Bürger und Meister. Heiratet am 9. Januar 1691 Magdalena, geb. Derb, die Witwe des Schuhmachers Christoph Lammer (MM). Wohnt auf der Schuhbrücke. Jachman oder seine Frau sind Taufzeuge bei St. Matthias am 17. III. 1700, 30. III. 1703 u. 27. I. 1716. Seine Tochter Susanna Elisabeth heiratet am 12. November 1715 den Goldschmid Michael Wissmar (MM). Seine Frau Magdalena † 4. (begr. d. 6.) I. 1720 (MM). Seine Tochter Maria Magdalena heiratet am 22. Februar 1724 den Konditor Balthasar Ernst (MM). Jachman stirbt am 12. (13., 17.) Juli 1726, alt 63 Jahre 3 Monate (MM). Zeichnet M I in ovalem Felde, vgl. Taf. IV Nr. 116.

a. Willkommpokal, Silber, Fuss, Schaft, Kelch und Deckel profiliert, mit Akanthusrankenwerk und einem von zwei Greifen gehaltenen Schilde mit Emblemen der Zimmerer-Innung. Als Deckelbekrönung eine Janusfigur. Datiert 27. September 1705. H. 56 cm. Beschauz. W Typus VI u. Meisterz. — Zimmerergesellen-Bruderschaft, Breslau.

b. Deckelbüchschen, Silber, oval, gerippt, auf dem Deckel in Gravierung die Wappen der Freiherrn H. v. Reichenbach und I H E v. Rohr nebst Jahreszahl 1705. H. 4 cm. Dm. 10 × 8 cm. Johanneskopf Typus II u. Meisterz. — Graf von Reichenbach-Goschütz auf Goschütz.

c. Kelch, Silber vergoldet, auf dem sechspassigen Fusse dichte Blattspiralen, auf dem birnförmigen Nodus Früchtebuketts in getriebener Arbeit. Der silberne Kuppabelag mit Blattspiralen in durchbrochener Arbeit. H. 21,3 cm. Johanneskopf Typus II, Meisterz. u. Kriegssteuerst. Adlertypus. — Kath. Pfarrkirche St. Trinitatis, Kochlowitz Kr. Kattowitz.

Jackel, siehe Jaeckel.

Jackwitz, Friedrich Herrmann [Heinrich] (Jaeckwitz), Goldarbeiter, geb. in Breslau, Sohn des Schneiders Ludwig Jackwitz, lernt bei Johann Jacob Hacker vom Juli 1831 bis Juni 1836. Erwirbt das Bürgerrecht am 8. August 1843, alt 27 Jahre. Meldet sich am 6. Juli 1852 zur Aufnahme in die Innung, wird am 16. Oktober als neues Mitglied begrüsst. Gibt Neujahr 1866 sein Geschäft auf, bleibt aber Mitglied der Innung.

Jacob vom Berge, siehe Jacobus de Montibus Kuttenis.

Jacob, Carl Ferdinand, Goldarbeiter, geb. in Striegau, Sohn des Kgl. Münzinspektors Benjamin Jacob, lernt in Breslau bei Johann Sigismund Heintze von Ostern 1814 bis Michaelis 1818. Erwirbt das Bürgerrecht im Mai 1825, alt 27 Jahre. Wird nicht Innungsmitglied.

Jacobus aurifaber, Mitglied einer Goldschmiedfamilie, die 1318 von Herzog Heinrich VI. den Breslauer Brenngaden erhält; siehe Bertoldus aurifaber.

Jaeckel, Christian Heinrich Daniel (Jeckel), Goldarbeiter, geb. 1765 in Neugut bei Glogau, lernt in Breslau bei Johann Gottlieb Candisch, dann bei Johann Gottlob Jaeckel vom 26. Dezember 1779 bis 24. Februar 1785. Meldet sich am 12. März 1789 als Stückmeister, wird jedoch abgewiesen, da er die vorgeschriebenen Gesellenjahre noch nicht vollendet hat. Wiederholt mit Dispensation der Kgl. Kammer am 18. Juni 1789 seine Meldung, wird zugelassen und arbeitet bei Johann Ernst Braungart als Meisterstück eine Haarnadel mit Rauten. Wird Meister am 30. (31.) Juli 1789 und Bürger am 21. Januar 1790. Lässt sich im Januar 1800 von Gottfried August Thilo in Breslau en miniature malen. Ist 1817 und 1824—1826 Mitglied der Stadtverordneten-Versammlung. Stirbt am 12. September 1829.

Jaeckel, Friedrich Carl Siegmund (Jaekel), Silberarbeiter, geb. 1763 in Neugut bei Glogau, lernt in Breslau bei Johann Gottlob Jaeckel von 1777 bis 20. März 1783. Meldet sich am 28. Dezember 1785 als Stückmeister, arbeitet bei Gottlob Benjamin Werner ein silbernes Mundbecken und eine Urne mit Perlendekor, wird Meister am 26. April 1786. Da er sich während der Stückarbeit einen Gesellen gehalten hat, muss er 4 Rtlr. Strafe erlegen. Erwirbt das Bürgerrecht am 10. August 1786. Heiratet bei St. Vincenz am 24. Oktober 1787. Flüchtet im Juni 1790 wegen Silberdiebstahls. Kehrt 1794 nach Breslau zurück und wird in die Innung wieder aufgenommen. Stirbt 1832.

Jaeckel, Gottfried Wilhelm, Goldarbeiter, ist Trauzeuge bei St. Vincenz am 8. Januar 1781.

Jaeckel, Johann Gottlob [Gottlieb] (Jackel), Silberarbeiter, geb. in Tschirne bei Glogau, Sohn des Wirtschaftsverwalters Friedrich Jaeckel, lernt in Breslau bei Johann Gottlieb Schmidt vom 30. Dezember 1748 bis 17. September 1754. Meldet sich als Stückmeister am 7. Juni 1765, arbeitet bei Johann Gottlieb Schmidt ein silbernes Becken nebst Kanne. Wird Meister am 28. August 1765 und Bürger am 9. Januar 1766. Heiratet, 34 Jahre alt, am 26. April 1768 Barbara Elisabeth, die Tochter des † Schneiders Wolfgang Neidel (Elis.). Seine Frau † 31. VIII. (begr. d. 2. IX.) 1769 (MM). Jaeckel heiratet am 21. Mai 1770 Elisabeth, die Tochter des ungarischen Knopfmachers Paul Schurini (MM). Jaeckel heiratet, nachdem er zum zweiten Male Witwer geworden, am

28. November 1786 Anna Beata, die Tochter des † Zolleinnehmers George Gottlieb Drimecke (MM). Stirbt am 30. Januar 1793. Jaeckel zeichnet I G I in einem Dreipasse, vgl Taf. V Nr. 166.

a. Kelch, Silber mit Vergoldung, auf dem runden Fusse drei dreiseitige Felder mit getriebenen silbernen Rokokokartuschen. Der gestreckt birnförmige Nodus leicht profiliert und gedreht. Der silberne Kuppabelag mit Rokokodekor in durchbrochener Arbeit. H. 22,6 cm. Johanneskopf Typus XIII, Stempelmeisterb. G Typus II, Meisterz. u. Kriegssteuerst. Adlertypus. — Evang. Pfarrkirche, Münsterberg.

Jaeckel, Johann Samuel Daniel; mit diesen Vornamen ist im Protokollbuche am 12. März 1789 der Stückmeister Christian Heinrich Daniel Jaeckel fälschlich genannt.

Jaeckwitz, Friedrich Herrmann [Heinrich], siehe Jackwitz.

Jänsch, Johann, Goldarbeiter, ist am 8. Januar 1781 Trauzeuge bei St. Vincenz.

Jahmann, siehe Jachman.

Jahn, Jacob (Jant, Jandt, Jantt), Goldschmied und Wappenschneider, Sohn des Schüppers George Jahn (Jantt) zu Königsberg i. Pr., wird 1580 in Breslau Bürger und Meister. Heiratet Cantate 1580 Sara, die Tochter des Schneiders Lorenz Mülsteffan (Elis.). Wohnt auf der Olischen Gasse. Der Goldschmied Paul Nitsch nennt 1585 dem Breslauer Bischofe Andreas von Jerin auf dessen Anfrage nach einem geschickten Siegelschneider den Goldschmied Jacob Jahn (Jant), „dass er solche Arbeit mit Fleiss und künstlerisch verrichten werde" (Schles. Vorz. VII. 67). Jahn kommt nicht zur Vollendung des bischöflichen Auftrages, da er am 17. August 1586 stirbt. Seine Witwe Sara heiratet 19. Trinitatis 1595 den Goldschmied Hans Schoenau (Elis.).

Jaite, Johann Valentin, siehe Jeuthe.

Jancke, Johann Christoph (Janke), d. ä., Silberarbeiter, geb. in Breslau, Sohn des Ziergärtners Johann Jancke, arbeitet bei Stephan Christian Luttroth als Meisterstück ein silbernes Becken nebst Kanne, wird Meister am 6. Juli und Bürger am 12. Juli 1746. Heiratet am 9. Oktober 1747 Anna, die Tochter des † Tuchmachers Christoph Scholtze in Guhrau (Elis.). Stirbt am 7. (begr. d. 10.) April 1780, alt 59 Jahre 9 Monate (Elis.). Seine Tochter Anna Christiana heiratet am 13. Juli 1780 den Hospitalschaffner Martin Schwahn (Elis.). Seine Witwe Anna † 6. (begr. d. 9.) V. 1790 (Elis.). Jancke zeichnet I C I in einem gezackten Blatte, vgl. Taf. V Nr. 156.

a. Zuckerdose, Silber, oval, auf vier Blattfüsschen. Auf dem Deckel ein plastisch aufgelegter Blätterzweig mit einer Frucht. Johanneskopf Typus XIII, Stempelmeisterb. G Typus II, Meisterz. u. Kriegssteuerst. FW. — Schlesisches Museum für Kunstgewerbe und Altertümer, Breslau (Vermächtnis Epstein).

b. Zuckerdose, Silber, oval, auf vier Blattfüsschen. Auf dem Deckel ein plastisch aufgelegter, fünfblättriger Zweig mit einer Blüte. H. incl. Blüte 12 cm. Johanneskopf Typus XIII, Stempelmeisterb. G Typus II, Meisterz. u. Kriegssteuerst FW. — Frau Prof. Dr. Hintze, Breslau.

c. Tischleuchter, Silber, ein Paar, mit zweiarmigem Aufsatzteil, mit Rokokodekor in getriebener Arbeit. H. 30,5 cm. Johanneskopf Typus XIII, Stempelmeisterb. G Typus II, Meisterz. u. Kriegssteuerst. FW. — Kath. Pfarrkirche St. Jacobi, Neisse.

d. Besteck, Silber, Messer, Gabel und Löffel, am Griffe später Rokokodekor. Johanneskopf Typus XIII, Stempelmeisterb. G Typus II, Meisterz. u. Kriegssteuerst. FW. — Arthur v. Machui, Breslau.

Jancke, Johann Christoph (Janke, Jencke), d. j., Silberarbeiter, geb. in Breslau, Sohn des Silberarbeiters Johann Christoph Jancke d. ä., lernt bei seinem Vater vom 29. September 1764 bis 5. Juni 1768. Meldet sich mit Dispensation der Kgl. Kammer am 1. Juni 1780 als Stückmeister, arbeitet bei Johann Christian Schlencker eine silberne Tirene (Meremitte) und Tasse, wird Meister am 26. Februar 1781. Erwirbt das Bürgerrecht am 10. Mai 1783. Heiratet 40 Jahre alt am 1. März 1791 Carolina Wilhelmina, die Tochter des Kochs Gottfried Karsch (Elis.). Seine Frau † 26. (begr. d. 28.) X. 1791 (Elis.). Jancke heiratet im Januar 1806 Anna Katharina, geb. Mosin, die Witwe des Schuhmacherältesten Matthäus Baumel (Elis.). Stirbt 1819. Jancke zeichnet bald IANCKE, positiv eingeschlagen, bald wie sein Vater I C I in einem gezackten Blatte, vgl. Taf. V Nr. 156.

a. Tischleuchter, Silber, 16 Stück, in der Fig. 38 abgebildeten Form, doch auf quadratischer Standfläche und ohne Gitterwerk um die Lichttülle. Datiert 1791—1802. Johanneskopf in verschiedenen Typen, Stempelmeisterb. K, L u. M, Meisterz. in beiden Formen u. Kriegssteuerst. FW. — Verein christlicher Kaufleute, Zwinger, Breslau. (Meist Stiftungen von Zwingerschützenkönigen.)

Jander, Tobias, Goldschmiedgeselle von Habelschwerdt, stirbt am 14. (15.) September 1585, hat bei Sebastian Goldthoff d. ä. gearbeitet.

Jant [Jandt, Jantt], Jacob, siehe Jahn.

Janus, Herrmann, Silberarbeiter, geb. am 13. November 1819 in Pitschen OS., Sohn des dortigen Kantors und Schullehrers Janus, lernt in Breslau bei Paul Leonhard Schmidt von 1833—1838. Lässt sich 1850 als selbständiger Meister nieder. Wird nicht Innungsmitglied. Stirbt am 21. April 1891. Von ihm besitzt die Vereinigte Fleischer-

Innung in Breslau ein Paar silberne Sargschilde mit einem Lamm in getriebener Arbeit, bezeichnet H. Janus, Breslau 1882.

Jayke [Jeicke], Johann Valentin, siehe Jeuthe.

Jencowicz, Niczco (Genkowicz), aurifaber, wird Bürger am Tage Godehardi (5. Mai) 1365; Bürge ist Peter Jencowicz. Ist 1372 als Vormund der Frau Anna Claus Briger genannt (Schöppenb. III. 151 b).

Jencowicz, Paulus, aurifaber, wird Bürger am Tage Godehardi (5. Mai) 1365; Bürge ist Peter Jencowicz.

Jendryssik, Franz, Goldarbeiter, geb. in Pless OS., Sohn des Brauers Paul Jendryssik, erwirbt das Breslauer Bürgerrecht am 2. Juni 1850, alt 27 Jahre. Wird nicht Innungsmitglied.

Jeuthe, Johann Gottfried, Goldarbeitergeselle, geb. in Breslau, Sohn des Haushofmeisters Johann Gottfried Jeuthe, heiratet 1759 Helena, die Tochter des † Briefträgers Bartholomaeus Jochim in Oppeln; Trauzeuge ist der Goldarbeiter Johann Gottlieb Barbi (MM u. Vincenz). Wird 1763 am Hinterdom erwähnt (Schles. Vorz. VII. 488).

Jeuthe, Johann Valentin (Jeuke, Jaite, Jayke, Jeicke), Silberarbeiter, geb. in Breslau, lernt bei Johann Gottlob Scholtz vom Qu. Crucis 1786 bis Qu. Trinitatis 1792. Arbeitet bei Ferdinand Christian Krebs als Meisterstück ein silbernes Kaffeekännchen nebst Milchgiesser (etwa in der auf Seite 9 Fig. 6 wiedergegebenen Form). Wird Meister am 8. November 1797 und Bürger am 23. Januar 1798. Stirbt 1827.

Ihme, Gottfried (Ihmme, Ime, Imme), Goldschmied, Sohn des Stadtbraumeisters Johannes Ihme in Pirna, wird 1691 in Breslau Bürger und Meister. Heiratet am 20. August 1691 Rosina, die Tochter des † Riemers Gottfried Francke (Elis.). Er und seine Frau sind öfters Taufzeuge bei St. Matthias. Seine Frau Rosina † 6. (begr. d. 9.) XII. 1701 (Elis.). Seine Tochter Johanna Rosina heiratet am 2. November 1718 den Dr. med. u. Praktikus George Friedrich Steiner (Elis.). Ihme ist seit 1725 Zunftältester. Stirbt am 24. Mai (2. Juni) 1737, alt 80 Jahre 9 Monate (Elis.). Seine Witwe Rosina, geb. Würbitz, † 28. (begr. d. 30.) III. 1742 (Elis.). Ihme zeichnet G I in ovalem Felde, vgl. Taf. IV Nr. 117.

a. Löffel, Silber, in Renaissanceform. L. 20,2 cm. Beschauz. W Typus VI u. Meisterz. — Baumeister Frohne, Kopenhagen.

b. Becher mit Deckel, Silber, auf dem konischen Mantel, im Fusse und auf dem Deckel schwedische Zweimarkstücke, im Boden und auf dem Deckel je ein Viermarkstück von 1664—1682, alle mit dem Bildnisse Karls XI. H. incl. Deckel 24,8 cm. Johanneskopf Typus II u. Meisterz. Deckel später, eine Arbeit des Christian Maximilian Schmidt; Johanneskopf Typus X, Stempelmeisterb. C u. Meisterz. — Stadtältester Dr. H. v. Korn, Breslau.

c. Sonnenmonstranz, Silber mit Vergoldung, um die Lunula die aus Blumenkelchen herauswachsenden Halbfiguren der zwölf Apostel, Gott Vaters und einer Pietà in durchbrochener Arbeit. Ziemlich genaue Kopie nach einer Augsburger Monstranz im Breslauer Matthiasgymnasium. Am Fusse die Wappen des Stifterpaares. H. 80,5 cm. Johanneskopf Typus II, Meisterz. u. Kriegssteuerst. Adlertypus. Kath. Pfarrkirche St. Mariae, Ottmuth Kr. Gross-Strelitz OS.

d. Kelch, Silber vergoldet, auf dem sechspassig gebogten Fusse aufgestiftete silberne Engelsköpfe und Buketts. Kuppa neu. Unter dem Fusse die Inschrift: „Anna Maria Preussen gebohrne Klugen A. 1709." H. 20,2 cm. Johanneskopf undeutlich, Meisterz. u. Kriegssteuerst. Adlertypus. — Evang. Gnadenkirche zum hl. Kreuze Christi, Hirschberg.

e. Kelch, Silber vergoldet, auf dem sechspassigen, profilierten Fusse in silbernen Auflagen Blumenrosetten und drei Medaillons mit Leidensattributen. Kuppa neu. Auf der Unterseite des Fusses die Inschrift: „Daniel Novath 1713 d. 3. Dezember". Der Kelch wurde etwa ein Jahr früher gearbeitet. H. 23,5 cm. Johanneskopf Typus IV, Stempelmeisterb. A, Meisterz. u. Kriegssteuerst. Adlertypus. — Evang. Pfarrkirche St. Salvatoris, Kreuzburg OS.

f. Becher, Silber, auf dem konischen Mantel oben drei Muscheln zwischen Akanthusranken auf punziertem Grunde, unten sowie auf dem Standring Rippung. Der bei dieser Becherform übliche Deckel fehlt. H. 15,2 cm. Johanneskopf Typus IV, Stempelmeisterb. A, Meisterz. u. Kriegssteuerst. FW — Kgl. Kunstgewerbemuseum, Berlin.

g. Deckelbecher, Silber, in der auf Seite 63 Fig. 17 abgebildeten Form. Auf dem konischen Mantel oben drei Muscheln zwischen Akanthusrankenwerk auf punziertem Grunde, unten Rippung. Am oberen Rande des Bechers eine spätere Inschrift. H. incl. Deckel 21 cm. Johanneskopf Typus V, Stempelmeisterb. B negativ, Meisterz. u. Kriegssteuerst. FW — Stadtältester Dr. H. v. Korn, Breslau.

h. Löffel, Silber, die ovale Laffe rückseitig graviert mit Wappen und Jahreszahl 1727. L. 20,1 cm. Johanneskopf Typus IX, Stempelmeisterb. B positiv u. Meisterz. — Schlesisches Museum für Kunstgewerbe und Altertümer, Breslau.

i. Kelch, Silber mit wenig Vergoldung, auf dem sechspassigen Fusse abwechselnd drei Flächen mit geflügelten Engelsköpfchen, drei mit Bandwerk. An dem flachen Nodus sechs rhombische Plättchen ohne Dekor. Der sechskantige Schaft über- und unterhalb des Nodus mit Emaildekor. Auf dem silbernen Kuppabelag drei Szenen aus der Wüstenwanderung des Volkes Israel zwischen Laub- und Bandelwerk in durchbrochener Arbeit. Datiert 1731. Beschauz. W Typus VII, Stempelmeisterb. C u. Meisterz. — Evang. Pfarrkirche St. Michaelis, Strehlen.

k. Kelch, Silber mit Vergoldung, auf dem sechspassigen, profilierten Fusse Bandwerk, geflügelte Engelsköpfchen und drei Felder mit Kinderfigürchen, die durch Kelch, Kreuz und Anker als „Glaube, Liebe, Hoffnung" gekennzeichnet sind, alles silbern in getriebener Arbeit. Der birnförmige Nodus mit Bandwerk auf punziertem Grunde. Der silberne Kuppabelag mit Voluten und Gitterwerk in durchbrochener Arbeit. Auf dem Fussrande die Inschrift: „Johann Scholtz, Bürger und Becker in Bresslau, Anno 1737 d. 24. Juny." Der Kelch muss etwas früher gearbeitet sein. H. 25,8 cm. Johanneskopf Typus XI, Stempelmeisterb. C, Meisterz. u. Kriegssteuerst. FW — Bernhardinkirche, Breslau.

Ihme, Gottfried [Gottlieb] Wilhelm (Ihmme, Ime), Goldschmied, geb. in Breslau, Sohn des Goldschmieds Gottfried Ihme, arbeitet bei Johann Peter Ziegler als Meisterstück ein Geschirr nebst Ring und Siegel, wird Meister am 17. August 1722. Erwirbt das Bürgerrecht am 17. Dezember 1727. Eröffnet im Januar 1728 eine eigene Werkstatt. Heiratet am 21. Januar 1728 Anna Elisabeth, die Tochter des † Konditors Caspar Lucas (Elis.). Seine Tochter Johanna Eleonora heiratet am 22. August 1747 den Apotheker Friedrich Salomon Schnetter in Ohlau (Elis.). Ihme ist in der Meisterliste von 1747 das letzte Mal erwähnt.

Illig, Carl Heinrich (Illing), Goldarbeiter, geb. in Dresden, meldet sich in Breslau am 3. März 1774 als Stückmeister, arbeitet bei Gottlob Benjamin Werner ein Paar Ohrrosen mit Brillanten, wird Meister am 7. Juli und Bürger am 12. Juli 1774. Stirbt am 5. (begr. d. 7.) Februar 1785, alt 65 Jahre (MM).

Joel, Heinrich August (Jöel, Johel), Goldarbeiter, geb. in Schroxlau (?) bei Mansfeld, Sohn des Amtsschreibers George Andreas Joel, arbeitet in Breslau bei Gottfried Heyner als Meisterstück einen Kelch nebst Ring und Siegel, wird Meister am 5. Oktober und Bürger am 9. Oktober 1716. Heiratet am 20. Oktober 1716 Anna Rosina, die Tochter des Goldschmieds Johann Petzold (Elis.). Ist Ältester seit 1733. Seine Tochter Rosina Elisabeth heiratet am 24. November 1739 den Kaufmann Gottlieb Benjamin Willer (MM). Joel ist 1742 Taufzeuge auf dem Dom. Stirbt am 14. März 1746, alt 62 Jahre 9 Monate 3 Tage; ist am 17. März in der Innungskapelle begraben worden (MM). Seine Witwe Anna Rosina † 28. (begr. d. 30.) V. (12. VI.) 1758 (Elis. u. MM).

Johann der Kleine, Goldschmied auf dem Sande; siehe Seite 35.

Jonas, Ernst Rudolf Heinrich, Silberarbeiter, geb. in Breslau am 10. September 1838, Sohn eines Schuhmachers, lernt bei Carl Friedrich Korok von Qu. Johannis 1852—1858. Arbeitet von 1860—1870 in Halle a. S. Wird am 13. Juli 1874 in die Breslauer Innung aufgenommen. Erhält bald darauf wegen Verarbeitung von schlechtem Silber und Anwendung eines falschen Beschaustempels eine Verwarnung. Stirbt um 1885.

Jordan, Johann David, Silberarbeiter, wird zuerst in Berlin Meister, siedelt 1785 nach Breslau über und wirbt am 27. Dezember desselben Jahres bei der Breslauer Innung ein. Da er schon in Berlin ein Meisterstück ordnungsgemäss gearbeitet hat, wird er sofort nach Zahlung von 50 Gulden Rezeptionsgebühr als Meister aufgenommen. Ist in der Liste von 1799 das letzte Mal genannt.

Jorg, Lorenz, kein Goldschmied, sondern ein Tuchmacher der Neustadt-Breslau, wurde durch ein Versehen des Stadtschreibers im Catalogus civium von 1470 unter die Goldschmiede geschrieben.

Jüngling, Gustav, Goldarbeiter, wird am 12. (21.) April 1868 in die Innung aufgenommen. Stirbt am 29. August 1871.

Juncher, Paulus (Pawil Jungherre, Juncker, Junckerre), aurifaber, wird Bürger am Dienstag vor Cathedra Petri (21. Februar) 1430. Erscheint 1441, 1446, 1449, 1453 in den Geschworenenlisten der Signaturbücher als Zunftsenior. Ist 1446 Testamentar des † Nicolaus Polak (vgl. Urk. 8).

Jung, Johann Christian (Junge), Goldarbeiter, geb. in Schweidnitz, lernt in Breslau bei Carl Sigmund Klein vom Juni 1764—1770. Wird erst in Schweidnitz Meister, siedelt später nach Breslau über, wirbt am 17. September 1789 in das Mittel der Gold- und Silberarbeiter ein und wird am 8. Oktober desselben Jahres als Meister aufgenommen. Leistet am 21. Januar 1790 den Bürgereid. Stirbt 1829. Seine Witwe, geb. Albrecht, † 1831 (MM).

Junge, Andreas, Goldschmiedgeselle von Meldorf in Holstein, heiratet in Breslau 1583 Elisabeth, die Tochter des Perlenhefters Dietrich Stieber (MM).

Kämpff, Johann David, Silberarbeiter von Frankfurt a. M., stirbt in Breslau am 11. (begr. d. 13.) März 1755, alt 55 Jahre (MM).

Kaerber, Hans [Johannes], siehe Koerber.

Kästler, Daniel, siehe Kostler.

Kahlert, George (Kallert), d. ä., Goldschmied, geb. in Breslau, Sohn des Leinwandreissers George Kahlert, wird 1702 Meister. Erwirbt das Bürgerrecht am 31. Oktober 1702. Heiratet am 13. Februar 1703 Barbara, die Tochter des Schreibers Caspar Hoffman (Elis.). Stirbt am 4. (begr. d. 7.) Februar 1736, alt 62 Jahre 14 Tage (Elis.). Seine Witwe Barbara † 4. (begr. d. 6.) XI. 1748 (Elis.). Sein Sohn Gottlieb, ein Prediger, heiratet am 15. April 1755 Eva Susanna, die Tochter des † Kaufmanns Johann Gerhard Steinberger (MM). Kahlert zeichnet G K in rechteckigem Felde mit einwärts gebogenen Ecken, vgl. Taf. IV Nr. 125.

a. Kelch, Silber mit Vergoldung, auf dem absetzenden, sechspassigen Fusse Früchtegirlanden, darüber geflügelte Engelsköpfe und Früchtebündel in getriebener Arbeit. Auf dem Kuppabelag drei geflügelte Engelsköpfchen zwischen Blattrankenwerk in durchbrochener Arbeit. Datiert 10. Juni 1708; Tag der ersten Abendmahlsfeier in der Barbarakirche. H. 24,7 cm. Johanneskopf Typus II, Meisterz. u. Kriegssteuerst. Adlertypus. — Barbarakirche, Breslau.

b. Anbietplatte, Silber, flach oval, im Spiegel Phryxus und Helle, am Rande Rollwerk und Akanthusranken in getriebener Arbeit. Plattenrand gewellt. Dm. 36,3 × 29,5 cm. Johanneskopf ähnlich Typus VI, Stempelmeisterb. B negativ u. Meisterz. — Diözesanmuseum, Breslau (Stammt aus der kath. Pfarrkirche in Hochkirch).

c. Löffel, Silber vergoldet, Griff sechsseitig mit Maskarons. L. 21,3 cm. Johanneskopf, Stempelmeisterb. B negativ u. Meisterz. — P. A. Kotschubey, St. Petersburg (nach Rosenberg Nr. 475).

Kahlert, George (Kallert), d. j., Silberarbeiter, Sohn des Breslauer Goldschmieds George Kahlert d. ä., arbeitet als Meisterstück einen Pokal nebst Ring und Siegel, wird Meister am 31. März und Bürger am 19. August 1732. Heiratet am 10. November 1732 Rosina Elisabeth, die Tochter des † Buchhalters George Scholle (Schell?) (Elis.). Stirbt am 4. (begr. d. 6.) August 1772, alt 68 Jahre 8 Monate 15 Tage (Elis.). Seine Witwe † 2. (begr. d. 5.) III. 1782 (Elis.). Kahlert zeichnet G K, zwischen den Buchstaben zwei Punkte, in rechteckigem Felde mit einwärts gebogenen Ecken, vgl. Taf. V Nr. 148.

a. Ampel, Silber, ungewöhnlich gross, mit Laub- und Bandelwerk in durchbrochener Arbeit. Die Hängeketten sitzen an drei vollrunden Köpfen. H. 55 cm. Johanneskopf, Stempelmeisterb. C u. Meisterz. — Kath. Pfarrkirche St. Mariae, Ratibor.

b. Kelch, Silber mit wenig Vergoldung, der glatte runde Fuss wenig gerippt, am Nodus Voluten, an der Kuppa das gravierte Wappen des H. E. v. Lohenstein nebst Jahreszahl 1742. H. 23,2 cm. Johanneskopf Typus XI, Stempelmeisterb. D, Meisterz. u. Kriegssteuerst. Adlertypus. — Evang. Pfarrkirche, Münsterberg.

c. Becher, Silber vergoldet, mit sechsseitiger Kuppa. H. 16,3 cm. Johanneskopf, Stempelmeisterb. D u. Meisterz. — Graf Samuel Teleki. Ausstellung Budapest 1884, Kat. S. 141 (nach Rosenberg Nr. 480).

d. Kelchbecher, Silber vergoldet, ein Paar (sog. Hochzeitsbecher), auf dem Fusse eine und an dem unteren Teile der sechsseitigen Kuppa drei Reihen von Herzen auf gerauhtem Grunde. H. 15,3 cm. Johanneskopf Typus XII, Stempelmeisterb. F, Meisterz. u. ein undeutlicher österr. Freistempel. — Geh. Kommerzienrat Moriz-Eichborn, Breslau.

e. Schüssel für Messkännchen, Silber. Johanneskopf u. Meisterz. Kath. Pfarrkirche St. Annae, Frankenstein.

Kahlert, Samuel, Goldschmiedgeselle, stirbt in Breslau am 2. (begr. d. 4.) Oktober 1781, alt 70 Jahre 9 Monate 10 Tage (MM).

Kaiser, Christian Gottlieb, siehe Kayser.

Kalbe [Kalb], Andreas, siehe Kolbe.

Kalbisowge, Martinus [Mertin], aurifaber, erwirbt das Bürgerrecht am Montag nach Jubilate (18. April) 1440. Erscheint 1444, 1447, 1450, 1453 in den Geschworenenlisten der Signaturbücher als Zunftsenior. Ist 1451 neben Henningus Wehpusch Testamentar des † Georg Heyne (Bresl. Diözesanarchiv, Inkorporationsb. II. 56).

Kamenske, Matthias, Goldschmiedgeselle aus Troppau, stirbt in Breslau am 27. Mai 1674, alt 25 Jahre, hat bei Paul Hedelhofer d. j. in Arbeit gestanden.

Kandisch, Johann Gottlieb, siehe Candisch.

Kaseberger [Kasperge, Kasperke], siehe Casperge.

Kauder, Mathias (Kawder, Cawder, Chuder, Kuder), aurifaber, erwirbt das Bürgerrecht am Tage Antonii (2. September) 1414. Erscheint 1415, 1417, 1419, 1421, 1424, 1427, 1430, 1433, 1436, 1439, 1441, 1444 in den Geschworenenlisten der Signaturbücher als Zunftsenior. Ist 1424 (bei Schorgast cantrifusor) und 1425 im Bürgerbuche als Bürge genannt. Stirbt um 1448.

Kauerhase, Heinrich, Goldschmiedgeselle, geb. in Breslau, Sohn des Handelsmannes Valentin Kauerhase, stirbt auf der Wanderschaft in Mantua am 6. Oktober 1600, alt 24 Jahre (abgekündigt in Breslau bei Elis. u. MM).

Kaufmann, Paulus, aurifaber, erwirbt das Bürgerrecht am Dienstag nach Matthei ap. (26. September) 1424.

Kayser, Carl Moritz, Goldarbeiter, geb. in Breslau, Sohn des Kammsetzers Heinrich Kayser, erwirbt das Bürgerrecht am 15. Dezember 1840, alt 32 Jahre. Wird nicht Innungsmitglied.

Kayser, Christian Gottlieb (Kaiser, Keyser, Keiser, Keuser), Goldarbeiter, geb. in Wartenberg i. Schles., lernt in Breslau bei Johann Gottlob Tholuck vom Qu. Reminiscere 1782 bis Qu. Lucie 1787. Arbeitet bei Ferdinand Christian Krebs als Meisterstück eine Haarnadel mit Brillanten, wird Meister am 26. März 1795. Wird durch Dispensation der Kgl. Kammer von der Wanderschaft befreit. Erwirbt das Bürgerrecht am 31. Oktober 1796. Stirbt 1822 in dürftigen Verhältnissen.

Kecher, Veit, siehe Koch.

Keil, Johann Caspar, siehe Keyl.

Keiser, Christian Gottlieb, siehe Kayser.

Kelle, Ambrosius, wohl kein Goldschmied, scheint nur durch ein Versehen des Stadtschreibers im Catalogus civium von 1470 unter die Goldschmiede geraten zu sein.

Keller, Johann Christoph (Köhler), Goldschmied, Sohn des Pfarrers Christian Keller in Glaucha bei Halle, wird 1705 in Breslau Meister. Erwirbt das Bürgerrecht am 9. September 1705. Heiratet am 13. Oktober 1705 Juliana Dorothea, die Tochter des † Pfarrers Christian Strobach in Leippe bei Grottkau (Elis.). Stirbt oder zieht von Breslau weg vor 1709.

Kerber, Hans [Johannes], siehe Koerber.

Kersten, Balthasar, Goldschmiedgeselle von Stendal in der Mark, stirbt in Breslau am 11. März 1611, alt etliche 30 Jahre (Elis. u. MM).

Kesseler, Sigmund (Segmund Goltsmed), aurifaber, wird Bürger am Montag vor Egidii (30. August) 1417. Ist am 12. August 1417 und 6. März 1419 im Schöppenbuch XII erwähnt.

Keuser, Christian Gottlieb, siehe Kayser.

Keyl, Johann Caspar (Keil), Goldschmied, geb. in Breslau, Sohn des Gräupners Johann Keyl, wird Meister am 8. Oktober 1731 und Bürger am 27. August 1732. Heiratet am 9. September 1732 Rosina Elisabeth, die Tochter des Goldschmiedältesten Johann Christoph Klippel in Hirschberg; Trauzeuge ist der Goldschmied George Friedrich Thamm (MM). Stirbt oder verzieht von Breslau um 1741.

Khun, Wolf, siehe Kune.

Kidtner [Kiedtner], Johann Michael, siehe Kittner.

Kiesling, Johann Eduard (Kisling), geb. in Breslau, Sohn des Goldarbeiters Johann Gottfried Kiesling, lernt bei seinem Vater von Ostern 1817—1821. Meldet sich am 5. Januar 1826 als Stückmeister, nimmt alsdann von der Verfertigung des Meisterstückes Abstand und wird Kaufmann. Erwirbt das Bürgerrecht am 25. Mai 1827.

Kiesling, Johann Gottfried [Gottlieb] (Kisling), Goldarbeiter, geb. 1762 in Breslau, Sohn des Silberarbeiters Martin Kiesling, lernt bei Carl Heinrich Illig vom 30. Mai 1777 bis 5. Juni 1782. Meldet sich am 4. Juni 1790 als Stückmeister, arbeitet bei Gottlob Benjamin Werner eine Nadel mit à jour gefassten Brillanten. Wird Meister am 9. September 1790 und Bürger am 24. Februar 1791. Heiratet am 16. Februar 1801 Johanna Elisabeth Sophia, die Tochter des † Stadtphysikus Dr. med. Johann Samuel Kruttge (Elis.). Ist von 1812—1827 Stadtverordneter. Seine Frau † 4. (begr. d. 7.) II. 1816 (Elis.). Er selbst stirbt am 29. Mai 1834.

Kiesling, Martin (Kisling, Kissling, Kiessling, Kisseling), Silberarbeiter, geb. in Bautzen (= Budissin) in Sachsen, Sohn des Schlossers Martin Kiesling, meldet sich in Breslau am 29. März 1753 als Stückmeister, arbeitet bei Stephan Christian Luttroth ein silbernes Becken nebst Kanne, wird Meister am 10. Juni (Juli?) und Bürger am 13. Juli 1753. Heiratet am 24. Juli 1753 Anna Rosina, die Witwe des Silberarbeiters George Nawarra (Elis.). Seine Tochter Johanna Rosina heiratet am 12. Januar 1780 den Seifensieder Carl Wilhelm Knebel, einzigen Sohn des † Reichkrämerältesten Christian Knebel (MM). Kiesling stirbt am 19. Dezember 1788, alt 75 Jahre. Seine Witwe Anna Rosina (Regina?), geb. Jannisch, setzt die Werkstatt fort, stirbt am 8. (begr. d. 11.) März 1794, alt 68 Jahre 6 Monate 3 Tage (Elis.). Kiesling zeichnet MK in einem gezackten Blatte, vgl. Taf. V Nr. 162.

a. Schälchen, Silber, oval, mit getriebenen Wellenlinien. Dm. 17,2 × 12,5 cm. Johanneskopf Typus XII, Stempelmeisterb. G Typus I u. Meisterz. — Frau Jenny Schlesinger, Gleiwitz OS.

Kilian, Martin, Silberdrechsler ausserhalb des Zunftzwanges, Sohn des Bauern Lorenz Kilian in Dankwitz, heiratet in Breslau am 20. Mai 1613 Maria, die Tochter des Wetschkermachers Erasmus Schmied (MM). Stirbt am 2. April 1657, alt 77 Jahre (Elis.).

Kirchner, Gustav Adolph, Silberarbeiter, Sohn des † Polnisch. u. Kurfürstl. Sächs. Leutnants Adolph Kirchner, stirbt in Breslau am 30. September (begr. d. 2. Oktober) 1746, alt 38 Jahre (Elis.).

Kirsch, Wilhelm, Goldarbeiter, tritt am 16. Oktober 1852 in die Innung ein, scheidet 1858 wieder aus.

Kirschner, Johann [Hans] George, siehe Girschner.

Kischky, Christoph Gottlieb (Kischke, Kitschke, Kysky, Kyschky, Kueschky), Silberarbeiter, geb. in Schmograu bei Namslau, meldet sich in Breslau am 9. Juni 1763 als Stückmeister, arbeitet bei Johann Gottlieb Schmidt ein silbernes Becken nebst Kanne, wird Meister am 5. August 1763 und Bürger am 17. Januar 1764. Stirbt am 20. Januar 1764.

Kisling [Kissling], siehe Kiesling.

Kittner, Johann Michael (Kidtner, Kiedtner, Küttner, Kuttner), Goldschmied, geb. in Breslau, Sohn des Schneiders Johann Heinrich Kittner, arbeitet bei Johann Klinge als Meisterstück einen Kelch nebst Ring und Siegel, wird Meister am 31. Mai und Bürger am 17. Juli 1734. Heiratet am 3. Mai 1735 Christina Rebecca, die Tochter des † Pfarrers Christian Rohrman zu Pawelau i. Schles. (Elis.). Stirbt am 23. (begr. d. 25.) März 1740, alt 35 Jahre 8 Wochen (MM). Seine Witwe heiratet am 27. Mai 1743 den Warenbeschauer Christian Friedrich Vörtner (MM).

Klauss, Carl Philipp, siehe Clauss.

Klee, Eduard, Juwelier, geb. 1848 in Hanau, tritt am 15. Januar 1886 in die Breslauer Innung ein und bleibt Mitglied bis zum 13. Oktober 1893. Ist seit 1887 Stadtverordneter.

Klein, Carl Sigmund, Goldarbeiter, Sohn des Kaufmanns Matthäus Klein in Breslau, lässt sich zuerst in Schweidnitz als Meister nieder, wird durch die Beschiessung der Stadt im dritten Schlesischen Kriege hart betroffen, siedelt deshalb nach Breslau über, wo er am 16. März 1759 in die Innung aufgenommen wird. Erwirbt das Breslauer Bürgerrecht am 24. April 1759. Seine Frau Maria Barbara, geb. Krause, † 16. (begr. d. 18.) VII. 1759 (MM). Klein heiratet am 3. Oktober 1763 Johanna Elisabeth, die Tochter des Handelsmannes Johann Gottlieb Burghardt in Strehlen (Elis.). Stirbt am 21. (begr. d. 24.) Januar 1774, alt 49 Jahre 5 Monate (Elis.). Seine Witwe Johanna Elisabeth † 2. (begr. d. 4.) III. 1774 (Elis.). Seine Tochter Johanna Christiana heiratet am 16. Mai 1787 den Kretschmer Johann Friedrich Ixdorf (Elis.).

Klein, Daniel [David], Goldarbeiter und Pretiosentaxator bei dem Kgl. Oberamte, geb. in Breslau, Sohn des Hausmeisters Johann Christoph Klein, wird Meister am 10. Juli und Bürger am 31. Juli 1731. Heiratet am 31. Juli 1731 Rosina Eleonora, die Tochter des Handelsmannes Gottfried Weber (Elis.). Erhält von Friedrich dem Grossen durch Patent vom 17. Juni 1743 den Charakter eines Königl. Hofjuweliers und Goldarbeiters (Lib. definit. XIII. 126b—127b); ist im Patent fälschlich David genannt. Heiratet als Witwer am 12. Januar 1745 Johanna Helena, die Tochter des Tuchscherers George Schönwitz (Elis.). Ist Zunftältester seit März 1745. Seine Frau Johanna Helena † 17. (begr. d. 19.) V. 1748 (MM). Klein heiratet zum dritten Male im April 1749 Johanna Carolina, die Tochter des Professors an der Liegnitzer Ritterakademie, Johann George Wagner (MM). Stirbt am 22. (29.) Oktober 1763, alt 59 Jahre 2 Monate 2 Wochen (MM).

Klesch, Bartholomaeus (Klösche), Goldschmiedgeselle, heiratet in Breslau am 25. Februar 1568 Anna, die Tochter des † Hans Sawer (MM). Seine Tochter Maria heiratet am 12. November 1601 den Kretschmer Friedrich Buchholz (MM).

Klimpke, Hans, Goldschmiedgeselle von Liegnitz, heiratet in Breslau am 3. Mai 1574 Elisabeth, die Tochter des † Ratsglockenläuters Hans Heinman (MM).

Klinge, Johann (Kling), Goldschmied, geb. in Augsburg, Sohn des dortigen Bauherrn Johann Klinge, wird 1704 in Breslau Meister. Erwirbt das Bürgerrecht am 30. September 1704. Heiratet am 26. Januar 1705 Maria Elisabeth, die Tochter des Goldschmiedältesten Gottfried Heintze (Elis.). Arbeitet 1721 nach Angaben von Gomolcky (Merckwürdigkeiten, S. 21f) ein grosses Kopfreliquiar des heil. Vincentius [112 Mark an Gewicht für 1792 fl.] und nach Zimmermann (Beschr. v. Breslau, S. 430) im Jahre 1729 silberne Statuen für den Hochaltar im Dom; entweder sind diese Arbeiten nicht mehr erhalten, oder, was wahrscheinlicher ist, die Angaben von Gomolcky und Zimmermann beruhen auf einem Irrtume, da das noch heute vorhandene grosse silberne Kopfreliquiar den Meisterstempel des Tobias Plackwitz trägt und die ebenfalls noch jetzt vorhandenen vier silbernen Statuen für den Festschmuck des Hochaltares im Dome Augsburger Herkunft sind. Klinge ist Innungsältester von 1728—1736. Erscheint im Januar 1732 als Taufzeuge auf dem Dom. Liefert 1733 nach Glogau silberne Knöpfe für ein Husarenregiment, die von dem Glogauer Goldschmiede-Mittel geringer taxiert werden, als die Rechnung Klinges beträgt. (Glogauer Stadtarchiv, Acta d. Goldsch., Maler u. Bildh. Vol. I. 1734). Kauft 1734/35 ein Haus auf der Schlossergasse neben dem Erbe des Blasius Printner (Urk. vom 9. Juli 1734 u. 7. Oktober 1735; lose Goldschmiede-Akten). Gerät um dieselbe Zeit in starken Vermögensverfall. Von zwei silbernen Antependien, die ihm die Domkirche in Auftrag gegeben hat (das eine 1735 aus Mitteln eines Legates des 1732 † Dompropstes Graf Strattmann; Acta capituli v. 31. März 1735), liefert er nur das eine, während er für das andere die ihm vorgeschossene Silbermenge im Werte von 601 Rtlr. 9 Sgl. 1 H. [= 85 Mark 14 3/8 Lot] schuldig bleibt. Klinge stirbt am 8. (begr. d. 10.) Juni 1737, alt 60 Jahre, mit einer Schuldenlast von 5170 Rtlr. 24 Sgl. 10 1/2 H., der eine Erbmasse von 2365 Rtlr. 5 Sgl. 7 1/2 H. gegenübersteht. Der Dom muss, da andere Schuldforderungen voranstehen, auf sein Konto verzichten (Bresl. Diözesanarchiv, Acta betr. d. Bürger u. Goldsch. J. Klinge, S. 11, II. 1, Nr. 11, 14). Maria Elisabeth, die Witwe Klinges, † 6. (begr. d. 8.) VI. 1738. Klinge zeichnet *JK* ligiert, vgl. Taf. IV Nr. 127.

a. Standkruzifix, Silber, auf vierteiligem Barockfusse mit Laub- und Bandelwerk und vier vergoldeten Medaillons, darin Szenen aus dem Leiden Christi. H. 79,5 cm. Johanneskopf Typus IV, Stempelmeisterb. A, Meisterz. u. Kriegssteuerst. *FW*. — Kloster der Ursulinerinnen, Breslau.

b. Wandleuchter mit Blaker, Silber, vier Stück, auf dem Blaker je ein ovales Medaillon mit den HH. Hedwig, Katharina, Bartholomaeus und Johannes dem Täufer, umrahmt von barocken Voluten, Blumen, Muscheln und Masken. Datiert 15. Oktober 1714. H. 44 cm. Br. 36 cm. Johanneskopf Typus V, Stempelmeisterb. B negativ u. Meisterz. — Kath. Pfarrkirche St. Bartholomaei, Trebnitz.

c. Reliquiarium des hl. Ceslaus, Silber, in Form eines reich profilierten Sarkophages, der an den Ecken mit grossen Blättern in Silberblech belegt und mit Laub und Bandelwerk in getriebener Arbeit verziert ist. Oben auf liegt ein gezackter Kronreif mit zwei gekreuzten Palmenwedeln. Dis Inschrift lautet: „PARS VERTEBRÆ S CESLAI.“ Datiert 1716. L. 38,5 cm. Br. 19,5 cm. H. 42 cm. Beschauz. W Typus VI, Stempelmeisterb. B negativ u. Meisterz. — Kreuzkirche, Breslau.

d. Reliquiarium des hl. Sebastian, Silber, Gegenstück zu Nr. c. Inschrift: „PARS BRACHY S SEBASTIANI.“ Datiert 1716. Grösse und Marken wie bei Nr. c. — Kreuzkirche, Breslau.

e. Fahnenkreuz, Silber mit Vergoldung, die Balken endigen im Dreipasse. Auf der Kreuzteilung eine Scheibe mit Kelch nebst Patene und Strahlenkranz, dahinter die Inschrift: „Ad Sodah: Cong: Corp: XII: F. F. 1716.“ H. 69 cm. Johanneskopf, Stempelmeisterb. B negativ u. Meisterz. — Domschatz, Breslau.

f. Sonnenmonstranz, Silber mit Vergoldung, die Lunula mit Medaillons von Heiligen umgeben. Johanneskopf, Stempelmeisterb. B u. Meisterz. — Kath. Pfarrkirche St. Martini et Benedicti, Liebenthal Kr. Löwenberg.

g. Monstranz, Silber mit Vergoldung. Johanneskopf, Stempelmeisterb. B u. Meisterz. — Kath. Pfarrkirche St. Mariae Himmelfahrt, Glatz.

h. Kelch, Silber vergoldet, auf dem sechspassigen Fusse je drei Felder mit silbernen Blumen und drei mit silbernem Bandwerk in getriebener Arbeit. Kuppabelag silbern in durchbrochener Arbeit. Johanneskopf, Stempelmeisterb. B negativ, Meisterz. u. Kriegssteuerst. Adlertypus. — Kath. Pfarrkirche St. Bartholomaei, Trebnitz.

i. Kelch, Silber vergoldet, ganz ähnlich Nr. h. — Kath. Pfarrkirche St. Bartholomaei, Trebnitz.

k. Altarleuchter, Silber, in der auf Seite 75 Fig. 18 abgebildeten Form, auf dem Fusse drei vergoldete Medaillons. Johanneskopf, Stempelmeisterb. B negativ u. Meisterz. — Kath. Pfarrkirche St. Bartholomaei, Trebnitz.

l. Standkruzifix, Silber, auf dreiteiligem Volutenfusse, die freien Kreuzbalken mit Kleeblattenden. Auf den nach innen gewölbten Seitenteilen des Fusses Bandwerk in getriebener Arbeit auf matt punziertem Grunde und drei polierte ovale Medaillons mit Inschriften. Datiert 1721. H. 65 cm. Johanneskopf, Stempelmeisterb. B negativ, Meisterz. u. Kriegssteuerst. Adlertypus. — Barbarakirche, Breslau.

m. Taufschüssel, Silber, rund, radial gebuckelt. Mit langer Widmungsinschrift und Jahreszahl 1729. Im Spiegel Wappen der Freiherrn von Stosch und von Dyherrn. Dm. 58 cm. Johanneskopf Typus IX, Stempelmeisterb. C, Meisterz. u. Kriegssteuerst. Adlertypus. — Evang. Pfarrkirche in Raudten, Kr. Steinau a. O.

n. Altarleuchter, Silber, in der auf Seite 75 Fig. 18 abgebildeten Form. Datiert 1730. Johanneskopf Typus IX, Stempelmeisterb. C u. Meisterz. — Domschatz, Breslau.

o. Ampel, Silber, mit Laub- und Bandelwerk in durchbrochener Arbeit. Johanneskopf, Stempelmeisterb. C u. Meisterz. — Marienkapelle im Dom, Breslau.

p. Marienfigur, Silber mit Vergoldung, mit dem Christuskinde, auf Kugel, Halbmond, Schlange und Apfel. Das Haupt Mariae umgibt ein Glorienschein von Sternen. H. 78 cm. Johanneskopf, Stempelmeisterb. C u. Meisterz. — Domschatz, Breslau.

q. Standkruzifix, Silber, auf dreiteiligem Volutenfusse mit Bandelwerk in getriebener Arbeit. Johanneskopf, Stempelmeisterb. C u. Meisterz. — Elisabethkirche, Breslau.

r. Kelch, Silber vergoldet, Fuss und Nodus profiliert, sonst ohne Dekor. Johanneskopf, Stempelmeisterb. C, Meisterz. u. Kriegssteuerst. Adlertypus. — Sandkirche, Breslau.

s. Schüssel mit Messkännchen, Silber, am Rande gerippt. Johanneskopf, Stempelmeisterb. C u. Meisterz. — Kreuzkirche, Breslau.

t. Teller, Silber, mit Bandelwerk in getriebener Arbeit. Dm. 28 cm. Johanneskopf, Stempelmeisterb. C, Meisterz. u. Kriegssteuerst. *FW*. — Kreuzkirche, Breslau.

u. Willkommpokal der Webergesellen in Neustadt OS., Silber, mit reich profiliertem Fusse, Schaft, Becher und Deckel. Mit Laub- und Bandelwerk auf punziertem Grunde, Inschriften und Jahreszahl 1731. Als Deckelbekrönung eine weibliche Figur mit Fahne und Schild, darauf das Wappen der Weber-Innung. Behangen mit sieben Widmungsschildchen. H. incl. Deckelfigur 49,6 cm. Johanneskopf Typus X, Stempelmeisterb. C u. Meisterz. — Geheimrat Pinkus, Neustadt OS.

Klock, Johann Gottfried (Glock, Glocke), Goldarbeiter, Sohn des Rauchwarenhändlers Gottfried Klock in Strassburg, arbeitet in Breslau bei Heinrich August Joel als Meisterstück einen Uhrhaken und Ring, wird Meister am 26. April und Bürger am 27. April 1735. Heiratet am 7. Mai 1736 Maria Magdalena, die Tochter des Handelsmannes Gottfried Weber; Trauzeugen sind die Goldarbeiter Heinrich August Joel und Daniel Klein (MM). Seine Frau † 24. (25.) VI. 1741 (MM). Klock heiratet am 14. August 1742 Barbara Helena, geb. Neuman, die Witwe des Seifensieders Christian Benjamin Kallman (MM). Stirbt am 1. (begr. d. 3.) September 1761, alt 55 Jahre 3 Monate 7 Tage (MM).

Klösche, Bartholomaeus, siehe Klesch.

Klose, Johann David, Silberarbeiter, geb. in Breslau, lernt bei Johann Christoph Jancke d. j. vom Qu. Crucis 1798 bis 15. September 1803. Erwirbt das Bürgerrecht am 21. Juli 1815. Wird Innungsmeister am 10. Juni 1816. Stirbt 1848. Zeichnet in der Regel KLOSE positiv, selten D KLOSE negativ eingeschlagen oder D K in ovalem Felde, vgl. Taf. V Nr. 186.

a. Schüssel, Silber, oval, am Rande ein schmales Palmettenband. Dm. 36 × 23,6 cm. Johanneskopf Typus XVIII, Stempelmeisterb. P u. Meisterz. D K. — Edgar Graf Henckel von Donnersmarck, Grambschütz bei Namslau.

b. Becher, Silber, innen vergoldet, von ovalem Durchmesser. Der glatte, nach oben ausladende Mantel am oberen Rande mit einem schmalen Palmettenband. H. 12,5 cm. Johanneskopf Typus XVIII, Stempelmeisterb. P u. Meisterz. D K. — Edgar Graf Henckel von Donnersmarck, Grambschütz bei Namslau.

c. Zuckerkasten, Silber, auf Füsschen, viereckig, die Vorder- und Rückseite gerundet. H. 7,2 cm. Johanneskopf Typus XVIII, Stempelmeisterb. P u. Meisterz. KLOSE. — Gräfin Posadowsky-Wehner, Gross-Pluschnitz OS.

d. Sargschilde der Breslauer Zimmerer-Innung, Silber, oval, mit allegorischen Figuren des Baugewerbes in vergoldeter Auflage, am Rande kleine Medaillons mit Zimmerergeräten, Attributen des Todes und Jahreszahl 1822. Dm. 46 × 38 cm. Johanneskopf, Stempelmeisterb. Q u. Meisterz. KLOSE. — Zimmerer-Innung, Breslau.

e. Sargschilde der zünftigen Schneidermeister, Silber mit wenig Vergoldung, in der Mitte der Crucifixus. Datiert 1827. Johanneskopf, Stempelmeisterb. Q. u. Meisterz. — Schneider-Innung, Breslau.

f. Altarleuchter, Silber. H. 186 cm. Johanneskopf, Stempelmeisterb. Q u. Meisterz. D KLOSE negativ eingeschlagen. — Domschatz, Breslau.

g. Kelch, Silber mit Vergoldung und Steinen, mit Dekor in Anlehnung an barocke Motive. Gestiftet 1839. Johanneskopf, Stempelmeisterb. R u. Meisterz. — Kath. Pfarrkirche St. Mariae, Habelschwerdt.

h. Zuckerkasten, Silber, viereckig, auf dem Deckel ein liegender Löwe. Johanneskopf Typus XIX, Stempelmeisterb. S u. Meisterz. KLOSE. — Antiquitätenhändler Meckauer, Breslau.

Klug, Augustin Benjamin (Kluge), Goldarbeiter, geb. in Brieg, Sohn des Breslauer Goldarbeiters Johann Benjamin Klug, lernt von Michaelis 1830—1834. Erwirbt das Bürgerrecht am 13. Oktober 1840, alt 24 Jahre. Wird Ende 1841 Mitglied der Innung, scheidet am 15. Juli 1842 wieder aus.

Klug, Johann Benjamin (Kluge), Goldarbeiter, geb. in Breslau, Sohn des Zeltschneidermeisters Christian Friedrich Klug, lernt bei Johann Friedrich Carl Seeberg, dann bei Johann Augustin Christian Seeberg vom Qu. Trinitatis 1791 bis Qu. Reminiscere 1797. Arbeitet bei Ferdinand Christian Krebs als Meisterstück eine Brustnadel in Filigranarbeit mit Brillanten, wird Meister am 31. März und Bürger am 9. April 1801. Heiratet am 23. April 1801 Anna Beata Marjana, die Tochter des † Pastors Benjamin Gottlieb Fäustel in Waschke (Elis.). Lässt sich im Juni 1807 von Gottfried August Thilo malen. Wird 1827 Rathausinspektor, bleibt aber Innungsmitglied. Stirbt am 5. Juli 1842.

Knebel, Carl Wilhelm, Silberarbeiter, geb. in Breslau, lernt bei Joseph Gottlieb Lederhose vom Qu. Trinitatis 1792 bis 1798. Arbeitet bei Daniel August Titze als Meisterstück eine silberne Kaffeekanne nebst Sahnkännchen, wird Meister am 12. September und Bürger am 29. Oktober 1805. Stirbt 1830 (?). Zeichnet C. W. K. in einem herzförmigen Schilde mit einer eingezogenen Seite, vgl. Taf. V Nr. 184.

a. Löffel, Silber, fünf Stück, in Empireform. Johanneskopf, Stempelmeisterb. Q u. Meisterz. — Arthur von Machui, Breslau.

Knebel, Friedrich Wilhelm, Goldarbeiter, geb. in Breslau, Sohn des Seifensieders Carl Wilhelm Knebel, lernt bei seinem Onkel Johann Gottfried Kiesling, dann bei Christian Gottlieb Kayser vom Qu. Crucis 1801 bis Qu. Reminiscere 1807. Erwirbt das Bürgerrecht am 19. Dezember 1817, alt 31 Jahre. Wird nicht Innungsmitglied.

Knoll, Franz Joseph, Goldarbeiter und Zahnkünstler, geb. in Kosel (Krappitz?) OS., Sohn des Hufschmieds Friedrich Knoll, lernt in Breslau bei Johann Christian Wilhelm Stuppe vom 28. September 1815 bis 5. Juli 1821. Erwirbt das Bürgerrecht am 24. Februar 1826, alt 26 Jahre. Zieht am 6. März 1839 nach Gottesberg, Kr. Waldenburg, lässt sich aber in Breslau sein Bürgerrecht reservieren. Kehrt später wieder nach Breslau zurück und wird am 7. (8.) April 1851 Mitglied der Innung. Wandert Anfang 1855 nach Amerika aus.

Knorr, Carl Wilhelm, Goldarbeiter, geb. in Festenberg, lernt in Breslau bei Daniel Gottlob Weber von Ostern 1805 bis 1809. Lässt sich im Oktober 1814 von Gottfried August Thilo en miniature malen.

Kobisch [Kobusch], Heinrich Gottfried, siehe Kopisch.

Koch, Adam, Goldschmied, geb. in Breslau, Sohn des Goldschmieds Veit Koch, heiratet 22. Trinitatis 1612 Hedwig, die Tochter des † Johann Schertz (Elis.). Lässt sich in Wohlau als Meister nieder. Stirbt daselbst am 6. Mai 1614, alt 28 Jahre (Elis. u. MM). Seine Witwe Hedwig heiratet in Breslau am 14. Oktober 1618 den Walker George Cörber (MM).

Koch, Christian Gottfried, Goldschmiedgeselle von Bautzen, stirbt in Breslau am 25. (begr. d. 27.) September 1741, alt 40 Jahre (Elis.).

Koch, Veit [Friedrich] (Kecher), Goldschmied, Sohn des Alexander Koch zu Rindeschmeid (?) bei Biberach in Schwaben, wird 1580 in Breslau Bürger und Meister. Heiratet 18. Trinitatis 1580 Martha, die Witwe des Krämers Paul Cyrus (Elis.). Wohnt am Hühnermarkte. Seine Frau † 1583. Koch heiratet am 29. Mai 1584 Anna, die Tochter des Schneiders Adam Stange (MM). Seine Tochter Anna heiratet am 15. Januar 1618 den Grossbinder Hans Rhenisch (MM). Koch stirbt am 14. (begr. d. 16.) Januar 1619 in des Weinschenken Hans Clemens Hause am Ringe, alt 69 Jahre (Elis.). Seine Tochter Maria heiratet am 4. Dezember 1623 den Schönfärber Hans Oderwalt (MM). Seine Witwe Anna setzt die Werkstatt fort und stirbt am 13. (14.) Januar 1635 (Elis.). Koch zeichnet V K ligiert in rundem Felde, vgl. Taf. III Nr. 63.

a. Deckelpokal, Silber vergoldet, in der auf Seite 87 Fig. 24 abgebildeten Form. Auf dem Kelche drei grosse Medaillons mit Landsknechten in Rollwerk mit Masken und Vögeln in reicher Treibarbeit. Auf dem Deckel drei Medaillons mit Landschaften und Tieren, als Bekrönung auf dreihenkligem Unterbau ein römischer Krieger mit Schild und Lanze. Im Inneren des Deckels graviert das Wappen des Stifters Johann Heinz von Blankenburg und Jahreszahl 1604. H. incl. Deckel 50 cm. Beschauz. W Typus III, Meisterz. u. Kriegssteuerst. *W*. — Kleinodien der Zwingerschützen in Breslau. Schlesisches Museum für Kunstgewerbe und Altertümer, Breslau (Vgl. Schlesiens Vorzeit, Bd. VII S. 182 Nr. 9, abgeb. Taf. VI Nr. 2).

b. Deckelpokal, Silber vergoldet, in der auf Seite 87 Fig. 24 abgebildeten Form. Mit Rollwerk und Früchten in getriebener Arbeit. Auf dem Deckel ein silberner Blumenstrauss. Am 27. August 1613 von dem Breslauer Ratsältesten Adam Dobschütz gestiftet. H. incl. Deckel 35,1 cm. Beschauz. W Typus III, Meisterz. u. Kriegssteuerst. *W*· — Kleinodien der Schiesswerderschützen in Breslau. Schlesisches Museum für Kunstgewerbe und Altertümer, Breslau (Vgl. Schlesiens Vorzeit, Bd. V S. 250 Nr. 14 (12), abgeb. Taf. XXVIII (1) Nr. 2).

c. Becher, Silber vergoldet, auf dem runden Fusse und dem eiförmigen Kelche Früchte und Rollwerk in getriebener Arbeit. Hälfte eines Doppelbechers. H. 13 cm. Beschauz. W Typus III u. Meisterz. — Evang. Pfarrkirche St. Salvatoris, Oyas Kr. Liegnitz.

d. Deckelkanne, Silber mit Vergoldung, in der auf Seite 81 Fig. 20 abgebildeten Form. Auf dem Mantel und dem Deckel Früchte und Rollwerk in getriebener Arbeit. H. 11,4 cm. Beschauz. W Typus IV u. Meisterz. — Schlesisches Museum für Kunstgewerbe und Altertümer, Breslau.

Kochmann, Benjamin (Kuchmann), Goldarbeiter, geb. in Breslau, Sohn des Erbsassen Christian Kochmann vor dem Odertore, arbeitet bei Christian Schlencker als Meisterstück einen Uhrhaken nebst Ring, wird Meister am 4. März und Bürger am 2. Juni 1744. Heiratet am 16. Februar 1746 Johanna Eleonora, die Tochter des † Organisten Michael Kirsten (MM). Seine Frau † 12. (begr. d. 14.) IV. 1767 (Elis.). Kochmann heiratet am 12. Oktober 1768 Charlotta Dorothea, die Tochter des † Archidiakonus Gottfried Rumbaum in Festenberg (MM). Ist Mittelsältester seit Oktober 1771. Stirbt am 3. (begr. d. 6.) April 1772, alt 59 Jahre (Elis.). Seine Witwe heiratet am 12. Januar 1774 den Dr. med. und Practicus Carl Gottlob Kessler (MM). Seine Tochter Johanna Rosina heiratet am 3. Mai 1775 den Goldarbeiter Christian Wilhelm Muche (Elis.).

Koebner, Eduard, Goldarbeiter, geb. in Breslau, Sohn des Kaufmanns Salomon Koebner, erwirbt das Bürgerrecht am 6. September 1833, alt 22 Jahre. Wird nicht Innungsmitglied.

Köffe, Johann Carl (Koffe), Goldschmiedgeselle; seine Frau Johanna Susanna stirbt am 14. (begr. d. 16.) August 1758. Er selbst stirbt am 6. (begr. d. 9.) März 1772, alt 60 Jahre (MM).

Koehler, Carl August, Goldarbeiter, geb. in Breslau, Sohn des Kalkulators Johann Gottlieb Koehler, lernt bei Johann Carl Wagner von Ostern 1807 bis Johannis 1812. Erwirbt das Bürgerrecht am 30. Mai 1817, alt 25 Jahre. Wird nicht Innungsmitglied.

Köhler, Johann Christoph, siehe Keller.

Koenig, Carl Ernst Bernhard, Goldarbeiter, wird Bürger am 12. November 1815 und Innungsmitglied am 4. Januar 1816. Stirbt 1832.

Koenig, Johann Baptista, Goldschmiedgeselle, stirbt in Breslau am 14. September 1687, alt 21 Jahre (Elis.).

Koenig, Robert, Goldarbeiter, wird Innungsmitglied am 19. Januar 1859, scheidet am 17. Januar 1865 durch Innungsbeschluss wieder aus.

Koenigsberger, Isack, Goldarbeiter, geb. in Rybnik, erwirbt das Breslauer Bürgerrecht am 22. November 1844, alt 42 Jahre. Wird nicht Innungsmitglied.

Koerber, Hans [Johann] (Kaerber, Kerber), Goldschmied, Sohn des Abraham Koerber, Schulcollegen bei St. Maria Magdalena, wird als Geselle wegen ungeschickter Händel und Ungehorsams mit Haft bestraft und muss am 3. Oktober 1636 vor den Ratmannen versprechen, solcher Bestrafung nicht im Argen gedenken zu wollen (Lib. definit. VI. 249b). Wird 1640 Bürger und Meister. Heiratet in demselben Jahre Rosina, die Tochter des † Perlenhefters Johann Scholtz (Elis.). Stirbt am 14. (18.) Januar 1667, alt 56 Jahre 8 Wochen (Elis.). Seine Witwe Rosina † 1. (begr. d. 4.) III. 1670 (Elis.). Koerber zeichnet H K ligiert in ovalem Felde, vgl. Taf. III Nr. 82.

a. Kelch, Silber vergoldet, auf dem sechspassigen Fusse abwechselnd drei Felder mit Leidensattributen, drei mit geflügelten Engelsköpfen in getriebener Arbeit. Der flach wulstige Nodus mit sechs Zapfen, darauf die Buchstaben I H E S V S. Der sechskantige Schaft über und unter dem Nodus silbern. Der silberne Kuppabelag mit geflügelten Engelsköpfen, Ohrmuschelwerk und Zinnenbekrönung in durchbrochener Arbeit und einem Kranze von vergoldeten Perlen. H. 23,7 cm. Beschauz. W Typus IV, Meisterz. u. Kriegssteuerst. Adlertypus. — Christophorikirche, Breslau.

b. Becher, Silber, ein Paar, der konische Mantel graviert mit Emblemen des Fleischergewerbes und langen Inschriften. Datiert 1660 u. 1663. H. 9,5 cm. Beschauz. W Typus VI u. Meisterz. — Vereinigte Fleischer-Innung, Breslau.

Körner, Gottfried, Goldschmied, Sohn des Christian Körner, Rentschreibers zu Hirschberg, wird 1685 in Breslau Bürger und Meister. Heiratet am 7. Mai 1685 Rosina, die Tochter des † Kürschnerältesten Jacob Buhl (Elis.). Wohnt am Ringe. Seine Tochter Anna Rosina heiratet am 23. April 1709 den Tuchscherer Samuel Schmütz (Elis.). Seine Tochter Magdalena Rosina heiratet am 15. Juli 1710 den Goldschmied Johann Christoph Meissner (Elis.). Seine Frau Rosina † 7. (begr. d. 9.) IX. 1721 (Elis.). Er selbst stirbt am 15. März 1722, alt 70 Jahre 2 Monate (Elis.). Seine Tochter Johanna Eleonora heiratet am 7. November 1724 den Bader und Wundarzt Johann Jacob Krauss (Elis.). Körner zeichnet G K in ovalem Felde, vgl. Taf. IV Nr. 108.

a. Kelch, Silber mit wenig Vergoldung, mit sechspassigem, profiliertem Fusse; sonst ohne Dekor. H. 25 cm. Johanneskopf (undeutlich) u. Meisterz. — Evang. Pfarrkirche in Rawitsch, Prov. Posen.

b. Henkelkanne, Silber vergoldet, auf dem zylindrischen Mantel in silberner Auflage drei Medaillons mit Köpfen zwischen Akanthus- und Früchtewerk in getriebener und durchbrochener Arbeit. Auf dem Deckel ein getriebener weiblicher Kopf. H. 16,6 cm. Johanneskopf Typus II u. Meisterz. — Slg. † Max Pringsheim. Schlesisches Museum für Kunstgewerbe und Altertümer, Breslau.

Köstler, Daniel, siehe Kostler.

Kohlenberger, Joseph (Kohlberger, Kollenberger), Goldschmied auf dem Dom, wird dort 1707 zuerst genannt. Erhält 1727 für Ausbesserung eines Kruzifixes aus der Kasse des Johannis-Hospitals einen Reichstaler (Acta capituli v. 18. November 1727). Seine Frau † 1745.

Kolbe, Andreas (Kolb, Kalbe, Kalb), Goldschmied, heiratet am 10. Juli 1570 Anna, die Tochter des † Krämers Heinrich Hamm (MM). Wird bald darauf Meister. Erwirbt das Bürgerrecht am 2. März 1571. Stirbt um 1577. Seine Witwe Anna heiratet am 14. April 1578 den Goldschmied Hans Haupt (Elis. u. MM).

Koldt, George, Goldschmied, Sohn des Kretschmers Christoph Koldt, heiratet am 4. Oktober 1611 Hedwig, die Tochter des † Goldschmieds Hieronimus von Breen (MM).

Konczel, Jacobus (Conczel, Cunczel, Cuncze, Kuntze), aurifaber, wird Bürger am Freitag nach Aschtag (5. März) 1462. Erscheint in den Geschworenenlisten der Signaturbücher 1469, 1472, 1475 . . . 1490, 1492 . . . [1499] als Zunftsenior. Vgl. Seite 13. Reicht mit Meister Steffan Sawr am Dienstag nach Blasii ep. (5. Februar) 1510 dem Goldschmied Hans Voyt das Haus am Ringe zwischen dem Erbe Jacob Elners und des Kannegiessers Niclas Unger (Tradb. II. 19). Stirbt um 1512.

Kopferman, Rudolph (Kofferman, Kosterman?), Goldschmied von Krakau, wohnt in Breslau auf dem Stadtgute in der Schmelzhütte, stirbt daselbst am 18. (19.) August 1626 an der Pest, alt 49 Jahre (Elis.).

Kopisch, Heinrich Gottfried (Koppisch, Kopsch, Kobisch, Kobusch, Kubsch), Goldarbeiter, geb. in Breslau, Sohn des Schulcollegen Gottfried Kopisch, meldet sich am 21. Februar 1758 als Stückmeister (im Protokollbuch fälschlich Johann Christian K. genannt), arbeitet bei Daniel Klein einen Plack und Ring, wird Meister am 20. Juni und Bürger am 13. September 1758. Heiratet am 22. Mai 1764 Johanna Christiana, die Tochter des Seifensiederältesten Johann Christian Strichmann (Steuelmann?) in Glogau (Elis.). Seine Frau † 11. (begr. d. 15.) III. 1800 (Elis.). Er selbst stirbt am 22. (23., begr. d. 26.) März 1800, alt 65 (66) Jahre 6 Monate 8 Tage (Elis.).

Kornstaedt, Johann Wilhelm, Silberarbeiter, erwirbt das Bürgerrecht am 24. Mai 1816. Wird nicht Innungsmitglied.

Korok, Carl Friedrich (Korrock, Koruf), Silberarbeiter, geb. in Breslau, Sohn des Bedienten Carl Korok, lernt bei Johann David Klose vom Oktober 1821 bis Weihnachten 1823, dann bei Gottfried Daniel Posch bis Michaelis 1826. Meldet sich am 29. Dezember 1834 als Stückmeister, arbeitet zwei silberne Leuchter, wird Bürger am 2. Januar 1835, alt 27 Jahre, und Innungsmeister am 8. Oktober 1835. Stirbt im November 1858. Zeichnet KOROK positiv eingeschlagen.

a. Pokal der Schützengilde in Nimptsch, Silber, mit dem Stadtwappen und dem Schiessplatze von Nimptsch. Als Deckelbekrönung eine Schiessscheibe nebst Gewehr. Datiert 1838. H. incl. Deckel 33,4 cm. Johanneskopf, Stempelmeisterb. R u. Meisterz. — Schützengilde, Nimptsch.

b. Thoraschild, Silber. Johanneskopf, Stempelmeisterb. S u. Meisterz. — Geheimrat Pinkus, Neustadt OS.

c. Lichtputzschere mit zugehörigem Teller, Silber, mit Dekor im Rokokostile des 19. Jahrhunderts. Johanneskopf mit Jahreszahl 48, Stempelmeisterb. S u. Meisterz. — Geheimrat Pinkus, Neustadt OS.

Korok, Emil Theodor, Silberarbeiter, geb. in Breslau am 24. Mai 1841, Sohn des Silberarbeiters Carl Friedrich Korok, lernt bei seinem Vater von Johannis 1855 bis November 1858. Besteht die Gesellenprüfung am 8. Januar 1859. Wird Innungsmitglied am 9. Juli 1867. Stirbt am 15. Juli 1869.

Kosterman (?), Liedolf, siehe Rudolph Kopferman.

Kostler, Daniel (Köstler, Kästler, Cossler), Goldarbeiter, sucht 1731 bei Kaiser Karl VI. die Kaiserl. Hoffreiheit für Galanterie-, Gold- und Silberarbeit nach. Doch der Kaiser ordnet am 22. August 1732 an, dass Kostler sich in das Mittel der zünftigen Gold- und Silberarbeiter gegen billigmässige Praestanda einzulassen hätte und ohne sonderliche Unkosten oder andere unbillige Diffikultät unweigerlich angenommen werden solle (Lib. definit. XIII. 9b—10b. — Innungsurkundenslg. v. 1737, S. 318—321). Erst nach fast vier Jahren arbeitet Kostler bei Christian Schlencker als Meisterstück einen mit Steinen besetzten Uhrhaken sowie einen Ring nach der neuesten Façon und wird am 8. Mai 1736 Meister. Erwirbt das Bürgerrecht am 26. Mai 1736. Stirbt am 27. September (begr. d. 1. Oktober) 1736, alt 38 Jahre (Matth.).

Kothener, aurifaber, wird Bürger vor 1364. Ist am Tage nach Petri et Pauli (30. Juni) 1369 bei Paulus Goltsleger als Bürge genannt (Bürgerb. I. 30).

Kowalsky, Carl Maximilian, siehe Powalsky.

Koydt, Gottfried, Goldschmiedgeselle, geb. in Breslau, stirbt am 29. Juli 1633, alt 20 Jahre (Elis.).

Kozyd, Tobias, Juwelier, aus England, lebt als Bürger in Breslau, wird erwähnt in einem Berichte des Görlitzer Rates an den Kaiser vom 11. August 1607 (Lib. missio. 1606/07, fol. 126 ff. — Schles. Vorz. VII. 489).

Kraebs, siehe Krebs.

Kränert, Daniel, Goldarbeiter, ist am 31. Januar 1815 Trauzeuge bei St. Vincenz.

Krätz, Matthias, wird durch Dekret der Kaiserl. Ministerial-Banko-Deputation in Wien am 5. März 1722 zum Jubellen-Inspektor und -Taxator im Herzogtum Schlesien ernannt (Lib. definit. XII. 144).

Kräzschmer, Valentin (Kretschmer), Goldschmiedgeselle, stirbt in Breslau am 16. März 1584 (MM).

Krafftczober, Hans (Crafftczober), aurifaber, wird Bürger am Freitag vor Invocavit (10. März) 1508. Heiratet Margareta, die Witwe des Goldschmieds Merten Hennig, die Tochter des Goldschmieds Peter Francke und seiner Frau Hedwig. Hedwig Franckin reicht am Freitag vor Kiliani (7. Juli) 1508 ihrer Tochter Margareta und ihrem Schwiegersohne Hans Krafftczober ihr Haus an der Nordseite des Ringes zwischen Hans Drescher und dem Goldschmiede Lamprecht Smedt (Tradb. I. 150b). Das Haus ist in den Traditionsbüchern II—IV zwischen 1509—1524 häufig erwähnt, und zwar 1524 als ehedem im Besitze des Hans Krafftczober gewesen (Tradb. IV. 80b). Es ist wohl dasselbe Haus, das am 6. Februar 1520 in den Besitz des Goldschmieds Stenczel Goltschmidt übergeht, nachdem die Nachbarhäuser bereits früher (das des Lamprecht Smedt erwirbt 1517 Wolffgang Westermehr) den Besitzer gewechselt haben. (Tradb. III. 116). Hans Krafftczober erhält am 17. August 1519 auf sein Ansuchen ein sicheres Geleite, damit er sich mit den Verwesern des Glückshafens berechnen und seine Zwietracht mit ihnen entscheiden möchte. In einem Schreiben des Breslauer Rates vom 31. Oktober 1519 an Herzog Friedrich zu Liegnitz heisst es, dass Krafftczober ehemals ein Goldschmied in Breslau gewesen und von da weggegangen sei, und sich jetzt in Berlin aufhalte (Script. rer. Silesiacarum, Bd. III S. 159). Krafftczober muss dann wieder nach Breslau zurückgekehrt sein, da sein Name im Catalogus civium von 1525 erscheint (Sarre, Die Berliner Goldschmiedezunft, nennt ihn nicht unter den Berliner Goldschmieden). Krafftczober stirbt vor 1533.

Kraft, Peter, Goldschmied in Nürnberg, dort seit 1429 Meister, wird 1451 als in Breslau wohnhaft erwähnt (Hampe, Nürnberger Ratsverlässe, Bd. I S. 2 Nr. 14).

Kramer, George David (Krahmer, Crammer), Goldarbeiter, geb. in Breslau, Sohn des Kammsetzers Daniel Kramer, arbeitet bei Heinrich August Joel als Meisterstück einen Uhrhaken mit Steinen „gramaliret" und einen Petschierring, wird Meister am 2. Dezember und Bürger am 20. Dezember 1737. Heiratet am 14. Januar 1738 Johanna Eleonora, die Tochter des † Goldschmiedältesten Samuel Hammer (MM). Stirbt am 29. (begr. d. 31.) Oktober 1741, alt 29 Jahre 43 Wochen (MM). Seine Witwe † 12. (begr. d. 14.) IV. 1755 (Elis.).

Krause, Carl Benjamin, d. ä., Goldarbeiter, stirbt am 8. (begr. d. 9.) Dezember 1813, alt 65 Jahre (Elis.).

Krause, Carl Benjamin, d. j., Goldarbeiter, geb. in Breslau, lernt bei Carl Philipp Claus vom Qu. Crucis 1798 bis Qu. Mitfasten 1804. Erwirbt das Bürgerrecht am 5. März 1813. Wird Innungsmitglied am 15. Januar 1814. Stirbt 1835.

Krause, Daniel, Goldschmiedgeselle, stirbt in Breslau am 1. (begr. d. 4.) Mai 1676, alt 28 Jahre (Elis.), hat bei George Ludwig Hedelhofer in Arbeit gestanden.

Krause, Ferdinand Wilhelm, Gold- und Silberarbeiter, geb. in Breslau, Sohn des Goldarbeiters Carl Benjamin Krause d. ä., heiratet 29 Jahre alt am 2. November 1812 Johanna Eleonora, die Tochter des Schuhmachers Wilde (MM). Erwirbt das Bürgerrecht am 20. April 1813. Wird nicht Innungsmitglied.

Krause, Gottfried (Krausse), Goldschmied, arbeitet bei Christian Schlencker als Meisterstück einen Kelch nebst Ring und Siegel, wird Meister am 13. Juli und Bürger am 17. Juli 1734. Stirbt 1738.

Krause, Johann Gottlieb, Goldarbeiter, geb. in Breslau, Sohn des Destillateurs Gottlieb Krause, lernt bei Johann Christian Preuss vom Qu. Johannis 1820 bis Ostern 1826. Erwirbt das Bürgerrecht am 11. April 1837, alt 32 Jahre. Wird nicht Innungsmitglied.

Krause, Simon, Kaiserl. Hof- u. Kammer-Goldschmied, von Güssmannsdorf (?), Sohn des Bürgers Balthasar Krause in Beuthen a. O., heiratet in Breslau am 16. Januar 1617 Susanna, die Witwe des städtischen Zollamtsverwalters Valentin Nitius (MM).

Krauss, Franz Otto, Goldarbeiter, geb. in Breslau, Sohn des Schuhmachers Johann Gottlieb Krauss, lernt bei Johann Peter Theophilus Leuttner vom 1. Mai 1824 bis 9. April 1829. Erwirbt das Bürgerrecht am 26. April 1844, alt 34 Jahre. Wird nicht Innungsmitglied.

Krauss, Joseph Victorinus, Goldschmied am Hinterdom, wird 1732 und 1735 erwähnt (Schles. Vorz. VII. 488).

Krebs, Ferdinand Christian (Kraebs), Silberarbeiter, geb. in Neuschloss i. Schles., Sohn des Wirtschaftsverwalters Johann Christian Krebs, lernt in Breslau bei Christian Gottlieb Muche vom 21. Juni 1753 bis 20. September 1758. Meldet sich am 28. Dezember 1768 als Stückmeister, arbeitet bei Johann Gottlieb Schmidt ein silbernes Becken nebst Kanne, wird Meister am 16. März 1769. Heiratet am 17. April 1769 Johanna Eleonora, die Tochter des Kretschmers Christoph Weiss (Elis.). Erwirbt das Bürgerrecht am 5. Mai 1769. Ist Ältester seit Juli 1793 und mutmasslicher Stempelmeister mit dem Buchstaben M seit November 1796. Stirbt am 13. (begr. d. 16.) Mai 1804, alt 71 (68?) Jahre (MM). Seine Witwe Johanna Eleonora † 25. (begr. d. 27.) V. 1811 (Elis.). Krebs zeichnet FCK in einem Dreipasse, vgl. Taf. V Nr. 168.

a. Giessbecken nebst Kanne, Silber, abgebildet auf Seite 7 Fig. 5. Dm. der Schüssel 44,3 × 33,1 cm. H. der Kanne 24,4 cm. Johanneskopf Typus XIII, Stempelmeisterb. G Typus II, Meisterz. u. Kriegssteuerst. *FIV* (wie Fig. 9 b). Wahrscheinlich die Meisterarbeit des F. C. Krebs. — Schlesisches Museum für Kunstgewerbe und Altertümer, Breslau.

b. Altarleuchter, Silber, ein Paar, in der auf Seite 75 Fig. 18 abgebildeten Form, doch mit Rokokodekor. Auf dem Fusse drei Medaillons mit Stifternamen und Datum 24. Juni 1770. Johanneskopf Typus XIII, Stempelmeisterb. G Typus II u. Meisterz. — Evang. Pfarrkirche St. Blasii et Sperati, Ohlau.

c. Kelch, Silber mit Vergoldung, auf dem runden Fusse späte Rokoko-Kartuschen in getriebener, auf dem silbernen Kuppabelage in durchbrochener Arbeit. Unter dem Fusse eingraviert: „Chrystian. Piancka 1783". H. 24 cm. Johanneskopf Typus XIV, Stempelmeisterb. H, Meisterz. u. Kriegssteuerst. Adlertypus. — Evang. Pfarrkirche St. Salvatoris, Kreuzburg OS.

d. Tischleuchter, Silber, in der Fig. 38 abgebildeten Form, doch auf quadratischer Standfläche. Johanneskopf Typus XV, Stempelmeisterb. L, Meisterz. u. Kriegssteuerst. *FW*. — Kreuzkirche, Breslau.

Krebs, Friedrich Gottlob [Gottlieb] (Kraebs), Goldarbeiter, Sohn des Wirtschaftsverwalters Johann Friedrich Krebs, arbeitet bei Heinrich August Joel als Meisterstück einen mit Steinen besetzten Uhrhaken und einen Ring, wird Bürger am 6. Februar und Meister Ende Februar oder Anfang März 1738. Heiratet am 6. Mai 1749 Anna Sophia, die Tochter des Goldarbeiterältesten Johann David Kriebel (Elis.). Ist Ältester seit 1764. Stirbt am 4. Oktober 1771, alt 63 Jahre 7 Monate 6 Tage; ist mit Geläute begraben worden. Sein Sohn Johann Friedrich, Herr auf Zucklau bei Öls, heiratet im Januar 1780 Johanna Anna Eleonora, die Tochter des Kaufmanns Johann George Schmidt (Elis.). Seine Tochter Christiana Sophia heiratet am 1. Oktober 1780 den Hauptmann Christian Heinrich Ritter v. Vollgnad auf Blankenau bei Breslau (Elis.). Seine Tochter Anna Carolina heiratet am 19. April 1783 den Kgl. Regierungskanzlei-Direktor Friedrich Wilhelm Heinrich Pistorius (Elis.). Seine Witwe Anna Sophia † 18. (begr. d. 21.) XI. 1804 (Elis.).

Krebs, Gottlieb Daniel, Goldarbeiter, geb. in Breslau, Sohn des Silberarbeiters Ferdinand Christian Krebs, lernt bei Johann Gottlob Tholuck vom Qu. Trinitatis 1787—1793. Arbeitet bei Samuel Christoph Thun als Meisterstück ein Paar Ohrgehänge mit Rosetten, wird Meister am 1. September und Bürger am 16. Oktober 1801. Heiratet, 35 Jahre alt, am 2. Mai 1810 Christiana Sophia, die Tochter des † Tischlers Johann Heinrich Schubert in Zwickau (Elis.). Stirbt 1817.

Kretschmer, Albert, Goldarbeiter, geb. in Breslau, Sohn des Staffierers Franz Kretschmer, lernt erst bei Ferdinand Gottlieb Giessmann, dann bei Johann Christian Wilhelm Berger von Michaelis 1817 bis 20. März 1823. Erwirbt das Bürgerrecht am 1. Dezember 1826, alt 23 Jahre. Wird nicht Innungsmitglied.

Kretschmer, Christian [Gottfried], Silberarbeiter, geb. in Breslau, Sohn des Erbsassen Christian Kretschmer, arbeitet bei Gottfried Ihme als Meisterstück einen Pokal nebst Ring und Siegel, wird Meister am 20. Juli und Bürger am 31. Juli 1734. Heiratet am 10. August 1734 Maria Elisabeth, die Tochter des Büttnerältesten Christian Walther in Juliusburg bei Öls (Elis.). Stirbt am 6. (begr. d. 8.) November 1758, alt 53 Jahre 8 Monate (Elis.). Seine Tochter Susanna Rosina heiratet am 18. November 1760 den Kaufmann Johann Gottlieb Hornig in Schmiedeberg (MM). Seine Witwe Maria Elisabeth † 8. (begr. d. 10.) V. 1763 (MM). Seine Tochter Dorothea Elisabeth heiratet am 29. Juni 1767 den Kandidaten der Chirurgie, Christian Gottfried Fabritius (MM). Kretschmer zeichnet CK in ovalem Felde, vgl. Taf. V Nr. 151.

a. Waschschüssel für die Aroniden, Silber, rechteckig, mit langer hebräischer Inschrift. Dm. 47,5 × 35 cm. Johanneskopf Typus X, Stempelmeisterb. C, Meisterz. u. Kriegssteuerst. Adlertypus. — Geheimrat Pinkus, Neustadt OS.

b. Tischleuchter, Silber, Fuss und Schaft profiliert. Datiert 1746. H. 21,3 cm. Johanneskopf Typus XII, Stempelmeisterb. F, Meisterz. u. Kriegssteuerst. *FW*. — Schlesisches Museum für Kunstgewerbe und Altertümer, Breslau (Vermächtnis Epstein).

c. Beschläge an dem Album der Breslauer Schiesswerderschützen, Silber. Datiert 1751. Beschauz. W Typus VII u. Meisterz. — Kleinodien der Schiesswerderschützen in Breslau. Schlesisches Museum für Kunstgewerbe und Altertümer, Breslau.

d. Willkommschildchen, Silber, an dem zinnernen Willkomm der Breslauer Kupferknaben. Datiert 1752. Meisterz., ohne Beschauz. — Schlesisches Museum für Kunstgewerbe und Altertümer, Breslau.

Kretschmer, Christian Ferdinand, Goldarbeiter, geb. in Breslau, Sohn des Silberarbeiters Christian Kretschmer, lernt bei Melchior Ferdinand Obermann vom 30. Mai 1758 bis 3. März 1763. Meldet sich am 7. Juni 1776 als Stückmeister, arbeitet bei Johann Christian Schlencker eine Haarnadel mit Rauten, wird Meister am 13. März 1777 und um dieselbe Zeit Bürger. Heiratet am 7. Oktober 1778 Johanna Eleonora, die Tochter des Johann Christoph Hendel im Kgl. Münzamte (Elis.). Gibt 1784 seine Werkstatt auf und wird Coffetier im Bürgerwerder, bleibt aber Innungsmitglied. Heiratet als Witwer am 29. April 1800 Rosina Magdalena, die Tochter des † Bäckers Christian Gottfried Franckenstein in Schweidnitz (Elis.). Stirbt am 17. (18., begr. d. 20.) Juli 1804, alt 62 Jahre 9 Monate (Elis.).

Kretschmer, Lorencz, siehe Cretsmer.

Kretschmer, Valentin, siehe Kräzschmer.

Kretzer, Gottfried, Goldschmiedgeselle von Nürnberg, Sohn des dortigen Steinmetzen Nickel Kretzer, stirbt in Breslau am 1. Dezember 1606 (Elis.).

Kreutz, Georg, „aurifaber in insula“, wird 1595 und 1599 am Dom erwähnt (Schles. Vorz. VII. 487).

Kreutz, Heinrich Abraham, Goldschmied ausserhalb der Innung, wird 1605 am Dom erwähnt (Schles. Vorz. VII. 487).

Kriebel, Christian (Griebel), Goldschmiedgeselle, Sohn des Goldschmieds Matthias Kriebel zu Plauen im Vogtlande, stirbt in Breslau am 4. (7., 8.) September 1677, alt 29 Jahre 14 Wochen (Elis. u. MM). Hat bei seinem Bruder David Kriebel in Arbeit gestanden.

Kriebel, David (Kribel, Krübel, Griebel), Goldschmied, Sohn des Goldschmieds Matthias Kriebel zu Plauen im Vogtlande, wird 1674 in Breslau Bürger und Meister. Heiratet am 9. Oktober 1674 Barbara Elisabeth, die Tochter des † Handelsmannes Joachim Wildenberg (Elis.). Wohnt auf der Albrechtsgasse, später auf der Schweidnitzschen Gasse. Seine Frau Barbara Elisabeth † 8. (13.) IX. 1677 (Elis. u. MM). Kriebel heiratet am 10. April 1679 Katharina, die Tochter des † Handelsmannes Michael Reiter aus Alten-Stettin (Elis.). Stirbt am 20. (26.) März 1693, alt 51 Jahre 2 Monate 2 Tage (Elis.). Seine Tochter Maria Elisabeth heiratet am 15. Februar 1706 den Goldschmied Carl Wilhelm Hartman (Elis.). Kriebel zeichnet DK in ovalem Felde, vgl. Taf. IV Nr. 101.

a. Sargschilde der Breslauer Kretschmergesellenschaft, Silber, oval, reich getrieben, in der Mitte ein Medaillon mit einem Brauknechte und Braugeräten, am Rande Blumen- und Blattwerk, ein Totenkopf und ein Schildchen mit Inschrift und Jahreszahl 1678. Dm. 43 × 38 cm. Beschauz. W Typus VI u. Meisterz. — Kretschmer-Innung, Breslau.

b. Sargschilde der Breslauer Destillateure, Silber mit Resten von Vergoldung, oval, mit Innungswappen, am Rande zwei Engel mit Palmwedeln, eine Allegorie des Todes und Barockblumen in getriebener Arbeit. Datiert 1679. Dm. 45 × 38 cm. Beschauz. W Typus VI u. Meisterz. — Schlesisches Museum für Kunstgewerbe und Altertümer, Breslau.

Kriebel, Johann David (Kribel, Krübel, Griebel, Grübel), Goldarbeiter, Sohn des Breslauer Goldschmieds David Kriebel, arbeitet bei Hans Jachman d. j. als Meisterstück einen Kelch nebst Ring und Siegel, wird Meister am 1. März und Bürger am 5. November 1718. Heiratet am 22. November 1718 Anna Rosina, die Tochter des † Bäckerältesten Christian Gebauer (Elis.). Seine Frau Anna Rosina † 24. (begr. d. 26.) X. 1728. Kriebel heiratet am 31. Januar 1730 Anna Sophia, die Tochter des Zirkelschmiedältesten Burghardt Mindner (MM). Ist Zunftältester seit 1745. Seine Tochter Anna Sophia heiratet am 6. Mai 1749 den Goldarbeiter Friedrich Gottlob Krebs (Elis.). Kriebel stirbt am 5. (begr. d. 7.) Oktober 1757, alt 69 Jahre 10 Wochen 1 Tag (Elis.). Seine Witwe Anna Sophia † 19. (begr. d. 21.) XII. 1774 (Elis.).

Kriegelstein, Christian Friedrich (Krügelstein), K. K. priv. Gold- und Silberfabrikant, geb. in Breslau, Sohn des Gold- und Silberfabrikanten Friedrich Kriegelstein, heiratet am 17. März 1744 Christiana Juliana, die Tochter des Johann Carl von Folgersberg (Elis.). Stirbt am 4. (begr. d. 6.) November 1744, alt 39 Jahre 10 Wochen 1 Tag (Elis.).

Kriegelstein, Friedrich (Krügelstein), K. K. priv. Gold- und Silberfabrikant, stirbt am 13. Mai 1720, alt 43 Jahre (Elis.). Seine Witwe Susanna Rosina, geb. Senftleben, † 15. (begr. d. 17.) VIII. 1741 (Elis.).

Kriegelstein, Gottlieb (Krügelstein), K. K. priv. Gold- und Silberfabrikant, heiratet am 28. Mai 1723 Susanna Regina, die Tochter des Friedrich Kriegelstein. Stirbt am 12. (begr. d. 14.) Dezember 1736, alt 41 Jahre 7 Monate 11 Tage (Elis.). Seine Witwe heiratet am 4. Februar 1739 den Gold- und Silberfabrikanten Johann Andreas Germer (Elis.).

Kriegelstein, Johann Gottfried, K. K. priv. Gold- und Silberfabrikant, geb. in Breslau, Sohn des Gold- und Silberfabrikanten Friedrich Kriegelstein, heiratet am 30. Juli 1743 Christiana Florentina, die Tochter des Johann George Caspar (Elis.). Seine hinterlassene Tochter Johanna Charlotte heiratet am 28. Mai 1778 den Direktor der Kriegelsteinschen Fabrik, Christian Friedrich Schumann (Elis.). Seine Witwe † 1781 (Elis.). Sein einziger Sohn Johann Gottfried, ebenfalls Gold- und Silberfabrikant, heiratet 42 Jahre alt am 20. November 1791 Johanna Eleonora, die Tochter des Generalakzise-Kassendieners Johann Heinrich Moses (Elis.).

Kringel, Steffan, siehe Cringel.

Krippendorff, Johann Christoph, Goldschmiedgeselle aus Zeitz in Sachsen, stirbt in Breslau am 30. November 1691.

Krische, siehe Grische.

Kristiani, Gottlob Friedrich, siehe Christiany.

Kröger, Carl Gottlieb, siehe Gröger.

Kroenert, Johann Christoph (Kroenelt, Kronert), Silberarbeiter, verfertigt bei Ferdinand Christian Krebs als Meisterstück eine silberne Kaffeekanne nebst Sahngiesser, wird Meister am 18. April und Bürger am 7. Juni 1804. Ist in der Meisterliste von 1816 das letzte Mal genannt.

Kromig, Hans, Goldschmiedgeselle, fühlt sich „wegen etlicher vorlauffener Reden" des Goldschmieds Friedrich Schoenau an seiner Ehre verletzt; die Ratmannen schlichten am 11. Oktober 1604 den Streit (Lib. definit. IV. 151).

Krommendorff, siehe Crommendorff.

Krübel, siehe Kriebel.

Krüger, Benedict, Juwelier, stirbt am 1. Dezember 1633, alt 48 Jahre (Elis.).

Krüger, Carl Gottlieb, siehe Gröger.

Krüsche, siehe Grische.

Krummendorff, siehe Crommendorff.

Krutsche, Carl Friedrich Otto Theodor, Silberarbeiter, geb. in Breslau am 14. November 1830, lernt bei Carl Friedrich Korok vom Qu. Johannis 1845—1850. Wird Innungsmitglied am 13. Juli 1858. Stirbt am 20. November 1884. Krutsche zeichnet OK negativ eingeschlagen.

Krutsche, Friedrich [Fritz], Silberarbeiter, geb. in Breslau, Sohn des Silberarbeiters Carl Friedrich Otto Theodor Krutsche, wird am 26. Januar 1891 in die Innung aufgenommen, scheidet im März 1892 wieder aus. Zieht nach Liegnitz und wird Kaufmann.

Krymmendorff, siehe Crommendorff.

Kubsch, Johann Christian, siehe Heinrich Gottfried Kopisch.

Kuchmann, Benjamin, siehe Kochmann.

Kuder, Mathias, siehe Kauder.

Kühlau, Johann, Goldschmiedgeselle, stirbt in Breslau am 6. Juli 1742, alt 40 Jahre.

Kühn, Benjamin Jacob, Goldarbeiter, Sohn des Feldschers Johann Friedrich Kühn, heiratet am 31. Oktober 1791 Dorothea Henrietta Friederica Justina, die Tochter des † Pastors Johann Gottlieb Nusche (MM).

Kühn, Hans, ein gewesener Goldschmied von Liegnitz, stirbt in Breslau am 22./29. Juni 1590.

Kühne, Johann Carl Ferdinand, Goldarbeiter, geb. am 18. September 1844, Sohn des Graveurs W. Kühne, lernt bei seinem Onkel, dem Goldarbeiter Johann Carl Moritz Herrmann, vom 1. Oktober 1860 bis 14. (17.) Januar 1865. Wird am 15. Oktober 1878 Mitglied der Innung und bleibt es bis zu ihrer Auflösung am 13. Oktober 1893.

Kueschky, Christoph Gottlieb, siehe Kischky.

Küttner, Johann Michael, siehe Kittner.

Kunczilman, Augustinus, aurifaber, wird Bürger am Sonnabend vor Judica (21. März) 1450. Ist im Catalogus civium von 1470 nicht mehr erwähnt.

Kune, Wolf (Kuhne, Khun), Goldschmiedgeselle, Sohn des Goldschmieds Hans Kune zu Amberg i. d. Pfalz, heiratet in Breslau Sonntag nach Circumcisio (6. Januar) 1578 Ursula, die Witwe des Kleinbinders Lorenz Lemchen (Elis.). Stirbt am 4. Mai 1589 (MM).

Kuntze, Gottlieb [Gottfried] (Kuntz), Silberarbeiter, geb. in Breslau, Sohn des Goldschmieds Thomas Kuntze, arbeitet bei Johann Peter Ziegler als Meisterstück ein Geschirr nebst Ring und Siegel, wird Meister am 23. Oktober 1719 und Bürger am 3. Mai 1720. Heiratet am 15. Oktober 1720 Maria Elisabeth, die Witwe des Kretschmers Johann Christoph Bleyer (Elis.). Seine Frau † 24. (begr. d. 26.) VI. 1768 (MM). Er selbst stirbt am 8. (begr. d. 10.) Januar 1773, alt 84 Jahre 2 Monate 6 Tage (MM). Kuntze zeichnet GK, darunter ein Kreis, in herzförmigem Felde, vgl. Taf. IV Nr. 137.

a. Weinbüchschen, Silber, sechskantig, mit Schraubdeckel, darin ein Einsatz für die Hostie. Eine Fläche graviert mit Crucifixus. Am Boden: Wiegt 27 Lot. Datiert 1758. H. 11 cm. Johanneskopf Typus XII, Stempelmeisterb. F, Meisterz. u. Kriegssteuerst. Adlertypus. — Elisabethkirche, Breslau.

b. Weinbüchschen, Silber, wie Nr. b. Datiert 1762. H. 12 cm. Johanneskopf Typus XIII (Stempelmeisterb. fehlt), Meisterz. u. Kriegssteuerst. Adlertypus. — Elisabethkirche, Breslau.

Kuntze [Kunze], Jacobus, siehe Konczel.

Kuntze, Thomas (Kuntz), Goldschmied, Sohn des Amtmannes Thomas Kuntze in Schönbankwitz, wird 1683 in Breslau Bürger und Meister. Heiratet am 17. August 1683 Anna Susanna, die Tochter des Goldschmieds Daniel Volgnadt (MM). Wohnt am St. Maria Magdalenenkirchhofe. Seine Frau Anna Susanna † 20. (begr. d. 23.) X. 1701 (Elis.). Kuntze heiratet am 5. September 1702 Maria Magdalena, die Tochter des Reichkrämers Paul Heldt (Elis.). Ist seit 1717 Zunftältester. Seine Tochter Anna Eleonora heiratet am 21. April 1722 den Goldschmied Martin Büttner (Elis.). Kuntze stirbt am 19. (20.) Juli 1724, alt 67 Jahre weniger 7 Wochen (Elis.). Seine Witwe Maria Magdalena heiratet am 10. Februar 1727 den Friedrich Gurtschke (Elis.). Kuntze zeichnet TK in ovalem Felde, vgl. Taf. IV Nr. 107.

a. Oblatendose, Silber, ovale Schachtel mit gerieftem Rande, Mittelfeld des Deckels mit Akanthusranken auf punziertem Grunde. Gestiftet 1708 von dem Weissgerberältesten Daniel Ritter. H. 5 cm. Dm. 13,6 × 9,6 cm. Johanneskopf Typus II, Meisterz. u. Kriegssteuerst. Adlertypus. — Barbarakirche, Breslau.

Kunzco [Cunzco], aurifaber, vergleicht sich 1434 wegen einer Geldschuld mit dem Pfarrer von Oltaschin; Zeugen sind die Breslauer Bürger und Goldschmiede Johannes Beyer und Johannes Neumeister (Bresl. Kgl. Staatsarchiv, D 24, fol. 96 b).

Kuttenis, Jacobus de Montibus (Jacobus de Montibus Chutonis, Jacob vom Berge, Jacob Newmeyster, Goltsmed vom Berge, Reyche Jocob), aurifaber, wird Breslauer Bürger am Montag nach Invocavit (13. Februar) 1402. Wohnt auf der Schuhbrücke. Zahlt 1403/4 an Steuern: de opere $^1/_2$ fertonem (Steuerb. fol. 22). Erscheint 1408, 1409, 1411, 1414, 1421, 1426 in den Geschworenenlisten der Signaturbücher als Zunftsenior. Hat 1411, 1412, 1417 Bürgschaften zu leisten (Signaturb. XVIII, XIX, XXI).

Kuttenis, Laurentius de Montibus, aurifaber, wird Breslauer Bürger am Montag nach Invocavit (7. März) 1373; Bürge ist Hensil von Glacz.

Kuttner, Johann Michael, siehe Kittner.

Kwiatkowski, Johann Vincenz Joseph, Gold- und Silberarbeiter, geb. in Posen, erwirbt das Breslauer Bürgerrecht am 9. Juni 1846, alt 26 Jahre. Sein Gesuch um Aufnahme in die Innung wird am 15. Juli 1853 abschlägig beantwortet.

Kynast, Niclas [Nickel], aurifaber, wird Bürger am Sonnabend nach Francisci (6. Oktober) 1453. Erscheint 1456, 1459, 1462, 1465, 1468, 1471, 1474, 1479 in den Geschworenenlisten der Signaturbücher als Zunftsenior. Siehe Urkunde 11. Kynast stirbt um 1485.

Kyschky [Kysky], Christoph Gottlieb, siehe Kischky.

Lamm. Valten (Lammp), Goldschmied, erwirbt das Breslauer Bürgerrecht am 3. März 1530, wird um dieselbe Zeit Meister. Ist im Catalogus civium von 1525/33 und 1544/79 erwähnt.

Lammer, Christian [Gottfried], Goldschmied, geb. in Breslau, Sohn des Schuhmachers Christoph Lammer, arbeitet bei Hans Jachman d. j. als Meisterstück ein Geschirr nebst Ring und Siegel, wird Meister am 3. Juli und Bürger am 7. Oktober 1713. Heiratet am 27. November 1713 Anna Magdalena, die Tochter des † Scholzen Daniel Gerhes [?] (MM). Seine Frau Anna Magdalena † 13. (begr. d. 15.) VIII. 1737 (Elis.). Lammer kommt Anfang 1751 ins Hospital. Zeichnet mit einem Lamm in ovalem Felde, vgl. Taf. IV Nr. 132.

a. Bucheinband, Silber. Datiert 1729. — Ehemalige Klosterkirche in Paradies, Prov. Posen (nach J. Kohte, Kunstdenkmäler d. Prov. Posen, Bd. I S. 131).

b. Reliquienmonstranz, Silber mit Vergoldung, mit Reliquien des hl. Dominik; in dem umgebenden Strahlenkranze verehrende Engel und der Hund des hl. Dominik. Auf dem Fusse Cherubimsköpfe. H. 38 cm. Johanneskopf, Stempelmeisterb. C u. Meisterz. — Adalbertkirche, ehemaliges Dominikanerkloster, Breslau.

c. Sonnenmonstranz, Silber mit Vergoldung, laut Inschrift gestiftet 1739 von Johann Joseph Graf von Götzen, Commendator des Johanniter-Ordens in Striegau. Johanneskopf Typus XI, Stempelmeisterb. D u. Meisterz. — Kath. Pfarrkirche St. Petri, Striegau.

d. Weihrauchfass nebst Weihrauchschiffchen, Silber, mit Bandelwerk in durchbrochener und getriebener Arbeit. Johanneskopf Typus XI, Stempelmeisterb. D u. Meisterz. — Dorotheenkirehe, Breslau.

e. Weihrauchfass nebst Weihrauchschiffchen, Silber, mit Band- und Muschelwerk in durchbrochener und getriebener Arbeit. Johanneskopf Typus XI, Stempelmeisterb. D, Meisterz. u. Kriegssteuerst. Adlertypus. — Sandkirche Breslau.

f. Bucheinband, Silber, mit Laub- und Bandelwerk in getriebener und durchbrochener Arbeit auf vergoldeter Metallunterlage. Am oberen Rande des Einbandes vier Ösen mit einer silbernen Kette. H. 17,8 cm. Br. 12 cm. Johanneskopf Typus XII, Stempelmeisterb. F, Meisterz. u. Teschener Befreiungsstempel. — Oberst Hugo Jeglinger, Reichenberg in Böhmen.

Lamprecht, Hans, Goldschmiedgeselle von Hamburg, stirbt in Breslau am 12. März 1617.

Lamy, Johann David, Goldarbeiter, geb. in Hanau, Sohn des Gärtners Adam Lamy, erwirbt das Breslauer Bürgerrecht am 27. Januar 1843, alt 40 Jahre. Wird nicht Innungsmitglied.

Landecke, Hensil (Hannos Lendecke), aurifaber, wird Bürger am Tage nach Sixti (7. August) 1369; Bürge ist Henkinus aurifaber. Verreicht 1390 dem Johannes Mawer 2 Mk. jährl. Zins auf sein Erbe hinter der Schulen auf der Goltsmedegasse und 1392 dem Heinrich Wonschilborg 1 Mk. jährl. Zins auf sein Erbe am Neumarkte (Schöppenb. VI. 239b, VII. 100b). Erscheint 1392 in den Signaturbüchern als Juratus. Stirbt um 1400.

Landecke, Thomas (Landegke, Landek), aurifaber, wird Bürger am Tage vor Andree (29. November) 1379; Bürge ist Henkinus aurifaber. Wohnt auf der Altbüssergasse bei der Schulen (Goltsmedegasse). Verreicht 1388 dem Niclos vom Lemberg 2 Mk. jährl. Zins auf sein Erbe unter den „Gaultsmedin“ bei Cunrad Goltsloer (Schöppenb. VI. 78a). Bürgt 1394 für seinen Bruder Thomas (! wohl Hensil gemeint) (Signaturb. VII. 183b). Erscheint 1390, 1399, 1402, 1404, 1407, 1410 in den Geschworenenlisten der Signaturbücher als Zunftsenior. Zahlt 1403/4 an Steuern: de hereditate 1 Lot, de opere $^1/_2$ fertonem, de re 1 Scot (Steuerb. fol. 20b). Stirbt um 1412.

Landiskroner, Vitus, aurifaber, erwirbt das Bürgerrecht am Freitag vor Invocavit (9. Februar) 1448. Ist im Catalogus civium von 1470 nicht mehr erwähnt.

Lang, Michael, kein Goldschmied, sondern ein Tuchmacher in der Neustadt-Breslau, wurde durch ein Versehen des Stadtschreibers im Catalogus civium von 1470 unter die Goldschmiede geschrieben.

Lange, Carl Joseph, Silberarbeiter, geb. in Breslau, lernt bei Johann Gottlob Jaeckel vom Qu. Crucis 1783—1789. Arbeitet bei Johann Ernst Braungart als Meisterstück zwei Girandolen (Armleuchter), wird Meister am 30. (31.) Oktober 1792 und Bürger am 4. Februar 1793. Ist in der Meisterliste von 1813 das letzte Mal erwähnt.

Langer, Johann Gottfried (Johann Christian Lange), Gold- und Silberstecher, Sohn des Kleinuhrmachers Johann Christoph Langer in Augsburg, heiratet in Breslau am 24. November 1732 Eva Martha, die Tochter des Musterschreibers Christian Mühl (Elis.). Erwirbt das Bürgerrecht am 31. Dezember 1737. Stirbt am 17. November 1741, alt 33 Jahre 2 Monate (Elis.).

Laudner, Melchior, Goldschmiedgeselle, Sohn des Berghauers Caspar Laudner in St. Annaberg, heiratet in Breslau 1596 Anna, die Tochter des Fleischers Jorge Hittman (Elis.).

Launer, Christian Gottlieb (Launert), Goldarbeiter, geb. in Breslau, Sohn des Gürtlers Christian Launer, meldet sich am 23. September 1750 als Stückmeister, arbeitet bei Johann David Kriebel eine Masche nebst Ring, wird Meister am 15. Dezember 1750. Erwirbt das Bürgerrecht am 30. August 1751. Heiratet am 4. Mai 1756 Anna Sophia, die Tochter des Seelsorgers Johann Gottfried Eckhardt in Paschkerwitz bei Trebnitz (Elis.). Stirbt 1770.

Lebner, Hans, siehe Libner.

Lederhose, Joseph Gottlieb, Silberarbeiter, geb. 1738 in Breslau, Sohn des Ziergärtners Joseph Lederhose, lernt bei Martin Kiesling vom September 1753—1758. Meldet sich am 7. Juni 1765 als Stückmeister, arbeitet bei Johann Gottlieb Schmidt ein silbernes Becken nebst Kanne (etwa von dem auf Seite 7 Fig. 5 wiedergegebenen Typus), wird Meister am 20. September 1765 und Bürger am 9. Januar 1766. Heiratet am 11. November 1766 Maria Anna Eleonora, die Tochter des Abraham Ostertag, gewesenen Goldschmieds in Neisse (Elis.). Ist Ältester vom 18. Mai 1804 bis 1813. Stirbt am 10. (begr. d. 13.) Juni 1817, alt 79 Jahre (Elis.). Lederhose zeichnet IGL in einem herzförmigen Schilde, vgl. Taf. V Nr. 167.

a. Tischleuchter, Silber, im Louis XVI.-Stil. Johanneskopf, Stempelmeisterb. L u. Meisterz. — Hofantiquar Max Altmann, Breslau.

b. Tischleuchter, Silber, in der Fig. 38 abgebildeten Form, doch mit quadratischer Standfläche und kanneliertem Säulenschafte. H. 24,5 cm. Johanneskopf Typus XV, Stempelmeisterb. L, Meisterz. u. Kriegssteuerst. FW. — Kreuzkirche, Breslau.

c. Tischleuchter, Silber, drei Stück, in der Fig. 38 abgebildeten Form, doch auf quadratischer Standfläche und ohne Gitter an der Lichttülle. Datiert 10. Juli 1800, 1810 u. 1811. Johanneskopf, Stempelmeisterb. M u. N, Meisterz. u. Kriegssteuerst. FW u. Adlertypus. — Verein christlicher Kaufleute, Zwinger, Breslau.

d. Sargschilde der Breslauer Schuhmachermeister, Silber, oval, in der Mitte in vergoldeter Auflage ein Stiefel. Datiert 1817. Dm. 51 × 41 cm. Johanneskopf Typus XVIII, Stempelmeisterb. P u. Meisterz. — Schuhmacher-Innung, Breslau.

Leher, Antonius, siehe Loher.

Lehmut, Carl Samuel Friedrich, Gold- und Silberarbeiter, geb. in Breslau, lernt bei Johann Augustin Christian Seeberg vom Qu. Lucie 1789 bis Qu. Crucis 1795. Erwirbt das Bürgerrecht am 22. April 1814. Wird nicht Innungsmitglied.

Leinss, Johann Jacob (Leinsz, Leinz, Leints), Goldarbeiter, geb. in Breslau, lernt bei Gottfried Benjamin Weigelt vom 27. Dezember 1765 bis 2. Oktober 1771. Meldet sich am 1. März 1786 als Stückmeister, arbeitet bei Johann Ernst Braungart ein Paar Ohrgehänge mit Brillanten, wird Meister am 6. April und Bürger am 10. August 1786. Stirbt 1830.

Leiser, Christoph Siegfried Elias (Leiszer, Leisse, Leyser), Goldarbeiter, geb. in Bitterfeld bei Leipzig, arbeitet in Breslau bei Johann Christian Schlencker als Meisterstück einen dreifach karmoisierten Brillantring, wird Meister am 23. Januar 1787. Erwirbt das Bürgerrecht am 11. Februar 1788. Ist in der Meisterliste von 1795 das letzte Mal erwähnt.

Leiterding, Johann, Silberjuwelier, wird 1723 am Dom erwähnt (Schles. Vorz. VII. 488).

Leittner, Johann Peter Theophilus, siehe Leuttner.

Lemor, Carl August Theodor, Silberarbeiter, geb. in Breslau am 20. März 1820, Sohn des Silberarbeiters Johann Adam Lemor, lernt bei seinem Vater vom Qu. Johannis 1834—1838. Erwirbt das Bürgerrecht am 13. Juni 1845. Meldet sich am 5. April 1849 als Stückmeister, arbeitet eine silberne Tabatière, wird am 14. Juli 1849 in die Innung aufgenommen. Bleibt Mitglied bis 1893. Zeichnet IAL in einem rechteckigen Felde.

Lemor, Johann Adam (Lemmor, Lemmer), Silberarbeiter, geb. am 20. Juli 1788 in Roemhild in Meiningen, Sohn des Kürassiers Valentin Lemor, lernt in Mainz. Erwirbt das Breslauer Bürgerrecht am 21. August 1818. Wird Innungsmitglied am 11. Februar 1820. Stirbt 1840. Seine Witwe setzt das Geschäft fort. Lemor zeichnet IAL in einem rechteckigen Felde, vgl. Taf. V Nr. 188.

Lemor, Julius, Silberarbeiter, geb. in Breslau am 26. April 1846, Sohn des Silberarbeiters Carl August Theodor Lemor, lernt bei seinem Vater von Ostern 1860—1864. Tritt am 19. April 1875 in die Innung ein und bleibt bis zum 13. Oktober 1893 Mitglied. Zeichnet IAL in einem rechteckigen, seit 1897 in einem ovalen Felde.

Lendecke, Hannos, siehe Hensil Landecke.

Leuschner, Johann Carl Ehrenfried, Goldarbeiter, geb. in Hermsdorf am Kynast, erwirbt das Breslauer Bürgerrecht am 16. Januar 1844, alt 44 Jahre. Wird nicht Innungsmitglied. Zieht später nach Hirschberg, lässt sich aber in Breslau sein Bürgerrecht reservieren.

Leuttner, Johann Peter Teophilus (Leuthner, Leittner), Goldarbeiter, Sohn des Buchbindermeisters Johann Wilhelm Abraham Leuttner in Hanau in Hessen, lernt in Breslau bei Johann Gottlob Tholuck von 1799—1804. Arbeitet bei Johann Gottlob Tholuck als Meisterstück ein Paar Ohrgehänge mit à jour gefassten Brillanten, wird Meister am 15. Januar und Bürger am 18. Januar 1811. Heiratet 25 Jahre alt am 3. Januar 1811 Johanna Christiana, die Tochter des Haushälters Christian Gärtner (MM). Feiert am 15. Januar 1861 sein fünfzigjähriges Meisterjubiläum, wird Ehrenmitglied der Innung. Stirbt am 20. Dezember 1868.

Leweck, Gottlieb Wilhelm [Johann Gottfried?], Goldarbeiter, geb. in Breslau, lernt erst bei Samuel Jacob Sommé, dann bei Gottlieb David Günther von 1804—1810. Erwirbt das Bürgerrecht am 4. August 1816, alt 27 Jahre. Wird nicht Innungsmitglied.

Lewtke, siehe Lutke.

Leyde, Andreas, Goldschmied aus Dresden, stirbt in Breslau am 5. (begr. d. 7.) Januar 1736, alt 40 Jahre.

Leyser, Christoph Siegfried Elias, siehe Leiser.

Libner, Hans (Liebener, Lebner, Lübner, Lüblin), Goldschmied, heiratet als Geselle 1550 Magdalena, die Tochter des † Goldschmieds (?) Hans Francke (Elis.). Erwirbt das Bürgerrecht am 13. Februar 1551, wird um dieselbe Zeit Meister. Wohnt am Ringe unter den Riemern. Stirbt am 19./25. Oktober 1585. Seine Tochter Anna heiratet am 13. Juli 1587 den Schwertfeger Stephan Fuchs (MM).

Lichtenaw, Georgius, aurifaber, wird Bürger am Mittwoch nach Francisci (5. Oktober) 1373; Bürge ist Claus Briger.

Lillpop, Johann Ferdinand Joseph, Goldarbeiter, geb. in Schweidnitz, Sohn des Venditers Ferdinand Lillpop, lernt in Breslau bei Johann Friedrich Streubel von Michaelis 1815—1821. Erwirbt das Bürgerrecht am 30. August 1824, alt 22 Jahre. Wird nicht Innungsmitglied. Seine Frau Amalie Friederika, geb. Wiesner, stirbt 1833 (MM).

Lincke, Johann George, Gold- und Silberplätner, Sohn des Schuhmacherältesten Gregor Lincke in Cottbus, heiratet in Breslau am 9. November 1711 Anna Elisabeth, die Tochter des Landkutschers Johann Frentzel (MM). Steht bei Friedrich Kriegelstein in Arbeit.

Lindau, Ernst (Linde), Goldschmiedgeselle, Sohn des Goldschmieds Franz Lindau in Oppeln, stirbt in Breslau am 20. Dezember 1632, alt 21 Jahre (Elis.), hat bei Paul Hedelhofer d. ä. auf der Oderstrasse in Arbeit gestanden.

Lindholtz, Andreas, Gold- und Silberdrahtzieher, seine Frau Anna Margareta, geb. Petsch, † 12. (13.) IX. 1727, alt 35 Jahre.

Lindholtz, Christoph, Gold- und Silberdrahtzieher, Sohn des Erbsassen Andreas Lindholtz bei Berlin, heiratet in Breslau am 24. April 1719 Susanna, die Tochter des Johann Hausschild (Elis.). Sein Sohn Andreas Gottlieb, Gold- und Silberdrahtzieher, heiratet am 16. November 1756 Johanna Christiana, die Tochter des † Posamentiers und Seidenstrickers Benjamin Lehmann (Elis.).

Lindholtz, Johann Friedrich, Gold- und Silberdrahtzieher, seine Frau Maria Rosina, geb. Höpner, † 29. (30.) VIII. 1731. Er selbst stirbt am 7. (8.) Juni 1734, alt 37 Jahre 12 Wochen.

Lindner, Carl Gottlieb, Goldarbeiter, erwirbt das Bürgerrecht am 13. Mai 1814. Wird nicht Innungsmitglied.

Lindner, Heinrich Rudolf, Goldarbeiter, lernt bei Georg Heinrich Gumpert bis Juli 1851. Wird Innungsmitglied am 19. Oktober 1858, scheidet am 13. Oktober 1863 wieder aus.

Liphart, Niclos, aurifaber, wird Bürger am Tage Petri ad cathedram (22. Februar) 1408; Bürge ist Henricus Schorgast.

Littke, Johann Heinrich (Littik), Goldschmiedgeselle, stirbt am 23. (begr. d. 25.) Mai 1752, alt 50 Jahre (Elis.). Seine Tochter Barbara Elisabeth heiratet am 27. Oktober 1761 den Schuhmacher Samuel Jahn (Elis.). Seine Witwe Eva Christiana, geb. Herting, † 15. (begr. d. 17.) III. 1779 (Elis.).

Litzmann, Carl Friedrich (Lizemann, Luzmann), Goldarbeiter, geb. in Halle, Sohn des dortigen Diakonus Matthias Laurentius Litzmann, meldet sich in Breslau am 16. März 1786 als Stückmeister, arbeitet bei Christian Hoensch eine Haarnadel mit à jour gefassten Brillanten, wird Meister am 20. Juni und Bürger am 10. August 1786. Heiratet am 29. Oktober 1795 Johanna Wilhelmina Carolina, die Tochter des Kgl. Justizkommissars Christian Benjamin Uber (Elis.). Wird 1798 Königl. Mühlenwagemeister in Reichenbach. Durch Dekret vom 26. Oktober 1798 wird ihm das Bürgerrecht reserviert, das Meisterrecht jedoch nur unter der Bedingung, dass er die Quartalsbeiträge an die Innungskasse weiter zahlt (Lose Goldschmiede-Akten).

Lobenschuss, Augustin (Lobschuss, Lobenschoss, Lobenschütz), Goldschmied, geb. in Breslau, Sohn des Perlenhefters Daniel Lobenschuss, wird 1665 Bürger und Meister. Heiratet am 26. Januar 1666 Elisabeth, die Tochter des

† Seilers Johann Goltsch in Oppeln (MM). Wohnt auf der Taschengasse. Stirbt am 11. (12.) November 1693, alt 60 Jahre (MM Salv.). Seine Tochter Justina heiratet am 17. November 1693 den Landkutscher Caspar Hahn (MM). Seine Witwe Elisabeth † 5. III. 1694. Seine Tochter Rosina heiratet am 28. Juli 1699 den Maurergesellen Gottfried Lindner (Elis.). Seine Tochter Magdalena heiratet am 23. Oktober 1703 den Parchnergesellen Johann Reffer (Elis.). Lobenschuss zeichnet AL ligiert, über dem L ein kleines o, in einem dreipassigen Blatte, vgl. Taf. III Nr. 95.

a. Willkommschildchen der Breslauer Korbmachergesellenschaft, Silber, ein Paar, achteckig, mit Innungsemblemen der Korbmacher. Datiert 1672. Meisterz. (Ohne Beschauz.) — Schlesisches Museum für Kunstgewerbe und Altertümer, Breslau.

b. Abendmahlslöffel, Silber, in Renaissanceform, Laffe siebartig durchlocht. Datiert 1686. Beschauz. W Typus VI, Meisterz. u. Kriegssteuerst. Adlertypus. — Elisabethkirche, Breslau.

Lockortt, Albrecht, siehe Luckertt.

Lötteman, Hans, siehe Lotterman.

Loh, Johann Rudolph von, Goldarbeitergeselle, Sohn des Herzoglichen Münzwardeins Christian von Loh in Öls, stirbt in Breslau am 11. (begr. d. 13.) November 1741, alt 22 Jahre (Elis.).

Loher, Anthonius (Leher, Lowrein [?]), Goldschmied, heiratet als Geselle am 15. Februar 1563 Barbara, die Witwe des Steinschneiders Georg Brawn (MM). Erwirbt das Bürgerrecht am 18. Februar 1564, wird um dieselbe Zeit Meister. Stirbt vor 1579.

Lohse, Johann, Goldschmiedgeselle aus Halle, stirbt in Breslau 1707, alt 24 Jahre.

Lomnig, Georg, Goldschmied von Augsburg, heiratet in Breslau am 9. Januar 1571 Anna, die Tochter des Bäckers Gregor Machnit (MM).

Lomnitzer, Georg (Lumnitzer), Goldschmied, heiratet als Geselle am 4. Oktober 1558 Agnet, die Tochter des † Thomas Schutler. Erwirbt das Bürgerrecht am 1. Februar 1560, wird um dieselbe Zeit Meister. Heiratet als Witwer am 15. Dezember 1561 Ursula, die Tochter des † Hans Ochsendorf (MM). Stirbt um 1566. Seine Witwe Ursula heiratet am 29. November 1568 den Schenken Bartel Burckart (MM). Seine Tochter Magdalena heiratet am 24. Oktober 1581 den Töpfer Georg Dickenbein in Canth (MM).

Lorenz, Meister L. der Goltschmid, siehe Lorencz Cretsmer oder Lorencz Polak.

Lorenz, Carl Friedrich, Goldarbeiter, geb. in Breslau, Sohn des Kunstgärtners Johann Friedrich Lorenz, lernt bei Johann Friedrich Wilhelm Fuss von 1810—1815. Erwirbt das Bürgerrecht am 17. März 1824, alt 28 Jahre. Wird nicht Innungsmitglied.

Lotterman, Hans, Sachs genannt (Lötteman), Goldschmied, erwirbt das Bürgerrecht am Freitag vor Invocavit (11. Februar) 1513, wird um dieselbe Zeit Meister. Kauft am Dienstag nach Jacobi (28. Juli) 1517 von Margareta, der Frau des Goldschmieds Niclas Werner ein Eckhaus auf der Albrechtsgasse (Tradb. III. 27[b]). Lotterman und der Goldschmied Hans Voyt reichen (ersterer in Vollmacht des Goldschmieds Oswald Rothe) als Testamentarii der † Margareta Angermundin am Montag nach Palmarum (25. März) 1521 den Ältesten der Goldschmiede zu Handen armer Leute die Hälfte des Hauses, das der Verstorbenen auf der Albrechtsgasse zunächst Steffan Davids Erbe gehört hat (Tradb. III. 157[b]). Lotterman stirbt vor 1544.

Lowrein, Anthonius, siehe Loher.

Loy, Christian, Goldschmiedgeselle, Sohn des Torgauer Goldschmieds Reinhardt Loy, stirbt in Breslau am 20. April 1653, hat bei der Witwe des Goldschmieds Jonas Petzold in Arbeit gestanden.

Loy, Hans George, Goldschmiedgeselle, Sohn des Torgauer Goldschmieds Reinhardt Loy, stirbt in Breslau am 17. (23.) Juni 1676, alt 69 Jahre (Elis.).

Loy, Reinhardt, Goldschmiedgeselle, Sohn des Torgauer Goldschmieds Reinhardt Loy, stirbt in Breslau am 22. Dezember 1634, alt 35 Jahre (Elis.), hat erst bei Tobias Vogt, dann bei der Witwe des Goldschmieds Jonas Petzold in Arbeit gestanden.

Lucas, Meister L. der Goltschmid, siehe Flässel.

Lucas, George Samuel (Lukas, Luckas), Galanteriewarenarbeiter, geb. in Breslau, Sohn des Galanteriewarenarbeiters Johann George Lucas, lernt bei Carl Maximilian Powalsky vom 7. Januar 1760 bis 11. Juni 1760, dann bei Johann Gottlieb Heissig bis 22. Juni 1764. Meldet sich am 19. November 1771 als Stückmeister, arbeitet bei Christian Hoensch eine Rauchtabakdose, wird Meister am 11. Juli 1772. Heiratet, 28 Jahre alt, am 21. Januar 1772 Susanna Regina, die Tochter des † Reichkrämers Wilhelm Siegemund Ziegemeyer (Elis.). Seine Frau † 22. (begr. d. 24.) II. 1775 (Elis.). Lucas ist in der Meisterliste von 1779 das letzte Mal erwähnt.

Lucas, Johann George, Galanteriewarenarbeiter, stirbt am 18. (begr. d. 20.) Januar 1758, alt 46 Jahre 6 Monate (Elis.). Sein jüngster Sohn Johann Christian, Herzoglicher Hofjuwelier in Öls, heiratet in Breslau am 22. Mai 1782

Susanna Dorothea, die Tochter des † Strumpffabrikanten Christoph Martin Müller (MM). Sein dritter Sohn Anton Benjamin, ein Destillateur, heiratet im Oktober 1784 Christiana Charlotte, die Tochter des † Destillateurältesten Gottfried Wentzel (Elis.). Seine Witwe Johanna Eleonora, geb. Legner, † 12. (begr. d. 15.) IV. 1793 (Elis.).

Lucas, Johann Gottlieb (Lukas, Luckas), Goldarbeiter, geb. in Breslan, Sohn des Galanteriewarenarbeiters Johann George Lucas lernt bei Benjamin Kochmann vom 26. Dezember 1753 bis 20. September 1758, dann bei Johann Ernst Roemer bis 19. September 1759. Meldet sich 1762 als Stückmeister, wird aber abgewiesen, da er nicht vorschriftsmässig gewandert ist und auch bei keinem hiesigen Meister als Geselle gearbeitet hat. Lucas wendet sich an die Kgl. Kriegs- und Domänenkammer, die ihn von der Erfüllung obiger Vorschriften dispensiert und die Innung anweist, ihn als Stückmeister anzunehmen. Lucas beginnt alsdann am 28. Dezember 1764 sein Meisterstück, arbeitet bei Friedrich Gottlob Krebs einen Placker mit Rauten, wird Meister am 1. März 1765. Heiratet am 14. Mai 1765 Anna Susanna, die Tochter des † Kraftmüllers Christian Haase (Elis.). Erwirbt das Bürgerrecht am 12. Juli 1765. Seine Frau Anna Susanna † 6. (begr. d. 11.) I. 1801 (Elis.). Er selbst stirbt 1814. Ist im Bürgerbuche am 3. Juni 1825 erwähnt, als seine Tochter Anna Eleonora, verehelichte Hauptmann von Frankenberg, als Hausbesitzerin das Breslauer Bürgerrecht erwirbt.

Luckertt, Albrecht (Lockortt), Goldschmiedgeselle von Westeras in Schweden, arbeitet 1618 in Breslau bei Zacharias Petzold. Über ihn beklagen sich wegen ehrenrühriger Worte die Goldschmiede George und Jeremias Beck, doch die Ratmannen geben am 12. August 1620 der Klage kein Gehör, vermahnen vielmehr die Gebrüder Beck, sich dergleichen Sachen künftig zu enthalten (Lib. definit. V. 98[b]—99[a]).

Luczk, Jacobus, aurifaber, wird Bürger am Mittwoch nach Jubilate (16. Mai) 1397; Bürge ist Waltherus Ebirhart. Ist wohl identisch mit Jacobus Yzingraber, der 1401 in den Signaturbüchern als Juratus und Zunftsenior erscheint (es könnte noch Jacob Clare, der 1371 Bürger wird, in Betracht kommen).

Ludeman, Werner (Lüdemar), Goldschmied, Sohn des Amtmannes Werner Ludeman vor Lübeck, wird in Breslau Anfang 1661 Bürger und Meister. Heiratet am 1. März 1661 Rosina, geb. Fesch, die Witwe des Goldschmieds Hans Späth (MM). Stirbt um 1685 (?). Zeichnet W L ligiert in ovalem Felde, vgl. Taf. III Nr. 88.

a. Sargschilde der Breslauer Seifensieder und Lichtzieher, Silber mit Vergoldung, achteckig, in der Mitte ein Oval mit vergoldeten Innungsemblemen und Jahreszahl 1661, am Rande allegorische Figuren, Glaube, Hoffnung und Tod, ein geflügelter Engelskopf und barockes Früchtewerk in getriebener Arbeit. H. 47 cm. Br. 41 cm. Beschauz. W Typus VI u. Meisterz. — Schlesisches Museum für Kunstgewerbe und Altertümer, Breslau.

Ludowick, Franz, Goldarbeiter, ist am 19. November 1781 Trauzeuge bei St. Vincenz.

Ludwig, M., Goldschmied, ist erwähnt in der Spezifikation der Pfuscher in und vor Breslau von 1662 (Bresl. Kgl. Staatsarchiv, Stadt Breslau, II. 10 d 3).

Ludwigk, Paul (Ludewig), Goldschmied, heiratet als Geselle 1553 Maria, die Tochter des † Caspar Kitzig (Elis.). Erwirbt das Bürgerrecht am 9. Februar 1554, wird um dieselbe Zeit Meister. Erhängt sich in seiner Kammer am 17. August 1566 (Pols Jahrbücher der Stadt Breslau, ed. Büsching, Bd. IV S. 49).

Lüblin [Lübner], Hans, siehe Libner.

Lüdemar, Werner, siehe Ludeman.

Lüthrod, Stephan Christian, siehe Luttroth.

Lumnitzer, Georg, siehe Lomnitzer.

Lundberg, Adolph, Silberarbeiter, geb. zu Reval in Livland, Sohn des dortigen Silberarbeiters Daniel Wilhelm Lundberg, arbeitet in Breslau bei Samuel Christoph Thun als Meisterstück einen Korb von Silberfiligran, wird Meister am 29. April und Bürger am 30. April 1802. Heiratet vorher im November 1801 Johanna Dorothea, die Tochter des † Schuhmachers Hähnel (Elis.). Stirbt am 20. (begr. d. 22.) Oktober 1806, alt 36 Jahre (Elis.).

Lusnitzky, Heinrich, Goldschmiedgeselle, stirbt 1625, hat bei George Sauerman in Arbeit gestanden.

Lutinrad, Heinrich de (Lwtinrad), aurifaber, wird Bürger am 31. Dezember 1382; Bürge ist Paulus Goltsloer. Siehe Heinrich von Erford.

Lutke (Lwtke, Lewtke), Goltsmed; 1347 verkauft Cunne, Meister Emerichs Witwe, dem Goltsmede Lwtkin den halben Kram, der der Rynischin gewesen ist (Schöppenb. I. 48[a]). Lutke ist 1349 und 1350 im Schöppenbuch I fol. 106[b] u. 151[a] als Hausbesitzer genannt. Seine Frau Agnite verreicht 1362 den drei Töchtern Pecze Goltsmedis, Nonnen zu St. Katharina, 1 Mk. jährl. Zins, die sie auf Peczold Doringis Erbe auf der Altbüssergasse hat (Schöppenb. II. 158[b]).

Luttroth, Stephan Christian (Luttrodt, Lüthrodt, Lutterodt, Lutteroth), Silberarbeiter, verfertigt bei Johann Peter Ziegler als Meisterstück ein Geschirr nebst Ring und Siegel, wird Meister am 17. Mai und Bürger am 22. Mai 1716. Ist Ältester seit 1737 und Stempelmeister mit dem Buchstaben F seit April 1746 (siehe Seite 20). Stirbt am 22. (begr. d. 24.) Juli 1758, alt 69 Jahre 35 Wochen (Elis.). Seine Witwe Christiana Susanna, geb. Schmidt, setzt die Werkstatt fort und stirbt am 24. (begr. d. 26.) April 1766, alt 77 Jahre 11 Monate 27 Tage (Elis.). Luttroth zeichnet SCL in einem Schilde, vgl. Taf. IV Nr. 135.

a. Kapsel, Silber, mit Patene, flache runde Scheibe, graviert mit dem Monogramm Christi. Dm. 12,5 cm. Johanneskopf Typus VIII, Stempelmeisterb. B negativ, Meisterz. u. Kriegssteuerst. FW. — Matthiaskirche, ehemalige Jesuitenkirche, Breslau.

b. Kelch, Silber mit Vergoldung, auf dem Fusse drei vergoldete Engelsköpfchen und reich verschlungenes silbernes Bandwerk in getriebener Arbeit. An dem birnförmigen Nodus drei in Voluten ausgehende geflügelte Engelsköpfchen. Auf dem silbernen Kuppabelage drei Engelsköpfchen gleich denen am Fusse und Bandwerk in durchbroch. Arbeit. H. 23,8 cm. — Johanneskopf Typus X, Stempelmeisterb. C u. Meisterz. — Barbarakirche, Breslau.

Lutz, Martin, Gold- und Silberstecher, erwirbt das Bürgerrecht am 1. Juni 1750.

Luz, Michael, Goldschmied; am 22. Juli 1710 heiratet seine nachgelassene Tochter Anna Rosina den Beckenknecht George Höntschke (MM).

Luzmann, Carl Friedrich, siehe Litzmann.

Lwtinrad, Heinrich de, siehe Lutinrad.

Mache, siehe Muche.

Machhoy, Carl Joseph Franz (Machoy, Machoi), Gold- und Silberarbeiter, meldet sich am 15. Januar 1856 zum Beitritt in die Innung und wird am 5. August aufgenommen. Stirbt 1888.

März, Carl Friedrich (Mertz), Silberarbeiter, geb. am 2. November 1778 zu Oelsnitz im Vogtlande (nicht in Warschau!), Sohn des dortigen Stadthauptmannes und Gold- und Silberarbeiters Christian Friedrich März, arbeitet in Breslau bei Johann Bernhard Hoensch als Meisterstück eine silberne Kaffeekanne nebst Milchkännchen, wird Meister am 2. Juni und Bürger am 11. November 1803. Läuft 1804 davon.

Mahl, Elias, Goldschmied auf dem Sande, ist am 6. Juli 1687 Taufzeuge am Dom (Bresl. Kgl. Staatsarchiv, D 362 ee, S. 34); siehe Elias Miel.

Maibanus, Jonas, siehe Moybanus.

Maier, Carl Benjamin, siehe Meyer.

Maletius, Christian Friedrich (Malitius), Goldarbeiter, geb. in Breslau, Sohn des Destillateurs Hieronymus Maletius, lernt bei Johann Gottlieb Candisch vom 19. März 1767 bis 30. Dezember 1772. Meldet sich mit Dispensation der Kgl. Kammer am 26. Dezember 1779 als Stückmeister, arbeitet bei Christian Hoensch einen mit Rauten besetzten Plack. Wird Meister am 20. Januar 1780 und um dieselbe Zeit Bürger. Heiratet am 1. Februar 1780 Katharina Dorothea, die Tochter des Kürschners Johann Heinrich Albrecht (Elis.). Stirbt am 18. (begr. d. 21.) Mai 1789, alt 36 Jahre 2 Monate (Elis.). Seine Witwe Katharina Dorothea heiratet am 7. September 1791 den Kupferschmied Johann Augustin Körber (Elis.). Seine Tochter Henriette Dorothea heiratet im Mai 1801 den Kupferschmied Friedrich Wilhelm Körber (Elis.).

Mann, Ernst (Mahn), Goldschmied und Silberstecher, stirbt am 7. (begr. d. 9.) Juni 1745, alt 55 Jahre.

Markfeldt, Robert, Goldarbeiter, geb. 1831 in Danzig, tritt am 12. April 1859 in die Breslauer Innung ein. Ist von 1886—1893 Obermeister. Erklärt am 31. Januar 1893 seinen Austritt aus der Innung. Ist von 1881—1898 Stadtverordneter.

Martin, Wilhelm, Silberarbeiter, wird am 20. Januar 1873 in die Innung aufgenommen. Ist in der Mitgliederliste von 1881 zum letzten Male genannt.

Mathis, Goltsmit, wird Bürger vor 1364. Bekennt 1368, dass die Mauer zwischen ihm und dem Goltsmed Hensil von Glacz beiden gemeinsam gehört (Schöppenb. II. 401b). Verreicht 1372 seiner Frau Elze den Hof, darinnen er wohnt, für den Fall seines Todes (Schöppenb. III. 151b). Siehe Hensil Brinneger.

Matthei, Christian August (Matthaei), Silberarbeiter, verfertigt bei Joseph Gottlieb Lederhose als Meisterstück einen silbernen Aufsatz in Drahtarbeit, wird Meister am 28. November und Bürger am 13. Dezember 1811. Lebt später in dürftigen Verhältnissen und erhält 1830 den Posten des Mittelsboten. Stirbt 1833.

Mayer, siehe Meyer.

Mecheln, Peter von, siehe Peter vom Baumgart.

Meesch, Hans [Johannes] (Mesch, Mersch, Meisch, Misch, Mösch, Messig), Goldschmied, heiratet als Geselle am 15. Mai 1564 Barbara, die Tochter des † Simon Schwartz (MM). Erwirbt das Bürgerrecht am 9. März 1565, wird um dieselbe Zeit Meister. Wohnt auf der Groschengasse. Tritt um 1579 aus dem Mittel der Goldschmiede aus und begibt sich zu dem Kretschmer-Orber. Am 3. Oktober 1582 bewilligen die Ratmannen im Einverständnis mit den zünftigen Meistern die Wiederaufnahme des Meesch in die Innung, und zwar „in ansehung seiner vnerzogenenn kinderlein" (Lib. definit. III. 128b). Meesch stirbt am 12. November 1583. Seine Frau Barbara † 24. X. 1585. Seine Tochter Barbara heiratet am 24. November 1603 den Handelsmann George Stopkuche (MM).

Megsam, Johann Jacob (Magsam?), Goldschmiedgeselle von Worms, stirbt in Breslau am 26. (30.) Januar 1694, alt 33 Jahre (Elis.).

Mehnert, Carl Gottfried, Goldarbeiter, geb. in Leipzig, erwirbt das Breslauer Bürgerrecht am 5. Oktober 1821, alt 35 Jahre. Meldet sich am 20. März 1823 als Stückmeister, arbeitet einen goldenen Kamm mit Amethysten, wird am 19. März 1824 in die Innung aufgenommen. Lebt später in dürftigen Verhältnissen, bewirbt sich 1859 um das Amt des Mittelsboten, das er am 15. Juli 1861 erhält. Stirbt 1864.

Meier, siehe Meyer.

Meisenhammer, siehe Mesenhammer.

Meissner, Johann Christoph, Goldschmied, Sohn des Goldschmiedältesten Christoph Meissner in Liegnitz, erwirbt das Breslauer Bürgerrecht am 28. Juni 1710, wird um dieselbe Zeit Meister. Heiratet am 15. Juli 1710 Magdalena Rosina, die Tochter des Goldschmieds Gottfried Körner (Elis.). Stirbt am 11. (begr. d. 14.) Juni 1741, alt 59 Jahre 4 Monate 5 Tage (MM). Seine Witwe Magdalena Rosina † 23. (begr. d. 25.) III. 1743 (Elis.). Meissner zeichnet ICM in einem verkehrt herzförmigen Schilde, vgl. Taf. IV Nr. 130.

a. Kelch, Silber mit Vergoldung, auf dem profilierten, wenig sechspassig gebogten Fusse wenig durch Vergoldung hervorgehobenes Laub- und Bandelwerkornament. Nodus birnförmig. Die Kuppa mit silbernem Akanthusrankenwerk in durchbrochener Arbeit. Auf dem Fusse die Inschrift: „Frater Ludovicus Bardt Anno 1714". H. 18,5 cm. Johanneskopf Typus VII, Stempelmeisterb. B negativ, Meisterz. u. Kriegssteuerst. JW. — Kloster der Barmherzigen Brüder, Breslau.

b. Rauchfässchen, Silber, kugelig, untere Hälfte mit feiner Rippung, obere mit Laub- und Bandelwerkdekor in getriebener Arbeit. Johanneskopf Typus VII, Stempelmeisterb. B negativ, Meisterz. u. Kriegssteuerst. JW. — Kloster der Barmherzigen Brüder, Breslau.

Meissner, Valten, Goldschmied, verreicht am Sonnabend nach Katharine (26. November) 1496 dem Goldschmiede Lucas Flässel sein Haus am Ringe zunächst dem Erbe des Caspar Wehpusch (Tradb. I. 22b).

Meister, Elias, Goldschmiedgeselle, Sohn des kurf. sächs. Zolleinnehmers Ambrosius Meister in Alten-Merbitz, heiratet in Breslau am 19. Juni 1645 Magdalena, die Tochter des Schönfärbers Gerhard Meyer zu Han im Liegnitzschen (MM).

Menge, Christoph, Goldschmiedgeselle, Sohn des Goldschmieds Nicolaus Menge in Tangermünde a. d. E., heiratet in Breslau am 4. August 1578 Anna, die Witwe Barthel Thiles (MM).

Menneller, Hans, Goldschmied, wird erwähnt am 23. August 1585 beim Tode seiner Witwe Justina.

Mentzel, Carl Gottlieb [Gottlob] (Menzel), Goldarbeiter, geb. in Breslau, lernt bei Johann Gottlieb Heissig vom 21. September 1757 bis 11. März 1762. Meldet sich am 26. September 1767 als Stückmeister, arbeitet bei George Emanuel Scholtz einen mit Rauten besetzten Plack, wird Meister am 12. (17.) November und Bürger am 8. Dezember 1767. Ist in der Meisterliste von 1775 das letzte Mal erwähnt.

Mentzel, Christian (Menzel), d. ä., Goldschmied, Sohn des Handelsmannes Martin Mentzel in Hirschberg, wird in Breslau Anfang 1668 Bürger und Meister. Heiratet am 9. April 1668 Susanna, die Tochter des Goldschmiedältesten Hans Jachman d. ä. (Elis.). Wohnt am Ringe unter den Riemern. Seine Tochter Anna Magdalena heiratet am 9. Mai 1689 den Goldschmied Elias Grische (Elis.). Mentzel stirbt als Zunftältester am 22. (28.) Januar 1699, alt 62 Jahre weniger 4 Wochen (Elis.). Seine Tochter Maria Elisabeth heiratet am 3. Januar 1702 den Partkrämerältesten Philipp Kohlsdorff (Elis.). Seine Witwe † 22. (begr. d. 25.) I. 1709 (Elis.). Mentzel zeichnet CM in ovalem Felde, vgl. Taf. III Nr. 96.

a. Monstranz, Silber mit Vergoldung, Steinen und Email, abgebildet auf Tafel VI. Ein Hauptwerk des Meisters. Als Motiv liegt die Wurzel Jesse zu Grunde. Auf dem Fusse drei auf die Erfüllung des alten Testamentes sich beziehende Darstellungen: Johannes der Täufer weist auf das Lamm Gottes hin, der schlafende Adam schaut Christus, zwei Engel mit der Bundeslade vor der hl. Maria mit dem Kinde. Aus dem Fusse erhebt sich die Halbfigur Jesses, dessen Haupte ein mächtiger Weinstock, auf Vorder- und Rückseite gleich sorgfältig gearbeitet, mit den Halbfiguren der Stammväter Christi und der auf Wolken thronenden Gottesmutter in der Mitte entwächst. Nach der Umschrift um das Heinrichauer Stiftswappen im Jahre 1671 von Abt Melchior bestellt. H. 104,5 cm. Beschauz. W Typus VI u. Meisterz. — Kath. Pfarrkirche, Heinrichau.

b. Kelch, Silber vergoldet, zeichnet sich vor den übrigen Werken des Meisters durch reichen farbigen Reliefschmelz aus, mit dem der durchbrochene Belag des sechspassigen, profilierten Fusses und der Kuppa sowie der birnförmige Nodus bedeckt sind. Auf dem Fusse Halbfiguren von Heiligen, auf der Kuppa Engel mit Leidensattributen. Laut Umschrift um das Heinrichauer Stiftswappen auf der Kelchunterseite gestiftet von Abt Melchior im Jahre 1671. H. 25 cm. Beschauz. W Typus VI u. Meisterz. — Kath. Pfarrkirche, Heinrichau.

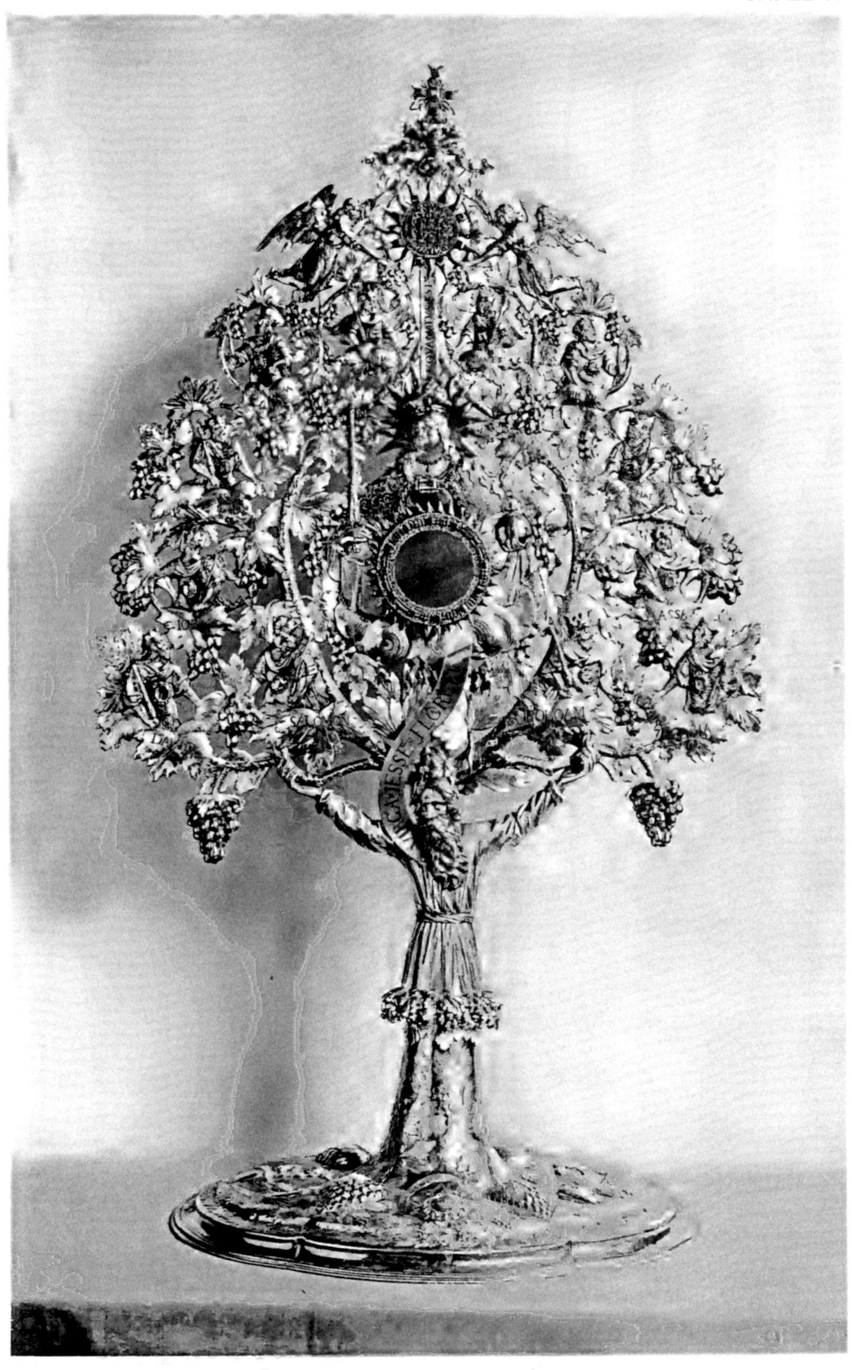

Christian Mentzel d. ä.: Monstranz von 1671 in der kath. Pfarrkirche in Heinrichau

c. Kelch, Silber vergoldet, auf dem sechspassigen, profilierten Fusse in Auflage silbernes Rankenwerk und sechs Medaillons mit dem Gekreuzigten zwischen Maria und Johannes, der Auferstehung und den vier Evangelisten. Nodus birnförmig. Auf dem Kuppabelag drei silberne Engel mit Leidensattributen zwischen Blumen- und Rankenwerk in durchbrochener Arbeit. Auf der Unterseite des Fusses ein Wappen (noch nicht bestimmt; Schild mit breitem Balken, belegt mit Kahn auf Wasser, als Helmzier der Kahn wiederholt) und die Inschrift: „A. R. G. V. Z. W. ANNO 1672". H. 24,2 cm. Beschauz. W Typus VI, Meisterz. u. Kriegssteuerst. 𝔉𝔚. — Maria Magdalenenkirche, Breslau.

d. Kelch, Silber vergoldet, auf dem sechspassigen, profilierten Fusse silberne Medaillons mit Szenen des alten Testamentes, am Fussrande fein gravierte Beischriften, die die Bibelstellen angeben, auf die sich die bildlichen Darstellungen der Medaillons beziehen. Aus dem mit Fruchtbündeln dekorierten, birnförmigen Nodus wachsen drei silberne Kindergestalten heraus, die in emaillierten Körbchen je einen Smaragd tragen. Auf dem Kuppabelag zwischen feinem silbernem Blattwerk drei vergoldete Medaillons mit Szenen aus dem neuen Testamente, darunter Bänder mit erläuterndem Texte. Alle Teile des Kelches sind mit vereinzelten Emailrosetten sowie grünen und roten Steinen besetzt. Datiert 1675. H. 23,6 cm. Beschauz. W Typus VI, Meisterz. u. Kriegssteuerst. Adlertypus. — Diözesanmuseum, Breslau (Stammt aus der kath. Pfarrkirche in Heinrichau).

e. Kelch, Silber vergoldet, auf dem sechspassigen, profilierten Fusse silberne Medaillons mit heiligen Königen, durch Beischriften bestimmt als: David, Ludovicus, Heinrich, Eduard, Wenceslaus und Stephanus. Auf der Kuppa die hl. drei Könige. An jeder Figur ein Stein zwischen durchbrochenem Laubwerk. Nodus birnförmig. Nach der Wappenumschrift auf der Kelchunterseite gestiftet von Abt Melchior von Heinrichau im Jahre 1677. H. 23,5 cm. Beschauz. W Typus VI u. Meisterz. — Kath. Pfarrkirche St. Laurentii, Schönwalde Kr. Frankenstein.

f. Sargschilde der Breslauer Seilermeister, Silber mit wenig Vergoldung, oval, mit Emblemen der Seiler-Innung, Teilen des Breslauer Stadtwappens, dem böhmischen Löwen, schlesischen Fürstenadler, Engeln und barockem Blattrankenwerk in durchbrochener Arbeit auf dunklem Sammetgrunde. Datiert 1678. Dm. 48,2 $\times$ 38 cm. Johanneskopf Typus I u. Meisterz. — Seiler-Innung, Breslau.

g. Altarleuchter, Silber, sechs Stück. Datiert 1681 und 1688. Beschauz. W Typus VI u. Meisterz. — Sandkirche, Breslau.

h. Kelch, Silber vergoldet, auf dem sechspassigen, profilierten Fusse aufgelegte herzförmige Silbermedaillons mit der hl. Familie auf Erden und Blumen, auf dem silbernen Kuppabelage die hl. Familie im Himmel und Blumen. Auf der Kelchunterseite das Wappen des Stiftes Leubus nebst den Initialen I. A. L. (Johann Abbas Lubensis) und Jahreszahl 1682. H. 20,7 cm. Beschauz. W Typus VI u. Meisterz. — Kath. Pfarrkirche St. Mariae Himmelfahrt, Himmelwitz Kr. Gross-Strehlitz.

i. Grosser Königsorden, Silber vergoldet, in Form eines heraldischen Adlers mit 172 Ösen zum Anhängen der Königskleinodien. Auf dem Kopfe eine kleine, mit Almandinen und Perlen besetzte Krone. Auf der Brust ein von einem älteren (bei G. Hauer, Breslische Schutzen Kleinoth [Breslau 1613], auf Tafel I abgebildeten) Vogel aus dem Jahre 1491 stammendes, goldenes, rot emailliertes Schildchen mit dem Brustbilde Johannes des Evangelisten (abgeb. Fig. 40). Auf der Rückseite des hohlen Vogelleibes ein Täfelchen mit Inschrift und Datum 31. May 1685. H. 38 cm. Br. 35,5 cm. Beschauz. W Typus VI, Meisterz. u. Kriegssteuerst. 𝔉𝔚. — Kleinodien der Zwingerschützen in Breslau. Schlesisches Museum für Kunstgewerbe und Altertümer, Breslau (Vgl. Schlesiens Vorzeit, Bd. VII S. 154 f.).

k. Königskranz, Silber vergoldet, ein bandförmiger Reif besetzt mit sieben blattförmigen Zacken, die durch Filigrandraht zusammengehalten werden. Auf der Innenseite des Reifs die Inschrift: „Der Brüderschafft im Schweidnitzschen Zwinger 1685". Beschauz. W Typus VI u. Meisterz. — Kleinodien der Zwingerschützen in Breslau. Schlesisches Museum für Kunstgewerbe und Altertümer, Breslau (Vgl. Schlesiens Vorzeit, Bd. VII S. 180 f.).

l. Sargschilde der Breslauer Strumpfwirker, Silber mit wenig Vergoldung, oval, mit Innungsemblemen, Engeln und Blattwerk in durchbrochener Arbeit auf dunklem Sammetgrunde. Dm. 52,7 $\times$ 43 cm. Beschauz. W Typus VI u. Meisterz. — Färber-, Wäscher- und Strumpfwirker-Innung, Breslau.

m. Kronleuchter, Silber, aus getriebenem Blattwerk. Datiert 1688. Johanneskopf Typus II u. Meisterz. — Elisabethkirche, Breslau.

n. Sonnenmonstranz, Silber mit Vergoldung. Laut Inschrift im Jahre 1691 von Franciscus Dominicus Schöl gestiftet. Johanneskopf Typus II u. Meisterz. — Kath. Pfarrkirche St. Annae, Frankenstein.

o. Kelch, Silber vergoldet, auf dem sechspassigen Fusse ringsum ein Kranz von kleinen Muscheln, darüber sechs Wappenschilde mit dem Augustinerchorherrn-Monogramm, zwei Wappen (Löwe auf Schrägbalken und zwei Rosen, auf dem anderen eine Traube) nebst zugehörigen Buchstaben PP WKS CP und SWG EVR nebst Jahreszahl 1693, darüber abwärts gerichtete Blattbündel mit Ähren und Trauben. Der auf der Oberseite mit silbernem Weinlaub belegte, birnförmige Nodus wird durch eine Weintraube gebildet. Kuppabelag silbern mit getriebenem Weinlaub. H. 24,5 cm. Johanneskopf Typus II, Meisterz. u. Kriegssteuerst. Adlertypus. — Kath. Pfarrkirche St. Nicolai, Kunersdorf Kr. Öls.

p. Standkruzifix, Silber. Datiert 1694. H. 150 cm. — Elisabethkirche, Breslau.

q. Schüssel mit Messkännchen, Silber vergoldet, Schüssel gerieft, in der Mitte, die Standfläche der Kännchen umgebend, Weinlaub, Trauben und Ähren in reicher Treibarbeit. Dazwischen ein Abtswappen mit den Buchstaben ICA. Datiert 1695. Dm. der Schüssel 35,5 × 29,8 cm. Johanneskopf Typus II, Meisterz. u. Kriegssteuerst. Adlertypus. — Sandkirche, Breslau.

r. Schüssel mit Messkännchen, Nr. q fast gleich, doch ohne Wappen. Datiert 1697. Johanneskopf Typus II, Meisterz. u. Kriegssteuerst. Adlertypus. — Sandkirche, Breslau.

s. Monstranz, Silber mit Vergoldung, auf dem ovalen, vierpassig gebogten, profilierten Fusse Weintrauben, Blattranken und ein Wappen nebst den Buchstaben C. C. V. W. P. A. T. in getriebener Arbeit. Auf der blattförmigen Scheibe silberner Belag mit den Aposteln Petrus und Paulus zwischen Blumen und Rankenwerk in durchbrochener Arbeit. Auf der Blattspitze der Crucifixus. Datiert 1697. H. 61 cm. Johanneskopf Typus II, Meisterz. u. Kriegssteuerst. Adlertypus. — Kath. Pfarrkirche St. Bartholomaei, Trebnitz.

t. Ciborium, Silber vergoldet, mit Deckel in Form einer Krone. Johanneskopf Typus II u. Meisterz. — Dorotheenkirche, Breslau.

u. Kelch, Silber vergoldet, auf dem sechspassigen Fusse sechs herzförmige silberne Medaillons mit Heiligen. Auf dem silbernen Kuppabelag ein Medaillon mit dem hl. Bartholomaeus zwischen Rankenwerk in durchbrochener Arbeit. Johanneskopf Typus II, Meisterz. u. Kriegssteuerst. Adlertypus. — Kath. Pfarrkirche St. Bartholomaei, Trebnitz.

v. Kelch, Silber vergoldet, mit Früchten und Engelsköpfen in silberner Auflage. Beschauz. W Typus VI u. Meisterz. — Kath. Pfarrkirche, Oppeln.

w. Weihrauchfass, Silber, mit Blumen- und Blattwerk in getriebener uud durchbrochener Arbeit. Beschauz. W Typus VI, Meisterz. u. Kriegssteuerst. FW. — Kath. Pfarrkirche St. Bartholomaei, Trebnitz.

x. Kelch, Silber mit Vergoldung, auf dem sechspassigen Fusse sechs silberne Medaillons mit fünf Passionsszenen und dem Wappen des Johannes Caspar Hauser. Auf dem silbernen Kuppabelag Leidensattribute und Rankenwerk. Beschauz. W Typus VI u. Meisterz. — Domschatz, Breslau.

y. Schüssel mit Messkännchen, Silber vergoldet, auf der gerieften Schüssel in der Mitte das Wappen des Johannes Caspar Hauser (wie bei Nr. x) in hoch getriebenen Früchtebuketts. Dm. 37,3 × 29,3 cm. Beschauz. W Typus VI, Meisterz. u. Kriegssteuerst. FW. — Domschatz, Breslau.

z. Reliquienstandkreuz, Silber vergoldet, auf dem ovalen, vierpassig gebogten Fusse silberne Medaillons mit den HH. Elisabeth, Hedwig, Augustinus, Matthias. In der mit roten Steinen besetzten Vorderseite des Kreuzes Reliquien von Heiligen unter Glas, auf der Rückseite in Relief das Schweisstuch Christi, umgeben von silbernen ovalen Medaillons mit den Evangelisten. H. 37 cm. Beschauz. W Typus VI, Meisterz. u. Kriegssteuerst. FW. — Matthiaskirche, ehemalige Jesuitenkirche, Breslau.

aa. Sonnenmonstranz, Silber vergoldet, auf dem ovalen vierpassigen Fusse in Rankenwerk vier silberne Medaillons mit dem hl. Joseph, der hl. Barbara, einem das Monogramm Christi haltenden Engel und einer Heiligen des Franziskanerordens. Auf der Sonnenscheibe vorderseitig fünf silberne Medaillons mit Darstellungen aus dem Leiden Christi, dazwischen Blattwerk, rückseitig fünf silberne Akanthusrosetten. H. 43,2 cm. Johanneskopf Typus II, Meisterz. u. Kriegssteuerst. FW. — Dorotheenkirche, Breslau.

bb. Kanontafeln, Silber mit Vergoldung, zwei Stück, Hochrechteck, in der Mitte Schrift, am Rande Barockblumen und auf der einen die Anbetung des Kindes und Johannes auf Patmos, auf der anderen die Taufe Christi und die Fusswaschung, nach Psalm XXV und dem Anfang des Johannes-Evangeliums in der Vulgata. H. 32,7 cm. Br. 25,8 cm. Johanneskopf Typus II, Meisterz. u. Kriegssteuerst. FW. — Domschatz, Breslau.

cc. Standkruzifix, Silber, sehr gross. Beschauz. u. Meisterz. — Sandkirche (in der Sakristei), Breslau.

dd. Standkruzifix, Silber, auf Holzsockel. H. ohne Sockel 77 cm. Beschauz. W Typus VI u. Meisterz. — Elisabethkirche, Breslau.

ee. Beschlag einer Tabernakeltür, Silber, hochrechteckig, oben gerundet, mit Engeln und barockem Blumenwerk in getriebener und durchbrochener Arbeit. In der Mitte auf damasziertem Grunde ein Kelch mit Hostie im Strahlenkranze mit der vergoldeten Inschrift „ECCE PANIS ANGELORVM." H. 95,5 cm. Br. 55 cm. Johanneskopf Typus II u. Meisterz. — Kath. Pfarrkirche, Heinrichau.

ff. Beschlag einer Tabernakeltür (wie Nr. ee), Silber, mit Darstellung des hl. Abendmahls in getriebener Arbeit. Johanneskopf Typus II u. Meisterz. — Kath. Pfarrkirche, Heinrichau.

gg. Leuchter, Silber mit Vergoldung, ein Paar, als Träger der Leuchterplatte ein römischer Krieger, auf dem Leuchterfusse grosse Barockblumen in getriebener Arbeit. H. 29,8 cm. Beschauz. W Typus VI, Meisterz. u. Kriegssteuerst. FW. — Domschatz, Breslau.

hh. Sanduhr mit vier Stundengläsern in reichem Silbergehäuse. Beschauz. W Typus VI u. Meisterz. — Elisabethkirche, Breslau.

ii. Henkelkanne, Silber mit Vergoldung, in Krugform, mit zwei Jagdszenen umrahmt von barockem Blattwerk in getriebener Arbeit. Deckelknopf fehlt. H. 18,5 cm. Beschauz. W Typus VI u. Meisterz. — Schlesisches Museum für Kunstgewerbe und Altertümer, Breslau.

kk. Deckelbecher, Silber mit wenig heller Vergoldung, konisch, auf dem Mantel in feinster Gravierung Medaillons mit TERRA und AQVA zwischen barocken Blumen und Blattranken. Auf dem Deckel ein Zapfen. H. 22,5 cm. Beschauz. W Typus VI u. Meisterz. — Frau Dr. Reichenheim, Berlin.

ll. Krug von Walrosszahn, in Silber montiert, mit figürlichem Henkel. Johanneskopf u. Meisterz. — Eremitage, St. Petersburg (nach Schlesiens Vorzeit, Neue Folge, Bd. III S. 161).

Mentzel, Christian (Menzel), d. j., Goldschmied, geb. in Breslau, Sohn des Goldschmieds Christian Mentzel d. ä., erwirbt das Bürgerrecht am 4. August 1700, wird in demselben Jahre Meister. Heiratet am 26. Oktober 1700 Rosina, die Tochter des † Bäckerältesten Balthasar Grass (Elis.). Stirbt am 16. (21.) Februar 1715 (Elis.). Seine Witwe Rosina † 21. (begr. d. 23.) IX. 1719 (Elis.). Mentzel d. j. zeichnet wie sein Vater C M in ovalem Felde, vgl. Taf. IV Nr. 122.

a. Beschlag, Silber, zu einem Messbuche (Missale Cisterciense) von 1702, mit Heiligen, in den Ecken Engelsköpfe. Johanneskopf Typus II u. Meisterz. — Kath. Pfarrkirche St. Bartholomaei, Trebnitz.

b. Königspatzen, Silber vergoldet, in Form eines Schildes mit aufgelegten Stegen, daran Ösen zum Befestigen der Schützenanhänger. In der Mitte der sogenannte Königsmann, der 1571 von Jorge Schlefuss gearbeitet wurde. Datiert 1708. H. 48 cm. Br. 34 cm. Johanneskopf Typus III/IV, Meisterz. u. Kriegssteuerst. FW. — Keinodien der Schiesswerderschützen in Breslau. Schlesisches Museum für Kunstgewerbe und Altertümer, Breslau (Vgl. Schlesiens Vorzeit, Bd. V S. 234 f.).

c. Aspergil, Silber, auf der unteren Hälfte der Sprengkugel Blattwerk in getriebener Arbeit. L. 35 cm. Johanneskopf Typus III u. Meisterz. — Kath. Pfarrkirche St. Jacobi, Zobten am Berge.

d. Kelch, Silber vergoldet, auf dem sechspassigen, profilierten Fusse aufgestiftete derbe Silberblumen. Der birnförmige Nodus oben und unten mit silberner Rippung, Kuppabelag radial gerieft. Auf der Unterseite des Fusses die Inschrift: „A. R. D. Georgius Adalbertus Januschke Can: Reg: Lat: ad D. V. in Arena Prior et Custos F. F. Ao 1709." H. 20,5 cm. Johanneskopf Typus III/IV, Meisterz. u. Kriegssteuerst. Adlertypus. — Sandkirche, Breslau.

Mentzel, Christian Friedrich (Menzel), Gold- und Silberarbeiter, Sohn des Goldschmieds Christian Mentzel d. j., heiratet am 23. April 1742 Anna Rosina, die Witwe des Schweidnitzer Goldarbeiters Gottfried Krause (Elis.). Arbeitet von 1742—1749 als zünftiger Meister in Schweidnitz. Siedelt im Juli 1749 nach Breslau über und wird hier ohne nochmalige Verfertigung eines Meisterstückes am 24. September 1749 in die Innung aufgenommen, nachdem er schon am 24. Juli das Breslauer Bürgerrecht erworben hat. Stirbt am 7. September 1787. Mentzel zeichnet C F M in ovalem Felde, vgl. Taf. V Nr. 160.

a. Taufschüssel, Silber, oval, gerippt, im Spiegel graviert das Wappen des E. W. S. v. Tschirschky nebst Datum 1. Februar 1769. Dm. 34,8 × 26,8 cm. Johanneskopf Typus XIII, Stempelmeisterb. G Typus II u. Meisterz. — Evang. Pfarrkirche in Gross-Graben, Kr. Öls.

b. Kelch, Silber, Kuppa vergoldet, auf dem runden Fusse, dem birnförmigen Nodus und dem silbernen Kuppabelag Rokokodekor in getriebener Arbeit. H. 21,8 cm. Johanneskopf Typus XIII, Stempelmeisterb. G Typus II, Meisterz. u. Kriegssteuerst. Adlertypus. — Kath. Pfarrkirche St. Mariae Magdalenae, Gross-Carlowitz Kr. Grottkau.

Mentzel, Christian Gottfried (Menzel), Goldschmied, geb. in Breslau, Sohn des Goldschmieds Christian Mentzel d. j. arbeitet bei Christian Schlencker als Meisterstück einen Kelch nebst Ring und Siegel, wird Meister am 6. Oktober und Bürger am 7. Oktober 1733. Heiratet am 20. Oktober 1733 Anna Rosina, die Tochter des † Paul Hahn (Elis.). Seine Frau Anna Rosina † 1. (begr. d. 3.) VIII. 1739 (Elis.). Mentzel heiratet am 9. November 1740 Susanna Eleonora, die Tochter des Zinngiesserältesten Johann Christoph Korbsch in Schweidnitz (Elis.). Ist in der Meisterliste von 1757 das letzte Mal erwähnt. Mentzel zeichnet C G M in einem Dreipasse, vgl. Taf. V Nr. 150.

a. Deckelbecher, Silber, mit profiliertem Standringe; auf der konischen Becherwandung zwischen Ornament im Laub- und Bandelwerkstil zwei Reihen von je sechs Braunschweig-Lüneburgischen Talern, auf dem Deckel unter dem vierkantig profilierten Knopfe ein Braunschweig-Lüneburgischer Taler, am Rande drei Mariengroschen von Braunschweig-Lüneburg und einer von Stollberg, im Boden eine silberne Medaille auf die 200jährige Wiederkehr des Tages der Augsburgischen Konfession von 1730. H. incl. Deckel 22,3 cm. Jokanneskopf Typus X, Stempelmeisterb. C u. Meisterz. — Schlesisches Museum für Kunstgewerbe und Altertümer, Breslau.

Merling, Christian Friedrich, Goldschmiedgeselle, geb. in Breslau, Sohn des Nachtwächters Ernst Friedrich Merling, heiratet am 26. April 1763 Christiana Renata, die Tochter des Chirurgen Friedrich Traugott Stolze in Reichthal bei Namslau (MM).

Mersch, Hans, siehe Meesch.

Merten, George, Goldschmied, erwirbt das Bürgerrecht am Freitag nach Cineres (20. Februar) 1523, wird um dieselbe Zeit Meister. Stirbt oder scheidet aus der Innung vor 1533.

Mertz, Carl Friedrich, siehe März.

Merzeburg, Claus de, aurifaber, wird Breslauer Bürger am Montag nach Invocavit (7. März) 1373; Bürge ist Johannes [Hensil] de Glacz.

Mesch, Hans, siehe Meesch.

Mesenberg, Friedrich, Gold- und Silberdrahtzieher, erhält 1724 die Erlaubnis, seine Profession in Breslau zu betreiben, für den Fall, dass der Gold- und Silberfabrikant Friedrich Kriegelstein es gestattet (Bresl. Kgl. Staatsarchiv, A 14 b, Stadt Bresl. fol. 39 b).

Mesenhammer, Hans (Meisenhammer, Meysenhammer, Mösenhammer), d. ä., Goldschmied, erwirbt das Bürgerrecht am 7. Februar 1533, wird um dieselbe Zeit Meister. Besitzt am Ringe ein Haus; erwirbt am 27. Juni 1543 auch das Erbrecht für das Nachbargrundstück (Tradb. VII. 8 b, 16 b). Seine Tochter Martha heiratet am 18. Mai 1557 den Schneider Melchior Göbel (MM). Seine Tochter Sara heiratet 1561 den Goldschmied Balthasar Scholtz (Elis.). Mesenhammer stirbt um 1570.

Mesenhammer, Hans (Meisenhammer, Meysenhammer, Mösenhammer), d. j., Goldschmied, heiratet am 28. April 1562 Margareta, die Tochter des Rotschmieds Hans Fuchs (MM). Wird Meister Ende 1562. Erwirbt das Bürgerrecht am 26. Februar 1563. Stirbt 1563. Seine Witwe Margareta heiratet am 25. April 1564 den Goldschmied Hans Voyt (MM).

Mesenhammer, Lazarus (Meisenhammer, Mösenhammer), Goldschmied, heiratet als Geselle am 21. Oktober 1578 Ursula die Tochter des Goldschmieds Wolffgang Vitze (MM). Wird Anfang 1579 Bürger und Meister. Wohnt am Ringe. Stirbt am 24. September 1614, alt 74 Jahre (Elis.). Seine Witwe Ursula † 28. V. 1621 (Elis.).

Messig, Hans, siehe Meesch.

Mevius, Johann Ernst (Mövius), Goldarbeiter, geb. in Breslau, Sohn des Zwirnhändlers Johann Ernst Mevius, lernt bei Johann Carl Gottlob Böttiger vom Dezember 1808—1813. Erwirbt das Bürgerrecht am 9. Oktober 1818, alt 26 Jahre. Wird nicht Innungsmitglied.

Meyer, Andreas, Goldschmied von Regensburg; seine nachgelassene Tochter heiratet 1699 bei St. Adalbert einen Feldscher (Schles. Vorz. VII. 488).

Meyer, August (Mayer), Silberarbeiter und Medailleur; am 14. (begr. d. 16.) Oktober 1777 stirbt sein Sohn Friedrich August, 3 Jahre alt (MM).

Meyer, Carl Benjamin (Maier, Mayer, Meier), Goldarbeiter, geb. in Breslau, Sohn des Garnison-Chirurgus Albert Ludwig Meyer, lernt bei Johann Gottlieb Candisch vom 18. September 1783 bis 2. August 1784, dann bei Johann Gottlob Tholuck bis 2. September 1789. Arbeitet bei Samuel Christoph Thun als Meisterstück ein Paar karmoisierte Ohrringe mit Rosetten, wird Meister am 20. Juni 1799. Die Wanderschaft wird ihm durch Dispensation der Kgl. Kammer erlassen. Erwirbt das Bürgerrecht am 6. Mai 1800. Heiratet 39 Jahre alt am 27. Oktober 1807 Frau Barbara Elisabeth, geb. Fehlingen, aus Neisse (MM). Lässt sich und seine Frau im Februar und März 1815 von Gottfried August Thilo portraitieren. Stirbt 1832.

Meyer, Franz Joseph, Goldschmied aus Schwäbisch-Gemünd, meldet sich in Breslau am 3. März 1774 als Stückmeister und verspricht, auf künftiges Quartal die Zeichnung zu seinem Meisterstücke vorzulegen; wird seitdem nicht mehr erwähnt.

Meyer, Jacob (Meier, Mayer), Silberarbeiter, geb. in Berlin, arbeitet in Breslau bei Ferdinand Christian Beyl als Meisterstück zwei Tirenen, wird Meister am 25. Januar und Bürger am 4. Februar 1793. Stirbt am 10. August 1801, alt 45 Jahre 3 Monate. Seine Witwe Beata, geb. Beyer, heiratet am 3. April 1807 den Referendarius Christian Gottlieb Eckerkunst (Elis.).

Meyer, Tobias (Meier, Mayer), Silberarbeiter, geb. 1764 in Wien, meldet sich in Breslau am 4. Juni 1790 als Stückmeister, arbeitet bei Christian Hoensch eine silberne Kaffeekanne nebst Sahngiesser, wird Meister am 13. September 1790 und Bürger am 24. Februar 1791. Heiratet bei St. Vincenz am 11. März 1791. Ist 1802 König der Schiesswerderschützen (Roland, Schiesswerderbuch, S. 27), stiftet als Kleinod einen vergoldeten Doppeltaler des Kaisers Franz, rückseitig mit Widmung; die Innung veranstaltet eine ehrenvolle Vesper. Stirbt 1824. Meyer zeichnet in der Regel MEYER positiv eingeschlagen, selten *TM*, vgl. Taf. V Nr. 175.

a. Suppenkelle, Silber. Johanneskopf, Stempelmeisterb. J u. Meisterz. *TM*. — Gräfin Posadowsky-Wehner, Gross-Pluschnitz OS.

b. Deckelterrine auf Fuss, Silber, oval, mit eckigen, überragenden Henkeln, am oberen Rande der Terrine ein Fries von Spiralranken. Deckelknopf eine Artischocke. H. 40,7 cm. Johanneskopf Typus XV, Stempelmeisterb. L, Meisterz. MEYER u. Kriegssteuerst. *FW*. — Graf v. Reichenbach-Goschütz auf Goschütz.

c. Kronleuchter, Silber, gearbeitet 1805 mit Benutzung des Silbers des im Jahre 1670 von Bischof Sebastian v. Rostock gestifteten Kronleuchters. Johanneskopf, Stempelmeisterb. N u. Meisterz. MEYER. — Dom, Breslau.

d. Rahmen zu drei Kanontafeln, Silber, aus vierkantigen Leisten mit Stäbchen von Ölbaumblättern und Eckquadern mit Blattrosetten. Gr. 54 × 34,2 cm. und 28 × 25 cm. Johanneskopf Typus XVI, Stempelmeisterb. N u. Meisterz. MEYER. — Matthiaskirche, ehemalige Jesuitenkirche, Breslau.

e. Votivtäfelchen, Silber, rechteckig, mit Darstellung der Verehrung des Bildes der Verspottung Christi, das in der Kapelle des Geheimen Leidens in der St. Adalbertkirche hängt, in getriebener Arbeit. Gr. 26,5 × 21 cm. Johanneskopf Typus XVI, Stempelmeisterb. N, Meisterz. MEYER u. Kriegssteuerst. *FW*. — Adalbertkirche, ehemaliges Dominikanerkloster, Breslau.

f. Votivtäfelchen, Silber, mit zwei Händen in getriebener Arbeit. Gr. 8,5 × 7,4 cm. Johanneskopf Typus XVII, Stempelmeisterb. O u. Meisterz. MEYER. — Adalbertkirche, ehemaliges Dominikanerkloster, Breslau.

g. Kelch, Silber neu vergoldet, Fuss rund, an der Kuppa Weintrauben und Ährenbündel. Datiert 19. Mai 1822. Johanneskopf Typus XVIII, Stempelmeisterb. P u. Meisterz. MEYER. — Kath. Pfarrkirche St. Jacobi, Neisse.

h. Deckelpokal, Silber. Johanneskopf, Stempelmeisterb. Q u. Meisterz. MEYER, daneben noch LF (= Leberecht Fournier). — Kath. Pfarrkirche St. Jacobi, Neisse.

Meyland, Pancratius, Goldschmiedgeselle, Sohn des Kürschners Pancratius Meyland in Leutschau in Ungarn, heiratet in Breslau am 7. Oktober 1674 Rosina, die Witwe des Gastwirtes Paul Heinrich (MM).

Meysenhammer, siehe Mesenhammer.

Michaelis, Gottlieb Wilhelm Ferdinand, Gold- und Silberarbeiter, geb. in Schweidnitz, Sohn des Strumpffabrikanten Gottlieb Michaelis, erwirbt das Breslauer Bürgerrecht am 6. Juli 1841, alt 26 Jahre. Wird nicht Innungsmitglied.

Michelmann, Christian Michael, Goldschmied am Hinterdom, wird 1742 erwähnt (Schles. Vorz. VII. 488).

Miel, Elias (Mahl), Goldschmied auf dem Sande, stammt aus Schweden, wird 1662 in der Spezifikation der Pfuscher in und vor Breslau erwähnt (Bresl. Kgl. Staatsarchiv, Stadt Breslau, II. 10 d 3). Wohl identisch mit Elias Mahl, der 1687 auf dem Dom vorkommt (Schles. Vorz. VII. 487).

Miller, siehe Müller.

Milling, Johann Carl Christoph, Goldarbeiter, geb. in Breslau, Sohn des Tischlers Johann Paul Milling, heiratet 25 Jahre alt am 30. Januar 1809 Johanna Eleonora, die Tochter des Tischlers Samuel Gottlieb Otto (Elis.). Erwirbt das Bürgerrecht am 26. März 1813. Wird nicht Innungsmitglied.

Minuth, Ferdinand Ludwig Wilhelm, Goldarbeiter, Sohn eines Buchdruckers, lernt bei Ernst August Büttner von Michaelis 1847 bis Ostern 1853. Tritt am 12. April 1859 in die Innung ein, scheidet durch Beschluss der Innung am 13. Januar 1869 wieder aus.

Misch, Hans, siehe Meesch.

Mislack, Carl Friedrich Wilhelm, Goldarbeiter, geb. in Breslau, Sohn des Schneiders Friedrich Mislack, lernt bei Carl Philipp Clauss von Qu. Johannis 1804 bis Ostern 1810. Erwirbt das Bürgerrecht am 14. Dezember 1821, alt 30 Jahre. Wird nicht Innungsmitglied.

Misna, Henricus de, aurifaber, wird Bürger am Tage Augustini ep. (28. August) 1424.

Mittman, Hans [Johann] (Mittmann), Goldschmied, Sohn des Bäckers Christoph Mittman, wird 1672 Bürger und Meister. Heiratet am 8. November 1672 Katharina, die Tochter des Bäckerältesten Martin Buchs (MM). Wohnt auf der äussersten Schweidnitzschen Gasse, später auf der Ohlauischen Gasse. Am 11. Dezember 1676 finden mit Johann Mittman und Konsorten Verhandlungen statt wegen des Hauses an der Ecke der Malergasse (Schles. Vorz. VII. 488). Mittman stirbt in Frankfurt am Main am 23. Mai 1687, alt 42 Jahre (abgekündigt in Breslau bei Elis.). Seine Witwe Katharina heiratet am 5. August 1687 den Schneider Jacob Gerhard (MM). Mittman zeichnet HM in ovalem Felde, vgl. Taf. III Nr. 98.

a. Sonnenmonstranz, Silber vergoldet, auf dem achtpassig gebogten Fusse Barockblumen und Früchtebuketts in getriebener Arbeit und ein aufgesetztes Oval mit dem Wappen des Abtes Arnold Brückner (1711—1717). Unter diesem versteckt das gravierte Wappen des Abtes Andreas III. Gebel (1673—1686). Nodus des Ständers birnförmig. Die ovale Sonnenscheibe ist fast ganz verdeckt durch einen reichen, dekorativ gearbeiteten Silberbelag mit Barockblumen und Steinen in Rosetten. Das ovale Tabernakel umgibt ein Kranz von farbigen Glassteinen. Datiert 1675. H. 70 cm. Beschauz. W Typus VI, Meisterz. u. Kriegssteuerst. JM. — Vincenzkirche, Breslau.

Mittmann, Carl Ferdinand, Goldarbeiter, geb. in Breslau, Sohn des Goldarbeiters Christian Gottlieb Mittmann, lernt bei Johann Carl Wagner, dann bei Johann Gottlob Tholuck von 1813—1817. Erwirbt das Bürgerrecht am 31. August 1821, alt 26 Jahre. Wird nicht Innungsmitglied.

Mittmann, Christian Gottlieb [Gottlob], Goldarbeiter, geb. in Breslau, lernt bei Adam Gottfried Petzold vom Juni 1766 bis 1771. Meldet sich mit Dispensation der Kgl. Kammer am 23. Juni 1783 als Stückmeister, arbeitet bei Johann Christian Schlencker einen goldenen Plack mit Granaten, wird Meister am 26. November 1783. Erwirbt das Bürgerrecht am 14. April 1785. Ist Innungsältester seit März 1810. Stirbt 1821.

Mittmann, Christian Wilhelm, Goldarbeiter, erwirbt das Bürgerrecht am 6. September 1815. Wird nicht Innungsmitglied.

Mittmann, Johann [Hans], siehe Mittman.

Mittmann, Johann Christian Gottlieb, Goldarbeiter, geb. in Breslau, Sohn des Goldarbeiters Christian Gottlieb Mittmann, lernt bei seinem Vater vom Qu. Crucis 1793—1798. Arbeitet bei Daniel August Titze als Meisterstück ein Halsband mit Rauten, wird Meister am 1. Oktober 1805 und Bürger am 11. Juli 1806. Stirbt 1837.

Mittmann, Johann Samuel Christian, Goldarbeiter, geb. in Breslau, Sohn des Goldarbeiters Christian Gottlieb Mittmann, lernt bei seinem Vater vom Qu. Crucis 1801 bis Ostern 1806. Erwirbt das Bürgerrecht am 24. Februar 1813. Wird nicht Innungsmitglied. Heiratet 29 Jahre alt am 6. Juli 1813 Dorothea, die Tochter des Amtmannes Gottlieb Heinrich Kretschmer in Leuchten bei Öls (MM).

Mode, Jacob, Goldarbeiter, wird erwähnt am 28. Januar 1731 beim Tode seiner 6 Tage alten Tochter Maria Marjana.

Mönczer, Nickel, siehe Niclas Monczer.

Mösch, Hans, siehe Meesch.

Mösenhammer, siehe Mesenhammer.

Mövius, Johann Ernst, siehe Mevius.

Mohner, Daniel (Monner, Muner, Munner, Munder), Goldschmied, Sohn des Zollbereiters Balthasar Mohner [Munner], wird 1591 Bürger und Meister. Heiratet am 15. Januar 1591 Barbara, die Tochter des † Krämers Valten Kolmitz; aufgeboten am 6. Januar (MM). Wohnt auf der Mäntlergasse. Seine Frau Barbara † 16. IX. 1601 (Elis.). Mohner heiratet am 21. April 1603 Katharina, die Tochter des † Zuckermachers Balzer Lange (MM). Sein Sohn Daniel, ein Goldschmiedlehrjunge bei Hans Goppel in Lüben, † 23. VII. 1616 (Elis.). Er selbst stirbt am 7. Oktober 1616, alt 63 Jahre (Elis.). Seine Witwe Katharina heiratet am 13. November 1617 den Zuckermacher George Richter (MM). Mohner zeichnet D M ligiert in einem rechteckigen Felde (nach Rosenberg Nr. 459).

a. Kanne, Silber mit Vergoldung, am Körper Rippung, Wappen und Besitzerinitialen. H. 18 cm. Beschauz. W u. Meisterz. — † Baron Carl v. Rothschild, Frankfurt a. M.

Moller, Gregor, kein Goldschmied, sondern ein Tuchmacher in der Neustadt-Breslau, wurde durch ein Versehen des Stadtschreibers im Catalogus civium von 1470 unter die Goldschmiede geschrieben.

Molner, Albertus, aurifaber, wird Bürger am Sonnabend vor Purificatio Marie (31. Januar) 1400.

Monczer, Niclas (Munczer), d. ä., aurifaber, wird um 1485 (?) Bürger. Sein Name steht im Catalogus civium von 1470 an letzter Stelle und muss um 1485 eingetragen worden sein. Erscheint 1494 in dem Görlitzer Liber act. von 1490—98, fol. 133b (Schles. Vorz. VII. 482). Ist in den Signaturbüchern in der Geschworenenliste von 1494 als Zunftsenior genannt.

Monczer, Niclas (Munczer, Mönczer), d. j., Goldschmied, wird Bürger am Freitag nach Cineres (7. März) 1511. Reicht am Mittwoch nach Pfingsten (3. Juni) 1517 in Vollmacht seiner Frau Walpurgis, geb. Elner, zusammen mit seinem Schwager Thomas Elner dem Hospital zu 11000 Jungfrauen 4 Mk. jährl. Zins (Tradb. III. 22b). Frau Walpurgis ist 1519 an dem Verkauf des Malzhauses auf der Groschengasse beteiligt; sie erhält mit ihren Kindern 1 Mk. jährl. Zins auf das genannte Haus (Tradb. III. 88b). Nickel Mönczer verreicht am 3. Januar 1532 das Haus bei St. Katharinae bei Hans Seidels Durchfahrt (Tradb. V. 118). Stirbt um 1540.

Montibus, Jacobus de, siehe Jacobus de Montibus Kuttenis.

Moybanus, Jonas (Maibanus), Goldschmied in Hirschberg, gibt sein Handwerk auf und siedelt nach Breslau über, wo er am St. Elisabethkirchhofe wohnt. Stirbt am 29. Januar 1654, alt 79 Jahre. Seine Witwe Martha † 27. (28.) IX. 1654 (Elis.).

Muche, Christian Gottlieb [Gottlob], Silberarbeiter, verfertigt bei Stephan Christian Luttroth als Meisterstück ein silbernes Becken nebst Kanne, wird Meister am 31. Oktober und Bürger am 15. November 1746. Stirbt am 27. (begr. d. 29.) August 1772, alt 55 Jahre 8 Monate (Elis.). Seine Tochter Maria Elisabeth heiratet am 6. September 1781 den Handelsmann Johann Friedrich Goltz (MM). Seine Witwe Johanna Elisabeth, geb. Döring, † 20. (begr. d. 24.) I. 1800 (Elis.). Muche zeichnet C·G M in einem Dreipasse, vgl. Taf. V Nr. 158.

a. Chanukkaleuchter, Silber, mit Darstellung der Judith und Rokokodekor in getriebener Arbeit. H. 26,5 cm. L. 27,3 cm. Johanneskopf Typus XIII, Stempelmeisterb. G Typus II, Meisterz. u. drei österr. Freistempel. Geheimrat Pinkus, Neustadt OS.

b. Tortenheber, Silber. Johanneskopf Typus XIII, Stempelmeisterb. G Typus II u. Meisterz. Antiquitätenhändler Meckauer, Breslau.

Muche, Christian Wilhelm (Mache), Goldarbeiter, geb. in Breslau, Sohn des Silberarbeiters Christian Gottlieb Muche, lernt bei Johann Samuel Grische vom 22. September 1762 bis 19. Juni 1767. Meldet sich am 10. Juni 1774 als Stückmeister, arbeitet bei Johann Christian Schlencker einen mit Rauten besetzten Patzel, wird Meister am 18. November und Bürger am 28. November 1774. Heiratet am 3. Mai 1775 Johanna Rosina, die Tochter des † Goldarbeiterältesten Benjamin Kochmann (Elis.). Stirbt am 30. Mai 1808, alt 60 Jahre.

Muche, Johann Gottlob [Gottlieb], Silberarbeiter, geb. in Breslau, Sohn des Silberarbeiters Christian Gottlieb Muche, lernt bei seinem Vater vom 22. September 1762 bis 19. Juni 1767. Meldet sich am 22. Juni 1775 als Stückmeister, arbeitet bei Christian Beyl ein silbernes Becken nebst Kanne, wird Bürger am 6. Oktober und Meister am 31. Oktober 1775. Heiratet am 22. November 1775 Eleonora Philippina, die Tochter des Schneiders Johann Victor Liebau (Elis.). Stirbt 1782.

Mühlau, Tobias, Goldschmied, stirbt in Breslau am 6. (begr. d. 8.) März 1739, alt 42 Jahre.

Mühlsteffan, Zacharias, gewesener Hofgoldschmied in Brieg; seine Witwe Barbara stirbt in Breslau am 17. (begr. d. 20.) November 1621 (Elis. u. MM).

Müllen, Just Melchior zu, Goldschmiedgeselle von Köln a. Rh., stirbt in Breslau am 1. Januar 1668, alt 23 Jahre (Elis.).

Müller, Arnold (Miller), Silberarbeiter, Sohn des Wundarztes Gustav Müller in Bergen in Norwegen, heiratet in Breslau als Geselle am 30. November 1743 (Elis.). Arbeitet bei Stephan Christian Luttroth als Meisterstück ein silbernes Becken nebst Kanne, wird Meister am 3. Juni und Bürger am 29. August 1744. Seine Frau Maria Josepha † 11. (begr. d. 13.) II. 1752 (MM). Müller heiratet am 9. Januar 1753 Johanna Elisabeth, geb. Stephan, die Witwe des Kürschners Daniel Hirsch (Elis.). Lebt später in dürftigen Verhältnissen und wird 1768 in das Bernhardin-Hospital aufgenommen. Seine Tochter Johanna Eleonora heiratet am 26. November 1788 den Goldschlägerältesten Carl Samuel Nittel (Elis.). Seine Witwe Johanna Elisabeth † 24. (begr. d. 26.) I. 1797 (Elis.). Müller zeichnet AM in ovalem Felde, vgl. Taf. V Nr. 155.

a. Sonnenmonstranz, Silber mit Vergoldung, auf dem ovalen Sockel reiche Treibarbeit, auf der Sonnenscheibe reicher Silberbelag. Johanneskopf, Stempelmeisterb. F. u. Meisterz. — Kath. Pfarrkirche, Oppeln.

b. Weinkanne, Silber, mit Deckel und kräftigem Henkel. Fussring profiliert. Mantel zylindrisch mit dreikantigem Ausgusse, sonst ohne Dekor. Am Henkel die Jahreszahl 1749. H. 25,5 cm. Johanneskopf Typus XII, Stempelmeisterb. F u. Meisterz. — Evang. Pfarrkirche in Rawitsch, Prov. Posen.

Müller, Caspar, Goldschmied und Weinhändler, geb. in Breslau, Sohn des Zuckermachers George Müller, wird Ende 1615 Bürger und Meister. Heiratet am 8. Februar 1616 Judith, geb. Winter, die Witwe des Goldschmieds und Weinhändlers Michael Nitsch [Sohn des Paul Nitsch] (Elis.). Wohnt auf der Schuhbrücke. Seine Frau † 12. V. 1616 (Elis.). Müller heiratet am 10. Januar 1617 Regina, die Tochter des † Krämers Hans Staniger (Elis.). Stirbt bald darauf am 4. (7.) Februar 1617, alt 30 Jahre (Elis. u. MM).

Müller, Christian, Goldschmied vor dem Ohlauer Tore; seine Witwe Rosina, geb. Hennig, stirbt im April 1790, alt 66 Jahre (Elis.).

Müller, Christoph, Goldschmied, geb. in Breslau, Sohn des Tuchmachers Christoph Müller in der Neustadt, wird 1689 Bürger und Meister. Heiratet am 15. November 1689 Rosina, die Tochter des Kirchknechts bei St. Maria Magdalena, Johann Grimm (MM). Wohnt auf der Schmiedebrücke. Stirbt am 2. Dezember 1735, alt 80 Jahre 6 Wochen. Seine Witwe Rosina † 22. (begr. d. 24.) XII. 1736 (MM). Müller zeichnet CM ligiert in rundem Felde, vgl. Taf. IV Nr. 114.

a. Trinkgerät in Form eines springenden Pferdes, Silber vergoldet, auf ovalem, durch Vegetation und Tiere belebtem Sockel. H. 20 cm. Dm. des Sockels 17 11,2 cm. Johanneskopf u. Meisterz. — Ludwig Cahn-Speyer, Wien.

b. Sargschilde der Breslauer Drechsler-Innung, Silber, oval, in der Mitte Zunftembleme nebst Jahreszahl 1693 in vergoldeter Auflage, am Rande Engelsfiguren und Früchtewerk in getriebener Arbeit. Dm. 46 × 39 cm. Johanneskopf Typus II u. Meisterz. — Drechsler-Innung, Breslau.

c. Mittelstücke zu den von Hans Felber im Jahre 1670 gearbeiteten Sargschilden der Breslauer Tuchmacher, mit Löwen und Emblemen der Tuchmacher in vergoldeter Auflage. Datiert 1719. Beschauz. W Typus VI, Stempelmeisterb. B negativ u. Meisterz. — Tuchmacher-Innung, Breslau.

d. Becher, Silber mit Vergoldung, konisch, mit Ranken in Treibarbeit. H. 24 cm. Johanneskopf, Stempelmeisterb. B negativ u. Meisterz. — 1885 bei Jacobsohn, St. Petersburg (nach Rosenberg Nr. 473[a]).

e. Becher, Silber, konisch, mit Gravierung und Inschriften. H. 12,5 cm. Johanneskopf u. Meisterz. — Ausstellung Budapest 1884 (nach Rosenberg Nr. 473[b]).

Müller, Christoph Gideon, Galanteriewarenarbeiter, geb. in Breslau, Sohn des Silberarbeiters Johann Christoph Müller, heiratet am 22. November 1763 Maria Eleonora, geb. Gatter, verw. Albrecht (Elis.).

Müller, Ernestus (Miller), Goldschmied, geb. in Breslau, Sohn des Korporals George Müller, arbeitet bei Gottfried Ihme als Meisterstück einen Kelch nebst Ring und Siegel, wird Bürger am 10. April und Meister am 13. April 1728. Heiratet am 11. Mai 1728 Eleonora Magdalena, die Tochter des † Goldschmiedältesten Johann Peter Ziegler (MM). Zieht 1734 nach Jauer.

Müller, Hans [Johannes] (Möller, Miller), Goldschmied, wird Anfang 1588 in Breslau Bürger und Meister. Ist am 11. VIII. 1592 und 25. VII. 1595 Taufzeuge am Dom. Seine Frau Martha Salome † 22./29. X. 1599. Müller heiratet am 31. Oktober 1600 Sabina, die Tochter des † Pfarrers Joachim Helman zu Hohenfriedeberg (MM). Stirbt als Zunftältester am 20. Oktober 1606, als 50 Jahre (Elis. u. MM). Seine Witwe Sabina heiratet am 12. Mai 1608 den Goldschmied Andreas Assig (MM). Seine Tochter Anna Maria heiratet am 11. August 1614 den Goldschmiedgesellen Joachim Mumhardt (MM). Müller zeichnet HM ligiert in rundem Felde, vgl. Taf. III Nr. 67.

a. Kokosnusspokal mit vergoldeter Silberfassung (beschädigt). Beschauz. W Typus II, Meisterz. u. Kriegssteuerst. Adlertypus. — Evang. Pfarrkirche, Rosen bei Kreuzburg OS.

Müller, Heinrich, Goldschmiedgeselle, geb. in Breslau, Sohn des Goldschmieds Hans Müller, stirbt an der Pest am 11. Oktober 1633.

Müller, Johann Christoph (Miller), Silberarbeiter, geb. in Breslau, Sohn des Goldschmieds Christoph Müller, meldet sich Ende 1720 als Stückmeister, arbeitet bei Hans Jachman d. j. ein Geschirr nebst Ring und Siegel, wird Meister am 17. März und Bürger am 20. Mai 1721. Heiratet am 26. August 1721 Henrietta Sophia, die Tochter des Goldarbeiters Gottfried Gideon Eberlein d. ä. (Elis.). Stirbt am 18. (begr. d. 20.) Februar 1758, alt 67 Jahre 1 Monat (MM Christ.). Seine Witwe Henrietta Sophia † 18. (begr. d. 20.) VIII. 1765 (MM). Müller zeichnet ICM in ovalem Felde, vgl. Taf. IV Nr. 138.

a. Deckelkanne, Silber, mit Henkel, auf dem zylindrischen Mantel in Gravierung zwischen Laub- und Bandelwerk Brustbilder der zwölf Apostel, auf dem Deckel die vier Evangelisten und zwei gekreuzte Bügel, darauf eine Frucht. H. 22,8 cm. Johanneskopf Typus X, Stempelmeisterb. C u. Meisterz. — Schlesisches Museum für Kunstgewerbe und Altertümer, Breslau.

b. Deckelbecher, Silber, auf profiliertem und geripptem Standringe. An dem oberen und dem unteren Teile des konischen Mantels Ornamente im späten Laub- und Bandelwerkstil auf punziertem Grunde. Deckel und Deckelknopf gerippt und profiliert. H. 19 cm. Johanneskopf ähnlich Typus XI, Stempelmeisterb. C, Meisterz. u. Kriegssteuerst. *FW* (wie Fig. 9[b]). — Baumeister Frohne, Kopenhagen.

c. Rokokobecher, Silber, innen vergoldet, sieben Stück, einer mit Deckel, gerippt. Johanneskopf, Stempelmeisterb. C u. Meisterz. — Hofantiquar Max Altmann, Breslau.

d. Kelch, Silber vergoldet, auf dem Fusse und dem Kuppabelag Engel mit Leidensattributen in Bandelwerk. Johanneskopf, Stempelmeisterb. C, Meisterz. u. Kriegssteuerst. *FW*. — Adalbertkirche, ehemaliges Dominikanerkloster, Breslau.

e. Schüssel mit Messkännchen, Silber, profiliert. Johanneskopf, Stempelmeisterb. C, Meisterz. u. Kriegssteuerst. *FW*. — Adalbertkirche, ehemaliges Dominikanerkloster, Breslau.

f. Sonnenmonstranz, Silber vergoldet, mit farbigen Steinen, abgebildet Fig. 26. H. 60 cm. Johanneskopf Typus X, Stempelmeisterb. C, Meisterz. u. Kriegssteuerst. Adlertypus. Das Kupferberger Brüderschaftsbuch berichtet von ihr: Sie ist zu Breßlau gemacht vom H. Johann Christoph Müller, goldtschmiden daselbst, sie wigt 10 marck 6 loth oder 166 loth., sie kostet am vermachten silber von dem tl. Hrn. JohannAnton Kintzel, Pfarn in Rudelstadt 80 Thl. 10 sgr. $4^1/_2$ hl., an vermachten 4 ducaten 13 Thl. 20 sgr. Dan an zusatz von silber, goldt, steineln, macherlohn, vergolden, mahlen, futeral, bestellen undt abholen etc. 98 thl. 20 sgr. also in allem zusammen 193 thl. 2 sgr. $4^1/_2$ hl. die schriften so darauf sindt, lauten also: Auf der Vorderseite: saCerriMo CorDI IesV In aVgVsta hostIa offert sVas argentI sVbstantIas I. A. N. K. P. R. K. S. K. (dem heiligsten Herzen Jesu im hochheiligen Sacramente verborgen opfert sein Silbergeld Johannes Anton Nicolaus Kintzel, Pfarrer von Rudelstadt, Kunzendorf, Seitendorf und Ketschdorf 1731). Auf der Rückseite: has Vero

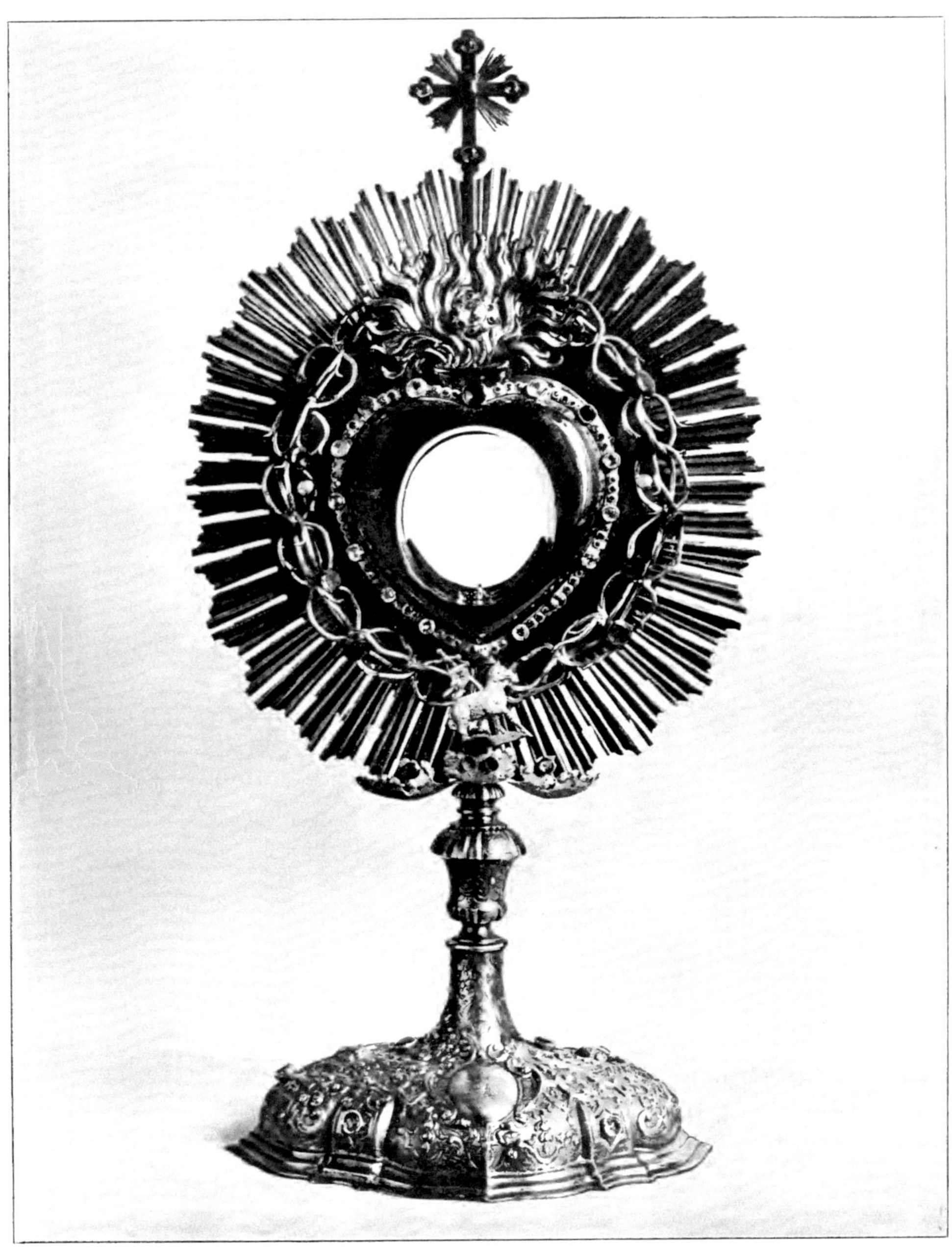

Fig. 26. Johann Christoph Müller: Sonnenmonstranz in der kath. Pfarrkirche in Kupferberg

aVget et aptarI feCIt pro ostensorIo soDaLItatIs kVpferbergensIs ioannes MartInVs stVLpe P. K. I. S. K. R. (dieses Geld vermehrte und liess daraus eine Monstranz der Kupferberger Brüderschaft machen Johann Martin Stulpe, Pfarrer von Kupferberg, Jannowitz, Seiffersdorf, Kauffung und Röhrsdorf, 1732). Um das Mittelstück rückseitig: eX VIrtVte tVa popVLo paneM De Caelo praestItIstI • propterea aDoraMVs te ChrIste JesV eX asse In haC aVgVsta hostIa (Brod vom Himmel hast Du deinem Volke aus Deiner Kraftfülle gegeben, deshalb verehren wir Dich, Christe Jesu in dieser heiligen Hostie mit allen unseren Kräften 1734). — Kath. Pfarrkirche St. Johannis bapt., früher zum hl. Kreuz, Kupferberg Kr. Schönau.

g. Sonnenmonstranz, Silber mit Vergoldung, auf ovalem, vierpassig gebogtem Sockel mit Dekor in getriebener Arbeit. Auf der Sonnenscheibe silberner Belag. Johanneskopf Typus XI, Stempelmeisterb. D u. Meisterz. — Kath. Pfarrkirche St. Petri et Pauli, Namslau.

Müller, Mathes, Goldschmied in Breslau, wird erwähnt in den Nürnberger Ratsverlässen am 23. November 1601 (160', VIII. 46a. — Hampe, Nürnberger Ratsverlässe, Bd. II S. 316 Nr. 1793).

Müller, Michael, Goldschmiedgeselle von Augsburg, stirbt in Breslau am 5. (begr. d. 7.) Mai 1695, alt 25 (26) Jahre (Elis.).

Müller, Tobias Wilhelm, Goldschmiedgeselle, gibt 1729 sein Handwerk auf und tritt in das Partkrämer-Mittel ein, wovon die Ratmannen am 1. November 1729 Kenntnis nehmen (Lib. definit. XII. 296[a]).

Münch, Carl Christian, Goldarbeitergeselle, geb. in Breslau, Sohn des Goldschmiedgesellen Johann Christian Münch, heiratet am 27. November 1759 Barbara Rosina, geb Materne, die Witwe des Goldschmiedgesellen Johann George Guttmann (MM). Seine Frau † 13. (begr. d. 17.) II. 1772 (MM).

Münch, Johann [Christian], Goldschmiedgeselle, stirbt im Juni 1746, alt 45 Jahre.

Münnich, Hugo (Münich), Goldarbeiter, tritt am 15. Juli 1886 in die Innung ein. Stirbt 1888.

Müntzer, Gottfried, Goldschmiedgeselle von Sagan, Sohn des Amtsverwalters Heinrich Müntzer in Sorau, stirbt in Breslau am 18. (22.) Oktober 1696 (MM), hat bei Christoph Schmidt in Arbeit gestanden.

Mumhardt, Joachim, Goldschmiedgeselle, Sohn des gräfl. Maltzanschen Rentschreibers Johann Mumhardt, heiratet in Breslau am 11. August 1614 Anna Maria, die Tochter des † Goldschmieds Hans Müller (MM). Wohnt in der Neustadt-Breslau.

Mummer, Baltzer, Goldschmied; seine Witwe Magdalena stirbt am 7./14. Dezember 1601.

Munczer, Niclas, siehe Monczer.

Muner [Munner, Munder], Daniel, siehe Mohner.

Namikowsky, Carl Friedrich (Namikofski), Goldarbeiter, geb. in Breslau am 4. Mai 1763, Sohn des Steinsälzers Gottfried Namikowsky, lernt bei Christian Gottlieb Streubel d. j. vom 26. Dezember 1779 bis 15. September 1785. Meldet sich am 17. September 1790 als Stückmeister, arbeitet bei Ferdinand Christian Beyl eine Fliege mit à jour gefassten Brillanten, wird Meister am 10. Dezember 1790. Dafür, dass ihm ein halbes Jahr an der Zeit der Wanderschaft fehlt, muss er 2 Rtlr. erlegen. Erwirbt das Bürgerrecht am 24. Februar 1791. Heiratet am 13. Oktober 1791 Johanna Eleonora, die Tochter des Gastwirtes und Holzhändlers Johann Philipp (Elis.). Seine Frau † 22. (begr. d. 25.) XI. 1813 (MM). Namikowsky ist seit 1821 Innungsältester. Ist 1840 das letzte Mal erwähnt. Sein Portrait, in Aquarell gemalt von Christian Friedrich Knoefvell, im Schlesischen Museum für Kunstgewerbe und Altertümer in Breslau.

Nawarra, George (Navarre), Silberarbeiter, Sohn des Pächters Paul Nawarra zu Deutsch-Steine im Ohlauischen, arbeitet in Breslau bei Stephan Christian Luttroth als Meisterstück ein silbernes Giessbecken nebst Kanne, wird Meister am 31. Juni und Bürger am 4. September 1737. Heiratet am 24. August 1744 Anna Regina (Rosina), die Tochter des Schneiders Siegmund Janusch in Pitschen; Trauzeuge ist der Silberarbeiter Samuel Gottlieb Thun (Elis.). Stirbt am 10. (begr. d. 12.) Mai 1750, alt 45 Jahre 16 Tage (Elis.). Seine Witwe heiratet am 24. Juli 1753 den Silberarbeiter Martin Kiesling (Elis.). Seine Tochter Anna Eleonora heiratet am 19. April 1768 den Kürschner Christian Friedrich Krause (MM). Seine Tochter Johanna Juliana heiratet am 6. November 1771 den Partkrämer Christian Benjamin Fischer (MM). Nawarra zeichnet GN in ovalem Felde, vgl. Taf. V Nr. 153.

a. Kelch, Silber mit Vergoldung, auf dem profilierten Fusse spätes Laub- und Bandelwerkornament in getriebener, an dem Kuppabelage in durchbrochener Arbeit. Unter dem Fusse die Inschrift: „Johann Schlegel Reichenbach Ao 1742". H. 23,5 cm. Johanneskopf Typus XI, Stempelmeisterb. D, Meisterz. u. Kriegssteuerst. Adlertypus. — Evang. Pfarrkirche, Reichenbach i. Schles.

b. Kelch, Silber vergoldet, mit profiliertem Fusse, sonst ohne Dekor. Johanneskopf Typus XI, Stempelmeisterb. D, Meisterz. u. Kriegssteuerst. FW. — Hofkirche, Breslau.

c. Abendmahlskanne, Silber vergoldet, ohne Dekor. Johanneskopf Typus XI, Stempelmeisterb. D, Meisterz. u. Kriegssteuerst. FW. — Hofkirche, Breslau.

d. Kelch, Silber mit Vergoldung. Johanneskopf Typus XI, Stempelmeisterb. D u. Meisterz. — Evang. Pfarrkirche St. Mariae, Striegau.

e. Reliquienmonstranz, Silber mit Vergoldung, auf dem ovalen, profilierten Sockelfusse Engelsköpfchen und Blumengehänge in stark reliefierter Treibarbeit. Um den Reliquienbehälter Bandwerk, Blumengirlanden und Sonnenstrahlen. H. 37 cm. Johanneskopf Typus XI, Stempelmeisterb. D, Meisterz. u. Kriegssteuerst. Adlertypus. Sandkirche, Breslau.

f. Weihrauchfass, Silber, mit Laub- und Bandelwerk in getriebener und durchbrochener Arbeit. H. 22,5 cm. Johanneskopf Typus XI, Stempelmeisterb. D u. Meisterz. — Kath. Pfarrkirche St. Jacobi, Zobten am Berge.

g. Ampel, Silber, mit Muschel- und Gitterwerk in getriebener und durchbrochener Arbeit, darin ein vergoldetes Schildchen mit dem Wappen der Sophia Anna Koryczinsky, Abbatissa Trebnicensis. Die Ketten sitzen an drei vollrunden Köpfen. H. 53,5 cm. Johanneskopf Typus XI, Stempelmeisterb. D, Meisterz. u. Kriegssteuerst. Adlertypus. - Kath. Pfarrkirche St. Bartholomaei, Trebnitz.

h. Sonnenmonstranz, Silber vergoldet, mit Brillanten besetzt, in reichen Rokokoformen. Prächtiges Stück. Johanneskopf Typus XII, Stempelmeisterb. F u. Meisterz. — Kath. Pfarrkirche St. Jacobi, Neisse.

i. Kelch, Silber vergoldet, auf dem runden Fusse, dem Nodus und dem Kuppabelag Rokokokartuschen in getriebener und zum Teil in durchbrochener Arbeit. Johanneskopf Typus XII, Stempelmeisterb. F, Meisterz. u. Kriegssteuerst. Adlertypus. Evang. Pfarrkirche St. Blasii et Sperati, Ohlau.

k. Kelch, Silber mit Vergoldung, auf dem Fusse, dem Nodus und dem Kuppabelag Rokokodekor. Johanneskopf Typus XII, Stempelmeisterb. F u. Meisterz. Kloster der Barmherzigen Brüder, Breslau.

Neisser, siehe Nysser.

Neldner, Gottlieb Benjamin (Nöldner), Silberarbeiter, geb. in Breslau, lernt bei Johann Gottlieb Schmidt vom 30. Mai 1758 bis 12. Dezember 1763. Meldet sich am 14. März 1775 als Stückmeister, arbeitet bei Gottlob Benjamin Werner ein silbernes Becken nebst Kanne, wird Meister am 4. (5.) Mai und Bürger am 19. September 1775. Stirbt am 24. (begr. d. 26.) August 1783, alt 59 Jahre 9 Monate (MM). Neldner zeichnet GBN in einem Dreipasse.

a. Sonnenmonstranz. Johanneskopf, Stempelmeisterb. H, Meisterz. u. Kriegssteuerst. Adlertypus. — Kath. Pfarrkirche St. Bartholomaei, Oberglogau OS.

Nembach, Adolph Gustav Erdmann (Nimbach), Goldarbeiter, geb. in Breslau, Sohn des Holzhändlers Johann Nembach, lernt bei Johann Carl Wagner von Ostern 1816 bis Michaelis 1820. Erwirbt das Bürgerrecht am 27. Januar 1826, alt 24 Jahre. Wird nicht Innungsmitglied.

Neuberth, Joseph, Goldarbeiter und Graveur, geb. in Grumbach, erwirbt das Breslauer Bürgerrecht am 9. November 1840, alt 28 Jahre. Wird nicht Innungsmitglied.

Neuman, Hans [Johannes], Goldschmied, geb. in Glogau, Sohn des dortigen Schusters Balthasar Neuman, wird in Breslau Ende 1615 oder Anfang 1616 Bürger und Meister. Heiratet am 15. August 1616 Anna, die Tochter des Goldschmieds Hans Haupt (MM). Wohnt auf dem Hühnermarkte, dann im Clemenshofe am Ringe. Stirbt am 29. (30.) April (begr. d. 1. Mai) 1633, alt ungefähr 50 Jahre (Elis. u. MM). Seine Witwe Anna † 4. VII. 1633 (Elis.).

Neuman, Hans, Goldschmied unter den Hundehäusern, stirbt 1645 (Schles. Vorz. VII. 485).

Neumeister, Johannes (Newmeister), aurifaber, wird Bürger am Tage Augustini ep. (28. August) 1424. Er und Johannes Beyer sind 1434 Zeugen bei einem Vergleiche zwischen dem Pfarrer von Oltaschin und dem aurifaber Cunzco [siehe Kunzco] (Bresl. Kgl. Staatsarchiv, D 24, fol. 96b).

Neumeyster, Jacob, siehe Jacobus de Montibus Kuttenis.

Neuwaldt, Adam, Goldschmied in Canth; seine Witwe stirbt in Breslau am 21. Dezember 1626.

Neuwaldt, Adam, gewesener Goldschmied in Strehlen, lebt später in Breslau als Mitbruder im Hospital zum Heiligen Geist, stirbt daselbst am 4. November 1676, alt 66 Jahre.

Neysser, siehe Nysser.

Niclas, George, Goldschmied auf der Schmiedebrücke; am 15. Januar 1634 stirbt seine Tochter Elisabeth.

Niclas, Hans, Goldschmied; im Februar 1595 stirbt ihm ein Sohn.

Nicolaus, Daniel, aurifaber, wird Bürger am Montag nach Francisci (5. Oktober) 1422.

Niebling, Johann Caspar (Nibeling, Nübling), Goldarbeiter, Sohn des Feldwebels Daniel Niebling in Breslau, arbeitet bei Stephan Christian Luttroth als Meisterstück einen Uhrhaken nebst Ring, wird Meister am 15. August und Bürger am 17. August 1746. Heiratet am 30. August 1746 Anna Elisabeth, die Witwe des Seidenstrickers Abraham Mahler (Elis.). Stirbt am 18. (begr. d. 21.) August 1765, alt 65 Jahre (Elis.).

Niesing, Arnold (Nising), Goldschmied, Sohn des Seidenstickers Albert Niesing in Hamburg, wird 1675 in Breslau Bürger und Meister. Heiratet am 19. Februar 1675 Rosina, die Tochter des † Weinbrenners Melchior Unger (Elis.). Wohnt in seinem eigenen Hause auf der Odergasse. Stirbt am 9. (begr. d. 11.) September 1693, alt 54 Jahre 6 Monate (Elis.).

Niser, siehe Nysser.

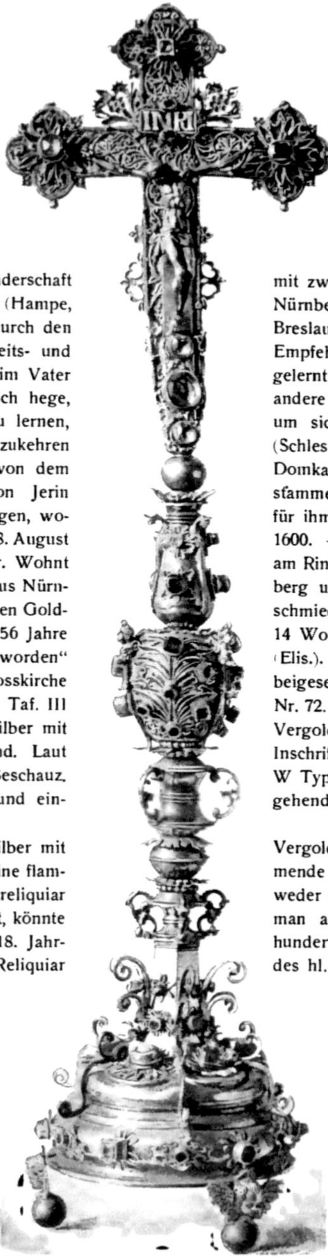

Nitsch, Andreas (Nitsche, Nietsch), Goldschmied, geb. in Breslau, Sohn des Goldschmieds Paul Nitsch, arbeitet 1618 als Geselle bei Mattheus Jachman d. ä., wird 1626 Meister. Da sein Name im Catalogus civium fehlt, kann er keine eigene Werkstatt gehabt haben. Heiratet am 7. Dezember 1626 Martha, die Tochter des † Parchnerältesten Hans Behrer (MM). Wohnt auf der Schmiedebrücke in seinem eigenen Hause. Stirbt an der Pest am 10. (begr. d. 12.) Oktober 1633, alt 47 Jahre (Elis. u. MM).

Nitsch, Fabian (Nitsche, Nietsch, Nietsche, Nitzsch, Nitschke), Goldschmied, geb. in Breslau, Sohn des Goldschmieds Paul Nitsch, lernt bei seinem Vater. Ist auf der Wanderschaft mit zwei anderen Goldschmiedgesellen 1596 an einer Rauferei in Bamberg beteiligt (Hampe, Nürnberger Ratsverlässe, Bd. II S. 252 f. Nr. 1433 u. 1434). Erhält am 16. Juli 1596 durch den Breslauer Bischof Andreas von Jerin für seine weiteren Studienreisen einen Geleits- und Empfehlungsbrief. Der Bischof sagt von ihm, dass er die Goldschmiedekunst beim Vater gelernt und sehr gute Fortschritte gemacht habe, nun aber den heissen Wunsch hege, andere Länder und vor allem Italien, wo die Edelmetallkunst blühe, kennen zu lernen, um sich in fremden Werkstätten zu vervollkommnen und als Meister heimzukehren (Schles. Vorz. N. F. III. 89f). Am 19. Juli 1600 erhält Fabian Nitsch in Breslau von dem Domkapitel den Auftrag, einen aus dem Nachlasse des Bischofs Andreas von Jerin stammenden silbernen Tisch dem päpstlichen Nuntius Spinelli nach Prag zu bringen, wofür ihm am 18. August ein Honorar zuerkannt wird. (Acta capituli v. 19. Juli u. 18. August 1600. — Schles. Vorz. N. F. I. 108 f.). Wird 1602 in Breslau Bürger und Meister. Wohnt am Ringe unter den Riemern. 1618 stehen bei ihm fünf Gesellen, darunter einige aus Nürnberg und Augsburg, in Arbeit. Seine Tochter Anna heiratet am 16. Januar 1623 den Goldschmied Michael Schleiffer in Wohlau (Elis.). Nitsch stirbt am 9. März 1630, alt 56 Jahre 14 Wochen, „ist von der handt Gottes vmb das Haubtt am allermeisten berürtt worden" (Elis.). Seine Witwe Anna † 4. I. 1650 in Öls, ist am 11. I. in der dortigen Schlosskirche beigesetzt worden (Elis.). Fabian Nitsch zeichnet F N in ovalem Felde, vgl. Taf. III Nr. 72.

a. Armreliquiar der hl. Hedwig, Silber mit Vergoldung, reich mit Zierraten besetzt, in der Hand ein Kirchenmodell haltend. Laut Inschrift gestiftet 1607 von dem Domherrn Balthasar Neander. H. 81 cm. Beschauz. W Typus III, Meisterz. u. Kriegssteuerst. FW. — Domschatz, Breslau (Abgebildet und eingehend beschrieben in Schlesiens Vorzeit, Neue Folge, Bd. I S. 113–118).

b. Armreliquiar des hl. Ceslaus, Silber mit Vergoldung, reich mit Zierraten besetzt, ganz ähnlich Nr. a, doch in der Hand eine flammende Kugel haltend, die laut Inschrift 1715 angebracht wurde. Da das Armreliquiar weder ein früheres Datum noch ein Beschauzeichen oder eine Meistermarke trägt, könnte man auf die Vermutung kommen, dass das Reliquiar erst am Anfange des 18. Jahrhunderts nach dem Armreliquiar der hl. Hedwig kopiert worden ist, obwohl das Reliquiar des hl. Ceslaus stilistisch und technisch ganz mit dem der hl. Hedwig übereinstimmt und auf dieselbe Entstehungszeit hinweist. H. 79,5 cm. Kriegssteuerst. FW. — Domschatz, Breslau (Literatur wie bei Nr. a).

c. Siegelkapsel zu dem Majestätsbriefe Kaiser Rudolfs II., Silber vergoldet, rund, auf der Vorderseite in Gravierung ein von Kartuschenwerk umrahmtes Wappenschild mit dem österreichischen Doppeladler, auf der Rückseite ein Schild mit dem böhmischen Löwen. Datiert 1609. Dm. 16 cm. Beschauz. W Typus III u. Meisterz. — Stadtbibliothek, Breslau (Vgl. Schlesiens Vorzeit, Neue Folge, Bd. I S. 109 f.).

d. Deckel zu einem Nürnberger Pokal, Silber vergoldet, bekrönt mit einer kleinen Figur des hl. Andreas. Im Deckel ein Wappen von 1618 (?). Beschauz. W u. Meisterz. Dr. A. Figdor, Wien (nach Rosenberg Nr. 460. Vgl. Schlesiens Vorzeit, Neue Folge, Bd. I S. 109).

e. Standkreuz, Silber vergoldet, mit Email und Steinen, abgebildet Fig. 27.

Fig. 27. Fabian Nitsch: Kleines Kreuz im Breslauer Domschatze

H. 58 cm. Beschauz. W Tyus III, Meisterz. u. Kriegssteuerst. 𝔚. – Domschatz, Breslau. (Eingehend beschrieben in Schlesiens Vorzeit, Neue Folge, Bd. I S. 110—113).

f. Altarkreuz, Silber vergoldet, der reich profilierte und mit Zierraten besetzte Schaft und das Kreuz ganz mit emailllertem Silberfiligran überzogen und mit Steinen besetzt. H. 154 cm. Beschauz. W Typus III u. Meisterz. — Domschatz, Breslau (Eingehend beschrieben in Schlesiens Vorzeit, Neue Folge, Bd. I S. 118—121, abgeb. Taf. X).

Nitsch, George (Nitsche, Nietsch, Nitschke), Goldschmied, geb. in Breslau, Sohn des Schwertfegers Abraham Nitsch, wird Ende 1623 Bürger und Meister. Heiratet am 23. Januar 1624 Maria, die Tochter des Goldschmieds George Sauerman (Elis.). Wohnt auf der Schmiedebrücke. Seine Frau Maria † 4. X. 1633 (Elis.). Nitsch heiratet am 19. Juni 1634 Anna, die Tochter des Schneiders George Heppner (MM). Stirbt an Steckfluss am 21. (begr. d. 23. oder 24.) Februar 1645, alt 53 Jahre (Elis. u. MM). Seine Tochter Anna Maria heiratet am 10. Oktober 1645 den Goldschmied Gottfried Vogel d. m. (MM). Seine Witwe Anna heiratet am 25. Februar 1648 den Goldschmied Balthasar Wittig (MM). Seine Tochter Rosina heiratet am 28. April 1648 den Goldschmied Hans Boy (MM). George Nitsch zeichnet GN ligiert in rundem Felde, vgl. Taf. III Nr. 79.

a. Sargschilde der Breslauer Gelb-, Glocken- und Zinngiesser, Silber, oval, mit Innungsemblemen und Jahreszahl 1643 in vergoldeter Auflage. Dm. 38,8 × 35,8 cm. Beschauz. W Typus IV u. Meisterz. — Vereinigte Gelb-, Glocken- und Zinngiesser-Innung, Breslau.

Nitsch, Hans, Goldschmiedgeselle, geb. in Breslau, Sohn des Goldschmieds Paul Nitsch, stirbt am 5. Dezember 1616.

Nitsch, Jacob (Nitsche), Goldschmiedgeselle, geb. in Breslau, Sohn des Goldschmieds Paul Nitsch, stirbt am 5. (begr. d. 8.) Dezember 1617, alt 28 Jahre (Elis. u. MM).

Nitsch, Kaspar, Goldschmied, wird um 1640 auf der Schmiedebrücke erwähnt (Schles. Vorz. VII. 482).

Nitsch, Paul (Nitsche, Nietsch, Nitschke, Nusch, Nüsche), Goldschmied und Medailleur, geb. in Breslau, Sohn des Schwertfegers Fabian Nitsch (?), erwirbt am 6. Februar 1573 das Bürgerrecht, wird um dieselbe Zeit Meister. Wohnt auf der Schmiedebrücke. Ist seit 1585 mehrfach für den Bischof Andreas von Jerin und den Dom tätig gewesen. Über seinen Briefwechsel von 1585/86 mit dem Bischof siehe Anzeiger für Kunde der deutschen Vorzeit 1881, Sp. 207 und Schlesiens Vorzeit, Bd. VII S. 66 f. (Bresl. Kgl. Staatsarchiv, F Neisse IX). Am 16. Juli 1596 nennt ihn der Bischof einen sehr geschickten Goldschmied, der durch verschiedene Werke, besonders aber durch die Herstellung des Silberaltares in der Kathedrale glänzende Beweise seiner Kunstfertigkeit gegeben und sich in hohem Grade die Anerkennung seiner Zunftgenossen erworben habe (Schles. Vorz. N. F. III. 89). Arbeitet 1600 ein kunstvolles Reliquiarium in Kreuzform für den Obersthofmeister Christoph Poppel von Lobkowitz in Prag (Acta capituli v. 4. Mai 1600). Seine Tochter Maria heiratet am 11. Februar 1602 den Goldschmied Mattheus Jachman d. ä. (MM). Nitsch stirbt am 12. Januar 1609, alt 61 Jahre (Elis. u. MM). Sein Sohn Michael, Goldschmied und Weinhändler, heiratet am 19. April 1610 Judith, geb. Winter, die Witwe des Matthes Tschender, gewesenen Bürgers zu St. Georgen in Ungarn (MM). Seine Tochter Anna heiratet am 18. Januar 1616 den Federschmücker George Lewe (MM). Seine Witwe Brigitta (Prisca) stirbt am 21. (begr. d. 24.) August 1622 (Elis. u. MM). Paul Nitsch zeichnet PN ligiert in rundem Felde, vgl. Taf. III Nr. 59.

a. Hausaltärchen, Silber vergoldet, mit Steinen besetzt, in Form eines Portikus mit zwei Säulen, zwischen denen ein eiförmiger Bergkristall angebracht ist, der von rückwärts geschnitten den Crucifixus, darunter ein Schriftband mit A(ndreas Jerin) E(piscopus) W(ratislaviensis) 1586 und die Wappenschilde des Bistums, des Bischofs und von Schlesien zeigt. H. 22,7 cm. Beschauz. W Typus II, Meisterz. u. Kriegssteuerst. 𝔚. — Domschatz, Breslau.

b. Hausaltärchen, Silber vergoldet, Nr. a ähnlich, nur zierlicher in den Details. Der Bergkristall in der Mitte flach mit dem Crucificus, demselben Schriftbande und den gleichen Wappen wie bei Nr. a. H. 18,9 cm. Ohne Beschauz. u. Meisterz., nur Kriegssteuerst. 𝔚, doch sicher eine Arbeit von Paul Nitsch. — Domschatz, Breslau.

c. Figuren am Hochaltar des Breslauer Domes, Silber mit Vergoldung, gegossen. In der Mitte der Gekreuzigte mit Maria und Johannes; auf den Flügeln an der Evangelienseite Johannes der Täufer und Vincentius Levita, unten in einem Rundmedaillon das Bildnis des Bischofs Andreas von Jerin (der 10000 Taler zu den Unkosten des Altares gab), an der Epistelseite der hl. Andreas und die hl. Hedwig, unten das Wappen des Bischofs Jerin. Gearbeitet 1590, eingeweiht am 4. Mai 1591 (vgl. Gomolcky, Merckwürdigkeiten in der K. u. K. Stadt Breßlau [1733], S. 20). H. der einzelnen Figuren c. 90—100 cm. Beschauz. W Typus II u. Meisterz. — Dom, Breslau.

d. Hausaltar, figurenreiche Kreuzigung mit Maria, Johannes, Magdalena, Engeln, die Leidenswerkzeuge halten, und Engelsköpfen; jede einzelne Figur aus Silber mit Vergoldung flach getrieben und sehr sorgfältig ziseliert,

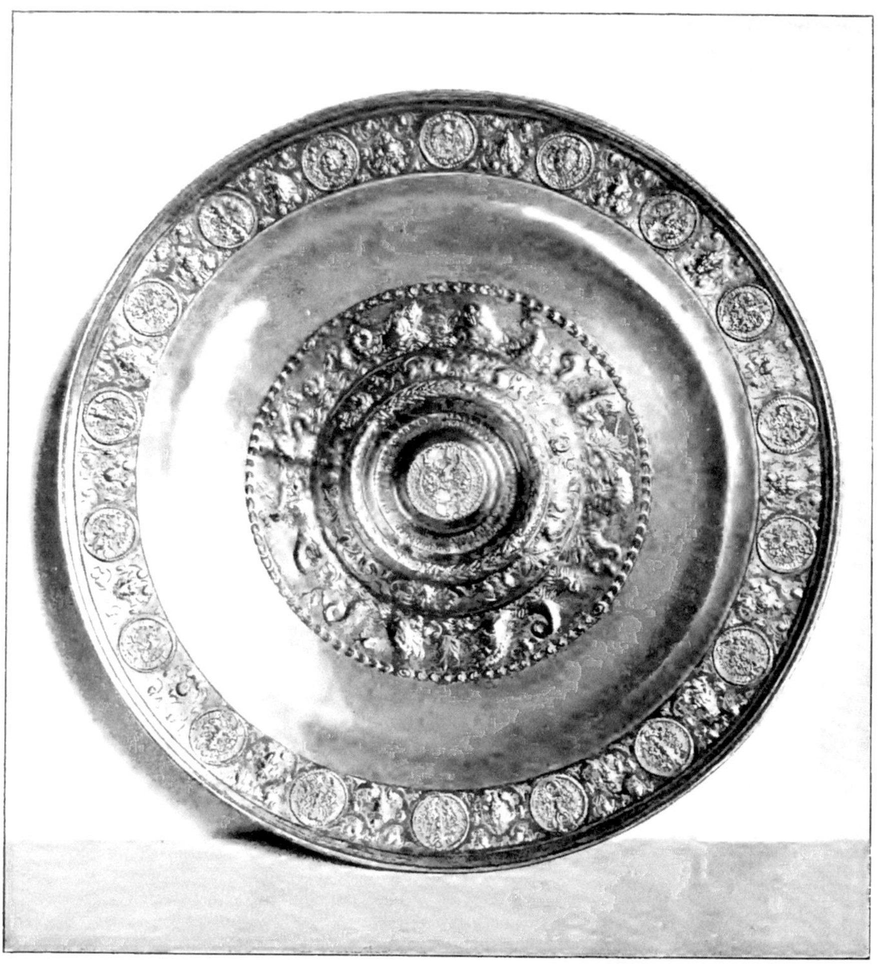

Fig. 28. Paul Nitsch: Lavaboschüssel von 1595 im Breslauer Domschatze

auf Sammet aufgelegt. In einem mit Steinen besetzten Holzrahmen. Als Bekrönung ein Bogen mit einem Pelikan in seinem Neste. H. 100 cm. Br. 75 cm. Beschauz. W Typus II u. Meisterz. - Kath. Pfarrkirche St. Bartholomaei, Trebnitz.

e. Lavaboschüssel nebst Kanne, Silber mit Vergoldung, abgebildet Fig. 28 und 29. In der Mitte der Schüssel das Wappen des Kanonikus Johann Korn, am Rande achtzehn Wappen des Bischofs, der Kathedrale, des Kapitels, der Prälaten und Kanoniker, die mit Johann Korn im Kapitel gesessen haben. Laut Inschrift wurde Kanne und Schüssel aus einem Legate des 1593 verstorbenen Johann Korn 1595 angefertigt. Dm. der Schüssel 51,5 cm. H. der Kanne 38,5 cm. Beschauz. W Typus II, Meisterz. u. Kriegssteuerst. PN. Domschatz, Breslau (Vgl. Schlesiens Vorzeit, Neue Folge, Bd. II S. 128—132. — Über die Wappen der Schüssel vgl. Der Deutsche Herold, Jahrgang 1906 Nr. 1).

f. Kelch, Silber vergoldet, von gotischem Gepräge, der fünfpassige (!) Fuss, der fünfkantige Ständer, der wulstförmige Nodus und teilweise auch der Kuppabelag zeigen als Dekor architektonisches Masswerk, teils vertieft,

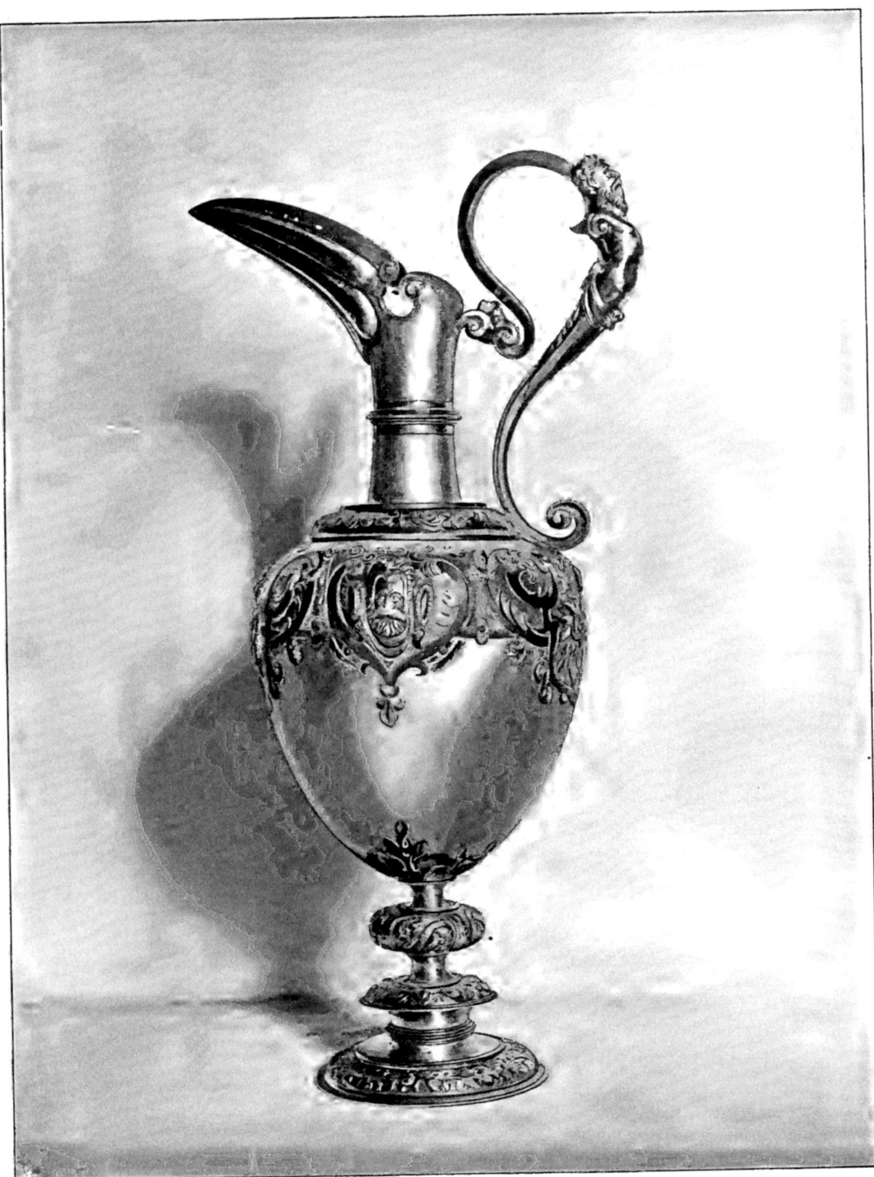

Fig. 29. Paul Nitsch: Lavabokanne von 1595 im Breslauer Domschatze

teils durchbrochen. Am Fusse zwei schräg angelehnte ovale Medaillons mit den Neisser Bistumslilien und dem Wappen des Bischofs Andreas von Jerin. H. 20,8 cm. Beschauz. W Typus II, Meisterz. u. ein österr.

Freistempel. Diözesanmuseum, Breslau. Stammt aus der Schlosskapelle in Johannisberg (Beschrieben und abgebildet in Schlesiens Vorzeit, Neue Folge, Bd. III S. 89—92)

g. Tischglöckchen, Silber, graviert mit dem Wappen des Bischofs Johann VII. von Sitsch und den Bistumslilien. Um 1605. Ohne Beschauz. u. Meisterz. — Domkapitel, Breslau (Vgl. Schlesiens Vorzeit, Neue Folge, Bd. III S. 90).

Von F. Friedensburg, Studien zur schlesischen Medaillenkunde (in Schlesiens Vorzeit, Bd. VII S. 67), werden dem Paul Nitsch noch folgende fünf Medaillen zugeschrieben.

h. i. Medaillen mit dem Bildnisse des Bischofs Andreas von Jerin, zwei Stück zu 4 Dukaten, Gold. Eine davon datiert 1596 (Vgl. Friedensburg u. Seger, Schlesiens Münzen und Medaillen der neueren Zeit [Breslau 1901], S. 43 Nr. 2568 u. 2570, abgeb. Taf. 29, zweite Reihe rechts).

k. l. Medaillen auf den Breslauer Weihbischof Adam Weisskopf, zwei Stück. Datiert 1590 (Vgl. Schlesiens Vorzeit, Bd. VII S. 297 f. — Friedensburg u. Seger, l. c., S. 75 Nr. 4050 u. 4051, abgeb. Taf. 46, zweite Reihe rechts).

m. Medaille auf Johann Queschwitz, von 1586—1596 Abt zu St. Vincenz in Breslau (Vgl. Friedensburg u. Seger, l. c., S. 73 Nr. 3966, abgeb. Taf. 46, erste Reihe rechts).

Nitsch, Paul (Nitsche), Goldschmiedgeselle und Münzschreiber, geb. in Breslau, Sohn des Goldschmieds Fabian Nitsch, heiratet am 2. Juli 1634 Martha, die Witwe des Gregor Hoffman, gewesenen Verordneten im Streichgaden (MM). Kommt 1634 und 1635 in den Akten des Bresl. Kgl. Staatsarchivs vor (Schles. Vorz. VII. 67).

Nitsch, Tobias, Goldschmiedgeselle, Sohn des Breslauer Goldschmieds Paul Nitsch (?) (Schles. Vorz. VII. 482).

Nizarowitz, Andreas Adalbert (Nizorowicz), Goldschmied, lernt in Warschau bei Antonio Mietelsky und steht nach Massgabe der dortigen Mittelsprivilegien die Lehrzeit aus, wird 1736 losgesprochen. Lässt sich am 1. Oktober 1774 von den Ältesten der Warschauer Goldschmiede-Innung, Wenceslaus Karrer und Martinus Paulowicz, eine Kopie seines Lehrbriefes ausstellen, da er in Breslau Meister werden will. Erwirbt das Breslauer Bürgerrecht am 19. September 1775. Ist in den Breslauer Meisterlisten nirgends genannt.

Nodler, Christoph, Goldschmiedgeselle, Sohn des Breslauer Zuckermachers Matthes Nodler, stirbt auf der Wanderschaft in Posen am 2. September 1605, alt 19 Jahre (Elis. u. MM).

Nöldner, Gottlieb Benjamin, siehe Neldner.

Noide, Jacob, Gold- und Silberarbeiter in Wien; sein Sohn Heinrich Paul stirbt in Breslau am 17. März 1738, alt 28 Wochen.

Nonhardt, Anthonius, Goldschmied, wird Bürger am Freitag vor Invocavit (19. Februar) 1518. Ist im Catalogus civium von 1525 nicht mehr genannt.

Nonner, Jeremias, Goldschmiedgeselle, Sohn des Kretschmers Hans Nonner auf dem Neumarkte, stirbt am 11. (begr. d. 13.) Oktober 1676, alt 24 Jahre 15 Wochen 2 Tage (Elis. u. MM).

Nordt, Andreas von (Nohr), Goldschmied, Sohn des Grossbinders Michael von Nordt in Danzig, wird 1698 in Breslau Meister. Erwirbt das Bürgerrecht am 3. Dezember 1698. Heiratet am 13. Januar 1699 Anna Rosina, die Tochter des Goldschmiedältesten Gottfried Heintze (Elis.). Stirbt oder verzieht von Breslau um 1710. Nordt zeichnet AVN in einem Dreipasse, vgl. Taf. IV Nr. 121.

a. Kelch, Silber mit Vergoldung, auf dem sechspassigen, profilierten Fusse Rippung und abwechselnd je drei silberne Felder mit geflügelten Engelsköpfchen und mit Akanthusranken. Auf dem birnförmigen Nodus Akanthusvoluten. Auf der Kuppa von einem Strahlenkranze umgeben die Inschrift IESUS und als Gegenstück dazu ein Flammenoval mit hebräischer Inschrift in Rankenwerk. Auf dem Fussrande in Punktierung die Inschrift: „Zu einen Christ mildesten Andencken Verehret diesen Kelch der Kirchen zu St. Bernhardien in der Neustadt Johann Gottlieb Neumann Bürger und Handelsmann in Bresslau ~ A° 1705.“ H. 25,5 cm. Johanneskopf Typus II, Meisterz. u. Kriegssteuerst. FW. - Bernhardinkirche, Breslau.

b. Münzbecher, Silber, konisch. H. 24,5 cm. Johanneskopf u. Meisterz. — Winterpalais, St. Petersburg (nach Rosenberg Nr. 470 a).

c. Nussbecher in Silberfassung. H. 23 cm. Johanneskopf u. Meisterz. — Eremitage, St. Petersburg (nach Rosenberg Nr. 470 b).

d. Nussbecher wie Nr. c (nach Rosenberg Nr. 470 c).

e. Kanne, Silber mit Vergoldung. Johanneskopf u. Meisterz. — 1883 bei J. & S. Goldschmidt, Frankfurt a. M. (nach Rosenberg Nr. 470 d).

f. Pokal, Silber mit Vergoldung. H. 19,8 cm. Johanneskopf u. Meisterz. — 1883 bei J. & S. Goldschmidt, Frankfurt a. M. (nach Rosenberg Nr. 470 e).

Nübling, Johann Caspar, siehe Niebling.

Nüsche [Nusch], Paul, siehe Nitsch.

Nymandis, Georgius de, aurifaber, wird Bürger am Sonnabend nach Kiliani (9. Juli) 1373; Bürge ist Henkinus aurifaber.

Nysser, Bartholomaeus (Neysser), aurifaber, wird Bürger am Dienstag nach Reminiscere (10. März) 1422.

Nysser, Hannos (Nyser, Nyszer, Nysszer, Niser, Neysser, Neisser), aurifaber, Bruder des Goldschmieds Nicolaus Nysser d. ä., erwirbt das Bürgerrecht am Mittwoch nach Vincula Petri (4. August) 1372; Bürge ist Niclos Hartusch. Wohnt auf der Altbüssergasse bei den Schulen. Verreicht 1373 seiner Frau Margareta allen seinen Besitz für den Fall seines Todes (Schöppenb. III. 259b). Ist im Bürgerbuch zwischen 1376–1409 häufig als Bürge genannt. Erscheint 1386, 1391, 1396, 1400, 1402, 1404, 1406 in den Geschworenenlisten der Signaturbücher als Zunftsenior. Verreicht 1400 dem Mathis Schultis sein Erbe in der Hundegasse, behält sich jedoch den Garten, die Scheune und eine freie Durchfahrt (Schöppenb. IX. 12ab). Erwirbt in demselben Jahre von seinem Bruder Nicolaus die Hälfte des Erbes am Brodmarkte an der Ecke gegenüber Procop Plathener (Schöppenb. IX. 37b). Stiftet 1401 eine Mark jährl. Zins zu Handen des Altares in der Goldschmiedekapelle auf sein Erbe bei Matis Waldau (Schöppenb. IX. 67b 68b). Hat 1401 für Stephan v. Alsnaw wegen Feuerausbruchs Bürgschaft zu leisten (Signaturb. XIII). Erscheint 1404 und 1405 bei Zinsverreichungen (Schöppenb. IX. 260, X. 6, 57b). Zahlt 1403/4 an Steuern: de hereditate 1 scot, de opere $^1/_2$ fertonem, de re 1 scot (Steuerb. fol. 20b). Stirbt um 1410.

Nysser, Nicolaus [Claus, Nicze] (Nyser, Neysser, Neisser), d. ä., aurifaber, erwirbt das Bürgerrecht am Tage Marcelli (Mittwoch den 16. Januar) 1376 (Bürge ist sein Bruder Hannos Nysser). Auf ihn oder vielleicht auch auf Nicolaus Nysser d. j. beziehen sich nachstehende Eintragungen in den Schöppenbüchern. Niclaus Nysser erscheint 1400 mehrmals als Besitzer eines Grundstückes unter den Huterlauben (Schöppenb. IX. 2b, 10b, 13). Erwirbt und verkauft 1400 ein Grundstück auf der Schmiedebrücke an der Ecke gegenüber Johann Richils Erbe (Schöppenb. IX. 26, 33b, 82b). Kauft 1400 das Erbe des Jocob Schirmecher auf der St. Niclosgasse (Schöppenb. IX. 42b). Verkauft 1401 ein Grundstück (Schöppenb. IX. 118b, 120). Verkauft 1402 dem Peter Bergman und dessen Kindern sein Erbe auf der Reuschen Gasse bei Schoneweber zunächst (Schöppenb. IX. 141a).

Nysser, Nicolaus [Claus, Nicze] (Nyser, Neysser), d. j., aurifaber, wird Bürger am Sonnabend vor Misericordia domini (16. April) 1390. Ein Nicolaus Nysser leistet 1392 und 1407 Bürgschaft (Signaturb. V. 74b, XVI). Siehe Nicolaus Nysser d. ä.

Obermann, Melchior Ferdinand, Goldarbeiter, verfertigt bei Johann David Kriebel als Meisterstück einen Placker und Ring, wird Meister am 18. März 1750. Stirbt am 5. (begr. d. 8.) Oktober 1784, alt 70 Jahre 15 Tage (MM).

Oeberdorffer, Hans, Goldschmiedgeselle, heiratet im Mai 1550 Hester, die Tochter des Goldschmieds Frantz Bottner (MM).

Oehlert, Johann Carl, Goldschmied aus Danzig, wird 1726 am Dom erwähnt (Schles. Vorz. VII. 488).

Ohle, George, Goldschmiedgeselle und Musketier unter der Roten Fahne, stirbt an der Pest am 30. November 1633.

Ohle, Johann (Hans Ohl), Goldschmied, geb. in Breslau, getauft am 23. Januar 1629, Sohn des Malers Hans Ohle d. j., wird 1662 Bürger und Meister. Heiratet am 27. August 1662 Magdalena, die Tochter des † Kretschmers Caspar Müller (Elis.). Wohnt auf der äussersten Ohlauischen Gasse. Seine Frau verkauft mit ihren Geschwistern am 5. Januar 1665 dem Kretschmer George Priller ihr Kretschmerhaus auf der inneren Reuschegasse an der Ecke der Büttnergasse für 2500 Rtlr. Schles. Ohle erscheint 1671 u. 1681 als Taufzeuge am Dom, am 21. VIII. 1675 bei St. Matthias, als Trauzeuge bei St. Matthias am 18. X. 1676, 24. VI. 1686, 17. X. 1690. Stirbt am 22. (begr. d. 24.) August 1698 (Matth.). Zeichnet J O in zwei Typen, vgl. Taf. III Nr. 91 u. 92.

a. Widmungsschildchen an einem zinnernen Willkomm der Breslauer Korbmachergesellen, Silber, ein Paar, achteckig, ein Engel hält einen Blattkranz mit Emblemen der Korbmacher-Innung in getriebener Arbeit. Datiert 1679. Meisterz. Typus I. — Schlesisches Museum für Kunstgewerbe und Altertümer, Breslau.

b. Vortragekreuz, Silber, mit dem Liesch'schen Wappen. H. 85 cm. Beschauz. W Typus VI, Meisterz. Typus I u. Kriegssteuerst. *JW*. — Kreuzkirche, Breslau.

c. Ampel, Silber, mit grossen Barockblumen in durchbrochener Arbeit und vier aufgelegten Heiligenfiguren. Nach unten läuft die Ampel in eine Hand aus. Als oberer Kettenhalter ein Kronreif, graviert mit Inschrift und Jahreszahl 1689. H. 48,5 cm. Beschauz. W Typus VI u. Meisterz. — Kath. Pfarrkirche St. Mariae Himmelfahrt, Himmelwitz Kr. Gross-Strehlitz OS.

d. Kelch, Silber mit Vergoldung, auf dem sechspassigen, profilierten Fusse Barockblumen und in plastischer Auflage das Haupt Johannes des Täufers auf der Schüssel. Der silberne Kuppabelag mit Barockblumen in durchbrochener Arbeit und einem aufgelegten vergoldeten Medaillon mit der hl. Hedwig. Unter dem Fusse in Gravierung Widmungsinschrift und Jahreszahl 1692. H. 21,7 cm. Beschauz. W Typus VI u. Meisterz. Kath. Pfarrkirche in Hermannsdorf, Landkr. Breslau.

e. Ciborium, Silber vergoldet, mit farbigen Steinen, auf dem sechspassig gebogten, runden Fusse sechs ovale silberne Medaillons mit Heiligen. Die Kuppa ist fast bis zum oberen Rande von einem silbernen Belag umhüllt, auf dem zwischen Blattrankenwerk drei silberne Medaillons mit Heiligen sowie ein rundes Perlmuttertäfelchen mit der Krönung Mariae (letzteres von 1330) sitzen. Deckel in Form einer Krone mit getriebenem Akanthuswerk, darauf ein Herz mit IHS in einem Strahlenkranze von zwei Engeln verehrt. Auf dem Fusse die Inschrift: „Constantia Ducissa Cuiaviensis Abbatissa Trebnicensis fieri me fecit Anno 1330. Me auxit et multo plus adornavit Christina Cath: Pawloioska de Wrbna Abb: Trebn: A: 1693." H. 48,5 cm. Beschauz. W Typus VI u. Meisterz. Typus II. Kath. Pfarrkirche St. Bartholomaei, Trebnitz.

f. Kelch, Silber mit Vergoldung, auf dem sechspassigen, profilierten Fusse und dem birnförmigen Nodus barockes Blumenwerk in getriebener, am silbernen Kuppabelag in durchbrochener Arbeit. H. 25,6 cm. Beschauz. W Typus VI, Meisterz. Typus II u. Kriegssteuerst. Adlertypus. Kath. Pfarrkirche St. Bartholomaei, Trebnitz.

Okrusch, Johann (Ockrusch), Goldschmied, Sohn des Erbsassen George Okrusch in Baumgarten bei Ohlau, getauft d. 17. IV. 1687 (Tfb. evang. Kirche Ohlau), arbeitet in Breslau bei Johann Peter Ziegler als Meisterstück ein Geschirr nebst Ring und Siegel, wird Meister am 15. Januar und Bürger am 19. Januar 1714. Heiratet am 30. Januar 1714 Rosina Elisabeth, die Tochter des Goldschmiedältesten Gottfried Heyner (MM). Stirbt am 10. (15.) Mai 1721 (MM). Seine Witwe Rosina Elisabeth heiratet am 7. September 1728 den Stück- und Glockengiesser Gottfried Schnellrad (MM). Okrusch zeichnet *JOK* ligiert in einem gezackten Blatte, vgl. Taf. IV Nr. 133.

a. Taufschüssel, Silber, rund, graviert mit Stifterwappen und biblischer Inschrift. Gestiftet von Rosina Riemerin, geb. Krause, am 17. März 1715. Johanneskopf, Stempelmeisterb. B negativ, Meisterz. u. Kriegssteuerst. *JW*. Maria Magdalenenkirche, Breslau.

b. Tablett, Silber, rund, auf Fuss. Johanneskopf, Stempelmeisterb. B negativ u. Meisterz. — Hofantiquar Max Altmann, Breslau.

Okrusch, Johann Gottlieb (Ockrusch, Okrosch, Ockruss), Silberarbeiter, geb. in Breslau, Sohn des Goldschmieds Johann Okrusch, arbeitet bei Stephan Christian Luttroth als Meisterstück ein silbernes Giessbecken nebst Kanne, wird Meister am 23. September und Bürger am 30. September 1748. Heiratet am 5. November 1748 Justina Eleonora, die Tochter des † Reichkrämers Gottfried Vogt (Elis.). Macht 1772 der Regierung Vorschläge über die Einrichtung eines Probir- und Taxiramtes und verbindet damit Denunziationen gegen das Mittel der Goldschmiede und der Zinngiesser; diese Verdächtigungen haben ausführliche Untersuchungen zur Folge (Bresl. Kgl. Staatsarchiv, R. 14, PA. VIII. 245e). Okrusch kommt dadurch zu den übrigen Innungsmeistern in ein missliches Verhältnis und fühlt sich veranlasst, sein Handwerk aufzugeben. Er wird fürstlich Hatzfeldtscher Agent und ist in der Meisterliste von 1777 das letzte Mal erwähnt. Sein Sohn Johann Gottlieb (getauft am 12. Oktober 1751; MM), Zeichenmeister bei dem anatomischen Collegium und Adjunkt bei der Friedrich-Schule, heiratet am 8. September 1779 Johanna Eleonora, die Tochter des † Venditors Gottfried Lehmann (MM). Als Witwer heiratet der Sohn Johann Gottlieb am 5. Oktober 1791 Johanna Juliana, die einzige Tochter des Tuchfabrikanten Benjamin Schmidt (MM). Aus dieser Ehe stammt Charlotte Emilie Okrusch (getauft am 22. November 1794; Elis.), die am 15. September 1813 den Schulinstitutsdirektor Carl (= Christian) Erdmann Mentzel (geb. d. 24. VIII. 1787), den Sohn des Erb- und Wassermüllers Johann Heinrich Mentzel in Städtel bei Namslau, heiratet. Dieser Ehe entstammt der Maler Adolf von Menzel (geb. am 8., getauft am 26. Dezember 1815; MM).

Ordelin, David Friedrich (Ordolin), Silberarbeiter, geb. in Malchow bei Berlin, wird 1769 in Berlin Bürger und Meister (Sarre, Die Berliner Goldschmiedezunft [Berlin 1895] S. 67, 106, 125). Siedelt 1786 nach Breslau über, meldet sich am 20. Juni 1786 bei dem hiesigen Mittel als Stückmeister, und wird, da er in Berlin bereits Meister gewesen ist, ohne nochmalige Arbeitung eines Meisterstückes am 14. September rezipiert. Erwirbt am 10. August 1786 das Breslauer Bürgerrecht. Stürzt sich aus Verzweiflung über seine zänkische Frau am 21. Juli aus dem Fenster und stirbt an den Folgen des Sturzes am 22. (begr. d. 24.) Juli 1789, alt 48 Jahre (Elis.). Ordelin zeichnet D F O in ovalem Felde.

a. Suppenkelle, Silber, der Stiel abgebildet bei Sarre, l. c., S. 125 Fig. 5. Berliner Beschauz. u. Meisterz. — Slg. Dr. G. Reichenheim, Berlin.

Orth, Jeronimus (Hieronimus Ortt, Ohrt), Goldschmied, heiratet als Geselle 1553 Dorothea, die Tochter des Jeronimus Kirsten (Elis.). Erwirbt das Bürgerrecht am 9. Februar 1554, wird um dieselbe Zeit Meister. Erscheint 1562 in Brieg, heiratet 1563 zum zweiten Male (Brieger Urgichtbuch fol. 127[a]; Rechnungsbuch fol. 8[a]). Arbeitet Ende des Jahres 1563 für die Herzogin von Brieg eine Kette, „an welcher an einem jdern glide perlen gewesen." Der Geselle des Orth, ein Wahle, veruntreut in Abwesenheit des Meisters einige Perlen; 1564 finden deswegen Verhandlungen statt (Bresl. Kgl. Staatsarchiv, F. Brieg III. 18 E, fol. 168, 169. — Schles.

Vorz. VII. 288 f.). Orth erhält 1569 Zahlung für einen Becher „damit fürstl. Gnaden Herzog Joachim verehrt,“ desgleichen für einen vergoldeten Becher, ein Geschenk an Herzog Johann Georg von Brieg (Brieger Rechnungsb. v. 1563, fol. 220ª. - Anz. f. Kunde d. deutsch. Vorz. 1878, Sp. 391). Orth stirbt in Breslau im Frühjahr 1584 oder 1585. Zeichnet I O ligiert in rundem Felde, vgl. Taf. III Nr. 53.

a. Rauchfass, Silber, abgebildet Fig. 30. Darauf die Inschrift: ECCE * CHRISTE * CVLTOR * HOS * OFFERT * TIBI * THVREOS * ODORES * FRANCISCVS TWS * und das Wappen des Augustiner Chorherrenstifts nebst den Initialen F. A. S. und der Jahreszahl 1561. H. 31 cm. Beschauz. W Typus II u. Meisterz. — Kath. Pfarrkirche St. Mariae, Sagan.

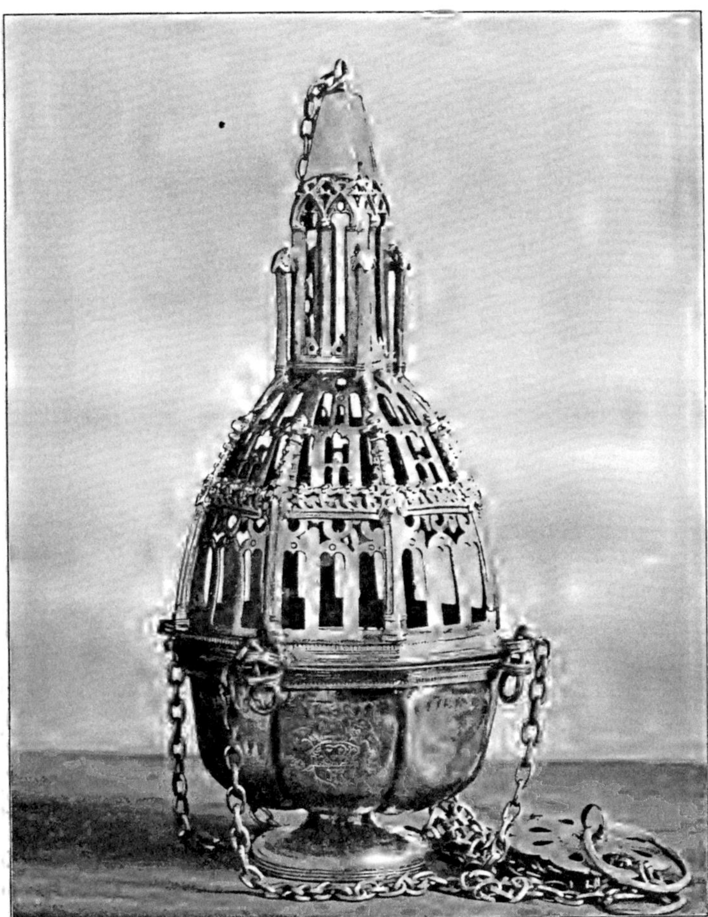

Fig. 30. Jeronimus Orth: Weihrauchfass von 1561 in der kath. Pfarrkirche in Sagan

Ossig, Esaias, Goldschmied ausserhalb der Innung, er und seine Frau Susanna, geb. Gerhardt, lassen 1668 (Esaias), 1672, 1676 bei St. Adalbert taufen. Ossig arbeitet 1672 im St. Katharinenstifte (Schles. Vorz. VII. 488).

Ostertag, Abraham, Gold- und Silberarbeiter, begräbt am 11. Juli 1751 seine Frau auf dem Kirchhofe St. Agnetis (Matth.).

Oswald, Gottfried, Goldschmiedgeselle von Bautzen, stirbt in Breslau am 26. (begr. d. 28.) August 1749, alt ungefähr 20 Jahre (MM).

Oswald, Niclaus (Oswalt), aurifaber, wird Bürger am Dienstag vor Corpus Christi (8. Juni) 1406; Bürge ist Niclos Buckinschuch. Erscheint 1414, 1416, 1418, [1419], 1420, 1422, 1428, 1431, 1434, 1437 in den Geschworenenlisten der Signaturbücher als Zunftsenior. Stirbt um 1439.

Othmuchaw, Niclos, d. ä., aurifaber, wird Bürger am Dienstag vor Petri ad cathedram (16. Februar) 1384; Bürge ist Hannos Nysser.

Othmuchaw, Niclos, d. j., wird Bürger am Sonnabend vor Invocavit (22. Februar) 1393; Bürge ist Hannos Nysser. Wohnt in Circulo. Zahlt 1403/4 an Steuern: de opere $1/2$ fertonem (Steuerb. fol. 10ᵇ). Erscheint 1397 und 1410 in den Geschworenenlisten der Signaturbücher als Zunftsenior. Hat 1404 eine Bürgschaft zu leisten (Signaturbuch XV).

Otte, George, Goldschmied; sein hinterlassener Sohn stirbt 12 Jahre alt im September 1604 im Kinderhospital zum heil. Grabe.

Ottong, Friedrich [Jean Baptiste?], siehe Hotton.

P.., H..; das auf Tafel III Nr. 85 abgebildete Meisterzeichen H P in ovalem Felde, das sich unerklärlicher Weise bis jetzt noch nicht hat deuten lassen, findet sich auf der schlichten Silberfassung eines zylindrischen Hedwigsglases in der kath. Pfarrkirche St. Bartholomaei in Trebnitz mit der Inschrift „VITRVM BEATE HEDWIGIS ANNO DOMINI 1653 ARGENTO OBDVCTVM" nebst dem Breslauer Beschauzeichen W Typus V.

Packepusch, Paul, Goldschmiedgeselle, heiratet 1564 Rosina, die Tochter des † Goldschmieds Peter vom Baumgart (Elis.).

Pätzold [Päzöldt], siehe Petzold.

Pansa, Johann Jacob, Gold- und Silberarbeitergeselle, Sohn des Schulkollegen Johann Christian Pansa in Magdeburg, heiratet in Breslau am 1. September 1761 Anna Rosina, geb. Riedel, die Witwe des Torschreibers Johann Christoph Breich; Trauzeuge ist der Silberarbeiter Johann Gottlieb Okrusch (MM).

Pappritz, Friedrich, Goldarbeiter, erwirbt das Breslauer Bürgerrecht am 1. November 1822, alt 46 Jahre. Wird nicht Innungsmitglied.

Parthol, Johann Friedrich August, siehe Barthol.

Paschke, Friedrich Wilhelm, Goldarbeiter, geb. in Mittel-Langenöls bei Lauban, Sohn des Arendators Carl Wilhelm Paschke, erwirbt das Breslauer Bürgerrecht am 19 Januar 1836, alt 24 Jahre. Tritt am 26. Oktober 1839 in die Innung ein. Ist in der Meisterliste von 1842 nicht mehr erwähnt.

Pauer, Ernst Daniel, Gold- und Galanteriewarenarbeiter, geb. in Breslau, Sohn des Partkrämers Ernst Christian Pauer, heiratet am 11. April 1747 Anna Sophia, die Tochter des Peruquiers Bernhard Nehrkorn (Elis.). Seine Frau † 16. (begr. d. 18.) XI. 1754 (Elis.).

Pauil Goltsmed, siehe Pawil Stillefoyt.

Paule, Hans, Goldschmiedgeselle, geb. in Breslau, Sohn des Partieres Hans Paule, ertrinkt am 15. Juni 1629, alt 24 Jahre.

Pechthold, Carl Wilhelm, Goldarbeiter, erwirbt das Breslauer Bürgerrecht am 18. Dezember 1812. Wird nicht Innungsmitglied.

Pecze Goldsmed wird 1345 erwähnt, als Katharina Pecze Goltsmidinne und Pawil, ihr Sohn das Erbe auf der St. Albrechtsgasse bei der roten Mauer dem Maurermeister Nickil verkaufen (Schöppenb. I. 1b). Katharina, Gotkin Goltsmedis Schwester Tochter verkauft 1349 Annen, Peczin Goltsmedis Tochter zu Handen Heinken ihres Mannes $4^1/_2$ Scot jährl. Zins, die sie hat auf dem Erbe, das Fricze Becherer bewohnt (Schöppenb. I. 115b). Peczes Töchter Elze, Katharina und Agnit, Nonnen im St. Katharinenkloster in Breslau, werden 1362 erwähnt; siehe Lutke Goltsmed.

Peisker, Augustin [Gottlieb] (Peissker, Peitzger, Beisker, Beisger), Silberarbeiter, Sohn des Schneiders Johann Caspar Peisker in Goldberg, wird in Breslau Meister am 29. Oktober und Bürger am 31. Oktober 1732. Heiratet am 18. November 1732 Anna Rosina, die Tochter des † Destillateurs Augustin Bräuer (Elis.). Wohnt im Bürgerwerder. Seine Frau Anna Rosina † 23. (begr. d. 25.) VI. 1742 (Elis.). Peisker heiratet am 14. Januar 1744 Anna Eleonora, die Tochter des † Zirkelschmieds und Schlosserältesten Burghardt Mindner [Mündner]; Trauzeuge ist der Goldarbeiter Johann David Kriebel (MM). Seine Frau † 11. (begr. d. 13.) VII. 1757 (Elis.). Er selbst stirbt am 2. (3.) Januar 1758, alt 57 Jahre (MM). Seine Tochter Rosina Dorothea heiratet am 18. November 1760 den Silberpolierer Johann Heinrich Müller (Elis.). Peisker zeichnet A P ligiert, vgl. Taf. V Nr. 149.

a. Tischleuchter, Silber, ein Paar, mit profiliertem Kleeblattfusse. H. 19,3 cm. Johanneskopf Typus XII u. Meisterz. — Schlesisches Museum für Kunstgewerbe und Altertümer, Breslau.

Peltz, Johann Christian, Galanterie- und Goldarbeiter, geb. in Breslau, Sohn des Tafeldeckers Johann Peltz, heiratet am 12. Januar 1750 Anna Rosina, die Tochter des † Schlossers Samuel Kreideweiss (Elis.). Stirbt am 20. (21.) August 1767, alt 50 Jahre 8 Monate 8 Tage (MM).

Penzinger, Christoph, Goldschmiedgeselle aus München, stirbt in Breslau am 28. Juni 1584 (MM).

Persohn, Friedrich, Hofgoldschmied bei dem Grafen Schaffgotsch, geb. in Goldberg, lernt in Breslau bei Daniel Petzold d. ä., wird Geselle im September 1618. Stirbt auf der Messergasse am 31. Juli 1676, alt ungefähr 88 Jahre.

Pesschel, aurifaber, wird Bürger am Montag nach Jeronymi pb. cf. (1. Oktober) 1403; Bürge ist Niclos Crommendorff.

Peter, Friedrich Benjamin (Petter), Goldarbeiter, geb. in Breslau, Sohn des Schneidermeisters Ernst Friedrich Peter, lernt bei Samuel Christoph Thun von 1770—1776. Meldet sich am 7. Juni 1787 als Stückmeister, arbeitet bei Gottlob Benjamin Werner ein Paar mundierte Brillant-Ohrgehänge, wird Meister am 5. Oktober 1787 und um dieselbe Zeit Bürger. Heiratet 40 Jahre alt am 14. Juli 1807 Johanna Eleonora Thielitz, geb. Pfaller (MM). Lebt später in dürftigen Verhältnissen, erhält seit 1820 von der Innung Unterstützungen. Stirbt 1827.

Petrus aurifaber, wird erwähnt 1337 in den Literis filiarum Petri aurifabri (Antiquarius I. fol. 17. Codex diplomaticus Silesiae, Bd. XI S. 103).

Petrus Goltsmid, siehe Peter von Glacz.

Petsch, Andreas Gottfried (Petzsch, Poetsch), Silberarbeiter, verfertigt bei Samuel Christoph Thun als Meisterstück eine silberne Kaffeekanne nebst Sahngiesser, wird Meister am 6. (7.) Oktober und Bürger am 23. Oktober 1800. Stirbt am 9. Januar 1860.

Petzold, Adam Gottfried (Paetzold), Goldarbeiter, geb. in Breslau, lernt bei Friedrich Gottlob Krebs vom 23. September 1750 bis 16. Juni 1756. Meldet sich am 27. September 1765 als Stückmeister, arbeitet bei seinem ehemaligen Lehrherrn einen Plack mit Rauten, wird Meister am 23. Januar 1766. Erwirbt das Bürgerrecht am 8. Dezember 1767. Stirbt im Allerheiligenhospital in geistiger Umnachtung am 28. (29., begr. d. 31.) März 1779, alt 43 Jahre (Elis.).

Petzold, Andreas (Petzelt), Goldschmiedgeselle, Sohn des Andreas Petzold, gewesenen Pfarrers zu Rothsürben, heiratet in Breslau am 3. Oktober 1634 Dorothea, die Tochter des Braumeisters Martin Behr (Elis.).

Petzold, Carl, Goldarbeiter, ist am 17. November 1789 Trauzeuge bei St. Vincenz.

Petzold, Daniel (Pezeldt, Petzeltt), d. ä., Goldschmied, geb. in Breslau, Sohn des Bäckers David Petzold, Bruder der Goldschmiede Jonas und Zacharias Petzold, wird 1610 Bürger und Meister. Heiratet am 31. August 1610 Katharina, die Tochter des Goldschmieds Augustin Heyne d. m. (MM). Wohnt auf der Kupferschmiedegasse, dann auf der Bäckergasse. Seine Frau Katharina † 13. (begr. d. 17.) III. 1630 (Elis. u. MM). Er selbst stirbt am 27. (begr. d. 29.) Januar 1633, alt 54 Jahre (Elis. u. MM).

Petzold, Daniel (Pezelt, Petzhold), d. j., Goldschmied, geb. in Breslau, Sohn des Leinwandreissers Daniel Petzold, arbeitet bei Gottfried Heyner als Meisterstück einen Kelch nebst Ring und Siegel, wird Meister am 24. April und Bürger am 25. Oktober 1713. Heiratet am 28. November 1713 Rosina, die Tochter des Wachsschlägers Johann George Lehman (MM). Seine Tochter Christina Magdalena heiratet am 11. Februar 1744 den Goldarbeiter Jacob Andreas Rottwitt (Elis.). Petzold stirbt am 1. (begr. d. 3.) Oktober 1752, alt 72 Jahre (Elis.). Seine Witwe Rosina † 4. (begr. d. 7.) III. 1768 (MM).

Petzold, Heinrich Wilhelm, Juwelier, erwirbt das Bürgerrecht am 20. September 1816. Wird am 17. November 1824 im Bürgerbuche gestrichen.

Petzold, Johann [Hans] (Pezold, Petzeldt, Pätzold), Goldschmied, geb. in Breslau, Sohn des Weinbrennerältesten Daniel Petzold, wird 1682 Bürger und Meister. Heiratet am 6. Oktober 1682 Anna Maria, die Tochter des † Johann Rieger (MM). Am 22. Oktober 1683 tuen die Breslauer Schöppen kund, dass Maria Wiesner, die Witwe des Weinbrenners Daniel Petzold, ihrem Sohne, dem Bürger und Goldschmied Johann Petzold, ihr Haus auf der Schmiedebrücke für 1800 Rtlr. Schles. aufgereicht habe (Bresl. Stadtarchiv, A 3. F. Breslau Nr. 288). Petzold ist im Juli 1706 Trauzeuge bei St. Adalbert. Seine Tochter Maria Magdalena heiratet am 11. September 1708 den Goldschmied Christian Schlencker (Elis.). Seine Tochter Anna Rosina heiratet am 20. Oktober 1716 den Goldarbeiter Heinrich August Joel (Elis.). Petzold stirbt am 28. (begr. d. 30.) Mai 1717 (Elis.). Seine Tochter Susanna heiratet am 27. November 1719 den Schneider Johann Caspar Hoffman (Elis.). Seine Witwe Anna Maria † 1. XI. 1722 (Elis.).

Petzold, Johann Christian, Goldschmiedgeselle, Sohn des Daniel Petzold, Gefreiten unter der Grünen Kompagnie, stirbt am 19. April 1735, alt 24 Jahre.

Petzold, Johann Christian (Päzold), Goldarbeiter, geb. in Breslau, Sohn des Ratsausreuters Adam Petzold, lernt bei Johann Daniel Albert vom 4. März 1749 bis 23. Februar 1755. Meldet sich am 22. September 1762 als Stückmeister, arbeitet bei Johann Gottlieb Schmidt einen mit Rauten besetzten Plack, wird Bürger am 3. Mai und Meister am 30. November 1763. Heiratet am 8. April 1766 Johanna Eleonora, die Witwe des Goldarbeiters Johann Ernst Roemer; Trauzeuge ist der Goldarbeiter Adam Gottfried Petzold (MM). Heiratet als Witwer am 6. September 1791 Johanna Christiana Ebert, geb. Gasche (MM). Stirbt am 24. Juli 1794, alt 61 Jahre.

Petzold, Johann Daniel (Päzoldt), Goldarbeiter, geb. in Breslau, Sohn des Goldschmieds Daniel Petzold d. j., arbeitet bei Johann David Kriebel als Meisterstück einen Uhrhaken nebst Ring, wird Meister am 15. Juni und Bürger am 27. Juni 1746. Stirbt 1769.

Petzold, Jonas (Pezoldt, Pezeld), Goldschmied, geb. in Breslau, Sohn des Bäckers David Petzold, Bruder der Goldschmiede Daniel (d. ä.) und Zacharias Petzold, lernt bei Caspar Pfister. Heiratet am 28. November 1622 Martha, die Tochter des Goldschmieds Caspar Pfister (MM). Wird 1623 Bürger und Meister. Wohnt am Ringe unter den Riemern. Stirbt an der Pest am 1. (begr. d. 4.) November 1633 bei Caspar Pfister auf der Albrechtsgasse, alt 42 Jahre (Elis.). Seine Witwe Martha setzt die Werkstatt fort (Urk. 21 u. 22); sie stirbt am 11. (15.) Dezember 1666 (Elis. u. MM).

Petzold, Zacharias (Pezoldt, Pezelt), Goldschmied, geb. in Breslau, Sohn des Bäckers David Petzold, Bruder der Goldschmiede Daniel (d. ä.) und Jonas Petzold, wird 1615 Bürger und Meister. Heiratet am 17. Februar 1615 Eva, die Tochter des † Adam Brimmer (Elis.). Wohnt am Ringe im Clemenshofe. Stirbt am Schlage den 2. (begr. d. 4.) Januar 1628, alt 44 Jahre (Elis. u. MM). Seine Witwe Eva † 3. (begr. d. 5.) V. 1652 (MM).

Peuckert, Johann Carl Benjamin (Peukert, Peucker), Goldarbeiter, geb. 1766 in Breslau, Sohn des Viehhändlers Gottfried Peuckert, lernt bei seinem Vetter Gottfried Benjamin Weigelt vom Qu. Trinitatis 1781—1787. Arbeitet bei demselben als Meisterstück einen goldenen Patzel mit Granaten, wird Meister am 4. (6.) November 1794. Erwirbt das Bürgerrecht am 31. Oktober 1796. Heiratet 36 Jahre alt am 11. November 1802 Johanna Friederike Katharina, die Tochter des Nähnadelfabrikanten Sebastian Wiesner (MM). Seine Frau † 10. (begr. d. 12.) VIII. 1807 (Elis.). Peuckert heiratet am 8. Februar 1809 Johanna Christiana, die Tochter des Tuchmacherältesten George Gottlieb Jungfer (Elis.). Ist 1830 Stadtverordneter. Stirbt am 7. Februar 1840.

Pfarrmann, Carl Elias (Farrmann, Fahrmann), Silberarbeiter, geb. in Cosel OS., Sohn des Revisors Andreas Pfarrmann, lernt in Breslau bei Benjamin Gottlieb Sander vom Qu. Trinitatis 1775—1781. Meldet sich am 5. März 1790 als Stückmeister, arbeitet bei Ferdinand Christian Beyl ein silbernes Mundbecken nebst Wasserbecher, wird Meister am 24. Juni 1790. Heiratet 30 Jahre alt am 8. November 1790 Susanna Christiana, die Tochter des † Ratsausreiters Johann George Langer (Elis.). Erwirbt das Bürgerrecht am 24. Februar 1791. Ist in der Meisterliste von 1806 das letzte Mal erwähnt. Pfarrmann zeichnet CEP in einem herzförmigen Schilde, vgl. Taf. V Nr. 174.

a. Sargschilde der Breslauer Bürstenmacher, Silber, oval, mit Innungsemblemen und Crucifixus in vergoldeter Auflage. Datiert 1790. Dm. 39,5 × 34 cm. Johanneskopf Typus XIV, Stempelmeisterb. H u. Meisterz. — Schlesisches Museum für Kunstgewerbe und Altertümer, Breslau.

Pfister, Caspar (Pfiester, Pfizner), Goldschmied (und Kupferstecher?), geb. in Breslau, getauft am 17. Januar 1571, Sohn des Bildhauers und Schnitzers George Pfister (MM). Sein Vater stammt aus Halbbronn (?) und stand zu Nürnberg in Beziehungen (vgl. Hampe, Nürnberger Ratsverlässe, Bd. I S. 617 Nr. 4288). Caspar Pfister wird 1598 in Breslau Bürger und Meister. Heiratet nach dem am 18. Oktober erfolgten Aufgebot am 27. Oktober 1598 Christina, die Tochter des Goldschmieds Ludwig Vicke (MM). Wohnt in seinem eigenen Hause auf der Albrechtsgasse. Ist 1609 König der Schiesswerderschützen (Roland, Schiesswerderbuch, S. 22). Ist 1621/22 Münzbeamter der Stände (Acta publica V. 172. – Schles. Vorz. VII. 68). Seine Tochter Martha heiratet am 28. November 1622 den Goldschmied Jonas Petzold (MM). Pfister ist 1624 und 1625 in den Akten des Breslauer Domkapitels erwähnt; arbeitet 1630 ein silbernes Reliquiarium (Acta capituli v. 4. Oktober 1624, 27. Juni 1625, 29. November 1630). Seine Frau Christina † 1. (begr. d. 4.) XI. 1633 (Elis.). Seine Tochter Christina heiratet am 30. Oktober 1634 den Bäcker Michael Schaff (MM). Pfister stirbt als Zunftältester nach langwieriger Krankheit am 11. (12.) November 1635, alt 64 Jahre 10 Monate (Elis. u. MM). Seine Tochter Ursula heiratet am 26. September 1645 den Bäcker Johann Hoene (MM). Sein Sohn Hans heiratet am 4. Februar 1670 Martha Dorothea, die Tochter des städtischen Kelleramteinnehmers Baltzer Herrman (MM). Pfister zeichnet CP ligiert in rundem Felde, vgl. Taf. III Nr. 70.

a. Kelch, Silber vergoldet, auf dem sechspassigen, profilierten Fusse in schöner Treibarbeit die Evangelisten und die Wappen des Stifterpaares, auf der unteren Kuppahälfte durchbrochener Belag mit Buckelriefen. An dem flachwulstigen Nodus sechs Zapfen mit den Buchstuben iehsus. In der Unterseite des Fusses eine Inschrifttafel aus Silber mit der Inschrift: „CRISTOPH OELHAFEN IN PROTSCH ET MARTHA HESSIN A STEIN CONIVGES GRATITVDINIS ERGO HOC MONVMENTVM F. FECERVNT ANNO 1604". H. 19,5 cm. Beschauz. W Typus III u. Meisterz. — Kath. Pfarrkirche in Protsch, Kr. Breslau.

b. Kelch, Silber vergoldet, auf dem runden Fusse drei Medaillons, 1. mit der Gottesmutter, dem Christuskinde und Johannes, 2. der büssenden Magdalena, 3. einer Heiligen mit Anker (Martha?). Auf dem birnförmigen Nodus die HH. Hedwig, Johannes Evangelista und Vincentius Levita. Auf dem Kuppabelag die HH. Maria, Petrus und Johannes Baptista, oben ein Kranz von farbigen Steinen und Perlen. Mit dem Wappen des Domherrn P. Koslowius. Datiert 1607. H. 28,6 cm. Beschauz. W Typus III, Meisterz. u. Kriegssteuerst. 𝔉𝔚. — Domschatz, Breslau.

c. Schützenkleinod Caspar Pfisters mit dem Selbstportrait des Meisters vom Jahre 1609; abgebildet Fig. 31, nach Georg Hauer (Hayer): Breslische Schutzen-Kleinoth . . . [Breslau 1613], Taf. 8. Original verloren.

d. Haupt Johannes des Täufers, Silber mit Vergoldung, auf einer runden vergoldeten Schüssel mit der Umschrift: „Sancte Johannes Baptista ora pro nobis Deum". Das Haupt dient als Reliquienbehälter für die Hirnschale Johannes des Täufers. Das Blut des durchschnittenen Halses ist durch rote Glassteinchen in silberner Fassung dargestellt. Auf der Rückseite der Schüssel die Inschriften: „Agnosce Effigiem Natorum Maximus Ecce Praecursor Domini Sanctus Baptista Joannes" und „Ex Voto Quidam fidelis Christi et Baptistae

f. f. Anno Domini mdcxj", darunter das Wappen des Domherrn P. Koslowski mit den Initialen R. P. K. Dm. 59 cm. Beschauz. W Typus III, Meisterz. u. Kriegssteuerst. 𝔉𝔚. — Domschatz, Breslau.

e. Becher, Silber, innen vergoldet, auf der konischen Mantelfläche in Gravierung drei exotische Frauengestalten in Landschaften, darüber die Inschriften: „Königs Weib, Gemein Weib, Vnzüchtig Weib". Auf dem Boden das Wappen der Familie Fürst von Kupferberg nebst den Initialen D. F. v. K. und Jahreszahl 1612. H. 8,2 cm. Beschauz. W Typus III u. Meisterz. — Schlesisches Museum für Kunstgewerbe und Altertümer, Breslau (wohl identisch mit Rosenberg Nr. 461).

f. Madonna mit dem Jesuskinde, Silber vergoldet, auf sechsseitigem profiliertem Sockel, umgeben von einem Strahlenkranze. Der reich mit Früchte- und Rankenwerk, zwei Figuren der HH. Hedwig und Johannes Evangelista und dem Wappen des Prälaten Balthasar Neander ausgestattete Sockel dient als Reliquienbehälter und zeigt vorn hinter einem ovalen Glase einen Zahn der hl. Lucie. Die Inschrift am Sockel lautet: „BALTHASAR NEANDER DE OTMVCHOVIA S. T. D. ARCHIDIACONVS WRATISLAVIENSIS DONVM HOC ECCLESIÆ WRATISLAVIENSI. AN. MDCXVI. DIE XVIII SEPTEMBRIS HILARITER OBTVLIT." H. 40,5 cm. Beschauz. W Typus III, Meisterz. u. Kriegssteuerst. 𝔉𝔚. — Domschatz, Breslau.

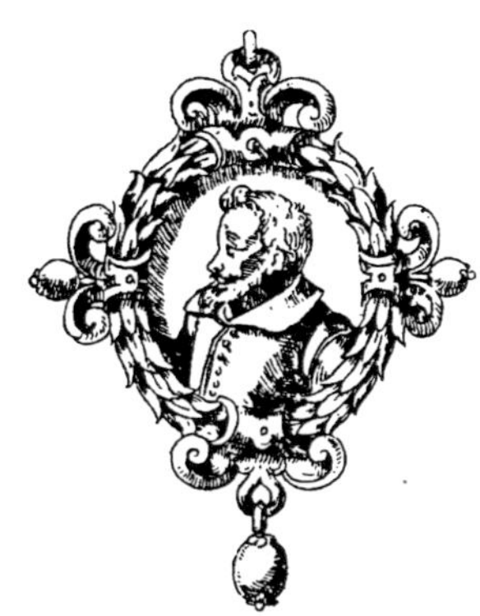

Fig. 31. Caspar Pfister

g. Straussenei in vergoldeter Silberfassung, mit Bügelhenkel, Kugelfüssen, die von Adlerkrallen gehalten werden, und drei figürlichen Vertikalbändern mit Köchen. H. 15,4 cm. Beschauz. W Typus III u. Meisterz. — Schles. Museum für Kunstgewerbe und Altertümer, Breslau (Stammt aus der Dorotheenkirche in Breslau).

h. Deckelhumpen, Silber mit Vergoldung, fazettiert, umlaufend auf Silbergrund zwei Reihen je acht gravierter Wappen der Ahnen des Sigismund d. ä. von Köckritz und der Maria von Sauerma-Jeltsch, die im Jahre 1624 einander ehelichten. Bei dieser Gelegenheit ist höchstwahrscheinlich der Humpen angefertigt worden. Auf dem Deckel das Wappen derer von Köckritz. Die Buchstaben auf dem Boden und die Jahreszahl 1688 sind spätere Zutaten. H. incl. Deckeldrücker 22,7 cm. Beschauz. W Typus IV u. Meisterz. — Frau Regierungsrat Emma von Wrochem, geb. von Köckritz, Potsdam (Beschrieben und abgebildet bei Diepold von Köckritz, Geschichte des Geschlechtes von Köckritz, S. 286).

i. Johanneshaupt auf der Schüssel, das Antlitz Silber, die Haupt- und Barthaare vergoldet, der Halsdurchschnitt farbig bemalt. Die ursprünglich zu profanen Zwecken bestimmt gewesene Schüssel ist Augsburger Arbeit (Meisterz. ein V mit drei Sternen?) und zeigt in reicher Treibarbeit zwischen Karyatiden die vier Jahreszeiten. Ein auf dem Rande der Schüssel unorganisch aufgelegter silberner Reif enthält eine Inschrift, die besagt, dass die Schüssel von dem Domherrn Gebauer im Jahre 1629 dem Dome seiner Vaterstadt Glogau geschenkt wurde. Gr. des Hauptes etwas unter Lebensgrösse; Dm. der Schüssel 57 cm. Beschauz. W Typus IV u. Meisterz. – Domkirche St. Mariae, Glogau.

k. Reliquienmonstranz, Silber vergoldet, die mit zwei Heiligenfiguren zwischen Blattrankenwerk belegte und durch eine Figur der Gottesmutter in der Mandorla bekrönte Scheibe zeigt Reliquien hinter einem Rundbogenfenster. Laut Inschrift gestiftet von Maria Raiff 1630. Beschauz. W Typus IV u. Meisterz. Der ovale Fuss mit barockem Blumen- und Blattwerk, eine Arbeit des Gottfried Schmidt (1689–1708), ist spätere Zutat; mit Beschauz. W Typus VI u. Meisterz. H. 49,2 cm. — Adalbertkirche, ehemaliges Dominikanerkloster, Breslau.

l. Auferstehungsfigur, Silber mit Vergoldung, der auferstandene Christus mit Krone und goldenem Mantel steht auf einem Sockel, der die Hölle darstellt und den überwundenen Tod und Teufel versinnbildlicht. H. 109 cm. Beschauz. W Typus IV, Meisterz. u. Kriegssteuerst. 𝔉𝔚. — Domschatz, Breslau.

Pfister, Ludwig, Goldschmied, geb. in Breslau, Sohn des Goldschmieds Caspar Pfister, lernt bei seinem Vater, arbeitet später als Geselle bei ihm, scheint nie eine eigene Werkstatt betrieben zu haben, da sein Name im Catalogus civium von 1617 nicht vorkommt. Stirbt auf der Albrechtsgasse am 4. (5.) Januar 1640 am Schlaganfall (MM).

Pfnorre, Christoff (Phnorre), Goldschmied, wird Bürger am Freitag vor Invocavit (26. Februar) 1501. Ist im Catalogus civium von 1525 nicht mehr genannt.

Pfnorre, Hans (Pfnörre, Pfnurre), Goldschmied, wird Bürger am Freitag vor Invocavit (1. März) 1476. Stirbt nach 1490.

Pfnorre, Sebalt (Pfnor, Pfnoerre, Pfnurre, Pfnürre), Goldschmied, wird Bürger am Freitag vor Invocavit (14. Februar) 1472. Vergoldet 1482 den Turmknopf der Elisabethkirche (Script. rer. siles. III. 258. — Pols Jahrb. II. 135). Stirbt nach 1490. Am Freitag nach Vincula Petri (2. August) 1510 wird die Frau Meister Sebalt Pfnorrynne Goldschmidinne als Besitzerin eines Hauses auf der Stockgasse erwähnt (Tradb. II. 34).

Philip, Hans, Goldschmied und Juwelier, von London, gelobt am 2. April 1607 vor den Ratmannen, „seine sachen zwüschen dato vnd den osterlichen feiertagen izt lauffenden jahreß in entliche richtigkeitt zubringen, der erbaren zeche der goltschmide alhie an irem ehrlichen handtwerg die zeitt seineß lebenß keinen einhalt zuthuen, sondern alßbaldt nach dem osterfest sich von hinnen zubegeben vnd sein nahrung anderßwo zusuchen" (Lib. definit. IV. 178a). Ist wohl identisch mit dem Folgenden.

Philippus, Johannes, Goldschmied unter der Jurisdiktion des Kreuzstiftes, wird 1689 am Dom erwähnt (Schles. Vorz. VII. 487). Seinetwegen wenden sich 1608 die Ratmannen mit einer Bittschrift von drei Breslauer Goldschmieden an das Domkapitel (Acta capituli v. 4. Juli 1608).

Pietsch, Andreas Gottfried, Goldarbeiter, Sohn des Handelsmannes Adam Christoph Pietsch in Frankenhausen im Schwarzburgischen, heiratet am 11. November 1800 Johanna Eleonora, die Tochter des Kammerkanzlisten Gottlieb Samuel Thun in Gross-Glogau (Elis.).

Pile, Melchior, Goldschmiedgeselle von Köln a. Rh., stirbt in Breslau am 17. April 1588, alt 29 Jahre (MM).

Pistorius, Johann, Goldschmied auf dem Sande, wird 1686 und 1688 am Dom erwähnt (Schles. Vorz. VII. 487).

Pitschman, Christian (Pietschman, Pitscheman, Pitzeman), Goldschmied, Sohn des Ziechners Hans George Pitschman in Juliusburg bei Öls, arbeitet in Breslau bei Thomas Kuntze als Meisterstück einen Kelch nebst Ring und Siegel, wird Meister am 2. Mai und Bürger am 7. Mai 1718. Heiratet am 17. Mai 1718 Helena, die Witwe des Goldschmieds Johann Daniel Heyner (Elis.). Seine Frau Helena † 17. (begr. d. 19.) VI. 1731 (Elis.). Pitschman heiratet am 24. November 1734 Johanna Christina, die Tochter des Barbiers und Wundarztes Siegmund Brunschwitz (Elis.). Eine Rechnung Pitschmans über gelieferte Ringe, Kreuze, eine Münzkuffe, einen Becher etc. vom 28. Januar 1739 im Bresl. Kgl. Staatsarchiv unter Stadt Breslau II 10d 5. Pitschman stirbt am 4. Februar 1744, alt 60 Jahre weniger 17 Tage (Elis.).

Pitschmann, Johann Adolph, Silberstecher; am 3 (begr. d. 5.) Februar 1775 stirbt sein Sohn Christoph Wilhelm, alt 3 Jahre (MM).

Plackwitz, Christoph (Blachwitz, Blackwitz), Goldschmied, wird 1682 Bürger und Meister. Stirbt am 3. September 1724. Seine Witwe Maria heiratet am 18. September 1725 den Goldschläger Christoph Gamme (MM). Plackwitz zeichnet CP ligiert mit einem Sternchen in aufrecht ovalem Felde, vgl. Taf. IV Nr. 106.

a. Szepter der theologischen Fakultät, Silber mit Vergoldung, ein profilierter Stab mit einer symbolischen Darstellung der Theologie; am unteren Stabende ein Köpfchen. L. 148 cm. Johanneskopf Typus II u. Meisterz. — Kgl. Universität, Breslau.

b. Szepter der philosophischen Fakultät, Silber mit Vergoldung, ein profilierter Stab mit symbolischen Darstellungen der Astronomie und Medizin. L. 149 cm. Johanneskopf Typus II u. Meisterz. — Kgl. Universität, Breslau.

c. Absolutionskelch, Silber mit Vergoldung, ohne Dekor. Johanneskopf Typus IV, Stempelmeisterb. A, Meisterz. u. Kriegssteuerst. FW. Kreuzkirche, Breslau.

d. Fuss zu einem gotischen Standkreuze, Silber vergoldet, profiliert, sonst ohne Dekor. Beschauz. W Typus VI, Meisterz. u. Kriegssteuerst. FW. Kreuzkirche, Breslau.

Plackwitz, Tobias (Plachwitz, Blachwitz, Blackwitz), Goldschmied, Sohn des Ratsgeschössers Christoph Plackwitz, wird 1688 Bürger und Meister. Heiratet am 3. Mai 1688 Regina, die Tochter des Tuchschererältesten Johann Gottfried Schmitzer [Schmutzer] (Elis.). Wohnt auf der Kupferschmiedegasse. Zimmermann (Beschr. d. St. Breslau, S. 423) nennt ihn einen sehr berühmten Silberarbeiter und Sammler von Gemälden und Kupferstichen; seine Sammlung besass die ehemalige Frau Oberforstmeisterin Süssenbach. Plackwitz ist seit etwa 1702 Zunftältester und seit Juni 1712 mutmasslicher Stempelmeister mit dem Buchstaben B. Erscheint im Juli 1706 als Trauzeuge bei St. Adalbert und am 18. November 1708 und 16. Februar 1713 als Taufzeuge bei St. Matthias. Seine Tochter Regina heiratet am 13. September 1707 den Reichkrämer Johann Christoph Hoffman (Elis.). Seine Tochter Anna Susanna heiratet am 18. Juli 1712 den Handelsmann Johann Meutil (Elis.). Seine Tochter Anna Sophia heiratet am 10. September 1715 den Handelsmann Christian Seydel (Elis.). Seine Tochter Anna Rosina heiratet am 11. Oktober 1718 den Handelsmann Johann Leuterding (Elis.). Seine Tochter Johanna Eleonora heiratet am 19. Juni 1726 den Handelsmann Gottfried Burgstaller (Elis.), der am 3. Februar 1741 von der Goldschmiede-Innung dem Magistrat als Mittelsbeisitzer empfohlen wird (Innungsurkundenslg. II). Plackwitz stirbt am 16. November 1727, alt 70 Jahre 4 Monate 3 Wochen (Innungsurkundenslg. v. 1737, S. 324 f.). Seine Tochter Maria Dorothea heiratet am

20. Juli 1728 den Handelsmann Frantz Carl Lange (Elis.). Seine Witwe Regina † 5. IX. 1729. Plackwitz scheint seinerzeit einer der meistbeschäftigten Goldschmiede in Breslau gewesen zu sein. Er ist mehrfach für den Dom und andere Kirchen tätig gewesen. 1713 schuldet er dem Dom gegen 600 Gulden für „argento restante" (Acta capituli v. 15. Dezember 1713); 1717 hat der Domherr Tenczin bei Plackwitz Schulden (Acta capituli v. 16. November 1717); 1718 hat Plackwitz Schuldforderungen an einen Herrn von Berg (Staatsarchiv). Plackwitz zeichnet T P ligiert in rundem Felde, vgl. Taf. IV Nr. 110.

a. Kelch, Silber mit wenig heller Vergoldung, auf dem sechspassigen, profilierten Fusse geflügelte Engelsköpfe und Barockblumen in kräftigem Relief. Am Kuppabelage geflügelte Engelsköpfe und Früchte zwischen Barockblumen in getriebener und durchbrochener Arbeit. H. 22,7 cm. Beschauz. W Typus VI, Meisterz. u. Kriegssteuerst. Adlertypus. — Evang. Pfarrkirche St. Laurentii, Grossburg Kr. Strehlen.

b. Abendmahlskanne, Silber mit Vergoldung, auf dem Fussringe, dem unteren Teile des zylindrischen Mantels und auf dem Deckel Rippung und Blattwerk auf goldenem Grunde. Datiert: Anno 1708 den 10. Juny. H. incl. Deckeldrücker 23,7 cm. Johanneskopf ähnlich Typus IV, Meisterz. u. Kriegssteuerst. Adlertypus. — Barbarakirche, Breslau.

c. Weinbüchse, Silber mit wenig Vergoldung, vierseitig mit eingerundeten Kanten. In dem Schraubdeckel ein Einsatz für Oblaten. Auf den Seitenflächen des Büchschens in Gravierung sinnbildliche Darstellungen: Glaube, Liebe, Hoffnung und die Inschrift: „Gott zu Ehren verehrte dieses Johann Gottfrid Schmutzer Tuch-Scheer Eltester Alhier Ao. 1709". H. 10,5 cm. Johanneskopf ähnlich Typus IV, Meisterz. u. Kriegssteuerst. Adlertypus. — Barbarakirche, Breslau.

d. Sargschilde der Breslauer Fleischhacker unter den Alten Bänken, Silber mit Vergoldung, in der Mitte ein vergoldeter Ochse, am Rande Embleme des Todes und Ranken in durchbrochener Arbeit. Datiert 1710. H. 52,5 cm. Br. 43 cm. Beschauz. W Typus VI, Stempelmeisterb. A u. Meisterz. — Vereinigte Fleischer-Innung, Breslau.

e. Tafelgerät in Form eines Mörsers mit Lafette, Silber mit Vergoldung, im Deckel graviert das Wappen des Stifters, des Pfalzgrafen Franz Ludwig, Bischofs von Breslau und eine lange Inschrift. Die Lafette mit Holzmaserung und Beschlägen. Datiert 6. Juli 1717. Johanneskopf Typus VII, Stempelmeisterb. B negativ, Meisterz. u. Kriegssteuerst. FW. — Kleinodien der Schiesswerderschützen in Breslau. Schlesisches Museum für Kunstgewerbe und Altertümer, Breslau (Vgl. Schlesiens Vorzeit, Bd. V S. 253 Nr. 25 (5), abgeb. Taf. XXXII (IV) Nr. 1).

f. Altarleuchter, Silber, ein Paar, auf dreiteiligem Fusse mit plastisch aufgesetzten Engelsköpfchen. Datiert 1718. H. 87 cm. Johanneskopf, Stempelmeisterb. B negativ u. Meisterz. — Elisabethkirche, Breslau.

g. Büste des hl. Vincentius, Silber, überlebensgross, mit jugendlichem Lockenkopfe in Diakonengewand (Dalmatica) mit Quasten. Den Hals umhüllt das Humerale, das Haupt umgibt ein vergoldeter Heiligenreif. Auf einem schwarzen Holzsockel mit silbernen Bandelwerkbeschlägen. (Von 1721; vgl. Johann Klinge.) H. incl. Sockel 100 cm. H. der Büste 76 cm. Johanneskopf, Stempelmeisterb. B positiv, Meisterz. u. Kriegssteuerst. FW. Vortreffliche Arbeit. — Domschatz, Breslau.

h. Monstranz. Johanneskopf, Stempelmeisterb. ? u. Meisterz. — Kath. Pfarrkirche in Schömberg, Kr. Landeshut.

Plackwitz, Tobias (Blachwitz), Juwelier, geb. in Breslau, Sohn des Goldschmieds Tobias Plackwitz, arbeitet bei Christian Schlencker als Meisterstück einen Kelch nebst Ring und Siegel, wird Meister am 15. Dezember 1727. Gibt gleich darauf sein Handwerk auf und wird Juwelenhändler. Seine Frau Anna Rosina † 13. XII. 1731. Plackwitz kauft 1744 einen Teil des silbernen Tafelgeschirrs des Prälaten von Gellhorn, bevor dieser als Kriegsgefangener nach Magdeburg geht (v. Gellh. Nachlassakten, Bresl. Domkapitel).

Pleschke [Plesske], George, siehe Blaschke.

Plesefsky, Jacob, Goldschmiedgeselle von Thorn, Sohn des Büttners Gregor Plesefsky, heiratet in Breslau nach dem am 27. Juli erfolgten Aufgebot am 3. August 1592 Eva, die Witwe des Benedict Milde (MM).

Podian, Hannos, aurifaber, wird Bürger am Montag vor Allerheiligen (30. Oktober) 1391; Bürge ist Hannos Nysser.

Poetsch, Andreas Gottfried, siehe Petsch.

Polak, Lorencz (Polack, Polagk), d. ä., aurifaber, wird Bürger am Freitag vor Hedwigis (14. Oktober) 1429. Erscheint 1442 und 1445 in den Geschworenenlisten der Signaturbücher als Zunftsenior. Stirbt um 1448.

Polak, Lorencz (Polack, Meister Lorencz der Goltschmid), d. j., Goldschmied, wird Bürger am Montag vor Simon u. Judas (27. Oktober) 1460. Bewohnt 1462 ein Haus am Ringe, das vorher Eigentum des Goldschmieds Hannos Vicker [Ficker] war; doch kann sich die Notiz auch auf Lorencz Cretsmer beziehen. Im Neisser Lagerbuch H fol. 87a wird 1473 Ursula, die Tochter des † Hans Segersdorf, als Frau des Lorencz Polak genannt (Schles. Vorz. VII. 482). Polak stirbt vor 1490.

Polak, Nicolaus (Polack, Polag), aurifaber, wird Bürger am Dienstag vor Petri ad cathedram (21. Februar) 1430. Stirbt 1446. Am 27. September 1446 bestätigt Bischof Conrad die Fundation des † Nicolaus Polak von 8 Mk. jährl. Zins zur Errichtung eines sechsten Dienstes am Altare der Goldschmiede in der St. Maria Magdalenenkirche (vgl. Urk. 8).

Poloner, Andres (Andres Goltsmed), aurifaber, wird Bürger am Mittwoch vor Elisabeth (16. November) 1390; Bürge ist Heinrich von Erford. Wohnt in Circulo. Andres Goltsmed zahlt 1403/4 an Steuern: de opere $^{1}/_{2}$ fertonem (Steuerb. fol. 10).

Posch, Gottfried Daniel [Friedrich?], Silberarbeiter, geb. in Breslau, lernt bei Carl Gottlieb Freytag vom 9. Juni 1803 bis 2. März 1809. Wird Bürger am 21. Juni 1816 und Innungsmeister am 20. Mai 1817. Ist 1840 das letzte Mal erwähnt. Zeichnet POSCH positiv eingeschlagen und GDP in einem herzförmigen Schilde, vgl. Taf. V Nr. 187.

a. Becher, Silber, innen hell vergoldet, zylindrisch, nach oben ausladend, am oberen Rande ein Band mit Palmettendekor. Datiert 1818. H. 8 cm. Johanneskopf Typus XVIII, Stempelmeisterb. P u. Meisterz. POSCH. — Edgar Graf Henckel von Donnersmarck, Grambschütz bei Namslau.

b. Zuckerkasten, Silber, rechteckig, mit abgestumpften Kanten. Auf dem Deckel Apollo mit dem Sonnenwagen in aufgelegtem Relief. Auf Füsschen. H. 8 cm. Johanneskopf Typus XVIII, Stempelmeisterb. P u. Meisterz. POSCH. — Arthur von Machui, Breslau.

c. Lichtputzschere nebst zugehörigem Teller, Silber. Johanneskopf, Stempelmeisterb. Q u. Meisterz. GDP. — Geheimrat Pinkus, Neustadt OS.

Poschinsky, Heinrich, Goldschmiedgeselle, stirbt am 25. Juli 1625, alt 27 Jahre (Elis.).

Poussert, Johann Carl Gottlob, siehe Bossert.

Powalsky, Carl Maximilian (Powaltzky, Puwalski, Bowalsky, Buwalsky, Kowalsky), Silberarbeiter, Sohn des Revisionskommissars Samuel Matthias Powalsky in Wien, meldet sich in Breslau am 29. März 1753 als Stückmeister, arbeitet bei Christian Beyl ein silbernes Becken nebst Kanne, wird Meister am 10. (12.) Juli 1753. Heiratet am 20. Mai 1754 Susanna Elisabeth, die Tochter des † Schneiders Adam Müller (Elis.). Seine Frau † 14. (begr. d. 16.) X. 1771 (Elis.). Powalsky heiratet im September 1774 Johanna Christiana, geb. Gumpricht, die Witwe des Kaufmannschaftsboten Johann Ferdinand Stiegler (Elis.). Stirbt am 29. (begr. d. 31.) Dezember 1790, alt 65 Jahre 4 Monate 21 Tage (Elis.). Seine Tochter Amalia Carolina Elisabeth heiratet im Mai 1791 den Silberarbeiter Gottlieb Benjamin Vogtmann (Elis.). Powalsky zeichnet CMP in einem blattförmigen Felde.

a. Becherpokal, Silber, innen hell vergoldet, mit zwei Rokokokartuschen in getriebener Arbeit, in der einen eine allegorische Figur in Treibarbeit, in der anderen lange gravierte Widmungsinschrift. Datiert 30. November 1761. H. 16,4 cm. Johanneskopf Typus XIII, Stempelmeisterb. G Typus II u. Meisterz. — Schlesisches Museum für Kunstgewerbe und Altertümer, Breslau.

Poy, siehe Boy.

Prauschnitz, Vicenz, Goldschmiedgeselle aus Neisse, Sohn des dortigen Sporers Vicenz Prauschnitz, heiratet in Breslau 21. Trinitatis 1591 Helena, die Tochter des † Fleischers Peter Riesche (Elis.).

Preuss, Johann Christian (Preiss), Goldarbeiter, geb. in Breslau, Sohn des Schneiders Friedrich Wilhelm Preuss, lernt bei Christian Gottlieb Streubel d. j. vom Qu. Trinitatis 1789—1795. Arbeitet bei Ferdinand Christian Krebs als Meisterstück eine goldene Erbsenkette mit Collier in Filigranarbeit, wird Meister am 3. März und Bürger am 29. Juli 1803. Heiratet 31 Jahre alt am 12. Juni 1805 Wilhelmine Henriette, die Tochter des † Baders und Wundarztes Christian Friedrich Rücke (Elis.). Stirbt 1830.

Priester, Joachim, Goldschmiedgeselle, heiratet in Breslau am 19. Juni 1565 Magdalena, die Tochter des † Matthes Strauss (MM).

Proskauer, Joseph Meyer, Goldarbeiter, erwirbt das Breslauer Bürgerrecht am 10. November 1817, alt 45 Jahre. Wird nicht Innungsmitglied.

Prübach, Daniel Heinrich, siehe Carl Heinrich Friebach.

Pudler, Friedrich Gottfried Wilhelm August, Silberarbeiter, geb. in Breslau am 29. Januar 1838, Sohn des Wildhändlers Pudler, lernt bei Carl August Theodor Lemor von Michaelis 1853—1858. Tritt am 11. Februar 1885 in die Innung ein. Stirbt am 9. Mai 1890.

Pummer, Joachim, Silberarbeiter ausserhalb der Innung, wird 1662 in der Spezifikation der Pfuscher in und vor Breslau erwähnt (Bresl. Kgl. Staatsarchiv, Stadt Breslau, II. 10d 3).

Puwalski, Carl Maximilian, siehe Powalsky.

Rabe, Carl Gottlob, Goldarbeiter, geb. in Breslau, Sohn des Partkrämers Gottlob Rabe, lernt bei Paul Leonhard Schmidt vom Qu. Johannis 1817 bis Michaelis 1822. Erwirbt das Bürgerrecht am 20. Februar 1829, alt 27 Jahre. Wird nicht Innungsmitglied.

Rättig, Hans, siehe Röttig.

Raffelt, Johann Christian Gottlieb, siehe Reiffelt.

Rahmstein, Christian Friedrich (Rahnstein, Ramstein, Rabenstein), Goldarbeiter, Sohn des Goldarbeiters Christian Gottlob [Gottlieb] Rahmstein in Sachsen, verfertigt in Breslau bei Johann Bernhard Hœnsch als Meisterstück einen doppelt karmoisierten Brillantring mit einem blauen Glasstein und einem Stern darauf, wird Meister am 6. August und Bürger am 25. September 1800. Heiratet 27 Jahre alt am 21. Oktober 1800 Johanne Christiane, die Tochter des Zitronenhändlers Johann Gottfried Kessner (MM). Stirbt 1840. Hat der Innung ein Legat von 300 Talern vermacht.

Rahmstein, Johann Wilhelm (Rabenstein), Goldarbeiter, geb. in Plauen im Vogtlande, Sohn des Goldarbeiters Christian Gottlob Rahmstein, lernt in Breslau bei Christian Friedrich Rahmstein vom Qu. Johannis 1804 bis Ostern 1810. Erwirbt das Bürgerrecht am 12. März 1819, alt 29 Jahre. Wird nicht Innungsmitglied.

Rakewicz, Lorencz, aurifaber, wird Bürger am Mittwoch nach Assumptio Marie (16. August) 1385; Bürge ist Niclos Buckinschuch.

Rammer, Johann Ernst, siehe Roemer.

Rasch, Johann George, Goldschmiedgeselle von Neustadt in Sachsen, stirbt in Breslau am 17. August 1733, alt 26 Jahre.

Rath, Oswald, siehe Rothe.

Raudner, David Gottlieb, Silberarbeiter, geb. in Schlichtingsheim, Prov. Posen, Sohn des dortigen Tuchmachers Samuel Raudner, lernt in Breslau bei seinem Vetter Carl Gottfried Haase vom Qu. Lucie 1781 bis Qu. Crucis 1787. Arbeitet bei seinem ehemaligen Lehrherrn eine silberne Kaffeekanne nebst Sahngiesser, wird Meister am 16. Oktober 1793. Erwirbt das Breslauer Bürgerrecht am 14. Juli 1794. Heiratet am 18. September 1798 Sophia Christiana, die Tochter des Kürschners Baumgärtner in Konstadt bei Kreuzburg OS. (MM). Feiert 1844 sein fünfzigjähriges Geschäfts- und Bürgerjubiläum. Stirbt 1845 (Ende 1844?). Raudner zeichnet DGR in einem gezackten Blatte und DGR in einem rechteckigen Felde, doch könnte sich das zweite Meisterzeichen auch auf Samuel Gottlieb Raudner beziehen, der vielleicht die Initialen seines Vaters als Firmenstempel benutzte; vgl. Taf. V Nr. 176 u. 177.

a. Messkännchen, Silber. Johanneskopf, Stempelmeisterb. M u. Meisterz. — Kath. Pfarrkirche St. Annae, Frankenstein.

b. Schiffchen für Salz und Pfeffer, Silber, innen vergoldet, in Empireformen. Johanneskopf, Meisterz. u. Kriegssteuerst. *FW* (wie Fig. 9b). — Dr. Erwin Hintze, Breslau.

c. Teekessel auf Dreifuss, Silber. Johanneskopf, Stempelmeisterb. Q u. Meisterz. — Stadtrat H. Milch, Breslau.

d. Sahnlöffel, Silber, die halbkugelförmige Laffe in Form einer innen vergoldeten Muschel. Johanneskopf mit Jahreszahl 43 u. Meisterz. DGR in rechteckigem Felde. — Frau Dr. Hintze, Breslau.

Raudner, Samuel Gottlieb (Rautner), Silberarbeiter und Ziseleur, geb. in Breslau, Sohn des Silberarbeiters David Gottlieb Raudner, lernt bei seinem Vater von Weihnachten 1813—1818. Erwirbt das Bürgerrecht am 19. Oktober 1832, alt 33 Jahre. Arbeitet als Meisterstück eine silberne Teemaschine, die wegen ihrer sauberen und feinen Technik den allgemeinen Beifall der Innungsmitglieder findet, wird Meister am 22. Dezember 1832. Stirbt am 5. Juni 1860. Wegen des Meisterzeichens siehe David Gottlieb Raudner.

Rebenstock, Johann George (Rennbeinstock), Goldarbeiter, geb. in Breslau, Sohn des Tafeldeckers Johann Ernst Rebenstock, lernt bei Johann George Böttiger vom 26. September 1752 bis 21. Februar 1758. Meldet sich am 22. Juni 1764 als Stückmeister, arbeitet bei George Emanuel Scholtz einen Plack mit Rauten und Smaragden, wird Meister am 12. Oktober und Bürger am 18. Oktober 1764. Heiratet in demselben Jahre Maria Franziska, die Tochter des Kochs Ferdinand Assmann (MM). Stirbt am 15. (begr. d. 17.) September 1774, alt 38 Jahre 7 Monate (MM).

Reher, Eucharius, siehe Riher.

Reich, George, Goldschmiedgeselle aus Ulbersdorf in der Grafschaft Glatz, heiratet in Breslau am 26. April 1695 Rosina, die Witwe des Musketiers Michael Schüller (Elis.).

Reiche Pfuscher, „so Häuser und Gärten hat", wird 1662 in der Spezifikation der Pfuscher in und vor Breslau erwähnt (Bresl. Kgl. Staatsarchiv, Stadt Breslau, II. 10d 3).

Reichel, Ferdinand Wilhelm (Reichelt), Goldarbeiter, geb. in Breslau, Sohn des Seifensieders Ernst Gottlieb Reichel, lernt bei Friedrich Christian Fischer vom Qu. Johannis 1817 bis Weihnachten 1821. Erwirbt das Bürgerrecht am 7. August 1829, alt 27 Jahre. Tritt am 26. Oktober 1839 in die Innung ein. Stirbt 1853.

Reichenbach, Johann Ludwig, Goldarbeiter und Hausbesitzer, geb. in Breslau, erwirbt das Bürgerrecht am 1. November 1842, alt 33 Jahre. Wird nicht Innungsmitglied. Ist 1847 im Bürgerbuche gestrichen worden.

Reiffelt, Johann Christian Gottlieb (Raffelt), Goldarbeiter, geb. in Breslau, Sohn des Hausknechts Gottlieb Reiffelt, lernt bei Johann Christian Preuss von Michaelis 1818 bis Ostern 1824. Erwirbt das Bürgerrecht am 29. April 1842, alt 37 Jahre. Tritt am 15. Juli 1842 in die Innung ein. Zieht von Breslau weg, ist in der Meisterliste von 1844 nicht mehr genannt.

Reiffert, Friedrich Wilhelm, siehe Rüffer.

Reimann, Robert Herrmann, Goldarbeiter, Sohn des Gutsbesitzers Benjamin Reimann, erwirbt das Bürgerrecht am 28. Juli 1846, alt 25 Jahre. Wird nicht Innungsmitglied.

Reinhardt, Johann Gottlieb (Reinertt, Reichardt), Goldschmied, Sohn des Erbsassen Andreas Reinhardt in Breslau, arbeitet bei Hans Jachman d. j. als Meisterstück einen Kelch nebst Ring und Siegel, wird Meister am 21. Februar und Bürger am 31. März 1725. Da er die Zeichnung zu dem Kelche von einem fremden Goldschmiede hat anfertigen lassen, muss er 6 Rtlr. Strafe erlegen, und der Kelch wird zerschnitten. Reinhardt heiratet am 9. April 1725 Anna Eleonora, die Tochter des † Erbsassen Daniel Kraussnitz (Elis.). Seine Frau Anna Eleonora † 8. (begr. d. 10.) XII. 1731 (MM). Reinhardt heiratet XI. Trinitatis 1740 Anna Eleonora, geb. Gräbner, die Witwe des Goldschmiedältesten Friedrich Tulcke in Strehlen (MM). Scheidet am 24. September 1749 aus der Innung, um nach Strehlen überzusiedeln, lässt sich aber sein Meisterrecht für den Fall seiner Rückkehr reservieren.

Reinhardts, Thomas (Reynert), Goldschmied, erwirbt das Bürgerrecht am 16. Februar 1532, wird um dieselbe Zeit Meister. Stirbt vor 1544. Seine Tochter Anna heiratet am 6. November 1564 den Tischlergesellen Michel Demes (MM).

Reiss, Carl Heinrich, Goldarbeiter, geb. in Breslau, Sohn des Schuhmachers Philipp Reiss, lernt bei Samuel Jacob Sommé vom Qu. Johannis 1817 bis Ostern 1822. Erwirbt das Bürgerrecht am 20. Februar 1829, alt 26 Jahre. Wird nicht Innungsmitglied. Ist 1832 König der Schiesswerderschützen (Roland, Schiesswerderbuch, S. 28). Sein Name ist am 26. September 1835 im Bürgerbuche gestrichen worden.

Reiss, Johann Peter, Gold- und Silberfabrikant, Sohn des Gold- und Silberfabrikanten Johann George Reiss in Erlangen, heiratet in Breslau am 4. November 1750 Susanna Eleonora, die Witwe des Kaufmanns Johann Gottlieb Rubineck (Elis.).

Rennbeinstock, Johann George, siehe Rebenstock.

Renner, Friedrich Wilhelm, Silberarbeiter, lässt sich erst in Jauer als Meister nieder, wirbt später bei dem Breslauer Mittel ein und wird am 21. Juni 1745 als Meister aufgenommen. Erwirbt das Breslauer Bürgerrecht am 30. Juni 1745. Wohnt im Bürgerwerder. Stirbt am 19. (begr. d. 21.) Januar 1758, alt 58 Jahre 5 Tage (Elis.).

Reusse, Hans (Rewsse), Goldschmied, wird Bürger am Freitag vor Invocavit (21. Februar) 1477. Ist vor 1490 im Catalogus civium von 1470 gestrichen worden.

Reynert, Thomas, siehe Reinhardts.

Richter, Johann Christian, Goldschmied, ist 1695 in Gross-Glogau als Geselle tätig, heiratet daselbst und bittet die Stadt um ihren obrigkeitlichen Schutz (Stadtarchiv Glogau, Acta der Goldsch., Maler u. Bildh. Vol. I. 1695). Meldet sich 1706 in Breslau als Stückmeister, wird aber von der Innung mit der Begründung zurückgewiesen, dass er 1. anderswo verheiratet gewesen und allda einen Meister agieret, 2. in Breslau bei einem unbezechten Goldschmiede gearbeitet, 3. seine sechs Meisterjahre nicht nach den Breslauer Mittels-Artikeln gearbeitet und 4. bisher allhier einen Pfuscher agieret. Nach langwierigen Verhandlungen und Klagen vor den Ratmannen am 20. November 1706, 14. März 1707 und 20. Juni 1708 wird Richter angewiesen, noch vier Jahre bei einem hiesigen Meister gesellenweise zu arbeiten. Von dieser Zeit wird ihm am 3. Oktober 1711 ein halbes Jahr erlassen (Lib. definit. XI. 76b—77b, 80b—81b, 114b—115b, 214a—215b. Innungsurkundenslg. v. 1737, S. 250—264). Richter beginnt Ende 1711 sein Meisterstück, arbeitet bei Gottfried Heyner einen Kelch nebst Ring und Siegel, wird Meister Anfang 1712 und Bürger am 9. Juni 1712. Heiratet als Witwer am 20. Juni 1712 Anna Martha, die Tochter des † Kochs Jeremias Henschman (MM). Stirbt 1718.

Richter, Johann Franz Lorenz, Goldarbeiter, geb. in Breslau, Sohn des Schleifers Anton Richter, lernt bei Christian Gottlieb Streubel d. j. vom Qu. Trinitatis 1802—1808. Erwirbt das Bürgerrecht am 4. Februar 1820, alt 31 Jahre. Tritt am 11. Oktober 1820 in die Innung ein. Ist in der Meisterliste von 1830 das letzte Mal genannt.

Richter, Johann Friedrich, Goldarbeiter, geb. in Wien, Sohn des dortigen Goldarbeiters Johann Richter, meldet sich in Breslau am 17. Juni 1754 als Stückmeister, arbeitet bei Stephan Christian Luttroth einen Plack und Ring, wird Meister am 23. Oktober und Bürger am 28. Oktober 1754. Stirbt am 16. (begr. d. 19.) Januar 1758, alt 36 Jahre 4 Monate 3 Tage (Elis.).

Riffer, Friedrich Wilhelm, siehe Rüffer.

Riger, Benedict (Rieger), Juwelier von Nürnberg, heiratet in Breslau am 28. November 1623 Barbara, die Witwe des Handelsmannes George Güntzel (MM). Seine Witwe Barbara † 13. II. 1648 (Elis.).

Riger, Jobs (Rieger, Rüger), Kammer- und Hofjuwelier, von Nürnberg gebürtig, stirbt in Breslau am 13. März 1620, alt ungefähr 44 Jahre (Elis.).

Riher, Eucharius [Acharius] (Rieher, Richer, Riecher, Reher, Roehr, Röher), Goldschmied, heiratet als Geselle im Januar 1555 Hedwig, die Tochter des Goldschmieds Joachim Goltschmidt (MM). Erwirbt das Bürgerrecht am 5. März 1557, wird um dieselbe Zeit Meister. Wohnt auf der Schuhbrücke. Ist 1566 am Dom als Eideszeuge aufgeführt (Acta capituli v. 22. März 1566). Seine Tochter Katharina heiratet am 15. Oktober 1576 den Goldschmied Lorentz Steckel (MM). Seine Tochter Hedwig heiratet am 8. Februar 1580 den Goldschmied Sebastian Fesch d. ä. (MM). Riher stirbt am 15. März 1585, alt 58 Jahre. Seine Tochter Dorothea heiratet am 30. September 1586 den Hans Eberlein (MM). Seine Tochter Magdalena heiratet am 13. Oktober 1587 den Goldschmied Hieronimus von Breen (MM). Seine Tochter Anna (get. d. 2. VIII. 1571; MM) heiratet am 21. April 1592 den Kretschmer George Lomnit (MM). Seine Tochter Lucia (get. d. 8. V. 1575; MM) heiratet am 27. April 1598 den Schulmeister Oswald Hager (MM). Riher zeichnet ER ligiert in rundem Felde, vgl. Taf. III Nr. 56.

a. Fassung eines mittelalterlichen, arabischen Hedwigsglases mit zylindrischem, oben leicht ausgebauchtem, dünnwandigem Mantel mit rot aufgemalten arabischen Schnörkeln. Die vergoldete Silberfassung des oberen Randes trägt die Inschrift: IN LAVDEM ET HONOREM · OMNIPOTENTIS DEI AC · MEMORIAM · D HEDVIGIS · DVCISSÆ · SILESIÆ B(artholomaeus) · M(andel) MAGISTER HOC POCVLVM ADORNARE FECIT. Der Fuss wird durch eine vergoldete Silberfassung in Renaissanceformen gebildet, auf welcher vier Rundmedaillons mit den Evangelisten in Relief und zwischen diesen vier ovale Schilde mit den Wappen der Klöster St. Matthias und Vincenz in Breslau, Leubus und Heinrichau nebst Namensinitialen der damaligen (1567) Äbte in bunter Emailmalerei angebracht sind. Die am unteren Teile des Glases mit einem Diamanten eingeritzte Inschrift nebst Jahreszahl „Andreas abbas Henrichouensis Anno 1567" dürfte ziemlich genau die Entstehungszeit der Fassung angeben. H. 23,4 cm. Beschauz. W Typus II u. Meisterz. — Schlesisches Museum für Kunstgewerbe und Altertümer, Breslau (Ausführlich beschrieben und abgebildet bei E. v. Czihak, Schlesische Gläser [Breslau 1891], S. 188 f. Nr. 4, abgeb. Taf. VI).

Ritter, Gregor, aurifaber, wird Bürger am Freitag vor Invocavit (17. Februar) 1464. Ist im Catalogus civium von 1470 nicht mehr erwähnt.

Ritter, Johann Gottfried, Silber- und Galanteriewarenarbeiter, Sohn des fürstl. Hofrats Johann Ritter in Öls, meldet sich in Breslau am 17. Juni 1751 als Stückmeister, arbeitet bei Christian Beyl ein silbernes Giessbecken nebst Kanne, wird Meister am 15. November 1752 und Bürger am 13. Juli 1753. Heiratet am 6. November 1759 Susanna Rosina, die Tochter des † Braumeisters Johann Hilsten (Elis.). Seine Frau † 27. (begr. d. 29.) VII. 1761 (Elis.). Ritter heiratet am 30. Mai 1764 Anna Maria, die Tochter des † Kaufmanns Jacob Järchen in Hirschberg (Elis.). Stirbt am 22. November 1788, alt 72 Jahre.

Roemer, Johann Ernst (Roemmer, Röhmer, Rammer), Goldarbeiter, geb. in Breslau, Sohn des Venditers Peter Roemer, meldet sich am 17. Juni 1754 als Stückmeister, arbeitet bei Johann David Kriebel einen mit Rauten und Rubinen besetzten Patzel und einen doppelt karmoisierten Brillantring, wird Meister am 16. Oktober und Bürger am 17. Oktober 1754. Heiratet am 22. Oktober 1754 Johanna Eleonora, die Tochter des † Destillateurs Christian Künzel (Elis.). Stirbt am 24. (begr. d. 26.) April 1764, alt 45 Jahre 15 Wochen 4 Tage (MM). Seine Witwe Johanna Eleonora heiratet am 8. April 1766 den Goldarbeiter Johann Christian Petzold (MM). Seine Tochter Rosina Eleonora heiratet am 26. Oktober 1786 den Kauf- und Handelsmann Christian Mentzel (MM).

Rötche, Gustav, Goldarbeiter, tritt am 15. Juli 1886 in die Innung ein und bleibt Mitglied bis zum 13. Oktober 1893.

Rötel, Samuel (Röthel), Goldschmiedgeselle, Sohn des † Goldschmieds Balthasar Rötel in Beuthen a. d. Oder, stirbt in Breslau am 7. Juli 1671, alt 42 Jahre (Elis.).

Röttig, Hans (Rättig), Goldschmiedgeselle, stirbt am 10. (11.) August 1633, alt 21 Jahre (Elis.), hat bei George Sauerman in Arbeit gestanden.

Rogusch, Lazarus, siehe Bogusch.

Roland, Johann Gottlieb (Rohlandt), Goldschmied, heiratet als Witwer 50 Jahre alt am 19. Juli 1773 Magdalena, die Tochter des † Tuchmachers Jeremias Krannich in Festenberg (MM).

Roloff, Johann Wilhelm, Silberarbeitergeselle von Danzig, stirbt in Breslau 1792 (Elis.).

Rorman, Mertin (Borman), aurifaber, wird Bürger am Freitag vor Invocavit (9. Februar) 1459. Erscheint 1467, 1470, 1473 in den Geschworenenlisten der Signaturbücher als Zunftsenior. Stirbt um 1492 (?).

Rosche, August, Goldarbeiter, geb. in Berlin, Sohn des Uhrmachers Georg Carl Rosche, erwirbt das Breslauer Bürgerrecht am 27. Juli 1831, alt 35 Jahre. Wird nicht Innungsmitglied. Sein Name ist 1851 im Bürgerbuche getilgt worden.

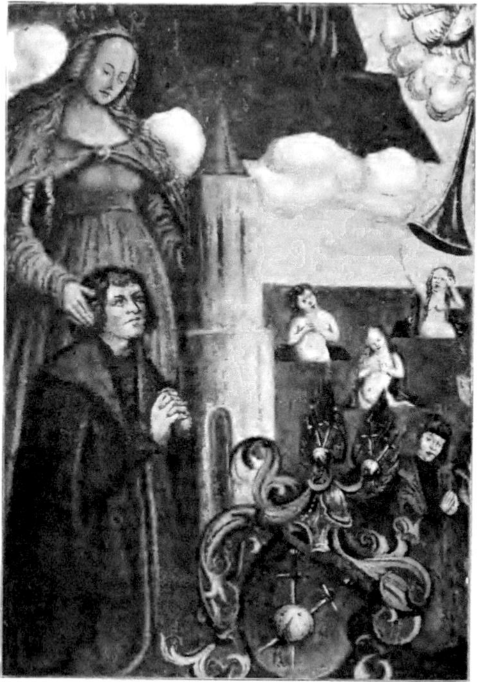

Fig. 32. Oswald Rothe, sein Wappen und seine Schutzpatronin

Rose, Carl Friedrich, Silberarbeiter, geb. in Berlin, Sohn des Lieferanten Johann Christoph Rose, lernt in Berlin bei Carl Gottlieb Jungerwirth vom Qu. Johannis 1791—1797. Heiratet in Breslau im Mai 1801 Maria Magdalena, die Tochter des Schneiders Johann Wilhelm Kiel in Ohlau (Elis.). Arbeitet bei Johann Bernhard Hoensch als Meisterstück einen silbernen Aufsatz, wird Meister am 11. März und Breslauer Bürger am 19. März 1802. Läuft 1805 davon.

Rosenzweig, Barthel, Goldschmied; am 24. September 1624 stirbt seine Witwe Margareta.

Rotchen, Niclas, alias Sachse, aurifaber, wird Bürger am Montag nach Hedwigis (20. Oktober) 1449. Ist im Catalogus civium von 1470 nicht mehr erwähnt.

Roth, George, fürstl. Goldarbeiter in Brieg, Sohn des Goldarbeiters Joachim Roth in Liegnitz, heiratet in Breslau am 31. August 1626 Christina, die Tochter des Ratsherrn George Rüger in Schneeberg in Sachsen (MM).

Rothe, Oswald (Roth, Rote, Rath), Goldschmied, erwirbt das Bürgerrecht am Mittwoch vor Thome (20. Dezember) 1503, wird um dieselbe Zeit Meister. Wohnt an der Ostseite des Ringes in seinem eigenen Hause (heute etwa das Grundstück Nr. 38). Ist häufig zwischen 1504—1522 als Besitzer dieses Hauses in den Traditionsbüchern I—IV genannt. Verreicht 1504 dem Sebald Sauerman 3 Mk. jährl. Zins auf sein Haus am Ringe bei Philipp Strol und Hans Conrad (Tradb. I. 61 b). Seine Frau Magdalena, geb. Wolff, reicht mit ihren Verwandten am 2. Mai 1505 ihr Haus am Ringe zwischen Hans Crapff und der alten Dachsin dem Lenhart Fogel (Tradb. I. 70). Rothe reicht 1517 zu Handen des St. Andreas-Altares in der Elisabethkirche 4 Mk. jährl. Zins auf sein Haus und Erbe am Ringe, gelegen zwischen des Conrad Sauerman (später Dorothea Wienerin) und des Kannegiessers Niclos Grwnbowm (später Peter Flemingk, seit 1520 Michael Schweinlein) Grundstücken, abzulösen um 60 ungar. Gulden (Tradb. III. 14b). Rothe erscheint 1509, 1510, 1514 in den Geschworenenlisten der Signaturbücher als Zunftsenior. Stirbt 1522. In demselben Jahre verkauft seine Witwe Magdalena mit ihren Angehörigen und den Vormündern ihres Sohnes das genannte Haus und Erbe des Verstorbenen an Walter Molhart (Tradb. IV. 21 b). In der Kapelle der Goldschmiede-Innung in der St. Maria Magdalenenkirche hängt an dem Mittelpfeiler das auf Seite 14 erwähnte Epitaphium. Die linke untere Ecke desselben mit dem Bildnisse Oswald Rothes nebst seinem Wappen (das 1545 und 1568 unter den Königsschildchen der Zwingerschützen wiederkehrt) und seiner Schutzpatronin, der hl. Barbara, ist Fig. 32 abgebildet. In der Überschrift des Epitaphiums heisst es, dass die Frau Magdalena Oswald Rothin 1515 gestorben ist; da aber in den Traditionsbüchern 1522 die verwitwete Frau Magdalena Rothe vorkommt, muss Rothe entweder als Witwer eine zweite Frau mit Namen Magdalena geehelicht haben, oder das Todesjahr der Frau wurde auf den Epitaphium bei einer späteren Restaurierung falsch gelesen; vielleicht hiess es ursprünglich 1525 (siehe Seite 14). Obwohl während der Tätigkeitsdauer von Oswald Rothe durch die Innungsprivilegien noch keine Beschau und Stempelung eingeführt war, versah doch Rothe seine Arbeiten mit dem auf Taf. III Nr. 50 abgebildeten Meisterzeichen R in einem O.

a. Armreliquiar Johannes des Täufers, Silber mit Vergoldung, auf sechskantigem Sockel. In der Mitte des Armes ein Glaszylinder, darin ein kleiner vergoldeter Arm. Auf der Manschette des grossen Armes in Niello die Inschrift: „DEO · OPTIMO · MAXIMO · INTEMERATEQVE · GENITRICI · EIVS · VIRGINI · MARIE · AC · DIVO · IOANNI · BAPTISTE · ET · GLORIOSIS · WRATISLAVIENSIS · ECCLESIE · PATRONIS · IOANNES · SCHEWERLEIN · CANONICVS · ET · OFFICIALIS · WRATISLAVIENSIS · PRO · VITAE · NOCENTER · ACTE · EXPIATIONE · SVORVMQVE · DILVCIONE · CRIMINVM · INDICEM · HVNC ·

SANCTI · IOANNIS · BAPTISTAE · ERE · ET · IMPENSIS · SVIS · DECORATVM · SACRVM · CVPIT · ANNO · CRISTIANE · SALVTIS · MCCCCCXII·" H. 48,5 cm. Meisterz. — Domschatz, Breslau.

b. Kelch, Silber vergoldet, abgebildet auf Seite 3 Fig. 2. Auf dem sechspassigen Fusse in Gravierung Heilige, darunter die Namenspatronin der Stifterin und St. Georg. Am Fussrande die Inschrift: „VRSVLA · IORG · BERIN · ME · COMPARAVIT 1518". Über dem hl. Georg ein Schild mit Hauszeichen, links und rechts davon die Initialen IP. H. 19,5 cm. Meisterz. zweimal u. Kriegssteuerst. Adlertypus. — Elisabethkirche, Breslau.

c. Kelch, Silber vergoldet, in der Form Nr. b ganz gleich, doch auf dem Fusse der Auferstandene, der hl. Franciscus und ein Wappen nebst Astwerk in Gravierung und auf der Kuppa kein plastischer, sondern ein gravierter Fries als Abschluss des darunter gravierten Masswerkes. H. 20,1 cm. Meisterz. — Kath. Pfarrkirche St. Katharinae, Guhrau.

d. Monstranz, Silber mit wenig Vergoldung, abgebildet Fig. 33. Rechts und links vom Tabernakel die HH. Nicolaus, Katharina, Johannes der Täufer und Hedwig, darüber Christus als Schmerzensmann. Am Fusse die nachträglich eingravierte Jahreszahl 1654. H. 81 cm. Meisterz. zweimal u. Kriegssteuerst. Adlertypus. — Kath. Stadtpfarrkirche St. Nicolai, Glogau. Die Kirche bewahrt noch zwei kleine, silbervergoldete Heiligenfigürchen auf kurzen, gewundenen Säulchen (H. 9.7 u. 10 cm.), die ehedem zu der Fig. 33 abgebildeten Monstranz gehörten aber gelegentlich einer vor einigen Jahren vorgenommenen Restauration weggelassen wurden.

Rottwitt, Jacob Andreas (Rottwitz, Rottwig, Rotwieck), Goldarbeiter, Sohn des Kgl. dänischen Mühleninspektors Andreas Rottwitt in Kopenhagen, arbeitet in Breslau bei Michael Wissmar als Meisterstück einen Uhrhaken und Ring, wird Meister am 2. Dezember und Bürger am 17. Dezember 1743. Heiratet am 11. Februar 1744 Christina Magdalena, die Tochter des Goldschmieds Daniel Petzold d. j. (Elis.). Stirbt 1775. Seine Tochter Christiana Carolina heiratet im November 1779 den Chirurgen Christian Gottfried Wetzig (Elis.). Sein Sohn Benjamin Christlieb, Kgl. Salzamts-Kontrolleur, heiratet im Juni 1780 Maria Elisabeth, die Tochter des

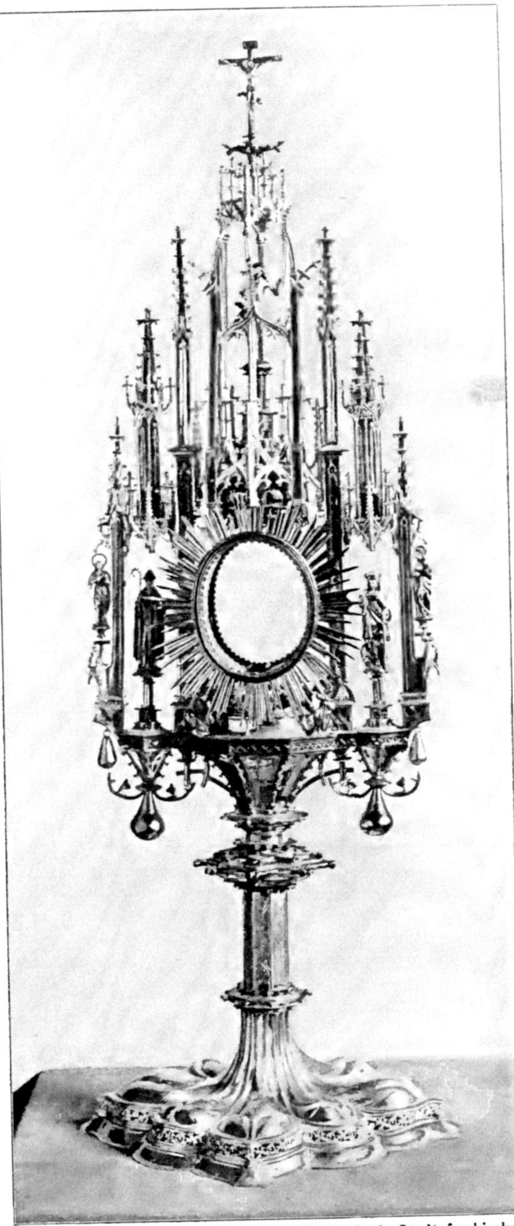

Fig. 33. Oswald Rothe: Monstranz in der kath. Stadtpfarrkirche in Glogau

Perückenmachers Frantz Hedlinger (Elis.). Seine Tochter Dorothea Sophia heiratet im Mai 1785 den Coffetier Johann Friedrich Beede (Elis.).

Rubin, George, Goldschmied, Sohn des Rademachers Jacob Rubin in Kertschen (?) bei Öls, wird 1683 in Breslau Bürger und Meister. Heiratet am 23. November 1683 Anna Maria, die Tochter des Johann Balthasar Karge, Kantors an der St. Elisabethkirche (Elis.). Wohnt erst auf der Schuhbrücke, dann auf der Schmiedebrücke in dem Hause des Uhrmachers Johann Wuttke. Gibt um 1708 sein Handwerk auf und zieht auf das Land, bleibt aber Mitglied der Innung. Seine Frau Anna Maria † 1. (begr. d. 3.) VI. 1714 (Elis.). Er selbst stirbt im August 1714.

Rudell, Merten, kein Goldschmied, sondern ein Tuchmacher in der Neustadt-Breslau, wurde durch ein Versehen des Stadtschreibers im Catalogus civium von 1470 unter die Goldschmiede geschrieben.

Rudloff, Hans, Goldschmiedgeselle, Sohn des Goldschmieds Kilian Rudloff in Sagan, heiratet in Breslau am 4. Oktober 1574 Magdalena, die Tochter des † Merten Konig (MM).

Rudolff, Wincencius [Veczens], aurifaber, wird Bürger am Sonnabend vor Vocem jocunditatis (30. April) 1440. Erscheint 1448 und 1451 in den Geschworenenlisten der Signaturbücher als Zunftsenior.

Rudolph, Joachim, von Lüneburg, Silberarbeiter auf dem Sande, wird 1662 in der Spezifikation der Pfuscher in und vor Breslau erwähnt (Bresl. Kgl. Staatsarchiv, Stadt Breslau, II. 10d 3).

Rudolph, Johann August Albert, Goldarbeiter und Uhrgehäusemacher, geb. in Breslau, Sohn des Schuhmachers Johann Rudolph, lernt bei Johann Carl Siegmund Grauer von Ostern 1816 bis Weihnachten 1819, dann bei Johann Christian Wilhelm Stuppe bis 28. März 1822. Erwirbt das Bürgerrecht am 27. April 1830, alt 27 Jahre. Tritt am 26. Oktober 1839 in die Innung ein. Ist vom 15. Januar 1861 bis 1876 Stempelmeister mit dem Buchstaben U. Stirbt am 12. April 1878.

Rüffer, Friedrich Wilhelm (Riffer, Ruffer, Ruffert, Reiffert), Goldarbeiter, geb. in Schweidnitz, lernt daselbst bei Johann Gottfried Keil von 1784—1789, wird losgesagt am 23. Februar 1789. Arbeitet in Breslau bei Ferdinand Christian Krebs als Meisterstück ein Halsband in Filigranarbeit mit Amethystfluss, wird Meister am 15. Dezember 1801 und Bürger am 19. März 1802. Ist in der Meisterliste von 1824 das letzte Mal genannt.

Rüger, siehe Riger.

Sachs, George, Goldschmied; am 14. April 1647 stirbt seine Witwe Anna.

Sachs, Hans, wohl kein Goldschmied, sondern ein Innungsbeisitzer; sein Name ist im Catalogus civium von 1525 an zweiter Stelle später angefügt worden.

Sachs-Lotterman, Hans, siehe Lotterman.

Sachse, Heinrich, d. ä., aurifaber, wird Bürger am Montag nach Bartholomaei (25. August) 1421.

Sachse, Heinrich (Heincz Sachs, Sachsse), d. j., aurifaber, wird Bürger am Dienstag vor Petri ad vincula (30. Juli) 1454. Ist 1460 Zunftsenior. Stirbt nach 1470.

Sachse, Jacobus, aurifaber, wird Bürger am Montag vor Egidii (30. August) 1417. Erscheint 1422 und 1428 in den Geschworenenlisten der Signaturbücher als Zunftsenior. Bürgt 1424 für Gerhardus Kelr. Stirbt nach 1430.

Sachse, Niclas, siehe Rotchen.

Sachse, Stephanus (Steffan Sachs), aurifaber, wird Bürger am Montag vor Simonis et Jude ap. (26. Oktober) 1450. Erscheint 1457 und 1464 in den Geschworenenlisten der Signaturbücher als Zunftsenior. Stirbt nach 1470.

Sack, Petir, aurifaber, wird Bürger am Montag vor Michaelis (27. September) 1434.

Saffran, Johann Benjamin, Goldarbeiter ausserhalb der Zunft, wird 1746 am Dom erwähnt (Schles. Vorz. VII. 488).

Sagmeister, Leopold, Goldschmied am Hinterdom, wird 1741 erwähnt (Schles. Vorz. VII. 488).

Sammerman, Peter, Goldschmied; am 6. April 1732 stirbt sein Sohn Martin Friedrich.

Sander, Benjamin Gottlieb (Sandner, Sanner), Silberarbeiter, geb. in Beuthen an der Oder, lernt daselbst bei dem Silberarbeiter Christoph Schönpflug vom 18. August 1746—1752. Meldet sich in Breslau am 12. (27.) Dezember 1763 als Stückmeister, arbeitet bei Johann Gottlieb Schmidt ein silbernes Giessbecken nebst Kanne, wird Meister am 16. April und Bürger am 18. Oktober 1764. Seine Frau Anna Juliana, geb. Reymann, † 4. (begr. d. 7.) XII. 1776 (MM). Sander verbringt die letzte Zeit seines Lebens im Armenhause und stirbt, von Melancholie befallen, am 10. Mai 1794, alt 63 Jahre. Zeichnet BGS in einem Dreipasse, bisweilen auch SANDER, positiv eingeschlagen, vgl. Taf. V Nr. 165.

a. Altarleuchter, Silber, mit Blumen und Rokokokartuschen in getriebener Arbeit. Datiert 1774. Johanneskopf Typus XIII, Stempelmeisterb. G Typus II u. Meisterz. — Maria Magdalenenkirche, Breslau.

b. Silberfassung eines Krügels aus Terra sigillata, auf dem glatten, schildförmigen Silberbelag des Krügels vier gravierte Wappen (das erste das der Freiherrn Stein von Altenstein; die übrigen noch nicht bestimmt). Auf dem Deckel als Knopf ein sitzender Hund. H. 16,6 cm. Johanneskopf Typus XIV (Stempelmeisterb. fehlt) u. Meisterz. BGS, letzteres zweimal eingeschlagen. — Staatsrat O. v. Essen, Breslau.

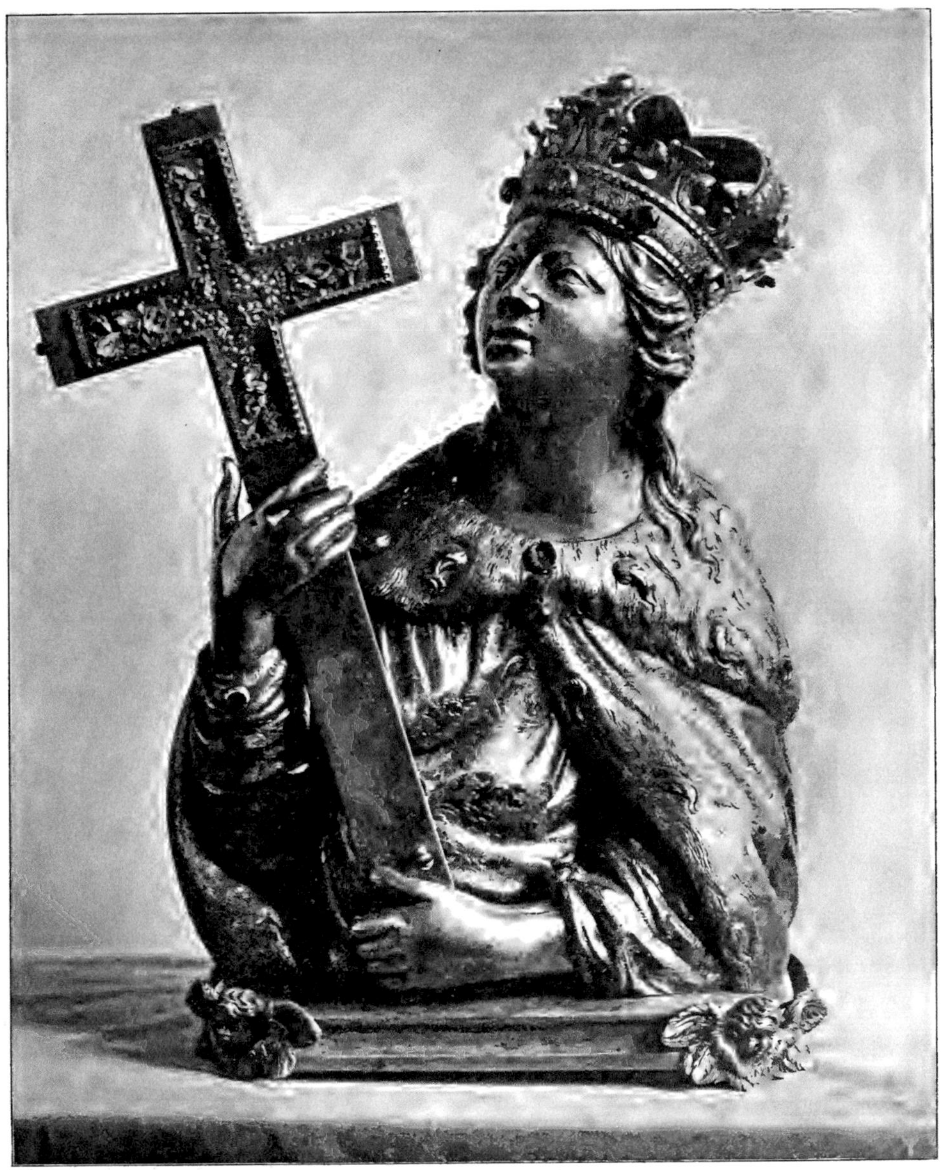

Fig. 34. Matthias Sbarasky: Büste der Kaiserin Helena in der Kreuzkirche in Breslau

Sandig, Hugo Gustav Adolph, Silberarbeiter, geb. in Breslau am 24. Juni 1837, Sohn des Schneidermeisters Sandig, lernt bei Carl Gottlieb Schneider vom Qu. Johannis 1851—1856. Lässt sich in Liegnitz als Meister nieder, sucht am 9. Juni 1873 seine Aufnahme bei der Breslauer Innung nach, die ihm gewährt wird. Darauf bleibt Sandig in Liegnitz und scheidet 1874 wieder aus dem Mittelsverbande.

Sandt, Ivor (Iver Sant, Jier Sannt, Ivor Larsen Sandt, Ivorsandt), Goldschmied, Sohn des Schiffsbaumeisters Lorentz Sandt in Bergen in Norwegen, wird in Breslau Meister Anfang Dezember und Bürger am 30. Dezember 1729. Heiratet am 10. Januar 1730 Susanna, die Tochter des Erbscholzen Martin Grünig in Dammer bei Bernstadt (Elis.). Seine Frau Susanna † 18. (begr. d. 20.) III. 1734 (Elis.). Sandt heiratet am 30. Oktober 1736 Christina Elisabeth, die Tochter des † Pfarrers Gottfried Kupfer in Zeithain und Röderau in Sachsen (Elis.). Seine Frau Christina Elisabeth † 30. XII. 1737 (begr. d. 1. I. 1738; Elis.). Er selbst stirbt oder verzieht von Breslau um 1742.

Sauerman, George (Saurman, Sawerman), Goldschmied, geb. zu Dünckelpyell (?) in Schwaben, heiratet in Breslau als Geselle nach dem am 27. September erfolgten Aufgebot am 6. Oktober 1598 Katharina, die Tochter des Goldschmieds Sebastian Goldthoff d. ä. (MM). Wird Ende 1598 Bürger und Meister. Wohnt auf der Schmiedebrücke, dann auf der Stockgasse in seinem eigenen Hause. Seine Frau Katharina † 7. IV. 1603 (Elis.). Sauerman heiratet am 31. August 1604 Margareta, die Tochter des † Fleischers Adam Ulrich aus Münsterberg (MM). Kommt 1605 in Görlitz in einer für ihn persönlich gleichgültigen Angelegenheit vor (Schles. Vorz. VII. 483). Wird 1615 als Hausbesitzer im Besichtigungsbuche der Breslauer Kretschmer-Innung (S. 371) erwähnt. Seine Tochter Maria heiratet am 23. Januar 1624 den Goldschmied George Nitsch (Elis.). Seine Frau Margareta † 18. (19.) X. 1626 (Elis.). Er selbst stirbt am 23. (begr. d. 25.) August 1633 an der Pest, alt etliche 60 Jahre (Elis.).

Sbarasky, Matthias (Sbaraschky, Sparassky), Goldschmied, geb. in Lemberg in Polen, wird in Breslau Meister Anfang Mai und Bürger am 30. Mai 1698. Heiratet bei St. Matthias am 10. Juni 1698 Rosina Werner. Stirbt am 1. (2.) August 1715; ist in der St. Matthiaskirche feierlich beigesetzt worden. Sbarasky zeichnet MS in ovalem Felde, vgl. Taf. IV Nr. 120.

a. Schüssel mit Messkännchen, Silber mit Vergoldung, am Rande gerippt, im Spiegel der Schüssel Akanthusranken auf punziertem Grunde. Mit Inschrift: „Joannes Franciscus Beer Colleg: Ecclesiae Ratiboriae Canonicus S. Crucis Wratislaviae Vice-Decanus proprio aere F. F. A. 1703". Dm. 37 × 28 cm. Johanneskopf Typus II, Meisterz. u. Kriegssteuerst. 𝔉𝔚. — Kreuzkirche, Breslau.

b. Ciborium, Silber vergoldet, auf dem Deckel ein kleines Kreuz. Am Fusse die Inschrift: „Sum Eccl: S. Ægdij Wratislaviae 1707". H. 23 cm. Johanneskopf Typus II, Meisterz. u. Kriegssteuerst. 𝔉𝔚. — Kreuzkirche, Breslau.

c. Büste der Kaiserin Helena, Silber mit Vergoldung und farbigen Steinen, abgebildet Fig. 34. H. 45 cm. Johanneskopf Typus II, Meisterz. u. Kriegssteuerst. 𝔉𝔚. — Kreuzkirche, Breslau.

d. Kelch, Silber vergoldet, auf dem profilierten, sechspassigen Fusse und dem birnförmigen Nodus abwechselnd Fruchtbehänge und Akanthusrankenwerk in getriebener Arbeit, sowie ein Monogramm. Kuppabelag mit Laub- und Bandelwerk in durchbrochener Arbeit. H. 24 cm. Johanneskopf Typus IV, Meisterz. u. Kriegssteuerst. 𝔉𝔚. — Kreuzkirche, Breslau.

e. Rahmen zu drei Kanontafeln, Silber, aus leicht profilierten Leisten mit Akanthusrankenwerk. Gr. 56 × 45 und 28 × 36,5 cm. Johanneskopf u. Meisterz. — Kreuzkirche, Breslau.

Schaffman, Adolphus Henricus (Adolph Heinrich Schaffmann), Galanteriewarenarbeiter, meldet sich 1735 als Stückarbeiter; da ihm jedoch die Innung wegen der Rezeption Schwierigkeiten bereitet, wendet er sich nach Wien an Kaiser Karl VI., der durch ein Schreiben vom 21. Oktober 1735 anordnet, dass dem Schaffman, „wann er vorderist alle vermög innungen und der neuen handwercksordnung erforderliche praestanda geleistet haben wird, das meisterrecht von dem Breßlauer goldschmiedmittel ertheilet werden möge" (Lib. definit. XIII. 38 a—39 a). Ende 1735 wird Schaffman „auf Kaiserlichen Befehl" in das Mittel aufgenommen. Liefert 1739 eine Monstranz nach Rothschloss bei Nimptsch, die ihm nicht bezahlt wird; er verklagt den Pfarrer bei dem Breslauer Vikariatsamte (Prot. Vic. Gen. v. 3. Dez. 1739). Ist in der Meisterliste von 1746 das letzte Mal erwähnt.

Schaffman, Johann Heinrich [Andreas] (Schafman), Galanteriewarenarbeiter, verfertigt bei Heinrich August Joel als Meisterstück eine Dose und ein Etui, wird Meister im Juni und Bürger am 11. September 1739. Stirbt 1773.

Schaller, Lorencz, Goldschmied, erwirbt das Bürgerrecht am 28. Februar 1528, wird um dieselbe Zeit Meister. Stirbt vor 1544. Seine nachgelassene Tochter Judith heiratet im Juni 1554 den Schneidergesellen Merten Semler (MM).

Schaller, Ulrich, Goldschmied, erwirbt das Bürgerrecht am 7. Februar 1533, wird um dieselbe Zeit Meister. Ist im Catalogus civium von 1544 nicht mehr erwähnt.

Schar, Paul (Schahr, Scher), Goldschmied in der Neustadt-Breslau, stirbt am 4. Oktober 1585.

Scharff, Johann Heinrich Wilhelm, Goldarbeiter, geb. in Breslau, Sohn des Rendanten Wilhelm Gottlieb Scharff, lernt bei Johann Carl Böttiger vom Qu. Trinitatis 1801—1806. Erwirbt das Bürgerrecht am 2. Februar 1819, alt 33 Jahre. Wird nicht Innungsmitglied. Zieht später nach Schmarse bei Öls, lässt sich aber sein Bürgerrecht reservieren.

Schein, Daniel, Goldschmiedgeselle von Tyrnau in Ungarn, Sohn des dortigen Bürgers und Goldschmieds Christoff Schein, lässt sich vom Rate seiner Vaterstadt am 12. Mai 1627 einen Geburtsbrief ausstellen, um in Breslau von den Ältesten und Jüngsten der Goldschmiede gleich anderen ehrlichen Gesellen geehrt und gefördert zu werden (Lib. definit. V. 240 a—242 b).

Schelhase, Johann Benjamin (Scheelhaase), d. ä., Silberarbeiter, geb. in Breslau, arbeitet zuerst als Pfuscher. Heiratet als Witwer am 24. November 1767 Anna Barbara, die Tochter des † Dreschgärtners Heinrich Winderlich (Elis.). Meldet sich gezwungenermassen am 28. Juli 1774 als Stückmeister, arbeitet eine silberne Zuckerschale, wird Meister am 16. Juni und Bürger am 19. September 1775. Da er bei seiner Aufnahme in die Innung bereits ein Mann von 52 Jahren ist, wird ihm das Rezeptionsgeld von 100 auf 50 Gulden ermässigt. Stirbt am 9. März 1794.

Schelhase, Johann Benjamin (Scheelhaase), d. j., Silberarbeiter, geb. in Breslau, Sohn des Johann Benjamin Schelhase d. ä., lernt bei seinem Vater vom Qu. Lucie 1789 bis Qu. Crucis 1794. Arbeitet bei Johann Bernhard Hoensch als Meisterstück eine silberne Zuckerschale mit Löffel, wird Meister am 17. Juli und Bürger am 16. Oktober 1801. Stirbt 1824. Schelhase d. j. zeichnet BS in rundem Felde, vgl. Taf. V Nr. 180.

a. Kaffeelöffel, Silber, in Empireform. Johanneskopf u. Meisterz. — Frau Prof. Dr. Hintze, Breslau.

b. Buchschliesse, Silber, mit geflügelten Engelsköpfen und Bandwerk in durchbrochener Arbeit. Johanneskopf u. Meisterz. — Schlesisches Museum für Kunstgewerbe und Altertümer, Breslau.

Scherer, Paul, Goldschmiedgeselle, Sohn des Hans Scherer, heiratet Jubilate 1575 Regina, die Tochter des † Christoph Klein (Elis.).

Scherff, Hannos, aurifaber, wird Bürger am Tage Divisio apostolorum (15. Juli) 1405; Bürge ist Hannos Nysser.

Schewenpflug, Georgius, aurifaber, wird Bürger am Freitag vor Misericordia domini (17. April) 1439.

Schiebler, Johann Lorenz (Schübler, Schubler), d. ä., Silberstecher, erwirbt das Bürgerrecht am 4. September 1744. Stirbt am 28. (begr. d. 30.) Januar 1752, alt 56 Jahre 6 Monate 28 Tage (MM). Seine Witwe Maria, geb. Wagner, † 8. (begr. d. 10.) IX. 1753.

Schiebler, Johann Lorenz (Schübler), d. j., Silberstecher; am 18. (begr. d. 20.) Oktober 1758 stirbt seine Frau Christina Eleonora. Schiebler heiratet am 21. August 1759 Rosina Eleonora, die Tochter des Leinwandreissers Gottlieb Freytag (Elis.). Seine Tochter Maria Elisabeth heiratet am 13. Oktober 1772 den Kürschner Johann Siegemund Klose (MM). Schiebler stirbt am 30. Juli (begr. d. 1. August) 1773, alt 47 Jahre 10 Monate 21 Tage (MM). Seine Witwe † 23. (begr. d. 26.) IV. 1778 (MM). Seine Tochter Johanna Rosina heiratet am 17. April 1782 den Destillateur Christian Gottlob Starosta (Elis.).

Schier, Hans [Johann], Goldschmied, Sohn des polnischen Regiments-Fouriers George Schier, wird Ende 1667 in Breslau Bürger und Meister. Heiratet am 31. Januar 1668 Anna Katharina, die Tochter des Goldschmiedältesten George Volgnadt (Elis.). Wohnt am Ringe unter den Riemern. Stirbt am 30. Oktober 1683, alt 41 Jahre 6 Monate (Elis.). Seine Witwe Anna Katharina heiratet am 18. Juni 1686 den Juwelier Johann Vogel (Elis.). Seine Tochter Maria Katharina heiratet am 31. Juli 1703 den Schulhalter Johann George Kuntz (Elis.). Seine Tochter Maria Magdalena heiratet am 19. Oktober 1706 den Amtmann Johann Ernst Breye (Elis.).

a. Willkommschildchen, Silber, in Kartuschenform, mit zwei Engeln und einem Engelsköpfchen in getriebener Arbeit. In der Mitte ein vergoldetes Oval mit der Inschrift: „Johannes Schier goldt Schmiedt in Breslau VerEhrte dieses zum Andencken der löblichen Bruderschaft der Tuchknabben. Ao 1676 den 22 Juny." H. 7,1 cm. Br. 6,2 cm. — Reg.-Baumeister Epstein, Berlin.

Schier, Johann George, Goldschmied, geb. in Breslau, Sohn des Goldschmieds Hans Schier, wird 1707 Meister. Erwirbt das Bürgerrecht am 9. September 1707. Heiratet am 17. Oktober 1707 Susanna, die Witwe des Goldschmieds Christian Winckler (MM). Ist am 5. März 1719 Taufzeuge bei St. Matthias. Seine Tochter Johanna Katharina heiratet am 18. April 1730 den Goldschmied Christian Dietrich (MM). Schier stirbt am 9. (begr. d. 11.) April 1740, alt 69 Jahre 8 Monate 2 Tage (Elis.). Seine Witwe Susanna † 12. (begr. d. 14.) XI. 1743 (Elis.). Schier zeichnet IGS in einem dreipassigen Blatte, vgl. Taf. IV Nr. 129.

a. Frauengürtel, Silber, mit Schlussrosette. „Wiegt 54 2/8 loth." Beschauz. W Typus VII, Stempelmeisterb. C u. Meisterz. — Schlesisches Museum für Kunstgewerbe und Altertümer, Breslau.

Schier, Tobias, Goldschmied, wird Meister im Januar und Bürger am 7. Februar 1702. Seine Frau Dorothea, geb. Teubner, † 28. (begr. d. 30.) V. 1733 (Elis.). Er selbst stirbt am 10. (11., begr. d. 12.) August 1733, alt 60 Jahre 6 Wochen (Elis.). Seine Tochter Christina Dorothea heiratet am 22. November 1734 den Seidenstricker Christoph Krause (Elis.). Seine Tochter Beata Juliana heiratet am 20. Januar 1738 den Schneider Benjamin Hille (Elis.). Schier zeichnet TS in ovalem Felde, vgl. Taf. IV Nr. 124.

a. Altarkreuz, Silber mit wenig Vergoldung, auf dreiteiligem Fusse. Datiert 1706. Johanneskopf Typus II u. Meisterz. — Bernhardinkirche, Breslau.

b. Kelchbecher, Silber, auf hohem profiliertem Ständerfusse. Auf dem zwölfkantigen vergoldeten Becher ein umgelegtes silbernes Band mit Inschrift und drei angelehnte grosse Schildchen. Stiftung der Kassierer und Ältesten der Zwingerschützen. Datiert 1706. H. 23,4 cm. Johanneskopf (undeutlich), Meisterz. u. Kriegssteuerst. 𝔍𝔚. — Kleinodien der Zwingerschützen in Breslau. Schlesisches Museum für Kunstgewerbe und Altertümer, Breslau (Vgl. Schlesiens Vorzeit, Bd. VII S. 183 Nr. 12).

c. Kelchbecher, Silber, Fuss, Ständer, Unterteil des Kelches gerieft und leicht vergoldet. Auf dem Becher eine Kartusche mit dem Monogramm des Dr. med. Pauli in Gravierung. Am Fusse die Inschrift: „Donavi Ao 1710. Zum andencken wolle dis die Zwinger Brüderschafft bey den Extra-Vorteln brauchen." H. 19,7 cm. Johanneskopf Typus IV, Stempelmeisterb. A, Meisterz. u. Kriegssteuerst. 𝔍𝔚. — Kleinodien der Zwingerschützen in Breslau. Schlesisches Museum für Kunstgewerbe und Altertümer, Breslau (Vgl. Schlesiens Vorzeit, Bd VII S. 183 Nr. 13).

d. Monstranz, Silber mit Vergoldung und vielen Steinen, auf dem ovalen, achtpassig gebogten, profilierten Fusse silberne Medaillons mit Szenen aus dem Leben Jesu und der Jungfrau Maria und üppiges, doch wenig klares Blumen- und Rankenwerk. Über der Lunula Gott Vater und die Taube des hl. Geistes, unten knieen die hl. Ursula und der hl. Antonius, die Schutzpatrone der Ursulinerinnen. Zu beiden Seiten des Tabernakels vorder- und rückseitig je drei Medaillons mit Szenen aus dem Leben Jesu und der Jungfrau Maria. Das Ganze wird durch Laubwerk umrankt. Zu beiden Seiten der Scheibe drei umklappbare Arme. H. 69,3 cm. Johanneskopf Typus IV, Stempelmeisterb. A, Meisterz. u. Kriegssteuerst. 𝔍𝔚. — Kloster der Ursulinerinnen, Breslau.

e. Kelch, Silber vergoldet, auf dem profilierten, sechspassigen Fusse silberne Medaillons mit Halbfiguren von Heiligen, darunter der hl. Matthias und Johannes Nepomuk, der 1729 kanonisiert wurde. Auf dem birnförmigen Nodus drei geflügelte Engelsköpfchen. Auf der Kuppa das Kreuz mit Stern der Kreuzherrn. H. 23 cm. Johanneskopf Typus IV, Stempelmeisterb. A, Meisterz. u. Kriegssteuerst. 𝔍𝔚. — Matthiaskirche, ehemalige Jesuitenkirche, Breslau.

f. Standkruzifix, Silber, mit Kleeblattenden, auf dreiteiligem Volutenfusse mit plastisch aufgesetzten beflügelten Engelsköpfchen. Auf den nach innen gewölbten Seitenflächen des Fusses Blattranken, Fruchtgehänge und drei ovale Medaillons mit Inschriften. Datiert 25. Dezember 1718. H. 90 cm. Johanneskopf, Stempelmeisterb. B negativ u. Meisterz. — Barbarakirche, Breslau.

g. Rauchfass, Silber. Johanneskopf, Stempelmeisterb. B negativ, Meisterz. u. Kriegssteuerst. 𝔍𝔚. Der obere Teil später ergänzt durch Johann George Donath. — Adalbertkirche, ehemaliges Dominikanerkloster, Breslau.

h. Schüssel mit Messkännchen, Silber vergoldet, oval, mit Laub- und Bandelwerkdekor, am Rande gerippt. Dm. 39,5 × 30,8 cm. Johanneskopf ähnlich Typus IX, Stempelmeisterb. B positiv, Meisterz. u. Kriegssteuerst. 𝔍𝔚. — Kgl. Matthiasgymnasium, Breslau.

i. Bucheinband, Silber, mit Laubwerk in durchbrochener Arbeit. H. 14,5 cm. Johanneskopf, Stempelmeisterb. B positiv u. Meisterz. — Baron Horace von Günzburg, St. Petersburg (nach Rosenberg Nr. 477).

k. Bucheinband, Silber, mit Akanthusranken und Bandwerk in durchbrochener Arbeit. „W 18¼ lot." H. 13,8 cm. Johanneskopf Typus IX, Stempelmeisterb. C, Meisterz. u. ein österr. Freistempel. — Schlesisches Museum für Kunstgewerbe und Altertümer, Breslau.

l. Votivtäfelchen, Silber, rechteckig, mit menschlichem Unterkiefer in getriebener Arbeit. Gr. 11,9 × 6,6 cm. Johanneskopf Typus X, Stempelmeisterb. C u. Meisterz. — Adalbertkirche, ehemaliges Dominikanerkloster, Breslau.

m. Monstranz in der kath. Kirche in Köbnitz, Prov. Posen (nach J. Kohte, Kunstdenkmäler d. Prov. Posen, Bd. I S. 131).

n. Monstranz in der kath. Pfarrkirche in Tirschtiegel, Prov. Posen (nach J. Kohte, l. c., S. 131).

o. Schüssel in der evang. Pfarrkirche in Schlichtingsheim, Prov. Posen (nach J. Kohte, l. c., S. 131).

p. Schüssel in der evang. Pfarrkirche in Rawitsch, Prov. Posen (nach J. Kohte, l. c., S. 131).

Schilling, Vicenz, Goldschmied (Gürtler), Sohn des Rotgerbers Anton Schilling, heiratet 10. Trinitatis 1590 Maria, die Tochter des † Grundgräbers Merten Hase (Elis.). Muss am 26. März 1607 vor den Ratmannen geloben, „kein silber noch goltt zu arbeitten, sondern sich allein meßener vnd kupferner arbeit zugebrauchen, dieselb aber nicht zuuorgulden noch zuuorsilbern vndt der erbarn zeche der goltschmide an ihrem handtwerg keinen einhalt zuthuen". . . (Lib. definit. IV. 177b—178a).

Schimunsky, Christophorus, siehe Schromowsky.

Schiperius, M., Silberarbeiter, wohnt am Sande zwischen den Brücken, ist 1662 in der Spezifikation der Pfuscher in und vor Breslau erwähnt, arbeitet mit zwei Gesellen (Bresl. Kgl. Staatsarchiv, Stadt Breslau, II. 10 d 3).

Schippe, Johann, Goldschmied auf dem Sande, wird 1684 am Dom erwähnt (Schles. Vorz. VII. 487).

Schitthelm, Johann Friedrich, Goldarbeiter, geb. in Strehlen, Sohn eines Kutschers, lernt in Breslau bei Johann Gottlieb Herrmann vom 22. Januar 1806 bis 9. Oktober 1812. Erwirbt das Breslauer Bürgerrecht am 22. März 1822, alt 29 Jahre. Wird nicht Innungsmitglied.

Schlefuss, Jorge (Georg Schlefius, Schlefüs, Schleefuss, Schlifuss, Schlyfuss), Goldschmied, geb. in Sorau, heiratet in Breslau als Geselle im November 1553 Rebecca, die Witwe des Kannegiessers Lorentz Stille (MM). Erwirbt das Bürgerrecht am 21. Februar 1556, wird um dieselbe Zeit Meister. Wohnt auf der Schuhbrücke. Heiratet als Witwer am 2. Advent 1570 Anna, die Tochter des † Bäckers Nickel Scharffenberg (Elis.). Seine Tochter Magdalena heiratet am 13. (15.) Dezember 1573 den Goldschmied Christoff Hoffman (Elis. u. MM). Schlefuss stirbt 1574. Seine Tochter Martha heiratet am 14. Februar 1575 den Bäcker Hans Eberland aus Brieg (MM). Seine Tochter Maria heiratet am 5. März 1576 den Rotgerber Hans Scholtz (MM). Seine Tochter Rebecca heiratet am 4. Dezember 1580 den Schuster Caspar Steinichen (MM). Seine Tochter Barbara heiratet am 6. Oktober 1586 den Ätzmaler Hans Schmidt (MM). Schlefuss zeichnet I S in zwei verschiedenen Typen, vgl. Taf. III Nr. 54 u. 55.

a. Haupt Johannes des Täufers auf der Schüssel, Silber mit Vergoldung, abgebildet auf Seite 33 Fig. 12. Auf der Schüssel die Inschrift: „In honorem S. Joannis Baptistae Capitulu f. fecit MDLxxj." Mehrere Inschriften auf der Rückseite der Schüssel beziehen sich auf die Geschichte der Reliquie. Dm. 21 cm. Beschauz. W Typus II, Meisterz. Typus I u. Kriegssteuerst. Adlertypus. — Kath. Pfarrkirche St. Mariae, Ratibor.

b. Königsmann, Silber vergoldet, in Hochrelief, ein schreitender Schütze mit wallendem Barte, im Eisenhute, geschlitztem Wams und Pluderhosen, die Büchse mit der rechten Hand schulternd, unter dem linken Arme ein in der Scheide steckendes, nach oben gerichtetes Schwert. Zwischen den Beinen eine Landschaft in Flachrelief. H. 20 cm. Beschauz. W Typus II u. Meisterz. Typus II. Nach Angaben von Pol (Jahrbücher der Stadt Breslau, ed. Büsching, Bd. IV S. 65) vom Jahre 1571. Siehe Christian Mentzel d. j. — Kleinodien der Schiesswerderschützen in Breslau. Schlesisches Museum für Kunstgewerbe und Altertümer, Breslau (Vgl. Schlesiens Vorzeit, Bd. V S. 234 Nr. 1).

Schleich, Hans, Goldschmied, wird Bürger und Meister Ende 1616 oder Anfang 1617. Ist in der im Gesellenbuche 1618 eingetragenen Meisterliste nicht mehr erwähnt.

Schleiffer, Michael, Goldschmiedgeselle, Sohn des Andreas Schleiffer, Hofsporers in Stuttgart, heiratet in Breslau am 16. Januar 1623 Anna, die Tochter des Goldschmieds Fabian Nitsch (Elis.). Wird in Wohlau Meister.

Schlencker, Carl Wilhelm, Goldarbeiter, geb. in Breslau, Sohn des Goldschmieds Christian Schlencker, Bruder des Johann Christian Schlencker, meldet sich am 29. Dezember 1750 als Stückmeister, arbeitet bei Daniel Klein einen Placker und Ring, wird Meister am 30. Juni (1. Juli) und Bürger am 30. August 1751. Stirbt am 29. September 1791.

Schlencker, Christian (Schlenker, Schlenckert), Goldschmied, Sohn des Riemers Christian Schlencker in Liegnitz, wird in Breslau Meister im August und Bürger am 1. September 1708. Heiratet am 11. September 1708 Maria Magdalena, die Tochter des Goldschmieds Johann Petzold (Elis.). Am 16. Oktober 1722 tun die Schöppen kund, dass Anna Maria Rieger, die Witwe des Goldschmieds Johann Petzold ihrem Eidam, dem Goldschmied Christian Schlencker ihr Haus auf der Schmiedebrücke für 2300 Rtlr. Schles. aufgereicht habe (Schles. Vorz. VII. 486). Schlencker ist seit 1724 Ältester. Seine Frau Maria Magdalena † 17. (begr. d. 19.) IV. 1730 (Elis.). Schlencker heiratet am 11. September 1731 Anna Rosina, geb. Krause, die Witwe des Fleischhackers Johann Christoph Krebs (Elis.). Stirbt am 10. März 1745. Seine Witwe Anna Rosina heiratet am 3. Februar 1750 den Malerältesten Johann Friedrich Fechner (Elis.). Sein Sohn Gottlob Benjamin, ein Riemer, heiratet am 11. Juni 1754 Johanna Susanna Lehmann (Elis.).

Schlencker, Johann Christian, Goldarbeiter und Pretiosentaxator bei dem Kgl. Oberamte, geb. in Breslau, Sohn des Goldschmieds Christian Schlencker, Bruder des Carl Wilhelm Schlencker, arbeitet bei seinem Vater als Meisterstück einen Uhrhaken und Ring, wird Meister am 16. September 1744 und Bürger am 10. März 1745. Heiratet am 20. September 1746 Eleonora Friederika, die Tochter des Christoph von Bäcker (Elis.). Ist Ältester seit 1771. Seine Frau † 25. (begr. d. 28.) VIII. 1777 (MM). Seine Tochter Carolina Friederika heiratet am 13. Februar 1781 den Kalkulator Friedrich Wilhelm Poser (MM). Schlencker stirbt am 9. (begr. d. 12.) Juni 1789, alt 74 Jahre 5 Monate (MM).

Schlencker, Johann Wilhelm (Schlenker), Goldarbeiter, geb. in Breslau, Sohn des Goldarbeiters Johann Christian Schlencker, lernt bei seinem Vater, wird losgesprochen am 18. September 1769. Meldet sich am 26. Dezember 1779 als Stückmeister, arbeitet bei seinem Vater ein Paar mit Rauten besetzte Ohrgehänge mit drei Pendeloques, wird Meister am 2. August 1780 und um dieselbe Zeit Bürger. Heiratet am 20. September 1781 Carolina Elisabeth, die Tochter des Schneiderältesten Johann Victor Libau (Elis.). Gibt 1808 sein Handwerk auf. Stirbt am 1. (begr. d. 4.) August 1820, alt 71 Jahre (MM).

Schleupner, Erasmus [Asmus] (Schlewpner, Sleupner), Goldschmied, Sohn des Neisser Goldschmieds Nicolaus Schleupner, arbeitet 1517 als Geselle in Nürnberg (A. Kastners Archiv für die Geschichte des Bistums Breslau, Bd. 1 S. 62 f.). Erwirbt am Freitag nach Cineres (12. Februar) 1524 das Breslauer Bürgerrecht, wird um dieselbe Zeit Meister. Stirbt vor 1534. Seine Witwe Katharina heiratet im März 1543 den Buchbinder Hans Ernst (MM). Seine Tochter Sara heiratet im April 1543 den Tischler Valten Benhart (MM). Sein Sohn ist der Domherr Sebastian Schleupner.

Schlifuss [Schlyfuss], Georg, siehe Jorge Schlefuss.

Schlitten, Christannus (Schlite), Goldschmied, heiratet als Geselle im September 1544 Martha, die Tochter des Reichkrämers Johannes Seyfrid (MM). Erwirbt das Bürgerrecht am 19. Februar 1547, wird um dieselbe Zeit Meister. Heiratet als Witwer im Dezember 1548 Christina, die Tochter des Jane [Hans] von Holcz (MM); siehe Hans Bartolme. Seine Tochter Clara heiratet am 28. April 1562 den Bartholomaeus Scholtz (MM). Schlitten stirbt um 1570. Seine nachgelassene Tochter Martha heiratet am 5. November 1571 den Sonnenkrämer Laurentius Rosswurm (MM).

Schlossarek, Carl Isidor, Goldschmied, geb. in Breslau am 4. November 1855, lernt bei Bösing. Arbeitet als Gehilfe in Wien. Lässt sich 1882 in Breslau nieder. Tritt am 15. Juli 1886 in die Innung ein und bleibt Mitglied bis zum 13. Oktober 1893. Zeichnet seit etwa 1890 mit einem Kelche, rechts daneben die Buchstaben J S monogrammiert.

Schmidel, David, siehe Winckler.

Schmidt, Bartel, Goldschmied in der Graupengasse, stirbt am 12. Januar 1612.

Schmidt, Carl Eduard Moritz, Goldarbeiter, geb. in Breslau, Sohn des Accisekontrolleurs Carl Benjamin Schmidt, lernt bei Carl Friedrich Wully von Michaelis 1816—1821. Erwirbt das Bürgerrecht am 3. Dezember 1828, alt 27 Jahre. Wird nicht Innungsmitglied.

Schmidt, Christian Ludwig, Goldschmiedgeselle, Sohn eines Posamentiers in Elbing, stirbt in Breslau am 14. (begr. d. 17.) Juli 1699, alt 25 Jahre (MM), hat bei George Scholtz in Arbeit gestanden.

Schmidt, Christian Maximilian (Schmiedt), Goldschmied, geb. in Breslau, Sohn des Goldschmieds Christoph Schmidt, arbeitet bei Hans Jachman d. j. als Meisterstück ein Geschirr nebst Ring und Siegel, wird 1712 Meister. Erwirbt das Bürgerrecht am 28. August 1723 und lässt sich dann erst als selbständiger Meister nieder. Heiratet am 12. Oktober 1723 Susanna Eleonora, die Tochter des † Bäckers Carl Friedrich Hentschel (MM). Seine Frau † 22. (begr. d. 24.) III. 1748 (MM). Er selbst stirbt 1751. Schmidt zeichnet C M S in herzförmigem Felde, vgl. Taf. IV Nr. 142.

a. Deckel auf einem Becher von Gottfried Ihme; siehe Seite 94 Nr. b.

Schmidt, Christoph (Schmied), Goldschmied, Sohn des Leinwandreissers Johann Schmidt d. ä., wird 1671 Bürger und Meister. Heiratet am 23. November 1671 Anna Susanna, die Tochter des † Handelsmannes George Heintke (MM). Wohnt auf der Schmiedebrücke, später auf der Albrechtsstrasse. Seine Frau Anna Susanna † 12. (begr. d. 14.) V. 1698 (Elis. u. MM). Schmidt heiratet am 5. Oktober 1700 Christiana Regina, die Tochter des Simon Titius, Professors am Maria Magdalenengymnasium (MM). Stirbt am 18. (24.) Februar 1719 (MM). Seine Witwe Christiana Regina † 20. (21.) VIII. 1735 (Elis.).

Schmidt, Dittrich, Goldschmiedgeselle, Sohn des Hamburger Goldschmieds Jacob Schmidt, stirbt in Breslau am 28. Februar 1619, alt 27 Jahre (Elis.).

Schmidt, Ernst Christfried, Goldschmiedgeselle, geb. in Breslau, Sohn des Goldschmieds Christoph Schmidt, stirbt am 27. (begr. d. 29.) April 1721 (MM).

Schmidt, Friedrich, Goldschmied ausserhalb der Innung, wird 1592 am Dom erwähnt (Schles. Vorz. VII. 487).

Schmidt, George, Goldschmiedgeselle, heiratet in Breslau am 24. April 1558 Martha, die Tochter des † Schneiders Lorenz Culman (MM).

Schmidt, George Wilhelm, Goldarbeitergeselle, geb. in Breslau, Sohn des Goldschmieds Christoph Schmidt, stirbt am 22. (28.) Juni 1708, alt 30 Jahre (MM).

Schmidt, Gottfried, Goldschmied in Ohlau, lebt später als Mitwohner in Breslau, heiratet 24. Trinitatis 1617 Barbara, die Tochter des † Hans Lehman in Droskau bei Sorau (Elis.). Seine Frau † 12. (begr. d. 14.) I. 1642 (Elis.). Schmidt heiratet am 30. November 1642 Ursula, die Tochter des Christoph Conrad, gewesenen Fleischhackers in Neumarkt (Elis.). Seine Frau Ursula † 2. (6.) IV. 1658 (Elis.). Er selbst stirbt am 24. (29.) Dezember 1660, alt 83 Jahre (Elis.). Seine Witwe Katharina † 10. (begr. d. 12.) X. 1675 (Elis.).

Schmidt, Gottfried (Schmid, Schmied), Goldschmied, wird auf „bewegliches Zureden" der Ratmannen am 28. März 1689 für kommendes Johannis-Quartal zu den Meisterstücken zugelassen (Lib. definit. IX. 269. — Innungsurkundenslg. v. 1737, S. 194—196). Wird Ende 1689 Bürger und Meister. Wohnt auf der Kupferschmiedegasse.

Wird 1692 von den Innungsältesten beschuldigt, eine goldene Kette gefälscht zu haben; am 2. Januar 1693 schlichten die Ratmannen den Streit, vermahnen den Schmidt „zu beßerem respect und gehorsam gegen die eltesten und diese hinwiederumb zu aller friedlichen bezeugung gegen ihn", und geben ihr Attestatum, „daß der Schmid mit dem golde an der ketten nicht fälschlich oder betrüglich umbgegangen und gebahret habe" (Lib. definit. IX. 335a). Ende Januar 1702 stirbt Schmidts Schwiegermutter Regina Jentsch aus Liegnitz. Schmidt wird 1707 von den Meistern trotz seiner zünftigen Mitgliedschaft „des Mittels Capitalfeind" genannt (Lib. definit. XI. 80b—81b). Stirbt am 16. (begr. d. 18.) Dezember 1708, alt 52 Jahre weniger 6 Wochen (Elis.). Schmidt zeichnet G S in ovalem Felde, vgl. Taf. IV Nr. 113.

a. Kelch, Silber, Kuppa hell vergoldet, auf dem sechspassigen, profilierten Fusse drei geflügelte Engelsköpfe und barocke Früchtebuketts in kräftiger, aber fein durchgeführter Treibarbeit. Auf dem verzierten, flach wulstigen Nodus sechs Zapfen mit den Buchstaben JHESUS. Der sechskantige Schaft über und unter dem Nodus mit farbigem Emaildekor. Kuppabelag mit geflügelten Engelsköpfchen zwischen Blattranken in durchbrochener Arbeit. (Ein Kelchtypus, der sich bald mit wulstigem, bald mit birnförmigem Nodus am Ende des 17. Jahrhunderts in Breslau häufiger nachweisen lässt, z. B. bei Tobias Plackwitz, bei dem Meister mit der auf Taf. IV Nr. 109 abgebildeten Marke [Kelch von 1685 in der evang. Grenzkirche Kriegheide, Kr. Lüben], bei Johann Peter Ziegler, u. s. w.) H. 24 cm. Beschauz. W Typus VI, Meisterz. u. Kriegssteuerst. Adlertypus. — Evang. Pfarrkirche, Kotzenau Kr. Lüben.

Schmidt, Heinrich August (Schmied, Schmiedt), Goldarbeiter, geb. in Breslau, lernt bei Johann Carl Wiedemeyer, dann bei Johann Gottlieb Candisch vom 6. Juni 1766 bis 28. Februar 1771. Meldet sich am 19. September 1777 als Stückmeister, arbeitet bei Johann Christoph Jancke d. ä. eine karmoisierte, mit Rauten besetzte Rose, wird Meister am 17. (18.) Juni 1778 und um dieselbe Zeit Bürger. Ist in der Meisterliste von 1785 das letzte Mal genannt.

Schmidt, Jeremias, Goldschmied hinter der kaiserl. Burg; am 20. September 1633 stirbt sein Sohn Gottfried, am 6. Dezember 1633 seine Frau Anna.

Schmidt, Johann (Schmied), Gold-, Silber- und Kupferstecher, geb. in Augsburg, Sohn des dortigen Baders und Chirurgus Salomon Schmidt, heiratet in Breslau am 14. Januar 1721 Maria Elisabeth, die Tochter des Mitwohners Wilhelm Sebastian Traut (Elis.). Stirbt am 23. (begr. d. 25.) Februar 1734, alt 33 Jahre (Elis.). Seine Witwe Maria Elisabeth † 12. (begr. d. 14.) III. 1758 (MM, Christ.).

Schmidt, Johann Benjamin, Goldarbeiter, geb. in Breslau, tritt am Qu. Reminiscere 1802 bei Samuel Friedrich Burghardt in die Lehre. Erwirbt das Bürgerrecht am 18. November 1814. Wird nicht Innungsmitglied. Ist am 30. Mai 1837 im Bürgerbuch gestrichen worden.

Schmidt, Johann Gottlieb (Schmied, Schmiedt), Silberarbeiter, Sohn des Gastwirts Christoph Schmidt in Fraustadt, arbeitet in Breslau als Meisterstück einen Pokal nebst Ring und Siegel, wird Meister am 23. April und Bürger am 25. April 1731. Heiratet am 7. Mai 1731 Johanna Eleonora, die Tochter des † Goldschmiedältesten Hans Jachman d. j.; Trauzeugen sind die Goldschmiede Michael Wissmar und Andreas Giessman (MM). Schmidt ist Ältester seit Februar 1759. Seine Frau Johanna Eleonora † 17. (begr. d. 19.) VI. 1767 (MM). Er selbst stirbt am 6. (begr. d. 9.) September 1769, alt 71 Jahre 10 Monate 14 Tage (MM). Schmidt zeichnet I G S in einem Dreipasse, vgl. Taf. IV Nr. 146.

a. Esslöffel, Silber, Laffe oval, am Stielende vorderseitig Laub- und Bandelwerk, rückseitig ein Rund mit weiblichem Kopfe. L. 16,8 cm. Johanneskopf Typus X, Stempelmeisterb. C u. Meisterz. — Schlesisches Museum für Kunstgewerbe und Altertümer, Breslau (Vermächtnis Epstein).

b. Schüssel mit Messkännchen, Silber, gerippt. Johanneskopf, Stempelmeisterb. C u. Meisterz. — Kath. Pfarrkirche St. Crucis, Koppitz Kr. Grottkau.

c. Kelch, Silber mit Vergoldung, mit Laub- und Bandelwerkdekor in getriebener Arbeit. Johanneskopf, Stempelmeisterb. C u. Meisterz. — Kath. Pfarrkirche in Oppeln.

d. Schüssel mit Messkännchen, Silber, oval, gerippt. Dm. der Schüssel 22,5 × 17,5 cm. Johanneskopf Typus XII, Stempelmeisterb. F u. Meisterz. Die Kännchen sind Arbeiten von Christian Hoensch. — Kath. Pfarrkirche in Rohnstock.

e. Kelch. Datiert 1751. Johanneskopf Typus XII, Stempelmeisterb. F u. Meisterz. — Evang. Pfarrkirche in Schlichtingsheim, Prov. Posen (nach J. Kohte, Kunstdenkmäler d. Prov. Posen, Bd. I S. 132).

f. Taufschüssel. Datiert 1754. Johanneskopf Typus XII, Stempelmeisterb. F u. Meisterz. — Evang. Pfarrkirche in Zduny, Prov. Posen (nach J. Kohte, Kunstdenkmäler d. Prov. Posen, Bd. I S. 132).

g. Kelch, Silber, neu vergoldet, in Vasenform mit Deckel, mit Rokoko-Kartuschen, Weinlaub, Trauben und Widmung in Treibarbeit und Gravierung. Als Graveur nennt sich der Gold- und Silberstecher Johann Samuel

Winckler. Datiert 1758. H. 27 cm. Johanneskopf Typus XII, Stempelmeisterb. F, Meisterz. u. Kriegssteuerst. JW. — Maria Magdalenenkirche, Breslau.

h. Abendmahlskanne, Silber, ohne Dekor. Datiert 1759. Johanneskopf Typus XII, Stempelmeisterb. G Typus I, Meisterz. u. Kriegssteuerst. JW. — Maria Magdalenenkirche, Breslau.

i. Deckelbüchschen, Silber, oval, mit Rippung. H. 6 cm. Johanneskopf Typus XIII, Stempelmeisterb. G Typus II u. Meisterz. — Arthur v. Machui, Breslau.

Schmidt, Lamprecht, siehe Smedt.

Schmidt, Paul Leonhard, Goldarbeiter, verfertigt bei Johann Bernhard Hoensch als Meisterstück einen mit Brillanten karmoisierten Haarkamm, wird Meister am 23. Februar 1810. Stirbt 1837.

Schmidt, Wilhelm Heinrich, Goldschmied im Mönchshofe, wird 1662 in der Spezifikation der Pfuscher in und vor Breslau erwähnt (Bresl. Kgl. Staatsarchiv, Stadt Breslau, II. 10 d 3).

Schmidt, Wilhelm Heinrich, fürstbischöfl. Goldarbeiter auf der Dominsel, ist am 9. Oktober 1691 Trauzeuge bei St. Matthias. Am 30. Januar 1692 wünscht der Rat die Entfernung des Schmidt, „welcher das Mittel der Goldschmiede allhier bißher heftig beeinträchtiget" (Bresl. Kgl. Staatsarchiv, Stadt Breslau, II. 10 d 3).

Schmiedel, David, siehe Winckler.

Schmitz, Tillmann, Goldschmied und Ziseleur, geb. in Köln a. Rh., Sohn des dortigen Kunstschlossers Johann Schmitz, lernt in Köln bei dem Hofgoldschmied Gabriel Hermeling und besucht zugleich die Kunstgewerbeschule. Arbeitet als Gehilfe in Bremen bei Koch u. Bergfeld, in Berlin, in Nürnberg, in Hannover bei Lameyer, wo er auf Grund seiner Arbeiten den Berechtigungsschein zum Einjährig-Freiwilligen-Dienste erhält, in Wien bei Klinkosch, seit November 1892 bei Schlossarek in Breslau. Lässt sich im März 1895 in Breslau als selbständiger Meister nieder. Ist 1903 ein Semester Lehrer für Ziselierkunst an der Breslauer Handwerkerschule; wird 1904 Werkmeister an der Kgl. Kunst- und Kunstgewerbeschule in Breslau. Zeichnet SCHMITZ, negativ eingeschlagen. Seine grösseren Arbeiten der letzten Jahre sind fast alle nach Entwürfen von Siegfried Härtel, Ignatz Taschner (Pokal von 1905 für das Herrnstübel im Schweidnitzer Keller in Breslau) und Hugo Scheinert ausgeführt, ausserdem eine Blumenschale für die Prinzessin Feodora v. Sachsen-Meiningen nach einem Entwurfe von Prof. Lessing in Berlin.

Schmotter, Johann Friedrich Ferdinand, Goldarbeiter, geb. in Blaschowitz OS., lernt in Breslau bei Johann Gottfried Kiesling vom 27. Dezember 1805 bis 21. September 1810. Erwirbt das Bürgerrecht am 30. November 1815. Tritt am 14. Juni 1817 in die Innung ein. Stirbt 1850.

Schmydt, Lamprecht, siehe Smedt.

Schneider, Bartel, Goldschmied; seine Tochter Eva stirbt am 31. Oktober 1613.

Schneider, Carl Gottlieb, Silberarbeiter, geb. in Breslau, Sohn des Silberarbeiters Christian Gottlieb Schneider, lernt bei seinem Vater vom Qu. Johannis 1810 bis Qu. Reminiscere 1815. Erwirbt das Bürgerrecht am 30. Juli 1833, alt 36 Jahre. Arbeitet als Meisterstück eine silberne Zuckerdose, wird am 18. Dezember 1834 in die Innung aufgenommen. Gibt 1857 sein Handwerk auf und erklärt am 15. Januar 1858 seinen Austritt aus der Innung.

Schneider, Christian Gottlieb, Silberarbeiter, geb. in Breslau, Sohn des Destillateurs Johann Gottfried Schneider, lernt bei Johann Christoph Jancke d. j. vom Qu. Lucie 1780—1786. Arbeitet bei Gottfried Benjamin Weigelt als Meisterstück ein silbernes Giessbecken nebst Kanne, wird Meister am 13. Mai und Bürger am 14. Juli 1794. Heiratet am 28. Oktober 1795 Johanna Dorothea, die Tochter des † Tuchmachers Samuel Raudner in Schlichtingsheim [Vater des Breslauer Silberarbeiters David Gottlieb Raudner], wohnhaft bei ihrem Pflegevater, dem Silberarbeiter Carl Gottfried Haase in Breslau (MM). Ist mutmasslicher Stempelmeister mit dem Buchstaben O seit 1813. Stirbt am 24. (begr. d. 27.) April 1816, alt 51 Jahre 10 Monate (MM). Zeichnet CGS in einem gezackten Blatte, vgl. Taf. V Nr. 178.

a. Tischleuchter, Silber, zehn Stück, in der auf Seite 173 Fig. 38 abgebildeten Form, doch auf quadratischer Standfläche und ohne Gitterwerk um die Lichttülle. Datiert 1799—1805. Johanneskopf Typus XVI u. XVII, Stempelmeisterb. M u. N, Meisterz. u. Kriegssteuerst. JW. — Verein christlicher Kaufleute, Zwinger, Breslau.

Schneider, Johann Ernst Benjamin, Silberarbeiter, geb. in Breslau, Sohn des Silberarbeiters Christian Gottlieb Schneider, lernt bei Carl Wilhelm Knebel von Ostern 1814—1819. Erwirbt das Bürgerrecht am 9. Juli 1833, alt 34 Jahre. Arbeitet als Meisterstück eine silberne Suppenkelle, wird am 20. November 1834 in die Innung aufgenommen. Ist in der Meisterliste von 1843 das letzte Mal erwähnt.

Schneider, Martin (Schneyder), Goldschmied von Liegnitz, stirbt in Breslau in der Garküche auf dem Neumarkte am 10./17. April 1610. Seine Witwe Ursula † 25. II. 1611 (Elis.).

Schneider, Michael, Goldschmied, Sohn des Tischlers Jorge Schneider in Crombach in Schwaben (?), wird 1596 in Breslau Bürger und Meister. Heiratet Jubilate 1596 Susanna, die Tochter des städtischen Zollamtsbuchhalters Simon Lange (Elis.). Stirbt Anfang Juli 1598.

Schneider, Otto, Silberarbeiter, tritt am 25. Oktober 1886 in die Innung ein und bleibt Mitglied bis zum 13. Oktober 1893.

Schnur, Gottfried, Goldschmiedgeselle, stirbt am 30. Dezember 1745 (begr. d. 1. Januar 1746), alt 33 Jahre 30 Wochen (Elis.).

Schober, Johann Jacob, bischöflicher Hofgoldarbeiter, wendet sich am 17. November 1693 wegen seines Gesellen Johann Hoffer, der ihn bestohlen hat, an den Rat der Stadt Gross-Glogau (Stadtarchiv Glogau, Acta der Goldsch., Maler u. Bildh., Vol. I. 1693). Wird 1699 am Dom erwähnt (Schles. Vorz. VII. 488).

Schön, Adam, Goldarbeiter im unteren Kloster, hält sich vier bis fünf Gesellen, wird 1662 in der Spezifikation der Pfuscher in und vor Breslau erwähnt (Bresl. Kgl. Staatsarchiv, Stadt Breslau, II. 10 d 3).

Schoen, Carl Christian, Silberarbeiter, geb. in Breslau, Sohn des Kassendieners Carl Wilhelm Schoen, lernt bei Johann Jacob Ebert, dann bei Johann Christoph Jancke d. j. vom Qu. Trinitatis 1791 bis Qu. Crucis 1797. Arbeitet bei Daniel August Titze als Meisterstück eine silberne Kaffeekanne nebst Milchgiesser, wird Meister am 18. November 1803 und Bürger am 7. Juni 1804. Heiratet 29 Jahre alt am 22. August 1805 Christiana Carolina, die Tochter des † Handelsmannes Christian Friedrich Streckenbach in Landeshut (Elis.). Ist in der Meisterliste von 1806 das letzte Mal erwähnt.

Schoenau, Bartel (Schönawer, Schonau, Schynaw), Goldschmied, erwirbt das Bürgerrecht am 10. Februar 1539, wird um dieselbe Zeit Meister. Ist im Catalogus civium von 1544 nicht mehr erwähnt. Seine nachgelassene Tochter Sabina heiratet am 26. September 1559 den Bernhard Haubitz von Tarnowitz (MM). Seine nachgelassene Tochter Sophie heiratet am 15. Juli 1560 den ehrbaren wohlgelehrten George Winckler (MM).

Schoenau, Friedrich (Schönaw, Schonau), Goldschmied, geb. in Breslau, Sohn des Goldschmieds Hans Schoenau, heiratet als Geselle nach dem am 16. November erfolgten Aufgebot am 25. November 1597 Barbara, die Tochter des Scholzen Hans Kretschmer in Schlaupitz (MM). Wird 1598 Bürger und Meister. Am 11. Oktober 1604 beklagt sich sein Geselle Hans Kromig über ihn „wegen etlicher vorlauffener reden, so Kromig vor ehren vorletzlich anzuziehen vormeinet", doch die Ratmannen befinden, „das solche reden auß eiferigem hitzigen gemütt vnnd nicht ehrnuorletzlicher meinung hergeflossen" (Lib. definit. IV. 151). Später hat Schoenau mit den Ältesten der Innung einen Streit und wird am 1. März 1619 von den Ratmannen dahin beschieden, „das er ruhig sein vnd die eltisten der zunfft der goldtschmiede vnbeirret bleiben laßen vnd ihrer mit fernerer wiederwertigkeit vorschonen solle, dargegen soll er im mittel der goldtschmide vorbleiben vnd wie ein ander ehrlicher zechgenos seinn handwerck fördern vndt treiben, daran ihme dan :(wan er sich der gebur vorhelt): weder die eltisten noch jungsten vorhinderlich sein werden" (Lib. definit. V. 58a). Schoenau stirbt am 2. (3.) Februar 1627, alt 56 Jahre, unter den Weissgerbern in des Lederhändlers Lorenz Hennich Hause (Elis.). Seine Witwe Barbara † 15. (16.) X. 1633 (Elis.). Schoenau zeichnet F S ligiert in aufrecht ovalem Felde, vgl. Taf. III Nr. 69.

a. Becher, Silber vergoldet, mit Diamantbuckeln und Inschrift nebst Jahreszahl 1616. H. 24,5 cm. Beschauz. W Typus III u. Meisterz. — Eremitage, St. Petersburg (nach Schlesiens Vorzeit, Neue Folge, Bd. III S. 161).

b. Porzellanschälchen mit vergoldeter Silberfassung, Standring glatt, die beiden Henkel figürlich behandelt. Beschauz. W Typus III u. Meisterz. — Schlesisches Museum für Kunstgewerbe und Altertümer, Breslau.

c. Trinkschale, Silber mit Vergoldung, rund, der Ständer mit gegossenen Renaissancestützen und Silberfiligran. In der Mitte der Schale, auf eine Sonne aufgelegt, das gravierte Wappen des Stifterpaares Hans Scholz und seiner Gattin Susanna Koye nebst Widmungsinschrift und Jahreszahl 1624. H. 18,2 cm. Beschauz. W Typus IV, Meisterz. u. Kriegssteuerst. 𝔉𝔚. — Kleinodien der Schiesswerderschützen in Breslau. Schlesisches Museum für Kunstgewerbe und Altertümer, Breslau (Vgl. Schlesiens Vorzeit, Bd. V S. 250 f. Nr. 15).

d. Kokosnussbecher in vergoldeter Silberfassung, auf dem Deckel eine silberne Blumenstaude. Auf dem Becher in Relief geschnitzt: Esther vor Ahasver, Fusswaschung und Abendmahl. H. 33 cm. Beschauz. W Typus IV u. Meisterz. — Herzogliches Museum, Gotha.

e. Hostienbüchse, Silber, zylindrisch, mit drei vergoldeten Reifen, auf dem Deckel ein Osterlamm in Gravierung. „Wigt 7 lot". H. 7,6 cm. Dm. 9,3 cm. Beschauz. W Typus IV, Meisterz. u. Kriegssteuerst. Adlertypus. — Elisabethkirche, Breslau.

f. Becher, Silber mit Vergoldung, auf dem zylindrischen Mantel geätztes Ornament. H. 9 cm. Beschauz. W u. Meisterz. — Slg. † Lorenz Gedon, München. Auktionskatalog 1884, Nr. 143 (nach Rosenberg Nr. 464c).

Schoenau, Gottfried, Goldschmied; Anfang Oktober 1633 stirbt seine Witwe Martha.

Schoenau, Hans (Schönaw, Schonau), Goldschmied, heiratet am 5. November 1566 Anna, die Tochter des Nadlers Andres Baldauff (MM). Erwirbt das Bürgerrecht am 13. Februar 1567, wird um dieselbe Zeit Meister. Wohnt auf der Albrechtsgasse. Heiratet als Witwer 19. Trinitatis 1595 Sara, die Witwe des Goldschmieds Jacob Jahn (Elis.). Seine Tochter Barbara heiratet am 3. November 1597 den Kretschmerssohn Hans Gäsner (MM). Schoenau scheint um 1600 seine Werkstatt aufgegeben zu haben, wenigstens will ihn 1601 der Goldschmied Valten Hertwig „vor keinen eltisten nit paßiren laßen", da „ehr vormöge der algemeinen zechenbrief keinen offendtlichen laden hette"; am 29. Januar 1602 erkennen die Ratmannen, dass sich Hertwig „solches vnnöltigen kommers vndt nachreden souiel möglichen in kunfftig enthalten" möge (Lib. definit. IV. 125b). Schoenau stirbt, nachdem er ins neunzehnte Jahr Zunftältester gewesen, am 5. August 1608, alt 71 Jahre (Elis. u. MM). Seine Witwe Sara † 19. X. 1613 (Elis.). Wegen des Meisterzeichens des Hans Schoenau siehe Hans Strich d. ä.

Schöneman, Peter, siehe Schoneman.

Schönfeld, Johann Carl Gustav, Goldarbeiter, geb. in Breslau, Sohn des Musketiers Gottlob Schönfeld, erwirbt das Bürgerrecht am 29. August 1851, alt 44 Jahre. Wird nicht Innungsmitglied.

Schönfeld, Johann Martin, Silberarbeiter, geb. in der ungarischen Freistadt Eperies, wird in Breslau Meister im Juni und Bürger am 28. Dezember 1735. Stirbt am 24. (begr. d. 28.) Juli 1769, alt 69 Jahre 3 Wochen (MM).

Schoenknecht, Johann Franz Constantin, Goldarbeiter, geb. in Breslau am 2. Juli, getauft am 6. Juli 1796 bei St. Vincenz, Sohn des Musikus Joseph Schoenknecht bei der Domkirche, lernt bei Carl Friedrich Wully vom Qu. Johannis 1811—1817. Erwirbt das Bürgerrecht am 10. Januar 1823. Tritt am 26. Oktober 1839 in die Innung ein, scheidet am 15. Januar 1856 wieder aus.

Schoenschwan, Domnig, Goldschmiedgeselle, heiratet in Breslau am 17. August 1557 Ursula Wetschker von Liegnitz (MM).

Schönzahl, Johann, Golddrahtarbeiter, heiratet am 26. November 1686 Maria Magdalena, die Tochter des † Notars George Titius (MM). Stirbt auf der Reuschengasse am 18. April 1691, alt 58 Jahre.

Schöperus, Johann, Goldschmiedgeselle, Sohn des Predigers Heinrich Schöperus in Reval, heiratet in Breslau am 6. Oktober 1676 Anna, die Tochter des † Johann Radler (Elis.).

Schohman, Peter, siehe Schoneman.

Scholim, Lazarus, Goldarbeiter, geb. in Glogau, Sohn eines Fuhrmanns, erwirbt das Breslauer Bürgerrecht am 30. Oktober 1835, alt 27 Jahre. Wird nicht Innungsmitglied.

Scholl, Daniel Ephraim (Scholtz), Goldarbeiter, geb. in Breslau, Sohn des Buchhalters George Scholl, arbeitet bei Stephan Christian Luttroth als Meisterstück einen Uhrhaken und Ring, wird Meister am 28. März und Bürger am 1. April 1740. Heiratet am 15. November 1740 Euphrosina, die Tochter des † Kammachers Melchior Helm (MM). Stirbt 1753.

Scholtz, Andreas (Scholz, Scholtze, Schultze), Goldschmied, geb. in Breslau, Sohn des Gräupnerältesten Hans Scholtz, wird 1670 Bürger und Meister. Heiratet am 11. November 1670 Rosina, die Tochter des † Kretschmers Johann Rieger (Elis.). Wohnt auf der Kupferschmiedegasse. Seine Frau ist am 3. IX. 1680 Taufzeuge bei St. Adalbert. Scholtz ist Zunftältester seit 1684. Stirbt am 1. (begr. d. 3.) Juli 1705, alt 62 Jahre 30 Wochen 1 Tag (Elis.). Seine Witwe Rosina † 4. (begr. d. 6.) V. 1716 (MM). Seine Tochter Rosina heiratet am 3. Mai 1717 den Handschuhmacher Michael Mehlman (MM). Seine Tochter Anna Susanna d. j. heiratet am 20. September 1717 den Amtmann Johann Gutzman (Elis.). Seine Tochter Eleonora heiratet am 15. Mai 1724 den Goldschmied Christian Hellwig (MM). Seine Tochter Maria Elisabeth heiratet am 24. Februar 1727 den Barbier Franz Jacob Gumprecht in Jordansmühl (MM).

Scholtz, Andreas Wilhelm (Schultz), Goldarbeiter, geb. in Breslau, Sohn des Goldschmieds Heinrich Benjamin Scholtz, erwirbt als Geselle am 9. Juli 1734 das Bürgerrecht. Arbeitet bei Heinrich August Joel als Meisterstück einen Uhrhaken und Ring, wird Meister am 14. April 1746. Erneuert am 20. April 1746 sein Bürgerrecht. Stirbt im Armenhause am 1. Februar 1784, alt 73 Jahre.

Scholtz, Balthasar (Scholz), Goldschmied, heiratet als Geselle 1561 Sara, die Tochter des Goldschmieds Hans Mesenhammer d. ä. (MM). Erwirbt das Bürgerrecht am 13. Februar 1562, wird um dieselbe Zeit Meister. Stirbt vor 1579.

Scholtz, Christian Friedrich (Schultz, Schulze), Goldarbeiter, geb. in Breslau, Sohn des Gastwirts Johann Gottlieb Scholtz, erwirbt das Bürgerrecht am 30. Oktober 1818, alt 28 Jahre. Wird nicht Innungsmitglied.

Scholtz, Christoph Ehrenfried (Scholz, Scholtze, Schultz), Goldarbeiter, geb. in Schmiedeberg, Sohn des dortigen Konditors Samuel Scholtz, meldet sich in Breslau am 20. Februar 1761 als Stückmeister, arbeitet bei Daniel Klein einen mit Rauten besetzten Plack (Patzel), wird Meister am 15. Juni 1761. Erwirbt das Breslauer Bürgerrecht am 23. September 1762. Heiratet am 24. November 1762 Anna Rosina, die Tochter des † Konditors Anton Vogel; Trauzeuge ist der Goldarbeiter Melchior Ferdinand Obermann (MM). Seine Frau † 3. (begr. d. 5.) IX. 1764 (MM). Scholtz heiratet am 27. November 1765 Rosina Magdalena, die Tochter des † Tuchbereiterältesten Johann Gottlob Hennig (Elis.). Stirbt am 11. (begr. d. 14.) Dezember 1784, alt 54 Jahre 9 Monate 10 Tage (MM). Seine Tochter Johanna Christiana heiratet am 30. Juni 1796 den Kalkulator Johann Ernst Christian Juncker (Elis.) Seine Witwe Rosina Magdalena † 20. (begr. d. 23.) V. 1801 (MM).

Scholtz, Daniel Ephraim, siehe Scholl.

Scholtz, Friedrich Wilhelm, Goldarbeiter, geb. in Breslau, Sohn des Holzhändlers Gottlieb Wilhelm Scholtz, lernt bei August Anton Joseph Gross vom Qu. Johannis 1813—1817. Erwirbt das Bürgerrecht am 2. Februar 1821, alt 22 Jahre. Wird nicht Innungsmitglied.

Scholtz, George (Scholze, Schultz), Goldschmied, Sohn des Rademachers Tobias Scholtz in Alzenau bei Haynau, wird 1698 in Breslau Meister. Erwirbt das Bürgerrecht am 11. April 1698. Heiratet am 22. April 1698 Elisabeth, die Tochter des Barettmacherältesten Christoph Seffner (MM). Stirbt am 27. Februar (6. März) 1729, alt 66 Jahre 7 Wochen 4 Tage (Elis.). Seine Witwe Elisabeth setzt die Werkstatt fort und stirbt am 14. (15.) Februar 1734 (Elis.).

Scholtz, George Emanuel [Gottfried Samuel] (Scholtze, Schultz, Schultze), Goldarbeiter, Sohn des Breslauer Goldschmieds George Scholtz, wird Bürger am 19. August und Meister am 29. September 1732. Heiratet am 9. Februar 1733 Anna Rosina, die Tochter des † Mälzers Johann Gregor (Elis.). Ist seit dem 19. Februar 1758 Zunftältester. Stirbt am 7. (begr. d. 9.) Juli 1771, alt 72 Jahre 14 Wochen 5 Tage (Elis.).

Scholtz, Gottfried (Schultze), Silberarbeiter, beginnt bei Michael Wissmar sein Meisterstück, arbeitet ein silbernes Giessbecken nebst Kanne, wird Meister am 18. Juni und Bürger am 27. Juni 1746. Stirbt am 23. (24.) März 1747, alt 39 Jahre 6 Monate (Elis.).

Scholtz, Gottlieb (Scholz), Goldschmiedgeselle; am 25. Juni 1744 stirbt sein Sohn Carl Gottlieb Simon.

Scholtz, Heinrich Benjamin (Scholtze, Schultz, Schultze), Goldschmied, geb. in Breslau, Sohn des Tischlers Heinrich Scholtz, arbeitet bei Johann Peter Ziegler als Meisterstück ein Geschirr nebst Ring und Siegel, wird Meister am 12. Juli 1723. Erwirbt das Bürgerrecht am 1. November 1724. Heiratet am 14. November 1724 Rosina, die Tochter des † Gassenschlächters Johann Opfergeld (Elis.). Stirbt am 1. (9.) Januar 1736, alt 49 Jahre (MM). Seine Witwe Rosina heiratet am 21. August 1742 den Fischhändler Ernst Christian Spaniel (Elis.). Seine Tochter Johanna Eleonora heiratet am 25. Januar 1752 den Leinwandreisser Carl Siegmund Stiller (Elis.).

Scholtz, Johann Dietrich [David] Samuel (Schultze), Galanteriewarenarbeiter, kommt von Wien nach Breslau, meldet sich am 22. September 1751 als Stückmeister und legt den Entwurf zu einer Tabatière vor. Die Zeichnung findet jedoch nicht den Beifall des Mittels. Obwohl die Kgl. Kammer im November 1751 die Rezeption befürwortet, wird Scholtz wiederum abgewiesen. Er wendet sich nochmals an die Regierung, die vom Breslauer Magistrat einen eingehenden Bericht fordert, der am 27. Februar 1752 gegeben wird (langes Aktenstück im Bresl. Kgl. Staatsarchiv, R. 199. MR. VI. Nr. 69). Am 8. Juni 1752 wird Scholtz beschuldigt, falsche Ringe gemacht zu haben. Am 23. Februar 1755 wird er von der Innung nochmals abgewiesen, indem sein Geburts- und Lehrbrief für ungültig erklärt wird. Als der Mittelsbeisitzer auf Beschluss des Magistrats am 30. Mai 1755 die Rezeption des Scholtz ohne Widerrede fordert, weigert sich die Innung und wird bei dem Rate vorstellig; am 5. Juli 1755 beschliesst das Mittel, noch an den dirigierenden Minister von Massow eine Eingabe zu machen. Trotzdem hat Scholtz am 8. April 1756 als Meister in das Mittel „auf gewaltsamen Befehl" aufgenommen werden müssen, doch „kein Meister war bei seiner Rezeption zugegen und wurde auch kein Glas Wein oder Bier von ihm angenommen, so stand er in schlechter Achtung bei dem Mittel" (Meister- und Protokollbuch). Scholtzes Frau Elisabeth Katharina, geb. Kahlin aus Wien, † 16. XI. 1756 im Stockhause (MM). Scholtz heiratet 1760 Anna Sophia, geb. Koch, die Witwe des Unteroffiziers Johann Michael Meyer; Trauzeuge ist der Orgelbauer Christoph Scheithauer (MM). Stirbt 1776.

Scholtz, Johann Gottlob (Scholtze, Schultz, Schulze), Silberarbeiter, geb. in Schweidnitz, Sohn des Papiermachergesellen Johann Gottlob Scholtz, lernt in Schweidnitz bei Johann Matthias Furche von 1766—1772, meldet sich in Breslau am 10. Juni 1784 als Stückmeister, arbeitet bei Gottlob Benjamin Werner eine Suppentirene und Tasse mit Perlendekor, wird Meister am 3. September 1784 und Bürger am 14. April 1785. Heiratet am 13. November 1793 Maria Dorothea, die Tochter des † Goldarbeiters Johann George Gimmig (Elis.). Seine Frau † 16. (begr. d. 18.) VII. 1804 (Elis.). Scholtz heiratet am 18. September 1809 Anna Maria Magdalena, die Tochter des † Parchners Johann Daniel Pietschke (Elis.). Ist seit 1813 Ältester. Stirbt am 19. (begr. d. 23.) Januar 1815, alt 64 Jahre 8 Monate 3 Tage (Elis.).

Scholtz, Johann Gustav Adolph (Scholz), Goldarbeiter, geb. in Breslau, Sohn des Friseurs Carl Scholtz, erwirbt das Bürgerrecht am 14. Juni 1844, alt 25 Jahre. Wird nicht Innungsmitglied.

Scholtz, Johann Heinrich, Goldschmiedgeselle, stirbt im Dezember 1740, alt 26 Jahre.

Scholtz, Johann Ignatz, Goldschmiedgeselle, ist 1729 Trauzeuge bei St. Adalbert.

Scholtz, Nicolaus (Schulze), Goldarbeiter, geb. in Berlin, Sohn des Schneiders George Scholtz, ist zuerst in Berlin tätig, siedelt dann nach Breslau über und erwirbt am 7. Februar 1817 das Bürgerrecht, alt 27 Jahre. Wird nicht Innungsmitglied.

Scholtz, Paul, Goldschmiedgeselle von Danzig, heiratet in Breslau am 26. Mai 1557 Elisabeth, Wilhelm Pipels Dienerin (MM).

Scholtz, Paul, Goldschmiedgeselle, stirbt in Breslau am 13. Juni 1588, alt 30 Jahre (MM).

Scholtz, Samuel Gotthard (Schulze), Goldarbeiter, geb. in Breslau, lernt bei Daniel August Titze und George Friedrich Eilfrath vom 19. September 1776 bis 13. Juni 1781. Arbeitet bei Carl Gottfried Haase als Meisterstück ein mit Rauten besetztes Kreuz, wird Meister am 20. (21.) Mai und Bürger am 14. Juli 1794. Stirbt 1822.

Scholtz, Simon Gottlieb, Goldarbeitergeselle; sein Sohn Johann Gottlieb stirbt Ende Januar 1738.

Scholtz, Tobias Benjamin, Goldschmiedgeselle, geb. in Breslau, Sohn des Goldschmieds Heinrich Benjamin [George?] Scholtz, erwirbt am 9. Juli 1734 das Bürgerrecht. Stirbt am 21. (begr. d. 23.) September 1748, alt 46 Jahre 6 Tage (Elis.).

Scholtz, Valten (Schultz), Goldschmiedgeselle, geb. in Breslau, Sohn des Bräumeisters Hans Scholtz, stirbt am 6. Oktober 1606, alt 22 Jahre (Elis. u. MM).

Schonau, siehe Schoenau.

Schoneman, Peter (Schonman, Schöneman, Schohman, Schoner, Schuman), Goldschmied, heiratet als Geselle 1544 Margareta, die Witwe des Goldschmieds Hans Westermehr (Elis.). Im Juni 1544 verkaufen die unmündigen Kinder des † Goldschmieds Hans Westermehr ihrer Mutter Margareta, verehelichte Schoneman, das Haus am Ringe zwischen den Brotbänken und dem Schoppenhause, wie es ihr Vater besessen hat (Tradb. VII. 32). Schoneman hat wegen seiner Rezeption bei dem Mittel Schwierigkeiten: „So als sich zwuschen den erbarn eldsten vnd jungsten der goltschmidt an aynem vnd Peter Schoner ires gewerckes am andern irrung zugetragen der dreyjarigen arbayt alhie zu Bresla [sc. wegen], so er vermog irer von vns vorlichnen priulegien vnd aussatzung zuthun schuldig sich also vorheyrat vnd ferner in ir mittel zukommen begeret hott vnnd aber solches aus eynem irthumb vnnd nit muthwilliger weys furgefallen, er auch also auff der eldsten zulossen sein maysterstuck gemacht vnd volnbrocht, haben wir rathmanne obgedocht zu dem mol im besten vor gut angesechn vnnd erkant, das genant Peter Schoner von den goltschmiden auff obbeschrybnen fall also soll auffgenommen vnd gefordert werden . . . zu vrkunt die XVIIII July 1544“ (Lib. definit. I. 208[a]). Darauf wird Schoneman Meister und erwirbt am 20. Februar 1545 das Bürgerrecht. Schoneman heiratet als Witwer 1566 Katharina, die Tochter des † Heinrich Mühlpfort (Elis.). Stirbt um 1569. Seine Witwe Katharina heiratet am 22. Mai 1570 den ehrbaren Adam Kristell (MM).

Schorgast, Heinrich (Henricus Schurgast), aurifaber, wird Bürger am Dienstag vor Bartholomaei (22. August) 1391; Bürge ist Hannos Nysser. Wohnt „in circulo“. Kommt häufig als Bürge in den Bürgerbüchern vor. Erscheint 1398, 1400, 1404, 1406, 1411, 1413, 1418 in den Geschworenenlisten der Signaturbücher als Zunftsenior. Bürgt 1400 für Hennykyn wegen eines Ofens Ziegeln, weil derselbe Stiefeln verkauft hat (Signaturb. XIII). Zahlt 1403/4 an Steuern: de hereditate 5 Groschen, de opere $^1/_2$ fertonem (Steuerb. fol. 10). Erledigt 1404 und 1405 als Zunftsenior zusammen mit Hannos Nysser Geldangelegenheiten der Innung (Schöppenb. X. 6, 57[b]). Hannos Winkeler bekennt 1405, dass Heinrich Schorgast eine hölzerne Wand zwischen ihnen beiden gemacht hat, die auf beider Erbe steht, und dass er diese nur aus Gunst hat (Schöppenb. X. 41). Am Sonnabend vor Trinitatis (21. Mai) 1407 beschuldigt Schorgast mit seiner Bruderschaft den Herman Bars von Thorn, dass er ihn wegen zweier Stücke Silbers bei der Kaufmannschaft ins Gerede gebracht habe. Man habe angeblich in einem Stücke „gancze kegil groschen“ gefunden. Bars erwidert, dass man ihm von den zwei Stücken das eine in Thorn nicht hätte zeichnen wollen, weil es nicht ebenso „dorre“ war als das andere und dass man es habe „ufsetzen“ lassen; er habe dabei $14^1/_2$ Scot Schaden gehabt und lediglich darüber Klage geführt (Signaturb. XVI). Schorgast ist 1408, 1410, 1417 Konsul (Ratmann) und 1414 Scabinus (Schöppe) (Cod. diplom. Siles. XI S. 23, 24, 121). Verklagt 1424 seinen Gesellen Cuncze Haffter [Conradus Heffter; siehe Seite 76], dass er fremde Arbeiten ausgeführt habe, während er bei ihm in Lohn war. Die Gesellen nehmen sich des Verklagten an und Schorgast ist genötigt, am 5. Juni 1424 die Klage vor den Schöppen zurückzunehmen (Signaturb.). Stirbt um 1430.

Schorgast, Johannes (Hans Schurgast), aurifaber, wird Bürger um 1430. Erscheint 1435, 1438, 1442, 1445, 1448 in den Geschworenenlisten der Signaturbücher als Zunftsenior. Hat sich als solcher am 23. Juli 1445 mit Niclos Meissener wegen Innungsgeldern zu einigen (Signaturb. — Zeischr. d. Ver. f. Gesch. u. Altert. Schles. IX. 173).

Schorsoch, Niclos, aurifaber, wird Bürger am Tage vor Simonis et Jude (27. Oktober) 1371; Bürge ist Claus Briger.

Schott, Hans Diebalt, Goldschmiedgeselle von Strassburg, Sohn des Hans Wigand Schott, heiratet in Breslau 19. Trinitatis 1583 Martha, die Tochter des † Fuhrmanns George Müller aus Liegnitz (Elis.).

Schreiner, Wenzel, Goldschmied am Hinterdom, wird 1761 erwähnt (Schles. Vorz. VII. 488).

Schreyer, Nicolaus (Niclas Schreier), Goldschmiedgeselle, hat bei Meister Jacobus Konczel in Arbeit gestanden. Tut am Donnerstage vor Petri ad vincula (30. Juli) 1472 seinen letzten Willen kund und stiftet zugleich 10 Gulden für den Bau des grossen Innungsaltares; siehe Seite 13 (Signaturb. L. 90[b]).

Schröter, Hans, Goldschmied; am 7. März 1637 stirbt seine nachgelassene Tochter Maria.

Schromowski, Christoph (Schrommofsky, Schramowski, Schrammoffsky, Schimunsky), Goldschmied, Sohn des Johann Schromowski zu Kessmarkt in Ungarn, behauptet 1608 als Geselle in Breslau, „aus vnbedacht vndt vbrigem trunck", dass er dem Tobias Vogt bei der Verfertigung des Meisterstückes geholfen habe, wofür er am 17. März 1608 von den Ratmannen „mit gebührender straffe belegett" wird (Lib. definit. IV. 186). Als sich Schromowski im Sommer 1608 als Stückmeister meldet, „wollen die eltisten ihnen zum meisterstuck wegen eines vordechtigen stucklein goldeß, drei ortt [= ³/₄] eines ducaten schwer, nicht kommen laßen, er hette dan zuuor erwiesen, wie er gemelt stucklein goldt an sich bracht hette." Schromowski beteuert, „nachdeme ehr vmb faßnacht anno 1606 in Kesemargt in Vngern seiner schwester einen silbern gurttel vorguldet, daß er gemelt stucklein goldeß daran erübrigett." Am 19. August 1608 wird Schromowski auf Zureden der Ratmannen als Stückmeister zugelassen (Lib. definit. IV. 191). Wird Anfang 1609 Bürger und Meister. Heiratet am 8. September 1609 Martha, die Tochter des † Paul Blumendorff (MM). Wohnt neben dem Zeughause am Sandtor. Seine Frau Martha † 12. VIII. 1616 (Elis.). Schromowski heiratet am 25. Juli 1617 Anna, die Tochter des Kretschmers Lorenz Hoppe (Elis.). Nachdem er bereits „zue zweyenmahlen vnterschiedlich silber, so der hiesigen Breßlischen prob bey weitem nicht gemes, vorarbeitet" und „sich auch dessen nunmehr zum dritten mahl vnterstanden", will ihn die Zeche nicht mehr mit Gesinde fördern. Auf sein inständiges Bitten vermitteln die Ratmannen am 16. Januar 1619, dass er „nach fur dißmahl beim handtwerck vorbleiben vndt in künfftig mit gesellen vndt lehrjungen gleich andern gefödert werden solle . . ." (Lib. definit. V. 57). Nach dem Tode des Kanonikus Eder wendet sich Schromowski am 13. September und 29. November 1619 mit Schuldforderungen [wohl für gelieferte Goldschmiedearbeiten] an die Testamentsexekutoren des Verstorbenen, diese warten jedoch den Verlauf der bei dem städtischen Gerichte angestrengten Klage ab (Acta capituli). Schromowski stirbt 1620. Zeichnet C S in ovalem Felde, vgl. Taf. III Nr. 74.

a. Kelch, Silber vergoldet, auf dem sechspassigen Fusse die HH. Petrus, Johannes Evangelista, Maria und drei Engelsköpfchen in getriebener Arbeit. Auf der Kuppa die HH. Johannes der Täufer, Vincentius Levita und Hieronymus in durchbrochenem Rollwerk. Gestiftet 1612 von Hieronymus Seidel. H. 26 cm. Beschauz. W Typus III u. Meisterz. — Domschatz, Breslau.

b. Tragaltärchen in Form eines Buches, Vorderseite bemalt, Rückseite mit silbernen Beschlägen, in der Mitte ein roter Altarstein mit achteckigem Rahmen in gotischer Fassung. Auf der bemalten Seite in der Mitte das Schweisstuch der Veronica, an den Ecken symbolische Darstellungen der Evangelisten in runden Feldern mit grünen Rändern. Auf der silberbeschlagenen Rückseite sechs Kästchen mit grossen farbigen Glassteinen, in der Mitte die Gottesmutter und Christus als Welterlöser, darunter die Kreuzigung in einem Rund, umgeben von Renaissance-Rankenwerk, Blumen und Vasen, alles in Gravierung. H. 39 cm. Br. 29,2 cm. Beschauz. W Typus III u. Meisterz. — Domschatz, Breslau.

Schrutter, Joachim (Schrötter), Goldschmied auf dem Sande, wird 1689 am Dom erwähnt (Schles. Vorz. VII. 488). Am 15. (begr. d. 17.) VIII. 1706 stirbt sein nachgelassener Sohn Tobias (Elis.).

Schubert, Carl Friedrich, Goldschmiedgeselle, Sohn des Zinngiessers Christian Gottlieb Schubert, stirbt in Breslau am 7. (begr. d. 9.) April 1766, alt 23 Jahre (MM).

Schubert, Gottfried (Schubart), Goldschmiedgeselle, Sohn des Görlitzer Goldschmieds Martin Schubert, stirbt in Breslau am 28. September 1637, hat bei Hans Boxhammer in Arbeit gestanden.

Schubert, Herrmann Wilhelm Julius, Goldarbeiter, geb. in Breslau am 1. Februar 1836, Sohn des Maurerpoliers Wilhelm Schubert, lernt bei Johann Carl Moritz Herrmann vom 20. August 1851 bis 14. Oktober 1856. Tritt am 14. Oktober 1872 in die Innung ein, bleibt Mitglied bis zum 13. Oktober 1893.

Schubert, Theodor Berthold Benjamin, Silberarbeiter, geb. in Breslau, lernt bei Franz Joseph Knoll, dann bei Julius August Grosche vom Qu. Michaelis 1851—1856. Wird nach erfolgter Meisterprüfung am 3. November 1864 in die Innung aufgenommen, bleibt Mitglied bis zum 13. Oktober 1893.

Schuch, Carl, Silberarbeiter und Ziseleur, geb. in Breslau, Sohn des 1814 in Frankreich als Bataillonschirurgus verstorbenen Joseph Schuch, lernt bei Johann David Klose vom Juni 1822 bis Juli 1826. Tritt am 26. Oktober 1839 in die Innung ein. Stirbt 1864. Zeichnet SCHUCH positiv eingeschlagen.

a. Standkreuz, Silber, mit vergoldetem Crucifixus. Johanneskopf, Stempelmeisterb. T u. Meisterz. des Schuch u. des Carl Julius Gottlieb Weiss. — Matthiaskirche, Breslau.

Schübler, Johann Lorenz, siehe Schiebler.

Schütt, Claus, Goldschmiedgeselle, Sohn des Handelsmannes Dittrich Schütt in Bergen in Norwegen, stirbt in Breslau am 21. (23.) April 1720 (MM).

Schütz, Martin, Goldschmiedgeselle, Sohn des Weissgerbers Simon Schütz, heiratet am 21. August 1616 Sara, die Witwe des Senklers Hans Ehrenfried (Elis.).

Schultis, Johannes, aurifaber, wird Bürger am Dienstag nach Trinitatis (13. Juni) 1419.

Schulz, Carl Friedrich Wilhelm, Silberarbeiter, geb. in Breslau, lernt bei Carl Friedrich Korok vom Oktober 1849 bis 1854. Wird am 1. Juli 1872 in die Innung aufgenommen. Ist 1884 das letzte Mal erwähnt.

Schulz, Friedrich Wilhelm, Silberarbeiter, geb. in Wohlau, Sohn des Trompeters Sigismund Schulz, arbeitet in Breslau als Meisterstück ein Paar silberne Leuchter und wird am 13. September 1832 in die Innung aufgenommen. Erwirbt das Bürgerrecht am 11. Dezember 1832, alt 28 Jahre. Stirbt 1849. Zeichnet in der Regel SCHULZ, positiv eingeschlagen, selten F W S in rechteckigem Felde.

a. Leuchter, Silber, ein Paar, mit spätem Empiredekor. Datiert 1. August 1835. Johanneskopf, Stempelmeisterb. R u. Meisterz. FWS. — Sandkirche, Breslau.

b. Zuckerkästen, Silber, belegt mit gepressten Weinlaubgirlanden, auf dem Deckel mit Blumen oder figürlichen Darstellungen in aufgelegtem Relief, mit Johanneskopf, Stempelmeisterb. Q, R, S u. Meisterz. SCHULZ, finden sich häufig in schlesischem Besitze; ein Beispiel im Schlesischen Museum für Kunstgewerbe und Altertümer, Breslau.

Schuman, Peter, siehe Schoneman.

Schurgast, siehe Schorgast.

Schuster, Paul, Goldschmiedgeselle, Sohn des Schneiders Johann Schuster, heiratet am 12. Juli 1632 Barbara, die Witwe Jacob Leissners (MM).

Schwabe, Johann Christian Wilhelm, Goldarbeiter, geb. in Ransern bei Breslau, Sohn des Müllermeisters Johann Gottfried Schwabe, lernt bei Ernst Wilhelm Werneck vom Qu. Reminiscere 1786—1792. Arbeitet bei Ferdinand Christian Beyl als Meisterstück eine Haarnadel in Form einer Sternblume mit Brillanten (von der auf Seite 10 Fig. 7 abgebildeten Art), wird Meister am 27. September 1797. Heiratet, 28 Jahre alt, am 8. November 1797 Christiana Carolina Dorothea, die Tochter des † Inwohners Johann Michael Lobe (Elis.). Erwirbt das Bürgerrecht am 23. Januar 1798. Lebt später in dürftigen Verhältnissen und erhält am 22. März 1827 den Posten des Mittelsboten. Stirbt 1830.

Schwalm, Heinrich, Silberarbeiter, geb. in Breslau, lernt bei Friedrich August Zimmermann von Ostern 1840 bis Neujahr 1846. Tritt am 8. (9.) Oktober 1860 in die Innung ein. Stirbt am 31. Mai 1873.

Schwartz, Friedrich Gustav Adolf, Goldarbeiter, geb. in Potsdam, Sohn des Kammerdieners Friedrich Schwartz, erwirbt das Breslauer Bürgerrecht am 17. Juli 1840, alt 29 Jahre. Wird nicht Innungsmitglied.

Schwartzer, Esaias, Goldschmiedgeselle, Sohn des fürstl. Ölsschen Hoftrometers Esaias Schwartzer, stirbt auf der Wanderschaft in Regensburg am 20. September 1624, alt 29 Jahre (Elis.).

Schwedler, Lucas, siehe Sweideler.

Schwob, Hans, Goldschmied, erscheint 1514 in der Geschworenenliste der Signaturbücher als Juratus; ist identisch mit ?

Schynaw, Bartel, siehe Schoenau.

Seeberg, Carl Ferdinand, Goldarbeiter, geb. in Breslau, getauft am 3. Mai 1778 (Elis.), Sohn des Goldarbeiters Johann Friedrich Carl Seeberg, lernt bei seinem Vater vom Qu. Crucis 1793—1795, dann bei Samuel Jacob Sommé bis Qu. Crucis 1797. Die Wanderjahre werden ihm wegen seiner Kränklichkeit durch Dispensation der Kgl. Kammer erlassen. Arbeitet bei Gottfried Benjamin Weigelt als Meisterstück ein Kreuz mit Rosetten, wird Meister am 20. Februar und Bürger am 6. Mai 1800. Scheidet 1807 aus der Innung aus.

Seeberg, Johann Augustin Christian, Goldarbeiter, geb. in Denstedt in Sachsen-Weimar, Sohn des dortigen Pastors Johann Augustin Seeberg, bittet in Breslau am 20. März 1772 um Ermässigung der Rezeptionsgebühr, die ihm die Innung nicht gewährt. Meldet sich trotzdem am 17. Juli 1772 als Stückmeister, arbeitet bei Johann Christian Schlencker ein Paar Ohrrosen mit Rauten, wird Meister am 7. Juli 1773 und Bürger am 25. Januar 1774. Heiratet am 2. Oktober 1776 Maria Rosina, die Tochter des Bäckers Johann Aulich (MM). Stirbt am 26. (begr. d. 29.) Januar 1802, alt 64 Jahre 11 Monate (MM).

Seeberg, Johann Friedrich Carl, Goldarbeiter, geb. in Denstedt in Sachsen-Weimar, Sohn des dortigen Pastors Johann Augustin Seeberg, Bruder des Breslauer Goldarbeiters Johann Augustin Christian Seeberg, meldet sich in Breslau am 29. September 1775 als Stückmeister, arbeitet bei Gottlob Benjamin Werner einen mit Rauten besetzten Patzel, wird Meister am 16. November 1775 und um dieselbe Zeit Bürger. Heiratet am 28. November 1775 Susanna Juliana, die Tochter des † Partkrämers Christian Biedler (Radler?; Elis.). Seine Frau † 1783 (Elis.). Er selbst stirbt am 22. (begr. d. 25.) März 1795 alt 49 Jahre 7 Wochen etliche Tage (Elis.). Im April 1816 malt Gottfried August Thilo eine Kopie nach seinem Portrait (doch kann sich diese Angabe auch auf Johann Augustin Christian Seeberg beziehen).

Seeliger, Julius Alexander, Goldarbeiter, geb. in Breslau, Sohn des Kattundruckers Gottfried Seeliger, erwirbt das Bürgerrecht am 2. Mai 1837, alt 32 Jahre. Tritt am 26. Oktober 1839 in die Innung ein. Gibt 1857 sein Geschäft auf.

Segirsdorf, Heynrich, Goltsmed, wird 1346 im Schöppenbuch I erwähnt.

Segmund Goltsmed, siehe Sigmund Kesseler.

Seidel, Daniel, Goldschmied; sein Sohn Jeremias stirbt am 17. (begr. d. 19.) März 1631 (MM).

Seidel, Friedrich August (Seydel), Goldarbeiter, geb. in Gross-Glogau, Sohn des Goldarbeiters Friedrich Seidel, erwirbt das Breslauer Bürgerrecht am 24. Mai 1844, alt 30 Jahre. Wird nicht Innungsmitglied.

Seidel, Wilhelm August, Goldarbeiter, geb. in Fraustadt, Prov. Posen, lernt in Breslau bei Ferdinand Gottlieb Giessmann vom Juni 1806—1811. Erwirbt das Breslauer Bürgerrecht am 15. September 1820, alt 29 Jahre. Tritt am 26. Oktober 1839 in die Innung ein. Gibt 1850 sein Geschäft auf.

Sellich, Johann Friedrich, Goldschmiedgeselle von Stettin, heiratet in Breslau am 19. Februar 1691 Rosina, die Witwe des Kretschmers Tobias Fischer (MM).

Seybot, Hans, Goldschmied, wird Bürger am Freitag nach Cineres (7. März) 1511. Stirbt oder verzieht von Breslau vor 1525.

Siczefrey, Steffan, aurifaber, wird Bürger am Freitag vor Invocavit (25. Februar) 1474. Stirbt vor 1490.

Siebenbürger, Jeremias, Goldschmied, Sohn des Augsburger Goldschmieds Jeremias Siebenbürger, wird 1664 in Breslau Bürger und Meister. Heiratet am 22. April 1664 Elisabeth, die Tochter des † Handelsmanns Johann Lemberg (MM). Stirbt am 17. (begr. d. 19.) Dezember 1669 auf der Bischofsgasse in des Kretschmers Hans Ficker Hinterhause, alt 39 Jahre (MM). Seine Witwe Elisabeth † 23. (27.) III. 1726.

Sieber, Johann Jacob (Siber), Silber- und Kupferstecher von Augsburg, lässt am 17. März 1700 und 18. November 1708 bei St. Matthias taufen. Stirbt am 8. Februar 1736, alt 62 Jahre, wird am 10. Februar auf dem Kirchhofe St. Agnetis begraben (Matth.).

Siessenbecker, Gottlieb Benjamin, siehe Süssenbecker.

Simon, Elias (Siemon), Goldschmiedgeselle, geb. in Breslau, stirbt am 20. August 1620, alt 27 Jahre (Elis.).

Simon, Johann Christoph, Silberstecher, erwirbt das Bürgerrecht am 4. September 1744. Stirbt am 2. (begr. d. 5.) Januar 1779, alt 63 Jahre 8 Monate 18 Tage (Elis.).

Sims, Carl, Goldarbeiter, erwirbt das Bürgerrecht am 29. April 1814. Wird nicht Innungsmitglied.

Slaher, Bernhardus, aurifaber, wird Bürger am Tage vor Purificatio Marie (1. Februar) 1426.

Sleupner, Erasmus, siehe Schleupner.

Sloche, Niclas (Sloch, Slochow, Slochaw, Sluch), aurifaber, wird Bürger am Freitag nach Corpus Christi (21. Juni) 1443. Erscheint 1454, 1456, 1458, 1460, 1462, 1464, 1466, 1470, 1474, 1476 in den Geschworenenlisten der Signaturbücher als Zunftsenior. Stirbt um 1478. Seine Frau Katharina ernennt in ihrem Testament am 17. November 1495 die Ältesten der Goldschmiede zu ihren Seelwärtern (Script. rer. Silesiacarum, III. 311).

Smedt, Lamprecht (Smed, Smydt, Schmydt, Schmid, Schmidt), Goldschmied, wird Bürger am Tage Dorothee (6. Februar) 1478. Wohnt an der Nordseite des Ringes in seinem eigenen Hause, das in den Traditionsbüchern häufiger erwähnt wird. Erscheint [1499] 1508, 1510, 1512 in den Geschworenenlisten der Signaturbücher als Zunftältester. Verkauft 1517 dem Goldschmied Wolffgang Westermehr d. ä. sein Haus und Erbe am Ringe, gelegen zwischen den Grundstücken Hans Krafftczobers und Hans Segersdorffs (Tradb. III. 30b). Stirbt um 1520.

Snorrepfeil, Gregor, aurifaber, wird Bürger am Montag nach Laurentii (11. August) 1438.

Soitius, Erasmus, Goldschmied auf dem Dom, wird 1670 erwähnt; siehe Seite 35.

Somirfeld, Nickil, siehe Sommerfelt.

Sommé, Carl Wilhelm Friedrich Julius, erst Apotheker dann Juwelier, geb. in Breslau am 4. Januar 1813, Sohn des Goldarbeiters Samuel Jacob Sommé, erwirbt das Bürgerrecht am 26. Juni 1849. Wird am 14. (28.) Juli 1849 in die Innung aufgenommen, scheidet 1873 wieder aus. Stirbt am 20. Dezember 1888.

Sommé, Christian Friedrich Wilhelm Robert, Juwelier, geb. in Breslau am 24. Mai 1805, Sohn des Goldarbeiters Samuel Jacob Sommé, wird Gehilfe zu Weihnachten 1826. Erwirbt das Bürgerrecht am 19. März 1839. Wird am 14. (28.) Juli 1849 in die Innung aufgenommen, scheidet 1859 wieder aus.

Sommé, Christian Heinrich Ludwig Wilhelm, Goldarbeiter, geb. in Breslau, Sohn des Goldarbeiters Samuel Jacob Sommé, lernt bei Johann Peter Theophilus Leuttner vom Qu. Johannis 1811—1816. Tritt am 28. Dezember 1821 in die Innung ein. Erwirbt das Bürgerrecht am 24. Januar 1823. Scheidet 1849 aus der Innung aus.

Sommé, Emil, Juwelier, geb. in Breslau am 20. Februar 1835, Sohn des Christian Friedrich Wilhelm Robert Sommé, wird Innungsmitglied am 12. April 1859 und bleibt es bis zum 13. Oktober 1893. Stirbt am 24. Juni 1894.

Sommé, Samuel Jacob, Goldarbeiter, geb. am 16. April 1768, Sohn des Generalinspektors Jacob Sommé in Schweden, verfertigt in Breslau bei Ferdinand Christian Krebs als Meisterstück ein Paar Ohrgehänge mit Rosetten, wird Meister am 3. Juli und Bürger am 14. Juli 1794. Heiratet am 30. September 1794 Ernestine Charlotte, die Tochter des † Chirurgen und Kämmerers Christian Reichenbach in Cölleda (?) in Sachsen, wohnhaft in Breslau bei ihrem Pflegevater, dem Goldarbeiter Johann Friedrich Carl Seeberg (Elis.). Stirbt am 1. Januar 1823.

Sommer, Johann, Goldschmiedgeselle aus Ungarn, stirbt in Breslau im Mai 1737, alt 36 Jahre.

Sommer, Johann Gottlieb, Goldschmiedgeselle, stirbt am 31. Mai (begr. d. 1. Juni) 1772 (MM).

Sommerfelt, Nickil (Somirfeld), Goltsmed; am Freitag nach Bartholomaei (26. August) 1345 „Gotke Stilleuoyt vnd hat gelossin Nickil Somirfelde deme goltsmede sin erbe, daz do lit vf der altbussergassen by meister Jurgen czu nest, jo des iars czu eyner marke czinss, czen iar nach der stat recht, des sal her im gebin vf iczliche quatuortemp eynen virdung". Brennt das Gebäude ab, so darf Nickil es wieder aufbauen, tut er es nicht, so hat er gleichwohl den Zins die zehn Jahre hindurch weiterzuzahlen (Schöppenb. I. 13b). 1347 geht die Hälfte des Grundstückes, auf dem Sommerfelt wohnt, in den Besitz des Hannos Budessin über (Schöppenb. I. 64b). Siehe Claus von der Stregen.

Sonnenschein, Hans, Goldschmied von Neisse, zieht nach Breslau und wohnt in des Weinbrenners George Lange Hinterhause auf dem Todtengässel; daselbst stirbt ihm am 16. Januar 1633 sein Sohn Hans Carl.

Späth, Hans [Johann] (Spätt, Speth, Spette), Goldschmied, Sohn des Goldschmieds Alexander Späth, der 1603 in Brieg das Bürgerrecht erwirbt, Enkel des Brieger Goldschmieds Nickel Späth, wird 1636 in Breslau Bürger und Meister. Heiratet am 13. Januar 1637 Rosina, die Tochter des Goldschmiedältesten Sebastian Fesch d. j. (MM). Wohnt erst auf der Schmiedebrücke, dann auf der Brustgasse, zuletzt im sogenannten alten Rathause am Ringe. Stirbt als Zunftältesteter am 6. (7., begr. d. 9.) Januar 1659, alt 51 Jahre (Elis. u. MM). Seine Witwe Rosina heiratet am 1. März 1661 den Goldschmied Werner Ludeman (MM). Späth zeichnet H S in ovalem Felde, vgl. Taf. III Nr. 80.

a. Sargschilde der Breslauer Gross-Schlächter, Silber mit Vergoldung, fast rund, mit Wappen der Fleischer und Geräten des Fleischergewerbes, gehalten von zwei Engeln, darüber wachsend eine Justitia und sechs Initialen, alles in getriebener Arbeit. Datiert 1644. Dm. 42,5 × 42 cm. Beschauz. W Typus IV u. Meisterz. — Vereinigte Fleischer-Innung, Breslau.

b. Sargschilde der Breslauer Tischler, Silber mit Vergoldung, oval, in der Mitte Innungsembleme, am Rande Johannes der Täufer, Moses und eine allegorische Darstellung des Todes. Datiert 1647. Dm. 46,5 × 40 cm. Beschauz. W Typus V u. Meisterz. — Tischler-Innung, Breslau.

c. Sargschilde der Breslauer Geisler-Fleischer, Silber mit Vergoldung, oval, in der Mitte ein springendes Lamm und Geräte des Fleischergewerbes, am Rande allegorische Figuren, Glaube, Hoffnung und Tod und ein Schild mit gravierter Inschrift nebst Jahreszahl 1648. Beschauz. W Typus V u. Meisterz. — Vereinigte Fleischer-Innung, Breslau.

d. Sargschilde der Breslauer Tuchknappen, Silber mit Vergoldung, oval, in der Mitte Zunftembleme in vergoldeter Auflage, am Rande allegorische Figuren, Glaube und Hoffnung, Engel und Totenkopf in getriebener Arbeit. Datiert 1656. Dm. 43,5 × 35,5 cm. Beschauz. W Typus VI u. Meisterz. — Tuchmacher- und Tuchscherer-Innung, Breslau.

e. Sargschilde der Breslauer Schlosser, Gross-Uhrmacher, Büchsenmacher und Sporer, Silber, oval, mit vergoldeten Zunftemblemen. Datiert 1658. Dm. 51 × 45 cm. Beschauz. W Typus VI u. Meisterz. — Schlosser-Innung, Breslau.

f. Weihrauchschiffchen, Silber, Fuss in Form eines aus den Wellen tauchenden Delphins. Auf dem Deckel zwei Muscheln in getriebener Arbeit. L. 22,5 cm. Beschauz. W Typus V (undeutlich), Meisterz. u. Kriegssteuerst. FW. — Matthiaskirche, ehemalige Jesuitenkirche, Breslau.

g. Kelch, Silber vergoldet. Datiert 1656. Beschauz. W Typus VI u. Meisterz. — Domschatz, Breslau.

h. Kelch, Silber vergoldet, auf dem sechspassigen, profilierten Fusse, Steine und Medaillons in emailliertem Silberrelief mit Blumen und Wappen des Dechanten Jerin, der den Kelch 1658 stiftete. Die untere Kuppahälfte plastisch geschuppt. Beschauz. W Typus VI u. Meisterz. — Kreuzkirche, Breslau.

Sparassky, Matthias, siehe Sbarasky.

Sperling, August Ferdinand, Goldarbeiter, erwirbt das Bürgerrecht am 23. Dezember 1815. Wird nicht Innungsmitglied. Ist laut Dekret vom 22. September 1828 im Bürgerbuche gestrichen worden.

Sporleder, Heinrich, Goldarbeiter, wird am 15. Juli 1886 Mitglied der Innung, scheidet am 26. Januar 1891 wieder aus.

Springer, Reinhold, Goldschmiedgeselle von Königsberg i. Pr., stirbt in Breslau am 3. August 1683, alt 26 Jahre, hat bei David Kriebel in Arbeit gestanden.

Stadelmann, Gottlieb Lebrecht, Goldarbeiter, geb. in Breslau, lernt bei Ferdinand Gottlieb Giessmann vom Qu. Reminiscere 1803 bis Michaelis 1808. Arbeitet bei Johann Bernhard Hoensch als Meisterstück eine feingoldene Stückelkette in Filigranarbeit, wird Meister am 22. Mai und Bürger am 19. Juli 1811. Stirbt 1827.

Stadermann, Carl Julius, Goldarbeiter, geb. in Hanau in Hessen, erwirbt das Breslauer Bürgerrecht am 3. April 1850, alt 29 Jahre. Wird nicht Innungsmitglied.

Stäbler, Johann, siehe Stuppe.

Stainsky, Friedrich Adolf (Steinsky), Silberarbeiter, geb. in Breslau, Sohn des Silberarbeiters Johann Stainsky, wird Gehilfe am Qu. Johannis 1838. Meldet sich am 14. Juli 1857 zur Aufnahme in die Innung, wird aber seitdem in den Meisterverzeichnissen nicht erwähnt.

Stainsky, Johann (Steinsky), Silberarbeiter, lernt in Breslau bei Johann Bernhard Hoensch vom Qu. Lucie 1803 bis Johannis 1809. Erwirbt das Bürgerrecht am 29. Oktober 1813. Wird am 15. März 1815 in die Innung aufgenommen. Scheidet durch Beschluss vom 14. April 1845 wieder aus.

Stange, Adolf, Goldarbeiter, wird am 19. November 1853 in die Innung aufgenommen. Wandert 1854 nach Amerika aus.

Stanke, Mathis, aurifaber, wird Bürger am Sonnabend vor Invocavit (22. Februar) 1466. Ist 1477 Juratus. Stirbt nach 1490.

Starck, Heinrich Gottfried, Goldschmied von Rudelstadt, meldet sich in Breslau am 27. Februar 1782 als Stückmeister, wird dann nicht mehr erwähnt.

Starcks, Anton Joseph (Starks, Starx), Goldarbeiter, geb. in Wien, lernt in Breslau bei Johann Gottlieb Wiedemeyer vom 2. März 1764 bis 23. September 1768 (2. März 1769). Meldet sich am 12. März 1789 als Stückmeister, muss am 18. Juni seine Meldung wiederholen, da er das erste Mal seinen Geburtsbrief nicht vorlegen konnte, arbeitet bei Gottlob Benjamin Werner eine Prätension in Form eines mit Rauten eingefassten Medaillons, wird Meister am 8. Oktober 1789. Erwirbt das Bürgerrecht am 21. Januar 1790. Ist in der Meisterliste von 1801 das letzte Mal erwähnt.

Starkl, Franz Anton, Goldarbeiter ausserhalb der Innung, heiratet 1714 bei St. Adalbert (Schles. Vorz. VII. 488).

Steckel, Lorentz (Steckhell, Stecklin), Goldschmied, Sohn eines Augsburger Tischlers, heiratet in Breslau am 15. Oktober 1576 Katharina, die Tochter des Goldschmieds Eucharius Riher (MM). Wird um dieselbe Zeit Bürger und Meister. Stirbt vor 1589.

Steer, Caspar, siehe Stœr.

Steffan, Meister S. der Goltsmed, siehe Eriber oder Cringel.

Steiner, Christian Wilhelm (Steinert), Goldschmiedgeselle von Königsberg, stirbt in Breslau am 13. Juli 1693, alt 27 Jahre. Sein nachgelassener Sohn Martin, ein Buchdruckergeselle, † 27. X. 1739.

Stephan, Carl Gottlieb Tobias, Gold- und Silberarbeiter, geb. in Breslau, lernt bei Gottfried Wilhelm Hoensch vom März 1797—1803. Arbeitet bei Christian Gottlieb Mittmann als Meisterstück eine feingoldene, mit Rauten besetzte Halskette mit durchbrochenen Gliedern, wird Meister am 16. April und Bürger am 24. April 1812. Stirbt 1828.

Stephan, Gottfried [Friedrich] Wilhelm, Silberarbeiter, geb. in Breslau, sucht am 4. Januar 1822 seine Aufnahme bei der Innung nach, wird Bürger am 15. März 1822 und Innungsmeister am 26. März 1824. Ist in der Meisterliste von 1827 das letzte Mal erwähnt.

Stephanus Goltsmed, siehe Eriber.

Stetin, Hannos (Stelin), aurifaber, wird Bürger am Tage Agnetis (21. Januar) 1433; Bürge ist Petrus Vicker.

Stillefoyt, Gotke (Stilleuoyt, Stiluoyt, Gotke Goltsmit), Goltsmed, überlässt 1345 dem Goldschmied Nickil Somirfeld [Sommerfelt] sein Erbe auf der Altbüssergasse gegen 1 Mk. jährl. Zins (Schöppenb. I. 13 b). Verkauft 1345 dem Heinrich Kale zwei Teile der halben Kaufkammer, in der der genannte Kale steht. In demselben Jahre verzichten die Angehörigen des Gotke auf alle Ansprüche an diese Kaufkammer (Schöppenb. I. 20 b, 22 b). 1346 ordnet Gotke vor den Schöppen seine und der Kinder seiner Schwester und seines verstorbenen Bruders Pawil Besitzverhältnisse (Schöppenb. I. 45). Zwischen 1346 bis 1349 schliesst Gotke Stillefoyt mehrere Kauf- und Zinsverträge ab (Schöppenb. I. 45, 64 b, 77 b, 115 b, 118).

Stillefoyt, Pawil (Pauil Goltsmed), Goltsmed, Bruder des Goldschmieds Gotke Stillefoyt, stirbt 1346. Seine Tochter Lucie schliesst 1348 zwei Zinsverträge ab (Schöppenb. I. 74 b, 88). Dieselbe versetzt 1349 um 8 Mk. Groschen der Anna, Pecze Cromers Tochter, zu Handen Heinczkin Goltsmedes ihres Mannes ein Drittel von dem Viertel des Steinhauses an der Ecke bei Niclos von Lemberg und ein Drittel von einem Drittel des dazu gehörigen Hofes (Schöppenb. I. 104). Dieselbe verkauft 1351 dem Gotke Goltsmed [Stillefoyt] allen ihren Anteil an dem Erbe, auf dem Meister Jurge wohnt (Schöppenb. I. 180).

Stiller, Christoph Wilhelm, Gold- und Silberarbeiter, geb. in Breslau, Sohn des Zwirnhändlers Christoph Stiller, lernt bei Johann Bernhard Hoensch, später bei Johann Friedrich Wilhelm Fuss von 1799—1804. Arbeitet bei Joseph Gottlieb Lederhose als Meisterstück einen Kamm mit Brillanten, wird Meister am 30. Juni und Bürger am 23. November 1808. Stirbt um 1840.

Stimmel, Andreas, Goldschmied, Sohn des Christoph Stimmel in Liegnitz, wird 1603 in Breslau Bürger und Meister. Heiratet 2. Trinitatis 1603 Anna, die Tochter des † Hans Pfeiffer (Elis.). Wohnt am Ringe unter den Riemern.

Seine Frau Anna † 22. V. 1614 (Elis. u. MM). Stimmel heiratet am 6. Oktober 1615 Anna, die Tochter des † Handelsmannes Heinrich Mühlpfort (Elis.). Stirbt am 22. September 1622, alt 53 Jahre (Elis.). Seine Witwe Anna † 15. (begr. d. 18.) VI. 1671, alt 79 Jahre (Elis.).

Stimmel, Caspar (Stiemel, Stümmel), Goldschmied, geb. in Breslau, Sohn des Goldschmieds Christoph Stimmel, wird um 1619 Bürger und Meister. Seine Frau Susanna, geb. Buschork (?), † 27. VIII. 1633 (Elis.). Er selbst stirbt am 8. November 1633 an der Pest.

Stimmel, Christoph (Stimmelt, Stiemel, Stummelt), Goldschmied, wird 1584 Meister und um dieselbe Zeit Bürger. Wohnt auf der Odergasse in seinem eigenen Hause. Ist seit 1596 Schützenältester, seit 1602 Zunftältester. Wird 1606 durch Valten Hertwig und Hans Strich d. ä. beleidigt, indem diese sein vor 22 Jahren gefertigtes Meisterstück unbefugter Weise tadeln (Lib. definit. IV. 161 b—163 a). Wird 1616 von dem Goldschmied George Beck mit ehrenrührigen Worten angegriffen; dieser muss am 31. August 1616 vor den Ratmannen um Verzeihung bitten (Lib. definit. V. 13a). Seine Frau Sabina, geb. Buchpach von Dresden, † 15. II. 1618 (Elis.). Stimmel heiratet am 1. Dezember 1620 Elisabeth, die Witwe des Kretschmers George Nergner (Elis.). Seine Frau Elisabeth † 17. (24., 29.) IX. 1621 (Elis.). Stimmels Tochter Maria heiratet am 11. Januar 1622 den Goldschmied Wentzel Fischer (Elis.). Er selbst heiratet am 19. Juli 1622 Rosina, die Witwe des Handelsmannes Hans Schimme (Elis.). Stimmel stirbt am 13. März 1627, alt 71 Jahre (Elis.). Zeichnet C S ligiert in rundem Felde, vgl. Taf. III Nr. 65.

a. Becher, Silber, auf dem konischen Mantel durch Vergoldung hervorgehobene eingravierte Ornamente, die Wappen der Stifter Hans Georg von Rechenberg und Sigmund von Berge und Inschriften. Datiert 1596. H. 20,3 cm. Beschauz. W Typus II, Meisterz. u. Kriegssteuerst. 𝔉𝔚. Kleinodien der Schiesswerderschützen in Breslau. Schlesisches Museum für Kunstgewerbe und Altertümer, Breslau (Vgl. Schlesiens Vorzeit, Bd. V S. 248 Nr. 8).

b. Kelch, Silber vergoldet, in gotischem Aufbau. Auf dem sechspassigen Fusse, sowie auf der unteren Hälfte der Kuppa je sechs Rundmedaillons mit Apostelfiguren in Unterglasmalerei. Nodus gedrückt wulstförmig mit durchgesteckten Zapfen, darauf die Buchstaben I H E S V S. Am Rande des Fusses die Inschrift: „ANNO 1604. DEN 15 APRILIS VOREHRET. FRAVW MAGDALENA. WEISKEGLIN. MERTEN NIEMSCHES. KRETZSMERS. SELIGN. NACH. GELASSEN. WITTIB. DISEN KELCH. ZVM. GEDECHNIS.“ H. 22,7 cm. Beschauz. W Typus III, Meisterz. u. Kriegssteuerst. Adlertypus. — Elisabethkirche, Breslau.

c. Deckel, Silber vergoldet, zu einem Pokal des Nürnberger Goldschmieds Caspar Widmann (nach Rosenberg Nr. 1232), in getreuer Anlehnung an den Dekor des Pokals reich getrieben und mit plastisch aufgesetzten Köpfchen. Als Deckelbekrönung die vollrunde Figur eines Büchsenschützen mit zwei gegen einander gelehnten Wappenschilden, auf dem einen die Jahreszahl 1607, die Initialen B. S. und das Wappen des Breslauer Bürgers Benedikt Scholz, auf dem anderen die Initialen H V A und das Wappen des Hans Vater. Am Rande des Deckels eine dreireihige Inschrift. Beschauz. W Typus III u. Meisterz. — Kleinodien der Schiesswerderschützen in Breslau. Schlesisches Museum für Kunstgewerbe und Altertümer, Breslau (Vgl. Schlesiens Vorzeit, Bd. V S. 248f. Nr. 9 (7), abgeb. Taf. XXVIII (I) Nr. 3).

Stimmel, Daniel (Stummelt), Goldschmiedgeselle, geb. in Breslau, Sohn des Goldschmieds Christoph Stimmel, heiratet am 26. November 1613 Sabina, die Tochter des † Abraham Jeger (MM). Wird in Jauer Meister. Seine nachgelassene Tochter Sabina stirbt in Breslau am 18. September 1633, ebenso seine Witwe Sabina am 31. Juli 1655.

Stimmel, Johannes, Goldschmiedgeselle, geb. in Breslau, Sohn des Goldschmieds Christoph Stimmel, hat bei seinem Vater in Arbeit gestanden (Schles. Vorz. VII. 483).

Stocke, Steffan, aurifaber, wird Bürger am Tage Lucie (13. Dezember) 1437.

Stoer, Balthasar (Stöer), Goldschmiedgeselle, geb. in Breslau, Sohn des Goldschmieds Caspar Stoer, heiratet 16. Trinitatis 1579 Ursula, die Tochter des † Hans Artzt (Elis.).

Stoer, Caspar (Stöer, Stor, Steer, Stoher), Goldschmied, heiratet als Geselle 1547 Ester, die Tochter Wolf Egeners (Elis.). Erwirbt das Bürgerrecht am 8. März 1549, wird um dieselbe Zeit Meister. Wohnt auf der Junkerngasse. Seine Tochter Anna heiratet am 13. Januar 1568 den Pfarrer Antonius Herfart. Stoer stirbt am 7. März 1584 (MM). Seine Witwe Ester † 28. III. 1613.

Stoer, Johann August Wilhelm (Stöhr), Goldarbeiter, geb. in Breslau, lernt bei Johann Benjamin Klug, später bei Ernst Benjamin Ullmann von 1816—1819. Erwirbt das Bürgerrecht am 24. Oktober 1823, alt 24 Jahre. Wird nicht Innungsmitglied.

Stoll, Johann Michael, Goldarbeiter, geb. in Strassburg, verfertigt in Breslau bei Carl Gottfried Haase als Meisterstück ein Paar Ohrgehänge mit Rauten, wird Meister am 25. August 1796 und Bürger am 16. Mai 1797. Stirbt am 28. (begr. d. 30.) Mai 1807, alt 50 Jahre (Elis.).

Stoppe, Stephanus, aurifaber, wird Bürger am Freitag vor Hedwigis (14. Oktober) 1429.

Strada, Gregor (Strader), Goldschmied, wird Breslauer Bürger am Mittwoch nach Georgii (26. April) 1475. Ist 1483 bis 1488 in Schweidnitz urkundlich nachweisbar (Anz. f. Kunde d. deutsch. Vorzeit, 1875, Sp. 148). Klagt 1485 gegen seinen Gesellen Lorencz Mauerer, weil dieser von der ausbedungenen sechsjährigen Lehrzeit nur $^2/_3$ absolviert habe und verlangt 10 Mk. Schadenersatz (Schles. Vorz. VII. 482). Ist vor 1490 im Catalogus civium von 1470 gestrichen worden, wohl weil er nach Schweidnitz übergesiedelt ist.

Strauchmann, Gottlob (Gottlieb Strachmann), Goldarbeiter, Sohn des Brauers Benjamin Strauchmann, lernt in Breslau bei Samuel Haenel, dann bei Johann Samuel Grische von 1746—1752. Arbeitet zuerst als Pfuscher. Heiratet am 25. April 1769 Rosina Elisabeth, die Tochter des Heinrich Bartholomaeus, Altknechts bei der grossen Kunst (Elis.). Meldet sich gezwungenermassen am 3. März 1774 als Stückmeister, arbeitet bei Christian Hoensch einen Patzel mit Topasen, wird Meister am 13. (20.) Dezember 1774 und Bürger am 26. September 1775. Stirbt am 24. (begr. d. 27.) Februar 1806, alt 73 Jahre (Elis.).

Strauss, Sebalt, Goldschmied, geb. in Breslau, Sohn des Apothekers Merten Steffan Strauss, reicht am 8. April 1530 dem Peter Singer sein am 29. Januar 1529 erworbenes Erbe samt Apotheke und Materialien, gelegen an der Nordseite des Ringes zwischen Wenczel Melczer und Wolf Saurman (Tradb. III. 75 b, V. 31 b, 93 a). Erwirbt am 24. Januar 1534 das Bürgerrecht, wird um dieselbe Zeit Meister. Stirbt vor 1544.

Stregen, Claus von der, Goltsmit, wird Bürger vor 1364. Verreicht 1373 der Margareta Sommerveldynne [es ist vielleicht die Frau des Goldschmieds Nickil Sommerfelt] 1 Mk. jährl. Zins auf sein Erbe bei der Krummendorfynne, wiederverkäuflich um 10 Mk., und 1374 3 Mk. jährl. Zins auf sein Erbe am Neumarkte, wiederverkäuflich um 30 Mk. (Schöppenb. III. 262 b, IV. 35 b).

Strehlitz, George, Gold- und Silberwarenfabrikant; sein Sohn Johann George stirbt am 25. (27.) September 1709.

Streubel, Christian Gottlieb (Streubler, Sträubel, Straubel, Striebel, Streibel), d. ä., Goldarbeiter, geb. in Breslau, Sohn des Erbsassen George Streubel, arbeitet als Geselle bei Gottfried Wilhelm Jachman. Meldet sich am 4. März 1749 als Stückmeister, verfertigt bei Johann David Kriebel eine mit Diamanten versetzte Mache [Patzel] und ein Galanterieringel mit Rubinen und Diamanten, wird Meister am 22. Mai und Bürger am 24. Juli 1749. Heiratet am 4. Januar 1752 Johanna Elisabeth, die Tochter des Schneiders Conrad Schneider (Elis.). Seine Frau † 9. (begr. d. 11.) III. 1758 (Elis.). Streubel heiratet am 18. Oktober 1758 Marjana Elisabeth, die Tochter des † Tarnowitzer Bürgermeisters Joachim Duttke (Dudeck?) (MM). Stirbt am 11. (begr. d. 13.) Juni 1775, alt 62 Jahre 9 Monate 11 Tage (Elis.). Seine Witwe Marjana Elisabeth † 1. (begr. d. 4.) X. 1778 (Elis.). Seine Tochter Susanna Eleonora heiratet am 1. September 1779 den Peruquier Johann Gottlob Müller (MM).

Streubel, Christian Gottlieb (Sträubel, Streibel), d. j., Goldarbeiter, geb. in Breslau, Sohn des Goldarbeiters Christian Gottlieb Streubel d. ä., tritt bei Johann Samuel Grische 1767 in die Lehre. Meldet sich am 3. Juni 1779 als Stückmeister, arbeitet bei Gottlob Benjamin Werner einen mit Rauten und Rubinen besetzten Plack, wird Meister am 15. Dezember 1779 und um dieselbe Zeit Bürger. Heiratet am 2. Februar 1780 Christiana Elisabeth, die Tochter des Posamentiers und Seidenstrickers Donatus Mentzel (MM). Seine Frau † 18. (begr. d. 20.) II. 1789 (MM). Er selbst stirbt am 31. Januar (begr. d. 2. Februar) 1820, alt 67 Jahre 3 Monate 7 Tage (MM).

Streubel, Johann Friedrich (Sträubel), Goldarbeiter, geb. in Breslau, Sohn des Goldarbeiters Christian Gottlieb Streubel d. j., lernt bei seinem Vater vom Qu. Reminiscere 1797 bis Qu. Lucie 1801. Erwirbt das Bürgerrecht am 12. März 1813. Wird Innungsmitglied am 24. Februar 1815. Stirbt am 13. (begr. d. 15.) August 1823, alt 40 Jahre 9 Monate (MM).

Strich, George, Goldschmied, Bruder des Goldschmieds Hans Strich d. ä., stirbt 1602 in Reval in Livland, alt 48 Jahre (abgekündigt in Breslau bei MM).

Strich, Hans [Johann], d. ä., Goldschmied, wird um 1582 Bürger und Meister. Wohnt auf dem Hühnermarkte. Ist 1594 König der Schiesswerderschützen (Roland, Schiesswerderbuch, S. 22). Ist 1606 an einem Streite zwischen den Goldschmieden Christoph Stimmel und Valten Hertwig beteiligt (Lib. definit. IV. 161 b—163 a). Seine Frau Barbara, geb. Buchholz, † 8. XII. 1611 (Elis.). Strich heiratet am 16. Juli 1612 Katharina, die Tochter des † Apothekers Jacob Brendel in Goldberg (MM). Stirbt am 7. Oktober 1616, alt 66 Jahre (Elis.). Seine Witwe Katharina heiratet am 2. Oktober 1618 den Reichkrämer Paul Hoffman

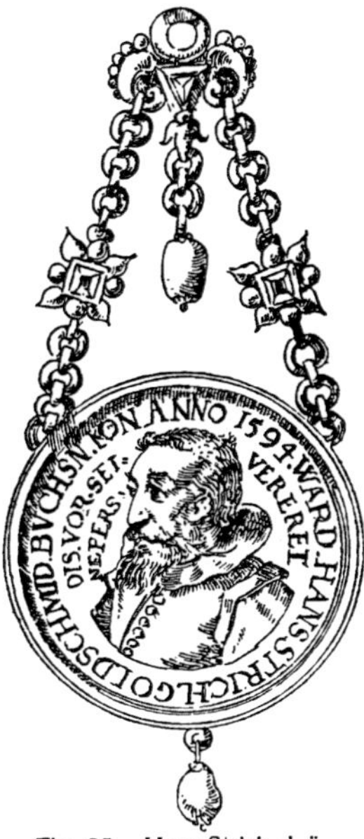

Fig. 35. Hans Strich d. ä.

in Liegnitz (MM). Seine Tochter Barbara heiratet am 30. Januar 1622 den Barbier und Wundarzt Hans Clauss (MM). Strich (oder Hans Schoenau) zeichnet H S ligiert mit fünf Sternchen in rundem Felde, vgl. Taf. III Nr. 64.

a. Schützenkleinod von 1594, mit dem Selbstbildnis des Meisters, abgebildet Fig. 35 nach G. Hauer (Hayer), Breslische Schutzen-Kleinoth . . . [Breslau 1613], Taf. 6. Original verloren.

b. Pokal, Silber, in der auf Seite 87 Fig. 24 wiedergegebenen Form, mit Bandwerk, Fruchtgehängen und Masken in getriebener Arbeit. Am Kelchrande gravierte Darstellungen eines Kegelschiebens und Scheibenschiessens mit dem zweimal angebrachten Wappen des Stifters Christoph Sachse. Deckel fehlt. H. 22,8 cm. Beschauz. W Typus II, Meisterz. u. Kriegssteuerst. *W*. — Kleinodien der Schiesswerderschützen in Breslau. Schlesisches Museum für Kunstgewerbe und Altertümer, Breslau (Vgl. Schlesiens Vorzeit, Bd. V S. 247 f. Nr. 7 (14), abgeb. Taf. XXXI (III) Nr. 3).

c. Muschelbecher in vergoldeter Silberfassung. Am Lippenrande geätztes Ornament. H. 30 cm. Beschauz. W u. Meisterz. — † Baron Carl v. Rothschild, Frankfurt a. M. (nach Rosenberg Nr. 457).

d. Nautiluspokal in vergoldeter Silberfassung. Beschauz. W u. Meisterz. — Staatsmuseum, Moskau (nach Schlesiens Vorzeit, Neue Folge, Bd. III S. 161).

Strich, Hans [Johann], d. j., Goldschmied, geb. in Breslau, Sohn des Goldschmieds Hans Strich d. ä., heiratet am 20. Oktober 1615 Barbara, geb. Schwartz, die Witwe des Diakonus Bartholomaeus Ruth (MM). Es ist fraglich, ob er in Breslau als Meister tätig gewesen ist.

Strosberg, Conrad de, aurifaber, wird Bürger am Montag vor Elisabeth (18. November) 1381; Bürge ist Claus Briger.

Stummelt, siehe Stimmel.

Stuppe, Johann (Stube, Stäbler), Goldschmied, erwirbt das Bürgerrecht am 26. April 1697, wird um dieselbe Zeit Meister. Seine Frau Susanna Maria, geb. Mentzel, † 7. (begr. d. 10.) IX. 1698 (Elis. u. MM). Er selbst stirbt am 5. (9., 10.) Juni 1700, alt 36 Jahre 20 Wochen (Elis. u. MM). Zeichnet I S in ovalem Felde, vgl. Taf. IV Nr. 118.

a. Taufschüssel, Silber, runde Schale auf Fuss. Datiert 1699. Johanneskopf Typus II, Meisterz. u. Kriegssteuerst. Adlertypus. — Elisabethkirche, Breslau.

b. Kelch, Silber vergoldet, reich getrieben mit Blumen und Blattwerk. Johanneskopf u. Meisterz. — Kath. Pfarrkirche St. Bartholomaei, Trebnitz.

Stuppe, Johann Christian Wilhelm, Goldarbeiter, verfertigt bei Johann Gottlob Tholuck als Meisterstück einen Korb in Silberdraht, wird Meister am 6. Oktober und Bürger am 23. November 1808. Lebt später in dürftigen Verhältnissen und erhält 1819 den Posten des Mittelsboten. Stirbt 1827.

Süsse, Johann Gottfried, Goldarbeitergeselle, stirbt in Breslau am 8. Oktober 1757 (MM).

Süssenbecker, Gottlieb Benjamin (Siessenbecker, Sissenbecker), Goldschmied, arbeitet bei Hans Jachman d. j. als Meisterstück einen Kelch nebst Ring und Siegel, wird Meister am 31. Januar und Bürger am 27. Februar 1728. Ist in der Meisterliste von 1730 zum letzten Male erwähnt, hat aber noch die Petition von 1732 (Urk. 56) unterschrieben. Sein Sohn Johann Gottlieb, ein Kaufmann, heiratet am 14. November 1753 (MM).

Sweideler, Lucas (Sweidler, Sweydeler, Schwedler), Goldschmied, wird Bürger am Freitag vor Invocavit (17. Februar) 1464. Erscheint 1471 ... 1491, 1493 in den Geschworenenlisten der Signaturbücher als Zunftältester. Siehe Seite 13. Stirbt um 1496.

Swob, Hannos, aurifaber, wird Bürger am Montag nach Viti (16. Juni) 1393; Bürge ist Waltherus Ebirhart.

Tackil, Michel, siehe Tockel.

Talcke, Caspar (Talke, Talckel, Tolick, Tulcke), Goldschmied, Sohn des Melchior Talcke in Kapsdorf im Schweidnitzschen, heiratet in Breslau als Geselle 23. Trinitatis 1592 Dorothea, die Tochter des † Schneiders Hans Lachman (Elis.). Wird 1593 Bürger und Meister. Stirbt am 3./10. Januar 1597. Seine Witwe Dorothea heiratet 13. Trinitatis 1601 den Goldschmied Hans Bretsch in Strehlen (Elis.).

Tanner, Melchior, Goldschmied, Sohn des Goldschmieds Caspar Tanner in Liegnitz, heiratet in Breslau Rogate 1589 Margareta, die Tochter des † Diakonus bei St. Elisabeth, Michael Francke (Elis.).

Tausendschön, Marcus, Goldschmiedgeselle von Dillingen bei Augsburg, Sohn des Georg Tausendschön, Dieners bei dem Bischofe von Augsburg, heiratet in Breslau nach dem am 27. Juni erfolgten Aufgebot am 6. Juli 1593 Ursula, die Tochter des † George Winckler, Schulcollegen bei St. Maria Magdalena, und seiner Frau Sophie, der Tochter des Goldschmieds Bartel Schoenau (MM). Gegen seine Niederlassung in Neisse erheben am 9. Oktober 1601 die dortigen Goldschmiede bei dem Breslauer Bischofe Einspruch, da er sich während einer Seuche zu Prag aufgehalten habe (Schles. Vorz. VII. 492). Wird 1604 in Neisse Meister. Von seinen Meisterstücken befindet sich der Kelch im Breslauer Domschatze. Vgl. Jahresbericht des Neisser Kunst- und Altertumsvereins, 1905, S. 14 f.

Teckel, Michel, siehe Tockel.

Teller, Johann Gottlieb Christian, sieher Deller.

Thamm, George Friedrich (Tham, Tahm, Tamm), Goldschmied, Sohn des Gastwirts Johann Thamm in Borne, Kr. Neumarkt, arbeitet in Breslau bei Thomas Kuntze als Meisterstück ein Geschirr nebst Ring und Siegel, wird Meister am 20. Mai und Bürger am 6. Juni 1721. Heiratet am 16. Juni 1721 Maria Elisabeth, die Tochter des Buchbinders Tobias Wagner (MM). Seine Frau Maria Elisabeth † 12. (begr. d. 14.) IV. 1728 (MM). Thamm heiratet am 26. April 1729 Eva Rosina, die Tochter des † Riemerältesten George Jäckel (Elis.). Seine Tochter Maria Rosina heiratet am 2. Januar 1748 den Goldarbeiter Johann Gottlieb Glimmich (MM). Seine Frau Eva Rosina † 25. (begr. d. 27.) V. 1757 (MM). Er selbst stirbt am 6. (begr. d. 8.) November 1757, alt 61 Jahre 7 Monate (MM). Thamm zeichnet G F T in einem herzförmigen Schilde, vgl. Taf. IV Nr. 139.

a. Deckelbüchschen, Silber, oval, gerippt. Am Boden die Initialen: M. E. v. K. W. H. 5,8 cm. Johanneskopf Typus IX, Stempelmeisterb. C u. Meisterz. — Evang. Pfarrkirche in Ulbersdorf, Prov. Posen.

b. Schüssel, Silber, oval, mit gebogtem Rande und frühem Rokokodekor in getriebener Arbeit. Im Spiegel graviert das Wappen derer v. Trach. Datiert 1732. Dm. 35,6 × 27,3 cm. Johanneskopf, Meisterz. u. Kriegssteuerst. 𝔉𝔚. — Geheimrat Pinkus, Neustadt O.

Thiel, Antonius, Goldschmiedgeselle von Danzig, stirbt in Breslau am 18. (begr. d. 20.) Mai 1674, alt 52 (53) Jahre (Elis. u. MM).

Thiel, Carl Eduard Adolph, Goldarbeiter, geb. in Breslau, Sohn des Goldarbeiters Carl Gottfried Thiel, erwirbt das Bürgerrecht am 2. September 1842, alt 28 Jahre. Wird nicht Innungsmitglied.

Thiel, Carl Gottfried, Goldarbeiter, erwirbt das Bürgerrecht am 12. November 1813. Wird nicht Innungsmitglied.

Thiel, Robert Ferdinand, Goldarbeiter, geb. in Breslau, Sohn des Goldarbeiters Carl Gottfried Thiel, erwirbt das Bürgerrecht am 25. Juli 1845, alt 25 Jahre. Wird nicht Innungsmitglied.

Thiem, Johann Wilhelm (Thim), Goldarbeiter, geb. in Hanau, arbeitet in Breslau bei Johann Bernhard Hoensch als Meisterstück ein Paar Ohrgehänge mit à jour gefassten Brillanten und ein goldenes Halsstück in Filigranarbeit, wird Meister am 7. Januar und Bürger am 10. Januar 1806. Läuft 1807 davon.

Thim, Hans, Goldschmied; im Oktober 1597 stirbt seine Tochter Anna.

Thimo, aurifaber, wird Bürger am Tage vor Simonis et Jude (27. Oktober) 1371; Bürge ist Claus Briger.

Thittner, George, siehe Dittmar.

Tholuck, Goldarbeiter, meldet sich am 17. Januar 1865 zur Aufnahme in die Innung, die ihm verweigert wird, da er keinen selbständigen Geschäftsbetrieb nachweisen kann. Wird später als Innungsbote angenommen und bleibt es bis zur Auflösung der Innung.

Tholuck, Johann Gottfried (Toluck), Goldarbeiter, wird Innungsmeister am 10. April und Bürger am 15. April 1815. Gibt 1823 sein Handwerk auf und zieht nach Frankenstein. Im Mai 1830 wird ihm eine von der Innung erbetene Unterstützung nicht bewilligt.

Tholuck, Johann Gottlob (Toluck, Toulock, Tolick, Delugg, Dolucker), Goldarbeiter, geb. 1755 in Schlichtingsheim, Prov. Posen, Sohn des dortigen Kürschners Johann Christian Tholuck, lernt in Breslau bei der Witwe des Friedrich Gottlob Krebs von 1771—1777, wird losgesagt im Namen der verw. Frau Krebs durch Carl Gottfried Haase am 19. September 1777. Meldet sich auf Befehl der Kgl. Kammer am 27. Dezember 1781 als Stückmeister, arbeitet bei Gottlob Benjamin Werner ein Paar Ohrgehänge mit Pendeloques, wird Meister am 29. Januar 1782. Heiratet am 10. April 1782 Johanna Christiana, die Tochter des † Partkrämers Christian Ludwig Hanisch (MM). Erwirbt das Bürgerrecht am 10. März 1783. Lässt sich im Dezember 1797 von Gottfried August Thilo en miniature malen. Seine Frau † 5. (begr. d. 7.) V. 1806 (Elis.). Tholuck heiratet am 6. Juli 1806 Dorothea Albertine, die Tochter des Ziegelstreichers Johann Franz Piere in Öls (Elis.). Ist seit 1809 Stadtverordneter. Zieht 1820 nach Frankenstein (?). Stirbt am 23. September 1829. Ist der Vater des Theologen Tholuck (1799—1877).

Thomas, Carl Richard Emil, Goldarbeiter, geb. in Breslau am 18. Juni 1836, lernt bei Georg Heinrich Gumpert vom 12. Mai 1851 bis 15. Januar 1856. Wird am 9. November 1878 in die Innung aufgenommen. Bleibt Mitglied bis zum 13. Oktober 1893.

Thun, Ferdinand, Besitzer einer Silberwarenfabrik, betreibt das Geschäft als Kaufmann, wird nicht Innungsmitglied. Stempelt seine Waren ohne Zuziehung des Innungsstempelmeisters. Dagegen erheben am 5. Oktober 1838 die Innungsmitglieder Einspruch.

Thun, Johann, Gold- und Silberarbeiter, ist am S11. März 1791 Trauzeuge bei t. Vincenz, als Tobias Meyer heiratet.

Thun, Johann Gottlieb, Goldarbeiter und Juwelier, geb. 1780 in Glogau, arbeitet in Breslau bei Joseph Gottlieb Lederhose als Meisterstück einen goldenen Haarkamm mit Brillanten, wird Meister am 14. Mai und Bürger am 11. Juli 1806. Ist seit 1828 Mitglied der Stadtverordnetenversammlung, 1831 stellvertretender Vorsteher, von 1832 bis 1836 Vorsteher. Stirbt am 10. Oktober 1843.

Thun, Samuel Christoph [Christian], Goldarbeiter, geb. in Breslau, Sohn des Silberarbeiters Samuel Gottlieb Thun, lernt bei Johann Carl Wiedemeyer vom 7. Januar 1760 bis 15. September 1761, dann bei Christoph Ehrenfried

Scholtz bis 22. März 1764. Meldet sich am 21. September 1770 als Stückmeister, arbeitet bei Friedrich Gottlob Krebs einen mit Rauten besetzten Patzel, wird Meister am 12. November und Bürger am 19. November 1770. Heiratet am 1. Mai 1771 Johanna Christiana, die Tochter des † Hutmacherältesten Jacob Grunenthal (MM). Ist seit Juli 1798 Ältester. Stirbt am 28. Mai 1807, alt 61 Jahre 10 Monate 6 Tage. Seine Tochter Johanna Carolina heiratet am 27. Dezember 1807 den Fabrikanten Anton Friedrich Carl Kallmeyer (Elis.). Seine Witwe Johanna Christiana † 23. (begr. d. 26.) III. 1818.

Thun, Samuel Ferdinand (Tun, Dhun, Duhn), Goldarbeiter, geb. 1771 in Breslau, Sohn des Goldarbeiters Samuel Christoph Thun, lernt bei Carl Friedrich Litzmann, später bei Johann Gottfried Kiesling vom Qu. Trinitatis (1786) 1787 bis Qu. Reminiscere 1792. Arbeitet bei Ferdinand Christian Krebs als Meisterstück eine Sternblume mit Brillanten (etwa von der auf Seite 10 Fig. 7 wiedergegebenen Form), wird Meister am 9. Mai und Bürger am 23. August 1798. Ist von 1814—1816 Stadtverordneter. Stirbt am 8. Oktober 1827.

Thun, Samuel Gottlieb (Thunn, Tun, Thümm), Silberarbeiter, geb. in Breslau, Sohn des Kretschmers Christoph Thun, arbeitet bei Christian Schlencker als Meisterstück ein silbernes Giessbecken nebst Kanne, wird Meister am 18. Juni und Bürger am 21. August 1737. Heiratet am 26. Mai 1739 Johanna Eleonora, die Tochter des Kürschners Martin Winckler (Elis.). Stirbt am 10. November 1757. Seine Tochter Johanna Dorothea heiratet am 23. Mai 1758 den Goldarbeiter Carl Ferdinand Weigelt (Elis.). Seine Tochter Susanna Sophia heiratet am 27. April 1760 den Kaufmann Ernst Ephraim Krumbholz (Elis.). Seine Witwe Johanna Eleonora heiratet 1766 den Bäckerältesten Johann Christoph Stiller (Elis.). Thun zeichnet S G T in einem herzförmigen Schilde, vgl. Taf. V Nr. 152.

a. Sargschilde der Breslauer Kretschmer, Silber mit Vergoldung, mit Innungsemblemen. Datiert 1738. Johanneskopf Typus XI, Stempelmeisterb. D u. Meisterz. — Kretschmer-Innung, Breslau.

Thuns, Moritz Rudolph Alexander, Goldarbeiter, geb. in Neudorf bei Nimptsch am 8. April 1815, Sohn des Gutsbesitzers Gottlob Thuns, lernt in Breslau bei Johann Gottlieb Herrmann vom Qu. Johannis 1830 bis Ostern 1835. Erwirbt das Breslauer Bürgerrecht am 23. August 1842. Tritt am 16. Oktober 1852 in die Innung ein, scheidet am 28. Januar 1879 wieder aus. Stirbt am 18. Mai 1880. Thuns zeichnet MORITZ THUNS, negativ eingeschlagen.

Tiessler, Emil Adolph [Amos], Goldarbeiter, geb. in Fraustadt, Sohn des Seifensieders Gottlieb Tiessler, lernt in Breslau bei Wilhelm August Seidel, wird freigesprochen im April 1840. Erwirbt das Breslauer Bürgerrecht am 5. November 1847, alt 28 Jahre. Tritt am 26. Januar (15. April) 1855 in die Innung ein. Ist 1884 das letzte Mal erwähnt.

Tilkin Goltsmed, wird 1346 als Besitzer eines Hauses auf der Albrechtsgasse erwähnt (Schöppenb. I. 36).

Tilo aurifaber, Mitglied einer Goldschmiedfamilie, die 1318 von Herzog Heinrich VI. den Breslauer Brenngaden erhält; siehe Bertoldus aurifaber.

Timmerman, Claudius Petrus (Claus Peter Timmermann), Galanteriewaren- und Goldarbeiter, Sohn des kgl. dänischen Zolleinnehmers Friedrich Timmerman in Drontheim in Norwegen, wird in Breslau Meister im Februar und Bürger am 1. März 1730. Heiratet am 23. Mai 1730 Eva Maria, die Tochter des † Chirurgen Michael Gott [Kott] in Steinau a. d. Oder (Elis.). Stirbt am 5. (begr. d. 7.) Mai 1759, alt 65 Jahre (Elis.). Sein Sohn Claudius Gottlob, Dr. med. et phil. und Practicus, heiratet am 26. November 1767 Susanna Eleonora, geb. Ehrlich, die Witwe des Kaufmanns Johann Siegmund Tschirschcky (MM). Seine Witwe Eva Maria † 22. (begr. d. 25.) X. 1768 (MM).

Titze, Daniel August (Tietze, Ditze, Dietz), Goldarbeiter, geb. in Breslau, Sohn des Leinwandreisserältesten Andreas Titze, lernt bei Christoph Ehrenfried Scholtz vom 14. März 1765 bis 28. Dezember 1769. Meldet sich am 22. Juni 1775 als Stückmeister, arbeitet bei Johann Christian Schlencker einen mit Rauten und Rubinen besetzten Patzel, wird Meister am 10. Januar 1776 und um dieselbe Zeit Bürger. Heiratet am 25. August 1779 Johanna Dorothea, die Tochter des Schneidermeisters Christian Gottlob Binner (MM). Besitzt ein Haus auf dem Ringe an der Riemerzeile. Seine Frau Johanna Dorothea † 6. (begr. d. 9.) X. 1791 (Elis.). Titze ist Innungsältester seit Juni 1802. Seine Tochter Dorothea Charlotte heiratet den Schönfärber George Friedrich Gumpert. Titze stirbt am 5. (begr. d. 8.) November 1832 (MM); stiftete vier wohltätige Legate, eines davon [300 Taler] für Arme der Breslauer Goldschmiede-Innung (Bresl. städt. Reponenden-Registratur, N. 38. 2. T. 17. Vol. 1). Sein Portrait, abgebildet Fig. 36, im Besitze von Frl. Marie Gumpert in Breslau, einer Urenkelin des Dargestellten.

· **Tockel,** Michel (Tocke, Tackil, Töckel, Teckel, Tockener), Goldschmied, wird Bürger am Dienstag nach Quasimodo (20. April) 1490. Wohnt auf der Nordseite des Ringes in seinem eigenen Hause, das in den Traditionsbüchern I bis III häufiger erwähnt wird. Tockel reicht dieses Haus am Sonnabend nach Katharine (27. November) 1518 dem Andres Cremsir (Tradb. III. 74). Am 21. August 1498 schliessen die Ältesten der Brüderschaft der Bürger zu St. Maria Magdalena mit Tockel einen Vertrag, dass er ein silbernes Marienbild in der Sonnen mit einem Kindlein, Engeln und Kronen machen sollte, auf das werklichste und kunstreichste er könnte, davon sie ihm eine

Probe an einem geschnittenen holzenen Bilde gegeben. Auch sollte er dasselbe übergolden, alles von der Brüderschaft Golde und Silber. (Signaturb. Klose, Darst. d. inneren Verhältnisse der Stadt Breslau, herausgegeben v. Stenzel in den Script. rer. Siles. III. 136f.). Tockel ist 1522 als Zunftältester an einem Hausverkaufe beteiligt (Tradb. IV. 6b). Stirbt um 1530. Seine Witwe Barbara verreicht am 15. April 1531 ihr Haus auf der Albrechtsgasse dem Goldschmied Merten Vitze d. ä. (Tradb. V. 93).

Tolick, Caspar, siehe Talcke.

Toluck [Tolick], siehe Tholuck.

Tompke, Laurentius, aurifaber, wird Bürger am Freitag nach Lucie (16. Dezember) 1412.

Tonart, Johann George, siehe Donath.

Tott, Johann Jacob (Todt, Tod), Goldschmied, Sohn des Gastwirtes Adam Tott in Wedau (?) bei Naumburg, arbeitet in Breslau bei Gottfried Ihme als Meisterstück einen Pokal nebst Ring und Siegel, wird Meister am 5. Mai und Bürger am 7. September 1733. Heiratet am 27. Oktober 1733 Johanna Friderica, die Tochter des † Vizewachtmeisters Johann Ernst Döring in Öls (MM). Stirbt am 12. (13.) August 1740, alt 42 Jahre 3 Wochen (MM). Seine Witwe heiratet am 12. Januar 1745 den Kammerdiener Johann Jeremias Kriewitsch (MM).

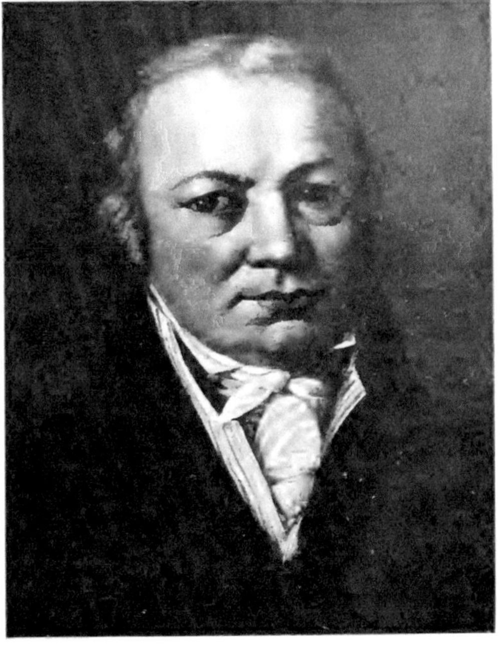

Fig. 36. Daniel August Titze

Trebnicz, Michil de, aurifaber, wird Breslauer Bürger am Freitag nach Epiphania (9. Januar) 1372.

Trewendt, Gustav, Goldarbeiter, wird am 25. Oktober 1886 in die Innung aufgenommen und bleibt Mitglied bis zum 13. Oktober 1893.

Trewendt, Leopold Ferdinand, Goldarbeiter, geb. in Breslau, lernt bei Johann Gottlob Tholuck vom Qu. Reminiscere 1802 bis Weihnachten 1807. Erwirbt das Bürgerrecht am 5. Juli 1816. Wird nicht Innungsmitglied.

Tribinger, Samuel Friedrich (Triebiger), Goldarbeiter, geb. in Breslau, Sohn des Leinwandreissers Samuel Benjamin Tribinger, tritt am Qu. Reminiscere 1808 bei Carl Philipp Clauss in die Lehre, kommt Weihnachten 1810 zu August Anton Joseph Gross, wird losgesagt am 23. Februar 1813. Erwirbt das Bürgerrecht am 25. Juni 1823, alt 30 Jahre. Wird nicht Innungsmitglied.

Tripke, Christian Gottlieb, Goldschmiedgeselle, geb. in Breslau, Sohn des Bäckers Johann Tripke vor dem Ohlauer Tore, heiratet 1764 Johanna Dorothea, die Tochter des † Schuhmachers Johann Waltz (MM).

Trogan, Caspar, siehe Drogen.

Tschöpe, Wilhelm, Goldarbeiter, tritt am 15. Juli 1886 in die Innung ein und bleibt Mitglied bis zum 13. Oktober 1893.

Tulcke, Caspar, siehe Talcke.

Tun, siehe Thun.

Tunckel, Johann [Hans] Christoph (Tunkel, Dunckel), Goldschmied, geb. in Breslau, Sohn des Kretschmers Andreas Tunckel, arbeitet bei Hans Jachman d. j. als Meisterstück einen Kelch nebst Ring und Siegel, wird Meister am 31. Mai und Bürger am 30. Oktober 1723. Er wird beschuldigt, den Kelch und den Ring nicht eigenhändig gemacht zu haben, und muss 6 Rtlr. Strafe zahlen. Heiratet am 9. November 1723 Maria Eleonora, die Tochter des Posamentiers und Seidenstrickers Christian Friedrich Rehn (MM). Stirbt um 1742.

Uberhupt, Cyprianus, Goldschmiedgeselle, heiratet am 19. Juli 1568 Ursula, die Tochter des Goldschlägers Hans Bischof (MM).

Ullmann, Ernst Benjamin, Goldarbeiter, geb. in Breslau, Sohn eines Schneiders, lernt bei Johann Augustin Christian Seeberg vom Qu. Lucie 1795 bis Qu. Crucis 1801. Arbeitet bei Christian Gottlieb Mittmann als Meisterstück eine goldene Kette, wird Meister am 18. Januar und Bürger am 15. März 1811. Verunglückt 1833, wird als arbeitsunfähig von der Innung bis zu seinem Tode unterstützt. Stirbt am 16. Januar 1845.

Ulmizer, Goldschmied auf dem Sande, arbeitet mit zwei bis drei Gesellen, wird 1662 in der Spezifikation der Pfuscher in und vor Breslau genannt (Bresl. Kgl. Staatsarchiv, Stadt Breslau, II. 10d3).

Unger, Jocob, Goltsmid; am Freitag vor Walpurgis (29. April) 1351 „Conrad apotheker vnd hat vfgereicht Jocobe Unger dem goltsmide das gebude halp, daz do stet an der ecke vf Heynkin Rwssinnen erbe, czu eyme rechten koufe in sulchirwis, daz Conrad den vordirsten crom vnde Jocob den hindirsten crom nuczen sal" (Schöppenb. I. 183[b]).

Värtmann, Carl Theodor, siehe Vörtmann.

Väsch, siehe Fesch.

Vehisch, siehe Fesch.

Vendt, Adam, Goldschmied auf dem Sande, wird 1690 am Dom erwähnt. Seine Frau ist am 18. September 1694 Taufzeuge bei St. Matthias.

Venediger, George, Goldschmied, wird Bürger am Montag nach Dorothee (10. Februar) 1522. Stirbt oder verzieht von Breslau vor 1544.

Venicher, Marx, Goldschmied; seine nachgelassene Tochter Eva heiratet am 6. Mai 1586 den Büttner Andres Springsgutt (MM).

Vesch, siehe Fesch.

Veston, Eduard, Juwelier, aus England, lebt in Breslau, sein Prinzipal ist Catbertus Martin in London, wird erwähnt in einem Berichte des Görlitzer Rates an den Kaiser vom 11. August 1607 (Lib. missio. 1606/7, fol. 126 ff. — Schles. Vorz. VII. 489).

Vetter, Paul, Goldschmiedgeselle, geb. in Breslau, Sohn des Holzkrämers Marcus Vetter, heiratet am 16. Januar 1617 Martha, die Tochter des Jacob Unger in Schweidnitz (Elis.).

Vicke, David (Ficke, Fick), Goldschmied, geb. in Breslau, Sohn des Goldschmiedältesten Friedrich Vicke, wird 1662 Bürger und Meister. Heiratet am 24. Oktober 1662 Susanna, die Tochter des Ratsgeschössers Christoph Plackwitz (MM), wird dadurch Schwager der Goldschmiede Christoph und Tobias Plackwitz. Wohnt auf der Niclasgasse in seinem eigenen Hause. Seine Frau Susanna † 1. VI. 1691 (Elis.). Er selbst stirbt als Zunftältester am 4. (10.) August 1696, alt 65 Jahre weniger 10 Wochen und 1 Tag (Elis.). Sein Sohn Ernst Friedrich, Bürger und Handelsmann im Dorotheengässel, † 9. II. 1701. Vicke zeichnet D V ligiert in einem schildförmigen Felde, vgl. Taf. III Nr. 93.

a. Hostienbüchse, Silber, zylindrisch, mit drei vergoldeten Reifen, auf dem Deckel in Gravierung der Crucifixus auf goldenem Grunde. H. 9,5 cm. Dm. 9,5 cm. Beschauz. W Typus VI, Meisterz. u. Kriegssteuerst. FW. — Maria Magdalenenkirche, Breslau.

Vicke, Friedrich (Viecke, Ficke), Goldschmied, geb. in Breslau, Sohn des Goldschmiedältesten Ludwig Vicke, wird Ende 1615 Meister, wahrscheinlich Anfang 1616 Bürger. Heiratet am 14. November 1616 Maria, die Tochter des Kretschmers George Thiel (Elis.). Wohnt am St. Maria Magdalenenkirchhofe, später im sog. alten Rathause am Ringe. Ist Zunftältester seit 1646. Seine Tochter Anna heiratet am 19. Januar 1655 den Goldschmied Daniel Volgnadt (MM). Sein Sohn Joachim, ein Goldschmiedgeselle, † 12. (begr. d. 14. oder 15.) IX. 1658, alt 33 Jahre (Elis. u. MM). Seine Tochter Susanna heiratet am 25. Oktober 1661 den Goldschmied Paul Hedelhofer d. j. (MM). Seine Frau Maria † 5. (7., 9.) I. 1665 (Elis. u. MM). Er selbst stirbt am 4. (8.) März 1666, alt 78 Jahre (Elis. u. MM). Sein Sohn Friedrich, Kirchen- und Schuleninspektor, stirbt 1697. Vicke zeichnet F V ligiert in rundem Felde, vgl. Taf. III Nr. 76.

a. Kelch, Silber, Kuppa innen und am oberen Aussenrande hell vergoldet, der sechspassige Fuss profiliert, Nodus flach wulstig, sonst ohne Dekor. Am Fusse das gravierte Wappen derer von Cettritz und die mit Punzen eingeschlagene Inschrift: „ANNO 1620 HAT DIE EDLE EHRN TVGENTREICHE FRAV ANNA MARIA GEBOHRNE ZETRITZIN AVS DEM HAVSE ADELSBACH FRAV AVF IHLNISCH ZV GOTTES EHRE DIESEN KELCH MACHEN LASSEN." H. 17,5 cm. Beschauz. W Typus IV, Meisterz. u. Kriegssteuerst. Adlertypus. — Diözesanmuseum, Breslau (Stammt aus Schmellwitz bei Canth).

b. Deckelkanne, Silber vergoldet, niedrig, mit Lederwerkornament in getriebener Arbeit und Besitzerinitialen. H. 15 cm. Beschauz. W u. Meisterz. — P. A. Kotschubey, St. Petersburg (nach Rosenberg Nr. 466).

Vicke, Ludwig (Vieck, Ficke, Fick, Fickh), Goldschmied, Sohn des Reitschmieds Laurentius Vicke in Greiffenberg in Pommern, heiratet in Breslau als Geselle am 30. August 1574 Ursula, die Tochter des Tuchscherers Sebastian Pol (Elis. u. MM). Wird in demselben Jahre oder Anfang 1575 Bürger und Meister. Wohnt auf der Albrechtsgasse. Seine Tochter Christina (getauft d. 12. IX. 1576) heiratet am 27. Oktober 1598 den Goldschmied Caspar Pfister (MM). Seine Tochter Anna heiratet am 5. Februar 1608 den Ratsherrn Sebastian Krebitz (MM). Vicke stirbt nach langwieriger Krankheit als Zunftältester am 3. April 1615, alt 75 Jahre (Elis.). Seine Witwe Ursula † 21. (begr. d. 24.) III. 1618 (Elis. u. MM).

Vicker, Hannos (Ficker), aurifaber, wird Bürger am Freitag vor Purificatio Marie (31. Januar) 1438. Besitzt am Ringe ein Haus, das 1462 durch den Goldschmied Meister Lorencz [sc. Polak oder Cretsmer] bewohnt wird. Stirbt um 1460.

Vicker, Petrus (Ficker), aurifaber, wird Bürger am Tage vor Corpus Christi (1. Juni) 1412. Niclos Stelin gelobt 1415 für Petrus Vicker den Goltsmed wegen eines Ofens Ziegeln, weil derselbe gegen die Schöppen unbescheidene Reden geführt hat (Signaturb. XX). Vicker wird 1424 u. 1433 als Bürge erwähnt. Erscheint 1426 u. 1432 in den Geschworenenlisten der Signaturbücher als Zunftsenior.

Vincentius, Goltsmed, wird erwähnt, als am Freitag nach Margarete (16. Juli) 1361 Clare Plobenerinne dem Cuncze Lwyrlin das „Gebude by Vincentium Goltsmede czunest" verkauft (Schöppenb. II. 136).

Vincentius, Martin, siehe Merten Vitze d. j.

Vitze, Merten (Vicze, Vitcze), d. ä., Goldschmied, wird Bürger am Freitag nach Cineres (3. März) 1514. Kauft am 15. April 1531 von der Witwe des Goldschmieds Michel Tockel ein Haus auf der Albrechtsgasse (Tradb. V. 93). Stirbt vor 1544. Siehe Merten Vitze d. m.

Vitze, Merten (Vicz, Vicze), d. m., Goldschmied, wird Bürger am 13. Januar 1535 „vnd hott mit den reychkromern zech gewonnen". Stirbt vor Ostern 1544. Seine Witwe Katharina heiratet im Januar 1546 den Schneidergesellen Merten Arfuerer (MM), doch könnte auch die Witwe Merten Vitzes d. ä. gemeint sein.

Vitze, Merten (Vietz, Vice, Vincentz, Martin Vincentius, Fitz, Fitze), d. j., Goldschmied, Sohn des Breslauer Goldschmieds Merten Vitze d. m., heiratet 1. Advent 1571 Dorothea, die Tochter des Eisenschneiders Jacob Wintzer (Elis.). Erwirbt das Bürgerrecht am 22. Februar 1572, wird um dieselbe Zeit Meister. Stirbt am 9. Februar 1614, alt 78 Jahre (Elis.). Seine Witwe Dorothea † 17. V. 1615 (Elis.). Sein Sohn Martin, ein Goldschmiedgeselle, getauft am 15. August 1578 (MM), stirbt am 11. Mai 1617 (Elis.).

Vitze, Wolffgang (Vicze, Vitz, Vicentz, Vincentius, Fitze, Fitz), Goldschmied, heiratet im September 1554 Magdalena, die Tochter des † Hans Buckisch (MM). Wird 1555 Bürger und Meister. Wohnt auf der Ohlischen Gasse. Seine Tochter Martha heiratet am 22. Januar 1572 den Schulmeister Fabianus Closius in Liegnitz (MM). Seine Tochter Ursula heiratet am 21. Oktober 1578 den Goldschmied Lazarus Mesenhammer (MM). Seine Frau Magdalena † 9. XI. 1585 (1586). Seine Tochter Susanna wird am 29. Oktober 1595 mit dem Handelsmann Jacob Stadelhoffer aufgeboten (MM). Vitze stirbt am 19./26. Januar 1596. Sein Sohn Martinus, ein Studiosus, † 28. XII. 1601. Siehe Meister Wolff.

Vlassche, Cuncze, aurifaber, wird Bürger am Sonnabend vor Matthei (17. September) 1373; Bürge ist Claus Briger.

Vörtmann, Carl Theodor (Värtmann), Silberarbeiter, geb. zu Achim in Hannover, Sohn des Kaufmanns Friedrich Vörtmann, erwirbt das Breslauer Bürgerrecht am 8. August 1843, alt 31 Jahre. Meldet sich am 2. Oktober 1843 bei der Innung und wird am 12. Januar 1844 als Mitglied aufgenommen. Stirbt 1849. Zeichnet VÖRTMAN̄ positiv eingeschlagen.

Vogel, Gottfried (Vogell), d. ä., Goldschmied, Sohn des Handelsmannes Michael Vogel in Freiberg in Sachsen, wird 1617 in Breslau Bürger und Meister. Heiratet 24. Trinitatis 1617 Barbara, die Tochter des † Handelsmannes Balthasar Wümmer (Elis.). Wohnt am Hühnermarkte. Meldet 1631 seinen Sohn als Schüler beim Elisabethgymnasium an (Schles. Vorz. VII. 485). Seine Frau Barbara † 2. IX. 1633 (Elis.). Vogel heiratet am 28. November 1634 Rosina, die Tochter des † Handelsmannes Christoph Tieme (Elis.). Stirbt am 20. (21.) Dezember 1657, alt 74 Jahre 27 Wochen (Elis.). Seine Witwe Rosina verkauft am 21. Mai 1663 dem Apotheker Jeremias Schöps ihren Garten auf dem Elbing am Ochsenplatz für 750 Rtlr. mit einem Zuschlag von 25 Rtlr. als Verehrung an Michael Vogel, den Sohn der Verkäuferin. Sein Sohn Michael, ein Handelsmann, heiratet am 11. Mai 1677 Maria, die Tochter des † Notars Johann Baudeman (Elis. u. MM). Seine Witwe Rosina † 31. V. 1684.

Vogel, Gottfried, d. m., Goldschmied, geb. in Breslau, Sohn des Goldschmieds Gottfried Vogel d. ä., wird 1645 Bürger und Meister. Heiratet am 10. Oktober 1645 Anna Maria, die Tochter des Goldschmieds George Nitsch (MM). Seine Frau Anna Maria † 2. (begr. d. 5.) X. 1672 (Elis.). Er selbst stirbt als Zunftältester am 14. (begr. d. 17.) Januar 1680 in seinem Hause auf der Schmiedebrücke, alt 60 Jahre weniger 3 Tage (Elis.). Seine Witwe Rosina † 28. V. 1684 (Elis.).

Vogel, Gottfried, d. j., geb. in Breslau, Sohn des Goldschmieds Gottfried Vogel d. m., wird 1688 Bürger und Meister. Heiratet am 13. Juli 1688 Susanna, die Tochter des Seifensiederältesten Caspar Gloger (MM). Wohnt auf der Schmiedebrücke. Ist am 24. III. 1700, 11. IV. 1703, 9. XII. 1704 Taufzeuge bei St. Matthias. Seine Tochter Maria Magdalena heiratet am 25. Oktober 1707 den Reichkrämer George Neuman (Elis.). Vogel stirbt als Zunftältester am 14. (19.) September 1709, alt 47 Jahre 6 Monate 2 Tage (Elis.). Seine Tochter Anna Rosina heiratet am 15. Oktober 1710 den Dr. phil. et med. George Friedrich Jäschke (Elis.). Seine Tochter Anna Eleonora heiratet am 1. Oktober 1721 den Diakonus Gottlieb Jachman (Elis.). Vogel d. j. zeichnet GV in ovalem Felde, vgl. Taf. IV Nr. 111.

a. Vexierbecher, Silber mit Vergoldung, auf dem Fusse Blumenwerk in getriebener Arbeit. Den Schaft bildet die Vollfigur eines Amors mit Pfeil und Bogen. Auf dem weitausladenden Kelche getriebenes barockes Blumenwerk und ein glatter vergoldeter Rand. Das Innere des Bechers wird durch einen angenieteten, mit drei getriebenen Schwänen verzierten Deckel abgeschlossen, aus dessen Öffnung beim Füllen des Bechers eine Kugel mit einem Stehaufmännchen auftaucht. Auf der Innenseite des Fusses in Gravierung das Wappen des Stifters Zacharias Rampusch v. Rommenstein. H. 19,9 cm. Beschauz. W Typus VI, Meisterz. u. Kriegssteuerst. *FW*. — Kleinodien der Schiesswerderschützen in Breslau. Schlesisches Museum für Kunstgewerbe und Altertümer, Breslau (Vgl. Schlesiens Vorzeit, Bd. V S. 253 Nr. 23).

Vogel, Johann, Juwelier, Sohn des Organisten Georg Vogel in Waldau bei Liegnitz, heiratet in Breslau am 18. Juni 1686 Anna Katharina, geb. Volgnadt, die Witwe des Goldschmieds Hans Schier (Elis.). Wohnt am Ringe unter den Riemern. Über seinen Streit mit den zünftigen Goldschmieden und die Ratsentscheidung vom 12. Januar 1693 siehe Urkunde 40. Seine Frau Anna Katharina † 30. VIII. 1704 (Elis.).

Vogel, Johann Christoph [Christian], Goldschmied, geb. in Breslau, Sohn des Drechslers Johann Vogel, arbeitet bei Hans Jachman d. j. als Meisterstück ein Geschirr nebst Ring und Siegel, wird Meister am 15. Juni und Bürger am 11. Oktober 1722. Heiratet am 20. Oktober 1722 Anna Katharina, die Tochter des Venditers Daniel Hoseman (MM). Stirbt um 1742. Seine Tochter Anna Elisabeth heiratet am 13. Februar 1764 den Schuhmacher Ludwig Wilhelm Söder (Elis.). Vogel zeichnet I C V in einem Dreipasse, vgl. Taf. IV Nr. 141.

a. Deckelbecher, Silber, in der auf Seite 63 Fig. 17 abgebildeten Form. Johanneskopf, Stempelmeisterb. B positiv u. Meisterz. Geheimrat Pinkus, Neustadt OS.

b. Ehrenbecher für den Prediger Johann Hoffmann, Silber mit wenig Vergoldung, auf dem konischen Mantel zwischen Laub- und Bandelwerk das Breslauer Stadtwappen und lange lateinische Inschrift in Gravierung. Datiert 1726. Johanneskopf Typus IX, Stempelmeisterb. B positiv u. Meisterz., letzteres verdrückt. — Schlesisches Museum für Kunstgewerbe und Altertümer, Breslau.

c. Schüssel mit Messkännchen, Silber mit Vergoldung. Auf der Unterseite der Schüssel die Inschrift: „Nicolaus Anton Malder Vicedecan: S W 1726". Johanneskopf Typus IX, Stempelmeisterb. B positiv u. Meisterz. — Kreuzkirche, Breslau.

d. Lichtputzschere, Silber. Johanneskopf, Stempelmeisterb. C, Meisterz. u. Kriegssteuerst. *FW* (wie Fig. 9b). Schlesisches Museum für Kunstgewerbe und Altertümer, Breslau.

Vogt, Bernhard, Goldarbeiter; am 27. Oktober 1734 stirbt seine Frau Isabella, alt 50 Jahre.

Vogt, Daniel, Goldschmied, Medailleur, Petschierer, Stein- und Eisenschneider, geb. in Breslau, Sohn des Weinhändlers Daniel Vogt, ist seit etwa 1640 Geselle, wird Meister Anfang 1665 und Bürger Anfang 1666; vgl. die interessanten Urkunden Nr. 25 u. 26. Wird schon 1666 Zunftältester. Heiratet am 25. Mai 1666 Rosina, die Tochter des Kretschmers Balthasar Weber (Elis.). Wohnt auf der Albrechtsgasse. Ist Mitglied einer Gesandtschaft, die Ende 1669 nach Wien reist und Anfang 1670 nach Breslau zurückkehrt. Stirbt am 11. (15., 17.) März 1674, alt 49 Jahre 4 Monate (Elis. u. MM). Seine Witwe Rosina † 27. VI. (begr. d. 1. VII.) 1672 (Elis. u. MM). Sein Sohn Angelus Albertus [seit 1689 in Görlitz tätig], wird durch Ratsentscheidung vom 26. März 1686 vor Beendigung seiner Lehrzeit gegen Erlegung von 30 Rtlr. freigesprochen (Lib. definit. IX. 221b—222b. Innungsurkundenslg. v. 1737, S. 142f.). Über die Tätigkeit Daniel Vogts als Medailleur siehe Schlesiens Vorzeit in Bild und Schrift, Bd. VII S. 494—496.

a. Medaille auf Herzog Sylvius Nimrod von Württemberg-Öls. Bezeichnet: D V. (Von 1659.) Angeblich Guss in Gold. Kgl. Münzkabinett, Stuttgart. (Vgl. Dewerdeck, Silesia Numismatica [Jauer 1711], Taf. XVI Nr. 26. — Friedensburg u. Seger, Schlesiens Münzen und Medaillen der neueren Zeit [Breslau 1901], S. 38 Nr. 2282, abgeb. Taf. 21.)

b. Medaille auf Herzog Georg III. von Brieg. Bezeichnet D VOGT. Von 1663. Vermutlich Guss. (Vgl. Schlesiens Vorzeit, Bd. VI S. 251.)

c. Medaille auf die Vermählung Heinrichs von Nassau mit Dorothea Elisabeth von Brieg. Bezeichnet DVF. Von 1663. Gold, vermutlich Guss. (Vgl. Dewerdeck, Silesia Numismatica, Taf. X Nr. 73.)

d. Medaille auf Herzog Christian von Liegnitz. Bezeichnet: DVF. (1663.) Guss in Gold und in Blei. — Kgl. Münzkabinett, Berlin. Schlesisches Museum für Kunstgewerbe und Altertümer, Breslau. (Vgl. Schlesiens Vorzeit, Bd. VI S. 251. Friedensburg u. Seger, l. c., S. 31 Nr. 1890, abgeb. Taf. 16.)

e. Medaille mit dem Bildnis des Breslauer Bürgers und Weinhändlers Christian Walther. Unbezeichnet. Von 1669. Silber, geprägt. — Schlesisches Museum für Kunstgewerbe und Altertümer, Breslau. (Vgl. Kundmann, Silesii in nummis, S. 189, abgeb. Taf. XVI Nr. 50. Friedensburg u. Seger, l. c., S. 75 Nr. 4046, abgeb. Taf. 46.)

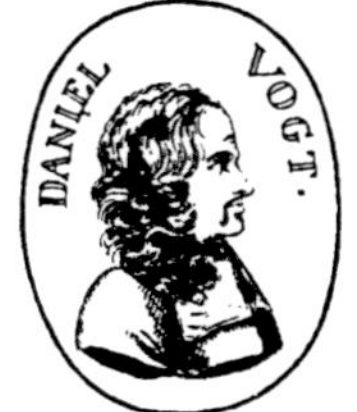

Fig. 37.

f Medaille mit den Bildnissen des Daniel Vogt (abgeb. Fig. 37, nach Kundmann) und des Christian Jandnitz. Unbezeichnet. Von 1669. Silber, wohl geprägt. (Vgl. Kundmann, Silesii in nummis, S. 379, abgeb. Taf. XXVII Nr. 84.)

Vogt, Hans, siehe Voyt.

Vogt, Theodor, Gold- und Silberarbeiter, meldet sich am 14. April 1863 zur Aufnahme in die Innung, die am 13. Juli 1863 erfolgt. Ist 1888 das letzte Mal erwähnt.

Vogt, Tobias (Voigt, Voygt, Voyt), Goldschmied, geb. in Breslau, Sohn des Schneiders Urban Vogt, wird 1608 Bürger und Meister. Christoph Schromowski behauptet „aus vnbedacht vndt vbrigem trunck", dass er dem Vogt bei der Anfertigung des Meisterstückes geholfen habe (Lib. definit. IV. 186). Vogt heiratet am 29. September 1608 Anna, die Witwe des Kretschmers Bernhard Weiss (MM). Wohnt in seinem eigenen Hause auf der Mäntlergasse. Wird um 1617 Zunftältester. Sein Lehrjunge Heinrich Gadegast † 19. XII. 1618 (Elis.). Sein Sohn Tobias, ein Goldschmiedgeselle, † 26. X. 1633 (Elis.). Seine Tochter Anna heiratet am 13. Februar 1635 den Maler Martin Fest (MM). Seine Tochter Katharina heiratet am 12. Januar 1643 den Goldschmied George Volgnadt (MM). Seine Frau Anna † 24. (25., 29.) XI. 1654 (Elis. u. MM). Er selbst stirbt als Zunftältester am 26. (29., 30.) Dezember 1654, alt 78 Jahre (Elis. u. MM). Zählt zu den geschätztesten Breslauer Goldschmieden seiner Zeit, bei ihm haben Gesellen aus Nürnberg und Augsburg gearbeitet.

Vogtmann, Gottlieb Benjamin, Silberarbeiter, geb. in Breslau, Sohn des Schneiders Carl Friedrich Vogtmann, lernt bei Johann Gottlieb Schmidt vom 22. September 1763 bis 2. März 1769. Meldet sich am 10. Juni 1784 als Stückmeister, arbeitet bei Carl Heinrich Friebach zwei silberne Tirenen (Meremitten) mit Perlenmuster, wird Meister am 7. Oktober 1784 und Bürger am 14. April 1785. Heiratet, 29 Jahre alt, im Mai 1791 Amalia Carolina Elisabeth, die Tochter des † Silberarbeiters Carl Maximilian Powalsky (Elis.). Findet durch Ertrinken seinen Tod am 22. Mai 1810. Seine Witwe † 12. (begr. d. 15.) XII. 1810 (Elis.). Vogtmann zeichnet GBV in einem herzförmigen Schilde, vgl. Taf. V Nr. 173.

a. Tischleuchter, Silber, abgebildet Fig. 38; vier Stück. H. 28 cm. Johanneskopf Typus XVI, Stempelmeisterb. M, Meisterz. u. Kriegssteuerst. *FW*. — Frau Prof. Dr. Hintze, Breslau.

Voigt [Voit], Hans, siehe Voyt.

Voigt, Tobias, siehe Vogt.

Volgnadt, Daniel (Volgenadt, Vollgnad), Goldschmied, geb. in Breslau, Sohn des Goldschmieds Hans Volgnadt, wird 1654 Bürger und Meister. Heiratet am 19. Januar 1655 Anna, die Tochter des Goldschmiedältesten Friedrich Vicke (MM). Wohnt am St. Maria Magdalenenkirchhofe. Seine Tochter Maria heiratet am 4. Februar 1676 den Handelsmann Christian Vogt. Seine Frau Anna † 22. (begr. d. 24.) X. 1680 (Elis. u. MM). Seine Tochter Anna Susanna heiratet am 17. August 1683 den Goldschmied Thomas Kuntze (MM). Volgnadt stirbt am 9. (13., 17.) Juni 1686, alt 64 Jahre 4 Monate (Elis. u. MM). Zeichnet DV ligiert, mit einem kleinen o über dem V, vgl. Taf. III Nr. 86.

a. Sargschilde der Breslauer Bäckermeister, Silber, mit reich getriebener und durchbrochener Arbeit. Datiert 1666. Beschauz. W Typus VI u. Meisterz. — Bäcker-Innung, Breslau.

Volgnadt, George (Vollgnad), Goldschmied, geb. in Breslau, Sohn des Goldschmieds Hans Volgnadt, wird 1642 Bürger und Meister. Heiratet am 12. Januar 1643 Katharina, die Tochter des Goldschmiedältesten Tobias Vogt (MM). Wohnt am Ringe unter den Riemern. Seine Frau Katharina † 13. IX. 1665 (Elis.). Seine Tochter Anna Katharina heiratet am 31. Januar 1668 den Goldschmied Hans Schier (Elis.). Volgnadt stirbt am 1. (begr. d. 4.) Mai 1675, alt 63 Jahre 37 Wochen (Elis.), nachdem er dreiundzwanzig Jahre lang Zunftältester gewesen. Sein Sohn George d. j., ein Kretschmer, heiratet am 5. September 1679 Rosina, die Tochter des Kretschmerältesten Andreas Pohl (MM).

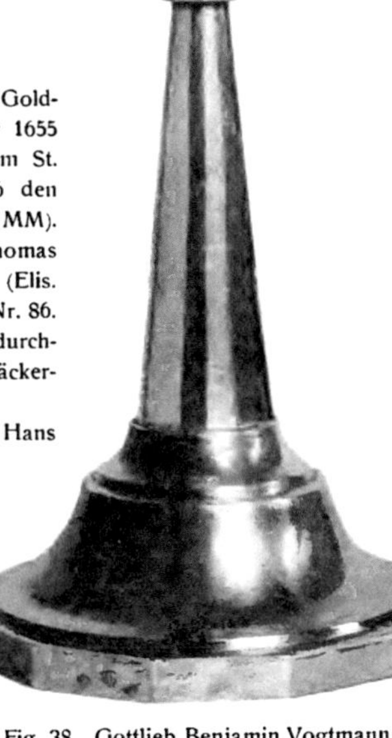
Fig. 38. Gottlieb Benjamin Vogtmann: Tischleuchter, um 1802

Volgnadt, Hans (Johann Vollgenadt, Volgnade), Goldschmied und Juwelier, wird Bürger und Meister um 1605. Wohnt am Ringe unter den Riemern.

Stirbt am 2. Januar 1622, alt 47 Jahre (Elis.). Seine Witwe Susanna, geb. Flegel, heiratet am 2. Oktober 1623 den Goldschmied Hans Boxhammer (Elis.). Seine Tochter Susanna heiratet am 14. Juli 1626 den Goldschmied Paul Hedelhofer d. ä. (Elis.). Sein Sohn Hans (Johann), ein Goldschmiedgeselle, † 23. (24.) V. 1634, alt 25 Jahre (Elis.). Volgnadt zählt zu den besten Breslauer Goldschmieden seiner Zeit, bei ihm haben Gesellen aus Nürnberg und Augsburg in Arbeit gestanden. Zeichnet H V ligiert mit einem Punkte über dem V, vgl. Taf. III Nr. 73

a. Kelch, Silber, am unteren Fussrande, an den Noduszapfen und an der Kuppa neu vergoldet, auf dem sechspassigen Fusse Engelsköpfe, Früchte und Renaissance-Rollwerk in getriebener Arbeit. Am Nodus sechs Plättchen mit den Buchstaben i e h s u s. Auf dem silbernen Kuppabelag Engelsköpfe zwischen Arabeskenwerk in durchbrochener Arbeit. Auf dem Fusse lange Inschrift und Jahreszahl 1606. H. 20,3 cm. Beschauz. W Typus III u. Meisterz. — Kath. Pfarrkirche St. Katharinae, Lomnitz Kr. Rosenberg.

b. Ciborium, Silber vergoldet, auf dem sechspassigen Fusse Fruchtbündel und Engelsköpfchen in Rollwerk. Nodus wulstförmig. Beschauz. W Typus III, Meisterz. u. Kriegssteuerst. FW. Der Deckel in Form einer vierbügeligen Krone mit Reichsapfel und Kreuz, reich besetzt mit Glassteinen und Chrysoprasen, ist eine Arbeit des Christoph Müller von etwa 1700; Johanneskopf Typus II, Meisterz. u. Kriegssteuerst. FW. — Adalbertkirche, ehemaliges Dominikanerkloster, Breslau.

c. Deckelkanne, Silber mit Vergoldung, in der auf Seite 81 Fig. 20 abgebildeten Form, doch etwas schlanker; auf dem Mantel zwischen Arabeskenwerk drei ovale Medaillons mit Pfau, Strauss und Hahn in getriebener Arbeit. Auf dem Boden in Gravierung ein Wappen nebst den Initialen W R Z R. H. 16,5 cm. Beschauz. W Typus III u. Meisterz. — Schlesisches Museum für Kunstgewerbe und Altertümer, Breslau (Stammt aus der Slg. C. Thewalt in Köln).

d. Deckelkanne, Silber mit Vergoldung, mit getriebener Arbeit. H. 18 cm. Beschauz. W u. Meisterz. — Slg. † George Agath, Breslau.

Voyt, Hans (Voit, Foit, Foith, Foitchyn, Fotichen, Fotchen, Fetichen), d. ä., Goldschmied, wird Bürger am Freitag vor Invocavit (2. März) 1498. Ein Hans Voitchyn wird 1503 in Schweidnitz erwähnt (Anz. f. Kunde d. deutsch. Vorz., 1875, Sp. 148). Erscheint 1507, 1509, 1511, 1513, 1515, 1517 in den Geschworenenlisten der Signaturbücher als Zunftsenior. Kauft am Dienstag nach Blasii ep. (5. Februar) 1510 das Haus zwischen Jacob Elner und dem Kannegiesser Niclas Unger an der Ostseite des Ringes (Tradb. II. 19b). Wird in den Traditionsbüchern häufig als Besitzer dieses Hauses genannt. Reicht 1516 seiner Frau Elisabeth die Hälfte seines Besitzes, und umgekehrt (Tradb. III. 7b). Ist 1522 als Vormund und Zunftältester an Hausverkäufen beteiligt (Tradb. IV. 3b, 6b). Am 13. Oktober 1531 werden auf sein Haus 4 Mk. jährl. Zins verreicht (Tradb. V. 111). Voyt stirbt um 1535.

Voyt, Hans (Voytt, Voit, Voigt, Vogt), d. j., Goldschmied, heiratet als Geselle am 25. April 1564 Margareta, die Witwe des Goldschmieds Hans Mesenhammer d. j. (MM). Erwirbt das Bürgerrecht am 9. März 1565, wird um dieselbe Zeit Meister. Stirbt um 1571. Seine Witwe Margareta heiratet am 9. Dezember 1572 den Rechenmeister Nicolaus Zweichlein (MM). Sein Sohn Hans heiratet am 6. Juni 1595 Katharina, die Tochter des Kretschmers Hans Fuchsberg (MM).

Voyt, Tobias, siehe Vogt.

Wagner, Bruno (Wagener), Goldarbeiter, tritt am 15. Juli 1886 in die Innung ein. Stirbt am 27. April 1890.

Wagner, Gustav (Wagener), Juwelier, tritt am 9. November 1878 in die Innung ein, scheidet am 15. Juli 1886 wieder aus.

Wagner, Gustav Adolph, Goldarbeiter, geb. in Breslau, Sohn des Silberarbeiters Nicolaus Wagner, erwirbt das Bürgerrecht am 10. November 1846, alt 32 Jahre.

Wagner, Johann Carl (Wagener), Goldarbeiter, verfertigt bei Gottfried Benjamin Weigelt als Meisterstück einen Halsschluss mit Brillanten, wird Meister am 3. Juni und Bürger am 5. Oktober 1802. Lässt sich im Juni 1805 von Gottfried August Thilo en miniature malen. Heiratet, 31 Jahre alt, am 20. April 1806 Johanna Dorothea, die Tochter des Fleischhauers Carl Friedrich Junge in Albrechtsdorf (MM). Stirbt 1819.

Wagner, Nicolaus (Wagener), Silberarbeiter, Sohn des Goldschmieds Johann Wagner in Bremen, arbeitet in Breslau bei Samuel Christoph Thun als Meisterstück eine silberne Teemaschine, wird Meister am 19. Juli 1804. Heiratet, 24 Jahre alt, am 2. August 1804 Juliana Carolina, die Tochter des † Huf- und Waffenschmiedältesten Christian Gottfried Schleiffer (Elis.). Erwirbt das Bürgerrecht am 10. Mai 1805. Seine Frau † 2. (begr. d. 5.) XI. 1807 (MM). Wagner zieht 1820 nach Namslau, bleibt aber Mitglied der Breslauer Innung. Stirbt 1850. Wagner zeichnet NW auf schraffiertem Grunde in einem rechteckigen Felde, vgl. Taf. V Nr. 183.

a. Teekessel auf Dreifuss, Silber, der Ausguss in Form eines Tierkopfes; am Dreifuss drei Schwäne. Johanneskopf Typus XVIII, Stempelmeisterb. P u. Meisterz. Dr. Moriz-Eichborn, Pischkowitz Kr. Glatz.

Waldenburg, Niclas, aurifaber, wird Breslauer Bürger am Montag vor Purificatio Marie (31. Januar) 1452. Ist im Catalogus civium von 1470 nicht mehr erwähnt.

Walenta, George, Goldschmiedgeselle aus Märzdorf in Mähren, stirbt in Breslau am 2. (begr. d. 4.) Juli 1678, alt 48 Jahre (Elis.), hat bei Barbara, der Witwe des Goldschmieds Hans Hartig in Arbeit gestanden.

Walther, Johann Carl Gottlob, Goldarbeiter, geb. in Breslau, lernt bei Samuel Ferdinand Thun vom Qu. Lucie 1801 bis 1807. Erwirbt das Bürgerrecht am 21. Februar 1812. Arbeitet bei Johann Bernhard Hoensch als Meisterstück ein Paar Ohrringe mit à jour gefassten Brillanten, wird Meister am 28. Mai 1812. Stirbt 1825.

Waltherus aurifaber [Waltyr Goltsmed], siehe Ebirhart.

Wanderpohl, Johann Detlef, Kaiserl. Kammer-Juwelier aus Wien, und seine Frau Maria Katharina, geb. von Berch, sind 1720 Taufzeugen bei St. Matthias.

Wandrey, Paul, Goldarbeiter, tritt am 15. Oktober (9. November) 1878 in die Innung ein. Bleibt Mitglied bis 1893.

Warkus, Julius, Goldarbeiter, tritt am 15. Juli 1886 in die Innung ein. Bleibt Mitglied bis zum 13. Oktober 1893.

Wartig, Thomas George (Wartich, Wartiger, Warting, Wartinger, Wardt, Wortig), Goldschmied, Sohn des Schneiders George Wartig; 1675 haben seinetwegen die Meister einen Streit mit den Gesellen (vgl. Urk. 30). Wird 1676 Bürger und Meister. Heiratet am 12. Oktober 1676 Rosina, die Witwe des Gewandschneiders George Klein (Elis.). Wohnt auf der Niclasgasse. Stirbt am 15. (begr. d. 19.) August 1708, alt 60 Jahre (Elis.). Seine Witwe Rosina † 25. (begr. d. 27.) XII. 1712 (Elis.).

Wasinger, Veit, Goldschmied, Sohn des Nürnberger Goldschmieds Conrad Wasinger, heiratet in Breslau am 8. Dezember 1598 Katharina, die Witwe des Flachsteinschneiders Hans Becker (MM).

Wassergraf, Christoff, Goldschmied, erwirbt das Bürgerrecht am 4. März 1552, wird um dieselbe Zeit Meister. Stirbt 1554. Seine Witwe Anna heiratet am 29. September 1555 den Goldschmiedgesellen Hans von Delffen (MM).

Waymutt, Jacob (Weeymut), Goldschmiedgeselle, heiratet 1542 Katharina, die Dienerin des Goldschmieds Wolffgang Westermehr d. ä. (Elis.).

Weber, Carl Gustav, Silberarbeiter, tritt bei Carl Julius Gottlieb Weiss am Qu. Michaelis 1841 in die Lehre, arbeitet eine Suppenkelle als Gesellenstück, wird freigesprochen am 30. März 1847. Wird Innungsmitglied am 14. Oktober 1872, scheidet am 22. April 1879 wieder aus.

Weber, Daniel Gottlob [Gottlieb], Goldarbeiter, geb. in Breslau, jüngster Sohn des Zinngiesserältesten Carl Wilhelm Weber, lernt bei Gottlob Benjamin Werner vom Dezember 1765—1770. Meldet sich am 6. März 1777 als Stückmeister, arbeitet bei Gottlob Benjamin Werner eine Haarnadel mit Rauten, wird Meister am 5. Februar 1778 und um dieselbe Zeit Bürger. Heiratet bei St. Vincenz am 1. September 1778 Maria Josepha Rottstock. Stirbt 1816.

Wedel, Johann Albrecht, Goldarbeiter, geb. in Anspach, Sohn des Grenadiers Martin Wedel, meldet sich in Breslau am 17. März 1760 als Stückmeister, arbeitet bei George Emanuel Scholtz einen mit Diamanten und Rubinen besetzten Placker, wird Meister am 6. Juni und Bürger am 17. Juli 1760. Heiratet am 28. Juli 1760 Christiana Magdalena, die Tochter des Mitwohners Caspar Rössler (Elis.). Stirbt am 24. (begr. d. 27.) Juni 1791, alt 64 Jahre 2 Monate (Elis.). Seine Witwe Christiana Magdalena † 28. IV. (begr. d. 1. V.) 1815 (Elis.).

Wehpusch, Caspar (Wepusch, Hennig), aurifaber, wird um 1473 Bürger. Erscheint 1490, 1492, 1494 in den Geschworenenlisten der Signaturbücher als Zunftsenior. Stirbt um 1500.

Wehpusch, Henningus (Wepusch, Hennyng), aurifaber, wird Bürger am Dienstag nach Exaltatio crucis (16. September) 1427. Erscheint 1437, 1440, 1443, 1447, 1450, 1454 in den Geschworenenlisten der Signaturbücher als Zunftsenior. Am Montag nach Invocavit (12. Februar) 1448 Niclas Lockaw hot vfgereicht Hennynge dem goltschmede fier marg jarigen czinss off seynen cromen vnder den reichen cromen, gelegen czwischen meister Pauls vnd Margarethen Stelenynne cromen, vnd vff seyn gebewde vnd hindirgemach, um davon 1 Mk. Zinsen an den Altar des Stanislaus Slotnyk am Dome zu entrichten (Copialbuch der Mansionarien, I. 129. Zeitschr. d. Ver. f. Gesch. u. Altert. Schles. X. 490). Ist 1451 neben Martinus Kalbisowge Testamentar des † Georg Heyne (Inkorporatb. II. 56).

Weidner, Carl, Silberarbeiter, lernt bei Carl Friedrich Korok vom Januar 1847—1852. Tritt am 12. Oktober 1869 in die Innung ein, scheidet am 25. April 1887 wieder aus.

Weigelt, Carl Ferdinand (Weigel), Goldarbeiter, geb. in Breslau, Sohn des Fleischhauerältesten Albinus Weigelt, lernt bei Friedrich Gottlob Krebs von 1743—1748. Meldet sich am 7. Juni 1757 als Stückmeister, arbeitet bei Stephan Christian Luttroth einen Placker und Ring, wird Meister am 5. September und Bürger am 6. September 1757. Heiratet am 23. Mai 1758 Johanna Dorothea, die Tochter des † Silberarbeiters Samuel Gottlieb Thun (Elis.). Ist in der Meisterliste von 1763 das letzte Mal genannt.

Weigelt, [Johann] Gottfried Benjamin [Johann Gottlieb] (Weygelt), Goldarbeiter, lernt bei Daniel Feist vom September 1744—1750. Meldet sich am 21. März 1763 als Stückmeister, arbeitet bei Christian Beyl einen Plack mit Granaten, wird Meister am 27. Mai 1763 und Bürger am 17. Januar 1764. Seine Frau Johanna Christiana, geb. Trübiger, † 28. II. (begr. d. 3. III.) 1773 (Elis.). Weigelt heiratet am 29. Juli 1779 Johanna Charlotte, die Tochter des

Kassierers Johann Caspar Wirth [Worth?] (Elis.). Seine Frau † 19. (begr. d. 22.) VIII. 1791 (Elis.). Weigelt ist Ältester seit Juni 1792. Stirbt am 14. (begr. d. 16.) Juni 1802, alt 73 Jahre (Elis.).

Weigelt, Johann Christian, Goldschmiedgeselle, Sohn des Erbsassen und Bäckers Gottfried Weigelt, heiratet, 40 Jahre alt, am 27. September 1773 Johanna Eleonora, die Tochter des Kutschers Christoph Plautz (Elis.). Seine Witwe † 11. (begr. d. 14.) II. 1803 (Elis.).

Weinbrich, Carl Gottlieb, Goldarbeiter, geb. in Breslau, Sohn des Destillateurs Johann Gottlieb Weinbrich, lernt bei Christian Gottlob Kayser vom Qu. Trinitatis 1797—1802. Lässt sich im Mai 1805 von Gottfried August Thilo malen. Arbeitet bei Johann Bernhard Hoensch als Meisterstück einen Ring mit à jour gefassten Brillanten, wird Meister am 16. Juni und Bürger am 11. Juli 1806. Heiratet, 26 Jahre alt, am 4. Mai 1808 Johanna Christiane, die Tochter des † chirurg. Instrumentenmachers Johann Gottfried Knöfel (MM). Stirbt am 30. Oktober (begr. d. 1. November) 1812 (MM).

Weiss, Carl Adolph Julius, Silberarbeiter, geb. in Breslau am 3. Februar 1846, Sohn des Silberarbeiters Carl Julius Gottlieb Weiss, lernt bei seinem Vater vom Qu. Johannis 1860 bis Ostern 1864. Wird am 15. Januar 1872 in die Innung aufgenommen. Stirbt am 15. Februar 1878.

Weiss, Carl Julius Gottlieb, Silberarbeiter, geb. in Breslau, Sohn des Unteroffiziers Christian Weiss, lernt bei Johann David Klose, später bei Carl Gottlieb Freytag von 1819—1826. Erwirbt das Bürgerrecht am 27. April 1841, alt 35 Jahre. Meldet sich am 8. April 1841 als Stückmeister, wird am 16. Juli 1841 in die Innung aufgenommen. Stirbt am 1. Mai 1873. Seine Witwe setzt das Geschäft fort. Weiss zeichnet J W in zwei verschiedenen Typen, vgl. Taf. V Nr. 193 u. 194.

a. Kelch, Silber mit Vergoldung, Form und Dekor im Rokokostile des 19. Jahrhunderts, auf dem Fusse drei Gruppen von vergoldeten Leidensattributen. H. 22,7 cm. Johanneskopf mit Jahreszahl 54, Stempelmeisterb. T u. Meisterz. Typus I. — Kath. Pfarrkirche St. Michaelis, Grottkau.

Weissel, Michael, Goldschmiedgeselle von Königsberg, stirbt in Breslau am 12. September 1616.

Weissenborn, Herrmann, Gold- und Silberarbeiter, geb. in Greifswald in Pommern, Sohn des Kaufmanns Michael Christoph Weissenborn, erwirbt das Breslauer Bürgerrecht am 14. September 1827, alt 25 Jahre. Meldet sich am 27. September 1827 als Stückmeister, wird am 1. Oktober 1829 in die Innung aufgenommen. Siedelt 1835 nach Warschau über, wird am 5. Oktober 1838 aus der Liste der Innungsmitglieder gestrichen. Weissenborn zeichnet H W in rechteckigem Felde, vgl. Taf. V Nr. 190.

a. Thorahörner, Silber. H. 29 cm. Johanneskopf, Stempelmeisterb. Q u. Meisterz. — Geheimrat Pinkus, Neustadt OS.

Weisskaeppel, Friedrich Samuel (Weisskappel, Weisskeppel), Silberarbeiter, geb. in Breslau, lernt bei Ferdinand Christian Krebs vom Juni 1778—1784. Arbeitet als Meisterstück eine silberne Kaffeekanne nebst Milchkännchen, wird Meister am 31. Mai und Bürger am 31. Oktober 1796. Stirbt 1819. Weisskaeppel zeichnet FS WK in quadratischem Felde, vgl. Taf. V Nr. 179.

a. Salzfässchen, Silber, oval, auf vier Füsschen. Johanneskopf, Stempelmeisterb. M u. Meisterz. Schlesisches Museum für Kunstgewerbe und Altertümer, Breslau (Vermächtnis Epstein).

b. Willkommschildchen, Silber, mit spätem Rokokodekor, in der Mitte in vergoldeter Auflage ein Osterlamm in einem Kranze (kopiert nach einem älteren Vorbilde). Gestiftet 1799. Dm. 14 × 11 cm. Johanneskopf Typus XVI u. Meisterz. — Vereinigte Fleischer-Innung, Breslau.

Weissmehler, Hans (Weissmel, Weissenheler), Goldschmied, geb. in Eisenach, heiratet in Breslau am 8. September 1566 Justina, die Tochter des † Goldschmieds Hans Westermehr (MM). Erwirbt das Bürgerrecht am 5. März 1568, wird um dieselbe Zeit Meister. Stirbt am 16. März 1584, alt 50 Jahre (MM). Seine Tochter Barbara heiratet 2. Trinitatis 1588 den Buchführer Johann Eyring (Elis.).

Wende, Hans, ein alter Goldschmied aus Görlitz, stirbt in Breslau am 27. Oktober 1605 (Elis.).

Wende, Johann Christian, Goldarbeiter, geb. in Breslau, Sohn des Leinwandreissers George Friedrich Wende, lernt bei Heinrich Gottfried Kopisch vom September 1765—1770. Meldet sich am 3. März 1780 als Stückmeister, arbeitet bei Gottlob Benjamin Werner ein Paar Ohrringe und einen karmoisierten Ring mit Rauten, wird Meister am 14. Juli 1780. Erwirbt um dieselbe Zeit das Bürgerrecht. Heiratet am 13. Oktober 1784 Johanna Christiana, die Tochter des † Kürschners Johann Gottfried Renner (MM). Seine Frau † 5. (begr. d. 8.) VII. 1804 (Elis.). Er selbst stirbt am 9. (begr. d. 12.) April 1806, alt 56 Jahre 5 Monate (Elis.).

Wendel, Simon, Goldschmied auf dem Elbing, stirbt am 23. Januar 1602, alt 58 Jahre (Elis. u. MM).

Wendrich, George Gottlieb, Goldschmiedgeselle, Sohn des Gastwirts George Adam Wendrich in Jauer, stirbt in Breslau am 15. (begr. d. 17.) Juni 1720 (MM).

Wenczel Gultsmed wird 1432 im Schöppenbuch XIII erwähnt. Eine Anna Wenczl Goltsmedynne erwirbt am Montag nach Quasimodo (24. April) 1441 das Breslauer Bürgerrecht.

Wepusch, siehe Wehpusch.

Werdermann, Friedrich Christoph Ferdinand, Goldarbeiter, geb. in Berlin, lernt daselbst bei Carl Wilhelm Berning vom Qu. Michaelis 1798—1803, arbeitet in Breslau bei Joseph Gottlieb Lederhose als Meisterstück einen karmoisierten Haarkamm, wird Meister am 23. Oktober und Bürger am 7. Dezember 1810. Ist 1820 das letzte Mal genannt.

Werneck, Ernst Wilhelm (Wernicke), Goldarbeiter, geb. in Perleberg, Sohn des Goldarbeiters Joachim Werneck in Dresden, meldet sich in Breslau am 16. September 1779 als Stückmeister, arbeitet bei Johann Christoph Jancke d. ä. ein Paar Ohrrosen mit Pendeloques, wird Meister am 25. Oktober 1779 und um dieselbe Zeit Bürger. Heiratet am 23. November 1789 Eva Rosina Elisabeth, die Tochter des Müllers Johann Gottfried Schwabe (Elis.). Stirbt 1818.

Werner, Gottlob [Gottlieb] Benjamin, Goldarbeiter, geb. in Breslau, lernt bei Daniel Klein, meldet sich am 30. Dezember 1748 als Stückmeister, arbeitet einen mit Diamanten versetzten Patzel und einen Ring, wird Meister am 24. (25.) Februar und Bürger am 28. Februar 1749. Ist Ältester seit Juni 1772. Räumt 1774/75 unter den Pfuschern gründlich auf (Meisterbuch 1774). Stirbt am 16. (begr. d. 19.) Juli 1792, alt 72 Jahre 6 Monate (Elis.).

Werner, Johann George, Silberarbeiter, stirbt in Breslau am 2. März 1739, alt 35 Jahre.

Werner, Niclas [Nickel], Goldschmied, wird Bürger am Tage Jeronymi (30. Septbr.) 1468. Über die Ausstattung, die Werner 1470 seinen beiden Stieftöchtern im Falle einer Heirat verspricht, und über die Kleidungsstücke und Geräte, die seine Frau Barbara 1470 in ihrem Testamente ihren Kindern vermacht hat, siehe Scriptores rerum Silesiacarum III S. 223 u. 240. Werner erscheint 1473, 1476, 1478 in den Geschworenenlisten der Signaturbücher als Zunftsenior. Stirbt vor 1517. Seine zweite Frau Margareta, Weyssnickelinne genannt, reicht 1517 dem Goldschmiede Hans Lotterman ihr Haus auf der Albrechtsgasse an der Ecke neben ihrem anderen Hause. Dieselbe reicht 1518 [zusammen mit ihrem Vormunde, dem Goldschmied Oswald Rothe] dem Michel Steyerer ihr Haus auf der Albrechtsgasse zwischen den Grundstücken des Goldschmieds Hans Lotterman und des Kannegiessers Merten von der Heyde (Tradb. III. 27[b], 50[b]). Werner hat auch ein Haus beim „Heiligen Geist" besessen (Tradb. III. 58[b]).

Westermehr, Hans (Westermeyer, Westermayer, Wustermaihr, Wustermeher), Goldschmied, erwirbt das Bürgerrecht am Freitag vor Invocavit (6. März) 1500, wird um dieselbe Zeit Meister. Reicht dem Hans Becherer sein Haus auf der äussersten Schweidnitzschen Gasse (Tradb. II. 27). Besitzt an der Nordseite des Ringes ein Haus. Erscheint 1507 und 1508 in den Geschworenenlisten der Signaturbücher als Zunftsenior. Reicht am 14. März 1531 seiner Frau Margareta die Hälfte seines Besitzes für den Todesfall, und umgekehrt (Tradb. V. 89). Stirbt 1543 (oder Anfang 1544). Seine Witwe Margareta heiratet 1544 den Goldschmied Peter Schoneman (Elis.). Diese kauft im Juni 1544 das Haus am Ringe zwischen den Brotbänken und dem Schoppenhause, wie es der † Westermehr besessen hat (Tradb. VII. 32). Westermehrs Tochter Justina heiratet am 8. September 1566 den Goldschmied Hans Weissmehler (MM).

Westermehr, Lorentz (Westermayer, Wustermeher), Goldschmied und kaiserlicher Münzmeister, wird Bürger am 7. Februar 1533. Wird 1543 vom Bischof Balthasar auf ein Jahr als Goldmünzer und Probierer angenommen und setzt 1546 die K. Münze in Breslau in Betrieb; er soll zeitweise auch den Breslauer Brenngaden gehabt haben (Schles. Vorz. VII. 76). Westermehr stirbt 1554 (nach Schles. Vorz. Bd. VII, S. 76 Anfang 1555. — Bresl. Stadtarchiv, Albr. v. Reichels Manuskript, R 928[a], S. 77). Seine Witwe Anna † 17. IX. 1578.

Westermehr, Wolffgang (Westermeyer, Westermeuer, Wistermehr, Wustermeher), d. ä., Goldschmied, erwirbt das Bürgerrecht am Freitag nach Cineres (7. März) 1511, wird um dieselbe Zeit Meister. Kauft 1517 von dem Goldschmied Lamprecht Smed dessen Haus und Erbe am Ringe zwischen den Grundstücken Hans Krafftczobers und Hans Segersdorffs (Tradb. III. 30[b]). Ist häufig in den Traditionsbüchern als Besitzer dieses Hauses genannt. Erwirbt am 5. November 1530 ein Haus auf der Schmiedebrücke (Tradb. V. 76). Stirbt um 1548.

Westermehr, Wolffgang (Westermeyer, Westermeuer), d. j., Goldschmied, heiratet 1562 Barbara, die Tochter Peter Neidorffers (Elis.). Wird Ende 1562 oder Anfang 1563 Meister. Erwirbt am 26. Februar 1563 das Breslauer Bürgerrecht. Scheint hauptsächlich in Trebnitz tätig gewesen zu sein. Daselbst stirbt seine Frau Barbara am 28. Juli 1587 (MM). Ist wohl identisch mit Wolf Westermeuer, Goldschmied zu Trebnitz, der am 24. Juni 1600 den Hauptmann zu Gross-Glogau bittet, dass er ihm zu seines Weibes Erbschaft und zu dem bei Benedix Juden verdienten Lohne von 60 Rtlr. verhelfen möge (Bresl. Kgl. Staatsarchiv, F. Öls, X. 29 g).

Wetschker, Michel, Goldschmiedgeselle und Archeleymeister, Sohn des Organisten Michel Wetschker in Elbing, heiratet in Breslau am 25. November 1614 Magdalena, die Tochter des Mitwohners Blasian Nöckisch (Elis. u. MM).

Widder, Anton August, Goldarbeiter, geb. in St. Petersburg, Sohn eines Glasfabrikanten, erwirbt das Breslauer Bürgerrecht am 9. Februar 1847, alt 32 Jahre. Wird nicht Innungsmitglied.

Wiedemann, Rochus [Robert] Carl (Widemann), Goldarbeiter, geb. in Kawallen bei Breslau, Sohn des Schuhmachers Jacob Wiedemann, lernt bei Jacob Gottlieb Ferdinand Büttner vom April 1835—1840. Erwirbt das Bürgerrecht am 20. Juli 1847, alt 38 Jahre. Wird nicht Innungsmitglied.

Wiedemeyer, Gottlieb Traugott (Wiedemayer), Silberarbeiter, geb. in Breslau, Sohn des Goldarbeiters Johann Gottlieb Wiedemeyer, lernt bei Ernst Wilhelm Werneck, dann bei Johann Bernhard Hoensch vom Qu. Trinitatis 1792 bis Qu. Lucie 1797. Arbeitet bei Samuel Christoph Thun als Meisterstück eine silberne Kaffeekanne nebst Sahngiesser, wird Meister am 9. November und Bürger am 11. November 1803. Heiratet, 28 Jahre alt, am 24. Januar 1804 Friederike Louise, die Tochter des gewesenen Büchsenmachers Johann Adam Fuhrmann in Gross-Glogau (MM). Ist Ältester und mutmasslicher Stempelmeister mit dem Buchstaben R seit 1834. Stirbt 1839. Wiedemeyer zeichnet GTW in einem herzförmigen Schilde, vgl. Taf. V Nr. 182.

Wiedemeyer, Johann Carl (Wiedemayer), Goldarbeiter, geb. in Breslau, Sohn des Zimmerergesellen Johann Michael Wiedemeyer, heiratet am 2. Juni 1749 Anna Barbara, die Tochter des † Mitwohners Franz Anton Starcke (Elis.). Meldet sich am 22. September 1751 als Stückmeister, arbeitet bei Daniel Klein ein Paar Ohrgehänge und einen Placker, wird Meister am 20. April (15. Mai) und Bürger am 5. Mai 1752. Stirbt am 5. (begr. d. 7.) Juli 1769, alt 48 Jahre 6 Monate 26 Tage (Elis.).

Wiedemeyer, Johann Gottlieb (Wiedermayer), Goldarbeiter, geb. in Breslau, Sohn des herrschaftlichen Hausmeisters Johann George Wiedemeyer, lernt bei Johann Daniel Albert vom September 1751—1753, dann bei Johann Samuel Grische bis 7. Juni 1757. Meldet sich am 29. Dezember 1762 als Stückmeister, wird aber abgewiesen, da er die vorgeschriebene Zeit der Wanderschaft nicht innegehalten hat. Nach Erteilung einer Dispensation durch die Kgl. Kammer arbeitet Wiedemeyer bei Daniel Klein einen mit Diamanten besetzten Plack, wird Meister am 19. April und Bürger am 3. Mai 1763. Heiratet am 31. Oktober 1764 Anna Dorothea, die Tochter des † Destillateurs Christian Künzel (Elis.), wird dadurch Schwager des Goldarbeiters Johann Ernst Roemer. Stirbt am 8. März 1789, alt 51 Jahre 5 Monate 8 Tage.

Wiener, Salomon, Juwelier, erwirbt das Bürgerrecht am 15. Februar 1813. Zieht 1835 nach Berlin.

Wilcke, Augustin Eligius [Elias], Gold- und Silberarbeiter, geb. in Breslau, getauft am 25. September 1761 (Matth.), Sohn des Goldarbeiters Johann Samuel Wilcke, lernt bei seinem Vater vom 28. Dezember 1774 bis 16. September 1779. Arbeitet bei Gottlob Benjamin Werner als Meisterstück die silberne Fassung zu einem gläsernen Zuckerbehälter (oben auf dem Deckel eine Vase, aus der nach zwei Seiten Girlanden hängen), wird Meister am 15. Dezember 1791 und Bürger am 17. Juli 1792. Stirbt am 27. Mai 1808, alt 47 Jahre 6 Monate.

Wilcke, Christian Anton (Wilke), Silberarbeiter, geb. in Breslau, Sohn des Goldarbeiters Johann Samuel Wilcke, lernt bei Johann Christoph Jancke d. ä. bis 4. März 1779. Meldet sich am 13. September 1787 als Stückmeister, arbeitet bei Johann Ernst Braungart eine silberne Kaffeekanne nebst Sahngiesser, wird Meister am 24. Januar 1788. Erwirbt das Bürgerrecht am 12. Februar 1789. Stirbt 1818. Zeichnet C A W in rechteckigem Felde.

a. Bowlenkelle, Silber vergoldet. Johanneskopf, Stempelmeisterb. L, Meisterz. und Kriegssteuerst. *FIV* (wie Fig. 9b). — Geheimrat Pinkus, Neustadt OS.

Wilcke, Johann Samuel (Wilke), Goldarbeiter, verfertigt bei Stephan Christian Luttroth als Meisterstück einen Uhrhaken und Ring, wird Meister am 18. April und Bürger am 20. April 1746. Stirbt am 13. März 1798, alt 78 Jahre.

Wildmeister, Christoph, Goldarbeiter auf dem Sande hart an der Dombrücke, arbeitet mit zwei Gesellen, wird 1662 in der Spezifikation der Pfuscher in und vor Breslau genannt (Bresl. Kgl. Staatsarchiv, Stadt Breslau, II. 10 d 3).

Wildmeister, Christoph, Goldschmiedgeselle, Sohn des Obermarktvogtes Hans Wildmeister in Leipzig, heiratet in Breslau am 7. April 1682 Anna Katharina, die Tochter des † Handelsmannes Johann Tschernich (MM).

Wilhelm, George [Jorge], Goldschmied, heiratet im Oktober 1546 Elisabeth, die Tochter des Mathis Eberhart (MM). Erwirbt das Bürgerrecht am 21. Februar 1550, wird um dieselbe Zeit Meister. Stirbt um 1570 (?). Seine Witwe heiratet am 2. Juli 1571 den Studiosus Adam Calencius (MM).

Willgohs, Gottlieb, Goldarbeiter, geb. in Schwaan bei Rostock in Mecklenburg, Sohn des Kaufmanns Joachim Andreas Willgohs, erwirbt das Breslauer Bürgerrecht am 30. März 1821, alt 34 Jahre. Tritt am 26. Oktober 1839 in die Innung ein. Stirbt im Oktober 1862. Zeichnet G. W. in einem rechteckigen Felde, vgl. Taf. V Nr. 191.

Willisch, Heinrich, aurifaber, wird Bürger am Sonnabend vor Invocavit (14. Februar) 1467. Stirbt vor 1490.

Winckler, Christian, Goldschmied, Sohn des Gastwirts George Winckler in Öls, wird 1690 in Breslau Bürger und Meister. Heiratet am 3. April 1690 Susanna, die Tochter des † Barettmacherältesten Daniel Ditrich (MM). Stirbt am 31. Juli (1. August) 1706, alt 47 Jahre (MM). Seine Witwe Susanna heiratet am 17. Oktober 1707 den Goldschmied Johann George Schier (MM). Seine Tochter Rosina Eleonora heiratet am 14. Juli 1711 den Goldschmied Samuel Hammer (MM). Winckler zeichnet C W in ovalem Felde, vgl. Taf. IV Nr. 115.

a. Oblatenbüchse, Silber, oval, auf der Seitenwandung Barockblumen, auf dem Deckel ein Osterlamm in getriebener Arbeit. Auf dem Boden in Gravierung biblische Inschrift nebst Datum 21. Januari Ao. 1693. H. 4,5 cm. Dm. 10,2 × 8,3 cm. Beschauz. W Typus VI, Meisterz. u. Kriegssteuerst. *FW*. - Bernhardinkirche, Breslau.

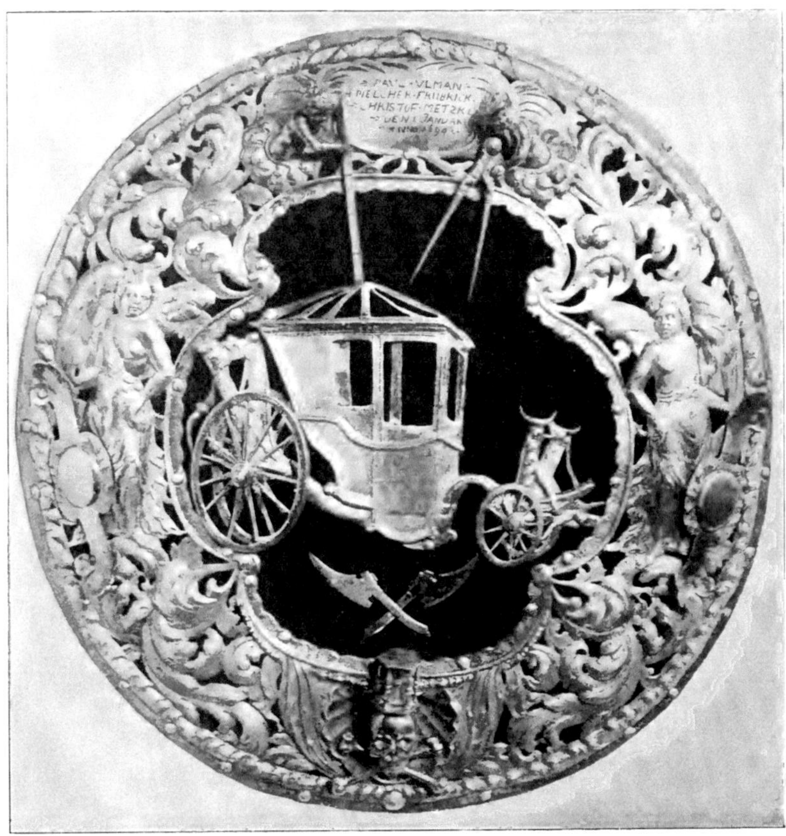

Fig. 39. Christian Winckler: Sargschild der Breslauer Stell- und Rademacher

b. Sargschilde der Breslauer Stell- und Rademacher, Silber mit vergoldeten Auflagen auf dunklem Sammetgrunde, abgebildet Fig. 39. Datiert 1. Januar 1694. Dm. 48 × 45,5 cm. Johanneskopf Typus II u. Meisterz. — Stell- und Rademacher-Innung, Breslau.

Winckler, David, genannt Schmidel [Schmiedel] (Wingler), Goldschmied, heiratet am 2. August 1568 Anna, die Tochter des Marcus Kreussig (MM). Erwirbt das Bürgerrecht am 25. Februar 1569, wird um dieselbe Zeit Meister. Wohnt am Ringe unter den Riemern. Heiratet als Witwer am 9. Juli 1576 Ursula, die Tochter des Kannegiessers Valten Baumgarten (MM). Seine Frau Ursula † 22. IV. 1585. Er selbst stirbt am 1. Oktober 1585.

Winckler, Johann Samuel, Gold- und Silberstecher, geb. in Breslau, Sohn des Messerschmieds Johann Winckler, heiratet am 15. Januar 1742 Anna Rosina, die Tochter des † Christoph Teich in Quickendorf bei Frankenstein i. Schles. (Elis.). Erwirbt das Bürgerrecht am 25. April 1744. Nennt sich 1758 als Graveur auf einem Rokokokelche des Johann Gottlieb Schmidt in der St. Maria Magdalenenkirche in Breslau. — Vgl. Schles. Vorz. VII. 77.

Winder, Gottfried, Goldschmiedgeselle, stirbt am 18. Juli 1703, alt 24 Jahre.

Windisch, Ernst Wilhelm Ferdinand, Goldarbeiter, geb. in Breslau am 23. September 1841, Sohn eines Exekutors, lernt bei Jacob Gottlieb Ferdinand Büttner, dann bei Herrmann Büttner (letzterer ist nicht Innungsmitglied) von Michaelis 1859 bis 1862. Meldet sich am 15. Oktober 1878 zur Aufnahme in die Innung, wird am 9. November rezipiert. Scheidet am 25. Januar 1881 wieder aus.

Wingasser, Jacobus, aurifaber, wird Bürger am Montag vor Agnetis (18. Januar) 1406. Ist am Freitag nach Jacobi (29. Juli) 1407 im Schöppenbuch IX erwähnt.

Wirster, Daniel (Würster), Goldschmiedgeselle und Steinschneider, Sohn des Steinschneiders Zacharias Wirster (Worster, vgl. Schles. Vorz. VII. 78), heiratet am 26. Juli 1621 Anna, die Tochter des Handelsmannes Lorenz Leschnig (MM). Lässt sich in Steinau als Goldschmied nieder, zieht bald nach Breslau zurück. Wohnt auf der Mäntlergasse. Stirbt am 20. (begr. d. 23.) Mai 1672, alt 82 Jahre weniger 14 Wochen (Elis. u. MM).

Wissmar, Joachim (Wiessmar, Witzmar), Goldschmied, Sohn des Goldschmiedältesten Michael Wissmar in Greifswald in Pommern, erwirbt das Breslauer Bürgerrecht am 3. Juli 1711, wird um dieselbe Zeit Meister. Heiratet am 12. Oktober 1711 Susanna, die Tochter des † Schuhmachers Christian Andreas (MM). Stirbt am 15. (begr. d. 18.) April 1742, alt 67 Jahre (MM). Seine Witwe Susanna † 12. (begr. d. 14.) X. 1751 (MM).

Wissmar, Michael (Wissner), Goldschmied, Sohn des Goldschmiedältesten Michael Wissmar in Greifswald in Pommern, arbeitet in Breslau bei Hans Jachman d. j. als Meisterstück ein Geschirr nebst Ring und Siegel, wird Meister am 28. Oktober und Bürger am 2. November 1715. Heiratet am 12. November 1715 Susanna Elisabeth, die Tochter des Goldschmieds Mattheus Jachman d. j. (MM). Ist Ältester seit 1737 und mutmasslicher Stempelmeister mit dem Buchstaben E seit März 1745. Stirbt am 20. April (1. Mai) 1746, alt 65 Jahre, ist in der Innungskapelle begraben worden (MM). Seine Witwe Susanna Elisabeth † 4. (begr. d. 6.) VIII. 1762 (MM). Wissmar zeichnet M W in einem herzförmigen Schilde, vgl. Taf. IV Nr. 134.

a. Henkelkanne, Silber mit Vergoldung, Standring und Deckel profiliert, auf dem zylindrischen Mantel, dem Boden und Deckel sächsische Taler. Auf dem Deckel eine von drei Bügeln getragene Kugel. H. 20,7 cm. Johanneskopf Typus XI, Stempelmeisterb. D u. Meisterz. — Slg. † Max Pringsheim, Breslau.

b. Kelch, Silber, Kuppa innen und am oberen Aussenrande vergoldet, auf dem sechspassigen, profilierten Fusse sechs aufgelegte vergoldete Ovale mit Heiligen und Stifterwappen in Gravierung. Untere Hälfte der silbernen Kuppa mit graviertem Laub- und Bandelwerk. Laut Inschrift gestiftet 1726 von den Brüdern Johann Baptist Franz Xaver und Johann Evangelist David Leopold, Freiherren von Zedlitz. H. 20,3 cm. Johanneskopf, Stempelmeisterb. B positiv, Meisterz. u. Kriegssteuerst. — Kath. Pfarrkirche St. Johannis bapt., früher zum hl. Kreuz, Kupferberg Kr. Schönau.

c. Ampel, Silber, mit Blumen-, Laub- und Bandelwerk in durchbrochener und getriebener Arbeit. H. 13,5 cm. Johanneskopf Typus X/XI, Stempelmeisterb. C, Meisterz. u. Kriegssteuerst. Adlertypus. — Kath. Pfarrkirche St. Petri et Pauli, Ohlau.

d. Kelch, Silber mit Vergoldung, mit getriebener und durchbrochener Arbeit. Gestiftet von „D. Wimmer S. W. Sen. et Organ“. Johanneskopf, Stempelmeisterb. D u. Meisterz. — Evang. Pfarrkirche, Reichenstein.

Wistermehr, siehe Westermehr.

Wittig, Balthasar (Wittich, Wiettig, Wüttig), Goldschmied, Sohn des Breslauer Bürgers Balthasar Wittig, wird 1648 Bürger und Meister. Heiratet am 25. Februar 1648 Anna, geb. Heppner, die Witwe des Goldschmieds George Nitsch (MM). Wohnt auf der Schmiedebrücke in dem seiner Frau gehörigen Hause. Ist Zunftältester seit 1655. Stirbt am 3. (7.) September 1666, alt 47 Jahre 15 Wochen 2 Tage (Elis. u. MM). Seine Tochter Maria heiratet am 18. Februar 1670 den Goldschmied Tobias Fest (MM). Seine Witwe Anna † 23. (27.) III. 1674 (Elis.). Sein Sohn Balthasar, Aufwärter bei dem Grafen Colonna, heiratet am 3. November 1693 Barbara Rosina Kaschube (MM).

Wolff, Meister W. der Goldschmied in Breslau steht mit Herzog Georg von Brieg in Verbindung und wird in einem Schreiben an den Herzog vom 2. August 1561 erwähnt (Zeitsch. d. Ver. f. Gesch. u. Altert. Schles. V. 24). Ist vielleicht identisch mit Wolffgang Vitze.

Wolff, Carl Wilhelm, Silberarbeiter, lernt bei Carl Gottlieb Gröger, dann bei Carl Gottlieb Bernt vom Qu. Crucis 1793 bis Weihnachten 1799. Arbeitet bei Daniel August Titze als Meisterstück eine silberne Kaffeekanne nebst Sahnkännchen, wird Meister am 25. September 1804 und Bürger am 21. Juni 1805. Ist 1806 das letzte Mal erwähnt.

Wolff, Daniel, Goldschmied, Sohn des Bäckers George Wolff, wird 1676 Bürger und Meister. Heiratet am 28. April 1676 Maria Magdalena, die Tochter des † Malers Gottfried Scholtz (Elis.). Wohnt am Ringe unter den Riemern. Seine Tochter Anna Rosina heiratet am 10. November 1706 den Advokat Samuel Willich (Elis.). Wolff stirbt als Zunftältester am 23. (30.) Juni 1712, alt 65 Jahre 9 Monate (Elis.). Seine Witwe Maria Magdalena † 22. (begr. d. 24.) VIII. 1719 (MM). Wolff zeichnet D W in ovalem Felde, vgl. Taf. IV Nr. 102.

a. Altarleuchter, Silber, ein Paar, in der auf Seite 75 Fig. 18 abgebildeten Form. Datiert 1698. Johanneskopf Typus II u. Meisterz. — Bernhardinkirche, Breslau.

b. Kelch, Silber vergoldet, mit Silberbelag. Johanneskopf Typus II u. Meisterz. — Kath. Pfarrkirche in Namslau.

c. Sanduhrgehäuse, Silber, mit vier Stundengläsern zwischen zehn gedrehten Säulen. H. 23,2 cm. L. 23,5 cm. Johanneskopf Typus II, Meisterz. u. Kriegssteuerst. FW. — Maria Magdalenenkirche, Breslau.

d. Kokosnusspokal mit silberner Fassung, darauf graviertes Ornament und Inschriften. Im Deckel das Wappen des Stifters Johann Kommorsky. Datiert 1710. H. 23,2 cm. Johanneskopf Typus III, Meisterz. u. Kriegssteuerst. 𝔉𝔚. — Kleinodien der Schiesswerderschützen in Breslau. Schlesisches Museum für Kunstgewerbe und Altertümer, Breslau (Vgl. Schlesiens Vorzeit, Bd. V S. 253 Nr. 24).

Wolff, Daniel Gottlieb, Silberarbeiter, geb. in Breslau, Sohn des Tuchmachers Daniel Wolff, lernt bei Samuel Christoph Thun vom 14. März 1775 bis 19. September 1776, dann bei Gottlieb Benjamin Neldner. Arbeitet bei Johann Ernst Braungart als Meisterstück zwei silberne Leuchter, wird Meister am 2. März und Bürger am 12. Juli 1791. Heiratet Anfang Juli 1796 Christiana Beata, die Tochter des Bäckers George Ernst Seidel in Zduny, Prov. Posen (Elis.). Stirbt am 1. (begr. d. 4.) März 1798, alt 37 Jahre 3 Monate (Elis.).

Wolff, George, Goldschmied; am 9. November 1693 stirbt seine hinterlassene Tochter Elisabeth, alt 63 Jahre (Elis.).

Wolff, Johann George, Goldschmiedgeselle, Sohn des Ziergärtners Johann Jacob Wolff, stirbt auf der Bäckergasse am 5. (begr. d. 7.) Mai 1713, alt 32 Jahre (MM).

Wolff, Johann Gottlob [Gottlieb] Joseph (Wolf), Silberarbeiter, geb. in Breslau, Sohn des Soldaten Adam Wolff, lernt bei Carl Wilhelm Knebel von Ostern 1809 bis Weihnachten 1813. Erwirbt das Bürgerrecht am 3. Juli 1835, alt 39 Jahre. Wird Innungsmitglied am 28. September 1835. Ist in der Meisterliste von 1842 nicht mehr erwähnt.

Wolff, Tobias, Goldschmied und Medailleur, ist in Breslau mit Unterbrechungen etwa zwischen 1560—1580 nicht als Goldschmied, sondern als Medailleur tätig gewesen und hat deshalb ausserhalb des Zunftzwanges gestanden. Sein Name fehlt auch im Catalogus civium von 1544/78. Über seine Tätigkeit als Medailleur und seine Beziehungen zu dem Brieger und dem Dresdner Hofe u. s. w., vgl. Zeitschrift des Vereins für Geschichte und Altertum Schlesiens, Bd. V S. 24, — Anzeiger für Kunde der deutschen Vorzeit, 1880, Sp. 188, 281, — Schlesiens Vorzeit in Bild und Schrift, Bd. III S. 436, Bd. VII S. 77 f., — Friedensburg u. Seger, Schlesiens Münzen und Medaillen der neueren Zeit [Breslau 1901], S. 101.

Wolff, Valten, Goldschmied und Steinschneider, aus München, scheint ausschliesslich als Steinschneider oder Goldschmiedgeselle in Breslau tätig gewesen zu sein. Wird erwähnt am 7. Juli 1572 (Anz. f. Kunde d. deutsch. Vorz. 1881, Sp. 103). Er und seine Frau Benigna lassen am 18. Dezember 1576 ihren Sohn Valentinus taufen (MM).

Wortig, Thomas George, siehe Wartig.

Würster [Wurster, Worster], siehe Wirster.

Wully, Carl Friedrich (Wulli, Wolly), Goldarbeiter, geb. 1774, Sohn des Posamentiers Johann Carl Wully in Beuthen a. d. O., arbeitet in Breslau bei Gottfried Benjamin Weigelt als Meisterstück eine Haarnadel mit à jour gefassten Brillanten, wird Meister am 28. September und Bürger am 19. Oktober 1798. Heiratet im August 1799 Maria Helena, die Tochter des † Sattlers Johann Bentzel in Schweidnitz (Elis.). Seine Frau † 5. (begr. d. 7.) X. 1804 (MM). Wully ist von 1815—1820 und 1824—1829 Stadtverordneter. Stirbt am 21. Juni 1849.

Wunschilburg, Concze, aurifaber, reicht am Freitag nach Viti (18. Juni) 1367 seiner Frau Agnes 20 Mk. auf allen seinen Besitz für den Fall seines Todes (Schöppenb. II. 380[a]).

Wurst, Ludwig Wilhelm, Goldarbeitergeselle, stirbt Anfang Dezember 1738, alt 27 Jahre.

Wustermaihr [Wustermeher], siehe Westermehr.

Wutke, Carl Wilhelm, Goldarbeiter, geb. in Breslau, Sohn des Faktors Gottlieb Wutke, erwirbt das Bürgerrecht am 14. November 1837, alt 30 Jahre. Wird nicht Innungsmitglied.

Wymmer, Bartusch, aurifaber, wird Bürger am Freitag vor Vocem jocunditatis (5. Mai) 1469. Ist im Catalogus civium von 1470 nicht erwähnt.

Wyner, Andreas, aurifaber, erscheint 1407 in den Geschworenenlisten der Signaturbücher als Zunftsenior; ist identisch mit?

Yzingraber, Jacobus, siehe Luczk.

Zacharias, Goldschmied auf dem Dom, ist mehrfach im Dienste des Breslauer Kanonikus Peter Koslowski tätig gewesen, von dem sich urkundlich mehrere Stiftungen von Goldschmiedearbeiten nachweisen lassen. Nach dem Tode des Domherrn bewirbt sich 1617 Zacharias bei den Testamentsexekutoren des Verstorbenen um ein Trauergewand (pallium lugubre), gemäss der damaligen Sitte, nach der die zur „Familia“ eines höheren Geistlichen Gehörigen mit Trauerkleidern beschenkt wurden (Acta capituli v. 1. September 1617).

Zachman, siehe Jachman.

Zachmeister, George, Goldarbeiter vor dem Niclastore, stammt aus Sachsen, wird 1662 in der Spezifikation der Pfuscher in und vor Breslau genannt, arbeitet mit einem Gesellen (Bresl. Kgl. Staatsarchiv, Stadt Breslau, II. 10d3).

Zälfel [Zellfel], Benjamin Ephraim, siehe Zölffel.

Zander, Carl Wilhelm (Zaender), Goldarbeiter, geb. in Breslau, Sohn des Handschuhmachers Christian Zander, lernt bei Johann Jacob Hacker von Weihnachten 1824—1829. Erwirbt das Bürgerrecht am 28. Februar 1837, alt 27 Jahre. Wird Innungsmitglied am 26. Oktober 1839. Stirbt 1845.

Zedelakowicz, Jano de, siehe Czedelakowicz.

Zeitzmann, Johann Christian, siehe Zitzmann.

Zeller, Michael, Goldschmiedgeselle, stirbt in Breslau am 7. Juni 1588, alt 30 Jahre (MM).

Zendler, Carl Gottlieb, Goldarbeiter, erwirbt das Bürgerrecht am 29. Dezember 1819. Wird nicht Innungsmitglied.

Ziegenhagen, Caspar Gottlieb, Goldschmiedgeselle, Sohn des Goldschmieds Caspar Ziegenhagen in Danzig, stirbt in Breslau am 15. (16.) August 1724, alt 32 Jahre 6 Monate (MM).

Ziegler, Hans George, Goldschmiedgeselle, Sohn des Hofjuweliers Peter Ziegler in Zerbst, Bruder des Breslauer Goldschmieds Johann Peter Ziegler, stirbt in Breslau am 29. November (begr. d. 2. Dezember) 1692, alt 19 Jahre 40 Wochen (Elis.), hat bei Tobias Plackwitz in Arbeit gestanden.

Ziegler, Johann Peter, Goldschmied, Sohn des Hofjuweliers Peter Ziegler in Zerbst, wird 1697 in Breslau Meister. Erwirbt das Bürgerrecht am 18. Mai 1697. Heiratet am 3. September 1697 Anna Christina, die Tochter des Schneiderältesten Christoph Tierold (MM). Seine Tochter Anna Rosina heiratet am 2. November 1717 den Goldschmied Andreas Giessman (Elis.). Ziegler stirbt am 11. (13., 15.) März 1724, alt 66 Jahre 26 Wochen (Elis.). Seine Tochter Eleonora Magdalena heiratet am 11. Mai 1728 den Goldschmied Ernestus Müller (MM). Seine Witwe Anna Christina † 22. (begr. d. 25.) III. 1741 (MM). Sein Sohn Johann Sigismund, ein Krämer, heiratet am 18. August 1745 Maria Rosina Thomas (Elis.). Ziegler zeichnet I P Z, die beiden ersten Buchstaben ligiert, vgl. Taf. IV Nr. 119.

a. Kelch, Silber vergoldet, auf dem sechspassigen, profilierten Fusse Engelsköpfchen und Früchtebuketts in kräftig herausgetriebener Arbeit. Auf dem flach wulstigen Nodus sechs Plättchen mit den Buchstaben IHESUS. Kuppabelag mit geflügelten Engelsköpfen und Akanthuswerk in durchbrochener Arbeit. Beschauz. W Typus VI, Meisterz. u. Kriegssteuerst. Adlertypus. — Kath. Pfarrkirche St. Jacobi, Neisse.

Zieseck, Carl, Goldarbeiter, geb. in Borzenzin, Kr. Militsch, Sohn des Kutschers Franz Zieseck, erwirbt das Breslauer Bürgerrecht am 21. Juli 1838, alt 31 Jahre. Wird nicht Innungsmitglied.

Ziessler, Johann Jacob, Goldschmied, wird in Breslau um 1675 Bürger und Meister (?). Sein nachgelassener Sohn Jacob, ein Schönfärber, heiratet am 29. Januar 1703 Anna Elisabeth, die Tochter des † Tuchmachers Andreas Milisch aus Polnisch-Lissa (Elis.).

Zimmerman, George, Goldschmiedgeselle, stirbt in Breslau am 10. (16.) Februar 1621 (Elis.).

Zimmermann, Friedrich August, Silberarbeiter, geb. in Grottkau, Sohn des Drechslers Friedrich Zimmermann, lernt in Breslau von Ostern 1821 bis Johannis 1826. Erwirbt das Bürgerrecht am 16. April 1839, alt 32 Jahre. Meldet sich am 13. April 1839 als Stückmeister, wird am 11. Januar 1840 in die Innung aufgenommen. Ist Stempelmeister mit dem Buchstaben T vom August 1849 bis 15. Januar 1861. Stirbt am 10. August 1878. Zeichnet F A Z, erst positiv, später negativ eingeschlagen, vgl. Taf. V Nr. 192. Neben seinem Stempel erscheinen häufig Firmenstempel von Breslauer Goldarbeitern und Juwelieren, die den Verkauf seiner Silberarbeiten besorgten.

Zimmermann, Julius Albert, Gold- und Silberarbeiter, geb. in Breslau, Sohn des Handschuhmachers Christian Zimmermann, erwirbt das Bürgerrecht am 15. Dezember 1840, alt 29 Jahre. Wird nicht Innungsmitglied.

Zipser, Nicolaus, siehe Czipser.

Zitzmann, Johann Christian (Zeitzmann), Goldarbeiter, Sohn des Kupferschmiedältesten George Paul Zitzmann in Regensburg, arbeitet in Breslau bei Joseph Gottlieb Lederhose als Meisterstück ein Paar Ohrgehänge mit à jour gefassten Brillanten, wird Meister am 22. November 1805. Heiratet, 29 Jahre alt, am 24. November 1805 Christiana Dorothea, die Tochter des Seilerältesten Christian Pratzel (Elis.). Erwirbt das Bürgerrecht am 10. Januar 1806. Ist in der Meisterliste von 1818 das letzte Mal erwähnt.

Zölffel, Benjamin Ephraim (Zelffel, Zellfel, Zälfel), Goldarbeiter, geb. in Friedeberg am Queis, lernt in Hirschberg bei Christian Lincke von Neujahr 1760—1766. Meldet sich in Breslau am 7. Oktober 1784 als Stückmeister, arbeitet bei Christian Hoensch ein Paar mundierte Ohrgehänge mit Rauten und Pendeloques, wird Meister am 17. Dezember 1784 und Bürger am 14. April 1785. Stirbt am 9. (begr. d. 11.) Januar 1819, alt 75 Jahre 3 Monate 11 Tage (MM).

Zwiener, Johann Christian [im Bürgerbuche fälschlich Johann Ehrenfried genannt], Silberarbeiter, geb. in Ober-Rudolphswaldau, Kr. Waldenburg, Sohn des dortigen Schulzen Johann Ehrenfried Zwiener, lernt in Breslau bei Leberecht Fournier von Ostern 1821 bis Michaelis 1826. Erwirbt das Breslauer Bürgerrecht am 5. Juni 1832, alt 26 Jahre. Arbeitet als Meisterstück einen silbernen Teekessel, wird am 17. September 1833 in die Innung aufgenommen. Ist 1840 das letzte Mal erwähnt. Zeichnet C Z negativ eingeschlagen.

a. Mehlspeisenring, Silber. Johanneskopf, Stempelmeisterb. R u. Meisterz. — Stadtrat Frey, Breslau.

VIII. URKUNDEN

1. Herzog Heinrich V. von Breslau und Liegnitz bestätigt der Stadt Breslau das Meilenrecht am 22. Juli 1290.

In nomine domini amen. humana gesta simul transeunt cum tempore, nisi scripturis et testibus perennentur. hinc est, quod nos Henricus, dei gracia dux Slesie dominus Wratizlauie et Legnicz, tam presentibus quam futuris volumus esse notum, quod post solum deum per fideles et karissimos nostros ciues Wratizlauienses pariter et per terrigenas Wratizlauienses sumus ducatum Wratizlauiensem et dominium consecuti. vnde dignum fore dinoscitur, vt beneficia beneficiis recompensemus, quod ipsis sub prestito iuramento omnes donaciones, concessiones, iura et priuilegia ipsorum, que a nostris patruis et progenitoribus pie recordacionis et communia iura prime locacionis et precipue, ut nulle camere mercatorum, nulli crami, nulli pistores, nulli sutores, nulli carnifices, nulle thaberne sint, nulli mechanici, volumus, vt non infra vnius spacium miliaris in preiudicium nostre Wratizlauiensis ciuitatis, indulta ipsis et concessa emendaremus et confirmaremus, beniuole ad ipsorum peticionem iustam et honestam inclinati omnia et singula innouamus, ratificamus et inuiolabiliter prestito iuramento perpetue confirmamus. ne autem nostri heredes seu successores in posterum hanc nostram donacionem et confirmacionem in aliquod preiudicium prefate nostre ciuitatis infringere ualeant, ipsos sub eodem perstringimus iuramento. si que vero, quod absit, a nobis vel a nostris heredibus aut successoribus siue donaciones aut priuilegia in preiudicium iam dicte ciuitatis per ignoranciam vel obliuionem emanauerint ex nunc prout ex tunc, eas vel ea decernimus nil valere et in irritum reuocamus propter prestitum iuramentum. super huius confirmacione hanc paginam nostro sigillo duximus roborandam. actum et datum Wratizlauie anno domini m⁰ cc⁰ nonagesimo xj⁰ Kalendas Augusti presentibus dominis Gunthero de Bebirsteyn, Heynschone de Wesinburc, domino Pakoslao, magistro Lodoyco, Thymone de Poserno, Bertholdo et Cunado de Borow et aliis pluribus fide dignis.

Bresl. Stadtarchiv, D 26 (Wiederholung von 1327). — Schon veröffentlicht durch Lünig, Reichsarchiv, Bd. XIV S. 238, und Georg Korn, Breslauer Urkundenbuch, Bd. I S. 54 f. Nr. 56.

2. Verordnungen für die Goldschmiede in den Breslauer Handwerkerstatuten aus den ersten Jahren des 14. Jahrhunderts.

Hec sunt iura omnium mechanicorum et operariorum ciuitatis Wratizlauie, qualiter quodlibet opus debeat perfrui et gaudere suis iuribus et proprietatibus.

(12) *Item de aurifabris.*

1. *Aurifabri debent temptare de falsariis anulorum, fibularum et conterfei et debent eos occupare.*
2. *Item aurifabri aduene debent ponere fideiussores per annum, quia nescitur, vnde veniunt, et nichil iuris faciunt ciuitati; ad hoc duo eliguntur.*

Bresl. Stadtarchiv, Hs. G 2. — Abgedruckt im Codex diplomaticus Silesiae, Bd. VIII S. 109 ff. Nr. 74, und bei Georg Korn, Breslauer Urkundenbuch, Bd. I S. 64 ff. Nr. 68.

3. Der Rat zu Brüssel beantwortet eine Anfrage des Breslauer Rates betreffend den Feingehalt der dortigen Gold- und Silberarbeiten und den für dieselben üblichen Arbeitslohn. Den 17. Juli 1372.

Amici sincere dilecti. amicabili premissa salutacione literas amicabiles vestre prudencie recepimus, ex quibus perpendimus vestras velle informari discreciones de statu aurifabrorum nostrorum et qualiter ipsi opus suum tenere solent videlicet in vasis, tassiis et aliis clenodiis argenteis faciendis, vtrum ipsi talia et similia de puro argento conficiunt uel cuprum addant et quantum, et eciam quantum pro sallario suo de marca argenti deaurati uel absque auro confectis habere debeant, prout hec in vestris amicabilibus literis vidimus contineri. quibus per nos receptis rectores et magistros officii aurifabrorum nostrorum euocauimus coram nobis, a quibus statum et seriem negocii predicti nobis penitus ignotos inuestigauimus seriose. ex quorum relatu fidedigno vestris discrecionibus certitudinaliter intimamus, quod ipsi aurifabri nille nostre predicte operantur de tali auro, prout operantur communiter aurifabri in ciuitate Parisiensi, videlicet ad probam Parisiensem. de argento autem in vasis et aliis clenodiis argenteis conficiendis operantur dicti aurifabri nostri videlicet de tali substancia seu argento ita bono, sicut sunt grossi antiqui Turonensis monete regis Francie boni et legales. et ad maiorem huiusmodi declaracionem dixerunt, quod dicta substancia argenti, de quo ipsi operantur, est talis, videlicet quod in vna marca purissimi et fini argenti apponunt de alia materia eris seu cupri quatuor sterlingos antiquos dumtaxat, et si repirirentur vasa per operarios nostros confecta de peiori materia, quam predictum est, operarii defectum huiusmodi supplerent et cum hoc dampna ex parte suorum rectorum inde sustinerent.

De sallario vero eorum nobis retulerunt, quod de potis seu ollis argenteis ponderis quatuor marcarum habere solent pro eorum sallario videlicet de qualibet marca vnum mutonem simplicem monete Brabantini, de paruis ollulis seu potis pro aqua ponenda ad mensam et aliis paruis vasis consimilibus bene operatis et artificialiter ponderis marce cum dimidia recipiunt communiter pro sallario tres mutones simplices de quolibet vase dicti ponderis, et si forti (!) essent ponderis duarum marcarum, non haberent inde maius sallarium, et si essent minoris ponderis, non haberent inde minus. item de peluibus argenteis et de scultellis de qualibet marca argenti talium vasorum recipiunt 9 grossos Flandrenses videlicet de tribus marcis argenti vnum simplicem mutonem Brabantinum. de tassiis vero argenteis simplicibus consueti sunt recipere pro suo sallario videlicet de tribus tassiis vnum simplicem mutonem. preterea dicunt, quod de zonis et corrigiis seu cincturis argenteis, pro quibus ipsi operarii omnem substanciam tradunt, apponunt et deliberant, dum illa bene operata expediunt, inde recipiunt duplex pondus videlicet tantum de sallario quantum illa clenodia ponderant. dixerunt eciam nobis dicti rectores predicti officii aurifabrorum, quod ipsi habent vnum certum et commune signum, quod seruant et custodiunt duo de consociis operariis dicti officii, et illo signant omnia et singula opera argentea infra villam nostram confecta, quando illa perfecta sunt et consummata et vna cum hoc quilibet aurifaber ipsius ville habet suum proprium signum, quod inprimit operi suo ad finem, quod temporibus perpetuis sciatur, si in opere uel substancia defectus reperiretur, qui fuerit operarius huiusmodi operis, et ille uel sui heredes defectum huiusmodi supplerent et emendarent de suis bonis. vnde, dilecti amici, amplius de vestris desideriis nequientes iuxta vestrarum literarum tenorem informari premissa, que veridico relatu nostrorum fidelium coopidanorum aurifabrorum didicimus, vestris discrecionibus presentibus literis duximus referenda, quibus ad presens velitis beniuole contentari nobis semper queque grata confidenter scribentes in domino, qui vos conseruet per tempora longiora. scriptum Bruxcellis die xvij *mensis Julij* [1372].

Bresl. Stadtarchiv, Hs. G4; eine alte Abschrift des verlorenen Originals im Stadtbuche des Nudus Laurentius, fol. 154—155. — Abgedruckt im Codex diplomaticus Silesiae, Bd. VIII S. 69 f. Nr. 46, und bei Georg Korn, Breslauer Urkundenbuch, Bd. I S. 229 f. Nr. 274.

4. Antwort der Stadt Köln auf eine Anfrage des Breslauer Rates betreffend den Feingehalt und den Preis der Kölner Goldschmiedearbeiten. Den 22. Juli 1372.

Judices, . . scabini, consules ceterique cives ciuitatis Coloniensis sinceri fauoris et omnis boni salutacione semper premissa. amici predilecti, recepimus literas vestras nobis missas de et super statu aurifabrorum nostrorum vobis rescribendo, super quo amiciciam vestram scire desideramus super primo videlicet qualiter ipsi opus artificii eorum obseruent in vasis, tassiis et aliis clenodiis argenteis in artificio eorum factis et faciendis, an ipsi in opere eorum huiusmodi addant aliquid de cupro uel alterius metalli specie. super quo vobis respondemus, quod in omni opere argenteo nichil alicuius alterius metalli communicacio adiungitur, sed dumtaxat de puro et fino argento omnia et singula, que operari occurrunt, per eos fabricantur et fiunt hoc excepto, quod in coniunccionibus peciarum argenti quadam (re) vocabuli nostri vlgariter slalcit [= slaloit = slalot], *quanto minus possunt, admiscent quacunque alia admixtura semota. determinacionem vero salarii certam non habent, siue fuerit operis deaurati siue non deaurati, sed illud adtendunt et ponderant circa difficultatem et laboris quantitatem. et sic ad puncta litere vestre petita seriatim duximus respondendum, et si qua alia a nobis petissetis, possibilitati adiuta libenti animo similiter fecissemus desiderantes concines vostros pro tempore apud vos conuersaturos beniuole et graciose recipi et tractari eosque defensari et antiquis priuilegiis et libertatibus permitti gaudere in eo nobis complacenciam singulariter ostensuri. datum ipso die beate Marie Magdalene* [1372].

Kölner Stadtarchiv, Briefcopieenbuch v. 1367—1379, Nr. 1 fol. 28. — Bresl. Stadtarchiv, Hs. G 4, eine alte Abschrift des Originals im Stadtbuche des Nudus Laurentius, fol. 154. — Abgedruckt im Codex diplomaticus Silesiae, Bd. VIII S. 70 f. Nr. 47, und bei Georg Korn, Breslauer Urkundenbuch, Bd. I S. 231 Nr. 275.

5. Sämtliche Breslauer Innungen, darunter die Goldschmiede, versprechen in Zukunft dem Könige Wentzel und dem Rate der Stadt gehorsam zu sein. Den 27. September 1389.

Bresl. Stadtarchiv, eine Abschrift des 16. Jahrhunderts im Liber magnus, Bd. I fol. 12b. Abgedruckt im Codex diplomaticus Silesiae, Bd. VIII S. 84 f. Nr. 59.

6. Älteste Privilegien der Breslauer Goldschmiedezunft, verliehen durch Kaiser Sigismund in der grossen Handwerkerordnung vom 23. März 1420.

. . . Item das sich die goldsmid also halden sollen. czum ersten, wer sich setzen wil zu meister vnder den goldsmiden, der sol zuuor haben eyn elich wip vnd wer von andern steten darkumpt, der sol brengen eynen brieff von der stat von dann er geboruen ist, vnd wo er gesessen hat, das er sich erlich vnd redlich gehalden habe, vnd sol dornach burgerrecht gewynnen nach der stat kore, so das er der stat czweliff scot gebe zu ynnunge. derselb sol ouch burgen setzen, iar vnd tag recht zutun mit der stat, vnd sol haben eyn offembar gadym. gebe ouch eyn meister sin tochter eynem knechte vnder den goltsmiden, der keyns meisters sun ist, der sol burgerrecht gewynnen. wer ouch meister ist oder wirt, der sol von gutem silber erbeiten, oder er verluset das silber.

ist ouch das vff den markt newe werk kumpt in dem iare zuuerkoufen, das sollen die goldsmyde nemen vnd das antworten uff das rathuse, dasselb sol die stat nemen vnd sol verloren sin, on in den iarmarkten, is were dann von den goldsmiden zu Breßlaw gemacht. ist ouch das uff den iarmarkten new werk kumpt zuuerkouffen, das nit als gut ist als das werk, das die goldsmide in der stat pflegen zumachen, das sol man in nemen vnd der stat antworten vnd dorczu verloren sin. wer do wider tut, den mag der rat dorumb bussen. wer den meistern antwort lotig silber ychtz dauon zumachen, dem sollen sy ouch lotig werk antwurten. ouch mag eyn itzlich goldsmid sin eygen silber offembar burnen in sinem huse zuuerer beiten vnd nyemand vmb kein lon. wurde daruber eyn goldsmid begriffen, das er nicht gut silber brente zuuerkoufen vnd zuuererbeiten, der sol dasselbe silber verloren han vnd sol sten der stat zugnaden. was sy aber zuuerkoufen burnen wollen, des sollen sy nicht me dann acht mark burnen. wer do wider tete, die kore stet zu den ratmannen.

. . . Geben zu Breßlaw nach Crists geburt vierczenhundert iar vnd dornach in dem czweinczigisten iare des nechsten sampßtags vor vnser lieben frowentag annunciationis. .

Bresl. Stadtarchiv, Originalurkunde, Priv. 132. — Eine späte Abschrift in der Innungsurkundensammlung von 1737, S. 2—10. — Die oben nicht wiedergegebene Einleitung ist abgedruckt im Codex diplomaticus Silesiae, Bd. XI S. 182 Nr. 40.

7. Verordnung betreffend den Feingehalt der Silberarbeiten. Vom 25. November 1421.

Wir n. ratmanne bekennen etc., das wir mitsampt vnsern scheppen, eldesten vnd gesworonen obirtragen vnd vns genczlichen geeynet haben als von der goldsmede wegen in sulchermosse, das von alle dem, das die goldsmede mit dem hammer machen, eyn scot vnd von gorteln vnd keten eyn lot y von der marke abegehn sal. actum feria tertia post Katherine (anno domini M° cccc° xxj°).

Bresl. Stadtarchiv, Liber magnus, Bd. I fol. 49 b. — Eine späte Abschrift in der Innungsurkundensammlung von 1737, S. 1. — Im Datum liegt ein Fehler, da 1421 der Tag Katharinae auf einen Dienstag fällt. — Abgedruckt in der Zeitschrift des Vereins für Geschichte und Alterthum Schlesiens, Bd. V S. 344 f.

8. Bischof Conrad bestätigt die Fundation des Nikolaus Polak zur Errichtung eines sechsten Dienstes am Altare der Goldschmiede in der St. Maria Magdalenenkirche. Den 27. September 1446.

Bischof Conrad bestätigt auf Bitten der Breslauer Goldschmiede Nicolaus Czipser und Paulus Juncker als der Testamentsvollstrecker ihres Berufsgenossen Nicolaus Polak (Polag) des letzteren Fundation von 8 Mk. jährl. Zins zur Errichtung eines sechsten Dienstes am Altare der HH. Jungfrau Maria, Eligius, Bartholomaeus, Margaretha und Dorethea in der Goldschmiedekapelle in der St. Maria Magdalenenkirche, wie enthalten in einer Urkunde des Notars Paulus quondam Nicolai de Hotczinplotcz, mit Zustimmung des Pfarrers Henricus Roraw. Das Patronat wird den Ältesten der Goldschmiedezunft übertragen und als erster Altarist Paulus Hotczinplotcz investiert. Von dem Altaristen sind wöchentlich drei Messen zu lesen. Zeugen weggelassen.

Bresl. Diözesanarchiv, Incorporationsbuch des Bischofs Conrad, II.b. 1, fol. 112 b—113 b (lateinische Abschrift mit Korrekturen). — Bresl. Stadtarchiv, Kloses Repertorium FF 46. tt.

9. Ein Schatzverzeichnis der Goldschmiedekapelle aus der Mitte des 15. Jahrhunderts.

Bresl. Stadtarchiv, Originalurkunde FF 46. tt. — Abgedruckt in den Abhandlungen der Schlesischen Gesellschaft für vaterländische Cultur, Philosophisch-historische Abteilung, Jahrgang 1867, S. 5.

10. Artikel betreffend die Meisterstücke. Vom 21. Mai 1451.

Wir n. ratmanne etc. bekennen etc. allen die in sehen adir horen lesen, das vor vns komen sein die goltsmede des ganczen hantwerkis alhie zu Breslaw vnd haben vns vorgelegit vnd mit gemeyner styme erczalt. wie sie etliche gebrechen in irem hantwercke hetten, domite sie nicht vorsorget weren, als das in andern namhafftigen steten vff ihrem hantwercke gehalden worde. nemelichen wer mit in alhie meister sein welde, der solle machen konnen drey stucke. czum irsten eynen kellich, der do vnstreffelichen were, das ander eyn ingsigil zugraben mit helme vnd schilde vnd helmdecke, das dritte eynen dyamand adir eynen saphir in golde zuuorsetczen, das vierde, das keyn goltsmedgeselle alhie nicht meister werden solle, her habe denne alhie bey eyme adir bey czwen meistern drey iar nochenander gedynet gesellenweyze vnd das hantwerg gelart, vnd haben vns dobey eyntrechtiglichen gebeten, sie hirynne zuuorsurgen, zugonnen vnd zudirloben, das sie die vier obgenanten stucke irem hantwercke zu eren vnd zum besten also gehalden mochten, haben wir obgenanten ratmanne die sachen an vnser eldisten vnd scheppen brocht, die mit in gehandelt vnd gewegen, das doraws der stat vnd dem genanten hantwercke nicht andirs wenne ere, nucz vnd fromen bekomen mag, vnd dorumb haben wir dem genanten hantwercke die vier obgenanten stucke vnd artickel von vnsir vnd vnser nochkomen ratmanne wegen gegunst vnd erlobit zuhalden in allirmosse als die obengeschreben, berurt vnd benant sein, idach also ap irkeyn goltsmed von andern landen adir steten alhieher qweme vnd meister des hantwerckis were vnd beweisen worde. das her sich erberlich vnd redlich gehalden hette vnd beweyste, das her machen kunde die drey obgenanten stucke, den sullen die goltsmede alhie vffnemen vnd das hantwerk zutreiben nicht vorsagen, vnd das halden noch der stat rechte vnd gewonheit. vnd diese ordenunge obgenant sal vnschedlich sein dem priuilegio, das die goltsmede vormols von vnserm herren kunige alhie haben, vnd auch besundern behalden wir ratmanne von vnsir vnd vnserer nochkomen ratmanne wegen volle macht, ap man dirkennen wurde, das irkeyn stucke obgenant dem hantwercke adir der stat nicht beqweme were, das die ratmanne das wandeln adir abetun mogen noch irem besten dirkentnis vngehindert. vnd des zu geczugnis haben wir vnsir stat ingsigel an diesen brieff lossen hengen. geben am freitage vor dem sontage Cantate noch Cristi geburt virczenhundirt vnd dornoch in dem eyn vnd funffezigsten iaren.

Bresl. Stadtarchiv, Liber magnus, Bd. I fol. 37b. — Eine späte Abschrift in der Innungsurkundensammlung von 1737, S. 10—14.

11. Bischof Rudolph bestätigt einen von dem Goldschmied Georg Heyne fundierten Dienst am Altare der Goldschmiede in der St. Maria Magdalenenkirche. Den 24. Oktober 1468.

Auf Antrag des Caspar Arnolt und des Niclas Kynast als der Testamentsvollstrecker ihres Berufsgenossen Georg Heyne zu Breslau und seiner Ehefrau Barbara bestätigt Bischof Rudolph am 24. Oktober 1468 des im Jahre 1451 verstorbenen Georg Heyne Fundation von zehn Mark auf seinem Hause und Erbe am Ringe zwischen Gerischer und Paulus Weygandt zur Errichtung eines sechsten (muss heissen „siebenten"; vgl. Urk. 8) Altar-Dienstes am Altare der HH. Jungfrau Maria, Bartholomaeus, Eligius, Katharina und Barbara in der Goldschmiedekapelle in der St. Maria Magdalenenkirche, wie enthalten in einem Instrument des Notars Paulus quondam Nicolai de Hotczinplotcz. Da aber die verarmte Stifterswitwe, um ihr Leben zu fristen, von obigen zehn Mark zwei Mark verkauft hat, so werden dem Dienste mit Zustimmung des Vizepfarrers nur acht Mark inkorporiert. Der vom Stifter zum Altaristen präsentierte Kaplan Nicolaus Hermanni hat seine Ansprüche an den Diözesanpriester Johann Stercze abgetreten, welcher hiermit investiert wird. Ihm und seinen Nachfolgern werden wöchentlich zwei Messen auferlegt. Das Patronat wird den Ältesten der Goldschmiede übertragen. Zeugen sind die bischöflichen Kämmerer Johannes de Monte und Andreas Berolt; Kanzleinotar ist Michael Blorogk.

Bresl. Diözesanarchiv, eine lateinische Abschrift im Incorporationsbuche des Bischofs Rudolph, II. b. 3, fol. 15ab. Über die ursprüngliche Stiftungsurkunde vom 16. Juli 1451 vgl. Incorporationsbuch der Bischöfe Peter und Jodocus, II. b. 2, fol. 56ab.

12. Vermerk über einen Briefwechsel zwischen den Breslauer und Nürnberger Goldschmieden vom 2. Oktober 1475.

Item die vnderrichtung der gesworne meister der goldschmid vff der von Presslaw briefe von ine zuempfahen vnd den von Presslaw zuschicken [Feria II post Michahelis 1475].

Kgl. bayer. Kreisarchiv in Nürnberg, Nürnberger Ratsverlässe von 1475, fol. 170a. — Hampe, Nürnberger Ratsverlässe, Bd. I S. 16 Nr. 111.

13. Vertrag der Stadt mit dem Bischofe und dem Kapitel, keine Pfuscher auf den geistlichen Gebieten dulden zu wollen, abgeschlossen am 6. Februar und bestätigt durch König Wladislaus am 1. März 1504. Sog. Kolowratscher Vertrag.

. . . *Item artifices et mechanicos pro usu ipsorum priuato et proprio prefati capitulum et clerus intra insulam tenere poterunt, sed ut alijs pro pretio nequaquam laborent, mechanici uero, qui modo et de facto insulam inhabitant, et ex artificijs ipsorum opereque manuali uiuunt, artifitia ipsorum ad duos duntaxat annos a data presentium et non ultra illic in insula exercere ualebunt. deinceps autem clerus mechanicos in ea nec alia loca inducere et reponere poterit contra libertates et priuilegia ciuitatis Vratislauiensis . . . quum igitur articulis his in omnibus et per omnia (prout expressi sunt) ab utraque parte assensum fuerit, utque in futurum perpetuis temporibus integre ac inuiolabiliter seruentur, utrimque compromissum. ego Albertus, qui supra tanquam specialis ad hoc per maiestatem regiam missus ac deputatus commissarius, vt ea omnia ueluti per predictos articulos de uerbo ad uerbum expressa sunt, robur suum ac perpetuam firmitatem obtineant, sigillum meum proprium presentibus his litteris inprimis apposui, vtque ceteri etiam contestentur articulis his omnibus se per expressum consensisse, auctoritate eiusdem maiestatis regie, domini mei gratiosissimi fretus, reuerendissimo domino Joanni episcopo Vratislauiensi, reuerendo domino Joanni Thurzo coadiutori venerabilique eclesie sancti Joannis capitulo, ac circumspectis et prouidis ciuibus et consulatui ciuitatis Vratislauiensis, vt sigilla etiam ipsorum his ipsis litteris apponerent precepi atque iniunxi in fidem, testimonium et robur omnium premissorum. datum et actum Vratislauie die sancte Dorothee uirginis et martiris anno Christi millesimo quingentesimo quarto.*

Bresl. Stadtarchiv, Originalurkunde, Pergament mit 4 anhängenden Siegeln, Priv. 145.

14. Antwort der Stadt Nürnberg auf eine Anfrage des Breslauer Rates betreffend den Feingehalt und die Beschau der Nürnberger Goldschmiedearbeiten. Den 28. Juni 1516.

Vnnser willig fruntlich dinst ewr vorsichtigkaytt mit vleis voran beraytt, vorsichtigenn ersamenn vnnd weysenn besunder liben vnd guttenn frundt, ewer weißhaytt schreybenn vnnd begerenn vmb vnnderricht, wie eß inn etlichenn stuckhenn vnnd artickeln durch ewr weyshaytt angezceigt hiebey vns vff dem goltschmydt handwergk gehaltenn werd, haben wir alles innehalts horenn leßenn vnnd dieselbenn angezcaigtenn artickel vnsern burgernn, den geschworenn maisternn des goltschmithandtwergks furgehaltenn, die habenn vnns doruf vnderricht gethonn, wie ewr weyßhaitt ab hier innerwartter zcettel habenn zuuornemenn, die haben wir ewr weishayt, der wir zw dinstlichem willen genaigt sein, vff ir begeren zw zuschickenn nit vnderlassenn wollenn. datum sabato post Joannis Baptista anno etc. decimo sexto [1516].

burgermeistere vnnd
rathe zw Nurmberg

Den vorsichtigenn ersamen vnd weisen burgermaisternn vnd rathe der stat Preslaw vnsern besonndern liebenn vnnd guttenn frundenn.

Scedula inclusa

Item von dem sylber, das sol durch den stich weyß aus dem fewer geen, nemlich das die marck vierzcehn lot fein halt.

Item das werck-golt sol sein an der guten bey einer nodel achtzcehen karat vngeuerlich.

Item in der arbeitt hat es kein gesetz, wie tewer einer die marck silber gebe vergult, wann die arbeit ist vnngleich, sonder das silber schlecht man einem vmb gelt an, deßgleichenn das golt, damit er vorgult.

Item wo obgeschribenn orbeytt gemacht, wirt es bestochenn vnd geschautt durch die geschwornnen vnd darnach bezcaichennt mit dem N der stadt zcaichenn.

Item sonnder abzug des schlaglots ist nicht gewonhaytt, es möchte es einer so geuerlich prauchenn, darauff mochten dy maister dorzw geordennt aufsehenn.

Item auch alle arbeytt, die gemacht, wirt bey vnns gezcaichennt, was vber vier lott ist am gewichte.

Bresl. Stadtarchiv, Liber definitionum, Bd. I fol. 85 b—86 a. — Hampe, Nürnberger Ratsverlässe, Bd. I S. 166 f. Nr. 1075. — E. v. Czihak, Bayerische Gewerbezeitung, I. 96. S. 121 ff.

15. Satzungen betreffend den Feingehalt und die Beschau der Breslauer Goldschmiedearbeiten. Vom 8. Februar 1539.

Wir rathmanne etc. bekennen etc., die erbaren eldsten der goltschmid vor sich vnd das gantze handtwerck alhie vnsere mittburger vnnd haben vns einmuttig angezaygt vnd vorgelegt, wie sie ettlich gebrechen in irem handtwerck hetten, domit sie nicht vorsorget weren, als das in andern namhafftigen reychs- vnnd handelstetten gehalden wurd auff irem handtwerck, vns dorauff gebettn, sie hierynn zuuorsorgen, also haben wir ire bitt nicht vor vnzymlich geacht vnnd folgend artickel mit den ersamen vnsern eldsten vnnd scheppen geratschlagt, sie derselben zymlichen bitt erhört vnnd lautten dieselben artickel vnd aussatzungen auff ire bitt vnd vnser erkentnus wie folget.

Zum ersten soll ein ider goltschmid, der mayster ist, in seynem freyen offnen laden arbaytten vnnd dieselb arbayt wie die ist, keyne ausgenomen von den verordneten beschawern, so wir hierzu gesetzt, besechn vnd erkennet werden, das das sylber vierzcehn lott fein haldt durchaus, vnnd das auch ider mayster neben dem W der stadt zaychen auch sein gemerck vnd zaychenn daneben schlagen soll. wo aber solch arbayt von aynem mayster, gemacht alhie oder anderswo, zuschmeltzt vnnd nicht vierzcehn lot fein befonden wurd, vnd er mit der stadt, zaychen vnnd des maysters gemerck gemercket furbrocht vnd dorauff befonden, soll derselbig mayster, der die arbayt gemacht vnd bey deme solch vorwarlosung gescheen, den schaden vnd abgang zuerstatten schuldig sein. es soll auch kein goltschmid aynicher wegs oder gestaldt geringer golt arbayten, dann reynisch von achtzechen charaten. vnnd wo jemand, fremder oder einhaymischer, eynen goltschmidt golt in seynen laden oder sonst zunorarbaytten gibt, soll demselben allwegen von angezaygtm goldt ein prob heraus gegeben werden, also das in diesem vnnd anderm aller vordacht vnd arckwan vormyden pleyb.

Was auch belanget die schawmayster, so von vns hierzu bestaldt vnnd vorordnet sein, welche wir mit aydes pflichten vorbynden wollen, dieselben sollen auff ire gethane pflicht den stich von idem sylber recht vnd vnuordechtig nemen, denselben im feur probiren, also das er recht weys vnnd eynem vierzcehn lottigem sylber gleych sey. domit auch dieselben, weyl sy solch burd vnd sorgen auff ine tragen, vorgeblich nicht gemuhet vnd dagegen pillicher belonung zugewarten, sollen sie dieselben beschawer vonn ider marck vom schawen vnd stechen zwen denar oder heller haben, welche allwege derselb goltschmid, so die arbayt gemacht vnd bey dem sy besichtigt, geben vnd zalen soll, idoch das alle arbayt, so vier lot wyget, mit obberurtem der stadt vnnd des maysters zaychen gezaychnet vnd dorunder aber nicht, vnnd ob sie dieselben schawmayster also irem aufferlegten beuel nach was falsches vnnd schadliches befynden, sollen sie fug vnd macht haben, dasselb in ein clos zuschlagen oder zuschneyden, domit in allem rechtfertigkayt vnd gleychayt gehalden wird. vnnd wo ein mayster zum ersten diese obbemelte aussatzung in dem wenigsten vberthrette, das der gestrafft vnd gebusset werd vmb eynen halben vngerischen gulden, zum andern mol, wo er hierynn strefflich begriffen, vmb ein hungeryschen gulden, vnnd zum dritten, das die straff stee zu aynem ersamen rath. vnnd diese ordnung obgenant soll vnschedlich sein dem priuilegion, so die goltschmid zuuor von loblicher gedechtnus kayser Sygmund, dergleychen von vnsern vorfurn rathmannen (des datum freytag vor Cantate im 1451) aufbrocht vnnd bekommen haben, vnnd auch besondern behaldten wir rathmanne von vnser vnd vnser nachkommen wegen volle macht vnd gewalt, ob wir oder sie erkennen vnnd nach gelegenhayt vnd lauff der zeyt, das ir kein stuck obgedocht der stadt oder dem handtwerck vnbequem, das die rathmanne das wandln oder abthun mogen nach zue besten erkentnus. zu vrkunt octaua February 1539.

Bresl. Stadtarchiv, Liber definitionum, Bd. I fol. 184 a 185 a. — Eine späte Abschrift in der Innungsurkundensammlung von 1737, S. 14—20.

16. Der Goldschmiede neue Ordnung vom 5. Dezember 1565.

[Wir rathmanne bekennen etc.,] *das vns die eldisten vnd jungsten der ganczen zech der golttschmide alhier gehorsamlich furbrochtt, das inen nichtt allein von etlichen leuttenn einhaltt vndt vnpilliche eingriff in ire zechordnung beschee, sondern das auch bein inen selbst vnordnung etlicher massen furfallen vnd erwaxenn vnd also geburendes einsehen vnd bestatigung auch besserungk irer alten ordnung vonnotten sein wolle, vns derwegen sie disfals gonstig zubedencken gebettenn, wan wir nun dieser vnd anderer zechen bestes wolfartt vnd aufnehmen zupefodern woll geneigtt, vns desselben auch tragenden ambts halber scholdigh erkennen, als haben wir yhr beschwer vnd anligen angehortt, bewogen vnd nottdorfftig beratschlagett vndt volgende noch zeittigen furgehabtem rathe vnserer eldisten vnd scheppenn inen nochuolgende ordnung wissentlieh vorlihen vnd gegeben.*

Nemlich vnd erstlich, demnoch bisher ein brauch bej der zechen eingerissenn, also das yhr vyll, wan sie kaum recht ausgelernett habenn, sich vorehlichen vnd nochmoln das meisterrechtt suchen vnd begeren, welche doch dofern man vylmals nichtt mitt inen aus erbermbde dispensirett mitt dem geordneten meisterstuck nicht vorfaren oder dasselbe, wie sichs erheischett, vorfertigen vnd machen konnen, dorauf sich dann andere vorlassen vnd sich auf gleiche wege gelegett, doraus aber, do nichtt in zeitten geburendes einsehen beschege, ditz erfolgen wurde, das die zech mitt vnerfarnen vngeubten meistern erfullett vnd die zech, so zuuor in vnd ausser landes eynen besondern namen vnd beruf gehabtt, in vorachtt vnd vorkleinerungk geratten vnd kommen wurde, solchem furzukomen vnd abzuhelffenn, ordnen vnd wollen wir, das hinfuro kein gesell zum meisterrechtt gelassenn vnd ins mittel angenomen werden soll, er hab dann ehr vnd zuuor drej jarlung aneinander continue bej eynem oder zwaien meistern in arbeitt gestanden. sich erbar vnd woll vorhaltenn. do er nun noch vorflissung solcher zeitt bej den geordneten eldisten ansuchen vnd volgends das meisterstuck vorfertigen wirdtt, soll er alsdan sich ehlich einlassen vnd eher den laden nichtt aufmachen, er hab dan das meisterstuck richtig vorfertigett vnd sich vorehlichett. bestunde er aber mit dem meisterstuck nichtt. so soll er entweder wandern oder ia bej einem meister alhier wider einsietzen vnd ½ jar arbeittenn, alsdan mag er widerumb des meisterstucks halber bein dem eldistenn anhaltenn vnnd dasselb aufs new vorfertigenn.

Vnnd demnoch bishero der kelch, welchenn man vnder anderem zum meisterstuck machet, wie vleisig vnnd kunstlich der gemacht wirdtt, vbel zugelosenn oder anzuwendenn ist, deshalbenn ein junger meister offters schadenn vnd beschwar geduldenn mues, disemnoch wollenn wir zu eines idenn gefallenn gestalt habenn, ob eyner anstadt des kelchs ein sauber reinliches vnnd zirliches trinckgeschir machenn wolle, welchs ime neben den andern stucken soll passiret werdenn.

So auch vielfaltig beschicht, das einer dem andern sein gsinde entfrembdet vnnd abhelt, welchs dan wieder die liebe des negstenn vnnd furnemlich gottes gebot zuwider gehandlet ist, als wollen wir hiemit in ernst geschafft vnnd befolenn habenn. das sich menniglich dessenn enthalte bei ernster vnser straff. dofern auch ein gsel vonn seinem meister wegzuige vnnd einem andern meister alhier arbeitenn wolte, sol der nicht angenommenn werdenn one allein mit vorwissenn seines meisters, deme er zuuor gearbeitet. item so ein lehrjunger mutwilliger weise aus denn lehrjarenn entliffe vnnd seine burgenn steckenn lisse. sol er nochmoln auf dye zeche nicht wider angenommen oder ausgelertt werdenn.

Vnnd demnoch sich auch etlich goltschmide bishero vnterfangen, vonn messing vnnd kupffer auf guldene vnnd silberne artt becher. schalenn, wetschkerschlosser, messerscheidenn, leffel vnd anders zumachenn, dasselbe vorsilbern vnnd vorgulden, doraus dan grosser betruegk vnnd ander vnrath vnnd nachteil erfolgett, welchs alles nicht allein zuwider erbarkait, christlicher lieb auch der zech zuuor habende priuilegion, sonder auch an andernn orttenn dermossenn betruigliche schedliche arbeit nicht vorstatet vnnd zugelossenn wirdt, disemnoch vnd zu vorhuitung fernern vnraths, betrugs vnnd nachteils ordnen vnd wollen wir, das hinfuro kein goltschmiedt weder offentlich noch heimlich sich dermossenn arbeit, welche zum schein zue beföderung der hochschedlichenn hoffart vnnd zu sonderem vorterb vnnd betruey des negstenn gerichtet vnnd erdacht, gebrauchenn soll, sonder der sich hinfuro golttschmide-arbeit alhier gebrauchenn will, der sol sich der zeche habendenn altenn vnnd itzo vonn vnns aufs new vorlichenen ordnungen, statuten vnnd gewonhaitenn gemeß endlich vorhalteun vnnd dowider weder mit der arbeit noch sonstenn mit dem wenigistenn nichts thun noch hanndln. idoch schmuck auf roß, vhrenn vnnd anders, so bey inen zuuorguldenn vonn alders breuchlich, sol inen zugelossenn sein. wurde aber ymandt sich hiruber vorgreiffenn, deme sol durch die eldisten mit hulf vnser stadt diener die vorbotene arbeit genommenn, er fur vnns gestellet werdenn, fernern beschaides zugewarttenn.

Letzlich vnnd beschlieslich als wir vornemen. das sich etlich personen vnderstehenn frembde arbeit vonn silber vnnd golt anhero zufuren. die hin vnnd wieder in die heusern zu feilem kauf vmbtragenn zulossen auch auf der vendeten zuuorkauffenn durch alte weiber vorpartiren vnnd die silbern arbeit alhier (doch ausser den zechenn) vorgulden zulossen. do aber oftermaln befunden, das sich diselb arbeit der hiegenn prob nicht vorglaicht, welchs denn alles der zech habendenn priuilegionen vnnd begnadungenn zuwider, disemnoch ordnen vnnd wollenn wir, das sich die eldistenn der goltschmide hinfuro dessenn, so inenn ire priuilegia disfals gebenn vnnd zulossenn, gebrauchenn vnnd das new gemachte silber, so vonn frembdenn zwuschen denn mergtenn alhero gebracht vnnd vorkaufft wirdt, nemen vnnd vnns aufs rathaus antwortenn sollenn, wissenn wir als dann fernern, wie mit demselben zuuorfarenn sey. kqweme aber auf denn offentlichenn jarmargtenn wes zue feilem kauff fur, das sich mit der hiegenn prob nicht vorgliche, das soll durch die eldisten der zeche mit hulf der stadtdiener genomen, vnns aufs rathaus geantwortet werdenn vnnd vormöge der aldenn brife vorlorenn sein.

Diser itzo aufs new vorliehenen vnnd vornewertenn alten ordnung sollenn sich die erbare zeche der goltschmiedt endlich vnnd gehorsamblich vorhaltenn. bissolang wir oder vnsere nachkommende rathmanne ein anders vnnd bessers noch erfoderung vnnd gelegenhait der zeit anordnen vnnd vorfuigen möchtenn, dozue wir vnns dann fur vnns vnnd vnsere nachkommen volkommene macht vnnd gewalt wollenn zuuorbehaltenn habenn vnnd domit sich auch niemandes vnter inen der vnwissenheit zuentschuldigen, soll dise so wol die alte ordnung alle jar jertich zum wenigisten zwyer in denn gemeinen zusamenkonfftenn offentlich zur nachrichtung vortesenn wirdenn. zu vrkhundt etc. 5. Decembris anno etc. 1565.

Bresl. Stadtarchiv, Liber definitionum, Bd. II fol. 126b—129a. — Eine späte Abschrift in der Innungsurkundensammlung von 1737, S. 21—32.

17. Artikel betreffend die Mittelseinwerbung der Gesellen und die Anfertigung der Meisterstücke. Vom 6. August 1580.

Wir etc. bekhennen etc., demnach vnns die eltisten vnnd jüngsten meister der erbaren zechen der goltschmiede etliche beschwärungen vnnd mengell wegen der gesellen, so das meisterrecht suchen vnnd pieten, vnnd wie es mit vorfertigung deßelben so woll anderm mehr in khünftigen zeiten gehalten vnnd zue welcher zeit ein gesell darczue khommen vnnd gelaßen werden solle, fürbracht vnnd vmb vorbeßerung der zuuorn ausgangenen ordnung, darnach sich ein jeder zurichten haben möge, angeflohen vnnd gebeten haben, weil wir dann neben vnnsern vorordneten stadtscheppen vnns in den vbergebenen artickheln ersehen vnnd befunden, das dieselben zue gutter ordnung dinstlich, auch die gesellen desto mehr lust vnnd liebe zue dem hanndtwergkh gewinnen vnnd künstreicher werden, das ihnen zue mehrer befürderung gelangen, auch gemeine stadt ehr vnnd ruhm dauon haben möge, als haben wir nach gehaltenem rathe ihnen volgende artigkhell mitgeteilet vnnd vorlichen, auch crafft vnd inhalt dieses briefes confirmirel vnd bestätiget.

Erstlich ordnen vnnd wollen wir, das khein frembder gesell zum meisterrecht khommen oder zuegelaßen werden soll, er habe dann bey einem oder mehr meistern alhier vier jahr lanng aneinander vnuorruckht gesellenweise gearbeitet. die gesellenn aber, so das hanndtwergkh alhier gelernet, sollen nach den ausgestandenen lehrjahren drey jahr lanng, als alhier eins vnnd anderswo zwey jahr gesellenweise arbeiten vnnd deßelben zue irer wiederkunft, wann sie zum meisterrecht greiffen wollen, gnugsamen schein bringen vnnd fürlegen.

Zum anndern ordnen vnnd setzen wir, das zwene gesellen die meisterstügkh auf eine zeit zugleich nicht vorfertigen sollen, vnnd alle mal der, so zum ersten darumb geworben oder alreit darneber gearbeitet hatt, fürgezogen vnnd der annder, so lannge bis der erste damit fertig ist, nachwarten soll, vnnd man also wißen möge, ob er mit dem meisterstügkhe bestanden oder vorfallen sej, dann es den eltisten, in dero laden allein die meisterstügkh müßen gemacht vnd gefertiget werden, beschwerlich ist. da aber der erste nach ersuchtem meisterrecht durch kranckheit oder andere ehrhaffte noth in vorfertigung des meisterstügkhs zue bestimpter vnnd angesetzter zeit vorhindert würde, sol nichts weniger dem andern das meisterstügkh zumachen vnuorschrenckt vnnd zuegelaßen sein.

Zum dritten, weil auch die jungen meister vorgehender zeit in den laden der eltisten mitl vorfertigung der meisterstügkh langsam vmbgangen seyn vnnd doch solches leiden vnnd duldenn müssenn, auch daneben alles werckhzeüges vnnd was zum hanndtwergkh gehörig ist gebrauchen, dadurch der eltisten gesinde an der arbeit vorsaumet vnnd gehindert wirdt, auch vor die vncostenn kein erstattung noch ergeczlickeit haben, als ordnen wir, das ein jeder sein meisterstügkh in vier monaten ausmachen vnnd vorfertigen, er würde dann durch fürfallende kranckheitt oder anndere ehrhafte noth vorhindert, auch sich mit dem eltisten, bei dem er es gemacht, wegen der stellen, zeügk, kolen vnnd was dorauf gehet, nach gebuer vortragen vnnd vorgnüegen soll. jedoch wollen wir vnns vnnd vnnsern nachkhommenden rathmannen vollen gewalt, obberurte artigkhell nach erforderung der zeit vnnd gelegenheit zuendern, zuemindern, gar oder zum teyl abzueschaffen, vorbehalten haben. actum 6. Augusti anno 1580.

Bresl. Stadtarchiv, Liber definitionum, Bd. III fol. 69b—71a. — Eine späte Abschrift in der Innungsurkundensammlung von 1737, S. 33—38.

18. Die Goldschmiede-Innung erhält die Schlüssel zu der Almosenkapelle in der St. Maria Magdalenenkirche. Am 2. Mai 1603.

Demnach die edlen ernuesten vnd wolbenampten herrn n. n. vorsteher des gemainen allmosen auf begeren der erbaren zeche der goldschmide durch ihre verordnete eltisten ihnen mit vorwißen eines erbaren raths die schließel zue des gemainen almoßen cappelle mitgeteilet, das wortt gottes darinnen zuhören, als haben sie solches nicht allein zue danck auf vnd angenommen, sondern auch zugesagel, das gemeine allmoßen in anderem des almoßen wegen der cappellen gerechtigkeiten vnd einkommen vngeirret zuelaßen. actum 2. May anno 1603.

Bresl. Stadtarchiv, Liber magnus, Bd. II fol. 382a.

19. Zweiter Vertrag mit der Geistlichkeit wegen der Pfuscher, abgeschlossen am 28. April und bestätigt durch Kaiser Matthias am 12. August 1616.

Der Vertrag betrifft ganz im allgemeinen sämtliche Zünfte Breslaus. Die Goldschmiede sind eingangs an erster Stelle genannt. Später aber, als die Handwerker aufgezählt werden, die unter bestimmten Bedingungen auf den geistlichen Gütern weiter arbeiten dürfen, wird ihrer nicht gedacht, sodass in der Stadt oder vor der Stadt innerhalb einer Meile im Umkreis (intra unius spatium milliaris) rechtmässig kein unbezechter Goldschmied gegen Lohn und Bezahlung arbeiten darf. Der Vertrag ist am 28. April 1616 in Breslau durch die kaiserlichen Kommissare Herzog Karl von Münsterberg und Freiherr Weighardt von Promnitz abgeschlossen, am 12. August vom Kaiser Matthias in Prag bestätigt und am 17. Dezember 1616 von den Ratmannen der Stadt Breslau ein Exemplar desselben den Goldschmieden zugestellt worden.

Bresl. Stadtarchiv, Originalurkunde, die vom Rat am 17. Dezember 1616 der Goldschmiede-Innung ausgefertigt wurde, liegt unter den Handwerkerstatuten vom 30. Juli 1670. — Eine alte Abschrift im Liber magnus, Bd. III fol. 19b—24a. — Eine späte Abschrift in der Innungsurkundensammlung von 1737, S. 155—189. — Bresl. Diözesanarchiv, Nr. D 54.

20. Statuten einer Krankenkasse für Gesellen des Goldschmiedehandwerks. Von 1618.

Orts-Krankenkasse der Juweliere, Gold- und Silber-Arbeiter, Graveure und Ciseleure zu Breslau, Gesellenbuch von 1618.

21. Erste Verordnung betreffend die Weiterführung der Werkstatt durch die Witwe des Meisters. Vom 6. Juni 1636.

Wier rathmanne etc. bekennen etc., daß wier in sachen die eltieste vnd jüngste der erbaren goldtschmiedtzeche an einem, dann die thugendtsamben Marthen Pfisterin, Jonae Pezolts vnd Susannen Vollgnadin, Paul Hedelhofers beyder goldschmiede alhier seel. nachgelaßene wittiben, mit vnd nebenst denen ehrenuesten vnd erbaren Ludwig Pfistern vnd Hannß Bussinßky ihren hierzue erbetenen vormunden am andern theil belangend, vff vnterschiedliche gepflogene verhör vnd der partheyen kegen einander schriefft- vnd mündtlich eingebrachte notturfft nach genugsamer erwägung deroselben, nicht befinden können, wie die wittiben der verstorbenen goldtschmiede von dem handtwerg, wann vnd so lang sie bey demselben sich ehrlich vnd der zechordnung gemes verhalten, durch nichts anders alß nur blos den todt ihrer ehemänner wieder ihren willen verstoßen vnd entsezet werden solten, sondern sie werden gleich andern wittiben bey andern zunfften vnd zechen darbey billich gelaßen vnd befürdert, iedoch daß dieselben gleichwohl mit tauglichen gesellen versehen vnnd alles möglichen vleißes dorob sein, damit in ihren laden vnd werckstädten von dero gesellen vnd sonsten bey ernster vnnachläßlicher straff allerhandt vngebürende vnd verbottene vorthel, vnterschlieff vnd vnrichtigkeit vnd was sonsten wieder die zechordnung vnd handtwergksgewohnheit lauffen mag, vermieden vnd abgestellet werde.

Was aber die lehrjungen betriefft, do in dero nochwehrenden lehrjahren die meister mit tode abgehen, erachten wier vor billich vnd schicklich, das ein solcher lehrjunge nicht bey des verstorbenen goldtschmiedts wittiben sondern bey einem andern meister die noch hinterstellige zeit. so an den lehrjahren ermangelt, vollents continuiren vnd außlernen müge, vielweniger aber sollen die wittiben vor sich lehrjungen von neüen auffzuenehmen vnd durch dero gesellen das handtwergk zuelehren befugt, sondern sich deßen gentzlich zu enthalten schuldig sein.

Vnd weil sich clagende beyde wittiben höchlich beschweret, das ihnen die in ihren werckstädten vorfertigte arbeit derer vnterschiedlich bescheenen erinnerung vngeachtet nichts wenigers seidthero von den eltiesten mit dem gewöhnlichen zechsignet zuezeichnen verweigert worden wehre, so werden sie die eltiesten sich nunmehr dieser vnserer weisung gemes zuerhalten vnd gleich wie in allem andern also auch mit dem berürten zeichnen sie die wittiben gebührend vnd also zuebefürdern wießen, domit sie in ihrer nahrung ferner nicht gehiendert werden mügen, wornach sie sich beyderseits zueachten. signatum 6. Juny anno etc. 1636.

Bresl. Stadtarchiv, Liber definitionum, Bd. VI fol. 151ab. — Eine späte Abschrift in der Innungsurkundensammlung von 1737, S. 38—42.

22. Zweite Verordnung betreffend die Weiterführung der Werkstatt durch die Witwe des Meisters. Vom 14. Juli 1637.

Wier rathmanne der stadt Breßlaw bekennen etc., das wier denienigen bescheid vnd aussatz, so zwischen den eltesten vnd jüngsten der goldschmiede alhier an einem vnd zweyen goldschmiedischen wittiben, benantlich Martha Pezoldinn vnd Susannen Hedelhoffer, den 6. Juny vorigen 1636. jahres ergangen, nunmehr vnd vff der goldtschmiede dowieder intra decendium eingebrachte beschwer auch dorauff angeordente fernere verhör dohien erleüttert vnd erkläret haben, wie folget:

Erstlich, weil bey ieziger erarmeter zeit an gold- vnd silberarbeit sehr wenig verrichtet wirdt, also gar daß auch mancher meister selbst in seiner wergkstadt kaum einen jungen vielweniger einen gesellen zuebefödern hat, so soll auch ein iegliche wittib noch zur zeit vnd bieß vff vnsere fernere zuelaßung vff einmahl nicht mehr alß zum meisten zwey gesellen, er sey gleich ein gold- oder silberarbeiter, antzuenehmen vnd zuervnterhalten befugt sein.

Andern, wann ein gesell die jahr zue verfertigung des meisterstücks alhier zuearbeiten vorhabens, derselbe soll solche jahr nicht bey der wittben einer sondern bey einem meister in seiner arbeit zuebringen.

Vors driette sollen die wittib laut vorigen bescheids nochmals alles mensch- vnd möglichen fleißes doran vnd darob sein, domit in ihren laden vnd werckstädten von dero gesellen vnd sonsten allerhand vngebühren, verbottene vorteil, vnterschleiff vnd vnrichtigkeit, wie die immer benant vnd der zechordnung zuewiederlauffend erfunden werden könte, vorhüettet, vormieden vnd abgestellet werden mögen, wie sie die wittiben dann vors vierdte vnd insonderheit ihren gesellen keines weges nachsehen, verstatten noch zuelassen sollen, das sie selbst vor sich gold, silber oder edelgesteine einkauffen, viel weniger, das sie solch gold, silber oder edelgestein vor sich vnd zue ihren eigenen nutz vnd vorteil vorarbeitten vnd nachmals verhandeln oder verportieren möchten.

Was aber vors fünffte die wittben selbst ihnen zum besten vnd in ihren werckstädten außfertigen laßen oder von ehrlichen leütten ihnen an golde, weil sonderlich daßelbe nicht bezeichnet zuewerden pfleget, oder edelgesteinen vortrauet wirdt, do sollen die wittiben guette genaue obacht vnd auffsicht haben, das treülich vnd erbarlich domit gebahret, keine außwechßelung geschehe, sondern einem ieden das seinige so guett es gewesen wiederumb erstattet vnd aller argwohn vnd betrug abgewendet werden möge.

Die silberarbeit soll vors sechste in der wittben gewelben vnd werckstädten andergestaldt nicht alß der hiesigen prob durchauß gemäß verarbeitet vnd dahero, so baldt etwas gefertiget, zum probiren vnd zeichnen geschickt werden.

Demnach auch vors siebende die wittib, jungen antzuenehmen oder außzulehren, vermöge vorigen receßus gantz vnd gar nicht befugt, so soll ihnen auch zue verhüettung vnterschliefs vnd pfuscherey sonsten andere jungen, obgleich dieselbe nicht angenommen noch eingeschrieben wehren, zuhalten vnd zue dem handtwergk zuegebrauchen, nicht nachgesehen noch verstattet werden.

Endtlich sollen die wittib den eltesten allen respect, ehr vnd gehorsamb leisten vnd solches bey vermeidung ernstlicher straffe, die wier nach gelegenheit des verbrechens auch wohl, so fern anderes einsehen nicht helffen solte, mit gentzlicher sperrung vnd verlust des handtwergs anzueordnen wießen wollen. zue vrkundt etc. geben den 14. July anno etc. 1637.

Bresl. Stadtarchiv, Liber definitionum, Bd. VI fol. 213a—214b. — Eine späte Abschrift in der Innungsurkundensammlung von 1737, S. 42—48.

23. Acht Ergänzungen zu den früher verliehenen Artikeln. Vom 30. Mai 1642.

Wier rathmanne der stadt Breßlaw bekennen vnd thuen khundt offentlich hiermit vor jedermaenniglich, daß vnns die erbare zech der goldschmied etzliche gewieße articul, derer sie sich vntereinander verglichen, vorgetragen vnd vmb bestetigung derselben gebeten, welche wier nach bescheener erwegung vnd verbeßerung ihnen bestetiget, vnd lauten dieselben wie hernach folget.

Zum ersten soll kein meister nicht mehr dann zwey gesellen vnnd zwey lehrjungen auff einmahl anzunehmen vnnd zuebefödern berechtiget sein. den eltesten aber soll frey stehen, wegen ihrer vielfaltigen versäumnüß nach ihrem belieben vnnd gefallen einen gesellen oder einen lehrjungen mehr zuebefödern.

Zum andern, wann aber einer von den eltesten oder jüngsten einen sohn hette, der dieß handtwergk zuelernen begehrete, soll ihm frey stehen, seinen sohn nebens den zwey lehrjungen zuelernen. solte aber des sohnes vater mit tode abgehen, also daß er bey seinem vater die lehrzeit nicht erreichet hette, wie er wehre verschrieben worden, so soll alßdann einem jedwedern meister frey stehen, solchen sohn nebenst albereit zweyen lehrjungen anzuenehmen vnnd die vbriege zeit vollig außzuelehren.

Zum dritten, eß soll auch kein meister seinen lehrjungen länger dann ein vierttel jahr versuchen laßen, also daß, wann ein viertel jahr verstrichen, entweder der lehrjunge von dem meister bey gehaltenem quartal zue verhüettung allerhand vngelegenheit eingeschrieben oder loß gelaßen werde.

Vierdtens, wann ein frembder geselle bey dem mittel die zeit zuearbeitten sich anmeldet, so soll er sich zuevor bey den obereltesten angeben, seinen nahmen vnnd ehrliche ankunfft im quartal vorzeichnen laßen. darauff soll er bey einem oder zwey meistern vier jahr nacheinander trewlich vnnd vleißig arbeiten, wie einem ehrliebenden gesellen gebühret, im wiedrigen fall soll ihm seine zeit vor vngültig geachtet werden.

Fünfftens, wann ein geselle das meisterstück zuemachen begehret, sollen ihm die eltiesten andeütten, was er zum meisterstücke machen soll vnd zwar mit genugsamer erkundigung, ob er zue dem meisterstück tauglich sein möge, damit der stadt vnnd ihme ins künfftig nicht vnglimpff oder vbel nachreden darauß erfolgen möchte. solte er aber das meisterstück nicht mit genungsamer wießenschafft außferttigen können, so sollen ihn die eltiesten davon abmahnen vnnd ihm daßelbte beßer zuelernen anbefehlen.

Sechstens, eß soll auch keiner lenger den vier monat an den meisterstücken machen laut der alten brieffe. wann aber einer wieder verhoffen darüeber arbeiten solte, so soll er alle wochen, so lange er darüeber arbeittet, seine gewieße straffe ablegen.

Zum siebenden, wann einer von der goldtschmieden söhne alhier vorhanden wehre vnnd seine zeit erwandert hette, so soll derselbte vor einem frembden zue dem meisterstück, wann er es begehret zuemachen, gelaßen werden.

Zum achten, dieweil auch frembde goldt, silber oder edelgestein zuekauffen gefehrlich, auch offtermahlen dannenhero große striettigkeiten erwachßen, so soll ein jedweder vmb so viel destomehr sich in acht nehmen vnnd für schaden hüetten, insonderheit aber nicht allein wenn etwas dergleichen vmbgesagt oder angekündiget würde, sondern auch wenn etwas zuevorkauffen möchte gebracht werden vnnd daßelbe vmb einen schlechten werth außgeboten würde, auch vermuttung an der person sich ereügete, das dieselbte nicht das recht zuevorkauffen hette, solches alßbaldt anhalten, den obereltiesten anmelden vnd zuestellen. dann sollen die obereltiesten solches in die zechlade in guette vorwahrung nemben vnnd so lang in vorwahrung behalten, bieß der eigenthumbsherr mit gewießem grunde sich anmelden vnd das entwendte stück wieder fordern würde, dehme es dann auch ohne eintzige vorzügerung soll außgefolget werden. doch behalten wier vnns vnnd nachkommenden rathmannen alhier vor, solche articul nach befiendung künfftiger zeit zuemindern, zuemehren oder gar abzuethun. zue vrkundt haben wier vnnser der stadt insiegel hieran hangen laßen. geben den dreyßigisten tag des monats May nach Christi vnnsers einigen erlösers vnnd seeligmachers geburth im sechtzehenhundert zwey vnnd vierzigisten jahre.

Bresl. Stadtarchiv, Original-Pergamenturkunde, liegt unter den Handwerkerstatuten vom 30. Juli 1670. — Eine gleichzeitige Abschrift im Liber definitionum, Bd. VI fol. 293 b—295 a. — Eine späte Abschrift in der Innungsurkundensammlung von 1737, S. 48—54.

24. Bescheid zwischen den Goldschmieden und Kaufleuten betreffend den Handel mit Gold- und Silberarbeiten. Vom 4. August 1651.

Wier rathmanne etc. bekennen etc., daß wier in strietiegen sachen zwieschen dem erbarn mittel der goldtschmiede alhier als klägern an einem, dann weilandt Gotfried Göbels, gewesenen handelßman seel., nunmehr aber deßen hinterlaßener kinder geordtneten vormunden, dem ehrennesten Johann Geldnern vor sich vnd inn stelhhaltung seines mitvormunden Johann Anthoni servant am andern vnd dann denen edlen ehrenuesten Christoff Albrechten vnd Paul Newman verordtneten khauffmanseltiesten im nahmen der gesambten kauffmanschafft alhier alß interuenienten am dritten theil sich dannenhero erhaltend, daß besagter Göbel vnter andern seinen handelßwahren auch eine silberne, doch anderßwo gemachte monstrantz geführet vnd zue offendtlichen khauff gesetzet, auff der partheyen sowohl mündtliches vor- vnd anbringen alß auch insonderheit deßwegen schriefftlich eingebrachte informationes nach reiffer derselben erwegung sie allerseits dohinn gewiesen vnd beschieden, demnach der cardo controuersiae äigendtlich nicht hierinnen versiret, ob den khauffleuten alhier im gemein vnd in sonderheit mit gold vnd silber zuehandeln befuget sein, sondern vielmehr dorauff bestehet, ob ermelte khauff- vnd handelßleuthe eine solche freye goldt- vnd silberhandlung habenn, daß sie derer von klagenden goldtschmieden angezogenen privilegien, die sie von weilandt kayser Sigmunden vnd kayser Albrechten lobseeliegster gedechtnuß erlanget haben, vngeachtet nicht allein in den offendtlichen jahrmärckten sondern auch zwieschen denselben so wohl frembde als von hiesiegenn goldtschmieden gefertiegte wercke, sie sein auch hiesieger prob gemeß oder nicht, einzueführen vnd zuererkhauffen berechtieget vnd nun obgedachte khauffmanns-eltieste nicht allein sich gleicher gestaldt mit kayser- vnd königlichen privilegien besonders aber Caroli vnd Wenceslai hochlöblichsten angedenckens (: welche aber noch aniezo so wohl als des gegentheils an seinen ortt gestellet werden:) geschützet, sondern auch nebenst einführung anderer vnterschiedtlicher motiven sich besonders auff die von vndencklicher zeidt vnd jahren hero gepfogene obseruantz auch allzeit gehabter übung vnd dardurch also erlangte poßeßion vel quasi beruffen, daß demnach vnd bey so gestalten sachen beklagte vnd interuenienten die gerümbte obseruantz übung vnd poßeßion vel quasi als einen furnemben grund ihrer exception binnen der mindern söchsischen friest wie recht zueerweisen schuldieg, iedoch klagendem theil an seinem kegenbeweiß vnschedtlich, worauff alßdann ferner ergehen soll, was rechtens vnd deme an vnß hiebeuor ergangenen kayser- vnd königlichen rescript gemeß ist. wornach sie sich also zueachten. zue vhrk. etc. actum 4. Augusti 1651.

Bresl. Stadtarchiv, Liber definitionum, Bd. VII fol. 71 b—72 b. — Eine späte Abschrift in der Innungsurkundensammlung von 1737, S. 54—58.

25. Ratsentscheidung betreffend die Mittels-Rezeption des Daniel Vogt. Vom 25. November 1664.

Wir rathmanne etc. bekennen etc., demnach der erbahre kunstreiche Daniel Vogt, so die goldtschmiedekunst athier hiebevor richtig erlernet, nachmahls vier jahr alß ein geselle alhier gearbeitet, folgendts aber in unterschiedenen königreichen und landen hierüber daß petschir- und stein-, wappen- und eisenschneiden, possiren umt andere dergleichen künste erlernet, mit ruhm geübet, auch deßen alhier genugsame proben vorgewiesen und dargethan, sich nunmehr in daß mittel der goldtschmiede zubegeben gesonnen, daß meisterstück zufertigen sich bey den erbahren eltisten angegeben und, ohne deß gewöhnlichen meisterjahres arbeitung zu den meisterstücken in erwegung der hiebevor alhier bekantlich gearbeiteten vier gesellenjahre gelaßen zuwerden, ansuchung gethan, daß erbahre mittel aber solches, und ob es auf ein stücklin geldt in die lade gerichtet werden möchte, zu vnser befindtnuß gestellet, daß wier in erwegung deß Vogtes gutten wiessenschafft, erfahrenheit und wohlerlerneten kunst auch hieberor bey arbeitung der vier gesellenjahre, indem er auch anitzo abermahls in die vier jahr alhier gewohnet bekandten wohlverhaltens, den eltisten der goldtschmiede und dem gantzen mittel mitgegeben, ihn ohne erlegung einiges geldes zu fertigung der meisterstücke zuzulaßen, nach derer vorzeigung sie alsdann wegen deßen, waß wegen seiner verheuratung erinnert worden, auch beschieden werden sollen; auch waß bey diesem deß Vogts exempel wegen seiner gutten wießenschafft, wolverhaltens und erfahrenheit von vnß verwilliget worden, künftig bey anderen zu keiner nachfolge angezogen noch der erbahren zunfft an ihren articuln und ertheilten ordnungen vorfänglich oder nachtheilig sein soll. d. 25. Novembr: anno 1664.

Bresl. Stadtarchiv, Liber definitionum, Bd. VII fol. 346 b—347 a. — Eine späte Abschrift in der Innungsurkundensammlung von 1737, S. 59—61.

26. Ratsentscheidung betreffend die Meisterrechts-Ausübung des Daniel Vogt. Vom 28. Januar 1666.

Wir rathmanne etc. bekennen etc., demnach wier den 25. Novembr: im abgewiechenen 1665. [muss heissen 1664] *jahre auß erheblichen uhrsachen decretiret, daß der erbahre kunstreiche Daniel Vogt zur außfertigung deß meisterstücks ohne die sonst gewöhnliche meisterjahrsarbeit bey dem löblichen mittel der goldschmiede zugelassen werden solte, er auch hiernach daß meisterstück dermassen gefertiget und aufgewiesen, daß er dadurch seine in angerügtem decrete enthaltene ruhmwürdige qualitäten und kunst umb so viel mehr bewehret, diese zeit her aber sich zuverheurathen oder ehelich zuvergloben nicht gelegenheit für sich gefunden und aber ihm deßwegen daß würckliche exercitium deß meisterrechts von der zunfft verweigert worden, daß nach gepflogener verhör und in erwegung dessen, waß an- und fürbracht, wier diese anverweysung gethan, daß der zunfft bedenckens unerachtet dem Vogt nicht allein daß bürgerrecht von unß verliehen werden, sondern ihm auch frey sein solle, daß erlangte meisterrecht bey der goldschmiedezunfft und zugleich dasjenige, waß er an petschier-, stein-, wappen- und eisenschneiden, possiren und andern künsten mehr erlehrnet, ohne alle hinderung und eintrag zuexerciren, jedoch mit dem anhange, daß er der zunfft ordnungen sonst sich gemäß verhalten, dieser befundt auch dem erbahren mittel an habenden rechte und gewohnheiten ohne nachtheil sein und zur sequel nicht außgedeutet oder angezogen werden solle. worüber diese recognition ertheilet. d. 28. Januarii anno 1666.*

Bresl. Stadtarchiv, Liber definitionum, Bd. VIII fol. 21a—22a. — Eine späte Abschrift in der Innungsurkundensammlung von 1737, S. 62—64.

27. Bestätigung der Privilegien der Breslauer Goldschmiede-Innung durch Kaiser Leopold. Vom 3. Juli 1670.

Wir Leopold von gottes gnaden, erwöhlter Römischer kaiser, zu allen zeiten mehrer des reichs, in Germanien, zu Hungarn, Böheimb, Dalmatien, Croatien vnd Sclauonien könig, ertzhertzog zu Osterreich, Marggraff zu Mähren, Hertzog zue Lutzemburg vnd in Schlesien vnd Marggraff zu Laußnitz,

bekhennen offentlich mit dießem brieff vnd thuen kundt allermänniglich, daß vnß die eltist- vndt jüngste deß sambtlichen mittels der goldtschmide in vnserer königlichen haubtstadt Breßlau vnterthänigst zueuernehmen gegeben, was maßen bereith von etlich iahren hero in für- vnd auffkauffung goldes vndt silbers, besonders an ketten, geschirren, bruch-, brandt- vnd fadensilber, alten abgewürdigten müntzen, pagamenten vnd dergleichen, vnterschidliche vnordnungen eingerissen vnd sich daselbst viel aigennutzige leuthe vnterfangen, vnßeren vnd vnßerer vorfahrer am reiche glorwürdigster gedächtnus hierwider ergangenen gnädigsten verordnungen zuegegen, derley fürzukauffen, einzuewechßlen vnd durch pfuscher vndt stöhrer in aigenen öfen heimblich zueschmeltzen, zuescheiden, zuetreiben vnd ohne beobachtung der prob außarbeiten, wie nicht weniger hernach heimblich vnd offentlichen kauff aussetzen zuelassen vndt anbey obbemellten sambtlichen mittel mit gewaldt einzuespihlen, dannenhero vndt weilen denenselben hierinnfalls allzu grosser abbruch widerfahren vnd sie an ihrer burgerlichen nahrung zuesehr bekräncket wurden, an vnß sich gehorsambst supplicando beschwehret vndt gebetten haben, wir geruheten diesemnach gnädigst nit allein, die von vnßeren vorfahrern denen Römischen kaisern vnd königen zu Böheimb christmildesten andenckens, auch alten hertzogen in Schlesien ihnen verlihene privilegia in kaiser- vndt königlichen gnaden zueconfirmiren vnd zubestättigen, sondern auch vber dieß denenselben dieße specialverfügung gnädigst beyzuesetzen, womit künfftig die bishero so heuffig getriebene pfuschereyen (: iedoch vnbeirret des mit der geistlickeit anno funffzehenhundert vier vnd anno sechzehenhundert sechzehen getroffenen vergleichs :) gäntzlichen abgeschaffet, die pfuscher aber vnd besonders dieienige, welche geführter pfuscherey wegen vberführet wurden, nebst denen, so sich wider daß sechste gebott gottes vergriffen, ohne allen vnterschidt vndt außnahm aus ihrem mittel ausgeschlossen vnd darein zuegelangen nicht fähig sein noch werden mögen. wann wir dann gnädigst angesehen, wahrgenommen vnd betrachtet haben, daß hierdurch nit allein vnter denen zunfftsverwandten gutte ordnung, zucht vnd ehrbarkeit erhalten, sondern auch anbey vnserm oberhertzoglichen müntz-regali besser vorgesehen werde, vnd dem gemainen stattweesen zu erhaltung gutter policey ohne dem obgelegen, dergleichen leuthe, so weder onera civilia mit dem handtwerck noch publica tragen, abzueschaffen,

Als haben wir in solche ihre vnterthänigste zimbliche bitte aus landesfürstlicher macht vnd vollkommenheit als regirender könig zu Böheimb vnd oberhertzog in Schlesien in gnaden gewilliget vnd diesemnach mit wohlbedachten muth, gutten vorgehabten zeitigen rath vnd rechtem wissen obangezogene, von vnßeren vorfahrern vnd denen alten hertzogen in Schlesien erwöhntem sambtlichen mittel der goldtschmide in vnserer königlichen haubtstadt Breßlau ertheillte privilegia, deren innhalt von worth zu worth allso lautet:

Wir ratmanne der statt zu Breßlau bekennen vndt tun kundt offentlichen mit diesem kegenwortigen briefe allen denen, die ihn sehen oder horen lesen, das der allerdurchleuchtigister fürste vndt herre, her Sigmund von gottes gnaden Romischer kunig, zu allen zciten merer deß reichs und zu Hungern, Behemen, Dalmacien, Croacien etc. kunig, vnser gnediger lieber herre, durch rechter erbahrer ordenunge willen der stat Breßlau, und vnwillen, stosse vnd mischelunge, die vnder den handwerken erstehen mochten, zuenermeiden, alle vnd igliche statuten vnd geseeze der handwerker, als wie sich eyn iglich handwerk halden sal, vnder seyner kuniglich maiestat ingesigel gnedicliche vns beschreben geben hat vnd sunderlichen der goldsmede statuten vnd gesecze von worte zu worte in allermosse, als hernoch geschrieben stet.

Es folgen jetzt die Urkunden Nr. 6, 16, 17, 23.

Wir rathmanne der stadt Breßlau bekennen vndt thuen kundt offentlich hiemit vor iedermänniglich, daß in deme von dem weylandt wohlgebohrenen herrn, herrn Alberto de Colowrat, domino in Lybstein, supremo cancellario regni Bohemiae etc., inter reverendissimum patrem ac dominum, dominum Joannem episcopum Wratislaviensem capitulumqve et clerum insulae sancti Joannis ex una, et cives civitatis Wratislauiensis totamqve communitatem parte ex altera, Wratislaviae die sanctae Dorotheae virginis et martyris anno Christi millesimo qvingentesimo qvarto aufgerichteten vndt von dem durchleuchtigsten großmächtigsten fürsten vndt herrn, herrn Wladislao, Hungariae, Bohemiae, Dalmatiae, Croatiae, Ramae, Serviae, Galliciae, Lodomiriae, Cumanae Bulgariaeqve rege, marchione Moraviae, duce Silesiae et Lucemburgensi ac marchione Lusatiae etc., Budae prima die mensis Marty anno Christi millesimo qvingentesimo qvarto durch dero maiestätbrieff allergnädigst confirmirten vertruge hernach geschriebene worte gantz tüchtig vndt vnuersöhret zuebefinden, lautende wie folget.

Es folgt jetzt Urkunde Nr. 13.

Weill vnß dann eine erbahre zeche der goldtschmiede alhier dessen vmb glaubwürdigen schein gebetten, als haben wir ihnen denselben hiemit ertheillet. zue vrkundt haben wir vnser der stadt insigel hieran hangen lassen. geben den dreyzehenden tag des monaths January im sechzehenhundert vndt zwölfften jahre.

Wir rathmanne der stadt Breßlau bekennen vndt thuen kundt offentlich hiemit vor iedermänniglich, daß der weylandt durchleuchtige hochgebohrne fürst vndt herr, herr Heinrich der fümffte, hertzog in Schlesien, herr zue Breßlau vndt Lignitz etc. christmilder gedächtnüs vnseren vorfahren, vnß, vnßerer burgerschafft vndt innwohnern ein privilegium in gnaden ertheillet, welches von dem allerdurchleuchtigsten großmächtigsten fürsten vndt herrn, herrn Joanne, könige in Böhmen, herrn Carolo dem vierdten, Römischen kaiser vndt könige zue Böheimb, auch könige Wenceslao, kaiser Sigismundo, herrn Alberto, Ladislao, Matthia primo, Vladislao, Ludovico, königen zue Böheimb, herrn Ferdinando, Maximiliano 2do vnd Rudolpho secundo, Römischen kaisern vndt königen zue Böheimb, so wohl von der zue Hungarn vnd Böheimb ietztregirenden königl:n mayt: Matthia secundo etc. allergnädigst confirmiret vndt bestätiget worden, vndt lauthet solch privilegium von wort zu worte, wie folget.

Es folgt jetzt Urkunde Nr. 1.

Weill vnß denn eine erbahre zeche der goldtschmide alhier dessen vmb glaubwürdigen schein gebetten, als haben wir ihnen denselben hiemit ertheillet. zu vrkundt haben wir vnser der stadt insigel hieran hangen lassen. geben den dreyzehenden January im sechzehenhundert vndt zwölfften jahre.

Nit allein in genere gnädigst confirmiret, beliebet vndt bestättiget, sondern auch obgebettene puncta in kaiser- vndt königlichen gnaden verliehen vndt mitgetheilet. thuen daß confirmiren, belieben, bestättigen vndt verleihen ihnen solche auch hiemit wissentlich vnd in krafft dieß brieffs also vnd dergestaldt, daß ausser derer keine andere, weniger pfuscher, stöhrer vnd dergleichen leuthe von obeingeführten sorten, so wohl goldes als silber auff- vndt fürzuekauffen, heimblich oder offentlich zuarbeiten, noch außer landes zueuerschwärtzen sich anmassen, weder gelitten vndt verstattet, wie auch dieienigen, welche den ehestandt nit gebührendt angetretten, von solchen mehrgedachter zunfft der goldtschmide verliehenen vndt von vnß ebenfalls gnädigst confirmirten privilegiis gäntzlichen außgeschlossen weder darzu admittirt werden noch derer fähig sein sollen, können oder mögen.

Mainen, setzen, ordnen vndt wollen, daß sie offtberührter solcher ihrer von altershero wohlerhaltener priuilegien vnd derer anietzo von vnß hierüber erfolgten gnädigsten confirmation ruhiglich vnd ohne männigliches hinderung gebrauchen, geniessen vnd erfreuen, auch darwider von niemandt in keinerley weiß oder weege beunruhiget vnd bekümmert werden sollen oder mögen, iedoch anderer etwa habenden älteren priuilegijs oder wohlhergebrachten gerechtsambkeiten ohne praeiudiz vndt nachtheil.

Vnd gebieten hierauff allen vnd ieden vnseres hertzogthumbs Ober- vnd Nider-Schlesien inwohnern vnd vnterthanen, waß würden, stands, ambts oder weesens die seindt, insonderheit aber vnserm königlichen oberambt wie auch dem magistrat zu Breßlau hiemit ernst- vnd vestiglich, das sie offtermelltes sambtliche mittel der goldtschmide vnd alle ihre nachkommen bey obbedeuten privilegien vnd von vnß beygefügten puncten gebührendt schützen, handthaben vnd dabey ruhiglich verbleiben laßen, sie in keinerley weiß noch weege darwider nit irren noch beschwehren, viel weniger iemand andern solches zuethuen verstatten, als lieb einem ieden seye, vnßere schwehre straff vnd vngnad zueuermaiden, daß mainen wir ernstlich.

Zue vrkhundt dieß brieffs besiegelt mit vnßerm kaißer- vndt königlichen anhangenden größern insigl, der geben ist in vnßerer statt Wien den dritten monathstag Julij nach Christi vnßeres lieben herrn vndt seeligmachers gnadenreichen geburth im sechzehen hundert siebenzigsten, vnßerer reiche deß Römischen im zwölfften, deß Hungarischen im sechzehenden vnd deß Böheimbischen im vierzehenden jahr.

Leopoldt

Jo: Hartwigius comes de Nostiz
regis Bohemiae supremus cancellarius.
Ad mandatum sacrae caesareae regiaeqve maiestatis proprium
Adolff Wratislaw graff von Sternberg mpp.

Viktoryn Pekelsky mpp. *J. v. Tam mpp.*

Bresl. Stadtarchiv, Original-Pergamenturkunde in dunkelrotem Sammeteinband, mit grossem anhängenden Siegel. — Eine gleichzeitige Abschrift mit einem Begleitschreiben an den Rat im Liber definitionum, Bd. VIII fol. 151a—162a. — Eine spätere Abschrift ebenfalls mit Begleitschreiben in der Innungsurkundensammlung von 1737, S. 65—113. — Zwei weitere Abschriften unter den Innungsurkunden O 200, 2 Nr. I und O 200, 3 Nr. I. — Im Bresl. Kgl. Staatsarchiv unter Stadt Breslau, II. 10d 1a, zwei Anschreiben sowie ein Auszug aus der Urkunde.

28. Erste Ratsentscheidung in einem Streite zwischen den Goldschmieden und Schwertfegern wegen der Verfertigung von silbernen Degengefässen. Vom 27. November 1671.

Wier rathmanne etc. bekennen etc., demnach die erbaren vnd kunstreichen u. u. eltesten und jüngsten deß mittels der goldschmiede sich wieder daß erbare mittel der schwerdfeger alhier klagende beschweret, daß diese sie durch verferttigung silberner degengefäße in ihrer possession turbirten, mit biette, wier möchten solche beeinträchtigung beklagten abstellen, sie zu praestirung gewießer caution de non amplius turbando und refusion veruhrsachter schäden und unkosten anhalten, hiengegen beklagte die angegebene turbationem wiedersprochen und, daß sie in notoria possessione solcher degengefäßferttigung wären, vorgeschützt, sie allso vielmehr hierbey zuschützen vnd klägern ins petitorium zuverweisen ansuchung gethan, und hierauf beyde theile gegeneinander mit replic und duplic verfahren, alß haben wier nach vergebens zwischen denen partheyen gesuchter vermittelung und darüber gehaltenem reiffen rathe die partheyen derogestalt zu bescheiden befunden, daß, nachdem beklagte notorie sich in possessione vel quasi der silbernen degengefäßferttigung befinden, sie darbey so lange zulaßen sindt, biß klägern in petitorio ein ius prohibendi ausführen werden. wornach sie sich zu achten. zu uhrkundt etc. den 27. Novembr: anno 1671.

Bresl. Stadtarchiv, Liber definitionum, Bd. VIII fol. 195b—196a. — Eine spätere Abschrift in der Innungsurkundensammlung von 1737, S. 114—115. — Eine Inhaltsangabe bei Christian Anton Kretschmer, Liber operum omnium continens Bresl. scriptae, S. 144. — Vgl. Bresl. Kgl. Staatsarchiv, Rep. 199, MR. VI. 68, Vol. I fol. 331 ff.

29. Zweite Ratsentscheidung in einem Streite zwischen den Goldschmieden und Schwertfegern wegen der Verfertigung von silbernen Degengefässen. Vom 5. Februar 1672.

Wier rathmanne etc. bekennen etc., demnach daß ehrbare mittel der goldschmiede entgegen den zwieschen ihnen und dem auch ehrbaren mittel der schwerdfeger alhier den 27. November abgewiechenen jahres publicirten abschiedt leuterung eingewendet, auch bey der heutigen tages gepflogenen verhör angeführet, waßmaßen ihnen ohnschwer fallen würde, ihre angegebene ältere possession und, daß der schwerdfeger possessio clandestina aut inquieta wehre, zuerweisen, jedoch aber der leuterung sich begeben und umß ersuchet, daß wier eine erklährung publiciren wolten, in waß prob diejenigen degengefäß, so die schwerdfeger alhier von silber außzufertigen und zuverkauffen befugt wehren, bestehen, und dann, daß ihnen von pfuschern und stöhrern kein nachtheil möchte zuwachsen, sie durch reversales zuversichern, gebethen, die schwerdfeger aber der goldschmiede gerühmter possess nichts einräumt sondern sich auf den sententz alß numehr rem iudicatam bezogen, den verlangten aussatz wegen der silber-probe aber auf vnsere einrichtung und verordnung gestellet, daß wier hierauf beyde theil anverwiesen und beschieden haben, daß es bey vorhin angezogenem vnserm den 27. Novembr: publicirten abschiede sein bewenden behalten, sonsten aber die schwerdfeger schuldig sein sollen, die degengefäß, so sie von silber außfertigen oder alhier verkauffen würden, allein von silber so der hiesigen stadt prob allerdings gleich außzuarbeiten und keine, so geringhaltiger wehren, anher einzuführen oder zuverkauffen, mit angehengter dieser erklährung: aufn fall iergends jemand zu den schwerdfegern ein degengefäß von silber, so anderwerts gefertiget und erkauft, an der prob aber geringer alß der stadt silber probe sein würde, zu dem ende bringen und begehren solte, daß ihm daran eine degenklinge solte eingestossen werden, solches den schwerdfegern unverwehret, dabey aber jedoch kein unterschlief gebraucht werden, sonst aber der goldschmiedezunfft ihre habende privilegien, ordnungen und andere rechte, insonderheit wieder pfuscher und stöhrer in unverrucktem valor verbleiben und gelaßen werden sollen. wornach sich die parten zurichten. zu uhrkundt etc. publicatum d. 5. Februarii anno 1672.

Bresl. Stadtarchiv, Liber definitionum, Bd. VIII fol. 209b—210b. — Eine spätere Abschrift in der Innungsurkundensammlung von 1737, S. 116—119.

30. Der Rat schlichtet einen Streit zwischen den Meistern und den Gesellen der Goldschmiede. Den 20. März 1675.

Wier rathmanne etc. bekennen etc., demnach die erbahre und kunstreiche eltisten der goldschmiede wieder etliche gesellen beschwer geführet, daß sie den quartalgroschen nicht erlegen wollen, auch sich von hier wegzubegeben gesonnen, darumb daß sie eltisten einen erst allhier angekommenen einheimischen gesellen nahmens Thomas George Wardt [Wartig] *zum alt-gesellen erwehlet und solchem den schlüßel zustellen laßen, die gesellen aber hierwieder eingewendet, daß besagter Thomas George Wardt den zeitarbeitern, so hierzu ebenfals tüchtig gewesen, vorgezogen worden wehre, da doch selbter noch nichts in die gesellenlade beygetragen hette, deßwegen sie diesfalls eine enderung verlanget: worzu von beyden theilen ferner eines und das ander angebracht worden, alß haben wir nach genungsamer der sache erwegung dieselbige dahin zubescheiden und anzuverweisen befunden, daß erstlich der Thomas George Wardt bey der alt-gesellenschafft und dem schlüßel zulaßen sey und die sämbtliche gesellen bey vermeidung schwerer straffe wiederumb in ihre arbeit treten, sowohl den quartalgroschen abtragen sollen; anderns aber die eltisten forthin zu alt-gesellen einen einheimischen wie auch einen frembden gesellen, so beyderseits tüchtige personen hierzu verhanden, zuerwehlen und selbigen die schlüßel anvertrauen sollen. wornach sie sich zu achten haben. zu uhrkund etc. gegeben den 20. Martii etc. 1675.*

Bresl. Stadtarchiv, Urkunde mit dem Breslauer Stadtsiegel unter Hs. O 200, 2 Nr. V. — Eine Abschrift im Liber definitionum, Bd. IX fol. 1b—2a. — Eine spätere Abschrift in der Innungsurkundensammlung von 1737, S. 119—121.

31. Der Rat gestattet den Goldschmieden die Verarbeitung von untervierzehnlötigem Silber auf ein Jahr. Den 4. Januar 1677.

Wier rathmanne etc. bekennen etc., waß maßen auf daßienige, waß etliche jüngste meister der goldschmiede wegen unser zulaßung, daß nebenst hiesiger virzehenlötigen stadtprobe deß silbers auch ander schlechtes und geringer-lötiges nach dem exempel und der gewohnheit bey ihrem mittel in der kayserlichen residentz-stadt Wien sowohl zu Berlin und an anderen orthen gearbeitet werden möge, beweglich gebeten, und waß dabey die verordnete eltisten nebenst den andern meistern besonders wegen der hiesigem mittel auß denen allergnädigst verliehenen kayser- und königlichen privilegien sowohl confirmirten articuln zustehenden virzehenlötigen probe erinnert, dann waß auch zuletzt die eldisten wegen der einricht- und haltung mit dem arbeitenden geringern und schlechterem silber vorgeschlagen haben, in gehaltenem rathe geschloßen worden, daß, weill hirvon einiger verdinst und aufnehmen deß mittels gehoffet wird, zwar einem iedwedern meister sol zugelaßen sein, nebenst dem hiesigen virzehenlötigen silber auch weniger lötiges zuarbeiten, sowohl demselbten, welcher solch silber nicht selbst hat, davon aber einige arbeit begehret, daß silber hirzu in billichem werth zuüberlaßen. eß sollen aber hirbey nachgesetzte conditiones bey vermeidung schwerer animadversion und strafe genau observiret und in acht genommen werden, allß:

1. *Sol kein geringers alß zwölflötiges silber gearbeitet werden, es wehre dann, daß iemand eine große summe geringeren silbers verarbeiten laßen wolte und solches alßdenn auf gebührende anzeigung deßen von unß verstattet werden möchte.*
2. *Sol alßbald in gegenwarth deßen, welcher dergleichen silber zu einiger arbeit geben wird, selbiges gebührend zusammen geschmeltzet und ihme hernach von einem zertheilten stücklein deßen eine gleiche probe zugestellet werden.*
3. *Sol nichts von solchem silber in die crahme oder zum verkauff sondern alleine, waß angedungen oder begehret werden wird, gemacht werden.*
4. *Sol auch nichts von dergleichen silber verfertiget werden, so nicht gezeichnet werden kan.*
5. *Sol die arbeit von diesem silber zu einem kenn- und mercklichen unterscheide deß virzehenlötigen nebenst dem probirstiche mit einem absonderlichen puntzen ohne daß hiesige stadt-W und zwar ohne unterscheid, ob selbte gleich mehr alß zwölflötig, auf einerley art und weise gezeichnet werden.*
6. *Sol ein ieder, so etwas zum zeichnen schicken wird, in daß darzu gehörige büchlein darbey setzen, für wieviel lötig er es angebe, damit der zeichenmeister hernach sehen könne, ob selbtes sich also befinde.*
7. *Sol die arbeit von dergleichen schlechten silber der andern von guttem silber gleich bey dem mittel vergeben und dieses geld in eine absonderliche büchse verwahret werden.*
8. *Sol auch dem zeichen-meister für daß probiren und einschreiben gleich wie von dem virzehenlötigen silber für die marck sechs heller entrichtet werden.*

Schläßlich sol dieses ohne einiges praeiuditz und nachtheil derer einem ehrbaren mittel von kayser- und königlichen mayestäten allergnädigst ertheilten privilegien und confirmirten articuln also auf ein jahr versuchet werden, umb zuerfahren, wie es sich wird practiciren laßen und waß für effecten davon zuverspüren sein werden; hirnach erfolget alßdenn resolution, ob solche zulaßung, geringer alß virzehenlötiges silber biß auf zwölflötiges zuarbeiten, weiter continuiren oder wieder aufgehoben sein solle. zu uhrkundt etc. den 4den Januarii anno 1677.

Bresl. Stadtarchiv, Liber definitionum Bd. IX fol. 45a—46b. — Eine spätere Abschrift in der Innungsurkundensammlung von 1737, S. 121—127.

32. Ratsentscheidung betreffend die versilberte Gürtlerarbeit. Vom 24. Juli 1677.

Wier rathmane etc. bekennen etc., demnach das erbare mittel der gürtler alhier zwar zeither an ihre auß meßing gefertigte und versilberte gürtel gute silberne schlößer gemacht, sich aber ereignet, daß derogleichen gürtel wegen des auf dem schloße befindlichen goldschmied- und hiesigen stadt-zeichens für gantz silbern betrüglich verkaufft worden, als verordnen wier hiermit, daß sie zwar hinfüro derogleichen gürtel fertigen, iedoch keine silberne schlößer, welche derogestalt gezeichnet sind und die kaufer verleiten können, darein machen sollen. gleicher gestalt sollen auch die goldschmiede an meßene gürtel kein silbernes mit der stadt und ihrem zeichen vermercktes schloß oder rose fertigen. wornach sie sich zuachten. decretum den 24. Julii anno 1677.

Bresl. Stadtarchiv, Liber definitionum, Bd. IX fol. 69b—70a. — Eine spätere Abschrift in der Innungsurkundensammlung von 1737, S. 127—128.

33. Die Goldschmiede bitten den Rat um die Erlaubnis, ferner auf ein Jahr 12- und 13-lötiges Silber verarbeiten zu dürfen; der Rat willigt ein am 26. Januar 1678.

Hoch- und wohledelgebohrne, gestrenge, hoch- und wohlbenambte, hochgeehrteste herren.

Euer gestr: sollen wir eltesten der goldtschmiede alhier hierdurch gehorsambst eindenck machen, wie daß den 4. Januarij hinterlegten 1677sten jahres auß allerhand sich ereignenden motivis euer gestr: bewogen worden, unter gewißen bedingungen unserm löbl: mittel nachzusehen, womit unß nebst dem 14-löthigen alß Breßl: ordinar-proba auch zugleich 12- und 13-löthiges silber, iedoch daß bey ablauff bedeuteten jahrs wir disfallß gehorsambsten bericht, wie viel etwa von dem 12- und 13-löthigen silber verfertiget worden, berichten solten, zu verarbeiten frey gelaßen worden. demnach nun sich befunden, daß bey genauerer untersuchung aller dieses jahr über verfertigter arbeith an sothanen 12- und 13-löthigen silber in die sechshundert marck, unter welchem ihr durchl: hertzog Julius fürst zu Öelß cum plen: tit: zu dero taffel ad 300 marck verfertigen laßen, begriffen, und also zuverspüren ist, daß bey fernerer dieser arbeit continuation, ob wohln nicht attemahl so große summen. dennoch von zeit zu zeit sich mehrere frembde arbeith herein finden, hergegen aber dehnen unserm mittel über dieses so ihn alß außer der stadt höchst schädlich fallenden pfuschern einiger abbruch geschehen dörfte,

Allß haben euer gestr: wir zufolge bedeuteter verfügung hierdurch gehorsambsten bericht abstatten und zugleich zu dehro obrigkeitlichen verordnung stellen wollen, ob bey so bewandtem zustande dieselbte fernerweit, iedoch besage inhalts des unserm mittel hierüber den 4. Januarij a°. 1677 ertheileten recessus, thulich und zugleich zulässig zu sein befinden werden, mit fertigung der 12- und 13-löthigen arbeith, besonders da nebst unß das gantze mittel hierzu incliniret, hinführo zu continuiren, worüber euer gestr: verfügung wir erwartende bleiben

euer gestr:

gehorsambste
n. n. eltesten der goldtschmiede.

Decretum.

Bey angeführter beschaffenheit hat ein gestrenger rath in derer supplicanten petitum noch ferner uff ein jahr gewilliget; den 26. Januarij a°. 1678.

Bresl. Stadtarchiv, Liber definitionum, Bd. IX fol. 92ª—93ª. — Eine spätere Abschrift in der Innungsurkundensammlung von 1737, S. 129—132.

34. Mittelseingabe und Ratsdekret betreffend die fernere Verarbeitung des 12- und 13-lötigen Silbers. Vom 3. Februar 1679.

Hoch- und woledelgebohrne, gestrenge und hochbenahmbte, hochgeehrteste herren.

Demnach eur: gestr: auf vnsern zuvorhero abgelegten schrifftlichen bericht unterm 26. January abgelauffenen 1678. jahre per decretum verwilligt, daß, ob wol vnserm mittel innhalts des den 4. January a°. 1677 zwischen vnß eltisten und den jüngsten eröfneten recessûs mit gewißen in demselben enthaltenen bedingungen nachgelaßen worden, nebst dem 14-löthigen auch 12- und 13-löthiges silber, iedoch nur an bestellter arbeit, auf ein jahr lang zuverferttigen, eur: gestr: auß damals angeführten uhrsachen sothane arbeit annoch auf ein jahr lang nehmlich von anno 1678 biß January anno 1679 zu continuiren.

Indem nun wier gewahr worden, daß von zeit zu zeit das 12- und 13-löthige silber fast von vielen leuthen zur arbeit befördert und bestellet wird, vnser gantzes löbl. mittel auch zugleich deren arbeit continuation eines theils ihnen nützlich andern theils auch zu supprimirung derer vnserm mittel höchstbeschwerlich fallenden pfuscher dienlichen zusein vermeinen, haben dahero zu eur: gestr: verfügung stellen wollen, ob nicht thulich sey, mit sothaner arbeit nicht nur auch auf dieses jahr sondern auch auf folgende jahre, ohne daß wier eur: gestr: mit außbiettung eines decreti jährlich beschwerlich fallen müßen, wiewol unter denen in dem recess bedungenen und vnserm mittel freygelaßenen conditionen hiermit, biß etwa eines oder das andere gehorsamst zuerinnern vorfallen möchte, fortzuführen. gestalt wier denn über diese verlangte continuation obrigkeitliches decretum hiermit erbietten, die wier sein

eur: gestr:

gehorsame
n. n. eltisten und jüngsten des mittels
der goldschmiede allhier.

Decretum.

Weil die bißherige einricht- und verarbeitung des 12- und 13-löthigen silbers dem mittel der goldschmiede nützlich zusein berichtet wird, so hat ein gestrenger rath nach reiffer erwegung der angeführten umbstännde geschloßen und bewilligt, daß mit solcher verfaßung annoch auf drey jahr iedoch dergestalt continuiret werden möge, daß die in dem den 4. January des 1677. jahres publicirten receßu enthaltene conditiones genau beobachtet werden sollen. decretum in consilio senatûs Wratisl: die 3. Febr: anno 1679.

Bresl. Stadtarchiv, Liber definitionum, Bd. IX fol. 108ᵇ—109ᵇ. — Eine spätere Abschrift in der Innungsurkundensammlung von 1737, S. 133—136.

35. Mittelseingabe und Ratsdekret betreffend die fernere Verarbeitung des 12- und 13-lötigen Silbers. Vom 22. April 1682.

Hoch- und woledlgebohrne, gestrenge, hochgeehrteste herren.

Eur: gestr: sollen wier hierdurch gehorsambst indenck machen, wie daß dieselbte den 3. Febr: anno 1679, auf vnsern unterthänigen bericht, daß angesehen wier vnserm mittel nützlich zuseyn befunden, nebst dem 14-löthigen auch das 12- und 13-löthige silber iedoch nur an bestellter arbeit zuverferttigen, ein gestrenger rath auch in die continuation des 12- vnd 13-löthigen silbers auf drey nach einander folgende jahre, iedoch daß die in dem den 4. January anno 1677 publicirten receß enthaltene conditiones genau beobachtet werden sollen, besage litt. A. (vid. in h. l. fol. 109.), bewilliget, nun dann sothanes triennium zu ende gelauffen vnd unß ohne eur: gestr: erlaubnüß ferner mit sothaner arbeit, ob wol wier sehen, daß fast dergleichen viel bestellet wird und hierdurch

denen häuffig hin vnd her versteckten pfuschern abbruch geschichet, fortzufahren nicht anständig, hierbey aber auch eur: gestr: vorzutragen vor nöthig befunden, daß, da unß erlaubet werden solte, nicht nur das 12- und 13-löthige silber, wenn solches zuarbeiten bestellet wird, sondern auch selbtes zu feilem kauff iedoch unter bißherigen bedingungen und angehefftetem zeichen zuverferttigen, vielleicht wie die völlige außrottung der pfuscher erfolgen alß auch die bißhero verfführte große zufuhre von Ohlau und andern orthen gehemmet werden dörfte, ersuchen also eur: gestr: wier gehorsambst, so wol zuerlauben, daß wier inskünftige so wol dergleichen 12- und 13-löthiges silber zu feilem kauff verferttigen mögen, alß auch in dergleichen bestelleten arbeit continuiren und also unß vnd die unsrigen desto füglicher auß- und durchbringen mögen. wier bleiben hievor
eur: gestr:

gehorsame
eltisten und jüngsten der goldschmiede
allhier.

Decretum.

Ein gestrenger rath hat nach beschaffenheit der sache geschloßen und bewilliget, daß weil die bißherige einrichtung mit des 12- und 13-löthichten silbers verarbeitung dem mittel der goldschmiede vorträglich zuseyn berichtet wird, so möge auch gedachtes mittel in solcher verfaßung annoch auf drey jahr iedoch dergestalt continuiren, daß die in dem den 4. Januarij des verfloßenen 1677. jahres publicirten receßu enthaltene conditiones genau beobachtet werden sollen, wie wier dann hiemit den dritten articul solcher ordnung nochmals deutlich dahin declariret und erkläret haben wollen, daß nicht allein solch geringes silber zum verkauff keinesweges verferttigt sondern auch indistincte vnd ohne unterschied von niemanden, wer der auch sey, weder im laden noch gewölben verkaufft werden solle. decretum in consilio senatûs Wratislav: d: 22. April: anno 1682.

Bresl. Stadtarchiv, Liber definitionum, Bd. IX fol. 174b—175b. — Eine spätere Abschrift in der Innungsurkundensammlung von 1737, S. 136—140.

36. Der Rat verbietet die Einfuhr von geringhaltigen Silberarbeiten. Den 14. Mai 1687.

Wir rathmanne der stadt Breßlau bekennen und thun kundt offentlich hiermit vor jedermänniglich, demnach wir in erfahrung kommen, es auch der augenschein zeiget, daß von zeit zu zeit von der frembden goldschmied-arbeit allerhand geringhaltiges silber iemehr und mehr in die stadt eingeführet wird, dardurch nicht allein denen hiesigen goldschmieden großer eintrag geschichet, also daß sie dabey in ihrer nahrung fast güntzlich erliegen müßen, sondern auch die gemeinen leute, welche der proben nicht kundig sein, vornemlich aber auch durch das mit einem frembden W bezeichnete silber, so doch die hiesige W-probe gar nicht hat, allzusehr vervortheilet und betrogen werden, als wollen wir hiermit und in krafft deßen die einfuhre aller und jeder unter 12-lötigem silber geferttigten goldschmiede-arbeit so wohl von denen benachbarten als auch entfernten ohrten, wie nicht minder desjenigen silbers, so mit dem frembden W bezeichnet ist und die hiesige W-probe von 14-lötigen silber nicht hat, gäntzlich verboten und abgeschaffet haben, und soll sich niemand unterstehen, weder in läden oder gewölben weder heimlich noch offentlich dergleichen zuverkauffen. do aber jemand darwieder zuthun sich unterstehen würde, der oder dieselbige sol nicht allein mit wegnehmung des silbers oder, do ers bereits jemandem verkaufft und nicht mehr in seiner gewalt hette, umb den werth deßelben sondern nach befund des hanndels und unterschlieffs auch noch darzu mit gefängnüs oder einer andern empfindlichen straffe beleget werden. wornach sich männiglich zuachten wie auch für schimpf und straffe zu hütten wißen wird. zu uhrkund etc. den 14. Maji aº. etc. 1687.

Bresl. Stadtarchiv, Liber definitionum, Bd. IX fol. 239b—240a. — Eine spätere Abschrift in der Innungsurkundensammlung von 1737, S. 144—147. — Bresl. Kgl. Staatsarchiv, Stadt Breslau, II. 10 d 2.

37. Der Rat gestattet den Goldschmieden, fortan zum Verkaufe 12-lötiges und auf Bestellung 13-lötiges Silber neben dem 14-lötigen zu verarbeiten. Den 30. Mai 1687.

Wier rathmanne etc. bekennen etc., daß wier auf gehorsames anhalten der eltesten und jüngsten des mittels der goldschmiede allhier bewilliget, daß gedachtes mittel solange, als hierinn keine veränderung erfolget, nebenst dem 14-löthigen silber als Breßlanischen ordinar-proba auch auf begehren und bestellen 13-löthiges wie nicht weniger zum verkauf 12-löthiges silber unter dem bißherigen zeichen des johanneshaubts verferttigen und arbeiten möge, worbey aber die in dem den 4. Januar: des 1677sten jahres publicirten recess enthaltene conditiones genau beobachtet werden sollen. jedoch behalten wir unß und folgenden rathmannen hiermit außdrücklich bevor, diesen aussatz nach gelegenheit und veränderung der zeit zu ändern, zu mindern, zu mehren oder gar abzuthun. decretum in consilio senatus civitat: Wratislav: und zu uhrkund etc. d. 30. Maji aº. 1687.

Bresl. Stadtarchiv, Liber definitionum, Bd. IX fol. 239a. — Eine spätere Abschrift in der Innungsurkundensammlung von 1737, S. 140—141. — Bresl. Kgl. Staatsarchiv, Stadt Breslau, II. 10 d 2.

38. Bericht des Mittels an den Kaiser betreffend die Pfuscher auf den geistlichen Gütern. Vom 26. Oktober 1688.

Unter Berufung auf den Vertrag vom Jahre 1616 (Urkunde 19) bittet das Mittel den Kaiser, gegen die Pfuscher und Silberverfälscher einzuschreiten, die auf den geistlichen Gütern — zehn allein auf dem Sande —

wohnen und sich unterstehen, *daß W alß das alhiesige stadtzeichen und der goldschmiede gewöhnliche probe auf ihr liederliches und verfälschtes silberwerck zu schlagen* oder *ihre liederliche arbeit ohne zeichen und puntzen eigenem belieben nach verfertigen.* Den 26. Oktober 1688.

Bresl. Kgl. Staatsarchiv, Stadt Breslau, II. 10 d 5. — Bresl. Stadtarchiv, eine spätere Abschrift in der Innungsurkundensammlung von 1737, S. 147—151.

39. Berichte des Mittels an das Kgl. Oberamt betreffend die Pfuscher auf den geistlichen Gütern. Vom 16. Juli und 2. Dezember 1689.

Da der Bericht, den die Goldschmiede wegen der Pfuscher am 26. Oktober 1688 an den Kaiser gesandt haben, ohne Erfolg geblieben ist, wendet sich die Innung am 16. Juli und am 2. Dezember 1689 an das Kgl. Oberamt in Schlesien mit der Bitte, die Pfuscher und Störer „unfehlbar" abzuschaffen.

Bresl. Stadtarchiv, eine spätere Abschrift in der Innungsurkundensammlung von 1737, S. 151—155 u. 189—194.

40. Ratsentscheidung zwischen den Goldschmieden und Jubelierern. Vom 12. Januar 1693.

Wir rathmanne etc. bekennen etc., demnach die ehrbaren und kunstreichen n. n. ältesten und jüngsten der goldschmiede allhier an einem sich über den ehrenfesten Johann Vogel bürgern und jubelirern allhier am andern theil occasione dreyer von ihm einer fr. von adel gegen gegebenes gold verkaufften goldenen ketten und etwas silberwercks wegen unbefugter beeinträchtigung ihres mittels mit durchgießung des goldes und schmeltzung des silbers auch verarbeitung deßelben und sonsten beschweret und deßhalb ein gewißes attestatum eingebracht und andere beweißgründe angeführet auch ihme solches abzustellen, insonderheit das bey ihm befindliche und dem angeben nach seinen stiefkindern gehörige werckzeug von ihm abzufodern gebeten, der Vogel aber die beschuldigte beeinträchtigung zwar negiret iedoch eventualiter, daß ihm ein und anders erlaubet were und das einige von den goldschmieden frembd gearbeit silber einführeten und ihn in seiner bestellten arbeit verhinderten, vorgeschützet und insonderheit wieder außfolgung des werckzeugs protestiret, worüber die partheyen beyderseits ferner mit re- und duplic, pro- et reprotestation schrifftlich verfahren, alß haben wir sie nach reiffer erwegung alles ihres gethanen vor- und anbringens dahin zubescheiden befunden, daß der Vogel sich des golddurchgießens und silberschmeltzens vornemlich aber der verarbeitung deßelben und aller andern beeinträchtigung des mittels enthalten, ingleichen bey den pfuschern nicht arbeiten laßen wie auch kein frembdes silberwerck, so nicht zum wenigsten zwelfflötig ist, einführen und verkauffen und, weil ihm der goldschmiede werckzeug nichts nütze und er denselben, seinem eigenen zugeständnüs nach, den stiefkindern bereits selbst destiniret, solchen werckzeug zu verhüttung alles fernern verdachts und mehrer weitläufftigkeit derer stiefkinder vormündern extradiren solle, hingegen soll sich auch das mittel der goldschmiede von einführ- und verkauffung des augspurger und andern frembden gemachten silberwercks enthalten und den Vogel mit der arbeit, so er bey denen hiesigen goldschmieden bestellen möchte, nicht verhindern noch übersetzen. schäden und unkosten werden gegeneinander compensiret und aufgehoben. wornach sich die partheyen zu achten.

publicat. den 12. Januar. 1693.

Bresl. Stadtarchiv, Liber definitionum, Bd. IX fol. 345[ab]. — Eine spätere Abschrift in der Innungsurkundensammlung von 1737, S. 196—200.

41. Einwände gegen ein Projekt betreffend die Abänderung der für die Goldschmiede geltenden Bestimmungen wegen der Beschau und des Ein- und Verkaufs von Gold und Silber. Vom 19. März 1703.

Bresl. Stadtarchiv, eine spätere Abschrift in der Innungsurkundensammlung von 1737, S. 200 f, 218—231.

42. Innungs-Artikel vom 25. August 1703.

Wier rathmanne der stadt Breßlau bekennen und thun kundt offentlich hiermit vor jedermänniglich, demnach unß die erbahren und kunstreichen n. n. eltesten undt jüngsten deß mittels der goldschmiede alhier gehorsamblich zu vernehmen gegeben, daß sie sich zu ihres mittels bestem und nach dem exempel anderer berühmbten städte, worinnen ihre profession und kunst floriret, über einige puncta vereiniget undt dieselbe in gewiße articulos verfaßet hätten, und unß umb deren obrigkeitliche confirmation innständig und mit anführung verschiedener erheblicher ursachen gebeten, wier auch sothane articulos wol erwogen undt darinnen nichts, so ungewöhnlich oder dem gemeinen wesen nachtheilig wäre, gefunden, alß haben wier sie hiemit von obrigkeits wegen confirmiret und bestättiget, undt lauten dieselben, wie hernach folget:

1.

Erstlich, ein jeder, der alhier meister werden wiel, sol sich zuvorhero in ordentlichem quartal angeben und die jahre schreiben laßen, auch sich zeit währender jahres-arbeit, wie einem ehrlichen gesellen sonsten zukombt, denen mittels-articuln und privilegien gemäß verhalten.

2.

Andertens, ein frembder oder der keines meisters sohn ist, auch alhier nicht gelernet hat, sol, nachdem er sich besagter maßen angemeldet, nur in einer oder zum meisten zwey werckstätten alhier sechs jahr nacheinander unverruckt arbeiten.

3.

Drittens, eines hiesigen meisters sohn sol, nachdem er die außgesetzten drey jahre verreyset, noch ein jahr, einer aber, der alhier gelernet hat, ob er gleich keines hiesigen meisters sohn ist, wenn er auff seiner wanderschafft vier jahr richtig undt völlig zugebracht, zwey jahr auch nur in einer oder zweyen werckstätten allhier continuo arbeiten; wenn er aber eines meisters wittib oder tochter heyrathet, sol ihme ein jahr zu arbeiten erlaßen werden.

4.

Vierdtens, deßgleichen sol auch ein frembder, wenn er eines meisters witlib oder tochter heurathet, dieses zum besten haben, daß er anstatt der im andern punct außgesetzten sechs jahr nur drey jahr, iedoch wie vorgedacht nur in einer oder nur in zwey werckstätten, arbeiten dürffe; er sol aber solches denen eltesten bey zeiten andeuten.

5.

Fünfftens, bey einer wittib sollen zwar keinem die meisterjahre anzufangen verschrieben werden, wenn aber der meister, bey welchem er seine zeit einschreiben laßen, vor außgang der zeit stürbe, so sol ihme unverwehret sein, dieselbigen bey deßen nachgelaßenen wittib zu continuiren, auch gar zu ende zu bringen.

6.

Sechstens, ebener maßen sol auch einer wittwe frey stehen, einem jahr-arbeiter, wenn ihm der meister (: bey welchem er sich anfangs die jahre hat schreiben laßen :) abschied gegeben, arbeit zu geben, daß er die übrige zeit in ihrer werckstat vollends zubringe, jedoch daß sie zuvorhero seinen meister darumb bespreche, ob er ihn selbst loß gelaßen oder ob der jahr-arbeiter auß leichtsinnigkeit undt von freyen stücken auß der jahresarbeit gegangen, wormit alle unordnung und mißverständnüß verhüttet und auch in diesem puncte denen privilegien kein eintrag gethan werde.

7.

Siebendens sol weder meister noch wittib einen, der entweder dem mittel zu schaden selbst pfuscherey getrieben oder bey hiesigen stöhrern undt pfuschern gearbeitet und vor kurtz oder lang behülfflich gewesen, fördern, sondern, so bald solches wißend wirdt, denselben wiederumb weg und von sich schaffen.

8.

Achtens, es sol auch hinführo kein meister keinen jungen auf weniger alß fünff jahr zu lernen annehmen, es wäre denn eines hiesigen meisters sohn, welcher mit vier jahren seine lehre endigen kan.

9.

Neundtens, wann ein meister stirbt, der einen lehrjungen schon aufgenommen hat, so sol deßen wittib wohl befuget sein, daß dieser junge bey ihr die lehrjahre vollführen möge. nach derselbigen endigung aber sol sie einen meister ersuchen, welcher ihn vor offener lade loß sage und sein verhalten vorbringe. jedoch behalten wier unß undt unsern nachkommenden rathmannen bevor, solche articul nach beschaffenheit der läufften und zeiten wiederumb zu ändern, zu mehren undt zu verbessern, wie auch gar oder zum theil abzuthun vor jedermänniglich ungehindert.

Zu uhrkundt haben wier unser der stadt innsiegel hieran hangen laßen. geschehen den fünff undt zwanzigsten monathstag Augusti nach Christi unsers einigen erlösers und seeligmachers genadenreichen geburth im siebenzehenhundert undt dritten jahre.

Bresl. Stadtarchiv, Abschriften und Konzepte unter Hs. O 200, 2 Nr. VI und O 200, 3 Nr. II. — Eine spätere Abschrift in der Innungsurkundensammlung von 1737, S. 234—241.

43. Ratsentscheidung betreffend den Gold- und Silberwaren-Verkauf durch die Venditer. Vom 7. September 1703.

Die Breslauer Ratmannen bestimmen am 7. September 1703, dass die Venditer und Venditerinnen bei Verlust der Ware und anderen empfindlichen Strafen weder Gold- noch Silberwaren oder Juwelen zum Wiederverkauf einkaufen oder verfertigen lassen dürfen; sie sollen sich vielmehr auf alte Sachen beschränken, die ihnen, um Lohn zu verkaufen, von Privatleuten übergeben werden.

Bresl. Stadtarchiv, eine spätere Abschrift in der Innungsurkundensammlung von 1737, S. 231—233.

44. Ratsentscheidung betreffend die Verwaltung der Innungskasse. Vom 6. März 1706.

Wier rathmanne etc. bekennen etc., demnach in verwichenem 1705ten jahre die ehrbaren und kunstreichen n. n. jüngsten meister des mittels der goldschmiede allhier wieder die auch ehrbare und kunstreiche Andreas Scholtzen, Daniel Wolffen, Tobias Plackwitzen und Johann Jachmann als damahlige älltesten mehrmals klagende sich beschwehret, daß einige von den gegenwärtigen und vorigen älltesten sich unterstanden, von denen ihnen zur administration anvertrauten mittelsgeldern ohne ihr der jüngsten vorwißen gegen schlechte bescheinigung einander vorzuleihen, wie denn der Gottfried Heintze solcher gestalt 164. thl., der inzwischen verstorbene Andreas Scholtze auch 400 thl. schles. zu sich genommen, und deßwegen die älltesten zu dißfalliger vertretung und herbeyschaffung dieses abgangs, auch zur revision und iustification derer von 20 jahren her im mittel abgelesenen rechnungen, extradirung des einen schlüßels zu des mittels laade und abschaffung anderer angegebenen mißbräuche von obrigkeits wegen ernstlich anzuhalten gebethen.

Nachdem wir nun leicht abnehmen können, wie durch einen langwierigen process das mittel in viele unkosten und daneben in große uneinigkeit gerathen würde, alß haben wier aller schädlichen weitläufftigkeit vorzukommen, zwey persohnen unsers rathscollegii zu untersuch- und beylegung aller bißherigen strittigkeiten deputiret. welche durch ihre mühsame interposition alle differentien gehoben und dahin verglichen, daß

1. Weil des Gottfried Heintzes debitum von einhundert vierundsechtzig thl. schles. capital und des inzwischen verstorbenen Andreae Scholtzes von 400 thl. schles. von dem sämbtlichen mittel seiner wittib, der tugendsamen Rosina Riegerin, bis auf ein drittheil nehmlich einhundert dreyunddreyßig thl. erlaßene quantum zusammen mit zweyhundert siebenundneuntzig thl. schl. à 36 gr: ic: nunmehro würcklich wieder in die mittels-caßam geleget worden, als erklähren sich die jüngsten sambt und sonders wohlbedächtig, daß weder itzt gemeldter schuldposten noch auch wegen der andern biß dato administrirter caßae-gelder (:ats von welchen sie bey der von dem mittel letzthin gehaltenen revision richtige rechnung gethan und am caßae-bestande gar kein abgang sich ereignet:) sie die itzige noch künftige älltesten noch deren erben auf keinerley arth und weise weiter belangen, sondern sie hiemit kräfftigst quit, loß und ledig gesprochen haben wollen.

2. Womit auch hinführo die älltesten weder von ihren neben-älltesten noch iemand anderen wegen einigen darlehns auß der laade mögen angelauffen werden, hat ein gantzes mittel einhellig geschloßen, daß, wann allenfalls gutte gelegenheit sich zeigte, etwas von mittelsgeldern sicher und nutzbar anzulegen, es dennoch nicht anders als mit einwilligung und genehmhabung des sämbtlichen mittels geschehen solle, widrigen falls sie älltesten, daferne auf diese oder andere weise dem mittel einiger schade zustoßen sollte, so wohl alle vor einen alß einer vor alle zu zahlen auch alle und iede unkosten völlig zu ersetzen bey verpfändung alles ihres vermögens, worinnen das immer bestehe, ohne einige wiederrede hafften und verbunden seyn sollen. wie nun

3. Die jüngsten zu denen älltesten das gewiße vertrauen haben, daß sie ferner hin der caßae gewissenhafft und treüest vorstehen werden, so überlaßen sie ihnen zwar wie vormahls dieselbe nebens denen schlüßeln, zu verhüttung aber, daß nicht einer von dem andern geführet werden möge, so sollen alle und iede von dem mittel zusammen gebrachte gellder in einer laade bey dem ober-älltesten, der das ambt hat, verwahret, von denen dazu gehörigen drey schlüßeln aber diesem keiner. sondern iedwedem seiner drey neben-älltesten einer und keinem alle drey schlüßel zugleich weder auf kurtze noch lange zeit in den händen gelaßen werden.

4. Die von beyden theilen des numehro beygelegten unvernehmens wegen verwendete unkosten sollen auß der commun-caßâ entrichtet und gutt gethan, und endlichen

5. Alles deßen, was etwa zwischen ihnen allerseits bißher unglimpfliches paßiret, vergeßen noch das mindeste bey vermeidung obrigkeitl. bestraffung weider gedacht werden, vielmehr die jüngsten denen eltesten mit gebührendem respect begegnen und ein jeder möglichsten fleißes zu des mittels auffnehmen, mit denen andern in gott wohlgefälliger eintracht und freundtschaft zu leben, sich angelegen seyn laßen.

Wie nun sämbtliche ällteste und jüngste vorstehendes alles freywillig eingegangen und, unwiederrufflich diesem vergleich in allen puncten und clausuln nachzuleben, einander mit hand und mund versprochen, unß auch umb obrigkeitl. bestätigung dieses ihres vor unsern deputirten getroffnen und vor unß gerichtl. wiederholten abkommens gebührends ersuchet, alß haben wier solches alles hiermit ratihabiren auch die confirmation dieses receßus unter unserem der stadt innsiegel wohlwißentlich ertheilen wollen. geschehen und gegeben den sechsten monatstag Martii nach Christi unsers einigen erlösers und seeligmachers genadenreichen geburth im siebenzehenhundert und sechsten jahre etc.

Bresl. Stadtarchiv, Liber definitionum, Bd. XI fol. 35b—37a. — Eine spätere Abschrift in der Innungsurkundensammlung von 1737, S. 241—249.

45. Vergleich des Mittels der Goldschmiede wegen Haltung eines dritten Gesellens. Geschlossen am Quartal Trinitatis 1709.

Nachdehme laut unser alten allergnädigsten ertheilten kayserl. königl. auch hochfürstl. privilegien eß allemahl bey unserm löbl. mittel der goldtschmiede alhier in Breßlau etc. etc. sein bewenden gehabt, daß ein incorporirter mittelßgenoß sich enthalten solte, mehr nicht alß zwey gesellen auff einmahl zufödern oder in arbeit zuhalten, so hat sichß doch einige zeit hero zugetragen, daß diese sehr nützliche ordnung gantz ausser augen gesetzt worden undt ihrer etliche auß unserm mittel zu 3 oder 4 gesellen ohne einige außbittung oder erlaubnüß deß verordneten oberelsten gehalten, dahero den viele klagen undt beschwerden von einem oder dem andern eingelauffen.

Solcher unordnung nun zu steuren, so haben sich die sämbtlichen elsten undt jüngsten vereinbahret undt diesen schluß gemacht: alß pro 1mo, eß solte sich kein jüngster forthin mehr unterstehen, mehr alß obgedachte zwey gesellen laut unsern alten privilegien auff einmahl in arbeit zunehmen. bey gelegenheit aber, daß einem oder dem andern einige viele arbeit angedienyt würde undt er solche mit denen ordentlichen zwey gesellen nicht bestreitten könte, so solte demselbigen denn frey stehen, noch einen dritten zu den zweyen anzunehmen, jedoch mit der bedingung undt außnahme, daß er selbst zu dehme der zeit vorgesetzten obereltesten gehen solte, denselben darum ansprechen undt den dritten gesellen notiren lassen, davor aber dem mittel zum besten wochentlich einen halben reichsthaler oder 15 silbergroschen gerechnet, so lang alß er solchen in arbeit hält, erlegen, so fern er ihn aber nicht mehr von nöthen hätte, sohl er solcheß gleichfalß dem oberelsten anmelden, damit er wieder abgeschrieben werden könne undt also vor die versessene wochen bey nachfolgendem quartal allemahl mit so viel halben reichsthalern, alß er den gesellen wochen in arbeit gehabt, entrichtet werden könne, damit alle unordnung undt mißgunst bey unserm löblichen mittel vermieden auch die schweren auffgelegten soldaten- undt classen-gelder dadurch erleichtert werden können. so fern einer aber den dritten gesellen verschweigen solte, sohlen vor eine woche ein reichsthaler undt, wo mehrere verschwigen, 6 reichsthaler zur straffe erlegt werden; denen eltesten aber sohl laut alten privilegien ein dritter geselle zuhalten erlaubt sein.

2do sohl auch ein außgelernter gesell, ob er gleich eineß hiesigen goldtschmidts sohn wäre, nicht frey gerechnet werden neben zwey andern gesellen zu arbeiten, eß sey denn, daß eß bey seinem leiblichen vater sey, sonsten aber sohl er eben wie ein fremder wochentlich mit einem halben reichsthaler vergeben werden; ein außgelehrnter aber sohl frey sein ¼ jahr bey seinem lehrherrn zuarbeiten.

3tio sohl auch keiner, der daß hiesige meisterstück gemacht hat, vor keinen meister gelten, wofern er nicht seine wohnung undt laden hat, ob er gleich sein bürgerrecht erlanget hätte, undt also demselben nicht frey stehen, in stelle eineß meisterß sondern wie ein ander geselle arbeiten undt, dafern er nebst zwey andern gesellen in einem laden arbeiten thäte, gleichsam mit einem halben reichsthaler wochentlich vergeben werden muß.

Daß dieseß alleß von denen verordneten elsten undt sämbtlichen jüngsten würcklich abgeredt undt beschlossen worden, auch darüber festzuhalten sich vereinbahret, bezeuget eineß jeden hirunter gestelte eigene handt- undt unterschrifft. geschehen in Breßlau im quartal Trinitatis anno 1709.

Dann folgt eine Liste sämtlicher Innungsmeister von 1709—1738; abgedruckt (mit einigen Fehlern) in Schlesiens Vorzeit, Bd. VII S. 142 f.

Bresl. Stadtarchiv, Innungsurkundensammlung, Hs. O 200,2 (Nr. XIIIa). Original des Vertrages mit den eigenhändigen Unterschriften der Innungsmeister.

46. Schreiben der Innung an den Rat betreffend die von den Kaufmannsältesten geführte Beschwerde, dass die Breslauer Gold- und Silberarbeiter auswärtige Goldschmiedearbeiten beziehen. Von 1709.

Die Goldschmiede wehren sich auf das energischste gegen die Zumutung, auswärts bei ihren Handwerksgenossen nicht arbeiten lassen zu dürfen.

Bresl. Stadtarchiv, Innungsurkundensammlung, Hs. O 200,2 (Nr. VII).

47. Bericht des Rates an das Kgl. Oberamt betreffend die Silberprobe der Breslauer Goldschmiedearbeiten. Vom 31. Oktober 1716.

Das Kgl. Oberamt fordert auf Befehl des Kaisers von dem Breslauer Rat einen Bericht über die Probe, Beschau und Zeichnung der hiesigen Goldschmiedearbeiten. Die Ratmannen lassen sich daraufhin einen Bericht von den hiesigen Goldschmieden anfertigen, der angibt,

daß von alters her allhier kein anders alß vierzehen-löthiges silber gearbeitet, nachgehendts aber von einiger zeit her, weil viel geringhaltiges silber anhero gebracht worden, so die allhiesigen goldschmiede nicht in arbeit nehmen dörffen, auf derselben beschwerführen, daß solches silber denen pfuschern zu verarbeiten gegeben, dadurch aber sie an ihrer nahrung gar sehr geschwächet würden, auch dreyzehen-löthiges und zum verkauff zwölf-löthiges silber zu arbeiten denenselben verstattet worden, da denn, was die besichtigung, approbir und zeichnung anbetrifft, bey dem mittel ein gewißer sogenannter zeichen-meister bestellet, dem die verfertigte arbeit überbracht, von demselben aber nach geschehener untersuchung nebst des meisters nahmen und zwar das vierzehen-löthige mit dem Buchstaben W, das zwölff-löthige aber mit dem johannis-haubte signiret und gezeichnet, itzo auch zu noch mehrer verhüttung alles unterschleifs annoch ein besonderer buchstaben dazu geschlagen wirdt.

Dann folgt eine Rechtfertigung und Befürwortung dieser Silberproben von Seiten des Rates. Am Schlusse wird der Bericht benutzt, wiederum Klagen wegen der Pfuscher dem Kgl. Oberamt zu unterbreiten. Den 31. Oktober (3. November) 1716.

Bresl. Stadtarchiv, Innungsurkundensammlung von 1737, S. 270—279. — Bresl. Kgl. Staatsarchiv (Rep. 13, AA. VIII. 10k), Acta der Kgl. Commercien-Collegii-Registratur, fol. 2b—3a.

48. Die Goldschmiede klagen gegen die Kaufmannschaft, weil diese bei fremden Goldschmieden arbeiten lässt und solche Arbeiten öffentlich in der Stadt verkauft. Den 22. April 1720.

Bresl. Kgl. Staatsarchiv, Stadt Breslau, II. 10d. 4.

49. Antwort der Kaufmannschaft auf die von den Goldschmieden gegen sie eingereichte Klageschrift. Vom 11. Oktober 1720 und Gegenantwort der Goldschmiede vom 11. Dezember 1720.

Bresl. Kgl. Staatsarchiv, Stadt Breslau, II. 10d. 4.

50. Ratsentscheidung in einem Streite zwischen den Goldschmieden und Kaufleuten wegen des Handels mit Gold- und Silberwaren. Vom 21. Juli 1721.

Die Breslauer Ratmannen entscheiden am 21. Juli 1721 in betreff des Handels mit Gold- und Silberwaren, *daß klagendes mittel der goldschmiede zwar bey der eingeführten verfertigung der goldt- und silberwaare bey denen allhiesigen mittelsverwandten und deren verkauffung zu laßen, iedoch sich der einfuhre frembder gold- und silberwaare und der handlung mit derselben zum nachtheil der hiesigen handelschafft und juwetierer güntzlich zu enthalten schuldig.*

Bresl. Stadtarchiv, Innungsurkundensammlung von 1737, S. 279—283.

51. Schreiben des Kgl. Commercien-Collegiums an den Rat der Stadt Breslau betreffend den Mindergehalt der dortigen Goldschmiedearbeiten. Vom 4. Juli 1727.

Das Kgl. Commercien-Collegium erachtet es für notwendig, das Breslauer Goldschmiedemittel zur Rede zu stellen,

da das silber unter dem probzeichen des johannishauptes und des W verarbeitet und das erstere 12, das letztere aber 14 loth fein an der marck halten solle, auch davor verkauffet werde, warumb das johannishaupt nicht einmal $11^1/_2$ und das W $13^1/_2$ loth an der marck, sondern meistens nur 4, 5 bis 6 pfennige über 11 und respective 13 loth halte, und wann sie ihre legirung nicht nach der capelle, sondern dem nadelstrich machen, warumb sie solche nicht nach der 12-löthigen nadel reguliren, sondern nur eine $11^1/_2$-löthige nadel in bereitschafft halten, dergestalt aber, da die legirung nach dem usitirten $11^1/_2$-löthigen nadelstich so accurat nicht zutreffen kan, sondern der silberstrich niemahls beßer, wohl aber geringer als besagte nadel zu seyn pfleget, das publicum bey jeder marck mehr denn umb ein halb loth verkürtzen. . . Breßlau d. 4. Julii anno 1727 (praes. d. 15. Jul: 1727).

Bresl. Kgl. Staatsarchiv, Acta der Kgl. Commercien-Collegii-Registratur (Rep. 13, AA. VIII. 10k), fol. 26—28; vgl. auch die vorhergehenden Korrespondenzen fol. 14—25. Bresl. Stadtarchiv, Innungsurkundensammlung, Hs. O 200,2 (Nr. VIII).

52. Bericht des Mittels an den Rat, veranlasst durch die von dem Kgl. Commercien-Collegium am 4. Juli 1727 geführte Beschwerde wegen des Mindergehaltes der hiesigen Silberwaren. Vom 23./24. Juli 1727.

Wir haben aus dem uns hochgeneigtest communicirtem schreiben eines hochlöbl: kayser und königl: commercien collegii nicht sonder große bekümmernüß ersehen, welcher gestalt unß von einer hochlöbl: kayser und königl. hoffcammer imputiret werden wollen, samt würde von unß das silber in gehörigem halt nicht verarbeitet, die pagamenten auffgekauffet und in anderem mehr excediret, weßhalb denn unser allhiesiges mittel darüber vernommen werden und so wohl wegen der allhiesigen probe-zeichen des johannis-hauptes und des W, als auch der streichnadel bericht abstatten solle. wie wir nun auff die deßhalb an unß von eur hoch edel gestr: ergangene verordnung nicht unterlaßen wollen, den dießfahls verlangten bericht hiermit unterthänig gehorsamst abzustatten, allso haben wir einem hoch edlen gestr: rathe, was zuförderst die allhiesige silber-proben anbelanget, gehorsamst vorstellig machen sollen, daß, da die 14-löthige probe ohne macherlohn vor 16 sgr: und die 12-löthige vor 14 sgr: im kauffe ist, wir ohnmöglich vor diesen preiß, wo wir unß nicht gäntzlich ruiniren wollen, die proben gantz vollkommen 12- oder 14-löthig machen und legiren können, wie denn auch in allen reichs- und anderen städten die proben niemahlen gantz vollkommen gearbeitet werden, allermaßen sich der hohe preiß des fein silbers der marck nach auff 10 f. belauffet und dieses zwahr wegen des erhöhten geldes, da der reichsthaler 40 silbergroschen gilt. wie wir denn auch in continenti eine probe machen und darthun können, daß, da wir der ietzigen legirung nach die marck 12-löthigen silbers vor 7 f. (rthl.) 14 sgr. verkauffen, dennoch an ieglicher marck 4 bis 5 sgr. schaden leiden müßen, allermaßen 12 loth fein silber à 10 f. die marck f. 7.15 sgr. gilt, die 4 loth kupffer-zusatz f: — : 2 sgr. und wegen des fein silbers abzug und schmeltzer-lohn f: — : 2 sgr., allso die marck zusammen f. 7,19 sgr. zu stehen, unser verlust aber dabey, wie oben gedacht worden, dem ietzigen verkauffe und preiße nach auff 5 sgr. kommet; woraus denn eur hoch edel gestr: ohnschwer ermeßen können, wie hoch sich unser schade belauffen würde, wann wir vollkommen 12- und 14-löthige proben machen solten, da wir albereits der ietzigen probe nach schon etliche silbergroschen an jeder marck schaden leiden müßen . . .

Hieran reihen sich auf Grund obiger Auseinandersetzung noch weitere Erörterungen, die den von dem Mittel zugelassenen Feingehalt des Silbers rechtfertigen sollen, so z. B. der Handel mit Polen. Das Schreiben ist von sämtlichen Meistern der Goldschmiede-Innung eigenhändig unterzeichnet. Ausgefertigt am 23./24. Juli, praes. am 27. August 1727. Der Breslauer Rat stimmt am 30. August 1727 in seiner Antwort an das Kgl. Commercien-Collegium obigem Berichte bei und hebt hervor, „daß es bey der zeitherigen einrichtung mit den hiesigen proben und deren verarbeitung propter immines periculum cessationis commercii cum Polonis sein bewenden haben könne“.

Bresl. Kgl. Staatsarchiv, Acta der Kgl. Commercien-Collegii-Registratur (Rep. 13, AA. VIII. 10k), fol. 31—42; vgl. auch fol. 44—59. — Bresl. Stadtarchiv, Innungsurkundensammlung von 1737, S. 321—324; desgl. Heft II Nr. IX und Heft III Nr. III.

53. Den Goldschmiede-Ältesten wird vom Breslauer Rate das kirchliche Geläute bei ihrem und ihrer Angehörigen Begräbnis „de casu in casum“ gestattet. Den 17. November 1727.

Bresl. Stadtarchiv, Innungsurkundensammlung von 1737, S. 324—328.

54. „Ohnmaßgebliche Combinir und Gegeneinanderhaltung derer allergnädigsten Kayser und Königl: Innungs-Articuln [gedrucktes Generalhandwerks-Patent vom 16. Oktober 1731] und derer allhiesigen Gold- und Sillber-Arbeiter ihrer Kayser und Königl: Privilegien". Von 1731.

Articulus I.

Wegen der beysitzer und daß keine mittelszusammenkünffte ohne denselben veranstalltet werden sollen.

Dieses alles stimmet mitt ihren privilegiis überein, wird auch bey einem löbl: mittel iederzeit allso gehalten.

Articulus II.

1mo. Wegen des aufftreibens und austretens der gesellen.

Dieses verboth kommet mitt unsern privilegiis auch überein und zwahr articul.

2do. Wegen des geburthsbrieffes derer lehrjungen.

Dieses wird bey unserem mittel ebenfahls so gehalten.

3tio. Wegen annehm und ausferttigung der kundschafft vor die gesellen.

Wird ohnmaßgeblich hierbey zu errinnern seyn, daß, was das allhiesige mittel derer gold- und sillber-arbeiter und derer mittels-genoßen anbetrifft, dieser passus wegen der kundschafft nicht füglich auff dieselbigen zu extendiren ist, weilen

1mo. wie bekand die gold- und sillber-arbeiter sowohl hier als in andern königreichen und ländern nicht proprie unter die gemeinen handwercker gezogen sondern vielmehr unter die künstler gerechnet werden, daher es dann auch kommet, daß pro

2do ihre leute und gesellen keine so ordentliche wanderszeit oder wanderung von einem orthe zum andern haben, als wie andere handwercks-purschen. anerworgen, ob ihre gesellen zwahr wohl auch auff ihre profession reisen. so können sie doch nicht in ieder provincial- oder land-stadt gleich andern handwerckern auff ihre profession, als welche in dergleichen orthen wenig oder wohl gar nicht getrieben wird, einwanden, sondern weil diese profession und die größten künstler von derselben nur allein in denen großen und vornehmen reichs- und residenz-städten, besonders aber in Holl- und Engeland, Franckreich und Italien angetroffen werden, so müßen auch unsere professions-verwandten leediglich ihre reise nach solchen örthern einrichten. weilen nun aber in allen diesen ausländischen örthern und weit entlegenen königreichen und ländern dergleichen kundschafft gar nicht üblich auch wohl schwerlich gebräuchlich oder introduciret werden wird, so kan auch das so gutte absehen, worauff sich die ertheilung der kundschafften fundiret, bey unsern professions-verwandten nicht appliciret werden, weder daß die von hierweg und ettwa nach Holl- und Engeland oder in andere auswärtige provincien und länder gehende gesellen eine dergleichen kundschafft mittnehmen, noch auch wann aus dergleichen örthern andere anhero kommen, solche kundschafften, weilen alldorten keine ertheilet werden, mittbringen können. und weilen es auch sehr öffters geschiehet, daß, wann allhier mangel an gesellen ist, mancher von unsern mittgenoßen einen auch wohl mehrere gesellen aus Holl- und Engeland oder andern dergleichen orthen, wo keine kundschafften ertheilet werden, mitt großen unkosten verschreiben muß, so würde es alsdann vor unser mittel ein sehr großer anstoß und vor denjenigen, welcher einen gesellen verschrieben, ein unüberwindlicher schade seyn, wann ein dergleichen expresse verschriebener und anhero kommender geselle wegen ermangelnder kundschafft allhier nicht in arbeit genommen werden sollte oder dürffte.

Articulus III.

Wegen des lehrorths, wann einer sein handwerck bey einem ehrlichen meister erlernet.

Darwieder hat unser mittel, es may der geselle hier oder anderswerts gelernet haben, nichts einzuwenden.

Articulus IV.

Welche personen ein handwerck zu erlernen fähig oder davon ausgeschloßen seyn sollen.

Die Innung erklärt sich gegen die Zulassung von unfähigen Leuten.

Articulus V.

Wegen bezüchtigung eines meisters und gesellens, weme die indicatur zustehe.

Die Innung meint, dass bei grossem Ungehorsam die Obrigkeit, bei geringen Bezüchtigungen das Mittel selbst richterlich eingreifen soll.

Articulus VI.
Wegen abschaffung der hauptladen.

Gehet die allhiesigen gold- und sillber-arbeiter, weil kein auswärtiges mittel bey ihnen incorporirt ist, nichts an. was aber die correspondenz anbelangt, wann ettwa von einem andern orthe ein schreiben an unser allhiesiges mittel einlaufft, so ist es vorhero schon so bräuchtlich gewesen, daß selbtes durch einen von denen raths-secretariis praesentiret und geöffnet wird.

Articulus VII.
Wegen der geschenckten und ungeschenckten handwercken.

Hierbey hat das mittel der goldschmiede als künstler garnichts zu errinnern.

Articulus VIII.
1mo. *In was vorfällen, von wem und wie die bestraffung vorzunehmen.*

Die Innung wünscht, dass die bisherigen Gewohnheiten bestehen bleiben.

2do. *Wohin die geldstraffen zu verwenden.*

Sie sollen der Zunftlade zu Gute kommen.

Articulus IX.
Wegen loßlaßung der lehrjungen, item wegen deren dabey vorfallenden ungebührlichen gebräuchen.

Was diesen articulum anlangt, so wird es bey unserm mittel wegen loßsagung der lehrjungen nicht so gar stricte genommen, und kommet dabey ettwa auff eine so wenige zeit nicht an. desgleichen hat auch unser mittel bey dem gesellenmachen garkeine dergleichen lächerliche, ärgerliche oder unerbahre gebräuche.

2do. *Wegen einiger und anderer clausuln in den geburthsbrieffen.*

Man verlanget auch in denen geburthsbrieffen keine außerordentliche clausuln sondern nur die gewöhnlichen.

3tio. *Wegen untersagung des degentragens, ratione derer gesellen.*

Was nun aber diesen passum anbetrifft, so ist schon oben errinnert worden, daß der gold- und sillber-arbeiter ihre professions-verwandten und gesellen nicht unter die andern handwercks-pursche zu mengen, folglich aber auch denenselbten nicht alles das zu verbitten ist, was jenen untersaget wird, und allso würde wegen erlaubnüß des degentragens als künstlern bey hinkünfftiger confirmation derer privilegiorum imständigst anzuhalten seyn.

4to. *Daß das dienen eines gesellen außer dem handwercke demselben unschädlich seyn solle.*

Dieses concerniret unsere profession wenig oder garnicht, denn weilen unser nahrung schwerlich ohne eine werckstadt getrieben werden kan, . . .

5to. *Daß denen obrigkeiten frey stehen solle, ihre unterthanen ein handwerck lernen zu laßen ohne nachtheil ihres unterthänigkeitrechtens.*

Die Innung erklärt sich durchaus gegen die Zulassung von Leuten, die im Abhängigkeitsverhältnis zu einer Grund- oder Erbherrschaft stehen.

Articulus X.
1mo. *Daß die gesellen die meister nicht vorfordern sollen.*

Dieses ist bey unserm mittel niemahlen bräuchlich gewesen, . . .

2do. *Die denen angehenden meistern auffbürdende verschwiegenheit deren zunfftsgeheimnüßen.*

Ist bey uns auch niemahlen so genau anbefohlen oder beobachtet worden, auser dem verboth, daß sich meister und gesellen nicht zu denen pfuschern halten, . . .

Articulus XI.
Wegen der unehelich erzeugten kinder und legitimirten personen, und daß dieselbten ohne unterscheid zu denen handwercken zugelaßen und denen ehelichen gleich geachtet werden sollen.

Weil dieser articulus allen alten mittels-privilegiis contrair ist, so wird zu erwarten seyn, was generaliter von denen zünfften und zechen dabey vorgetragen werden wird.

Articulus XII.
Wegen verferttigung der meisterstücke.

Dieser articulus ist sowohl denen alten privilegiis, als worinnen selbsten wegen tauglicher und zum verkauff dienlicher meisterstücke gehandelt worden, gantz conform und dabey meines erachtens nichts zu beobachten.

Articulus XIII.

Dieser gantze weittläufftige articulus gehet unsere profession in den wenigsten stücken an, ausgenommen was die praeferenz derer meisterssöhne anbetrifft.

Bresl. Stadtarchiv, Innungsurkundensammlung, Hs. O 200,2 (Nr. X).

55. Der Kaiser verlangt eine Spezifikation aller schlesischen Goldschmiede und untersagt „ad interim" die Rezeption neuer Meister. Den 20. Dezember 1731.

Bresl. Stadtarchiv, Innungsurkundensammlung von 1737, S. 329—331.

56. Petition um Erlaubnis einer ferneren freien Rezeption von Mittelsmeistern. Vom 13. Februar 1732.

Am Schluss der Petition die Unterschriften der Innungsmeister von 1732; abgedruckt in Schlesiens Vorzeit, Bd. VII S. 143 f.

Bresl. Kgl. Staatsarchiv, Stadt Breslau, II. 10d.

57. Bericht des Magistrats an das Kgl. Oberamt betreffend die Spezifikation der schlesischen Goldschmiede und das Verbot der Rezeption von neuen Meistern. Den 15. Februar 1732.

Der Rat berichtet, dass alle Goldschmiede, die unter der Jurisdiktion der Stadt Breslau leben und selbstständig arbeiten, der Innung angehören, klagt ferner über die Pfuscher auf den geistlichen Gütern und über die Juden, die Gold- und Silberhandel treiben, und bittet schliesslich im Interesse der Goldschmiedezunft, dass das „ad interim" gegebene Verbot der Meisterrezeption wieder aufgehoben werden möchte. Den 15. Februar 1732.

Bresl. Stadtarchiv, Innungsurkundensammlung von 1737, S. 332—336.

58. Schreiben der Innung an den Rat betreffend das General-Handwerks-Patent von 1731 und die Bestätigung von zwei neuen Privilegien. Vom 10. November 1732.

Die Innung überreicht dem Rate ein Exemplar der Mittelsprivilegien mit dem Bemerken, dass in ihnen nichts enthalten ist, so dem General-Handwerks-Patent zuwider ist. Ferner, da der Kaiser gewillt sei, den Zünften ihre Privilegien zu confirmieren bittet die Innung den Rat, dem Kaiser noch, zwei weitere Artikel zur Bestätigung vorzulegen und zwar,

1. dass kein einziger, er sei wer er wolle, die Schwertfeger inbegriffen, der nicht ihrer Profession zugethan ist, Gold und Silber verarbeiten darf,
2. dass ihren Gesellen das Degentragen gestattet werde, da die Gold- und Silberarbeiter jederzeit und allerorten unter die Künstler gerechnet werden und ihnen in Holland und England sowie in allen Residenzstädten Deutschlands, besonders in Wien das Tragen eines Degens erlaubt ist.

Am Schlusse ist dem Schreiben noch ein Bericht über das Honorar des Innungsbeisitzers sowie vorher eine Spezifikation der gebräuchlichen Meisterstücke beigefügt, in der es heisst, dass ein Goldarbeiter

1. einen wohl und fein gearbeiteten kirchenkelch,
2. einen durchbrochenen amulirten ring,
3. ein siegel oder pettschafft machen und verfertigen muß.

Ein sillberarbeiter aber verfertiget an statt des kelches einen sillbernen pocal nebst obberühnten andern beyden stücken, iedoch wird bey dem sillberarbeiter das meiste auff die verfertigung des pocals geschen.

Den 10. November 1732.

Bresl. Stadtarchiv, Konzept des Schreibens in der Innnungsurkundensammlung, Hs. O 200,2 (Nr. XI).

59. Neue Innungs-Artikel der Breslauer Gold- und Silberarbeiter, aufgesetzt im Mai und vom Rate bestätigt am 13. Dezember 1735.

Caput I.
Von den lehrjungen.
Articel 1.

Wann ein knabe verhanden, so die kunst eines gold- oder silber-arbeiters zuerlernen entschloßen und mit den erforderlichen uhrkunden seines ehrlichen herkommens und gutten verhaltens der gebühr nach versehen ist, soll derselbe es zuförderst bey einem meister eine zeit lang versuchen, jedoch die zeit dieser probe zu vermeidung aller sonst daher zu besorgenden inconvenientien sich über drey monath lang nicht erstrecken, sondern nach verlauf derselben der meister diesen seinen lehrling entweder güntzlich wiederumb zu dimittiren oder auf sechs nach einander folgende jahre in die lehre ordentlich aufzunehmen und solches nebst producirung des geburthsbriefes bey gehaltenem quartal vor dem sämbtlichen mittel einschreiben zu laßen schuldig und verbunden seyn.

Articel 2.

Jedoch stehet einem jeden meister frey, seinem lehrling, auf den fall er sich eines gewißen lehrgeldes wegen mit ihm annehmlich vergleichen, eines von diesen 6 jahren nach gefallen zuerlaßen, und erleget der lehrling sowohl in diesem als auch im ersteren falle überhaupt vom einschreiben drey floren rheinländisch, bestellet auch durch taugliche bürgen caution auf dreyßig floren rheinisch, daß er die ihm verschriebene lehrjahre redlich aushalten und wehrender solcher zeit sich gegen männiglich, vornehmlich aber gegen seinen lehrmeister getreu und gehorsam erzeigen wolle.

Articel 3.

Würde aber ein dergleichen lehrling vor ausgang dieser zeit ohne erhebliche ursachen aus der lehre treten, soll er nach innhalt der alten kayserl. confirmirten privilegien seines handwercks dadurch güntzlich verlustig seyn und weiter bey der zeche nicht angenommen werden, auch da er über dieses noch seinem meister ein und das andere veruntrauet hätte, diesem sich seines erlittenen schadens halben nach obrigkeitlicher erkänntniß an denen bürgen zu erholen, unbenommen seyn.

Articel 4.

Übrigens soll kein meister mehr als zwey jungen auf einmahl in die lehre zu haben berechtiget seyn, sondern mit der aufnehmung eines neuen sich in so lange gedulden, biß einer von diesen zweyen wiederum loßgesprochen worden, und bloß allein denen verordneten vier zunffts-eltesten zu etwelcher consolation wegen ihrer in des mittels angelegenheiten vielfältig habenden versäumniße das beneficium angedeyhen, daß sie nach belieben neben bey noch den dritten jungen halten mögen.

Articel 5.

Wie dann auch eines meisters sohn, der bey seinem vatter das handwerck erlernet, unter diesen zahlen keineswegs zurechnen ist, und wenn auch schon deßen vatter vor ablauf der lehrzeit mit tode abgienge, bey einem andern meister dem unerachtet, daß solcher schon mit zwey andern lehrjungen versehen wäre, neben bey ungehindert vollends auslernen kan.

Articel 6.

Hat nun ein lehrjunge die ihm verschriebene lehrzeit richtig ausgehalten und binnen derselben sich der gebühr nach aufgeführet, soll deßen freysprechung gegen erlegung fünff floren rheinisch wiederum vor den gantzen mittel an gehaltenen quartal geschehen und nach deßen erfolg diesem neuen gesellen frey stehen, entweder bey seinem bißherigen lehrmeister mit deßen gutten willen noch ferner in arbeit zuverbleiben oder bey einem andern allhiesigen meister dergleichen zu suchen oder auch nach gefallen seine wanderschafft allsogleich anzutreten.

Caput II.

Von den gesellen.

Articel 1.

Und ob zwar die gesellen dieses gewerckes weder an eine ordentliche brüderschafft noch gewieße bey andern zünfften übliche reguln gebunden sind noch auch bey deren einwanderung respectu des umschauens eine besondere ordnung gehalten wird, sondern einem jeden frey stehet, bey seiner anherokunfft arbeit zu suchen, wo und in welcher werckstädte er die erlangen kan, so soll dennoch keinem von frembdes anhero kommenden gesellen, er sey denn mit einer richtigen kundschafft und anderen vermöge der kayserl. handwercks-generalien erforderlichen uhrkunden versehen, arbeit verstattet, derjenige aber, so aus einer allhiesigen werckstadt in die andere tretten will, anderer gestalt nicht als mit vorwißen seines meisters, bey dem er zuvor gearbeitet, angenommen werden.

Articel 2.

Desgleichen soll kein meister (:außerhalb denen vier eltesten, als denen oben ad cap. 1mo art. 4tum angeführeten ursachen auch der dritte zu halten erlaubet ist:) neben denen zwey lehrjungen mehr als zwey gesellen zu fördern berechtiget seyn, umb womit nicht einem allein die arbeit zufallen, sondern der arme zugleich neben dem reichen seinen unterhalt finden und zum beytrag derer kayserl. anlagen und anderer onerum publicorum fähig gemachet werden möge.

Articel 3.

Wäre aber die arbeit zu überhäuffet, daß einer solche mit seinen ihme zugelaßenen vier gesinden nicht bestreiten könnte, stehet ihme frey, sich des beystandes seiner mittmeister, keineswegs aber der arbeit eines stöhrers und pfuschers darinnen zu bedienen und durch deren beyhülffe seine kundleuthe der gebühr nach zu fördern.

Caput III.

Von denen meistern und ihren schuldigkeiten.

Articel 1.

Es soll aber ein jeder, der bey dieser profession in allhiesiger stadt zum meister-recht gelangen will, sich deshalb bey dem sämbtlichen mittel am gehaltenen quartal gebührends anmelden, seinen geburths- und lehrbrief in orginali vorzeigen und, daß er 6 nach einander folgende jahr vor geselle gearbeitet, auch unter dieser zeit wenigstens vier jahr lang seine provession in der frembde excolirt, gebührends bescheinigen und, da es mit allem diesem seine richtigkeit hätte, gegen erlegung drey floren rheinisch einschreibegebühr zu verfertigung der meister-stücke unweigerlich admittiret werden.

Articel 2.

Jedoch soll mittler zeit und so lange dieser daräber arbeitet kein anderer darzu gelaßen werden, sondern einer auf den andern zu warten verpflichtet seyn, eines allhiesigen meisters sohne aber, der sich mit einem frembden zu gleicher zeit darum angemeldet, der vorzug vor diesem billich verbleiben.

Articel 3.

Belangende die meister-stücke selbst:

Ein goldarbeiter

1. *einen ring nach der neuesten facon mit einem, drey oder mehr diamanten oder mit einem petschier, mit zierathen wohl ausgearbeitet, verschnitten und emailliret,*

2. einen uhrhacken von gold, ungegoßen, nach der neuesten facon von zusammengesetzter arbeit mit oder ohne figuren, jedoch sauber von laub- und bändelwerck, verschnitten und emailliret,

Ein galanterie-arbeiter, so nichts anders gelernet,

1. eine dose auf eine besondere arth nach der neuesten facon, verkröpfft und mit einem feinen gewerbe versehen,
2. ein etuy oder besteck sambt zugehörungen und ein zahnstöcher-büchsel mit verschnittener arbeit oder, wo selbiger mit dem verschneiden nicht umzugehen wüste, wenigstens sauber ausgemachet und poliret,

Ein silber-arbeiter auf dem hammer

ein gißbecken und kanne nach der neuesten facon und ihme vorgezeigten visirung, verkripft und sauber ausgearbeitet,

Ein silber-arbeiter von getriebener arbeit

hingegen einen silbernen kelch, wie solcher in den kirchen gebrauchet wird, nach der neuesten facon, sauber mit figuren, laub- und bändelwerck ausgearbeitet, die kappe gleichfalls getrieben und durchbrochen, verfertigen muß.

Articel 4.

Und soll einem jeden stück-meister, sich eine eigene zeichnung zu inventiren und denen eltesten zu ihrer beurtheilung, ob es vor ein meister-stücke passiren könne, vorzuzeigen, frey gelaßen, allsodann aber auch derselbe das meister-stücke nach diesem von ihm selbst inventirten riß accurat, sauber und ohne tadel mit eigener hand und ohne sich jemanden helffen zulaßen, zuverfertigen obligiret seyn.

Articel 5.

Gleichwie nun die verfertigung zu vorher beschriebener meister-stücke nirgend anders als in der werckstädte eines von denen mittels-eltesten geschehen kan und dieser seinen werckzeug nebst kohlen und anderem zugehör darzu hergeben muß, also ist auch der stück-arbeiter schuldig, sich deshalb mit ihm ins besondere annehmlich zuvergleichen, auch binnen einer zeit von 3 (4) monathen die meister-stücke vollkommen fertig zumachen oder in entstehung deßen vor jede woche, so er über die ausgesetzte zeit darüber zubringet, zwey floren strafe zu erlegen, es wäre dann, daß er durch kranckheit oder andere ehrhafte noth daran verhindert würde.

Articel 6.

Allermaßen denn auch auf solchen letztern fall die andern, so sich nach diesem erst angegeben, inzwischen zu verfertigung der stücke zu admittiren seyn, und wann dieser damit fertig, dem erstern nach wieder erlangter gesundheit oder hinwegschaffung anderer hinderniße von neuem seine stück-arbeit vor die hand zunehmen unverschrenckt bleiben würde.

Articel 7.

Nach verfertigung dieser meister-stücke soll er solche in gehaltenem quartal dem sämbtlichen mittel vorzeigen und, wann er damit bestehet, ihm das meister-recht unweigerlich verstattet auch darauf dem magistrat zu erlangung des bürgerrechts gebührends vorgestellet, im fall aber die meisterstücke nicht tauglich erfunden würden, damit abgewiesen und noch ein jahr lang, um sich mittler zeit in seiner kunst beßer üben zu können, vor geselle zu arbeiten angehalten werden.

Articel 8.

Sonst erleget derselbe vors einwerben und das gewöhnliche meister-eßen zusammen überhaupt einhundert floren rheinisch, eines meisters sohn aber und der eines meisters tochter oder wittib heurathet, nur die helffte so viel.

Articel 9.

Hiernechst muß er angeloben, daß er sich sowohl denen kayserl. handwercks-generalien als auch denen allhiesiegen mittels-verfaßungen in allem gemäß verhalten, den gewöhnlichen quartal-groschen nebst der zu bestreitung derer soldaten- und monath-gelder von jeden stück verarbeiteten gold oder silbers bißheriger observantz nach zu entrichten kommenden taxa jederzeit willig beytragen, wie nicht weniger alle übrige einem jungen bürger obliegende praestanda der gebühr nach verrichten und denen vorgesetzten eltesten jederzeit mit gehörigem respect entgegen gehen, auch in allen billichen dingen gehorsam leisten wolle und werde.

Articel 10.

Insonderheit soll er vermöge der alten privilegien kein anders als allein 12- oder 14-löthiges silber arbeiten und dahero zu verhüttung alles besorglichen unterschleifs auf alle seine gefertigte arbeit, ehe und bevor er solche verkaufft oder versendet, beydes, seinen nahmen als auch durch den ambtshabenden eltesten die probe nebst dem gewöhnlichen zeichen schlagen zu laßen schuldig und verbunden seyn bey obrigkeitlicher strafe. würde aber ein oder die andere frembde herrschafft, wie öfters zugeschehen pfleget, von einem allhiesigen meister 13-löthige arbeit, dergleichen in denen reichs-städten gemachet wird, ausdrücklich begehren, stehet ihm zwar frey, solche zu verfertigen, jedoch daß er auch das darzu ins besondere verordnete zeichen darauf schlagen laße.

Articel 11.

Hingegen von meßing und kupffer auf gold- und silber-art becher, schaalen, wetschker-schlößer, meßerscheiden, löffel und anderes dergleichen zuverfertigen, solches zu versilbern oder zu vergolden, ist vermöge der alten kayserl. confirmirten articul bey verlust der arbeit und andern obrigkeitlichen strafe einem jeden meister schlechter dinges untersaget, weil dergleichen nicht allein zu allerhand betrug gelegenheit geben, sondern auch das allhiesige mittel in üblen credit setzen kan.

Articel 12.

Jedoch bleibet einem jeden, schmuck auf roß-zeug und uhren nebst anderen sachen, bey denen kein betrug zu besorgen, zu vergolden, gleich wie von alters herr also auch noch ferner hin frey gelaßen.

Articel 13.

Dieweil auch frembde gold, silber oder edelgesteine zukauffen gefährlich, auch öftermahlen große streittigkeiten dahero erwachsen, so soll ein jeder sich um so viel desto mehr in acht nehmen und für schaden hütten; insonderheit aber nicht allein wann etwas dergleichen angesaget worden, sondern auch wenn es zum verkauf gebracht und um einen schlechten werth ausgebothen würde, auch vermuthung an der persohn sich ereignete, daß dieselbe nicht das recht zum verkauffen hätte, solches allsobald anhalten, dem ambts-eltesten anmelden und zustellen, dieser aber solches in der zechlade so lange in gutter verwahrung aufbehalten, biß der eigenthumbsherr mit gewießem grunde sich anmelden und das entwendete stück wieder fordern würde, dem es denn ohne eintzige verzögerung soll ausgefolget werden.

Caput IV.

Von den gerechtsam des mittels der goldschmiede.

Articel 1.

Sintemahlen aber nach innhalt der alten kayser und königlichen privilegien das recht, in silber und gold zu arbeiten, bloß allein denjenigen zustehet, so bey dem mittel der goldschmiede innung haben, als hat es auch dabey sein nochmaliges bewenden, und sollen vornehmlich die gürtler sich fernerweit nicht unterstehen, durch verfertigung silberner knöpfe dem mittel der goldschmiede an ihrer nahrung eintrag zuthun, wie nicht weniger der verfertigung allerhand arth vergoldeter ketten, als wodurch zu vielfältigen betrügereyen anlaß gegeben wird, sich gäntzlich enthalten bey vermeidung obrigkeitlicher strafe.

Articel 2.

Desgleichen bleibet die aufkauffung alles gold und silbers, besonders an ketten, geschirren, bruch-, band- und fadensilber, vermöge der allergnädigsten kayserlichen confirmation divi Leopoldi 1mi glorwürdigster gedächtniß de dato Wienn den 3ten Julij 1670, außerhalb der zeche der goldschmiede männiglich verbothen.

Articel 3.

Insonderheit sollen die allhiesigen so genannten venditer alles handels mit gold und silberwerck sich schlechter dinges enthalten, zumahlen die erfahrung gelehret, daß eines theils hierbey oftermahlen gestohlene sachen mit untergelauffen und andern theils der consument durch die eingeschlepte pfuscher-waaren mit liederlichen silber schändlich hintergangen worden.

Articel 4.

Wie denn auch niemanden freystehet, außerhalb jahrmarcktszeit frembde arbeit von silber oder golde in die stadt herein zubringen oder zuverkauffen, noch auch deßelbe hin und wieder in die häuser zu feylem kauf herum zutragen oder durch alte weiber verpartieren zulaßen; wer darüber betroffen wird, dem soll die waaren hinweg genommen und aufs rathhauß gebracht werden.

Articel 5.

Ingleichen soll diejenige frembde arbeit an gold und silber, so an ofentlichen jahrmarckten zu feilen kauf anhero gebracht wird, mit dem allhier gearbeiten durchgehends gleiche probe halten oder in entstehung deßen nach außmeßung der alten privilegien an sich selbst verlohren seyn.

Articel 6.

Alldieweilen aber auch die erfahrung gelehret, daß bißanhero unter dem nahmen Augspurger probe allerhand galanterien, als tobacs-dosen, schwamm- und nadel-büchsel, ungeachtet das silber daran kaum sieben- oder achtlöthig ist, in großer menge sowohl auf offentlichen marckt in denen bauden verkaufft als auch von denen juden herum getragen und die abnehmer dadurch unverantwortlich betrogen worden, so soll solches weiter nichts gestattet, sondern wer darüber betreten würde, nicht allein seiner waare verlustig seyn, sondern auch über dieses von der obrigkeit ins besondere gestrafft werden; und zu dem ende denen eltesten der goldschmiede in denen bauden und gewölbern oder an was orth sonst dergleichen verdächtige waaren anzutreffen seyn dürfften, toties qvoties sich ein verdacht hervorthun wird, in gegenwart einer von dem magistrat darzu abgeordneten persohn eine revision und üchtung vor die hand zunehmen in allewege unbenommen bleiben. lectum et approbatum d. 13. Decembr. 1735.

Bresl. Stadtarchiv, drei Abschriften in der Urkundensammlung, Hs. O 200,2, Nr. XII und O 200,3, Nr. IV. u. V.

60. Bericht des Rates an das Kgl. Oberamt, wie es mit der Silberarbeit und der Zeichenprobe unter den Goldschmieden, Schwertfegern und Gürtlern gehalten wird. Vom 9. März 1736.

Euer excell: excell: gn: gn: und unsere hochgeehrteste herren haben unß unterm dato 30. Jan: et praes: 10. Febr: c. a. eine an selbte unterm dato Wien den 13. Januar et praes. 20. ejusdem allergnädigst ergangene rescript, vermöge deßen ihro kayserl. und königl. maytt: unser allergnädigster herr allermildest zu wißen verlangen, was für eine ordnung bey denen allhiesigen goldschmieden, dann denen gürtlern, schwerdfegern und andern dergleichen in silber arbeitenden handwerkern, respectu derer von ihnen verfertigenden silber-waaren, als degen, hirschfänger, meßerscheiden, knöpfen, schuschnallen und mehr andere derley sachen, bey hiesiger stadt eingeführet und auf was weise und arth der hiervon besorglichen beeinträchtigung der goldschmiede profeßion vorgebogen worden, mit der ober-ambtlichen verordnung gnädig und hochgeneigt insinuiret, daß wir darüber die nachricht und außkunft, jedoch ohne etwas zu rügen, fördersambst abstatten sollten.

Diesem zu gehorsam und unterdienstschuldigen folge haben wir in denen gedachter professionisten bißherigen handwercks-verfaßungen nachsehen laßen und befunden, daß vermöge alter observanz die allhiesigen goldtschmiede allein vorgedachte species in silber arbeiten und fertigen, und zwar alles nach der vierzehn- und zwölflotigen probe, allermaßen zu verhüttung alles besorglichen unterschleiffs selbige gehalten sind, ihre arbeit vor dem verkauff durch die ambtshabenden eltesten probiren, ihre nahmen nach der probe und das zeichen, so bey dem vierzehnlöthigen mit dem buchstaben W, bey dem zwölflöthigen aber mit dem johannis-haupt geschiehet, darauf schlagen zu laßen.

Und ob zwar die schwerdtfeger vermöge entgegen die goldschmiede in anno 1671 den 27. November und 1672 den 5. Februar erhaltener rerum judicatarum die degen-gefäße zu fertigen berechtiget sind, und dahero auch unter andern ihrer meisterstücke ein silbernes degen-gefäße zu machen angewiesen sind, so ist doch dieses dabey mit dieser restriction geschehen, daß sie solches anders nicht alß nach der stadt-probe machen und verkauffen sollen.

Die Gürtler aber arbeiten bloß in meßing und kupfer, entweder roh oder höchstens im feuer versilbert oder vergoldet, und thun denen goldschmieden keinen eintrag, nach welchen alten verfaßungen denn auch vorgedachter dreyer professionisten ihre neue aufgerichtete innungs-articuli rectificiret und allbereits an euer exc: exc: gn: gn: und unsere hochgeehrteste herren zu allergnädigster kayserl. confirmation respective in annis 1733 d: 12. Januar, 1734 d: 29. Novembr. und 1735 d: 23. August gehorsam und unterdienstschuldig übersendet, und allen besorglichen beeinträchtigungen, so viel als wir zu thun vermögend gewesen, vorgebogen worden. wie uns übrigens uns von keinen mehreren professionisten, so in silber arbeiten, bey hiesigem systemate opificiario civico etwas bekannt, alß daß der kayserl: privilegirte hoffbefreyte Hildebrandt, der zwar nur auf die galanteriewaaren privilegiret worden, aber doch vieles aus silber arbeitet, dabey jedoch seine manufactur bloß nach der hand ohne die stadt-probe und zeichnung verkauffet, alß haben eur: exc: exc: gn: gn: und unseren hochgeehrtesten herren wir dieses alles zu dero von unß oberamtlich abgeforderten nachricht und außkunfft gehorsam und unterdienstschuldig hinterbringen, anbey aber auch zugleich eur: exc: exc: gn: gn: und unserer hochgeehrtester herren hohen arbitrio und einrathen anheim stellen wollen, ob nicht auch der Hildebrandt zu praecavirung aller beeinträchtigung des hiesigen goldschmiede-mittels und evitirung alles besorglichen und dem publico schädlichen unterschleifs seine silber-arbeit, wie auch die schwerdtfeger ihre silberne degen-gefäße, gleich denen goldschmieden und zwar bey ihnen goldschmied-eltesten probiren und hiesige stadt-probe und zeichen darauf schlagen zu laßen, anzuweisen und dadurch allen beeinträchtigungen vollends und güntzlich vorgebeuget werden möchte. die wir allstets verharren. datum 9. Martii 1736.

Bresl. Stadtarchiv, Abschrift in der Innungsurkundensammlung von 1737, S. 337—342. — Bresl. Kgl. Staatsarchiv, Abschrift in den Acta Generalia von Privilegiis der Handwerker und Innungen in denen Städten (Rep. 199, MR. VI. 68), Vol. I Jahrg. 1782.

61. Bericht des Rates an das Kgl. Oberamt betreffend den Rang der Goldschmiede und Peruquiers. Vom 10. April 1737.

In dem Streite zwischen den Goldschmieden und dem 1703 aufgerichteten Perückenmacher-Mittel wegen der Rangordnung bei den jährlichen Huldigungen schlägt der Rat dem Kgl. Oberamte vor, die Goldschmiede anzuweisen, dass sie den Peruquiers den Vorrang lassen müssen. Breslau den 10. April 1737.

Bresl. Stadtarchiv, Abschrift in der Innungsurkundensammlung von 1737, S. 343—349.

62. Erneuerung des Vergleichs der zünftigen Breslauer Gold- und Silberarbeiter wegen Haltung eines dritten Gesellens. Am Quartal Crucis 1738.

Der Inhalt entspricht dem ersten Vergleiche von 1709 (Urk. 45). Neben den vier Innungsältesten von 1738 haben noch elf Meister den neuen Vertrag unterschrieben, während für die übrigen Mittelsgenossen die Unterschrift unter dem ersten Vertrage zugleich für die Erneuerung von 1738 gilt.

Bresl. Stadtarchiv, Hs. O 200.2, Nr. XIIIb. Original des Vertrages mit eigenhändigen Unterschriften.

63. Rescript König Friedrichs des Grossen betreffend die Goldschmiede und Schwertfeger. Vom 28. März 1742.

Von gottes gnaden Friedrich könig in Preußen, marggraf zu Brandenburg etc. etc. unsern gnädigen gruß zuvor. vester, ehrenveste, liebe getreue, auf eurem an unß abgestatteten bericht wegen der von dem mittel derer goldschmiede denen schwerdtfegern strittig gemachten verferttigung silberner degen-gefäße, hacken und ortbänder befehlen wir auch hierdurch allergnädigst, die schwerdfeger bey ihrem iure quaesito zu schützen und die verfügung zu machen, daß die goldschmiede solche arbeit gegen die gewöhnliche gebühr mit dem probe-zeichen stempeln sollen. hieran geschiehet unser allergnädigster wille und seynd auch mit gnaden gewogen. gegeben Breßlau den 28. Mart: 1742.

Bresl. Stadtarchiv, Liber definitionum, Bd. XIII fol. 114 b—115 a.

64. Bericht des Mittels an den Rat betreffend die Breslauer Silberprobe sowie den Ankauf von Silber, veranlasst durch eine Kgl. Verordnung vom 26. April 1744. Vom 18. Mai 1744.

Bresl. Kgl. Staatsarchiv, Acta Generalia der Kgl. Kriegs- und Domainenkammer etc. (Rep. 14, PA. VIII, 245 e), Vol. I fol. 1—12.

65. Bericht des Breslauer Magistrats an die Kgl. Kriegs- und Domainenkammer betreffend die Breslauer Silberprobe, insbesondere das 13-lötige Silber. Vom 20. September 1748.

Bresl. Kgl. Staatsarchiv, Acta Generalia der Kgl. Kriegs- und Domainenkammer etc. (Rep. 14, PA. VIII, 245 e), Vol. I fol. 50—51.

66—69. Vier Berichte des Breslauer Magistrats an die Kgl. Kriegs- und Domainenkammer betreffend die Breslauer Silberprobe und ihre Regulierung etc. Vom 1. Juli u. 26. September 1752 und 14. Januar u. 22. Februar 1753.

Bresl. Kgl. Staatsarchiv, Acta Generalia der Kgl. Kriegs- und Domainenkammer etc. (Rep. 14, PA. VIII, 245 e), Vol. I fol. 74—79, 84—96, 98—106, 108—111.

70. Vorschläge des Breslauer Silberarbeiters Johann Gottlieb Okrusch an die Kgl. Kriegs- und Domainenkammer betreffend die Einführung eines Probier- und Taxieramtes für Gold- und Silberwaren, Juwelen und Zinngeräte; mehrere Berichte von 1772.

Bresl. Kgl. Staatsarchiv, Acta Generalia der Kgl. Kriegs- und Domainenkammer etc. (Rep. 14, PA. VIII, 245 e), Vol. I fol. 171 ff.

71. Circulare wegen der im Lande zu dem gesetzmäßigen Gehalte zu verarbeitenden Gold-Waaren. Gegeben in Breslau den 24. Juli 1784.

Der wesentliche Inhalt ist wiedergegeben auf Seite 17 f.

Sammlung aller in dem souverainen Herzogthum Schlesien und der demselben incorporirten Grafschaft Glatz in Finanz-Policey-Sachen etc. ergangenen und publicirten Ordnungen, Edicte, Mandate, Rescripte etc., welche währender Zeit der glorwürdigsten Regierung Friedrichs II. Königs von Preußen als souverainen Obristen Herzogs von Schlesien herausgekommen sind. Bd. XVIII (Breslau, W. G. Korn, 1788), S. 202 f., No. LXXXVI. Sog. Kornsche Ediktensammlung.

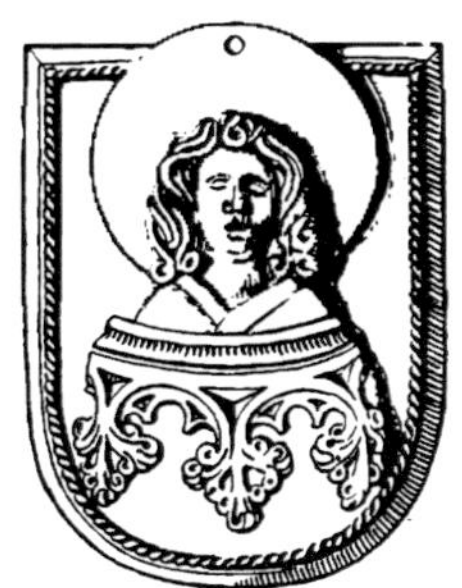

Fig. 40.
Brustschild des alten Schützenvogels der Breslauer Zwingerschützen von 1491

IX. VERZEICHNIS DER QUELLENSCHRIFTEN

I. Handschriften

A. Innungsarchivalien

Originalpergamenturkunden aus älterer Zeit sind, abgesehen von einem Schöppenbriefe für den Goldschmied Hans [Johannes] Crommendorff von 1431, nur fünf erhalten, die im Urkundenverzeichnis unter Nr. 6, 13, 19, 23 und 27 abgedruckt sind. — Breslauer Stadtarchiv, unter Handwerkerstatuten vom 30. Juli 1670.

Innungsurkundensammlung von 1737, enthält Abschriften von alten Privilegien, Statuten, Ordnungen, Ratsentscheidungen und Innungskorrespondenzen der Goldschmiede-Innung aus der Zeit von 1420—1737. An diese Sammlung schliessen sich noch zwei Hefte mit Abschriften von Urkunden und Innungseingaben aus dem 17. und 18. Jahrhundert. — Breslauer Stadtarchiv, Hs. O 200, 1—3.

Meisterbuch, beginnt 1712, reicht bis 1813, es fehlen die Jahre 1740—1742. Alljährlich wurden am Quartal Reminiscere die Ältesten und Jüngsten, die zur Aufrechnung des Jahres geforderten Meister, die im abgelaufenen Amtsjahre Verstorbenen, die Vormünder der nachgelassenen Kinder, die Witfrauen, die Stückmeister und gelegentlich auch Ereignisse aus dem Innungsleben eingetragen. Das Vorwort zu dem Meisterbuche lautet: „α: ω. Weil eine gute Ordnung von unsern Vorfahren gehalten worden, wie in dem alten Buche [das leider nicht mehr vorhanden ist] zu sehen, wie die verordneten Ältisten von Jahr zu jahr das Am̄t gehabt, sowohl auch wie ein jeder Meister worden, desgleichen wenn einer mit Tode abgegangen und wer seinen hinterlaßenen Kindern zu Vormündern geordnet worden, und was sonst bey einem löbl. Mittel zu mercken ist, alß ist, da das alte Buch voll worden, in diesem neuen Buche vorgedachte gute Ordnung fortzusetzen beliebet und der Anfang darein zu schreiben von Johann Jachmann Anno 1712 gemacht worden. Gott gebe ferner seinen Seegen." — Breslauer Stadtarchiv, Hs. O 202, 3.

Protokollbücher, 3 Bände, beginnen am 30. Dezember 1748 und reichen bis 13. Oktober 1893 mit einer Lücke von Anfang 1791 bis Ende 1821 (Bd. I: 1748—1762, II: 1762—1790, III: 1822—1893), enthalten Berichte über die in den Quartalssitzungen vorgenommene Rechnungslegung und Neuwahl der Ältesten, Aufnahme und Lossprechung der Lehrlinge, ferner die Meldungen und Rezeptionen der Stückmeister und die Angelegenheiten des Innungsassessors. — Breslauer Stadtarchiv, Hs. O 201, 1—3.

Gesellenbuch, beginnt 1618 mit den Statuten einer Krankenkasse, daran schliesst sich eine Liste der Mittelsmeister von 1618, dann folgt ein Verzeichnis der Goldschmiedgesellen, die vom 17. Juni 1618 bis 13. Juni 1621 in Breslau gearbeitet haben. Das Buch enthält ferner lückenhafte Protokolle über Kassenrevisionen von 1650—1797, Eintragungen über Einnahmen und Ausgaben, einige Berichte über Trinkgelage und am Schluss ein Namenregister. — Im Besitze der Ortskrankenkasse der Juweliere, Gold- und Silberarbeiter, Graveure und Ciseleure zu Breslau.

Lehrlingsmatrikel, „Ein- und Ausschreibebuch der Lehrlinge", in 2 Bänden, beginnt 1775, reicht bis 1880 (Bd. I: 1775—1819 [1824], II: 1819—1880), enthält die Lehrverträge und Freisprechungen der Lehrlinge in chronologischer Anordnung; 1887/91 wurde noch eine vereinzelte Eintragung vorgenommen. — Breslauer Stadtarchiv, Hs. O 202, 1—2.

Kassenbücher, 3 Bände, beginnen 1789, reichen bis 1895 (Bd. I: 1789—1820, II: 1820—1847, III: 1847—1895), enthalten die Jahresrechnungen der Innung, sowie Verzeichnisse über den Besitz an Geld, Wertpapieren, Dokumenten, Urkunden, Büchern und Ausstattungsgegenständen der Innungsstube. — Breslauer Stadtarchiv, Hs. O 203, 1—3.

Kassenbuch des „Begräbniss-Cassen-Vereins der Mitglieder des Breslauer Gold- und Silber-Arbeiter-Mittels", beginnt 1842, schliesst 1851, enthält in tabellarischer Anlage die Buchung der monatlichen Beiträge der Vereinsmitglieder. — Breslauer Stadtarchiv, Hs. O 204.

Lose Akten, enthaltend Taufzeugnisse, Geburts-, Lehr- und Gesellenbriefe, Dispensationen der Kgl. Kammer, Lehrverträge, Prüfungsakten, Entwürfe zu späten Innungsstatuten u. s. w., meist vom Ende des 18. und Anfange des 19. Jahrhunderts. — Breslauer Stadtarchiv, Lose Akten N.

B. Stadt- und Gerichtsbücher

Antiquarius, 2 Bände, beginnt 1354 mit einigen Eintragungen aus früherer Zeit, schliesst 1425 (Bd. I: 1354—1381 II: 1381—1425), enthält Verzeichnisse der auf die Stadtkasse lautenden wiederverkäuflichen Zins- und Leibrentenbriefe. — Breslauer Stadtarchiv, Hs. K 115, 1—2.

Bürgerbücher, Libri notacionum civium, 11 Bände sind erhalten, 4 verloren, der erste erhaltene Band beginnt 1361, der letzte Band schliesst 1851 (Bd. I: fehlt, II: 1361—1375, III: 1376—1399, IV: 1400—1449, V: 1450—1517, VI: 1517—1573, VII: fehlt, VIII: fehlt, IX: 1695—1775, X: fehlt, XI: 1783—1816, XII: 1816—1829, XIII: 1830—1845, XIV u. XV: 1846—1851), enthalten in chronologischer Anordnung die Namen aller derjenigen, die in Breslau das Bürgerrecht erworben haben. Zu Band II und III gibt es ein von A. Heyer gefertigtes alphabetisches Register. — Breslauer Stadtarchiv, Hs. H 40, 1—6. Die letzten 5 Bände (XI—XV) bewahrt die Breslauer städtische Reponenden-Registratur, Sect. 46 Cap. 1 Nr. 10 Bd. 1—5.

Catalogi civium, 9 Bände, beginnen 1470, reichen bis 1671, doch fehlen die von 1491—1524 und von 1534—1543 geführten Listen (Bd. I: 1470—1490, II: 1525—1533, III: 1544—1578, IV: 1579—1588, V: 1589—1595, VI: 1596 bis 1599, VII: 1600—1616, VIII: 1617—1639, IX: 1640—1671), enthalten fast durchweg in strenger chronologischer Reihenfolge in gesonderten Rubriken die allosterlich eingetragenen Namen der zünftigen Meister. Die Listen wurden nicht jedes Jahr neu ausgeschrieben, sondern durch Nachtragung ergänzt, die Namen der durch Tod oder Wegzug Ausgeschiedenen wurden gestrichen und in der Regel mit einem o, a oder ab (obiit, abiit) versehen. Bei einigen Meistern ist das Jahr der Meistersetzung hinzugefügt. Am Eingange der Listen sind ausserdem meist die Namen der Innungsbeisitzer des Magistrats vermerkt. Der Catalogus civium bildet eine der wichtigsten Quellen für die Kenntnis der Breslauer Handwerker während der Renaissance. In Schlesiens Vorzeit, Bd. VII S. 138—142 sind die Listen, soweit sie sich auf die Goldschmiede beziehen, abgedruckt, allerdings teilweise missverstanden. — Breslauer Stadtarchiv, Hs. H 41, 1—9.

Libri definitionum, 13 Bände, beginnen 1513, reichen bis 1765 mit einer Lücke von 1694—1704 (Bd. I: 1513—1560, II: 1560—1577, III: 1577—1592, IV: 1592—1616, V: 1616—1620, VI: 1620—1646, VII: 1647—1664, VIII: 1665—1674, IX: 1675—1693, X: fehlt, XI: 1705—1717, XII: 1717—1732, XIII: 1732—1765), enthalten die Entscheidungen des Rates in Innungssachen. — Breslauer Stadtarchiv, Hs. O 144, 1—13.

Libri Magni, 10 Bände, beginnen nach 1394, reichen bis an das Ende des 19. Jahrhunderts, sind bestimmt gewesen zur Aufnahme der für den Rat wissenswerten Dinge, namentlich der Gewohnheiten, Rechte und Statuten Breslaus. Für die Goldschmiede kommen nur folgende Stellen in Betracht: Bd. I fol. 12ᵇ, 37ᵇ, 49ᵇ, II fol. 382ᵃ, III fol. 19ᵇ, 30ᵃ. — Breslauer Stadtarchiv, Hs. E 1, 1—10.

Nudus Laurentius, Breslauer Stadtbuch, beginnt 1361, schliesst 1380; die Eintragungen behandeln vorzugsweise Geldgeschäfte, Vermächtnisse, Verträge zwischen Ehegatten, Erbvergleiche, u. s. w., die vor dem Rate abgemacht wurden. — Breslauer Stadtarchiv, Hs. G 4.

Schöppenbücher, 25 Bände, beginnen 1345, reichen mit geringen Lücken bis 1556 (Bd. I: 1345—1356, II: 1357—1369, III: 1369—1374, IV: 1374—1381, V: 1381—1387, VI: 1387—1390, VII: 1390—1394, VIII: 1395—1400, IX: 1400 bis 1404, X: 1404—1410, XI: fehlt, XII: 1416—1425, XIII: 1425—1433, XIV: 1433—1443, XV: 1444—1452, XVI: 1452 bis 1460, XVII: 1460—1474, XVIII: fehlt, XIX: 1486—1496, XX: 1497—1506, XXI, XXII: 1517, 1529 [unvollständig], XXIII: 1531—1537, XXIV: 1537—1550, XXV: 1550—1556), enthalten Eintragungen über Käufe, Verkäufe, Gelöbnisse, Bürgschaften, Erbvergleiche, Streitsachen, die vor dem Rate abgemacht und verhandelt wurden. Für die vorliegende Publikation wurden die ersten zehn Bände durchgesehen. — Breslauer Stadtarchiv, Hs. G 1, 1—25.

Signaturbücher, Libri excessuum et signaturarum, 336 Bände, beginnen 1385, reichen bis 1805, enthalten kurze Angaben über Strafen wegen Polizeivergehen, Gelöbnisse, Aufzeichnungen über Notariatsakte im weitesten Umfange; erst überwiegen die Strafnotizen, später die Notariatsakte, seit 1564 scheiden die Angaben über Polizeistrafen ganz aus. Die Jahrgänge von 1386—1517 enthalten mit Lücken Geschworenenlisten der Goldschmiede, die bei A. Schultz, Zur Geschichte der Breslauer Goldschmiede-Innung (Zeitschrift des Vereins für Geschichte und Alterthum Schlesiens, Bd. V S. 343f.), abgedruckt sind. Für die vorliegende Publikation wurden die Signaturbücher nur mit Auswahl durchgesehen. — Breslauer Stadtarchiv, Hs. G 5, 1—336.

Steuerbuch von 1403/4, Registrum exaccionis in anno natiuitatis dni MCCCCIII. Item anno natiuitatis MCCCCIIII. Die Benutzung des Steuerbuches von 1403 für 1404 wurde durch Streichung der alten Namen in den Listen und Überschreibung neuer Namen bewirkt. — Breslauer Stadtarchiv, Hs. K 8.

Totenbücher, 69 Bände, wurden 1584 auf Befehl des Rates angelegt und bis 1759 fortgeführt, in letzter Zeit allerdings sehr lückenhaft; sie sind auch insofern von Anfang an nicht vollständig, als sie nur die Verstorbenen, die auf städtischen Friedhöfen begraben sind, enthalten. Teilweise wiederholen sie sich in ihrem Inhalt. Die letzten zehn Bände enthalten Register und eine statistische Tabelle. — Breslauer Stadtarchiv, Hs. P 40, 1—69.

Traditionsbücher, Libri traditionum, 31 Bände, beginnen 1483, reichen bis 1815 (Bd. I: 1483—1508, II: 1509—1516, III: 1516—1521, IV: 1522—1528, V: 1528—1534, VI: 1534—1543, VII: 1543—1552, VIII: 1552—1565, IX: 1565 bis 1578, X: 1579—1593, XI: 1593—1606, XII: 1607—1620, XIII: 1620—1634, XIV: 1634—1649, XV: 1650—1665, XVI: 1666—1678, XVII: 1678—1692, XVIII: 1692—1704, XIX: 1705—1713, XX: 1714—1721, XXI: 1722—1729,

XXII: 1729—1741, XXIII: 1741—1750, XXIV: 1751—1759, XXV: 1760—1769, XXVI: 1770—1779, XXVII: 1779 bis 1788, XXVIII: 1788—1795, XXIX: 1795—1800, XXX: 1800—1807, XXXI: 1807—1815), enthalten Verreichungen (Kauf- und Erbverträge), die vor dem Rate abgeschlossen wurden. Nur die ersten Bände wurden durchgesehen. — Breslauer Stadtarchiv, Hs. G 9, 1—31.

C. Akten und Korrespondenzen der Regierungsbehörden

Acta der Kgl. Commercien-Collegii-Registratur, enthalten Verhandlungen, betreffend die Einführung einer gleichmässigen Gold- und Silberprobe bei den Goldschmieden und Goldspinnern in sämtlichen schlesischen Städten. 1716—1728. — Breslauer Kgl. Staatsarchiv, Rep. 13. AA. VIII. 10 K.

Acta Generalia der Kgl. Kriegs- und Domainenkammer, betreffend 1. die Vorschriften bei Verarbeitung von Juwelen, Gold, Silber und Zinn, 2. die Regulierung des Gold- und Silbergewichtes. 2 Volumina (I: 1744—1772, II: 1792 bis 1815). — Breslauer Kgl. Staatsarchiv, Rep. 14. PA. VIII. 245e.

Acta der Kgl. Kriegs- und Domainenkammer, betreffend die Massregeln bei Verarbeitung des Goldes durch die Goldschmiede zur Sicherstellung des Publici. Von 1784. — Breslauer Kgl. Staatsarchiv, Rep. 14. PA. VIII. 245d.

D. Kirchenbücher

Ein Verzeichnis der in den Breslauer Kirchen vorhandenen Matrikelbücher enthält die vom Verein für Geschichte und Altertum Schlesiens (Breslau 1902) herausgegebene Zusammenstellung der „Kirchenbücher Schlesiens beider Confessionen."

Es wurden durchgesehen von:

St. Maria Magdalena, Taufbücher von 1570—1580
Traubücher von 1542—1813
Abkündigungs- und Begräbnisbücher von 1584—1834 } Citiert: MM.

St. Elisabeth, Traubücher von 1542—1810
Abkündigungs- und Begräbnisbücher von 1600—1818 } Citiert: Elis.

St. Matthias, Taufbücher von 1665—1718
Traubücher von 1665—1718
Begräbnisbücher von 1665—1718, 1722—1766 } Citiert: Matth.

St. Vincenz, Traubücher von 1777—1817.

Für den **Dom**, die **St. Adalbertkiche** und die nicht vom Verfasser durchgesehenen Bücher von **St. Matthias** wurden die Exzerpte von E. Wernicke in Schlesiens Vorzeit, Bd. VII S. 481 ff., benutzt. Von einer Durchsicht der übrigen Kirchenbücher wurde Abstand genommen, da die darauf zu verwendende Mühe in keinem Verhältnis zu dem voraussichtlichen Ertrage gestanden hätte.

E. Akten der Bischöfe, des Domkapitels und der Klöster

Inkorporationsbücher der Breslauer Bischöfe Conrad von Öls, Peter II. von Nowak, Jodocus von Rosenberg, Rudolph von Rüdesheim, Johannes Thurzo, Balthasar von Promnitz und Caspar von Logau, 5 Bände, beginnen 1431, reichen mit Lücken bis 1570 (Bd. I: 1431—1447, II: 1448—1467, III: 1468—1482, IV: 1506—1520, V: 1540—1570), enthalten hauptsächlich Entwürfe zu Fundationen und Konzepte aus der bischöflichen Kanzlei. — Breslauer Diözesanarchiv, IIb, 1—5.

Acta capituli, Akten des Breslauer Domkapitels, 57 Bände, beginnen 1500 und reichen mit Lücken bis zur Jetztzeit, enthalten die Protokolle der Kapitelssitzungen. Dazu gehören auch die Konzeptbücher der Briefe und Schriftstücke, die auf Grund der in den Kapitelssitzungen gefassten Beschlüsse angefertigt wurden. — Citiert: Acta capituli, mit Angabe des Datums. — Breslauer Diözesanarchiv, IIIb, 1—48. — Weitere Bände befinden sich im Breslauer Kgl. Staatsarchiv.

Akten der Breslauer Klöster, enthalten gelegentlich Mitteilungen über Goldschmiede, besonders über solche, die auf den geistlichen Gütern oder für die Geistlichkeit arbeiteten. — Breslauer Kgl. Staatsarchiv, Rep. 18.

F. Varia

Klose, Samuel Benjamin: Repertorium der Urkunden und Briefe des Stadtarchivs, 6 Bände mit zahlreichen Nachträgen, dazu 2 alphabetische Namenregister. — Breslauer Stadtarchiv, Hs. D 35, 1—6 u. D 36, 1—2.

Kretschmer, Christian Anton: Tomus I operum omnium continens Librum I Beslographiae scriptae, enthält eine Sammlung von Notizen über den Rat, die Bürgerschaft, die Kaufleute, Zünfte, die Landgüter, Einnahmen, Religionsangelegenheiten, Jurisdiction u. s. w. der Stadt Breslau. Abschrift des Kretschmerschen Originals von 1759/60. — Breslauer Stadtarchiv, Hs. R 595.

Roppan, Johann Carl: Repertorium der nach Vollendung des Kloseschen Repertoriums im Jahre 1796 zum Stadtarchiv hinzugekommenen Urkunden, dazu ein alphabetisches Namenregister. — Breslauer Stadtarchiv, Hs. D 37, 38 u. 39, 1—2.

II. Druckschriften

A. Druckschriften der Innung

Neujahrswünsche des Boten der Breslauer Goldschmiede-Innung, beginnen um 1750 und reichen bis 1893, enthalten ausser einem längeren Glückwunsche in Versform alljährlich ein Verzeichnis der Innungsmitglieder und zwar seit 1761 oder 1762 mit genauen — bisweilen allerdings falschen — Angaben über den Zeitpunkt der Rezeption. An die Meisterliste schliesst sich häufig ein Verzeichnis der Witwen, hin und wieder auch noch eine Zusammenstellung der im abgelaufenen Jahre Verstorbenen oder infolge eines anderen Grundes aus dem Meisterkreise Geschiedenen. In späterer Zeit, etwa seit 1865, ist an die Liste der Innungsmitglieder noch eine Zusammenstellung der Namen der in Breslau tätigen aber ausserhalb der Innung stehenden Juweliere, Gold- und Silberarbeiter angeschlossen. — Eine grössere Anzahl solcher Neujahrswünsche für die Jahre 1758, 1760, 1762, 1774, 1776, 1780—1838, 1855, 1878, 1880, 1882, 1883, 1886 bewahrt die Breslauer Stadtbibliothek (Yn 753), andere Jahrgänge wurden dem Verfasser durch Herrn Goldarbeiter Carl Kühne und Fräulein Marie Gumpert in Breslau freundlichst zur Verfügung gestellt.

Statut für den Begräbniss-Cassen-Verein der Mitglieder des Gold- und Silber-Arbeiter-Mittels in Breslau vom 5. November 1841.

Statut für die Gold- und Silberarbeiter-Innung in Breslau vom 7. März 1853.

Statut der Gold- und Silberarbeiter-Gehülfen-Kasse vom 15. Juli 1856.

Statut der Gold- und Silberarbeiter-Innung in Breslau vom 30. Mai 1884. Dazu ein Nachtrag von 1887.

Statut der Sterbekasse der Juwelier-, Gold- und Silberarbeiter-Innung vom 3. Februar 1888.

B. Druckschriften der Regierung für die Innung

General-Handwercks- und Gewerbs-Patent de dato 16. November 1731. Gegeben von Kaiser Karl VI. in Wien am 16. November 1731.

General-Zunffts-Articuln für die Zunfften deren Königl. Böheimbischen Erb-Landen. De Anno 1739. Gegeben von Kaiser Karl VI. in Wien am 5. Januar 1739.

Edict, daß in Schlesien und der Grafschafft Glatz die bishero noch beybehaltene alte, unnütze und kostbare Meister-Stücke abgeschafft, und statt deren brauchbare und bald wieder los zu werdende Meister-Stücke verfertiget, auch keine übermäßige Receptions-Gelder gefodert werden sollen. Gegeben durch König Friedrich den Grossen in Berlin am 18. April 1747. Gedruckt in Breslau in der Baumannischen Erben Buchdruckerey.

Erneuertes und geschärftes **Edict** wegen verbothener Ausfuhre des Goldes und Silbers, wie auch der reducirten neuen August d'or u. s. w. Gegeben von König Friedrich dem Grossen in Berlin am 11. Januar 1764. Gedruckt in Breslau mit Graßischen Schriften.

Abdruck des General-Handwerks-Patents vom 16. Oktober 1731, der General-Zunfts-Articul von 1739 und des Königlichen Edicti von Meister-Stücken und Receptions-Geldern vom 18. April 1747 zum Gebrauche sämtlicher Innungen, Zunft- und Zechen in Schlesien und der Grafschaft Glatz. Breslau 1782.

Der Buchbinder.

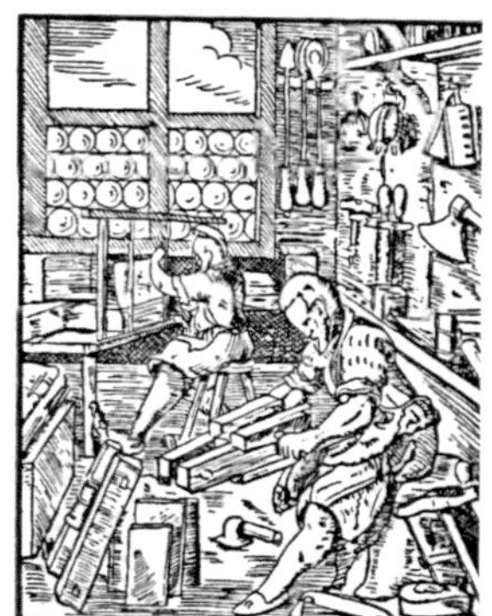

E. Schroth. Basel.

Druck von Grass, Barth & Comp. (W. Friedrich) in Breslau